한국 연극의 巨人 이해랑

한국 연극의 巨人 이해랑

초판 1쇄 인쇄 | 2016년 7월 4일
초판 1쇄 발행 | 2016년 7월 11일

지은이 | 유민영
펴낸이 | 지현구
펴낸곳 | 태학사
등 록 | 제406-2006-00008호.
주 소 | 경기도 파주시 광인사길 223
전 화 | 마케팅부 (031)955-7580~82 편집부 (031)955-7585~89
전 송 | (031)955-0910
전자우편 | thaehak4@chol.com
홈페이지 | www.thaehaksa.com

값은 뒤표지에 있습니다.

ISBN 978-89-5966-763-5 03680

| 이해랑 탄생 100주년 기념 평전 |

한국 연극의 巨人

이해랑

유민영

태학사

†

이 책을 李海浪 선생님과 金仁順 여사님의
영전에 바칩니다.

머리말

이해랑 선생과의 나이 차이가 스무 살이므로 만약에 선생께서 조혼제도가 유행했던 그 시절에 혼례를 치렀다면 필자는 장남이나 차남뻘쯤 되지 않을까 싶다. 따라서 필자는 1960년대 초까지만 해도 드라마센터와 국립극장에서 선생의 작품을 구경하면서도 그에 대한 사전 지식 없이 오직 경외감만을 갖고 먼발치에서 바라다보는 초짜였다. 그러다가 1970년대 초 삼청동 입구에 문예진흥원이 들어서면서 자문위원으로 선생과 자리를 마주하는 기회가 생기기 시작했다. 초창기에는 문예진흥원이 제대로 자리 잡히지 않은 터라 자문회의가 자주 열렸고, 또 회의가 끝나면 사무총장 최창봉(崔彰鳳) 씨가 식사를 대접하곤 했다. 그 시절 필자는 말석에 앉아 선배 어른들의 이야기를 공부 삼아 경청하는 재미가 있었다.

식사 자리에서는 대체로 선생께서 화제를 이끌었고, 이야기는 주로 문화 연극에 관한 것이었다. 술잔이 오가고 유쾌한 상태가 되면 우스갯소리도 오갔지만 선생께서는 아무리 취해도 허튼소리 한마디 하지 않을 정도로 점잖으셨다. 선생은 당시 60세를 바라보는 장년기였음에도 비교적 노숙해 보였고, 늘 웃는 표정에다가 친절하고 겸손했으나 의연하고 기품이 있었다.

선생께서는 평소 "으흠" 하는 권위의식을 전혀 내비치지 않는 터라 그가 아무도 흉내 낼 수 없는 이동극장을 이끌고 장장 6년 동안이나 풍찬노숙의 예술운동을 펼치고, 예총 회장을 다섯 번이나 맡았으며, 집권당의 현역 의원인 것을 전혀 눈치채지 못했다. 그래서 세상 물정에 어두웠던 필자는 선생이 문예진흥원 탄생의 산파 역할을 한 것도 한참 후에서야 알았다.

선생께서는 언제나 주변 사람들에게 자상하고 편안하게 해주었기 때문에 따르는 동료와 후배가 많았다. 그 후 선생과 필자는 1976년 대한민국연극제 출범 당시 집행위원 겸 심사위원으로 함께 극장을 드나들었다. 1983년 전국지방연극제가 시행되면서부터는 선생과 같은 숙소에서 10여 일씩 머물기도 했기 때문에 인간적으로 더욱 가까워졌으며, 시간이 흐를수록 필자는 그의 높은 인품과 깊은 예술 안목에 매료되었다. 일찍이 자신만의 예술 철학을 정립한 선생은 성직자가 종교의식을 집전하듯 창조 행위를 하나의 수행 과정처럼 조용하고 엄숙하게 진행하신 것이 특징이다.

따라서 연륜이 더해갈수록 선생의 작품도 더욱 심원해져 마치 바이칼 호수와 같이 잔잔했고, 평상시 겸손하고 부드러웠지만 단단한 내공에서 자연스럽게 풍겨져 나오는 카리스마는 주변 사람들을 압도했다. 흐르는 세월이 선생으로 하여금 달관의 경지에 이르게 함으로써 그를 소년처럼 더욱 단순화시키는 것처럼 느껴졌다.

작고 후 되돌아보니 필자가 도인(道人) 같은 선생에게 너무 빠져 있어서 그를 처음 연구할 때는 제대로 평가하지 못했던 것이 사실이었다. "무지개 속에 있으면 무지개의 아름다운 빛깔을 제대로 알아보지 못한다"는 남미의 속담은 이런 경우에 쓰는 것인가 보다. 솔직히 지난 시절에는 열정만 갖고 그를 연구했던 필자가 팔순에 접어들어 그를 객관화시켜 보니 새로운 면모가 선명하게 드러났다. 가령 명문자제인 선생이 굳이 연극운동에 뛰어들었던 배경을 규명하는 것에서부터 한국 근대문화사 속에서 그의 높은 위상을 제대로 자리매김할 수가 있었으며, 그의 현대적인 가족 관리야말로 오늘날 핵가족 시대의 전범이 될 만하다는 확신도 갖게 되었다. 초판 당시 5장이었던 평전이 9장으로 확대된 것도 그만큼 새로 써넣은 부분이 많았다는 이야기가 된다.

그런데 이는 어디까지나 여러 가지 귀중한 새로운 자료의 발굴과 유족들의 회억(回憶), 그리고 필자의 오랜 시간에 걸친 선생에 대한 깊은 사색에 따른 것이었다. 특히 유족들이 그동안 보관해오던 묵은 사진들과 선생의 대학 제자 유흥열(柳興烈, 전 대구문화방송 사장) 씨가 보관해온 이동극장 일지는 역사적인 사료여서 대단히 소중하게 활용했음을 여기서 밝혀둔다. 그리고 이 졸저가 나올 수 있도록 뒷받침해준 이해랑연극재단 이방주(李邦柱) 이사장과 바쁜 중에도 여러 가지 번거로운 교량역을 맡아준 김광진(金光鎭, 전 문예진흥원) 부장께도 감사한 마음을 꼭 전해야겠다. 끝으로 태학사의 지현구 사장과 편집부원들에게도 고마움을 표하고 싶다.

2016년 화창한 봄날에
고향 용인의 삼성노블카운티에서 유민영

이해랑(李海浪) 가계(家系) ①

義安君城 宣祖大王 第二男
① 養子 中始祖 綾原大君俌 追尊元宗大王 第二男 仁祖大王의 弟
② 靈春君涏
③ 昌恩君權
④ 安豊君烌
⑤ 厚瑾
⑥ 復鉉
⑦ 濟殷

⑧ 養子 文和
⑨ 宗應 (世忠)
⑩ 養子 載榮 初聚 夫人 平山 申氏

玆鎔 (出嫁 壻 李容健)
⑪ 瑾鎔
⑫ 海良
⑬ 邦柱 (民柱 石柱 明淑 恩淑)

貞順 (出嫁 壻 鄭大甲)
星鎔 (載馨家 二次로 入養)

後聚 夫人 安東 金氏
玘鎔
海雄
亨柱 (海承 海旭 三兄弟 女 鳳珍)

瑢鎔 (八一五 解放 後 病死)
龜鎔 (一次 載馨家 入養 日本 留學 時 病死)
世鎔 (美國 루이스ᆞ빌 거주)
年鎔 (六二五 事變 學兵 入隊 戰死)
貞福 (出嫁 壻 李相回)
貞妊 (出嫁 壻 洪性勳)

생가(生家) 가계(家系) ②

綾原大君俌 ─ 靈豊君滄 ─ 錦陽君樑 ─ 密寧副守烷 ─ 厚璋 ─ 復鉉 ─ 濟建
　　　　　　　　　　　　　　　　　　　　　　　　　　　　　濟運 ─ 仁和

元應 ─ 載憲
　　　　載馨(出養 慶平君家)
　　　　載榮(出養 宗應家)

文和(出養 濟殷家)

경평군(慶平君) 가계(家系) ③

義安君城 ─ 綾原大君俌 ─ 靈春君涏 ─ 昌恩君權 ─ 安豊君烋 ─ 厚瑾 ─ 復鉉 ─ 濟魯
　　　　　　　　　　　　　　　　　　　　　　　　　　　　　　　(同名異人)

端和 ─ (世輔) ─ 載馨 ─ 龜鎔(日本 留學 中 病死)
慶平君　(養子)　　　　(一次 養子)
　　　　　　　　　　　龜鎔
　　　　　　　　　　　(二次 養子)
　　　　　　　　　　　星鎔 ─ 海永 ─ 南柱
　　　　　　　　　　　　　　　海寬
　　　　　　　　　　　　　　　海東
　　　　　　　　　　　　　　　海成

차 례

서장: 그를 왜 한국 연극의 거인이라 부르는가

우리나라의 상당수 예술인들의 특성상 한 가지는 조로(무老)현상이 아닐까 싶다. 젊은 나이에 반짝했다가 사라지거나 데뷔작이 곧 평생의 대표작이 될 만큼, 나이 들어가면서 더 성숙된 수작(秀作)을 내놓지 못하고 그대로 시들어버린 이들이 적잖다. 그런 면에서 보면 이해랑은 한마디로 대기만성형 인물이라고 말할 수가 있다. 왜냐하면 연출가로서 그의 작품은 해가 갈수록 세련되고 심원(深遠)해져 만년에는 누구도 따를 수 없는 천의무봉(天衣無縫)의 명품만을 내놓고 떠났기 때문이다.

사실 그의 '인물 크기'는 이미 30대 중반인 1953년 초에 나타났었다. 6·25 전쟁이 끝나갈 즈음인 1953년 8월에 정부가 문화보호법(법률 제248호)을 제정, 공포하고 학술원과 예술원을 만들어 회원 선정 작업을 진행하였다. 그런데 회원 선출은 임명제가 아닌 문화계 인사들의 자율적 투표방식을 택했는데, 자격은 대단히 까다로웠다. 즉 대학 졸업 후 예술 방면에 10년 이상 종사한 사람과 대학을 다니지 않고 그 방면에 20년 이상 종사한 사람만 등록시켜서 등록된 문화 인사들만이 투표를 통하여 회원을 뽑는 방식이었다. 그러니까 전국적으로 지명도가 높은 예술인들이 뽑히게 되었는데 문학, 미술, 음악, 서예, 연극 등의 분야에서 정원 25명 중 그가 당당히 압도적인 1등으로 회원에 뽑혔던 것이다. 당시 연극 분야에는 3명만이 배당되었고, 나머지 22명은 문학, 미술 등 활동인구가 많은 분야에 할애되었다. 따라서 제1회 대한민국 예술원의 연극 회원은 그를 비롯하여 유치진, 오영진 등 단 세 사람뿐으로서, 이들은 어느 분야에 내놓아도 손색없는 인물들이었다.

그런데 주목되어야 할 것은 문학이라든가 미술, 음악계에 월탄 박종화(朴鍾和)라든가 횡보 염상섭(廉想涉), 음악계의 현제명(玄濟明), 미술계의 고희동(高羲東), 서예계의 손재형(孫在馨) 등등 기라성 같은 원로 대가들이 즐비했음에도 불구하고 놀랍게도 30대의 젊은 연극인이던 그가 최고 득표로 당선된 진정한 의미를 제대로 아는 이가 드물다는 점이다.

솔직히 그는 당시 연극에 입문한 지 겨우 16년차로서 — 그나마도 일제 말엽 2년 동안은 연극계를 떠나 있었으므로 실제 경력은 14년에 불과했다 — 명배우도, 명연출가도 아닌 38세의 신진기예에 불과했다. 일제강점기 말엽에 극연좌(劇研座)의 예비 단원으로 입문했지만 해방될 때까지 활동 환경이 너무 열악했고, 해방 직후에도 좌익 연극이 판을 장악한 상태에서 이념 갈등으로 연극인으로서 꽃을 피울 기회가 없었음은 다 아는 사실이다. 게다가 전쟁까지 겪어야 하는 그런 최악의 환경에서 그가 대작을 만들어 내어 명성을 얻기란 사실상 불가능한 일이었다.

그럼에도 불구하고 그가 대작들을 수두룩하게 쏟아내어 대가로서 명성을 떨치고 있던 문화계 거목들을 제치고 누구도 예상 못한 1등으로 예술원 회원으로 선정된 이유는 어디에 있을까? 혹여 문화계 전문가들에 의한 것이 아닌 일반 대중의 투표였다면 연극인인 그가 뽑혔어도 쉽게 이해될 수도 있다. 그러나 정규교육을 받고 각 분야에서 10년 이상 활동한 문화인들은 당대 최고의 인텔리겐치아들인데, 그들이 주저 없이 그를 예술계 최고의 인물로 본 것은 결국 그의 그동안의 삶의 궤적이 대단히 훌륭했다고 판정한 것이나 마찬가지라는 이야기이다.

　그렇다면 그의 16년여 동안의 행적은 어떠했던가? 사실 16년여의 그의 행
적을 단순화시켜 보면 결국 세 가지 축으로 요약될 수 있을 것이다. 그 첫째가
일제 말엽의 활동이라고 한다면, 둘째는 해방 공간에서의 활동이고, 셋째는
6·25 전쟁 기간의 활약상으로 압축될 수 있다. 우선 첫 번째 항목이라 할 일제
강점기의 행적에 대하여 살펴보자. 결론부터 말하면 광복 70년이 지난 지금까

지도 사회와 역사의 핫이슈인 친일 문제로부터 그는 가장 자유롭다. 그는 도쿄학생예술좌의 창립 회원으로 활동하다가 대학 졸업 직후 귀국하여 해외문학파들이 조직한 극연좌의 연수 단원으로 잠시 활동하였다. 극연좌가 일본 경찰에 의해 강제 해산당한 뒤에는 대중 극단인 고협(高協)의 단원으로서 11개월 동안 몇 작품의 무대에 섰으나, 순수 정통극을 지향하는 자신의 연극 이념과 부합하지 않는 상업주의에 실망하고 즉각 탈퇴했다. 그리고 한동안 쉬다가 스승격인 동랑 유치진이 총독부의 강권에 의해 조직한 극단 현대극장에 그의 권유로 신인 단원으로 입회하여 프랑스의 번안극인 〈흑경정〉(함세덕 극본) 등에 조역으로 몇 번 출연하고는 1941년 12월에 일제가 태평양전쟁을 일으키면서 조선임시보안령(朝鮮臨時保安令)을 공포하자 실망하고 즉시 연극계를 떠났다. 이해랑은 곧바로 부친이 개업한 부산으로 내려가 있다가 징병을 피하려고 서울 용산의 스토브 회사에 사원으로 잠시 근무하다가 전쟁 말기에 다시 처가인 의주로 올라가서 2년 가까이 은둔 생활을 했다.

이처럼 그는 자신 앞에 닥친 쉬운 길과 어려운 길 중에서 처음부터 일관되게 어려운 길을 택한 인물이다. 또한 그는 친일 어용극인 국민연극 시대에도 — 글줄깨나 쓰는 연극인들이 찬양론을 많이 썼지만, 현장 연극인으로서는 글을 가장 잘 쓴다는 그였지만 — 친일 성향의 글은 단 한 줄도 쓴 적이 없다. 그러니까 다독과 논리적인 두뇌를 지녔던 그가 이미 학생 시설부터 『막(幕)』이라든가 『조선일보』 등 잡지와 신문에 연극 본질론과 관객론 등에 관하여 수준 높은 글을 여러 편 기고했음에도 불구하고, 국민연극에 대해서는 전혀 가타부타 하지 않았다는 이야기다.

그리고 두 번째로 해방 공간에서의 행적을 살펴보자. 그는 아내와 전 가족의 반대로 연극을 다시 하려는 생각 없이 은둔지인 의주로부터 곧바로 홀로 서울에 왔다. 그런데 혼란스런 가운데 일제강점기 때 친일 연극을 열심히 했던 연극인들이 근신이나 자중은커녕 극단을 조직하고 단체를 만드는 등 난리를 치고 있었던 것이다. 특히 프롤레타리아 연극을 했던 사람들과 신파 연극인들이 연극판을 좌지우지하고 있었다. 이에 의분을 느낀 그는 다시 연극판에 뛰어들지 않을 수 없는 처지가 되었다. 그는 뜻 맞는 연극인들과 순수 정통극을 추구하는 낙랑극회라든가 전선 등을 조직하고 연기자로서 무대에 서며 본격 연극운동에 나서게 된다. 그런데 시간이 흐를수록 연극이 혼란스런 정치 이념에 휘둘리면서 연극판은 온통 국제공산주의를 지향하는 좌익 연극인들이 장악하는 꼴이 된 것이다. 따라서 좌익 극단들이 우후죽순처럼 생겨나는 가운데 그는 그들과 대항하는 전통 극단인 극예술협회를 조직하고 이념을 벗어난 순수 연극(純粹 演劇)을 창조하는 데 전념하였다. 그런데 문제는 좌익 연극인들의 적대시와 훼방으로 인하여 공연마저 하기 어려운 점이었다.

당시는 중진 연출가 박진(朴珍)의 증언(『세세연년』)에 의하면 지식인들은 '공산주의연하는 것이 대유행'이었다고 한다. 그럴 수밖에 없는 것이 그 시기 여론조사에 따르면 국민의 75%가 우리나라가 사회주의로 가야 한다는 좌편향으로 기울어진 운동장이었다. 그렇기 때문에 자유민주주의에 대한 확고한 신념이 서 있지 않은 연극인들은 좌익 단체에 가담하거나 기웃거리는 회색분자로 우왕좌왕하고 있었다. 그처럼 열세의 상황에서 그는 용감하게 우익 연극의 행동대장으로 '극협(劇協)'을 조직, 운영하면서 절대다수의 좌익 연극인들과 몸싸움과 이론전(理論戰) 및 실제적 공연으로 맞섰으며 그들에게 조금도 밀리지 않았다.

사실 그의 논리는 간단한 것이었다. 연극이 인생의 진실을 표현하는 것이므로 어떤 주의(主義), 주장의 종속물이 되어서는 안 된다는 것인바, 더구나 그 사상의 도구가 된다는 것은 진정한 예술이 아니라는 신념이었다. 따라서 그는 문단의 논객인 소설가 김동리(金東里)와 공동보조를 맞추면서 셰익스피어 연구자이며 대표적 좌파 이론가였던 김동석(金東錫)과의 논리 대결에서 상대를 제압한 것이다. 그가 그만한 실력을 갖추고 있었다는 이야기다. 특히 그가 좌익 연극인들과의 쟁투에서 당당할 수 있었던 것은 그들과는 달리 친일 문제에서 누구보다도 떳떳하고 자유로웠기 때문이다. 그러다가 1948년 여름

대한민국 정부가 수립되면서 자연스럽게 이념 갈등은 일단 종식되었고, 국립 극장까지 설립되면서 그는 전속단체 신협(新協)의 리더가 되어 연극 입문 이후 처음으로 안정적인 환경에서 연기 활동을 할 수 있게 된다. 그러나 그런 안정적인 연기 활동도 전쟁 발발과 함께 단 반년으로 끝나고 말았다.

바로 이 지점부터 그의 세 번째의 고난에 찬 6·25 전쟁 기간의 활약상이 시작되는 것이다. 전술한 바대로 그가 우익 '민족 연극의 지킴이'였기 때문에 만약 인민군이 서울까지 쳐들어오게 되면 문화계의 공적(公敵) 제1호로서 처형을 면치 못하는 상황이었다. 그 점을 잘 알고 있는 아내가 그를 등 떠밀어 피신토록 한 것은 자연스런 일이었다. 그는 즉각 단독으로 평소의 실력으로 야반에 한강을 헤엄쳐 건너 부산으로 피신했다. 아니나 다를까 그가 집을 나서고 얼마 뒤 인민군이 미아리고개를 넘었고, 인민군을 따라온 좌익 연극인들 몇몇이 들이닥쳐 돈암동 집을 난장판으로 만들고 책 등 자료를 전부 탈취하였다.

그는 부산으로 도망치듯 피난 가자마자 8월에 부산 지구 군 정훈감 김종문(金宗文, 시인) 중령과 문총구국대를 조직하여 반공극(反共劇)을 무대에 올리는가 하면, 12월에는 육군 정훈감 이선근(李瑄根, 박사, 대령)의 도움을 받아 문예중대를 조직하여 포탄이 비 오듯 쏟아지는 겨울의 전선을 다니면서 국군의 사기 진작을 위한 위문 공연을 가졌다. 그러는 한편 신극의 명맥이 끊어질 것 같은 위기감을 느낀 그는 뒤따라 피난 온 몇몇 배우들을 규합하여 국립극장의 활동 중지로 사실상 해체된 극단 신협을 사설 단체로 재건하여 개관 공연작이었던 유치진의 〈원술랑〉을 무대에 올리는 추진력을 보여주기도 했다.

그런데 전쟁이 중공군의 개입으로 날로 치열해져 갔기 때문에 한가하게 연극만 할 수 있는 처지가 아니었다. 따라서 그는 국방부 정훈국의 후원을 끌어내어 〈자명고〉(유치진 작)를 공연하자마자 문예중대를 이끌고 전투가 가장 치열했던 동부전선에 봄부터 여름까지 반년 가까이 위문 공연을 다녔으며, 중부전선과 서부전선으로 떠난 다른 위문대들도 그가 총지휘했다. 다행히 연합군의 반격으로 전세가 유리해지면서 그는 신협을 견고한 극단으로 만들어 전쟁에 대한 공포와 불안에 하루하루를 보내고 있는 피난민들과 시민들이 마음의 안정을 찾도록 셰익스피어의 3대 명작이라 할 〈햄릿〉을 시작으로 〈오셀로〉, 〈맥베스〉 등을 차례로 무대에 올려 시민들의 환호를 받기도 했다.

그가 4대 비극 중 〈로미오와 줄리엣〉을 제외한 것은 전쟁 기간에 '사랑 놀음'은 격에 맞지 않다고 보았기 때문이며, 특별히 그 시기에 셰익스피어극을 선호했던 것은 모든 전쟁 행위가 권력투쟁과 깊은 관련이 있다고 보았기 때문이다. 그렇다고 해서 그가 셰익스피어 희곡만 무대에 올린 것은 아니고, 사르트르의 〈붉은 장갑〉이라든가 몰리에르의 〈수전노〉 등과 같은 번역극과 오영진의 〈맹진사댁 경사〉 등과 같은 희극도 공연함으로써 전쟁에 지쳐 있는 대중을 위무하기도 했다. 이처럼 그는 연극을 단순히 오락으로 생각한 바 없으며 시대의 언어로서 분명한 메시지를 담아야 한다는 신념을 갖고 임했다.

그리고 이 시기에 주목해야 할 것은 그가 좋아한 연기로부터 연출로 방향을 틀기 시작한 점이다. 거기에는 세 가지 이유가 작용했던 것으로 보인다. 첫째는 마땅한 연출가가 없었다는 점, 둘째는 그 스스로 연출가로서도 자신감이 넘쳤다는 점, 그리고 셋째는 그때까지만 해도 배우가 사회적인 대우를 못 받고 있었기 때문에 가문과 자라나는 자녀들에 대한 원려(遠慮)가 작용했던 것이 아닌가 싶다. 따라서 그는 자신이 진정으로 좋아했던 연기도 지속하면서 연출을 겸했고, 그의 연출가로서의 능력이 배우로서의 재능 못잖게 나타나기 시작했다. 그러니까 실제적으로 전쟁기에 그가 연기자로서뿐만 아니라 명연출가, 그리고 유일한 정통 극단 신협의 대표로서 연극계를 완전히 주도하는 리더로 우뚝 선 것이다.

솔직히 그가 없었더라면 이 기간에 우리나라 신극사(新劇史)의 맥이 끊어질 뻔했다고 말해도 과언이 아니다. 그만큼 그의 존재감은 컸다. 따라서 당시 인재가 많은 상황에서 전국 문화예술인들이 이러한 그의 15년간의 빛나는 행적을 정확히 읽어내고 그에게 수석(?) 예술원 회원이라는 영예를 안겨준 것이라고 볼 수 있다. 만약에 회원들의 연륜을 헤아리지 않았다면 38세의 그가 당당히 대한민국 예술원의 초대 회장 자리에 오를 수 있었을 것이다.

그런데 그가 그런 영예를 안았다고 해서 생활이 달라진 것은 하나도 없었고, 오히려 전후의 경제난과 올곧은 성격, 의리 때문에 더욱 고통스런 삶이 닥쳐왔다. 휴전조약이 맺어지면서 1957년에 대구에 임시로 있던 국립극장(제2대 극장장 서항석)이 명동으로 옮겨왔고 신협을 전속 극단으로 끌어들이게 된다. 그런데 서항석과 경쟁 관계였던 유치진이 전통 있는 신협의 이름을 잃었다고 난리를 치는 사단이 난 것이다. 그에게 또다시 쉬운 길(가족 생계)을 버리고 어려운 길을 선택해야 하는 일이 닥쳐온 것이다. 여기서 그는 급료를 받는 동료 단원들만 국립극장에 남겨두고 유치진과의 의리를 지키기 위하여 일제 말엽에 이어 두 번째로 홀로 낭인의 길을 택한다. 국립극장을 떠나는 날부터 당장 생계가 어려워 아내와 적성에도 맞지 않는 다방을 해보기도 한다.

그러는 동안 남산에 드라마센터가 건립되면서 초대 극장장으로 초빙되었지만, 재정적 어려움으로 급료는 없고 일만 많은 직책이었다. 그럼에도 불구하고 연중무휴로 마음껏 연극을 할 수 있다는 꿈만으로 하루하루가 행복했고, 그 극장에서 그는 1962년에 자신이 출연하고 직접 연출도 하여 한국 근대 연극사상 최고의 명작으로 평가되는 유진 오닐의 〈밤으로의 긴 여로〉를 만들어내기에 이른다. 그러나 그것으로 끝이었다. 드라마센터가 재정난으로 만 1년도 채우지 못하고 문을 닫으므로 그는 전쟁 중에 재건하여 신극의 명맥을 이었던 신협에서 연출에 전념케 되었기 때문이다. 그리고 동국대학교에서 후진을 양성하는 것으로 만족해야 했다.

이런 그에게 연극계를 뛰어넘어 문화예술계의 명실상부한 리더로 서서히 부상할 수 있는 계기가 생겨난다. 그가 문화예술계의 대표로서 1963년에 막강한 집권당인 민주공화당 창당 발기인으로 발탁되는가 하면, 1966년도에는 아무도 생각 못하고 설사 생각을 했어도 감행하기 어려운 필생의 문예사업으로

'이동극장운동(移動劇場運動)'을 전개한다. 1966년 여름부터 시작된 이동극장운동은 전국의 중소 도시는 물론이고 농어촌 구석구석까지 매일 이동하면서 공연하는 방식이었다. 변변한 공연장이 없었던 시절이라 그는 대형버스를 개조하여 야외에서도 공연할 수 있고 동시에 숙식까지 해결할 수 있도록 꾸며진 움직이는 소극장을 만들었다. 메이저 신문이었던 『한국일보』의 전폭적 후원으로 시작된 첫 하반기에만 77만 8천 명이라는 놀라운 숫자의 관객을 동원했으니 당시 지방 사람들이 얼마나 극예술에 목말라 있었는가를 단적으로 보여주는 하나의 사건이었다.

그가 어려운 시절에 그런 문화운동을 발상한 것은 수도 서울에만 국립극단을 비롯하여 동인제 시스템 극단 대여섯의 공연 활동이 있는 것이 전부여서 한 나라 문화의 뿌리가 되는 지방 문화의 부재는 곧 한국 문화의 빈혈이라 인식한 데서 비롯되었다. 따라서 그는 이를 극복하기 위하여 불모의 지방에 문화의 씨앗을 뿌림으로써 장기적으로 그것이 자라나 꽃을 피우게 되면 중앙과 지방의 심각한 문화 불균형도 해소할 수 있다고 확신한 것이다. 그러한 그의 장대한 구상은 현장의 열렬한 호응으로 나타나 7년여 동안 물경 1천만 명 정도의 관객들이 이동극장 연극을 관람하였다. 이는 그 스스로도 자부한 바 있듯이 한국 연극사상은 말할 것도 없고 세계 연극사상에서도 전무후무한 쾌거였다. 이처럼 오늘날의 활발한 지방 문화는 거저 일궈진 것이 아니고 이해랑과 같은 선각자의 길닦이가 있었기에 가능한 것이다.

그런데 더욱 주목되는 것은 철저한 리얼리스트였던 그가 자신의 연극 철학을 잠시 접어두고 매우 개방적이면서도 선진적인 연극운동을 벌인 점이다. 즉 그는 극장을 벗어나 야외 공연의 실험을 했으며 찾아가는 공연 방식으로 예술을 서비스 차원으로 인식하게 하였다. 1990년대 이후 각 지자체 소속의 예술단체들이 찾아가는 공연 방식을 정착시킨 것은 절대로 새로운 것이 아니고 일찍이 이해랑 이동극장운동의 길닦이에서 비롯된 것임은 두말할 나위 없다.

이러한 그의 선구적인 문화운동은 국민적인 평가를 받았고, 그 결과는 이듬

해(1997년) 당당히 예총(藝總) 회장으로 당선되는 것으로 나타났다. 그런데 여기서 주목되어야 할 것은 그가 출마한 진정한 배경이다. 솔직히 그가 이동 극장을 이끌고 다닐 때 여러 가지 불편과 수모가 뒤따랐다. 지방에서 공연하려면 공설 운동장에서부터 학교 운동장, 공회장, 장터, 영화관 등 행정적으로 허가받아야 하는 사항이 적지 않았다. 물론 지방 소재 한국일보 지사의 협조가 컸지만 소위 지방 관리나 유지들의 도움이 반드시 필요했다. 그런데 이동극장을 서커스단과 같은 유랑 딴따라로 볼 정도로 지방 사람들의 고루한 인식이 걸림돌이 되는 경우가 많았다. 좀 더 구체적으로 말하면 보수적인 지방 유지들의 광대 천시사상(賤視思想)이 의외로 깊었다는 이야기다.

바로 거기서 그는 예총 회장이라는 직책이 절실히 필요했고, 실제로 그런 명함을 내밀면서 대우가 180도 달라진 것이다. 그때부터 그는 연극인의 사회적 지위 문제를 숙고했고, 그러한 뿌리 깊은 사회윤리를 극복하는 것은 권력의 자리에 오르는 길밖에 다른 도리가 없다고 확신하게 되었다. 그런 그에게 드디어 1971년에 문화예술계의 대표로서 집권당의 국회의원 영입제의가 들어온다.

물론 그의 정계 진출에 대하여 비판도 있었다. 그러나 그의 예총 회장 시절 정부가 문예진흥에 대한 청사진을 내놓고, 법령 제정도 서두르던 때였으므로 그가 문화정책에 대한 여러 가지 제안과 자문도 했던 만큼 국회에 들어가서 입법에 적극 나서야 한다는 생각이었다. 실제로 그가 국회에 들어가서 한국문예진흥원 설립에 앞장섬으로써 문화 발전에 크게 기여했다. 당시 정계의 실력자로서 함께 의정 활동을 했던 김종필(金鐘泌) 전 총리도 그 점을 인정하면서 그가 "문화예술창달을 위해 박정희(朴正熙) 대통령에게 자주 헌책하여 많은 지원을 얻어 냈다"(『한국연극』 제156호)고 회고한 바 있다.

그의 정계 진출로 인하여 한국 사회문화계에서 두 가지 획기적인 변화가 일어났다. 첫째, 그는 수백 년 동안 내려온 연극인에 대한 천민사상을 단번에 혁파했다. 가령 조선시대까지만 해도 배우(광대)업은 기생, 백정, 무당 등 8천민(八賤民)의 한 직종이었다. 때로는 호적조차 없을 정도로 광대는 괄시의 대명사 같은 투명인 족속이었다. 그런데 더욱 심각한 문제는 그러한 천시사상이 개화기 이후에도 여전히 사라지지 않았다는 점이다. 가령 1910년대까지만 해도 지체 높은 집 아이들이 나이 든 예능인들에게 하대했을 정도였다. 이러한 윤리적 인습이 근대 이후에도 상당 기간 잔존하여 상당수 젊은이들이 꿈과 재능이 있어도 연극계에 뛰어들기를 꺼렸었다. 바로 그 자신이 조선시대의 귀족 출신으로 대대로 고관대작을 지내온 가문의 종손이었음에도 불구하고 배우로 나섰기 때문에 배척받고 가난한 생활을 면치 못하지 않았던가.

그의 위대한 점은 이러한 우리 사회의 윤리적 환경과 용감하게 맞서 싸워 문화예술계의 수장에 올랐고, 드디어 연극계를 뛰어넘어 문화예술계 최초로 집권당 국회의원이 되었다는 점이다. 그런데 그가 국회에 입성한 중대 의미는 그 개인이나 가문의 영광에 그치는 것이 아니라, 소위 만민 평등의 근대 자유민주주의 사상이 수백 년 만에 비로소 성취되는 계기를 만든 점이라 하겠다. 일제 말엽 극단 현대극장에서부터 함께 무대 활동을 했던 원로 강계식(姜桂植)이 뒷날 그를 회고하는 「책 한 권의 권유」라는 에세이에서 "선생이야말로 쟁이로 머물러 있던 배우를 예술가로서의 지위로 다져놓은 인물"이었다고 한 것이야말로 그 점을 단적으로 지적하였다고 볼 수 있다. 그로부터 십수 년이 지난 1980년대 이후에는 많은 배우, 텔런트, 그리고 코미디언 등이 국회의원이 되고 장관직에도 오르지 않았는가.

그런데 그가 문화계의 수장 노릇과 국회의원 생활을 하면서 고루한 사회윤리를 혁파한 것에 못잖게 큰 공적을 남긴 사실에 주목할 필요가 있다. 그것은 다름 아닌 거대한 예술인 복지사업을 하고 미래를 위한 시스템을 마련한 것이다. 즉 그는 사실 다른 예총 회장들처럼 명예직이라 하여 앉아서 도장이나 찍는 그런 회장이 아니었다. 그가 연극인 생활을 하면서 겪은 예술인들의 가난의 대물림만은 막아야겠다는 생각을 갖고 가장 중요한 주거의 문제를 해결하기 위하여 사당동에 거대한 예술인마을을 마련한 것은 솔직히 전무후무한 대사업이었다. 왜냐하면 수도 서울에 예술인마을을 조성하는 일, 곧 대통령 재가를 받은 건설부 장관이나 서울 시장이 할 수 있는 일을 권력자도 아닌 일개 예총 회장이 해냈다는 것은 놀라운 일이기 때문이다. 이런 사업은 보통 의 비전과 추진력, 그리고 배짱이 없으면 불가능한 일이다. 그런데 그가 그것 을 해낸 것이다.

또 하나 그는 예총 회장과 국회의원을 하면서 문화예술진흥법 제정에 앞장 섰고, 한국문화예술진흥원 설립에도 절대적인 역할을 했다. 최근 미국 스탠포 드 대학교 경영대학원 윌리엄 바넷 교수는 루이스 캐럴이 쓴 동화『거울나라의 앨리스』에서 힌트를 얻어 쓴 책『붉은 여왕: 경쟁력은 어떻게 진화하는가』에 서 진정한 지도자는 단순히 비전 제시만으로 그치지 않고 "다음이 무엇일지 를 발견하는 시스템을 만드는 사람"이라고 했다. 이는 곧 극단 신협을 조직하 고 이동극장을 만들며 예총의 틀을 근본적으로 다시 짜는 한편 문예진흥법 제정으로 한국 문화 진전의 바탕을 마련한 이해랑을 두고 한 말 같다. 그래서 그가 한국 문화계의 거인으로서 진정한 지도자라는 소리를 듣는 것이다.

게다가 그의 담대한 지도자로서의 모습을 극적으로 보여줄 만한 사건(?)이 있었다. 1980년대 초 서슬이 시퍼런 신군부가 들어서서 사회를 개혁한답시고 종신제였던 학술원과 예술원 회원의 임기를 65세 정년제로 바꾸어놓자 그가 직접 청와대에 들어가 대통령에게 건의하여 그 제도를 원상 복구시킨 사실을 아는 이가 거의 없는 것은 극히 아쉬운 일이다.

그런데 그는 연극예술사적으로 보아도 그에 못잖게 거대한 족적(足跡)을 남긴 인물이다. 그는 우선 사대부 후손답게 인격주의를 내세워 스스로 신독 (愼獨)함으로써 평생 도덕적으로 아무런 흠결이 없었다. 그리고 그러한 인격 주의를 유독 배우들에게 강조했다. 그러니까 그는 배우들이 지식, 수련 못잖 게 도덕적 품성을 갖춰야 좋은 작품을 만들어낼 수 있다는 확고한 신념을 갖 고 실천하려 노력했다. 가령 그가 조직하고 수년간 이끌었던 극단 신협의 경 우 단(團) 내의 연애 금지 같은 엄격한 규정을 제정했던 것이야말로 그 단적인 예라 할 수 있다.

그리고 1950년대까지만 해도 우리나라 리얼리즘은 서구 근대극의 겉껍데기 흉내에 불과하다는 비판을 종종 받았었다. 그러나 그가 본격 연출가로 등장하여 〈밤으로의 긴 여로〉를 비롯하여 〈천사여 고향을 보라〉, 〈뇌우〉, 〈들오리〉, 〈황금연못〉, 〈햄릿〉 등과 같은 우리 무대예술사의 이정표가 될 만한 수작들을 쏟아내면서 흉내 운운하는 비판은 종적을 감췄다. 이는 곧 그가 한국 리얼리즘을 한층 심화시키고 성숙시켰다는 의미이기도 하다. 즉 그러한 찬사는 곧 그가 엉성했던 우리의 리얼리즘에 화룡점정(畵龍點睛)을 찍음으로써 비로소 한국 리얼리즘이 완성 단계에 들어섰다는 청신호이기도 했다. 그런데 여기서 주목해야 하는 것은 그가 한국 근대극을 한 단계 업그레이드 시킬수 있었던 데는 그 나름의 연극관과 연극 이론이 뒷받침되었기 때문에 가능했다는 점이다.

그도 누구나처럼 근대극의 연출, 연기론의 개척자 스타니슬랍스키라든가 안톤 체호프의 영향을 많이 받은 것이 사실이다. 그러나 그는 거기에 머물지 않고 다양한 인생 체험을 바탕으로 삼아 이 땅에 적절한 자기만의 독특한 연극론을 확립했다. 그 점은 그의 논문 「또 하나의 커튼 뒤의 인생」에 부분적으로 나타나 있으며, 예술의 절제 원칙을 잘 보여주는 그만의 명언인 "우주처럼 광대하게 사유하고 별처럼 작게 표현하라"는 말도 바로 거기서 비롯된 것이었다. 이런 인물이 거목(巨木)이 아니라면 과연 누가 거인(巨人)이란 말인가.

Ⅰ. 호야형(好爺型) 인문주의자

참된 인간은 설사 어두운 충동에 끌리는 일이 있어도
바른 길을 잊지 않는 법이다.
—『파우스트』에서

필자가 이해랑 평전을 쓰게 된 동기는 두 가지에 있었다. 그 첫 번째는 이해랑연극재단으로부터의 간곡한 요청에 따른 것이었고, 두 번째로는 필자가 연극사를 정리하면서 그에 대해서만은 독립적으로 다루어보고 싶은 욕망에 따른 것이었다. 사실 글을 쓰는 사람들의 상당수는 아마도 마지못해 쓰는 경우와 정말 쓰고 싶어서 쓰는 경우가 있을 것이다. 필자도 그런 부류에서 벗어날 수는 없었다. 평생 글을 써 오면서 원고지를 수만 장은 메웠으리라. 그중 상당 분량은 연극평론가로서 순전히 청탁에 의한 것이었고, 다음은 연극사학자로서 반드시 기록해 놓아야겠다는 사명감에 따른 것이었다.

필자는 1960년대 초부터 한국 연극사를 정리하기 위해 수많은 사료를 섭렵해 왔고, 또 선배 연극인들과 접하였다. 이제는 모두 고인이 되신 박승희(朴勝喜), 유치진(柳致眞), 이서구(李瑞求), 오영진(吳泳鎭), 김진수(金鎭壽) 등 극작가들과 변기종(卞基鍾), 복혜숙(卜惠淑), 석금성(石金星), 지최순(池崔順),

김동원(金東園), 서월영(徐月影), 강계식(姜桂植), 장민호(張民虎) 등 배우, 그리고 박진(朴珍), 서항석(徐恒錫), 이원경(李源庚), 이해랑 등 연출가들을 만날 수가 있었다. 이들 중 몇몇 분과는 연령의 벽을 넘어 자주 만나 연극 현실에 대해서 이야기를 나누었고 때로는 구체적인 작품을 갖고 심층적 토론을 벌인 경우도 있었다. 이분들은 아들이나 손자뻘밖에 안 되는 필자를 자식처럼 따뜻이 대해 주었고 그분들의 병상을 드나들 때는 지나간 연극 이야기와 함께 덧없는 삶의 아픔에 대한 심회(心懷)도 들을 수 있었다. 특히 여러 연극 선배들을 만나보면서 몇몇 분은 문학 등 예술의 어느 장르의 인물들과 비교할 때, 그들 이상으로 특출하다는 생각을 하면서 자부심을 느낄 때가 가장 행복했다. 왜냐하면 우리 사회에서는 수백 년 동안 연극인들이 딴따라로 폄훼되어옴으로써 그 분야에 유능한 인재들이 뛰어들기를 꺼려왔음에도 불구하고 상당수 인재들이 그러한 박대와 가난을 극복하고 오늘날 이 땅에 찬란한 공연화의 꽃이 피도록 토대를 마련해놓았기 때문이다.

따라서 필자는 이분들에 대한 애틋한 마음의 글을 짧게 또는 길게 쓰기도 했다. 즉 짧게는 단 몇십 장, 또 길게는 수백여 장으로 쓴 경우도 있었다. 그런데 이러한 연극 선구자들에 대해 글을 쓰면서 항상 아쉽게 생각한 것은 짧은 글 속에 그 큰 발자취를 담을 수가 없었다는 점이다. 그렇기 때문에 몇몇 분들에 대해서는 언젠가 한 권의 책으로 담아내야겠다는 생각을 해왔다.

그런 대표적인 인물이 바로 '이해랑'이었다. 그에 대하여 제일 먼저 쓰고 싶었던 두 가지 이유가 있었다. 첫째로 그는 대단히 큰 인물임에도 불구하고 인간적으로 너무나 친근하고 매력적이었다. 필자는 그와 일찍부터 특별한 인연은 없었다. 그에게서 연극을 배운 적도 없고 연기자가 아니므로 그가 연출한 작품에 출연한 바도 없다. 오히려 그가 연출한 작품을 비판하는 글을 쓰는 비평가였으므로 긴장 관계에 있었다고 해도 과언이 아니다. 필자는 그가 국립극장에서 연출한 〈안네 프랑크의 일기〉를 보면서부터 그의 작품을 유난히 좋아했지만 어떤 작품에 대해서는 가차 없이 혹평한 적도 있었다. 그럼에도 불

좌측부터 필자, 이해랑, 중견 작가 노경식

구하고 회의석상에서 자연스럽게 만나고, 드물긴 했지만 저녁 술자리에서 이
따금 만나면서 가까워지기 시작했다.

그가 워낙 친구들을 좋아하고 특히 젊은이들을 사랑했기 때문에 그의 주변
에는 언제나 사람들이 몰렸고 애주가답게 술을 많이 마셨다. 필자 역시 술을
좋아하고 또 젊은 호기로 그분과 자정을 넘긴 적이 한두 번이 아니었다. 사실
그분과 술자리를 함께 한 이튿날은 피곤하기 이를 데 없었다. 그가 사철 맥주
만 마시는 데다가 땅콩이나 치즈만 안주로 삼았기 때문에 지지고 굽고 끓이
는 음식과 독주를 좋아하는 필자로서는 고통스럽기 짝이 없었다. 그렇기 때문
에 함께 주연을 베풀고 헤어지는 밤에는 언제나 허기가 지곤 했던 기억이 생
생하다. 이처럼 그는 저녁이면 밥도 마다하고 맥주와 몇 가지 마른안주로 자
정까지 즐겁게 술을 마시곤 했다. 이는 곧 그가 대단히 소탈하고 담백했음을

단적으로 보여주는 예라 말할 수 있다. 그는 한마디로 천진난만한 소년 같았다. 그만큼 가식과 위선을 싫어했고, 지극히 자연스러웠으며 항상 쾌활했다. 그렇다고 해서 그가 대인의 풍도(風度)를 잃는 것도 아니었다. 한마디로 초탈한 도인(道人)의 모습 그대로였다. 대단한 가문의 종손으로서 박대와 가난 속에서 어렵게 연극만을 천직으로 삼아 온 사람이라는 것을 그의 어느 구석에서도 찾아볼 수가 없었다. 더구나 그것을 극복하고 예총 회장, 여당 국회의원, 대한민국예술원 회장을 지냈다는 위엄 같은 것도 전혀 없었다. 그는 누구와도 격의 없이 지냈고 또 허심탄회하게 이야기를 나누는 것을 즐겼다. 그는 매우 낙천적이고 검박했으며 또한 낭만적이었다. 그래서 필자는 그를 지켜보면서 때때로 일찍이 공자(孔子)가 "지식보다 좋은 것이 취미이고 취미보다 나은 것이 즐김"이라고 했던 말이 떠오르곤 했었다.

그는 어느 자리에서도 위엄을 부리거나 권위를 내세우는 것을 싫어했다. 그는 평생 사사로운 감정으로 단 한 번도 남을 증오하거나 음해한 일이 없었는데, 이는 아무래도 그의 성선설(性善說)의 믿음과 긍정적 인간관에 바탕한 것이 아닌가 싶다. 그는 사람을 사랑할 줄 아는 인물이었다. 특히 젊은이들을 좋아해서 그를 아버지처럼 떠받들고 따르는 사람이 적지 않았다. 필자가 알기로는 그가 개인의 사사로운 이익을 추구하고자 세속의 탁류에 휩쓸린 적이 없었다. 더러는 사람들이 그가 배우 출신으로서 막강한 여당의 창당 발기인을 하고 국회의원을 두 번씩이나 지낸 것에 대해 비판도 했지만, 그것은 그를 제대로 모르는 데서 비롯된 것이었다. 그는 아침에 집을 나올 때 아내가 쥐여 주는 버스표 두 장만 있으면 만족스럽게 서울 거리를 활보할 정도로 마음이 풍만한 인물이었다.

그는 자기 집 살림살이를 어떻게 꾸려나갈 것인지에 대해서는 오불관언(?) 하면서도 동료들의 살림살이에 대해서는 마음 아플 정도로 관심을 갖곤 했다. 따뜻하고 너그러웠던 그는 언제나 웃는 낯이었고 또 술이라도 한잔 마시면 좌석을 독점할 정도로 이야기를 즐겼다. 이야기는 대체로 두 종류였는데

한 가지가 상대방을 즐겁게 하려는 유머와 위트였다고 한다면, 또 한 가지는 연극에 대한 교훈적인 내용이었다.

연극에 대한 이야기는 항상 본질적인 것이어서 그의 말 한 마디 한 마디가 그대로 연극론(演劇論) 그 자체이기도 했다. 그의 주변에 항상 젊은 연극인들이 모여들었던 것은 그의 격의 없는 대인관계에도 원인이 있지만 취중에 자연스럽게 던지는 연기, 연출론에 매료되고 또 산 공부가 되었기 때문이었다. 그가 많은 독서와 무대체험을 통해서 터득한 연극 본질론을 쉽게 풀어주었기 때문에 연출가와 배우들이 특히 귀 기울여 들었다. 그가 가볍게 던지는 연극 이야기를 받아 적으면 그것이 바로 연극론이 될 만한 알찬 내용이었다. 그는 남들에게 자기 자신의 감정을 숨김없이 모두 다 표현하곤 했다. 아버지로서, 형으로서, 또 아내의 지아비로서의 입장에 설 때는 다분히 유교적인 가치관을 따랐으나 내심으로는 도가적(道家的)인 경향이 짙었으므로 위선자나 허위, 가식적인 것을 멀리했다.

그는 젊은 날 서양에 가서 공부한 적도 없고 다만 나이 40대에 미국에 몇 달 다녀오고 노년에 유럽에 서너 번 유람한 것밖에 없는데도 언제나 영국 신사 같은 풍모였다. 한국인이면 누구나처럼 난세에 살면서도 그는 한때 몸을 담았던 정치에 특별한 관심을 두지 않았고, 한 번 맺은 인연을 소중하게 생각했다. 가령 필자와 수십 년 동안 만나왔지만, 국회의원을 언제 했느냐는 듯 정치 이야기를 전혀 하지 않았다. 어쩌다가 정치 활동에 대해서 물으면 그저 마지못해 몇 마디 할 뿐이고 그것도 다분히 부정적이었다. 그는 한결같이 연극하는 것이 제일이라는 이야기만 했다. 친구들과 맥주를 마실 때도 연극하는 이상의 행복이 어디 있느냐는 것이었다. 상당수 사람들이 선거철만 되면 국회의원이 되려고 혈안이 되는데도 그는 언제나처럼 아무런 관심을 두지 않았다. 그것이 뭐 그리 대단한 일이냐는 투였다.

그는 우선 인간적으로 또는 예술적으로 스캔들이 없었다. 평생 배우와 연출가로서 예술계에 몸담았음에도 스캔들 한 번 뿌리지 않았다. 그렇게 평생 술에 젖어 살다시피 했어도 추태 한 번 보여준 적이 없고, 여성과 염문 한 번 뿌린 적이 없으며, 남의 마음을 아프게 한 적이 없다. 아무리 술에 취해도 몸을 흐트러뜨리는 일 없이 귀가를 재촉했다. 그래서인지 몰라도 자녀들을 대단히 훌륭하게 키웠고 만년에는 자녀의 덕도 많이 보았다.

양평의 한강변에 아들이 지어놓은 별장까지 있어서 수시로 좋아하는 친구와 후배들을 불러다가 온종일 주연을 베푼 것이 한두 번이 아니었다. 이처럼 그는 자기에게 주어진 생을 최대한 즐겁게 보내려고 애쓰는 것처럼 보였다. 그는 때때로 후배들에게 "20대에는 누가 예쁜 여자와 연애하는가가 관심사이고, 40대에는 누가 돈을 많이 벌었나 하는 것이 관심사라면, 60대 이후에는 누가 건강한가 하는 것이 관심사"라고 말하곤 했다. 이처럼 그는 주어진 생의 순간순간을 최선을 다해 일하고 또 여가를 즐기며 살았다. 필자는 그의 삶을 지켜보면서 때때로 러시아의 문호 레오 톨스토이가 단편소설 「인생에서 중요한 세 가지」에서 "가장 중요한 시기는 현재이고, 중요한 사람은 곁에 있는 사람이며, 중요한 일은 그를 위해서 도움을 주는 것"이라고 말한 것을 떠올리곤 했다.

그는 마치 젊어서 힘들게 산 것을 보상이나 받으려는 듯이 주어진 생을 최대한 즐겁고 충실하게 살려고 노력했다. 이러한 삶의 태도는 평소 탄탄한 내공을 쌓지 않으면 도달하기 힘든 경지이다. 그런데 그가 즐긴다는 것은 단순히 놀기 좋아하는 사람이 생을 소비하는 것과는 본질적으로 다른 차원이었다. 그의 즐김은 삶의 어두운 터널을 오랫동안 헤매면서 터득한 초탈(超脫)의 경지에서 누리는 일종의 존재 방식이었던 것이다. 그는 일찍이 「삶의 그림자」라는 에세이에서 "언제 한번 마음을 툭 놓고 산 적이 없었다. 기쁜 일이 있어도 곧 또 무슨 불길한 일이 닥쳐올 것만 같은 생각에 마음이 편할 날이 없었다. 까닭 없이 늘 마음 조마조마하기만 했었다. 조그만 일에도 곧잘 놀라고 신경을 쓰고"라고 쓴 적이 있다.

이는 솔직히 그의 고단했던 지난날을 고백한 글이었다. 격동하는 우리의 현대사 속에서 수입이 일정치도 않은 연극인으로 사는 것은 마치 항상 벼랑 끝을 걷는 것 같은 삶이지 않았겠는가. 그럼에도 장년 이후 그의 삶의 자세에서 그런 마음의 어두운 구석 하나 찾아볼 수가 없었다는 데 주목할 필요가 있다. 그는 돈을 벌 줄도 쓸 줄도 몰랐다. 그래서 그랬는지 몰라도 후배들과의 주석(酒席)에서 술값을 거의 내지 않았다. 내지 않았다기보다는 낼 기회가 없었다는 말이 옳을 것 같다. 그를 좋아하고 존경하는 친구나 후배들이 재빨리 돈을 지불했으니까.

따라서 그의 주머니에는 언제나 접어서 모서리가 다 닳아버린 수표 한두 장이 있었다. 필자는 그와 그렇게 많은 주석을 가졌어도 그가 술값을 지불하는 것을 한 번도 본 적이 없다. 우리 동료들은 그 헌 수표를 언제 쓰는가 보자고 벼르기까지 했었다. 그러나 끝내 보지 못하고 말았다. 그는 아마도 생전에 그렇게 사랑하던 아내와 손녀들의 완구나 꽃신을 사주는 데 그 낡은 수표를 썼을지도 모른다. 그는 항상 "술은 공짜가 맛있는 거야"라면서 좌중을 웃겼고 술값을 지불하지 않아도 후배 제자들은 즐겁기만 했다. 주석에서 그가 즉흥적으로 하는 이야기들이 우선 재미있었고 삶과 연극의 본질을 가볍게 이야기해 줌으로써 후배 제자들을 끊임없이 자극하고 이끌었기 때문에 술값 내겠다는 사람이 줄을 섰다. 결국 그가 술을 너무 사랑해서 저승에서 주신(酒神)이 모셔 간 것 같다는 생각까지 했다. 그는 이승에 별다른 미련이 없었을지도 모른다. 그는 도대체 세속적인 셈하고는 거리가 먼 인물이었다.

다음으로 그는 연극사상 가장 철학적 인물이었다. 필자는 그동안 작고한 연극인들과 접촉할 기회가 많았지만 그만큼 인생을 깊게 사유한 사람은 보지 못했다. 그는 한마디로 인문주의자였고 보편주의자였으며 리얼리스트였다. 그는 항상 인생과 연극을 담배 연기에 비유하곤 했다. 그는 자신은 무한한 우주의 생명계에 잠깐 나타났다가 사라져가는 보잘것없는 입자(粒子)에 불과하며, 또 그가 어떤 입자로 이 세상에 나타났다가 사라지느냐 하는 것도 그리 대수로운 일이 못 된다고 생각했다. 취기가 오를 때마다 늘 모든 것이 담배 연기와 같이 사라져가는 하나의 환영(幻影)에 불과하다고 되뇐 것도 거기에 연유한다. 그래도 생명은 존귀한 것이므로 그 자신의 생명을 만끽해야 한다고 믿었다. 언뜻 보면 그는 허무주의자처럼 보이기도 하지만 서양의 근대 허무주의 사상과는 본질적으로 궤를 달리했다. 서양의 허무주의가 다분히 부정적이라고 볼 때, 그는 그것을 훨씬 뛰어넘는 초탈의 사상가였다고 말할 수 있다.

그가 누구보다도 도덕적이고 삶을 간결화했던 것은 유가적 가풍과 도가적 사상의 결합에 따른 것으로 볼 수 있다. 그런 그가 만년에 기독교에 귀의한 것은 참으로 흥미롭고 주목할 만한 일이었다. 그가 교회에 나가게 되는 데는 선대에 목사가 있기도 했지만 독실한 부인의 권유도 작용했던 것이 아닌가 싶다. 그런데 특히 필자의 눈길을 끄는 부분은 그가 병원을 간간이 드나들고 죽음을 깊이 명상하면서부터 교회에 열심히 다녔다는 사실이다. 그는 교회에 다니기 시작할 무렵 어느 잡지에 낸 에세이에서 "삶과 죽음 그것은 정말 종이 한 장 차이였다. 동전의 양면과 같이 떨어지지 않고 붙어서 우리와 동행하려고 그림자처럼 따라다니고 있으니 말이다"라고 쓴 바 있다.

그는 또 다른 에세이에서도 "죽음이라는 것이 멀리 있는 것이 아니고 바로 우리 곁에 있는 것을 알았다"라고 썼다. 이러한 죽음관은 대단히 동양적이고 또 한국적인 것이었다. 우리의 전통극인 〈꼭두각시놀음〉의 한 대목에 나오는 "저승이 바로 문밖"이라는 구절과도 일맥상통한다. 특히 전통적인 무속 사상과 불교, 도교 등이 혼효(混淆)된 데서 나온 것이라 말할 수 있다. 그만큼 그는 관조적이었고 죽음을 초월해가고 있었다. 그러던 그가 교회의 문을 두드리게 된 것은 가까워진 저쪽 동네를 어렴풋이나마 느끼기 시작했기 때문이었던 것 같다. 그 무렵 그는 후배들을 만나면 곧잘 저쪽 동네 이야기를 많이 했다. 그는 언제나 가볍게 웃으면서 "나는 지금 이쪽 동네(이승)에서 저쪽 동네(저승)로의 반은 훌쩍 넘어왔어"라고 했다. 그것이 반쯤 왔다고 이야기하고 얼마 지나지 않아서였다. 이는 사실 생사관이 확고하게 서 있는 사람만이 할 수 있는 말이었다. 그런 이야기를 자주 하던 만년에 쓴 한 에세이에서 그는 "연

극이 현실은 아니지만 현실적으로 엄연히 존재하듯이 저승의 세계도 존재하고 있다고 믿음으로써 이 세상을 충실하게 살아갈 수 있는 힘을 얻게 된다면 그것으로도 충분히 가치 있는 것일 듯싶다"고 술회한 바도 있다.

이는 곧 그가 영원무애(永遠無碍)의 도가 사상으로부터 벗어나 기독교적인 내세관을 지니기 시작했다는 이야기가 될 것 같다. 이것은 사실 그로서는 대단한 내면적 변화라 말할 수 있다. 왜냐하면 사대부 종손으로서 전형적인 유가 교육을 받고 자란 그가 고통스런 삶의 편력을 거쳐 동양적 초월 사상에 이르고, 다시 기독교적 내세관에 도달했기 때문이다. 사실 그가 기독교적 내세관을 갖는 것은 시간 문제였다고 말할 수 있다. 그가 20대 청년 시절부터 서양 연극에만 몰두해왔던 만큼 기독교적 내세관을 지니는 것은 극히 자연스러운 것이었다고도 볼 수 있다. 그런데 필자가 그를 더욱 주목하는 것은 이러한 자신의 인생관을 인생 후기에 연출 작품에 투영한 데 따른 것이다.

그는 입센이라든가 체호프, 오닐 등에 평생 심취했는데 이 작가들은 모두 리얼리스트였고 더 나아가 인생론자(人生論者)들이었다. 그는 사실주의 작가들 외에는 별로 좋아하지 않았고 평가하는 데도 인색했다. 영문학자들 중에는 그가 셰익스피어까지 대수롭지 않게 생각하는 것에 대해서 의구심을 갖는 사람들도 있었다. 그런데 그가 셰익스피어를 과소평가했다기보다는 자기 취향에 맞지 않은 것을 조금 과격하게 표현했을 뿐이다. 그의 말에 따르면 연출은 어디까지나 조용히 배우의 잠재력을 끄집어내고 느낌을 이끌어내야 하는데 셰익스피어 작품은 비논리적일 정도로 극장적(劇場的)이어서 좋게만 보아줄 수가 없다는 것이었다. 그는 배우가 무대 위에서 완전하게 모두 다 보여주고 떠벌리는 것보다는 정지된 것이나 침묵 속에, 그리고 가려진 것, 숨겨진 곳에 진정한 연극적 진실이 있다고 믿었다. 그의 연출관은 한마디로 "우주(宇宙)와 같이 광대하게 생각하고 별과 같이 적게 표현하자"는 데 농축되어 있다. 그는 노출되어 있는 것보다도 감추어져 있는 것, 가려져 있는 것에 삶과 연극의 진수가 있다고 믿었다. 그는 셰익스피어의 작품을 많이 연출했지만 주인공보다도 단역들에 오히려 주목했고, 영웅호걸보다는 하잘것없는 조연을 사랑했다. 가령 그는 한 연출 노트에서 "죽느냐 사느냐" 하는 햄릿의 독백에서보다 요릭의 해골을 들고 인생무상을 노래하는 무덤 장면에서, 또 레어티스와의 결투를 앞두고 "참새 한 마리 떨어지는 데도 하늘의 섭리가 있는 법, 올 것이야 언제와도 안 오겠는가"라고 독백하는 대목에서 더 큰 극적인 매력을 느끼곤 한다고 적었다.

그는 또 "불평과 불만 무엇이든지 이미 이루어진 것에 대하여 저항을 하고 있는 급진적인 소아병 환자의 행동에서보다 모진 인생에 지친 한 노인이 꾸벅꾸벅 초롱불 앞에서 졸고 있는 모습에서 더 큰 극적 가치를 발견하기 시작했다"고 술회한 바도 있다. 그는 이어서 "고독한 인생의 깊은 심정에서 우러나오는 '소리' 거기서 연극의 참 모습을 보고 난 후부터는 줄곧 연극에서 인생의 고독을 애무하고 추구하여 왔다"고도 했다. 그는 평생 어떤 '소리' 창조가 연극의 궁극적 목표라는 듯 되풀이하곤 했다. 그러니까 무대 위에서 잘 보이지는 않지만 환청처럼 아련히 관중에게 전달되는 소리가 있어야 완성된 극예술 작품이라고 했다. 마치 학자가 어떤 진리에 도달하기 위해 깊이 골몰하고 빠져들면 들을 수 있는 다이모니온(daimonion)이 객석으로 울려 퍼져야 한다는 것이다. 이는 사실 연극예술 창조의 최고 경지를 말하는 것이다. 그는 그 경지에 도달하기 위해 끊임없이 책을 읽고 명상했다.

그는 또한 천하를 호령하는 주인공보다 그에 끌려 다니면서 말하고 싶어도 하지 못하며 그것을 가슴속에 묻고 있는 시답잖은 인물, 즉 조연이나 단역을 좋아하고 주목했다. 실제로 그는 배우를 했던 젊은 시절 그런 역을 주로 했고, 그것을 실제 삶에 연결시켜 주변 사람들을 떠받쳐 주는 삶에 자족했다. 그는 분명 특출한 인물이었다. 명문가 자손으로 조실모(早失母)하고 엄격한 조부 밑에서 고독하게 성장한 그는 조숙할 수밖에 없었고, 왕손으로서는 도저히 상상할 수도 없는 배우의 길을 걸어오면서 인간 존재에 대해 깊이 성찰할 수 있었다.

그렇지만 실존적 존재로서의 그의 고통은 거의 40대까지 계속되었고 자기도 모르는 사이에 은자(隱者)의 철학을 터득했던 것 같다. 수치의 초월이 곧 은자의 미학으로 나타났고, 그것은 다시 연출관의 밑바탕이 된 것이 아닌가 싶다. 그가 배우의 침묵 공간에서 진정한 연극의 가치를 깨달았다든가 연출 작품에서 정말로 중요한 부분을 보이지 않는 막 뒤에 숨겨두는 것 등은 모두 은자의 미학에서 비롯된 것이라고도 볼 수가 있다. 그는 ITI(국제극예술협회)의 세계 연극의 날에 보내는 메시지에서도 "연극은 눈에 보이는 세계보다 육안으로 볼 수 없는 세계에 더 큰 연극적 가치가 존재하며 창조하는 사람의 입장에서나 보는 사람의 입장에서나 그들의 마음의 눈에만 그의 진실한 면모를 나타내 보이는 예술"이라고 언명한 바 있다. 그가 청년 시절 좌절감과 고독의 상태에서 극작가가 창조해 놓은 다양한 인물 속에 자신을 숨기는 것으로 마음의 안정을 찾았다는 사실에서 은자의 미학이 싹텄고 리얼리즘 연극을 신봉하면서 교묘하게 자기의 연극관으로 승화시켰다고 볼 수 있다. 따라서 가식 없이 삶을 진솔하고 자연스럽게 표현하는 연극에 빠졌고 또 그런 연극만을 평가했다.

이런 확신을 갖게 된 것은 아무래도 그가 안톤 체호프를 만나면서부터였다고 하겠다. 일상의 이면에 진정한 삶이 있고 연극의 본질도 있다고 본 체호프의 세계는 분명히 그의 평탄치 못한 유소년 시절의 삶과 은연중에 끈이 닿는다고도 말할 수 있지 않을까 싶다. 따라서 그가 체호프를 최고의 극작가로 보고 체호프의 연극 세계에 도달하는 것을 목표로 삼은 것은 극히 자연스런 것이다. 그는 대단히 예민하고 섬세했으며 정적(情的)이었다. 그래서 리얼리즘극에서 벗어나지 못한 것도 같다. 그가 연출을 할 때마다 언제나 머릿속에 그렸던 것은 우주와 같이 광대하게 생각하고 밤하늘의 반짝이는 별과 같이 미세하게 표현해야 한다는 것이었다. 그는 언제나 인간 감정의 세로(細路)를 따라다니는 연출을 했다. 생각은 크고 넓고 깊게 하면서 표현은 섬세하게 했던 것이다. 이런 그가 셰익스피어의 극장적 희곡을 높게 평가할 리 만무했다.

그러나 그는 누구보다도 셰익스피어 희곡을 많이 연출했다. 바로 그 점에서 그가 대인관계나 작품을 대하는 것이 용렬(庸劣)하거나 배타적인 것이 아니라 성격적으로 호불호가 분명한 것뿐이었음을 알 수 있다.

비판자들은 또 그에 대해서 정예 유착(政藝 癒着)의 장본인이었다고 말하기도 한다. 그가 연극인으로서 처음으로 거대 정당의 창당 발기인이 되었고, 더 나아가 여당 국회의원을 지낸 이후로 예술이 정부의 지배를 받지 않았는가 하고 말하는 이도 있다. 그러나 세계 역사상 예술이 권력의 지배에서 벗어난 적이 있던가? 그가 정당의 창당 발기인이 되고 막강한 여당 의원이 되었다는 것은 오히려 예술 분야의 사회적 격상이고 연극이 오랜 천대와 소외로부터 벗어나는 계기가 된 것이라 보아야 한다.

주지하다시피 전통사회에서 배우는 광대로서 천민이었고, 연극은 예술이 아니라 광대놀음에 불과했다. 그런 사회적 통념은 해방 이후까지 연장되었고 아직까지도 그 잔재가 남아 있다고 보아야 한다. 바로 그 점에서 그의 정치 활동은 오히려 중요한 의미를 지닌다고 말할 수 있다. 물론 그는 사대부 가문 출신으로서 연극을 한다는 이유로 부모와 친인척으로부터 수십 년간 홀대를 받았고 사회로부터 적잖은 수모를 당해 왔기 때문에, 그가 정치에 잠시 몸담은 것이야말로 그런 모든 것에 대한 반역이라고도 볼 수 있다. 하지만 그는 실제로 국회의원을 대단한 자랑으로 생각해본 적도 없고, 정치인을 매력적인 직업으로 여기지도 않았다.

그는 한 회고의 글에서 국회의원과 관련하여 "모두들 마치 돈키호테 같은 소리를 해대는 것 같았다. 연극 이상으로 과장된 허무맹랑한 말들만의 잔치를 벌이고 있었다"면서 "연극처럼 구성이 짜이게 연습을 해서 장치도 하고, 뉘앙스를 내게 조명을 비추는 노력도 없이 시답잖은 망발을 지껄여 대는 국회에 대해 나로서는 아무 할 말이 없었다"고 실토할 정도였다. 이처럼 그는 정치에 큰 관심이나 매력을 느낀 것은 아니었다. 그럼에도 불구하고 그가 국회에 진출한 것은 상황이 그렇게 만들기도 했지만 은연중에 수백 년 동안 우리 연극

만년의 사색하는 모습

과 배우가 당해온 사회적 천대에 대한 하나의 반역을 염두에 두었을 가능성
도 없지 않다. 그가 실제로 연극인들에게 가장 강조한 것이 '품격'이었다. 평
소 배우를 지도할 때 기술보다는 인격을 중요시했던 것도 우연의 일이 아니다.

그는 연극과 배우의 사회적 위상을 위해서 궂은일도 마다하지 않았다. 정당
인이 되고 국회의원을 했던 것도 그에게는 일종의 궂은일이었다. 그가 유독
신파극을 혐오했던 것도 격이 떨어지기 때문이었다. 그는 연극의 오락화를 가
장 경계했다. 그가 배우의 사회적 위상을 높이기 위해서 국회의원 등 몇 가지
외도도 서슴지 않은 것에 대해 끝까지 못마땅하게 생각한 사람도 있었다. 그
러나 그는 오직 연극을 고급문화로 격상하는 일에만 온 신경을 썼다. 그가

고위직에 있으면서도 끊임없이 연출 활동을 한 것은 그런 신념의 실천이었다. 그는 결코 자신을 변호한 적이 없다. 일부 사람들의 오해를 순전히 일관된 신념과 실천으로 불식시킨 것이다.

그는 한평생 연극을 직업으로서 했다기보다는 사랑과 운명으로 했다고 하는 말이 옳을 것 같다. 그만큼 연극이 그의 삶의 일부이며 동시에 전부였다고 해도 과언이 아니다. 그가 후배들에게 항상 하는 말이 있었다. "연극을 이용해서 무엇을 하려 들지 말라"는 것이다. 젊은 후배들 중에서는 그런 충고에 코웃음을 치는 사람도 있었다. 자신은 국회의원까지 했으면서 그런 말을 한다고 조소했다. 그러나 그는 아무런 변명 없이 원숙한 작품 연출로 비판자들의 오해를 뛰어넘었다. 그가 이 땅에 서구 근대극을 이식한 선배 유치진이 기초를 닦은 리얼리즘을 한층 더 심화시키는 대작을 쏟아내기 시작한 것도 정계를 떠난 후였다. 그가 외도로 생각하는 국회를 떠난 후에 여러 명의 후배 연극, 영화, 텔레비전 배우들이 국회의원을 했어도 그는 아무런 말을 하지 않고 창조 활동에만 전념했다.

그는 정치 상황의 변화라든가 연극 사조의 혼란에도 아랑곳하지 않고 보편주의자로서 또 리얼리스트로서 연극을 고급 예술로 끌어올리는 한편 한국 연극을 세계 연극의 대열에 올려놓는 작업만 하였다. 그가 만년에 연출한 〈황금 연못〉이라든가 〈뇌우〉, 〈들오리〉 등은 미숙한 한국 연극을 세계 연극의 수준으로까지 끌어올린 작품들이었다. 그가 서구, 특히 체호프의 '신연극론'을 수용하여 자기화하고 그것을 자신의 삶에 실어서 한층 더 심화시키고, 그만이 다다를 수 있는 깊고 높은 경지에 도달했다는 데 위대성이 있는 것이다. 그는 아무도 넘볼 수 없는 자기만의 심오하면서도 독특한 연극관을 갖고 작품을 창조했기 때문에 그의 작품들은 시대 조류와 상관없이 많은 사람에게 감동을 주었고, 혼란스러운 우리 연극도 굳건한 기반 위에 놓일 수가 있었다.

II. 시련과 방황의 시대
– 가계와 성장 과정

1. 조선조 능원대군의 후예

해랑(海良) 이해랑은 연극인으로서는 전무후무한 이 왕가(李 王家)의 후손이다. 그는 능원대군(綾原大君)의 11대손이다. 능원대군은 원종대왕(元宗大王)의 둘째 아들로서 바로 이조(仁祖)의 계씨이다. 능원대군은 선조 31년 (1598) 4월에 성천에서 출생하여 효종(孝宗) 7년(1656)에 58세로 세상을 떠날 때까지 충신열사로 이름을 날린 인물이다. 그 구체적인 행적을 그의 선대 이세보〔李世輔, 후에 이인응(李寅應)으로 개명함〕 연구의 권위자인 진동혁의 조사와 창은군(昌恩君)의 묘비문을 토대로 기술하면 이러하다.

가령 능원대군을 가리켜서 충신열사라고 하는 것은 그가 병자호란 때 중요한 역할을 했기 때문이다. 실제로 그는 병자호란을 맞아서 인조를 호가(扈駕)하여 남한산성으로 함께 들어가 청나라 군사에 굴하지 말고 항전하자는 청을 눈물로 호소한 바 있기 때문에 뒷날 척화공신으로 황명배신록(皇明陪臣錄)에 올랐고, 사후에는 효행, 절의가 종실의 의표가 된다고 하여 왕의 특명으로 정효(貞孝)라는 시호까지 받았다. 그는 초취로 문화 유씨(柳氏)를 맞아들였는데 상처하여 영암 김씨(金氏)를 재취로 맞아들였다.

후취 영암 김씨는 초취와 달리 5남 1녀를 낳았다. 그런데 능원대군의 기질을 가장 닮은 아들은 4남 영춘군(靈春君)이었다. 그는 평산 신씨(申氏)를 맞았으나 상처하고 창녕 성씨(成氏)를 재취로 맞아들여 2남 2녀를 두었다. 장남 창산군(昌山君) 상(相)은 영조 4년에 있었던 모반 사건에 연루되어 장폐(杖斃)된 바 있다. "모난 돌이 정 맞는다"는 속담 같이 그의 곧은 성품이 그로 하여금 참혹한 죽음으로 몰았던 것이 아닌가 싶다. 능원대군의 2남 창은군(昌恩君) 권(權)은 사후에 군(君)의 작호를 받았는데 전주 유씨(柳氏)를 맞아 4남 1녀를 두었다. 창은군은 재물에 전혀 욕심을 내지 않을 만큼 청렴하고 성품이 엄정했다. 그렇지만 대단히 후덕해서 특히 가난한 사람이나 소외된 사람들에게 많은 관심을 갖고 평생 베풀며 살았다. 그뿐만 아니라 부모님을 향한 효성 또한 지극했다. 따라서 주변 사람들로부터 존경의 대상이 되었다. 그가 그만큼 고매한 인격의 소유자였던 것이다.

철원부사의 딸인 전주 유씨(柳氏) 역시 현모양처로서 5남매를 훌륭하게 키워냈다. 5남매 중 장남인 안풍군 역시 부친을 닮아서 효심이 지극했다. 안풍군은 파평 윤씨(尹氏)를 맞아서 1남 1녀를 두었다. 그는 충효의 사표가 되어 가덕대부(嘉德大夫)라는 작호를 받았고, 사후에 문단(文端)이라는 시호가 내려졌다. 장남인 후근(厚瑾)은 음관(蔭官)으로서 도사(都事)를 지내기도 했다. 그도 역시 파평 윤씨를 아내로 맞아들여 아들 하나만을 두었다. 그 아들이 뒷날 음관으로 고성 군수와 청풍 부사를 지낸 복현(復鉉)이다.

복현은 영조 43년(1767)에 출생해서 92세라는 장수를 누린 인물이다. 그는 연안 김씨를 초취로 맞았으나 자녀 없이 상처했고, 밀양 박씨를 재취로 맞아들여서 2남 1녀를 두었다. 복현은 증손자인 경평군(이세보)의 관작에 의해서 사후에 자헌대부(資憲大夫) 이조판서 겸 지의금부사 오위도총부 도총관이라는 큰 벼슬에 오른 바 있다. 그의 두 아들 중 장남인 제은(濟殷)은 이렇다 할 공적이 없고, 손마저 없었으나 차남인 제노(濟魯)는 연일 정씨를 맞아 3남매를 두었다. 그 역시 손자인 경평군에 따라 숭정대부 의정부 좌찬성 겸 판의

금부사 오위도총부 도총관직을 맡은 바 있다.[1]

순조 때의 『대동기문(大東奇聞)』이라는 책을 보면 이제노와 그의 후손에 관해서 재미있는 이야기가 실려 있다. 그는 이미 나이 20살에 문사로서 뛰어났었다. 그의 부친(복현)이 하루는 꿈을 꾸던 중 하늘에서 빨간 종이가 내려오는데 보니까 이제노라고 씌어 있더라는 것이다. 그는 무병장수했는데 자기의 죽을 날짜를 알고 있었다고 한다. 따라서 그가 죽고 나니 방 안에 향기가 가득하고 갑자기 백학(白鶴) 수백 마리가 그의 집에 날아들어 쫓아도 날아가지 않았다고 한다.

발인 날짜가 되자 짙은 안개가 갑자기 끼어서 지척을 분간할 수 없었는데 백학들이 상여를 이끌고 가서 따라가니 충북 제천 의림지 모산리 후록(後麓)이었다고 한다. 상여를 산 위에 내려놓으니 안개가 사라졌다. 그곳을 파니 반석이 나와서 그것을 열자마자 그 속에 두 마리의 백학이 있었는데 한 마리가 날아가려고 해서 급히 닫고 그 위에 묘를 썼다. 얼마 뒤 한 스님이 그 밑을 지나가다가 그 묘를 가리키면서 명당이라고 이르고 그의 손자가 반드시 20살 전에 재상이 되겠지만 악운이 있을 것이라고 예언했다고 한다. 그런 예언은 뒷날 적중했다. 곧 이제노의 생손 인응(寅應)이 19세에 풍계군(豊溪君)의 뒤를 이어 경평군으로 봉하고 일품환왕(一品還王)이 되었으나 중간에 유배 갔다가 다시 본종으로 돌아와서 일품의 벼슬을 했고, 인응의 동생 택응은 일찍 등과했으나 겨우 승지 벼슬로 끝났던 것이다.[2]

이제노는 2남 1녀를 두었는데 장남인 문화(文和)는 후사가 없는 백부(濟殷)의 계자가 되었다. 그럼에도 불구하고 문화는 효성이 지극하고 품성이 대단히 고왔다. 정읍 현감으로 부임해서도 항상 서신을 통해서 부모에 대한 효도를 했고 형제간의 우애도 남달랐다.

문화의 계씨 단화(端和)는 해평 윤씨를 맞아 2남 1녀를 두었다. 윤씨는 대단한 현모양처로서 유식하고 자애로웠다. 아들이 벼슬을 할 때나 유배당했을 때는 항상 서간을 통해 사랑을 베풀었고, 그에게 용기와 희망을 주곤 했다.

단화 역시 군수 벼슬을 지냈으면서도 속세에 물들지 않은 청백리였으며 당시에는 보기 드문 선비였다. 성격 또한 온순하고 나약해서 백성들의 잡다한 하소연을 처리하는 데 고심할 정도였다. 부인 해평 윤씨는 현부인으로 자녀들이 장성하여 관직에 오른 뒤에도 서간을 통해서 자녀들이 항상 정도를 걷도록 훈계했다고 한다.

따라서 단화의 장남 이세보 역시 고관대작을 지냈으면서도 청백리로 이름을 날렸다. 그는 일찍이 등과하여 두각을 나타냈으며 왕의 외척인 김씨 일파의 음해로 전라도 신지도에 3년간 유배되었다가 고종황제의 즉위와 함께 김씨 일파의 몰락으로 해배(解配)되었다. 그런데 경평군에 관해서도 재미있는 이야기가 전한다. 그가 해배되어 신지도로부터 귀경하는 도중에 과천에서 하룻밤을 유숙하게 되었다고 한다. 이튿날 그는 다시 행차하는 도중에 쌍갈래 길 앞에 도착하게 되었다. 그런데 그때 갑자기 흰 사슴 한 마리가 나타나서 가마를 인도했다고 한다. 그것은 매우 중요한 사건이었다. 왜냐하면 다른 길목에서 김씨 일파가 경평군에게 사약을 안기려고 기다리고 있었기 때문이다. 이 말은 경평군이 흰 사슴 한 마리의 안내로 목숨을 건졌다는 이야기가 된다.[3]

우리나라 야담에는 귀한 인물을 구제한 동물 이야기들이 적지 않다. 경평군만 하더라도 한 시대를 풍미했던 귀인답게 그를 둘러싼 전설이 있었던 것이다. 그만큼 그는 19세기에 대단히 중요한 인물이었다. 여하튼 경평군은 그 후로 승승장구하여 한성부 좌우윤, 병조·형조·공조·호조참판, 오위도총부 도총관, 한성판윤, 공조판서, 형조판서 등을 지냈다. 이처럼 이세보는 능원대군과의 후손으로서는 최고의 관직을 누린 인물이다.

이러한 이세보가 이해랑의 작은 증조부가 되는 셈이다. 그런데 문화(文和)의 아들 종응이나 단화의 아들 인응은 모두 손이 없었다. 따라서 종응과 인응은 충청도 보은에 살고 있던 16촌 동생인 필응의 2남 재형(載馨), 3남 재영(載榮)을 양자로 삼았다.

1997년 7월의 문화인물 이세보(이해랑의 작은 증조부)
(발행처: 문화체육부, 한국문화예술진흥원)

이세보의 계자 재형은 4수 끝에 겨우 과거 급제하여 풍기 군수를 지냈는데 뒷날 왕족으로서는 최초의 기독교 목사가 되었다. 그가 목사가 된 것과 관련해서 세 가지 전설이 있다. 첫 번째 전설은 조선 후기 국운이 쇠해 가는 것을 비관한 나머지 기독교로 귀의하여 마음의 평정을 얻었다는 이야기고, 두 번째는 그가 마부 엄귀현(嚴貴鉉)과 부인 연일 정씨의 전도로 38세에 기독교인이 되었다는 이야기며, 세 번째는 후손의 증언으로 그의 낭만적이고 이상주의적인 성격에서 비롯됐다는 주장이다. 그는 백성을 다스릴 만한 경륜도 부족한 데다 술 마시고 노는 데만 치중한 나머지 백성들로부터 원성이 자자하자 스스로 퇴직하고 평양 출신의 애기(愛妓)와 함께 평양에 정착했다는 이야기가 전한다. 거기서 그는 그 기생의 권유로 평양신학교를 졸업하고 목사 안수를 받게 된 것이라고 했다.[4]

그가 어떤 과정을 거쳐서 목사가 되었든지 간에 왕손으로서 기독교 성직자가 되었다는 것은 대단히 중요한 의미를 지닌다. 왜냐하면 주자학을 신봉하는 조선 왕족의 벼슬아치가 단순한 기독교 신자도 아닌 목사가 된 경우이기 때문이다. 더욱이 1918년은 이 땅에 기독교가 보편화된 시기도 아닐 뿐더러 유교적인 전통윤리가 대단히 공고했던 시기였다. 이 점에서 그의 목사 안수는 어떻게 보면 이씨 가문에 대한 무언의 반항이었다고도 볼 수 있다.

그는 목사가 된 뒤 곧바로 경기도 양평에서 양평읍교회를 비롯해서 고읍교회, 상십리교회, 묘곡교회 등 네 곳 교회의 담임목사가 되었다. 3년 후엔 서울로 와서 남대문교회의 주임목사가 되었고 자비로 승동교회(勝洞敎會)를 세우기도 했다. 그는 성직자로서 대단히 청빈하고 사람들과 어울리기를 좋아했으며 가난한 사람들에게 베풀기를 좋아했다. 그는 주임목사로 있으면서 급료를 일체 받지 않았으며 불쌍한 사람을 보면 주머니에 있는 돈을 몽땅 털어주었다. 따라서 사랑방에는 언제나 사람들로 붐볐다고 한다. 그뿐만 아니라 똑똑한 젊은이들은 자비로 미국 유학을 보내줄 정도로 인재 육성에 남다른 열정이 있었다. 유명한 목회자 이덕흥 목사도 바로 그가 유학을 보낸 경우였다.

이상과 같이 경평군의 아들 재형은 왕손으로서는 돌연변이라고 할 정도로 독특한 인생 역정을 살다간 인물이었다. 그는 마치 역성혁명을 한 이 왕가의 죄업을 보속이라도 하려는 듯이 관직을 버리고 성직을 택하여 평생 가난한 이웃을 위해서 헌신적 삶을 살았던 것이다.

한편 종웅의 계자가 된, 그의 계씨 재영은 재형과 달리 왕손답게 매우 근엄하게 세상을 살았다. 소년 시절부터 매사에 모범적이었던 그는 정상적으로 과거에 급제하여 진사 벼슬에 올랐고 고종황제 때 왕실의 예식 담당 관리로 입궐하여 근무하게 되었다. 귀족답게 절도가 있고 한시를 잘했던 그는 이왕직 전사(典祀)로서 평생을 관리로 보냈다. 재영은 평산 신씨(平山 申氏)를 맞아 4형제를 두었고 상처한 뒤 안동 김씨를 재취로 맞아 아들 하나를 더 두었다. 항상 단정하고 주색을 멀리했으며 한시를 짓는 것이 유일한 취미였다. 흥미로운 사실은 그가 후취로 안동 김씨(복순)를 맞은 점이다. 안동 김씨는 경평군을 귀양 보낸 왕년의 세도가이다. 그렇기 때문에 이씨 가문에서는 경평군 이후 안동 김씨와는 혼사를 맺지 않았었다. 그러나 재영은 이왕직의 의전관임에도 그러한 암묵적 금기사항을 깼다. 이 말은 그가 유학자답게 대쪽같이 곧고 엄했어도 시대 변화에 대해서만은 능동적으로 대처했다는 이야기가 된다.

이러한 그의 열린 사고는 두 아들에게 의학 공부를 시키고 차남을 독일 유학까지 시킨 점에서도 잘 나타나 있다. 후취로 맞은 안동 김씨는 서울 태생으로 명문가 출신답게 범절이 바른 현모양처였다. 안동 김씨의 몰락으로 그의 부친은 신의주로 낙향했다가 하와이로 망명했다. 후취 김씨는 대단히 관대하고 인내력이 강했으며 포용력 있는 현부인이었다. 지나칠 정도로 순해서 평생 남에게 싫은 소리 한 번 하지 않은 전형적인 현모양처였다. 따라서 재영의 집안에는 항상 식객이 들끓었는데, 반가(班家)의 장남이었던 그의 폭넓은 교우관계도 있었지만 그보다도 충청도 보은(報恩) 생가 식구들이 수시로 찾아들었다고 한다. 그 집에 얼마나 식객이 많았는가는 한 달 평균 쌀 세 가마도 부족했던 사실에서 잘 나타난다. 그만큼 김씨는 평생을 헌신적으로 대가족을 돌보는 일로 보냈던

조부 이재영

조모 평산 신씨

1937년 1월 29일 이해랑의 조부 생신 때 찍은 가족사진. 가운데 검은 두루마기 입으신 분이 이해랑의 조부, 맨 뒷줄 오른쪽 두 번째 양복 입으신 분이 이해랑의 부친, 맨 뒷줄 왼쪽에서 두 번째가 이해랑

것이다.

　그런데 흥미로운 사실은 재영과 평산 신씨 사이에서 태어난 장남 근용(瑾鎔)과 차남 성용(星鎔)이 나란히 의사의 길을 걸었다는 점이다. 뒷날 그들은 명망 있는 의사가 되었지만 이들이 관리나 사업가가 아닌 의사가 된 것은 모친에 대한 애틋한 사랑 때문이었다. 그들의 모친 신씨는 일찍부터 신약했고 그 결과 폐 질환으로 일찍 세상을 떠났다. 이들 형제는 병약한 모친에 대한 사랑과 효성이 너무나 지극한 나머지 의사의 길로 나아가게 된 것이다. 장남

근용은 1895년에 종로구 와룡동 비원 바로 앞 동네에서 태어났다. 그는 반가(班家)에다가 유복한 가정에서 출생한 명민한 소년으로서 당시 사학 명문인 휘문중학교를 우등으로 졸업했다. 그리고 경성의학전문학교 역시 뛰어난 성적으로 졸업한 후 모교에서 잠시 생물 교사를 했다.

워낙 두뇌가 명석하고 학구적이어서 20대 초반의 젊은 교사였지만 학생들에게 인기가 대단히 좋았다. 이때 애제자로는 뒷날 백재무로 통한 백두진(白斗鎭) 총리, 선구적 소설가 월탄 박종화(朴種和), 신무용의 개척자 조택원(趙澤元) 등이 있다. 그는 이 시기에 부모의 권유에 따라 명문가 규수 홍씨(洪氏)와 조혼하여 행복한 가정을 꾸렸다. 그는 1년 뒤인 1916년에 아들 해량(海良)을 낳았다. 매우 다복한 가정을 꾸린 것이다. 그런데 홍씨는 대가족의 맏며느리로 제대로 산후조리를 못했기 때문에 항상 잔병치레를 해야 했다. 그러다가 결국 산후 3년째 되던 해인 1919년에 세상을 떠나고 말았다. 근용의 첫 번째 시련이었다. 상처한 근용은 충격이 클 수밖에 없었다. 외아들 해량은 할머니와 유모가 키웠기 때문에 큰 걱정은 하지 않았지만 갑자기 젊은 날에 닥친 상처는 그를 곤혹스럽게 했다.

그는 교편생활도 너무 단조롭고, 상처까지 한 처지여서 뭔가 새로운 출발을 해야겠다는 결심을 굳히기 시작했다. 당초 그는 신약한 모친을 일찍 여읜 터라서 의사를 지망했고 마침 부친도 권유해서 동경 유학길에 오르게 됐다. 제대로 의사가 되려면 선진 일본에서 공부해야 한다고 믿었기 때문이다. 그는 3·1 운동 직전에 그 어려운 교도제국대학 의학부에 당당히 합격하였다. 거기서 그는 불행한 가정의 고통을 잊기라도 하듯 치열하게 공부했다. 워낙 명석하고 끈기가 있었기 때문에 어려운 외과를 전공하고 학위를 받자마자 곧바로 금의환향했다. 그는 귀국하자마자 세브란스 의학전문학교의 젊은 외과 부장이 되었다.

한편 그와 두뇌 경쟁을 했던 실제(實弟) 성용은 근용이 교도제국대학에서 공부하는 동안 독일로 건너가 베를린 대학 의학부에 입학했다. 부친 재영이

六十一年回甲紀念. 4288.11.10

부친 이근용의 회갑 기념(1955년)

두 아들의 명석함을 인정하여 외국 유학을 보낸 것이다. 이들의 부친이 얼마
나 개방적이고 선진적이었나를 단적으로 보여주는 경우이다.

둘째 성용이 독일 베를린 대학에서 의학박사 학위를 받은 것은 한국인으로
서는 최초의 일이었다. 그런데 그가 우리나라에서 최초를 기록한 것이 또 하
나 있었다. 즉 독일 여성, 그것도 비행사 출신의 여자와 국제결혼을 한 것이다.
부모의 반대에도 불구하고 그가 독일 여자와 결혼하고 귀국했을 때 장안은
온통 그들에 관한 이야기뿐이었다.

그는 세상의 이목에는 전혀 아랑곳하지 않고 서울 종로구 안국동에 버젓이

병원을 열었다. 그런데 독일 부인의 생활이 불편한 것이 문제가 되었다. 가령 주거 환경이라든가 음식, 그리고 언어불통으로 인한 친인척들과의 소원(疏遠) 등 여러 가지 관습의 차이에 적응하기 힘들 수밖에 없었다. 언어가 통하지 않아서 일상적으로 돌아다니기 쉽지 않았던 데다가 특히 화장실이나 욕탕의 환경 등 당시로서 독일 여성이 살아가기에는 최악의 조건이었다. 성용은 최초의 독일 의학박사로서 순종 임금의 시의(侍醫)까지 된 것은 물론 선진 독일 의술을 익힌 의사로 명성을 얻었지만, 차마 독일인 아내의 곤혹스러운 삶을 마냥 내버려둘 수는 없었다.

그는 결국 모든 것을 떨쳐버리고 아내를 위한 삶을 택하였다. 낙후된 조국을 떠나 살기로 결심한 것이다. 그렇다고 아내의 고향인 독일로 갈 수도 없었다. 독일 또한 한국인 의사 성용이 머물 곳은 되지 못했기 때문이다. 그는 중간 지점을 찾아냈다. 그곳은 다름 아닌 중국 상하이(上海)였다. 상하이는 일찍부터 서양인들도 많이 살 만큼 교류가 많은 곳이었다. 그는 부모의 완강한 만류에도 불구하고 독일인 아내와 함께 상하이로 건너가서 개업을 하였다. 새로운 것과 모험을 좋아하는 성격이었기 때문에 서슴없이 건너갈 수 있었다. 그들은 곧바로 개업하여 생활의 안정을 찾아갔지만 이로써 그의 생활이 순탄한 것만은 아니었다. 상하이에 가서도 그의 아내는 못 견뎌 했기 때문이다.

자기를 사랑해서 이역만리 한국 땅까지 따라온 아내에 대한 의리와 연민의 정 때문에 고향까지 버리고 상하이에 정착했는데도 아내가 불편을 느끼자 그는 결국 합의이혼을 할 수밖에 없었다. 다행히 두 사람 사이에 혈육이 없었기 때문에 이혼 절차가 복잡한 것은 아니었다.

그는 아내를 독일로 보내고 잠시 혼자 살았다. 그러나 개업을 한 터라 독신 생활에는 적잖은 어려움이 따랐다. 그리하여 상하이에 거주하던 한국 여성과 재혼하게 되었다. 국제결혼의 쓴맛을 톡톡히 본 그는 평범한 한국 여성과 재혼해서 생활의 안정을 찾을 수 있었다. 그와 재혼한 아내가 곧 아들 셋을 낳았으므로 비로소 행복한 생활을 누릴 수 있었다. 그는 그곳에서 큰돈은 아니지만 어느 정도 돈도 모았다. 그가 이처럼 독일 유학으로 수년간 해외를 떠돌고 또한 국제결혼으로 한동안 젊음을 허송한 것과는 달리 백씨 근용은 상처 외에는 대단히 순탄한 편이었다.

성품이 장남답게 중후하고 보수적이었던 그는 경도제국대학에서 공부하고 귀국하자마자 세브란스 의학전문학교에 초빙되었다. 그는 전도유망한 의사로 자신이 근무하고 있던 병원의 간호사를 맞아 곧바로 재혼도 하고 안정된 가정을 꾸려갔다. 그의 앞에 순탄한 인생 항로가 펼쳐지기 시작한 것이다. 그런 그가 갑자기 부산으로 내려가 개업하기로 결심을 굳히게 된다. 그가 갑자기 서울에서 아무런 연고도 없는 부산으로 내려가게 된 동기에 대해서는 자세히 밝혀진 바가 없다. 다만 국제신문 최경영(崔慶泳) 논설위원이 쓴 「열전－부산 시장 이근용(상·하)」(1991. 10. 11~18.)을 토대로 설명해보면 대충 이러하다.

근용이 그동안 전혀 연고가 없었던 부산으로 내려가서 개업을 하게 된 동기는 두 가지로 보인다. 첫째, 부산의 막역한 친구 한(韓) 모 씨의 간곡한 권유 때문이다. 저명한 여류 소설가 한무숙, 말숙 자매의 부친인 한 모 씨는 부산의 유력한 경찰 간부였다. 그와는 오래 사귀기도 했지만 서로 간에 속마음을 털어놓을 수 있는 막역한 친구여서 그의 권유는 근용의 마음을 뒤흔들어 놓을 수 있었다. 둘째, 그의 개척정신에서 찾을 수 있을 것 같다. 당시 서울에도 병원이 몇 군데 없었던 때라 항구도시인 부산에 변변한 외과 전문의사가 있을 리 만무했다. 그는 경성의전에다가 교도제대 의학부까지 나온 몇 안 되는 엘리트 외과 전문의였기 때문에 한국 어디에 갖다 놓아도 두각을 나타낼 만했다. 따라서 그는 부산으로 내려가자마자 영주동에 병원을 차리고 경찰 공의(公醫), 즉 법의(法醫)까지 맡을 수 있었다.[5]

개업하자마자 환자들이 몰려들기 시작했고, 단 몇 달 만에 그는 부산 최고의 명의로 명성이 자자했다. 명문가의 장남인데다가 엘리트 코스를 밟은 의사로 근엄하고 곧았지만, 서민들을 사랑하고 친화력과 포용력이 대단했기 때문에 병원과 주변에는 언제나 사람들이 들끓었다. 그는 아프리카의 성자(聖者)

슈바이처 박사와 같이 진정한 인술을 베풀 줄 아는 의사였다. 가난한 사람에게는 아예 돈을 안 받을 각오로 환자를 치료할 정도로 열성적이었던 것이다. 남루한 환자라고 해서 문전박대 하는 의사들과는 전혀 차원이 달랐다.

따라서 그의 병원에는 환자가 항상 들끓어도 돈은 제대로 벌리지 않았다. 식민지 시대의 궁핍함을 너무나 잘 알고 있던 그였기에 돈을 번다는 생각은 거의 하지 않았다. 그는 오로지 의술로 핍박받고 가난한 동포들에게 봉사한다는 생각으로 환자를 치료했을 뿐이다. 이는 일종의 간접적인 독립운동이기도 했다. 그의 이러한 인도주의 정신은 전국에 알려지기 시작했고, 그는 주변 사람들의 권유로 부산 부의원(府議員)에 추대되기까지 했다. 물론 그가 식민지 시대에 부의원을 한 것에 대해서 부정적으로 보는 이도 없지는 않았다. 그러나 이것은 친일과는 아무 상관없는 것이었다. 그는 당시 부산 시민들의 권유와 압도적인 지지로 피선되었을 뿐이었다. 그뿐만 아니라 그는 그때까지만 해도 정치에 큰 관심을 두고 있지 않았었다. 오로지 인술을 펴는 것만 삶의 최상 목표로 삼고 있을 뿐이었다.

그가 부의원에 당선된 것은 그를 향한 부산 시민의 애정과 존경의 표현이었다고 말하는 것이 더 정확하다. 그는 부산에서 일하는 동안 토박이 이상으로 지역사회에 많은 봉사를 했고 누구보다도 부산을 좋아했다. 아무도 그를 서울토박이 왕손이라고 생각하지 않았다. 물론 그가 부산을 짝사랑한 것은 아니었다. 하지만 그가 부산을 좋아한다고 해서 부산 사람들이 그에게 특별히 대해준 일도 없었다. 그의 중후한 인품과 곧은 성품, 그리고 투철한 봉사정신과 박애정신이 부산 사람들을 감동시킨 것이다. 그는 언제나 답답할 때면 탁 트인 태종대나 해운대에 나가 거닐면서 의사로서의 삶을 반추하곤 했다. 왕손답게 도덕적이고 절제된 생활이 그로 하여금 답답함을 느끼게 한 것이 아닌가 싶다. 술을 멀리했던 그는 어떻게 보면 무미건조한 생활을 했다고 말할 수 있다. 그러나 워낙 사명감이 강하고 매사에 철두철미했기 때문에 그러한 생활을 오히려 다행스럽게 생각하며 살았다.

崔東鎭 牧師
李瑾鎔 } 長老
尹泳規

委任式
將立式 } 記念
1957. 11. 26

부친 이근용의 장로 취임 기념(앞줄 우측)

1945년 해방이 되면서 그의 생활은 더욱 바빠졌다. 해방 직후의 혼란 속에서 본격적으로 인술을 펼칠 수 있는 공간이 마련된 데다가 별로 원치 않는 정치에까지 한발 내딛고 있었기 때문이었다. 우선 그는 해방을 맞아서 병원을 옮기기로 했다. 오랫동안 자리 잡고 있었던 영주동 병원은 많은 환자들의 출입에 비추어볼 때 너무나 협소했기 때문이다. 그동안 항상 넓은 장소로 옮겨야 된다고 마음을 먹고는 있었지만 경제 사정으로 단행하지 못하고 있었다. 그런데 해방이 되면서 일본인들이 버리고 간 적산 가옥이 많았다. 그는 넓은 적산 가옥을 싸게 불하받아서 초량동에 대지 5백 평의 큰 병원을 열 수 있었다. 건물 자체가 그렇게 큰 것은 아니었지만 대지가 넓어서 충분히 확장해서 쓸 수 있었다.

그는 상하이에서 개업하고 있던 계씨 성용을 불러들여 부산에서 같이 병원을 운영하자고 했다. 마침 성용이 내과 전문의였기 때문에 자기와는 명콤비가 될 수 있을 것으로 믿었다. 그러나 성용은 사양했다. 그 이유는 두 가지였는데 그 한 가지는 심신의 병이 깊었고, 다른 하나는 푼돈보다 단번에 큰돈을 벌 수 있는 사업을 계획하고 있었기 때문이었다. 전술한 바 있듯이 성용은 상하이에서 독일 부인과 이혼한 뒤 한국 여성과 재혼하여 세 자녀를 두었는데 재취마저 일제 말엽 연합군의 비행기 폭격으로 잃고 가정이 불안정했다. 게다가 폐도 약해져 있었다. 이처럼 그는 몸도 마음도 많이 상해 있었다. 만사가 귀찮았던 그는 인술에 대한 정열이 식어버린 데서 오는 허탈감으로 돈이나 벌어야겠다는 생각을 하게 된 것이다.

그는 귀국 직후 부산의 형님 댁으로 가지 않고 와룡동 본가에서 몇 달간 칩거하다가 생소한 무역업에 뛰어들었다. 해방 직후의 궁핍한 상황에서는 무역업이 괜찮으리라 믿었던 것이다. 특히 독일 유학을 다녀오고 상하이에서 오래 살았기 때문에 외국어에 능통하고 국제 정세에도 꽤 밝았다. 그는 기본 재산은 있었기에 당시 무역의 본거지였던 마카오로 무역을 다녔다.

반면, 성용과 함께 병원을 하려다가 뜻을 이루지 못한 근용은 다른 의사를 고용해서 큰 병원을 운영해갔다. 그는 일제강점기 때부터 친분이 두터웠던 정치인 허정(許政)을 통해서 한민당 비밀당원도 되었다. 주지하다시피 비밀당원이란, 명칭 그대로 이름을 밝히지 않고 숨어서 정당을 돕는 당원을 말한다.

그는 또 허정과 사돈도 맺었다. 후취가 손이 없어서 어린 질녀를 데려다 키웠는데 이 아이가 허정 집안으로 출가한 것이다. 초량동 병원은 시간이 흐를수록 환자가 많아졌는데 대체로 젊은 여자 환자가 많았다. 그 젊은 환자란 다름 아닌 창녀들이었다. 병원이 자리 잡은 초량동은 공창(公娼)과 사창이 밀집해 있는 곳이었기 때문에 젊은 성병 환자들이 들끓었던 것이다. 초량동에는 저명한 의사 박기출(朴己出) 박사의 병원 등 몇 개의 이름난 곳이 있었지만 유독 근용이 운영하는 병원에 창녀들이 몰린 이유는 그가 진정한 인술을 폈기 때문이었다.

6·25 전쟁이 터지면서 환자가 더욱 많아졌다. 전쟁은 항상 인간에게 가난의 고통을 몰고 오며 상실이라는 상처도 남긴다. 6·25 전쟁만 하더라도 많은 가정을 파탄시키고 사람들을 극한 상황으로 몰아넣었다. 호구지책으로 젊은 여인들이 매춘에 나섰고 전쟁이 격렬할수록 오갈 데 없는 상이군경으로 거리가 넘쳐 났다. 이처럼 심신이 병든 젊은 남녀들이 이근용의 병원 문을 두드렸던 것이다. 근용도 병들고 지친 이들을 마치 오랜 방황 끝에 상처 입고 돌아온 탕아나 자녀를 생각하듯이 따뜻하게 맞아들여 치료해 주었다. 그만큼 그의 병원은 버림받은 사람들의 구호소였고 안식처였다. 물론 그가 창녀와 상이군경들에게만 인술을 베푼 것은 아니었다. 가난한 사람들 전체가 그런 구호 대상자들이었다.

따라서 그의 병원은 돈이 없어서 치료비를 낼 수 없는 환자들로 항상 붐볐다. 이런 인술은 부산 전체에 소문이 나서 시간이 흐를수록 병원은 미어터졌다. 그렇기 때문에 사정을 모르는 사람들이 보기에는 그의 병원이 많은 돈을 벌고 있는 줄 착각할 정도였다. 하지만 그와는 정반대로 내막적으로는 돈이 없어서 낡은 병원을 개·보수할 처지도 못 되었다. 적산 가옥을 병원으로 급조한 것이었기 때문에 시설이 노후화되고 건물도 비가 샐 정도였지만 그는 개의치 않았다. 왜냐하면 진정한 인술은 마음과 정성을 다하는 것이지 건물이나 시설로 하는 것은 아니라고 믿었기 때문이다.

그는 병원을 운영해서 부자가 된다는 생각을 해본 적이 없었다. 이런 그의 휴머니즘 정신은 타고난 성품에서도 기인하지만, 기독교 장로로서의 깊은 신앙심으로부터 우러나온 것이어서 더욱 값졌다. 이러한 박애정신이 부산 사람

이해랑의 전주 이씨 종묘제례식 참여

모두를 감동시킨 것은 두말할 나위 없다. 당시 군경(軍警) 상이용사들이 무기력한 정부의 방치로 인해 한때 여기저기서 행패를 부린 경우가 있었지만 이 병원만은 절대로 손대지 않았다. 오히려 상이용사들이 주변 폭력배들로부터 병원을 보호하는 방패막이가 되어 주었다. 그런 때에 부산에는 저명한 의사들이 몰려들었다. 월남한 장기려(張起呂) 박사를 위시하여 양유찬 박사, 한정교 박사 등이 바로 그런 명의들이었다. 이들과 친교를 맺은 근용은 1952년 정월 부산아동자선병원(현 부산아동병원) 설립에 앞장섰다. 그는 항상 어린이들을 제대로 키워야 나라의 장래가 밝다고 믿고 또 그것을 널리 주창했다. 가난한 아이들은 병들어도 치료받을 기회가 없어 생명까지 잃는 경우가 적지 않았던 것이다. 그것은 특히 6·25 전쟁 이후에 극심했다. 이처럼 인간을 향한 그의 사랑은 끝이 없었다. 그는 특히 어린이를 좋아했다.

그가 부산에서 이런 일을 벌이는 동안 계씨 성용은 마카오를 오가며 벌이던 무역업에 실패하고 병석에 눕게 되었다. 그가 아무리 외국 물정에 밝고 외국어에 능통해도 장사까지 잘할 수 있는 것은 아니었다. 평생 의학을 공부하고 정직하게 의료 활동을 펴온 그에게 자기 아버지까지 속여먹어야 된다는 장사꾼은 또 별개의 분야였다. 무역업에 실패하고 폐 질환까지 깊어짐으로써 내과 의사였지만 소생의 희망을 버릴 수밖에 없었다. 그는 아직 장성하지 못한 세 자녀를 두고 한창 나이에 세상을 떴다. 한국 최초의 독일 의학박사였고 의친왕의 시의이기도 했던 그는 한 인간으로서 자기 능력을 마음껏 발휘해 보지도 못한 채 쓸쓸히 이 세상을 하직하고 말았다. 인재가 드물었던 시대에 뛰어난 의사가 마음껏 인술을 펴보지도 못하고 외국을 떠돌다가 실패한 무역상으로 삶을 마감한 것은 우리 시대의 한 비극이었다.

그렇게 아끼던 계씨 성용이 폐 질환으로 세상을 뜨자 근용은 결핵퇴치운동에도 앞장서기 시작했다. 동생의 죽음을 목도하면서 폐결핵이야말로 망국병(亡國病)이라 생각한 것이다. 당시만 해도 영양이 부실하고 마땅한 치료약도 개발되지 않아 수많은 사람이 폐병으로 죽어갔다. 그는 서울에 대한결핵협회가 생기자마자 정일천, 이찬세, 권창정 박사 등 의료인들과 힘을 합쳐 대한결핵협회 경남 지부(1957. 5.)를 창설하여 이사로 참여했다. 그리고 부산시가 직할시로 승격됨에 따라 결핵협회가 경남 지부와 부산 지부로 분리되었을 때, 부산 지부장을 맡아 4년여 봉사한 바 있다. 그런데 여기서 중요한 것은 그가 지부장을 맡고 있는 동안 부산이 결핵퇴치운동의 한 전기(轉機)를 마련한 점이다. 그는 우선 검진 기계의 현대화를 꾀했고 부산 시내 열 군데의 결핵 전문 개인 병원들에 무료 상담소를 설치해 놓기도 했다. 그는 동생의 죽음에 대한 슬픔을 부산 지역 결핵퇴치운동에 적극적으로 나서는 것으로 승화시켰다.

그러나 이 시기에 그에게 일어난 가장 큰 변화는 잠시나마 부산 시장을 맡은 일이었다. 그는 솔직히 평소에 정치라든가 행정 같은 것에 별 관심이 없었다. 그의 정치에 대한 무관심은 정치혐오의 선친이나 조부로부터 은연중에 물려받은 유훈이라 해도 과언이 아니다. 왜냐하면 그의 가까운 선조 가운데서 경평군은 귀양 가는 수모를 겪었고, 외척인 안동 김씨는 하와이로 망명을 가기도 했기 때문이다. 그는 자랄 때 마지막 왕조의 전사(典祀)를 지낸 부친으로부터 정치권력에 대한 이야기를 들어본 적이 없었다. 그만큼 그의 집안은 정치와 거리를 두고 있었다. 물론 그는 일제 말엽 순전히 타의에 의해서 추대식 부의원을 지낸 적이 있고 해방 직후에는 국회의원에 출마한 친구 허정을 위해서 잠시 한민당 비밀당원으로 후원한 적은 있지만, 그것은 정치권력에 대한 호기심이나 미련 때문이 아니라 마지못해서 끌려 들어간 것에 지나지 않았다.

그런 그에게 4·19 혁명은 중대한 변화를 가져오는 계기가 되었다. 즉 이승만(李承晩) 대통령이 하야하고 허정이 과도정부의 수반에 오르면서였다. 허정이 부산 시민들의 신망이 높고 사적으로 인연이 깊은 근용을 부산 시장으로 내정하고 의중을 타진한 것이다. 허정으로서는 해방 직후부터 물심양면으로 신세진 것을 갚기도 해야겠지만, 부산에서 그만한 학벌과 문벌을 갖추고 존경을 받는 인재도 드물었기 때문이다. 그러나 근용은 즉각 고사했다. 그동안 허정을 도운 것은 정치권력에 관심이 있었기 때문이 아니라 인간적 의리를 지킨 것이므로 어떤 보상도 받을 필요가 없다고 일축한 것이다. 특히 평생 의사로 살아왔기 때문에 행정은 문외한임을 내세워 사양했다. 하지만 허정은 물러서지 않았다. 그는 이미 근용을 부산 시장으로 내세워 시정의 틀을 어느 정도 구상해 놓은 상태였다. 허정은 근용을 여러 채널을 통해 설득했다. 근용과 함께 초량교회 장로를 오랫동안 같이 했던 김성태 장로의 증언에 의하면 허정은 행정 경험이 없는 근용을 위해 노련한 김해 군수 김백순(李佰淳)을 부시장으로 보좌하도록 했다.[6]

결국 그는 끈질긴 허정의 강권에 못 이겨 병원을 잠시 다른 의사에게 임시로 맡기고 부산 시장에 취임했다. 근 한 달간 버틴 것을 보면 허정이나 근용 두 사람의 사이가 끈끈했으며 고집 또한 비슷했음을 알 수 있다. 그가 시장으로 취임한 것이 1960년 5월이었으므로 그의 나이 만 65세 때였다.

그런데 그의 시정(市政)은 순탄치 못했다. 평소 부산 시민들이 존경했던 그였지만 시장 자리에 앉아서 시정을 펴는 것은 또 별개의 일이었다. 행정 경험이 전무한 데다가 자유당(自由黨)의 독재가 갑자기 무너진 뒤의 혼란스러움을 그로서는 수습하기 어려웠다. 왜냐하면 일제 치하 36년과 자유당 독재 십수 년 동안 짓눌려 살던 시민들이 갑자기 자유를 얻으면서 여기저기서 요구사항이 봇물처럼 터져 나왔기 때문이다. 시민들이 자유에 수반되는 책임의식이나 의무사항은 도외시하고 오로지 자기들의 욕구 충족만 생각한 것이다.

이에 따라 질서는 파괴되고 방종과 집단 이기주의가 거리를 휩쓸었다. 더구나 자유당 붕괴와 함께 들어선 민주당(民主黨) 내각은 자력으로 획득한 수권 정당이 아니어서 국민의 소리에 맥을 쓰지 못했다. 민주당은 신구파로 나뉘어서 권력 싸움으로 날을 지새우고 있었다. 국정은 혼란스러웠고, 시정은 더 말할 수 없이 혼란스러웠다. 행정 경험이 없는 근용으로서는 속수무책이었다. 모든 규제 장치가 느슨해지면서 시정 장악이 쉽지 않았는데, 더욱 어려웠던 것이 공무원들의 복지부동과 무사안일한 자세였다. 시장이 행정 경험 없는 의사 출신 명사라는 것을 간파한 약삭빠른 시공무원들의 정신 해이는 극에 달했다. 그뿐만 아니라 공무원들의 부정부패도 문제였다. 시장의 장악력이 떨어지면서 노회한 시공무원들 중에는 그것을 역이용하는 사례도 적지 않았다.

한 예로 시정 자립이란 명목하에 시유재산이 야금야금 팔려나가는 것을 이(李) 시장이 눈치챈 적이 있다. 이 시장은 그것을 즉각 중지시키고 그때부터 시유재산 매각을 일절 허락하지 않았다. 시유재산 매각에 대해서는 중앙정부의 압력도 적잖게 들어왔다. 그러나 그는 시장을 그만두면 두었지 절대 도장을 찍지 않겠다고 선언했다. 그가 워낙 완강해서 중앙정부에서도 어쩌지 못했다. 혼란스러울 때 시유재산을 다 팔아먹으면 장차 부산의 도시계획은 어떻게 되느냐는 것이었다. 그는 부산시 차원을 넘어서 국가의 백년대계를 염두에 두고 시정을 펴나가겠다는 소신도 가지고 있었다.

또한 그는 일반 행정은 어두웠어도 의사 출신답게 보건행정과 의료행정만은 전보다 크게 개선시켜 나갔다. 병원 관리나 약업, 요식업 등의 위생 관리 등은 그만이 할 수 있는 일이었다. 그리 길지 않은 시장 재임 기간에 그의 두드러진 업적은 '시유재산 매각 동결'과 '보건행정의 선진화'였다. 하지만 사실 그가 제2의 도시인 부산시를 짧은 시간에 획기적으로 발전시킨다는 것은 불가능한 일이었다. 그의 실책은 아니었지만 재임 기간에 물가는 상승하고 실업이 증가했다.

특히 부산 시정에 어려웠던 것은 6·25 전쟁의 후유증이 남아 있었고 그것을 정리해야 할 책무가 모두 그에게 지워져 있었기 때문이다. 인구 밀집으로 인한 무허가 건물의 난립과 상행위의 무질서, 도로망, 상하수도의 파괴 등 사회 기반시설이 엉망이었다. 거의 무정부 상태와 같은 민주당 정권의 혼란함이 관료사회 전체를 이완시켰고, 시민은 시민대로 공무원은 공무원대로 자기 몫을 챙기기에만 혈안이 되어 있었다. 그런 시기에 군자형(君子型) 이근용 시장의 장악력이 있을 리 만무했다. 행정에 능통한 부시장이 보좌했다고 하지만 노회한 공무원들을 통솔하는 것은 쉬운 일이 아니었다. 따라서 시의 세금은 제대로 걷힐 리 없었고, 시민들은 시민대로 시정에 대한 불만이 많아 하루도 데모가 없는 날이 없을 정도였다. 중앙정부가 통제기능을 상실한 데 따른 사회 전체의 기강 해이는 부산시에도 예외일 수 없었다.

그런데 여기서 주목해야 할 점은 시민들의 모든 불만이 점차 이근용 시장에게 모아졌다는 사실이다. 그가 그런 혼란기에 시장 자리에 앉아 있었으므로 시민들의 이목이 집중되는 것은 자연스런 일이었다. 그러나 그는 시민의 불만스런 여론에 아랑곳하지 않고 자기 소신껏 시정을 펴갔다. 앞에서도 언급한 것처럼 과도기에 자기 힘으로 할 수 있는 보건행정의 선진화와 시유재산의 매각 동결을 해놓았다는 이야기다.

그는 너무나 순수, 질직(質直)한 성품이어서 정부의 눈치를 거의 보지 않았다. 정치권력의 속성도 몰랐지만 그런 것에 대하여 전혀 개의치도 않았다. 최경영 논설위원이 전해들은 김성태 장로의 회고에 의하면 대단히 재미있는 에피소드도 있었다. 가령 그는 시장이므로 이런저런 중요한 행사에 참여해야 했다. 그가 하루는 용두산 공원에서 있었던 전몰장병 추모식에 참석하게 되었다고 한다. 그는 시장이므로 자연히 비서진이 써준 식사(式辭)를 읽어나가게 되었다. 극히 형식적이고 의례적인 식사를 낭독하자 장내는 유족들의 애곡으로 소란스럽기 이를 데 없었다. 그런데 유족들의 흐느낌을 들으면서 그 자신 역시 슬픔과 분노의 감정이 솟아오르기 시작한 것이다.

그는 낭독하던 식사의 원고를 덮어버리고 즉석연설을 하기 시작했다. 흥분된 목소리로 "같은 부산에 있는 유엔군 묘지를 보십시오 그들 유엔군은 손톱, 머리털, 군번까지 갖추어져 있는데 우리의 전몰장병들은 시신은 물론 군번도 모르는 현실입니다. 도대체 전몰장병에 대한 뒤처리가 정책적으로 된 것이 하나도 없어요!"라고 정부 측 처사를 맹공하였다. 그가 연설한 내용은 곧 전몰유족 대표나 야당 정치인들이 해야 할 말이었다. 누구도 시장의 식사라고 볼 수 없는 내용이었던 것이다.

이 한 가지 사건만 가지고도 이근용의 인품을 짐작할 수 있다. 그는 평소 거짓을 싫어하고 불의를 못 참으며 호불호가 분명하고 잘잘못을 분명하게 가리는 성격이었다. 그뿐만 아니라 시장 자리에 앉아 있으면서도 자기가 고위관리라는 것을 의식하지 않았다. 그렇기 때문에 전몰군경 추모식에서 정부 처사를 맹공할 수 있었던 것이다. 어떻게 보면 순박했다고 말할 수도 있다. 그는 시장으로 있으면서 어느 정파에 가깝게 다가가지도 않았다. 그는 항상 광명정대(光明正大)하고 공평무사했다. 행정에는 미숙했어도 항상 열린 행정을 하려고 노력했다. 사심이 전혀 없었기 때문에 이기적인 일을 일체 하지 않았다. 따라서 비판자들도 그에 대해서 무능했다고는 해도 부패했다고는 욕하지 않았다.

그처럼 괴로운 시장 자리도 오래 지속되지는 않았다. 그해 11월 1일, 민주당 정부에 의해서 지방자치법 개정이 이루어졌기 때문이다. 그가 시장을 맡은 지 겨우 반년 만의 일이었다. 지방자치법으로 그해 안에 새로 직선 시장을 뽑아야 하므로 그는 12월에 자동적으로 물러나야 할 처지가 되었다. 하지만 정치와 행정에는 전혀 관심 없었다가 허정 수반(首班)의 강력한 권유로 시장 자리에 올라 7개월 동안 부산 시민들만 실망시키고 퇴임한다는 것이 어쩐지 그의 마음 한구석을 찜찜하게 만들었다. 시장 자리가 탐난다거나 미련이 있어서라기보다는 40여 년 동안 쌓인 부산 시민들의 신망이 시장 7개월로 엷어진다는 것에 대하여 섭섭함과 아쉬움을 동시에 느꼈던 것이다. 한편 어이없고 허무하기도 했다.

솔직히 7개월이라는 짧은 기간은 거대한 부산 시정을 겨우 파악할 수 있는 시간밖에 되지 못했다. 실제로 그로서도 부산시가 돌아가는 것을 겨우 파악할 수 있었다. 한평생 전혀 관심을 갖지 않았던 행정에 대해서도 조금은 알 만했다. 그런데 물러나야 하다니! 그는 자기 소신도, 포부도 제대로 펴보지 못하고 부산 시민들의 기대를 충족시키지 못한 채 물러날 수는 없다고 생각했다. 그

부친 이근용의 칠순 기념

래서 직선 시장에 출마해야겠다고 마음을 다져갔다.

그는 출마 결심을 굳히고 부산 지역 유지들에게 협조를 구하기 시작했다. 당시 의논 상대 중에는 뒷날 대통령이 된 박정희 군수기지 사령관도 포함되어 있었다. 박정희 소장은 평소 이근용의 인품을 너무나 잘 알고 있던 터라서 만나자마자 "노인네가 그런 델 무엇하러 나가십니까?"라고 하면서 만류하였다고 한다. 군대에서 산전수전을 다 겪은 박정희 장군은 이근용이 시 행정가보다는 존경받는 의료인으로 남는 게 좋다고 생각한 것이다. 실제로 박정희 장군은 이근용을 좋아하고 존경해왔던 터여서 그가 정치판에 뛰어들지 않는

게 낫다고 보았다. 직선제 시장을 하려면 조직과 돈이 있어야 되는데 이근용은 두 가지가 모두 없었다.

그럼에도 불구하고 이근용은 민선시장에 대한 미련을 좀처럼 떨쳐버릴 수가 없었다. 특히 그가 재임하는 동안에 물가가 많이 오른 데다가 밀수도 줄지 않았으며 폭력배들도 기승을 부렸다. 무엇보다도 시세(市稅) 징수가 전보다 못했던 것이 가장 큰 부담이었다. 그런데 사실 이러한 현상은 이근용 시장의 행정이 미숙했기 때문만은 아니었고, 전술한 바 있듯이 강력한 자유당 독재가 무너진 뒤 힘의 공백기가 빚어낸 혼란의 산물이었다. 그러나 그의 시장 재임 기간에 벌어진 일들이기 때문에 그는 어느 정도 책임을 면할 길이 없었고 항상 마음의 부담을 느꼈다. 그가 여러 가지 불리한 여건에서 출마할 결심을 굳힌 것도 실은 혼란기에 못했던 일들을 하려는 보상심리에 따른 것이었다. 일종의 오기가 발동한 것이다.

그러나 시간이 흐르면서 그의 결심이 조금씩 흔들리기 시작했다. 당장 돈과 조직이 없었던 데다가 무엇을 어떻게 해야 할지도 막막했다. 물론 출세 지향적인 몇몇 측근들이 곁에서 출마를 충동질한 것도 사실이지만 가족들만은 절대 반대였다. 우선 그가 반년 동안 병원 일을 돌보지 않아 수십 년 동안 쌓아 온 의료인으로서의 명성도 퇴색할 처지에 놓여 있었다. 이것은 매우 중요한 사안이었다. 그의 가족들은 단 몇 년으로 끝나는 시장이라는 직책보다 부산의 슈바이처라고 불리며 시민의 존경을 받아 쌓인 명성이 더욱 중요하다고 생각했다. 더욱이 그가 시장으로 재직하는 동안 혼란기여서 큰 인기를 끌지 못한 것을 잘 알고 있었다. 이런 가족들의 생각과 출마 재고 요청이 그의 결심을 흔들어 놓았다.

그를 진정으로 아끼는 주변 친지들도 시장 출마를 달갑지 않게 생각했다. 당시 그와 함께 의료 활동을 펴고 있던 명성 높은 양유찬 박사, 장기려 박사, 한정교 박사 등도 그가 종래와 마찬가지로 구휼 사업을 하는 의료인으로 남기를 바랐던 것이다. 그 또한 항상 바른 소리를 잘하고 현실 정치에 극히 비판

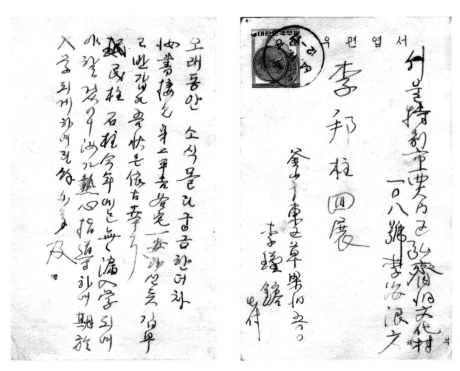

손자 방주에게 보낸 격려의 엽서(우체국 소인 1964년 11월 16일)

적이었던 박정희 장군의 핀잔이 뇌리에서 떠나지 않았다. 결국 그는 막바지에 가서 출마 결심을 철회했다. 아쉽긴 했지만 당초 원하지 않았던 시장 직책을 마감하기로 작정한 것이다. 그는 1960년 12월 16일, 꼭 7개월 만에 직선으로 선출된 후임 시장에게 자리를 넘겨주고 다시 병원으로 돌아왔다. 아쉽다는 생각은 싹 사라지고 날 듯이 홀가분한 기분이었다.

퇴임 즉시 그는 병원과 교회 일에 더욱 열정을 쏟았다. 나이도 60대 후반으로 접어들어 원숙해진 데다가 시장 일을 하면서 겪은 고통에 비하면 인술을 베푸는 일과 교회 일은 아무것도 아니라는 생각이었다. 특히 1957년부터 맡고 있었던 초량교회 장로 일은 그를 참으로 행복하게 만들었다. 의료 사업과 교회 일은 육신과 영혼을 결합시킨 봉사활동이라는 점에서 노년기에 접어든 그를 더욱 고무시켰다. 전술한 대로 왕손으로서는 드물게 그의 숙부가 목사였고, 두 번째로 그가 장로였기 때문에 종교 활동도 훨씬 모범적이었다. 그는 의사로서 봉사활동과 교회 장로로서 선교활동을 절묘하게 조화시켜 자선가로서도 우뚝 설 수 있었다.

특히 그가 시장 자리에서 물러난 뒤 더욱 봉사활동에 치중하게 된 것은 시정을 하면서 서민의 아픔을 체험했고 시민 생활의 구석구석을 소상히 파악한 데 따른 것이었다. 그는 장기려 박사 등과 만든 부산아동자선병원 이사장과 대한결핵협회 부산 지부장 등을 맡아서 시장일 때 못지않게 분주한 생활을 했다. 대단히 활동적이었던 그는 친목 단체로 부산 로터리클럽도 조직했다. 많은 친구를 끌어들여 친목회를 만들고 그것을 다시 사회봉사 단체로 전환시키기 위해 클럽을 조직한 것이다. 이처럼 그는 정치권력과는 거리가 먼 사회 복지 봉사 분야에서 대단히 폭넓게 활동을 벌여 나갔다. 그만큼 그는 부산의 대표적 명사였던 동시에 유지로서 지인과 친구도 많았다. 또 그는 그러한 봉사 자선사업을 매우 즐겼고 사는 보람으로 삼기도 했다. 그는 또 말년에는 선친처럼 문예에도 약간의 관심을 가져서 부산 시조회 회장을 맡기도 했다.

그것은 그의 외동아들 해랑이 연극인이어서 자연스럽게 예술에 관심을 갖게 된, 너무나 당연한 귀결이 아니었나 싶기도 하다. 물론 그는 선친이 뛰어난 한시 작가였고 또 시 읊는 것을 즐겼던 사실을 잘 알고 있었다. 그러나 그에게만은 시재(詩才)가 없었고, 노래 실력 역시 형편없었다. 시조 회원들은 수시로 모임을 갖고 시조경창대회도 가졌지만 그의 실력은 좀처럼 향상되지 않았다. 시조를 읊어도 음조가 전혀 맞지 않아서 이따금 주변 사람으로부터 핀잔받고 놀림을 당하기도 했다. 일종의 음치였던 그는 시조창을 제대로 해보려고 귀가하여 열심히 연습도 해보았으나 좀처럼 늘지 않았다. 연습하다가 아내로부터 핀잔만 듣곤 했다. 의학을 택한 것이 너무나 잘한 일이었다는 사실을 인정하면서도 다른 한편으로 문예에 소질이 없음을 한탄하기도 했다. 그는 시조 회장을 하면서 예도(藝道)의 어려움을 느끼게 되었고, 예술이란 천부적 재능이 있어야 된다는 것도 알게 되었다. 그 결과 수십 년 동안 자식 취급하지 않았던 아들을 조금씩 이해해가고 있었다.

이처럼 그는 70대가 되어서야 비로소 예도의 어려움과 가치를 알게 되었다. 그는 1970년대에는 거의 병원 일을 보지 않고 고용 의사에게 모두 맡겼다. 그리고 교회 일, 로터리 일, 자선사업에 몰두하면서 시조창이나 읊는 한유(閑裕)의 생활을 했다. 그러다가 1974년 나이 80세에 이르면서 거동이 불편할 정도로 노쇠해졌다. 그때 아들 해랑이 상경할 것을 권유함으로써 아쉬웠지만 노환으로 보호를 받아야 할 입장이었기에 상경하게 되었다. 그가 부산에서 자리를 잡은 지 50여 년 만의 일이었다. 그를 존경하고 가까이 지내던 부산 시민들과 친지들은 대단히 섭섭해 했지만 노환으로 거의 거동을 못하는 그를 붙잡을 수는 없었다. 1975년 제2의 고향인 부산을 떠난 이근용 부부는 외부 활동을 전혀 하지 못했다. 병 깊은 노구를 이끌고 고향으로 돌아온 그는 1년 여 동안 사당동 예술인 마을의 아들 집에서 투병 생활을 하다가 1976년 여름 만 81세의 나이로 사랑하는 아들이 지켜보는 가운데 행복하게 소천했다.

2. 출생과 성장
- 고독과 절망과 시련의 계절

이해랑은 1916년 7월 22일 서울 한복판인 종로구 와룡동 27번지에서 사대부 명문가의 손으로 태어났다. 경성의학전문학교를 졸업한 이근용과 남양 홍씨 사이에서 장남으로 태어났다. 앞에서 살펴본 대로 그 가문은 대대로 손(孫)이 귀한 집이었기 때문에 이해랑의 출생은 온 집안의 경사였다. 사실 그가 태어난 1916년은 나라 전체가 어려운 시기였다. 일제가 이 땅을 강점한 지 6년째 되는 해였기 때문이다. 일제가 강점하자마자 착취와 수탈이 시작되어 조선토지조사사업(朝鮮土地調査事業, 1910)으로부터 동양척식주식회사

(東洋拓殖株式會社)가 설립되었고, 삼림령, 광산령, 어업령 등이 잇달아 반포되어 이 땅의 농, 공, 상, 광, 어업권 등을 차례로 빼앗겼다. 이처럼 일제에 농토를 빼앗기고 산업 전반의 권한을 빼앗김으로써 실업자가 급증하고 민족자본은 밑뿌리부터 고사해가는 지경이 되었다. 토지조사 사업이라는 명목하에 농토를 잃은 농민들은 유리(流離), 사산(四散)할 수밖에 없었고, 남부여대하여 도회지나 만주, 러시아 등지로 떠나는 수효가 해마다 늘어나고 있었다. 그처럼 궁핍한 시절이었지만

부친 이근용

이해랑의 집안만은 대단히 부유했다. 왕가의 근친으로 유산도 많았고 조부가 이 왕가(李 王家)의 의전관이었기 때문에 식민지 치하에서도 다달이 충분한 월급이 나왔다. 따라서 그가 요람에서부터 마치 보석 덩어리처럼 애지중지 보살핌을 받았음은 두말할 것도 없었다. 그의 생모는 본래부터 약한 체질이어서 유모까지 두고 그를 보살폈다. 곧 그는 조모와 모친, 그리고 유모 등 세 여인이 붙어서 돌보는 귀염둥이로서 별 탈 없이 잘 자라고 있었다.

이름은 돌림자를 따라 해랑(海良)으로 지었다. 이씨 집안은 예부터 체질적으로 강건해서 그는 감기도 잘 걸리지 않을 정도로 건강하게 성장했다. 다른 아이들처럼 잔병치레도 전혀 하지 않았다. 이는 그의 허약한 생모와는 전혀 다른 모습이었다. 그런데 뜻밖에 그가 말을 배우기 시작하던 네 살 때 생모가 세상을 떠났다.[7] 이때부터 그는 조모에게 전적으로 의지해 클 수밖에 없었다. 그런데 그가 더욱 불운했던 것은 한 해 사이에 조모 평산 신씨(平山 申氏)마저 세상을 뜬 점이다. 그는 조모마저 사멸한 뒤에는 엄하기만 한 조부와 1년 가까이 살아야 했다. 그리고 얼마 후 새 조모 안동 김씨(安東 金氏)가 들어와

서 모친 역할을 대신했지만, 새로 시집온 조모가 아기를 낳았기 때문에 그에게 정성을 쏟을 수만은 없었다. 따라서 그에게 모성애 결핍으로 인한 어두운 그림자가 조금씩 드리워지기 시작했다.

불행 중 다행으로 마음 착한 유모가 돌봐주었기 때문에 그는 점차 유모를 생모처럼 의지하면서 성장했다. 그가 어느 회고의 글에서 "4세 때 돌아가신 어머님은 얼굴조차 기억할 수 없고 할머니마저 일찍 별세하셔서 엄한 할아버지와 단 둘이 외롭고 어두운 어린 시절을 보냈다"(「예술에 산다」)고 쓴 바 있다. 여기서 그의 아버지가 등장하지 않는 것에 대해 의아해하는 사람이 있을 것이다. 사실 그의 유소년 시절, 그의 부친은 재취했고 게다가 일본 유학 생활을 오래했으며 귀국 후에는 잠시 서울에서 의학교수로 근무하다가 부산으로 내려가 정착했기 때문에 만나기가 힘들었다. 그것은 청장년기로도 이어졌는데 그 까닭은 그가 부친의 구상과는 전혀 다른 방향으로 나아갔기 때문이다. 따라서 그에게는 평생 아버지 콤플렉스 같은 것이 따라다녔다.

이처럼 유년 시절, 그의 고독은 매우 깊고 본질적인 것에서 비롯되었다. 모친의 환영이 머릿속에 박힐 무렵에 영별하고 부친마저 멀리 떠나 살았으므로

부친 이근용의 부산아동자선병원 이사장 취임 기념(좌에서 첫 번째)

그는 어디에도 기댈 언덕이 없었다. 그가 유모에게 전적으로 의존했던 이유도 바로 거기에 있었다. 서울의대 아동정신과 교수인 홍강의 박사도 「부모 부재의 의미와 영향」이란 논문에서 "어린이가 부모와의 사별 후에는 보살펴주는 사람에게 전적으로 매달린다"[8]고 주장했고, 동덕여대 아동학과 안명희 교수도 「물리적 부모 부재와 아동의 적응」이란 논문에서 "사별한 부모와의 탈애착(detachment) 단계에서 아동은 기존의 부모 대상을 버리고 새로운 내적 대상을 가짐으로써 부모 없는 현실에 적응해간다"[9]고 했다. 이처럼 유모 할머니는 바로 그런 매우 적합한 대상이었던 것이다.

그런데 그 유모는 워낙 오랫동안 집안일을 돌보다보니 이미 늙어 있었다. 함경도 출신의 과부 할머니였던 유모는 고향에 출가한 딸 하나가 있었지만, 북쪽 사람 기질이 있어 마음이 강건하고 매사 긍정적으로 생각하는 낙천가였다. 작달막한 키에 다부진 체격의 그녀는 혼자 사는 것, 재산이 없는 것에 대해서 별로 걱정하지 않았다. 그저 밥 세 끼 배불리 먹고 등만 따뜻하면 만사형통이었고 장죽에 잎담배 한 대 피워 물면 최고의 행복으로 생각하는 노파였다. 해량은 그런 유모의 성품을 많이 닮아갔고 실제로 유년 시절에 그런 할머니를 만난 것이 천만다행이기도 했다. 왜냐하면 그가 자꾸 위축되고 내성적인 성격으로 바뀌어가는 것을 할머니가 고쳐주려고 노력했기 때문이다. 그는 다음과 같이 회고한 바 있다.

그때부터 나를 키워준 분은 삼청동 할머님이시다. 영감님이 돌아가시자 별로 의지할 곳 없는 할머니는 먼 친척 연줄을 찾아 우리 집에 와 계시게 된 것이었다. 따님 한 분이 함경도에 산다고 하였지만 편지 거래도 거의 없고 용돈이나 담뱃값 일용 잡품은 할아버님 댁 단골 반찬 가게에 신세 지고 사셨다. 그러나 할머니는 조금도 적적한 빛을 보인 적이 없었으며 작달막한 키에 긴 담뱃대를 무시고 우스운 소리를 곧잘 해서 집안사람들을 웃겼다. 아마 나에게 유머스러운 점이 있다면 그것은 이 삼청동 할머니의 영향이 클 것이다. 왜냐하면 우리 집 계보에는 우스운 소리를 잘하는 분이 안 계시기 때문이다. 엄격한 할아버지 내외분의 사랑과 또 이러한 삼청동 할머니의 귀여움을 받으면서 자랐다. 삼청동 할머니는 멀리 부모와 떨어져 자라는 나를 외롭지 않게 해주셨으며 친할머니 이상으로 나의 교육에 관심을 가지고 지도하여 주셨다.[10]

이상에서 알 수 있듯이 유년 시절 텅 빈 그의 마음을 채워준 것은 모친이 아닌 유모 삼청동 할머니였다. 평소 일일이 그의 의식을 꼼꼼하게 챙겨주고 보살펴준 것은 바로 유모였다. 사실 전형적인 사대부였던 그의 집안 분위기는 언제나 착 가라앉아 있었다. 왕실 의전관으로 있는 조부가 워낙 근엄한 데다가 재취로 들어온 조모 역시 할아버지의 엄함에 눌려 집안 분위기가 항상 답답할 정도로 무거웠다.

재취로 들어온 젊은 조모가 곧바로 아기를 낳았기 때문에 손자까지 돌볼 여유가 없었다. 이로 인하여 그는 유모에게 전적으로 의지해 살 수밖에 없었다. 게다가 부친과 계모가 부산에 살았으므로 얼굴을 보는 것조차 쉽지 않았다. 그는 자라면서 자기보다 어린 숙부와 함께 조부로부터 한문을 배웠다. 천자문을 비롯하여 이것저것 배웠으나 그는 별 흥미를 느끼지 못했다. 그저 아이들과 몰려다니며 노는 것이 제일이었다. 그는 같은 또래의 동네 아이들과 노는 것으로 부모 부재의 허전함을 잠시나마 잊을 수 있었다. 와룡동 주변은 산과 공원이 있어서 아이들이 놀기에는 안성맞춤이었다. 산등성이로, 공원으로 그는 즐겁게 놀러 다녔다. 당시에는 차가 별로 없어서 교통사고의 위험 같은 것은 아예 없었다. 그는 아침밥만 먹고 나가면 어둑해야 돌아올 정도로 놀았다. 그가 잘 놀러 다니는 곳은 파고다공원이었고 봄, 여름, 가을엔 취운정 산에도 잘 올라갔다. 그는 일곱 살이 되면서 집에서 가까운 교동국민학교(校洞國民學校)에 들어갔다. 집에서는 엄한 조부로부터 한문을 배우고, 학교에서는 신식 공부를 했다. 그러나 그는 학교에 들어가서도 공부에는 별 취미가 없었다. 아이들하고 노는 것만이 제일 즐거운 일이었다.

그는 입학한 뒤 의협심이 강하고 강골이었던 김두한(金斗漢)을 만나 사귀기도 했다. 그들은 주로 파고다공원에서 그네타기, 제기차기, 딱지치기, 구슬치기, 철봉 등 재미있는 놀이를 같이 했다. 그는 장난은 좀 심한 편이었지만 매우 온순하고 내성적이고 소심했으며, 신체적으로는 키가 크고 잘생긴 미소년이었다. 친구 김두한은 체격이 컸던 데다가 힘이 세고 의협심이 강해서 같이 놀면서 은연중에 정의감과 의협심을 키울 수 있었다. 의기투합한 두 소년은 아이들을 데리고 온종일 파고다공원을 근거지로 놀다가 날이 어두워서야 집으로 돌아오곤 했다.

그러나 그는 김두한처럼 저돌적이고 외향적인 성격은 되지 못했다. 어린 시절 모친과 사별한 것이 그의 성격을 내성적으로 만든 것이다. 그런데 이런 성격의 그에게 대인공포증을 갖게 만든 사건이 발생했다. 그가 어느 공사장에서 좀도둑으로 몰린 적이 있었다. 이에 관해서 그는 다음과 같이 회고한 바 있다.

당시 교동국민학교에 다닐 때 집 부근에 대규모 하수도 복개 공사가 벌어져 친구가 별로 없었던 나는 그곳에 자주 구경을 가곤 했는데 그만 엉뚱하게도 도둑놈으로 몰리게 된 것이다. 동네 악동들이 종종 엿을 바꾸어 먹기 위해 좀도둑질을 했었는데, 그만 내가 범인으로 몰리게 된 것이다. 화가 난 왜놈 감독은 나를 사무실로 끌고 가 하루 종일 매질을 하며 자백을 강요했다. 외로웠던 어린 시절 이 끔찍스런 충격은 작은 심신을 갈가리 찢어버렸고 급기야는 사람을 무서워하게 만들었다.[11]

이상과 같은 그의 회고에서 유소년 시절에 그에게 가해졌던 두 번의 큰 상처, 즉 '모친 상실'과 '도둑 누명'이 그의 내면에 트라우마로 자리 잡았다는 것을 알 수 있다. 특히 어린 그가 좀도둑으로 몰려서 일본인에게 매질까지 당한 것은 그에게 일본에 대한 공포심과 함께 적개심을 키워준 계기가 되었다. 물론 그는 명망 높은 조부까지 동원하여 곧바로 누명을 벗었지만 상처

자체까지 말끔히 씻긴 것은 아니었다.

한편 이러한 시련들은 그로 하여금 대인기피증을 갖게 했으나 연약했던 그가 역으로 강해지는 계기도 되었다. 이 사건 이후 그는 사람을 경계하고 두려워했지만 개구쟁이 소년으로 바뀌는 계기도 되었다. 그는 나이를 먹어가면서 장난이 더욱 거칠어지고 때로는 사고도 저지르곤 했다. 특히 김두한의 영향을 많이 받았다. 그에게 김두한은 데미안과 같은 존재였다. 그들의 놀이터이자 안식처인 수표교 밑에서부터 파고다공원까지, 그는 꼬마 대장 김두한과 함께 휘젓고 다녔다.

특히 파고다공원은 언제나 별별 사람들이 다 모여 있어 신기한 구경거리도 많아 제일 인기가 좋았다. 파고다공원은 한 사회의 축도이자 단면이라 말할 수 있을 정도로 인간 군상의 만화경 그 자체였다. 그곳에는 정신병자, 걸인, 실업자, 남녀노소 별사람들이 다 모여 떠들고 싸우고 낮잠 자고 노래 부르고 야단들이었다. 그런 인간 군상 속에서 그는 시간 가는 줄 모르고 놀았다. 노는 데 정신이 팔려서 온종일 산속을 헤매는 웃지 못 할 사고도 일어났다. 이에 대해서 그는 다음과 같이 회고했다.

어느 날 나는 애들과 같이 취운정 뒷산에 곤충 채집을 하러 갔다. 어른들에게 알리지 않고 그대로 집을 빠져나가 얼마동안 돌아다녔는지 꽤 많은 벌레를 잡고 돌아서는데 같이 갔던 친구들이 보이지를 않았다. 설마 하고 소리를 질렀으나 아무 대답도 없었다. 나는 무조건 높은 길을 향해 뛰기 시작했다. 그리고 소리를 질렀다. 그러나 그럴 적마다 소나무 사이를 스치는 바람 소리만 떨리는 가슴속을 더욱 조이게 하였다. 나는 뛰던 걸음을 멈추고 한참 동안 방향을 잡으려고 애를 썼지만 산에서 빠져나갈 길을 찾을 수가 없었다. 산중에 혼자 처진 공포감을 이기지 못하고 그만 울음을 터트리고 말았다. 한참을 울다 보니 여기저기 염소 똥 무더기가 흩어진 게 보였다. 염소가 지나간 곳이라면 부근에 인가가 있을 것이 틀림없었다. 아래 길 쪽으로 내려와보니 먼저 올라왔던 삼청동 어구가 보였다. 나는 한숨을 내쉬고 아무

일도 없었다는 듯이 개천에서 손과 발을 씻고 집으로 돌아왔다. 집에서는 온통 야 단이었다. 그 동네 아이들은 다 돌아왔는데 나만 돌아오지 않은 것을 알고 삼청동 할머니가 행랑아범을 데리고 나를 찾으러 산으로 가신 것이었다. 그래서 우리는 할 머니를 찾으러 또 산에 올라갔다. 산에서 서로를 찾고 찾는 숨바꼭질을 하다가 해 가 저물어서야 모두 집으로 돌아왔다. 이 일로 나는 단단히 종아리를 맞았고 그 후 로는 삼청동 할머니도 회초리를 들어 나를 때리셨지만, 어쩌다 기특한 일을 하면 열 가지를 더 보태서 크게 자랑해 주셨고 그 일을 잊지 않고 두고두고 되풀이하곤 하셨다. 그러나 엉터리없는 떼라도 쓸 양이면 어이가 없다는 듯이 손을 들어 항복 하는 시늉을 하셨다.[12]

이상과 같은 회고의 글을 보면 그가 집에서 마음의 빈 공간을 채울 수 없어 아이들과 온종일 밖으로 나돈 것 같다는 생각이 들고, 그를 향한 유모 할머니 의 사랑의 깊이를 알 수 있다. 전술한 바와 같이 삼청동 유모 할머니는 부모 사랑의 부재로 인한 그의 텅 빈 가슴을 가득 채워주곤 했었다. 물론 유모의 사랑이 모정을 대신할 수 있었던 것은 아닐지도 모른다. 다만 형제들마저 없 어 유난히 외로움을 탔던 그의 마음 한구석을 유모가 어느 정도 메워주었을 뿐이다. 그녀는 이해랑의 가정환경을 너무나 잘 알고 있어서 유모라는 역할 이상을 하려고 애쓴 마음씨 고운 할머니였다.

삼청동 할머니는 생모나 친조모처럼 그를 보살폈고 간단한 가정교육까지 도맡아 했다. 때로는 회초리를 들었고, 반면에 기특한 일이라도 할양이면 칭 찬도 아끼지 않는 자세로 그를 교육했다. 하지만 그렇게 지성껏 돌보았어도 그는 언제나 뭔가 메울 길 없는 그 무엇으로 인해서 허전해 했다. 이와 관련하 여 그는 다음과 같이 회고했다.

그런데 역시 부모 슬하에서 자라지 않아서 그런지 친어머니에게서만 느낄 수 있 는 따뜻한 사랑을 모르고 자랐다. 내가 거기서 와룡동 관내 보통학교(교동국민학교)

를 졸업했는데 그 시절 잊혀지지 않는 것은 내가 외롭다는 것이었다. 집에 돌아오
거나 학교에 가거나 늘 그랬다. 요즘 아이들도 그런지 모르겠으나 가정이 훈훈하면
밖에 나가도 마음이 훈훈해지는 것 같다. 내게는 어머니, 아버지(부산 거주)가 안
계셨으니까 뭔가 허전한 것, 마음이 공허한 것 그런 걸 느꼈다. 어린 나이에 고독을
씹은 것이다. 학교에 가도 다른 아이들과 자신을 비교해볼 때 그들은 모두 명랑하
고 쾌활한데 나만 우울하고 내 마음만 우수에 잠겨 있었다. 그래서인지 선생들 사
랑도 받지 못했다. 내 얼굴 표정은 언제나 우울했다. 그래서 친구들도 많지 않았다.
나는 어린 시절의 약간 이상적(異常的)인 환경 때문에 피해를 입었다. 한 번도 제
대로 큰 소리를 내지 못했다. 그래서 나는 음악 시간이 좋았다. 내 목소리로 노래를
부를 수 있었기 때문이다. 유일하게 음악 시간이 학교 과목 중에서 좋았고 자유스
러웠다.[13]

부모가 부재한 유년 시절을 보내야 했던 그의 심정을 리얼하게 회상한 이
상의 글에 나타나 있는 것처럼 유모 할머니로서는 한계가 있었다. 그래도 유
모 할머니의 극진한 보살핌과 밝은 성격이 안으로만 기어드는 그의 성격을
어느 정도 밖으로 표출토록 한 것만은 사실이었다. 물론 유모 할머니에 의해
유년 시절에 그의 성격이 형성된 것이 사실이지만 혈통도 무시할 수는 없다.
왕가 후예로서의 뼈대를 무시할 수 없다는 이야기다. 그의 조부와 부친에게서
잘 나타나듯이 근엄하고 의연한 자세야말로 혈통에서 물려받은 것이라 말할
수 있다. 그가 평생 숱한 시련을 겪었지만 절망하지 않고 의연하게 버틸 수
있었던 것도 바로 그러한 성격 때문이었다고 말할 수 있다.

그는 외양은 소극적으로 보였지만, 내적으로는 그렇게 소심하지 않았다. 그
는 유모 할머니가 때때로 내던지는 우스갯소리를 귀담아 들으면서 유머 감각
도 키웠다. 그러나 무엇보다도 그를 절망의 구렁텅이로 굴러 떨어지지 않게
만든 것은 매사 긍정적으로 보는 낙천적 기질에 따른 것이었다. 물론 외형적
으로 볼 때 그의 유년기는 그야말로 기가 죽어 있는 어린이였음에 틀림없다.

어떻게 부모 없는 어린이가 명랑, 발랄할 수 있겠는가. 그런데 조부의 엄한 교육은 그를 위축시키는 요인이 되었다. 그가 회상기에서도 밝혔듯이 국민학교 시절 음악 시간에 소리 질러보는 것이 유일한 자기 목소리 내기였고 많은 시간을 침묵으로 보낸 것이다.

그가 친구들과 공원으로 들녘으로 쏘다닌 것도 실은 무겁게 눌러오는 가정적 압박으로부터의 해방이었고 일종의 스트레스 해소책이었다. 또한 정을 붙일 만한 혈육이 없었기 때문에 자연 속에서 공허감을 채우고 어떤 경외감 같은 것도 점차 느껴갔다. 그는 추운 겨울을 제외하고는 언제나 자연 속에 파묻혀 있기를 좋아했다. 맑은 달과 반짝이는 별을 사랑했다. 풀벌레 소리에 귀 기울였고 산새들의 울음소리에 매료되었다. 솔바람 소리를 신비롭게 느꼈고 우주의 드넓음에 경탄했다.

그가 지쳐서 집에 돌아오면 유모인 삼청동 할머니가 닦아주고 옷도 항상 깨끗한 것으로 갈아 입혀주곤 했다. 그래도 그는 항상 허전했지만 시무룩할 때마다 우스갯소리로 웃겨주는 삼청동 할머니 때문에 순간순간 기분 전환을 할 수가 있었다. 그런데 불운하게도 삼청동 할머니가 그를 떠나게 되었다. 이 사건이야말로 그의 유년 시절에 있어서 최대의 충격이었다. 그가 국민학교 6학년이 되던 해, 즉 13살 때 갑자기 유모 할머니가 함경도 딸의 집으로 가게 된 것이다. 딸이 경제적으로 안정되어 그동안 홀로 서울에서 남의 집 생활을 하고 있는 모친을 부르게 된 것이다. 마음을 전적으로 의지하고 있던 유모와의 이별 장면을 그는 다음과 같이 회고했다.

나는 청량리역으로 할머니의 배웅을 나갔다. 발차 시간이 되어 기차가 떠나게 되자 다시는 할머님을 못 볼 것만 같아져서 그만 소리를 내어 울음을 터뜨렸다. 할머니도 창밖으로 손을 내밀어 나의 눈물을 닦아주시면서 우셨다. 그리고 나는 북녘을 향해 떠나는 열차의 창가에 앉으신 할머니의 모습을 따라가며 한없이 울었다.[14]

이상과 같은 충격적 이별은 유년 시절 그가 생모와의 사별, 도둑 누명 사건 이후 세 번째로 맞닥뜨린 충격이었다. 물론 생모와는 4살 때 사별했으므로 외형적으로 상실감이라든가 슬픔 같은 것은 전혀 느끼지 못했었다. 그러나 부모의 사랑이 없을 때 십여 년 가까이 생모 역할을 해준 삼청동 할머니와의 이별은 그에게서 모든 것을 한꺼번에 앗아가는 느낌 이상이었다. 그가 청량리 역에서 한없이 울부짖으며 북녘으로 떠나가는 삼청동 할머니가 탄 기차를 따라 달려갔다는 것은 그런 심정을 극적으로 표현한 것이라 하겠다. 그는 얼마 동안 매일 울면서 지냈다. 어디 한군데 마음 의탁할 곳이 없었기 때문이다. 그의 인생의 전부이다시피 했던 유모와의 갑작스런 이별은 일종의 청천벽력 같은 일이었다.

물론 조부모의 따뜻한 보살핌이 없었던 것은 아니었다. 특히 마음씨가 몹시 너그러운 조모의 위로는 큰 힘이 되었다. 그러나 젊은 조모는 자기보다도 어린 숙부 5명과 고모 2명 등 7남매를 키우느라 그를 돌볼 겨를이 없었다. 그가 삼청동 할머니를 떠나보낸 뒤 깊은 슬픔에서 헤어나지 못한 이유도 바로 거기에 있었다. 그로서는 유모 할머니가 떠난 일이 생모와의 사별 이상으로 가슴을 도려내고 텅 비게 한 원인이 되기에 충분했다. 청량리역에서의 이별은 그의 가슴에 아픔과 허전함의 무거운 그림자를 드리웠고 그 음영은 좀처럼 가시지 않았다. 그런데 두어 달 뒤 그에게 함경도로 간 유모 할머니의 절절한 편지가 왔다.

해양이 보아라, 청량리역에서 네가 울던 모습이 함경도 땅에 이를 때까지 눈에 밟히어 잠을 이루지 못했다. 내가 이 글을 쓰는 것은 아마도 너하고는 마지막 길이 될지도 모를 일이다. 저승은 가까워도 이승은 차츰 멀어지는 나이가 아니냐. 정들었던 삼각산, 남산, 인왕산도 이제는 볼 수가 없는 먼 고장에 와서 살게 되니 60평생을 살아온 서울 살림을 이제는 북녘땅 이 고장에서 아득히 마음에서만 그려보고 있을 뿐이다. 떠오르느니 너의 장난치는 귀여운 모습이요, 눈에 밟히느니 너의 얼굴이다. 해양아 청량리역을 떠나올 때 너의 우는 모습은 내 가슴을 짓이겨 놓았으며 염통을 방앗간 모양 쉴 새 없이 찍어내서 하고 싶은 말도 하지 못하게 나의 말문을 막아놓았다. 어려서부터 공부만 하던 너이길래 무엇보다도 너의 울음의 깊은 속을 알 수가 있기에 더 가슴이 아팠다. 이제 나는 황혼기에 접어들었다. 그러나 너는 물이 오르는 동삼(童蔘) 모양으로 한없이 뻗어 나아갈 정력을 지녔고 지혜로운 슬기를 지닌 것이다. 거침없이 자라나는 너의 앞길에 어찌 거친 돌부리인들 네가 아니 치울 수 있겠느냐 비록 이천 리 길을 떨어져 있어도 내 등에 업혔던 너의 몸기운이 아직도 내 마음을 감싸고 있다. 이 할미의 목숨이 붙어 있는 동안 네가 훌륭한 사람이 되기를 축원하며 부디 어른들 말씀 잘 듣고 착하고 훌륭한 사람이 되어다오.[15]

이상과 같은 절절한 유모 할머니의 편지에서 느낄 수 있듯이 그를 향한 유모 할머니의 사랑은 모성애 못지않을 만큼 지극했다. 가령 그의 장난치는 모습이 항상 눈에 밟혔다든가 역에서 헤어질 때 울고 있던 모습이 그녀의 가슴을 짓이겨 놓았다든가 하는 내용은 모성애 이상이었다. 특히 그녀가 해양이의 울음의 깊은 속뜻을 헤아렸고 그렇기 때문에 그녀의 염통을 방앗간의 절구 모양 쉴 새 없이 찍어댔다는 내용은 절절함을 넘어선 것이었다. 사실 유모 할머니가 떠난 일은 그의 성장 과정에서 중요한 전환점이 되었다. 10여 년 동안 자신을 키워준 유모가 떠나자 그는 어쩔 수 없이 홀로 설 수밖에 없었다. 마음의 의지처가 필요했지만 주변에는 아무도 없는 텅 빈 들판이었다. 물론 근엄한 조부와 어린 자녀 7남매를 키우고 있는 조모가 있었지만 유모 할머니가 그동안 채워주었던 가슴을 채워줄 수 있는 것은 아니었다. 그때의 막막했던 처지와 관련하여 그는 회고의 글에서 "내가 와룡동 관내 보통학교를 졸업했는데, 그 시절 잊혀지지 않는 것은 내가 외롭다는 것이었다. 집에 돌아오거나 학교에 가거나 늘 그랬다. 내게는 어머니, 아버지(부산 거주)가 안 계셨으니까 뭔가 허전한 것, 마음이 공허한 것 그런 걸 느꼈다. 학교에 가도 다른 아이들과 자신을 비교해볼 때에 그들은 모두가 명랑하고 쾌활한데 내 마음만

이 우수에 잠겨 있었다. 내 얼굴 표정은 언제나 우울했다. 그래서 친구들도 많지 않았다. 선생한테서도 귀여움을 받지 못했다"고 쓴 바 있다. 그는 회고의 글에서 자신이 항상 우울했었다는 이야기를 자주 언급했는데, 그것은 두말할 것도 없이 아동심리학자 스핏츠(spitz)가 말하는 모성부재에서 비롯되었음은 당연하다.[16]

그로부터 그는 정신적으로 급속하게 성숙해가기 시작했다. 그 자신도 유모와의 이별과 관련해서 "어쩌면 그로 인하여 오늘의 나를 만들어 놓았는지도 모를 일"이라고 회상한 바 있다. 유모 할머니에 대한 그의 그리움은 좀처럼 사그라들지 않았다. 따라서 그는 조금 더 자라면 함경도로 유모 할머니를 만나러 다니겠다는 결심까지 하고 있었다. 어느덧 한 해가 가고 그는 휘문중학에 입학했다. 휘문중학은 부친의 모교였고, 또 거기서 부친이 잠시나마 교원 생활도 했었기 때문에 자연스럽게 입학하게 된 것이다. 명문 사학에다가 집에서 걸어 다닐 만큼 가까운 거리에 있었기 때문에 이 학교에 입학한 것이야말로 이상적이었다. 그런데 그는 중학교에 입학하자마자 공부보다는 엉뚱하게 방학만 기다리는 학생이 되었다. 방학이 되면 함경도 할머니를 만나러 갈 수 있다고 믿었기 때문이다. 그러나 고대하던 유모 할머니와의 재회는 영원히 이루어지지 않았다. 왜냐하면 유모 할머니가 곧바로 세상을 떴기 때문이다. 이와 관련하여 그는 다음과 같이 회고했다.

나는 방학이 되면 모든 일을 제쳐놓고 함경도로 삼청동 할머님을 찾아뵈려고 하였으나 그 이듬해 중학에 입학하고 방학을 기다리는 동안에 삼청동 할머님이 돌아가셨다는 기별이 왔다. 영영 다시 뵐 기회를 놓치고 만 것이다.[17]

유모 할머니가 함경도로 떠난 뒤에도 그가 그녀를 마음속으로 의지하고 있었던 것은 숨길 수 없는 사실이었다. 유모 할머니가 세상을 떠남으로써 마음 속의 의지처가 영원히 사라지자 그는 다시 깊은 고독 속에 빠져들었고 동시에 자연스럽게 정신적으로 독립해가고 있었다. 그는 방학 동안 함경도에 가려던 계획을 변경하여 친구와 함께 만주로 무전여행을 떠났다. 호기심과 새로운 세계에 대한 갈망이 그로 하여금 만주 여행길에 오르게 했다. 그런데 신의주를 거쳐 안동으로 가는 도중에 일본 헌병의 불심검문에 걸리게 되었다. 중학 1년생이지만 비교적 숙성했던 그는 즉각 서울 종로서로 호송되었다. 당시 조선 청소년들은 무조건 사상적으로 의심을 받던 시절이므로, 그가 아무런 증명서나 목적도 없이 만주로 여행 왔다는 것은 충분히 구금당할 만한 일로 여겨졌다. 더욱이 광주학생사건으로 청소년들에게까지 감시의 눈초리를 번뜩였던 일본 경찰은 그의 조부까지 호출해서 여러 가지 조사를 벌였다. 조부는 경찰에게 손자의 신병 인도를 요구했지만 보호자인 부친이 와야 석방한다고 거절했다. 결국 부산병원으로 전보를 쳐서 그의 부친이 각서를 쓴 다음에야 석방될 수 있었다. 그는 귀가해서 조부모와 부친으로부터 심한 꾸중을 들었고 교칙 위반으로 휘문중학에서도 퇴학을 당했다.[18] 그는 퇴학 처분을 당한 뒤의 참담한 심정을 다음과 같이 회고했다.

어린 마음에도 학교에서 쫓겨난 심정은 모든 희망이 송두리째 사라진 듯싶어서 몇 날 밤을 울며 지새웠다.[19]

이처럼 유년 시절부터 그에게는 끊임없는 좌절의 시련만 닥쳐오고 있었다. 다행히 그의 가정 배경이 워낙 든든했기 때문에 그가 패배자로 완전히 버려지지는 않았다. 그는 곧바로 배재중학에 편입할 수 있었다. 당시 배재중학에는 후일의 절친 김동원[金東園, 본명 동혁(東赫)]이 다니고 있었다. 두 소년은 역설적으로 성향이 다른 까닭에 급속히 친해질 수 있었다. 김동원은 공부도 잘하고 품행이 매우 단정한 모범생이었다면, 이해랑은 그대로 노는 건달(?)형 학생이었다. 이해랑은 뭔가 늘 불안정한 정신 상태에다가 학교 수업에는 전혀 관심조차 없었다. 우선 그의 복장부터 다른 학생들과는 확연히 달랐다.

김동원의 이해랑에 대한 첫 인상은 매우 경탄(?)스러울 정도로 유니크한 것이었다. 그는 한 회고의 자리에서 이해랑의 외양(外樣) 및 생활태도와 관련하여 "인사는 서로 안 하고 지냈어도 옷 잘 입고 멋쟁이로구나 생각했어. '모던 뽀이'야, 해랑은 모던 뽀이였어요 그러니까 학생들 눈에 딱 띄었지. 당시의 모던 뽀이는 옷 잘 차려 입고 굉장히 사치를 부리는 멋쟁이였던 모양이다. 옷감은 고꾸라는 수목천에 검정물을 들여서 해 입되 소매는 살짝 넓어지는 나팔 소매였으며, 머리에 쓰는 교모는 쎄루천으로 만든 모자였다. 쎄루 모자에 길게 쭉 뻗은 일자 챙, 거기다가 속에는 반드시 눈같이 하얀 흰 와이셔츠를 받쳐 입어야 했다. 그렇게 차려입고 거리를 활보해야만 뭇사람의 시선에 드는 당시의 모던 뽀이였으며, 그것은 곧 그 집안의 지체와 경제적 여유를 나타내는 척도이기도 했다"[20]고 이야기한 바 있다. 중학교에서 퇴학까지 당하고 새로 들어온 배재학교에서 김동원이 관찰한 이해랑의 모양새는 근엄한 사대부 종손의 모습이라고는 어느 구석에서도 찾아볼 수가 없었다. 왜냐하면 보통 학생들이 보기에도 그는 너무 야하고 튀는 외양이었던 데다가 행동마저 특이했기 때문이다. 그는 이씨 가문에서는 도저히 나올 수 없는 돌연변이였음이 분명했다.

그는 왜 그랬을까? 여기서 다시 안명희 교수의 진단을 검토해볼 필요가 있다. 즉 안 교수는 모성상실에 따른 아이들의 행동양태와 관련하여 "부모의 물리적 부재는 불가피한 여러 가지 환경적 변화를 동반한다. 남아 있는 가족들 간의 역동의 변화 또는 재혼으로 인한 가정의 재구성도 따를 수 있다. 이 과정에서 힘이 없는 아동은 어른들의 결정에 따라야 하고 상실과 박탈감, 죄의식과 수치심, 그리고 본인의 의지와 무관하게 외부 요인에 의해서 벌어진 상황에 대한 무기력감과 분노 등의 강력한 부정적 정서를 체험한다. 그리고 이는 공격성, 우울, 학업성취 저하, 또래 관계를 포함한 사회적 관계 등에서 다양한 문제행동(問題行動)으로 표출되기도 한다"[21]고 지적한 바 있는데, 이는 이해랑의 돌출 행동에 딱 들어맞는 주장이라 하겠다.

안 교수가 정확히 진단한 대로 그런 모던 뽀이 해랑 소년이 학교 공부에 취미가 있을 리 만무했다. 그가 불량 학생은 아니었지만 모범 학생과는 거리가 먼 그야말로 노는 학생이었다. 그는 자기 집 주변인 와룡동에서 일찍부터 사귄 몇몇 건달 친구들과 어울려 다니며 노는 데 익숙해서 좀처럼 공부에 취미를 붙이지 못했다. 그는 학교를 다니는 둥 마는 둥 배재중학을 다니다가 결국 그 학교도 중도 퇴학당하고 말았다. 교사들이 휘문중학에서 전학 온 그를 색안경을 끼고 주시하다가 결국 대수롭지 않은 일을 구실로 삼아 중퇴시킨 것이다. 여기서 대수롭지 않은 일이란 그가 장난삼아 담배 피우는 흉내를 낸 것을 트집 잡은 것이었다. 물론 그가 조숙한 학생이긴 했어도 10대 소년으로 담배를 피운 것은 아니었다. 다만 불량한 아이들과 어울려 다니면서 어른 흉내를 낸 것에 불과했다. 그렇지만 평소 그를 탐탁찮게 여겨온 교사들이 가차 없이 퇴출시킨 것이다. 다행스럽게도 그의 가문은 중동학교 설립자 조씨(趙氏) 집안과 오래 전부터 친분 관계가 두터웠던 터라 그의 두 번째 편입 역시 쉽게 이루어졌다.

하지만 전학 간 다음에도 그는 학교생활에 별다른 흥미와 보람을 느끼지 못했다. 마음껏 소리 지르고 뛰놀 수 있는 음악과 체육 시간 외에는 전혀 관심조차 두지 않았다. 그러나 두 번째 전학 온 중동학교에서는 조금은 자중했다. 왜냐하면 두 번이나 학교를 옮긴 처지에 또다시 사고를 칠까봐 은근히 겁이 났기 때문이다. 수영을 좋아했던 그는 청계천으로, 한강 등지로 매일 같이 놀러 다녔다. 따라서 성적이 좋을 리 만무했다. 게다가 그는 일본 경찰당국의 요시찰 대상자로 올라 있기도 했다. 휘문중학 시절 만주 지방 무전여행과 동맹 휴학 연루 등 일본 경찰 측에서 보면 그는 분명 주시해야 할 소년이었다.

그렁저렁 그는 중동중학 4년을 졸업하게 되었다. 당시 중동학교는 각종학교였기 때문에 4년제였고, 그래서 대학 입학 자격이 없었다. 그가 만약 대학에 입학하려면 제대로 된 중학교에 편입해서 정식으로 졸업을 해야 했다. 그는 결국 조부모와 부친의 뜻에 따라 일본 유학길에 올랐고, 과거에 부친이 공부했던 교도로 갔다. 교도에는 부친의 지인들이 있어서 나이 어린 그가 보살핌을 받을 수 있는 곳이었기 때문이다. 1933년, 그의 나이 17살 때 혼자서 일본으로 건너가 료요(兩洋) 중학교 5학년에 편입했다.

그런데 그는 일본 학교에서도 제대로 적응을 못했다. 한국 학생이 거의 없었던 학교에서 왕따를 당했고, 일본 학생들의 배척 대상이 된 것이다. 그는 부친의 권유에 따라 또다시 가네가와(金川) 중학교 5학년으로 편입할 수밖에 없었다. 그리하여 1933년에 편입해서 1년 만인 1934년 3월에 우여곡절 끝에 드디어 졸업을 하게 된 것이다.

이처럼 그는 6년여 동안에 다섯 개의 중학교를 다닌 셈이다. 따라서 당대의 엘리트였던 그의 부친은 외아들인 그에 대해서 대단히 불만스러워했으며 언제나 마음을 놓지 못할 만큼 불안감을 갖고 있었다. 우여곡절의 중학 생활, 고독한 소년 시절을 보내고 방황하다가 일본까지 건너가서 중학교를 마치고 부산으로 돌아온 그를 맞은 부친은 일단은 대견해 했다. 그렇게 속을 썩이던 그가 중학교를 마쳤기 때문이었다. 그는 부친이 자신에게 대학 졸업생이나 얻어 입을 수 있는 신사복까지 해줄 정도로 기뻐했다고 다음과 같이 회상했다.

중학을 졸업하고 부산으로 돌아오니 그때 선친이 한 얘기가 지금도 기억난다. 하여간 일제 시절 제대로 중학 공부도 못하고 전전하다가 겨우 중학을 마친 걸 보시고 "이젠 됐다. 내 아들놈도 중학을 졸업했구나" 하고 기뻐하시던 모습이 눈에 선하다. 당시 중학을 졸업하면 신사복을 안 해줬다. 대학은 경성제대를 빼고 대개 전문학교였는데 전문학교를 마쳐도 겨우 양복을 입을까 말까였다. 그러나 선친은 하도 기특해서인지 양복집 사람을 병원으로 불러서 양복과 조끼, 스프링코트 등 맞춤양복을 해주셨다.[22]

이상의 글에서 알 수 있는 바와 같이 그의 중학교 졸업은 그간 부친의 근심과 걱정을 어느 정도 씻어주는 데 그친 것이 아니라, 아버지의 가슴을 짓눌렀던 자식을 향한 연민의 정에서도 잠시나마 벗어나게 해준 것이었다. 실제로 아들 하나를 덩그러니 놔 놓고 죽은 초취와 그 후 재혼해서 얻은 아내 사이에 자녀가 없다는 점에서 그의 부친은 여러 가지 갈등을 겪었다. 특히 외아들인 그를 역시 재혼한 부모와 유모에게 맡겨서 키워오는 동안 죄책감도 많이 느껴왔고 또 멀리 떨어져 자라는 자식에 대한 연민의 정은 이루 표현할 길이 없었다. 그의 초등학교 생활은 그런 대로 무난했지만 중학교에 진학해서 자의 반 타의 반으로 현해탄을 오가며 다섯 군데 학교를 다니다가 겨우 졸업했다는 것부터 부친을 불안하게 했고 무거운 짐으로 그를 짓눌렀다.

특히 이름 있는 가문의 남자 손이 귀한 것을 누구보다 잘 알고 있던 부친은 외아들에 대해서 남다른 기대와 애증의 감정을 갖고 있었다. 그를 더욱 마음 아프게 했던 것은 아들이 계모와 살기를 싫어하고 조부모 밑에서 자란 점이었다. 그런 그가 다섯 군데 중학을 거쳐서 졸업장을 받고 귀향했으니 얼마나 대견하고 기뻤겠는가.

외아들에게 기대를 걸기 시작한 그의 부친은 의과대학 진학을 권유했고, 장차 의사로서 자신의 가업을 이어주어야 한다고 굳게 믿었다. 그러나 솔직히 그는 공부에 자신감도, 뜻도 없었다. 장차 무얼 해야 될지에 대해서도 막막했다. 따라서 그는 가네가와 중학을 졸업하고 부친의 환대를 받긴 했지만 새로 맞춰 준 양복만 입고 얼마간 빈둥거릴 수밖에 없었다. 국내의 경성제국대학에 갈 만한 실력이 안 됐기 때문에 감히 도전은 엄두도 낼 수 없었다. 그렇다고 전문학교는 가기 싫었다. 부산 집에 머무는 동안 계모는 그를 극진히 대해 주었지만 어딘가 서먹했다. 부친과의 관계도 마찬가지였다. "눈에서 멀면 마음에서도 멀다"라는 속담이 있듯이 그는 함께 살아본 적이 없는 부친과 계모와 지낸다는 것이 시간이 흐를수록 불편하기만 했다. 자기 집이면서도 꼭 남의 집에 손님으로 와 있는 것 같은 거북함이 그의 마음에서 사라지지 않았다. 부친은 그에게 공부를 계속하라고 매일 다그쳤다. 그렇다고 해서 그는 다시 일본으로 가는 것도 마음 내키지 않았다. 교도의 료요 중학과 가네가와 중학을

1년여 동안 다니면서 일본 학생들에게 괴롭힘을 당한 일을 생각하면 다시는 일본에서 공부할 수 없을 것만 같았다.

그러한 상황에서 항상 미지의 세계, 새로운 것에 호기심이 많았던 그는 중국 상하이를 머리에 떠올렸다. 그곳에서는 숙부가 개업하고 있었기 때문에 어떤 방도를 찾을 수 있을 것만 같았다. 그는 또 일찍이 유럽 유학을 한 개방적 성격의 숙부를 멋쟁이 신사로서 좋아했기 때문에 상하이로 갈 결심을 하고, 서신을 통해서 숙부의 승낙도 받아냈다. 숙부는 장손이 자기에게 오는 것을 크게 기뻐하였다. 그는 곧바로 주친(周親)의 허락을 받아 중국 상하이로 떠날 수 있었다. 당시에는 상하이를 가려면 보름에 한 번씩 부산에서 화물선을 타야 했다. 그때의 사정을 그는 다음과 같이 회고했다.

그때 상하이를 가려면 부산에서 일주일인가 보름에 한 번씩 연락선(화물선)을 타야 됐다. 그 배를 타고 상하이로 떠났다. 숙부의 거주지는 프랑스 쪽이었다. 프랑스 쪽에는 소위 우리 민족주의자, 독립운동하는 분들이 많았다. 임시정부도 거기 있었다. 왜놈들도 임의로 못 들어오는 프랑스의 한 통치국처럼 돼 있었다. 왜놈들은 호코(虹口)라는 데 영국과의 공동거주지에 있었다.

그들은 거기서도 소꿉장난 같은 다다미방을 만들고 살았다. 헌병대 등 일본 병력이 주둔하고 있었다. 내가 간 그때가 상하이사변(1932년 상해에서 일본과 중국이 충돌한 사건)이 일어난 후 2년쯤 뒤였다. 프랑스 쪽에서는 우리 독립운동하는 사람들이 임시정부도 세우고 모임도 갖곤 했다. 그러나 난 모임에 가담해 본 일도, 접촉한 일도 없었다. 숙부는 나를 호강대학(滬江大學, 지금의 상하이 대학)에 입학시켜 주었다. 대학 기숙사에 있게 됐는데 외국인은 나 하나였다. 그 학교는 중국인들도 들어가기 어려운 학교였다. 나는 한국인이라서 입학이 쉽게 허가된 것 같다. 상해사변 직후라서 한국 사람은 환영했던 모양이다.

그러나 공부를 따라갈 수가 없었다. 중학교를 부실하게 다녔기 때문이다. 강의를 들으니 도저히 지적(知的) 부담에 억눌려 공부할 수가 없었다. 게다가 중국인과 기숙사 같은 방을 썼는데 그는 나와 말이 안 통해 잠만 자고 나가 중국 친구들과 어울렸다. 말도 안 통하고 강의는 알아들을 수 없고 외롭기가 짝이 없었다. 그러다가 한 학기를 마친 뒤 장질부사에 걸렸다. 사나흘 인사불성이었다가 열도 오르고 사경을 헤맸다. 한 4개월 입원을 하고 나오니 상하이에 넌더리가 났다. 한시도 있기 싫었다. 부산의 선친한테 다시 돌아가 몇 개월 쉬고 일본으로 떠났다.[23]

이상과 같이 그는 적응을 못하고 병만 4개월여 앓고 귀국해야 하는 처지가 되었다. 그가 18살의 청년으로서 숙부 밑에서 뭔가 해보려고 중국 상하이로 갔지만 참담한 실패의 쓴맛만 보고 귀국할 수밖에 없었다는 이야기다. 솔직히 그는 일본어 외에는 외국어를 전혀 못해서 강의를 알아들을 수 없었고, 말을 알아듣는다 하더라도 기초가 워낙 부실해서 이해하지도 못했다. 다섯 군데 중학을 힘겹게 다녔던 그에게 기초 실력이 있을 리 만무했다. 게다가 또 엎친 데 덮친 격으로 냉수를 마시고 장티푸스에 걸렸으니 그의 시련은 도대체 어디에서 그칠지조차 알 수가 없었다. 그는 며칠간 사경을 헤맬 정도로 중병을 앓았다. 당시까지만 해도 장티푸스는 법정 전염병으로 치료약조차 탁월하지 못해 꼼짝없이 수개월간 병상 생활을 했던 것이다. 타향에서 병상 생활을 한다는 것은 큰 고통이었고 절망적 외로움과의 싸움이었다. 그는 병상에서 자연스럽게 죽음을 명상했고 평탄치 못했던 지나온 삶을 반추해 보는 시련의 기간을 보냈다.

그러니까 첫 번째 대학 생활의 실패와 중병으로 그는 자신에 대해서 깊이 성찰할 수 있는 기회를 가진 셈이 되었다. 사실 상하이에서의 생활은 정신적 스트레스로 견딜 수가 없었다. 아무리 숙부가 잘해준다고 해도 언어 소통이 안 돼 생활에 불편이 컸다. 그가 거기서 버티려면 중국어나 불어, 영어 중에 한 가지라도 구사할 수 있어야 되는데 그것이 불가능했던 것이다. 가령 그가 호강대학에 입학해서 전혀 적응을 못했던 것은 일차적으로 언어의 벽 때문이었다. 그는 심신이 지치면서 귀국 결심을 했다. 상해에 더 있으면 죽을 것만 같았다. 그는 결국 몇 개월 만에 상해 생활을 청산하고 부산 집으로 돌아왔다. 그가 죽을 고비를 넘기고 수개월 만에 부산 집으로 돌아오자 그의 부친은 크게 실망했다. 그때의 사정을 그는 다음과 같이 회상했다.

그러나 내가 장질부사를 앓고 나서 귀국하니 부친은 '이놈은 공부하긴 틀렸다'고 판단하셨다. 장질부사란 게 고열병이다. 장질부사는 며칠 동안 열에 떠서 지내다가 살아남기만 하면 그때가 만병통치라 했다. 몸에 여하한 균이 있다 해도 고열이 전부 퇴치해 주고 동시에 정신도 깨끗해진다고 했다. 선친은 의사로서 '쟤는 이제 틀렸다'고 생각하신 것이다. 부친 슬하에서 한동안 '룸펜 생활'을 하면서 쾌차하게 됐다. 그래 내가 "다시 일본에 가서 공부 좀 하게 해주시오" 간청했는데 선친은 고개를 좌우로 저으면서 "너는 이제 장사를 해라. 구멍가게라도 해서 생업에 발을 들여놓아라. 가게는 성실성만 있으면 되는 거니까. 네가 공부해서 의사가 되겠느냐, 변호사가 되겠느냐." 선친과 나는 합의를 못하고 몇 개월이 흘러갔다. 나는 술만 먹고 답답한 생활을 풀 길이 없어 부산에 있는 친구들과 어울려 다니면서 세월을 보냈다.[24]

이 시절 그는 내면으로 침잠하면서 자연스럽게 문학에 이끌려 들어가기 시작했다. 그러나 그의 집안 내력으로 보나 분위기로 보아서 문학을 하겠다고 말할 상황은 전혀 아니었다. 물론 그의 선조 중에 뛰어난 시조 시인 이세보가 없었던 것은 아니나 그도 고관대작을 지내고 귀양살이에서 여가로 문학을 한 것에 불과했다. 이런 사정도 모르는 그의 부친은 의사가 안 되려면 장사나 해서 먹고살라는 것이었다. 중학 시절 공부를 제대로 못한 데다가 장티푸스까지 앓은 주제에 무슨 대학 공부냐고 부친이 타박하자 그는 침묵으로 저항했다. 그는 책 읽기를 좋아해서 아무래도 문학의 길이 손쉬울 것 같다는 생각을 조금씩 해가기 시작했다. 그러나 문제는 완고하기 이를 데 없는 고집불통의 부친을 어떻게 설득하느냐였다.

20대의 이해랑

솔직히 가시방석 같은 부산 집에서의 룸펜 생활은 너무나 지루한 것이었다. 나이 20의 팔팔하고 기운이 넘치는 그로서는 집에서 무위도식하며 지내는 것이 한계에 다다르게 되었다. 그런데 그때 구세주(?)가 나타났다. 당시 그에게 구세주란 다름 아닌 선구적인 무용가 조택원(趙澤元)을 일컫는다. 주지하다시피 조택원은 1920년대 초부터 이 땅에 신무용을 도입하는 데 선구적인 역할을 한 유일한 남성 무용수였다. 1920년대에는 세 명의 선구적인 무용가가 있었는데 조택원을 비롯해서 비구자(裵龜子), 최승희(崔承喜)가 바로 그들이다. 조택원은 휘문중학 때 이해랑의 부친으로부터 생물을 배운 제자였다. 그가 부산에 공연차 왔다가 스승인 이근용의 병원으로 찾아온 것이다. 조택원은 선구 무용가로서 20대에 이미 전국적으로 유명하여 완고한 이근용도 그를 별난 놈으로 여기면서도 귀여워했었다. 그런 조택원에게 그가 부친을 설득해 달라고 요청한 것이다. 이때 사정을 그는 이렇게 회고했다.

그때 병원 집 안방에선 부모님이 거처하고 건넌방을 나 혼자 쓰고 있었는데 조(趙) 선배가 나하고 한방에 묵게 됐다. 나는 그한테 간청을 한 것이다. "여보 조 선생, 나는 일본에 가서 공부 좀 하고 싶은데 선친이 반대요. 선친을 설득 좀 해주시오." 그가 무슨 공부를 하고 싶으냐고 물어서 나는 문학에 뜻을 두고 있다고 했다. 반년 동안 룸펜 생활을 하면서 당시 신조사(新潮社)에서 나온 획기적인 출판물이었다고 할 세계문학 전집 40권과 일본문학 전집을 탐독했던 것이다. 문학에 취미를 갖게 된 것이다. 문학이라는 게 위대한 예술이라는 것, 작가라는 것이 위대한 예술가라고 그때 문학 서적을 보며 감탄했었다. 그런 체험을 통해서 나는 문학을 하려고 한 것이다. 조택원은 쾌히 승낙을 해주었다. (……) 이튿날 선친과 조 선생이 겸상을 들면서 조 선생이 이야기를 꺼냈다. 귀여워하는 제자가 청을 하니까 우리 선친도 귀담아 들었던 것 같다. 그러면서 "쟤는 장사나 하는 게 낫다"며 예의 장질부사를 앓아 머리가 나빠졌을 테니까 그런 창작적인 일은 불가능하다고 했나 보다. "선생님 저는 뭐 어떻습니까. 제가 공부를 잘했습니까." 공부 잘하는 사람만이 예술가로 대성하는 것은 아니라고 간곡히 설득을 한 것이다. 아버지는 "자네만큼 위대한 예술가가 된다면 내가 왜 안 보내겠는가" 망설이면서도 결국 허락을 했다. 덕분에 나는 입학 시기가 지나 때늦은 일본 유학을 갔다. 그래서 들어간 곳이 니혼(日本) 대학 예술과였다. 입학 시기도 늦고 면접시험으로 들어가는 학교였다. 물론 입학은 쉬웠지만 졸업은 어려운 학교였으니 4년을 채우기가 대개 어려웠던 것이다.[25]

이상에서 알 수 있는 바와 같이 그에 대한 부친의 기대는 솔직히 무산된 상태였다. 특히 부친은 그가 상하이에 갔다가 병까지 걸리고 온 후로는 의사고 뭐고 기대를 걸지 않았다. 다만 장사라도 해서 독립해 살기를 바랐던 것이다. 그러한 부친의 생각과 달리 그는 몇 달 집에서 빈둥거리는 동안 세계문학전집과 일본 소설을 읽으면서 문학의 가치와 예술의 위대성에 대해서 조금이나마 개안해가고 있었다. 그가 문학 공부를 할 수 있도록 부친을 설득해달라고 조택원에게 요청한 것도 그동안 문학작품에서 받은 감명이 컸기 때문이다. 이는 그로서도 매우 중요한 내적 변화였고 중대사라 아니할 수 없었다. 그가 유학을 가서 문학을 공부한다는 것은 이씨 가문으로서는 중대사였다.

3. 지체 높은 가문과 어울리지 않는 광대

앞에서도 조금 언급했지만 그는 대학 공부를 결심하고 또 어렵사리 부친의 승낙까지 받아 일본에 갔지만 마땅히 들어갈 만한 대학이 없었다. 우선 입학 기간이 끝나기도 했지만 그보다도 그의 실력이 대학에 갈 만한 수준이 못 됐던 것이다. 그래서 여기저기 수소문해본 결과 니혼 대학만 유일하게 입학이 가능했다. 니혼 대학에서도 굳이 예술학과에 입학한 것은 그가 부산에 머물고 있을 때 문학에 취미를 붙인 일이 있긴 했지만 어쩌면 우연의 일이었던 것 같기도 하다. 물론 그가 엄부(嚴父)의 소망대로 의과대학에 갈 실력이 되지 못한 것은 사실이었고 막연하게나마 문예를 공부해보는 것이 쉬울 것 같다는 생각을 은연중에 갖고 있었던 것만은 분명한 듯싶다. 그는 니혼 대학 예술학과에 입학하게 된 배경과 관련하여 다음과 같이 회고하였다.

몸은 회복되었으나 다시 중국(中國)에 들어가고 싶지 않았다. 광막한 중국 대륙에서의 장질부사 생각만 해도 온몸에 소름이 끼쳤다. 그러나 학업의 계속이 문제였다. 내가 병에서 완전히 회복되었을 때는 각 대학은 이미 새 학기가 시작되고 난 후였다. 집에서는 아주 푹 쉬었다가 다음 해 신학년도에 의과대학에 입학하라고 권유했지만 나는 놀기가 답답해서 친구들에 의해 내가 당장에 들어갈 수 있는 대학을 열심히 알아보았다. 다행히도 '니혼 대학(日本 大學)'만이 학교 사정으로 입학시험이 늦었다는 정보를 입수했다. 나는 시험에 늦을세라 부랴부랴 짐을 챙겨 가지고 현해탄을 건넜다. 마침내 니혼 대학 예술과 연극부에 입학했다. 실로 너무나 우연한 기회이지만 이 우연한 기회가 나의 일생을 결정해버리고 말았다. 만약 니혼 대학이 다른 대학처럼 학기를 맞추어 신입생을 뽑았더라면 오늘의 이해랑은 전혀 다른 분야에서 활동하고 있을지 모른다. 지각생의 연극학과 입학이 그만 나의 인생의 방향을 정해버린 것이다.[26]

이상과 같은 그의 회고를 보면 그가 연극을 평생의 업으로 삼게 되는 학과 선택이 극히 '우연'이었음을 알 수 있다. 그러나 당시 니혼 대학에는 예술학과(연극 전공)만 있었던 것이 아니다. 다른 학과도 여럿 있었다는 데 주목할 필요가 있다. 입학 시기가 늦어서 아무 때나 학생을 받았던 3류급 대학에 간 것은 우연일 수 있지만, 학과 선택은 우연이라고만 보기는 어렵다. 솔직히 그는 모성상실에 빠져 있던 유소년 시절에 장차 무엇이 되겠다는 생각을 할 만큼 여유가 없었다. 그저 아이들과 놀러 다니기 바빴기 때문이다. 하물며 명가의 유일한 종손이라는 것을 조부와 부친 등으로부터 귀가 닳도록 들으며 성장했기 때문에 장차 비천한 광대의 길을 간다는 것은 상상조차 할 수 없는 분위기였지 않은가. 바로 그 점에서 '우연'이라는 그의 연극학과 선택에는 여러 가지 깊은 배경이 깔려 있다고 보인다.

가령 그가 연극으로 다가갈 수 있었던 첫 번째 배경은 가계의 DNA와 무관치 않다는 점이다. 그의 선대는 모두가 과거시험에 합격하여 고관대작을 지낸, 문장에 뛰어난 인문학자들이었다. 그 좋은 예가 바로 증조부 이세보의 경우로서 조선 말기 시조 시인으로 명성을 날리지 않았던가. 이해랑이 부산의 부친 댁에 머물면서 문학에 심취한 것도 바로 그러한 선대의 유전자의 작용(?)으로 설명될 수 있는 것이다. 그러나 문제는 그것은 어디까지나 문학에 한할 뿐, 수억 년 동안 천시되어온 연극과는 거리가 멀다는 점이다. 바로 이 지점에서 융(C. G. Jung) 학파의 대가 제임스 힐만(James Hillman) 스위스 융 연구소장의 선대 유전자의 후손 전이에 관한 학설이 주목된다. 가령 그 주장에 따르면 "인간의 육체는 부모의 유전자를 반반씩 물려받지만 정신은 엄마와 아빠의 유전자의 기계적인 결함이 아니라고 한다. 즉 아이의 정신은 '엄마의 유전자'와 '아빠의 유전자'를 반반씩 물려받는 것이 아니라 그 아이만의 고유한 '자기 운명의 유전자'를 타고난다는 것이다. 이것을 옛사람들은 다이몬이라고도 하고, 운명의 부름이라고도 했다"[27]는 것이다. 따라서 가계의 DNA와 이해랑의 고유한 DNA가 결합하여 이해랑의 연극 입문에 어떤 개연성을 던지기도 한다.

두 번째로 그가 연극을 택한 이유는 모성상실에서 찾을 수 있지 않을까 싶다. 즉 모성상실의 소년들에서 흔히 나타나는 자기부정 혹은 저항 성향에 기인한다고 보는 것이다. 가령 그가 한 회고의 글에서 "나는 어린 시절의 약간 이상적(異常的) 환경 때문에 피해를 입었다. 한 번도 제대로 목소리를 내지 못했다. (……) 나는 내 자신을 경멸한 적이 한두 번이 아니었다. 나 자신을 혐오(嫌惡)했고 뼈저리게 저주한 적도 몇 번인 줄 모른다. 그래서 나는 내 얼굴이 보기 싫었다. 이 세상을 바로 보지 않은 굴절된 눈으로 보게 되는 나를 부인하지 못했다"[28]고 쓴 바 있다. 그가 왜 자신을 경멸하고 혐오하며 저주까지 해야 했는가. 말할 것도 없이 모성상실이 그를 수치심에까지 이르게 한 것이다.

그런데 이러한 자기부정은 두 가지 형태로 표출되었다고 말할 수 있다. 그 한 가지가 자기 은폐로 나타난다고 한다면, 다른 한 가지는 반발, 더 나아가 저항의 형태로 표출되는 것이다. 그는 평소 자기 얼굴을 보기 싫어했다고 썼다. 자기 은폐 의식이다. 자기를 은폐하기 위한 수단으로는 가면이 가장 적합하다. 그리스 시대의 배우들은 처음에는 가면을 쓰고 연극을 했었다. 그러다가 가면이 사라지고 분장으로 대신했다. 연극배우는 타인의 삶을 대신하는 역할이다. 자신이 하면서도 무대 위에서는 타인이 되는 것이다. 그것처럼 자신을 은폐하기 좋은 직업이 있겠는가. 이런 점에서 그가 자신을 숨길 수 있으면서도 인생을 재미있게 살 수 있는 방도가 다름 아닌 '배우'라고 생각한 것이 아닌가 싶다. 그는 또한 자신에 대하여 부정과 함께 저항했다고 했다. 그런데 궁극적으로는 그 저항이 자신에게 국한하지 않고 가문에 대한 부정으로까지 확대된 것으로 볼 수 있다. 좀 더 구체적으로 말하면 그가 자기부정을 가문에 대한 저항으로 확대하여 고귀로부터 의도적으로 일탈하여 비천으로 전락한 것으로 보인다는 이야기다. 따라서 그는 명가 출신의 종손으로서는 상상도 할 수 없는 연극으로 반역을 꾀했다고까지 확대해볼 수 있다.

세 번째로는 역사의 운명적 견인으로 추정할 수 있다. 필자는 일찍부터 관념 세계라 할 역사도 생물학적으로 설명할 수 없는 어떤 생명력을 갖고 있다는 확신을 가져왔다. 왜냐하면 이따금 특별한 역사적 사건이나 인물들의 부침(浮沈)이 일반적인 상식이나 논리로 설명할 수 없는 경우가 허다하기 때문이다. 그러니까 우리가 보거나 느낄 수는 없지만 어떤 절대적인 섭리에 의해서 세상과 역사가 움직여간다는 이야기다. 19세 독일의 저명한 역사학자 레오폴드 폰 랑케도 1873년 아들에게 보낸 서간에서 "세상 만물의 이면에는 우리가 실제로 증명할 수는 없지만 감지할 수 있는 사물의 규율이 있단다. (……) 섭리에 대한 믿음은 모든 믿음의 최종적인 귀결이자 실체일진대, 이 점에 관해

나는 추호도 흔들림이 없다"[29]고 말한 바 있다.

이러한 랑케의 말 속에서 역사를 움직이는 최종의 힘은 인위적이 아닌 어떤 절대적 존재의 힘에 따른 것이라고 유추할 수 있지 않을까 생각한다. 그러니까 역사의 거대한 힘이 반드시 쓰임새가 있는 인재들을 빨아들여 활용한다는 것이다. 그것은 마치 식물이 씨를 퍼트리기 위하여 꿀과 아름다운 향기를 지님으로써 벌, 나비들이 꼬여들게 하는 이치와 비슷한 경우라고 한다면 비약일까. 물론 여기에도 신의 섭리가 작용한다고 보인다. 인간 역사도 비슷하다는 생각이다.

비근한 예로서 이해랑으로 하여금 일본에 가서 문예 공부를 할 수 있도록 엄부를 설득했던 신무용가 조택원의 경우도 주목할 필요가 있다. 주지하다시피 조택원 역시 전형적인 사대부 가문 출신이다. 그의 조부와 부친이 고을 원님을 지낸 당당한 양반이다. 그런 집안의 외동아들이 바로 조택원이었다. 그는 두뇌가 명석하고 준수한 젊은이로서 보성전문 법학과를 졸업했고 이미 전문학교 재학 시절에 은행원이 되었으며 테니스 국가대표 선수로서 아시아 선수권까지 제패한 경력을 갖고 있는 전도유망한 청년이었다.

그런 그가 느닷없이 1923년에 극단 토월회 무대에 올라 러시아의 전통무용이라 할 코팍춤을 추어 사람들을 놀라게 했다. 또한 거기에 그치지 않고 일본의 신무용가 이시이바쿠(石井漠)에 매료되어 1927년에는 아예 모든 것을 저버리고 그를 따라 일본까지 가서 신무용을 배워온다. 오늘날도 남자의 업으로서는 꺼리게 되는 춤꾼이 된 것이다. 솔직히 당시만 하더라도 — 이따금 기방 출신의 비천한 남자가 춤을 추는 경우가 없지는 않았지만 — 춤은 기생이나 추는 것이었다. 그런 측면에서 보았을 때 조택원이 춤꾼이 된 것은 일반 상식으로는 도저히 설명하기 어려운 경우였다. 전술한 대로 좋은 가문의 외동아들로서 최고 명문 학교 법학과 출신이고 은행원에다가 국가대표 테니스 선수였던 그가 부모의 반대를 무릅쓰고 그 당시 비천하기 이를 데 없었던 춤꾼이 된 것을 어떻게 설명할 수 있을까. 물론 남자가 개인적으로 춤을 좋아할 수도 있고 또 호사(好事) 취미로 춤을 출 수도 있다. 그러나 남이 부러워할 정도로 모든 것을 갖춘 젊은 인재가 1920년대에 춤을 일생의 업으로 삼은 것은 놀라운 경우라 아니할 수 없다. 이해랑의 연극 입문도 바로 그러한 불가사의한 경우의 한 표본이다. 이들의 경우는 역사의 보이지 않는 거대한 섭리가 그들을 견인한 것으로 유추할 수밖에 없다. 그러니까 눈에 보이지 않는 절대자가 격동하는 이 땅에서 이해랑이라는 인물이 뒷날 크게 쓰이게끔 연극으로 이끌었다는 이야기다.

이러한 거대한 흐름 속에서 1935년에 대학에 입학한 이해랑은 지난 시대의 번잡한 생활과 방황을 끝내야겠다고 마음을 다진다. 대학에는 이렇다 할 친구가 없었기 때문에 공부밖에 할 것이 없었다. 다행히 그 대학에 평생의 친구가 되는 김동원이 한 학년 위에 다니고 있었다. 김동원과는 잠시 배재고보에 함께 다닌 적이 있었기 때문에 쉽게 친해질 수 있었다. 그러나 김동원이 한 학년 위였기 때문에 강의 시간이 겹치는 경우는 별로 없었다. 그만큼 만나기 쉽지 않았다는 이야기가 된다. 그는 대학에 들어가서도 고독한 생활을 다시 시작한 셈이다.

그런 그에게 또 다른 시련이 닥쳐왔다. 일본 경찰에게 뜻밖에 체포당한 것이다. 순전히 오해로 인해서 애매하게 형언하기 어려운 고통을 겪는 사건이 벌어진 것이다. 지금 같으면 상상도 할 수 없는 일이지만 당시로서는 다반사로 있는 일이었다. 왜냐하면 식민지 청년 지식인들은 요주 인물로서 항상 일본 경찰의 감시를 받았기 때문이다. 그가 왜 일본 경찰에게 체포당했으며 또 어떻게 곤욕을 치렀는가에 관해서는 그 자신이 소상하게 기록해 놓은 것이 있어서 여기에 가감 없이 옮겨보겠다.

니혼 대학 예술과에 입학해서 신학기였다. 그 학교는 지금 같이 동경 에코다가 아니고 간다 긴스케에 있었다. 어느 날 강의를 듣고 있는 데 학생처 교수가 잠깐만 나오라고 했다. "이상하다" 하며 "경찰서 고등계 형사가 와서 당신을 기다리고 있다"는 것이다. 무슨 일이냐고 물어봐도 얘길 않으니 만나보라는 것이다. 학생처에 갔더니 왜놈 형사 둘이 있었다. 왜놈 중에서도 덩치가 큰 녀석들이었다. 잠깐 서(署)로 가자는 거였다. 나는 그 길로 강의를 듣다가 경찰서로 끌려갔다.

모토후지(元富士)란 데 경찰서가 있었다. 그 이 층으로 갔는데 놈들은 앉혀 놓고 잡담만 했다. 낮에 끌려갔는데 저녁이 됐다. 저녁이 되니 왜놈이 과자 같은 걸 시켜다 먹게 했다. 저희들끼리 "이상하다, 오늘은 안 오는 모양이군" 했다. 그러다가 "내려가라" 해서 따라갔더니 유치장이었다. 간수가 혁대를 우선 풀게 하고 끄나풀, 소지품을 봉투에 넣게 하곤 영문도 모르고 처넣어졌다. 캄캄한 데 한참 서 있으니 사람 윤곽이 보였다. 다 왜놈 죄수들이다. 한 놈이 소리를 질렀다. "너 인마 왜서 있냐. 인사도 할 줄 모르느냐" 그중에 표독하고 날카롭게 생긴 놈이었다. 무슨 소린가 했더니 "너 남의 집에 갈 때 인사도 안 하느냐?" 아하 이 놈들이 텃세를 하는구나……. 그제야 난 꿇어앉아 난 아무개다, 한국 사람이라고 했더니, 그러냐 하며 한쪽 구석 똥통 위에다 앉혔다. 유치장 철문 앞에는 제일 오래된 놈이 앉고 새로 온 놈은 바닥 뚜껑을 열면 변소인 곳에 앉히는 것이었다. 기가 막혔다. 어느 쪽이냐 해서 2층이라고 했더니 "아하 넌 하루 이틀이나 일주일 있다 나갈 생각마라. 몇 달은 족히 걸릴 테니 맘 느긋이 먹어야 한다" 감방장이란 놈이 그랬다. '미친놈 같으니라고, 난 이 세상에서 법적인 걸 범한 적이 없는 걸.' 나는 비웃었다.

다음 날 나를 불러냈다. 들어가니 낯선 두 놈이 와 있었다. 경시청 고등계 형사들이다. 나이가 40여 세 돼 보였고 몸도 아주 다부지고 표독스런 왜놈의 얼굴이다. 취조실로 가니 문을 잠그고 하여튼 묻기 전에 대뜸 두들겨 팼다. 꿇어앉혀 놓고서 한 놈은 내 두 손을 머리 위로 나눠서 붙잡고 또 한 놈이 왜놈들 검도하는 작대기로 두들겼다. 처음엔 조금 아프더니 나중엔 아픈지도 몰랐다. 한참 그러니까 기절할 지경이었다. 그제야 이놈들이 취조 형식을 취하는 거였다. "너 상하이에 갔다 오지 않았느냐" 그러고는 도쿄에 언제 뭣 때문에 왔냐는 것이다. 그놈들이 나한테 둔 혐의 내용인즉 바로 내가 도쿄에 가기 전 사쿠라다몬〔일본(日本)의 궁성(宮城)〕사건이 있었다. 우리나라 극렬 청년 독립투사가 일(日) 천황이 궁성에서 나오는 걸

기다렸다가 폭탄을 던진 사건이다. 한데 그 사람이 장개석(蔣介石)의 군관학교 출신이었다. 그 학교에서는 김구(金九) 선생을 통해 독립군을 양성했었다. 내가 상하이에서 왔다니까 폭탄 사건을 일으키려는 게 아니냐는 거였다. 어마어마하고 끔찍스런 혐의를 받은 것이다. "누가 보냈느냐"다그치니 어이가 없었다. 나로서는 전혀 독립운동이니 뭐니 그런데 관심이 없었기 때문이다. 까무러쳤다 깨어나면 두들겨 패고 유치장에 넣고 연일 그랬다. 일요일하고 경조일은 빼고 그렇게 석 달 반, 4개월 가까이 지냈다. 거꾸로 매달아 물을 먹이는 등 무서운 고문을 당한 것이다.[30]

이상과 같이 그는 아무런 죄도 없이 순전히 한국인이라는 이유로 장티푸스를 앓았을 때 이상으로 가장 어둡고 고통스런 경험을 4개월 가까이 하게 된 것이다. 결국 그는 만신창이가 되어 석방되긴 하지만 주변에 아무도 그를 돌봐주는 사람이 없었다. 아예 그가 그런 고통을 당했는지조차 아는 이가 없었다는 데 그의 고독과 함께 또 하나의 트라우마가 마음속에 드리워진 것이다. 그는 언제나 혼자였다. 미결수로서 유치장에 있을 때나 고문 후유증으로 객지의 하숙방에 누워 있을 때나 고독을 되씹어야 했다. 일찍이 모친을 잃은 이후 유모마저 떠나고 엄한 조부모 밑에서 유소년 시절을 보냈던 기억을 누워서 회상하는 것이 몸져누워 있는 하숙방에서의 유일한 시간 보내기였다. 그가 수모를 당하는 과정에서 특히 물고문과 전기고문이 육체적으로 또 정신적으로 상당한 후유증을 낳았다. 그는 실제로 유치장에서 자살을 결심했었고, 또 어설프게나마 시도까지 했었다. 워낙 일경의 감시가 심했던 데다가 도구가 없어서 못했지만 그가 삶을 포기하려고 했던 것만은 분명했다.

그가 4개월 가까이 지옥과 같은 곤욕을 치른 것을 아는 이는 오로지 유치장에서 만난 한국 청년 두 사람뿐이었다. 복싱 선수였던 우에무라(上村)와 도쿄제국 대학생 김사량(金史良)이 바로 그들이었다. 이 두 사람은 이해랑에게 용기와 의지, 그리고 인내력을 북돋워준 인물이었다. 좌익운동 명목으로 검거되어 먼저 들어와 있었던 이들의 연령은 이해랑보다 한두 살 위였으나 이해랑과는 달리 대단히 조숙했고, 민족에 대한 신념 또한 대단했다. 따라서 수감생활 중 이들 두 선배는 그에게 절대적인 의지의 대상이 되었다. 이와 관련하여 이해랑은 "내가 절망의 구렁텅이에서 좌절할 때마다 구원의 빛이 되어 형제처럼 따스한 보살핌을 베풀었다"고 회상한 바도 있다. 이들 중 김사량은 뒷날 저명한 작가가 되어 「빛 가운데」라는 단편소설로 유명한 아꾸다가와상(芥川賞)까지 받았고 해방 직후에는 〈호접〉이라는 장막 희곡을 써서 공연한 바도 있다. 그는 결국 좌익운동으로 일관, 월북했으나 김일성 정권에 숙청당하는 비극을 맞았다.

그런데 우에무라라는 한국 권투 선수가 그곳에 잡혀 있게 된 동기가 재미있다. 우에무라는 중국 상하이에서 권투를 배워서 일본의 권투계를 주름잡기 시작했었는데, 우연히 홋카이도 지방에 여행 갔다가 잡혀온 경우였다. 즉 일본 천황의 홋카이도 순시 기간에 그곳에 머물러 있었다는 것이 체포 동기였다. 바로 이 점에서 피포(被捕) 동기가 김사량과는 달랐다. 이 경우야말로 당시 일본 경찰이 한국 청년 지식인들을 얼마나 지독하게 감시, 탄압했는가를 단적으로 보여준 예라 하겠다.

이해랑 역시 당시 거의 미쳐 있다시피 한 일본 경찰의 눈으로서는 체포당할 만한 꼬투리가 전혀 없었던 것은 아니었다. 즉 그가 잠시 상하이에 가 있을 때 만주군관학교 간부인 오명(吳明)이라는 청년 지사와 교유한 일이 있었다. 오명은 열혈 애국지사로서 이해랑에게 함께 독립운동을 할 동지를 소개해 달라고 한 일까지 있었다. 일본 경찰은 어떻게 그것까지 알아낸 것이었다. 그러나 오명과의 관계가 더 이상 진전되었던 것은 없었기 때문에 일단 혐의는 벗겨졌다. 졸도를 몇 번씩 당할 정도로 고문을 당한 우에무라는 넉 달여 만에 그 지긋지긋한 지옥인 경찰서에서 풀려날 수가 있었다. 그가 사상범으로 몰렸음에도 불구하고 단기간 내에 석방될 수 있었던 것은 무혐의가 확인되기도 했지만 그보다는 부산에서 개업 중인 부친이 부의원에 당선된 데 따른 것이었다. 이와 관련하여 그는 다음과 같이 회고한 바 있다.

그러나 나는 암만해도 증거가 없고 또 우리 선친은 부산에서 병원을 하면서 부산 부협의원이었다. 요즘 자치제(自治制)가 아직 안 됐으니까 명칭이 어찌될지 모르지만 시의원이었던 셈이다. 당시 부산(釜山)을 보면 피선거권·선거권이 세금에 따라 제한돼서 일본인과 한국인은 7대 3으로 권리를 가졌다. 그러니 부협의원이란 대단한 존재였다. 게다가 우리 조부는 고등관으로서 높은 벼슬이었다. 도쿄에서 이놈들이 한국에 조회해 보고선 나에 대한 혐의가 풀린 것이다.[31]

이상과 같은 그의 든든한 배경이야말로 어쩌면 그가 치열한 민족주의자가 아닌 부드러운 예술가의 길을 걷게 되는 한 배경일 수도 있지 않나 생각도 드는 것이 사실이다. 여하튼 그는 뜻밖의 구금 사건으로 말미암아 심신으로 너무나 지쳐 있었다. 그가 유치장에서 일본 잡범들과 4개월여 어울려 지내면서 당한 인간 이하의 멸시와 학대는 형언하기 어려운 것이었다. 솔직히 그는 어릴 적 모친과의 사별 때문에 방황 기간이 길긴 했지만, 명문가의 후손으로 태어나 경제적으로 고생을 한 적은 전혀 없었다. 배불리 먹고 마음껏 놀러 다니며 안온한 집안에서 밑바닥 삶을 체험한 적이 전혀 없는 청년 이해랑의 구금 생활은 정말 견디기 힘든 것이었다. 그러나 아이로니컬하게도 험악한 것을 모르고 자란 그가 최악의 밑바닥 인간 군상을 직접 가장 가까이에서 들여다 볼 기회를 가졌다는 것은 먼 뒷날 그에게 커다란 예술적 자산이 되기도 했다. 그는 구금 생활에서 풀려나온 후 차디찬 하숙방에서 얼마 동안 심한 몸살을 앓았다. 다행히 기본 체력이 강건했던 데다가 유년 시절부터 섭생을 잘 해왔기 때문에 일본 경찰의 끊임없는 고문과 모진 구타도 견뎌낼 수 있었으며 석방된 후에도 쉽게 건강을 되찾을 수가 있었던 것이다.

그런데 의외로 그 사건이 그에게 성격상 약간의 변화를 가져왔다. 당초 그는 남성다운 적극성을 타고난 것이 사실이었다. 그러나 전술한 바대로 모성상실이라는 유년 시절의 성장 과정에서 어딘가 내성적인 성격으로 기울어졌다. 그런 그가 일본 경찰로부터 당한 뜻밖의 고통에 따른 트라우마로 인하여 일본에 대한 증오와 함께 대인기피증, 더 나아가 대인공포증까지 지니게 되었다. 그는 평소 일본에 대한 증오나 적개심이 그렇게 강한 편은 아니었다. 그러다가 일본에 가자마자 당한 억울한 옥살이는 그에게 민족에 대한 생각을 다시 깊게 만든 것이었다.

특히 그가 일본에 유학 가기 직전에는 조국에서 광범위하게 민족계몽운동이 일어나서 젊은이들을 고무하기도 했었다. 즉 1928년도에 러시아의 브나로드운동을 소개한 적이 있었던 민족지 『동아일보』가 두 번째로 1931년 7월부터 10월까지 3개월에 걸쳐서 신문 부수를 늘리기 위해 문맹퇴치운동이라는 명목으로 브나로드운동을 전개했다.[32] 특히 "다 함께 배우자, 가르치자"라는 구호를 내걸고 문화운동을 촉진함으로써 전국적으로 농촌운동에도 절대적 영향을 미친 바 있다. 이것을 알고 있었던 그가 막상 일본에 유학 오자마자 곤혹을 치른 것은 민족에 눈을 번쩍 뜨게 만들었다. 가령 그는 한 회고의 글에서 "그것이 나에게 어떤 이념적인 눈을 뜨게 해줬지만 돌이켜 생각하면 그것은 나를 부인하고 나한테 저항하던 심사의 발로가 아니었나 한다. 나 자신을 저버리고 어딘가 뛰어들어 그래도 무슨 조그만 사회정의(社會正義)의 구현에 역할 할 수는 없는가 하는 굴절된 생각에서였으리라. 그러한 무렵 거기서 대하게 된 것이 연극(演劇)이었다"[33]고 실토한 바 있다.

이처럼 일본에 대한 증오심에다가 성격상의 대인기피증이 뒷날 그가 연극을 업으로 택하는 또 하나의 결정적 계기가 되었다. 그리고 그가 구금 사건에서 또 하나 얻은 것이 있다면 강인한 참을성일 것이다. 귀골(貴骨)로 자라면서 인내력과 절제력이 부족했던 그였지만 유치장 생활 4개월여 동안에 거의 딴 사람이 된 것처럼 성숙해 있었다.

이와 관련하여 그 자신도 "경찰서 유치장에서 석 달 동안 고문에 견딘 후로는 세상에 무서운 것이 없었다. 내가 배고프고 외면당한 연극을 한결같이 지켜온 것도 오로지 고문을 견디어온 지구력(持久力)의 덕분"[34]이라고 회상한 바 있다. 그만큼 어려운 것 모르고 귀하게 자란 그에게 구금 사건은 담력과 인내력 등을 자연스럽게 길러주는 계기가 되었다. 살아가는 데 인생의 쓴 경험이 때때로 보약이 될 수도 있는 하나의 좋은 실례라 하겠다. 하찮은 일로 싸움까지 곧잘 하고 외양에만 신경을 썼던 그가 환골탈태한 것이다. 그를 평소 신통치 않게 생각하고 있던 그의 부친이 생활비와 학비만은 꼭꼭 보내주었기 때문에 그는 변하지 않고서는 면목이 설 수가 없었다. 그 당시 일본에서 유학 생활을 하는 데는 대체로 40만 원 정도의 비용이 필요했다. 그래서 보통 살 만한 집안에서는 일본 유학 중인 자녀에게 40만 원 이상 보내주던 시절이었다.

그러나 그의 부친은 자신의 뜻과 다른 길로 가려는 그에게 30만 원 정도만 보내주었다. 솔직히 그로서는 선술집에서 술 한잔 제대로 마음 놓고 못 마실 정도로 감질나는 돈이었기 때문에 유학 생활은 팍팍했다. 그의 부친이 병원장으로서 여유가 있었음에도 불구하고 극히 빡빡한 학비를 보내준 이유는 두 가지에 있었다. 첫째는, 역시 그의 인간 됨됨이에 대한 의구심이었다. 그의 부친은 소년 시절 말썽만 피우던 그가 유학을 하고 있다지만 제대로 사람이 될 수 있을지에 대한 의구심이 컸다. 그를 거의 신뢰하지 않았던 것이다. 가장 모범적인 엘리트 출신 의사가 본 소년 시절의 그는 가망성이 없어 보였던 것 같다. 그러니까 부친은 그저 아들이 일본에서 2류 대학이라도 다닌다니까 마지못해서 겨우 학비로 쓰고 연명할 정도의 돈만 보내준 것이다.

둘째는, 그의 부친이 아들의 전공에 대한 불만을 박한 학비로 표출한 것이었다. 부친은 당초 자신의 의료 가업을 이을 줄 알았던 외동아들이 공부는 않고 말썽만 피우다가 예술을 한답시고 예술학과로 진학한 것부터가 못마땅했다. 제자 조택원의 간청으로 마지못해 아들의 일본 유학까지는 허락했지만 마음속으로는 항상 꺼림칙하고 못마땅해 했던 것이 사실이었다.

유학 중에 학비를 조금밖에 못 받은 이해랑에게서 나타난 첫 번째 행태는 외모의 초라함이었다. 고등보통학교 시절까지 유별나게 모양내고 다니던 그가 유학 시절에는 전혀 다른 사람처럼 변해버린 것이다. 더욱이 그를 초라하게 만든 것은 제한된 학비에서 연극 관람비와 서적 구입비가 만만치 않았던 데서 비롯되었다. 이와 관련하여 그는 "나는 넉넉지 못한 하숙비를 쪼개어 신극(新劇) 공연장을 빠짐없이 드나들었으며 연극에 관한 서적이라면 가리지 않고 몽땅 사들여 탐독했다"고 회고한 바 있다. 이 한 가지만 보더라도 소년 시절의 불안정했던 그는 사라지고 새로운 모습의 성숙된 청년으로 재탄생되고 있었음을 확인할 수가 있다. 이처럼 그의 대학 생활에서는 중등학교 시절의 무질서했던 생활은 어느 구석에서도 찾아볼 수 없다. 중등학교 시절에 남들이 대학 시절에나 느끼고 겪는 것을 이미 모두 겪었기 때문에 막상 대학에 가서는 낭만이고 여유고 간에 호기를 부릴 여지가 전혀 없었던 것이다.

전술한 대로 그는 대학 입학과 함께 일경(日警)에게 체포와 고문을 당하여 심신이 피폐해졌고, 고국으로부터 학비와 최소한의 생활비만 받아서 생활했기 때문에 학창 시절의 낭만 같은 것을 즐기지 못했다. 그렇다고 돈독한 친구가 있었던 것도 아니고 이성과의 애틋한 염사(艶事) 한번 가질 기회조차 주어지지 않았다. 바로 이러한 여러 가지 시련의 시기에 연극을 만남으로써 연극이 그에게 유일한 위안과 안식처가 되고 궁극적으로 운명의 한 부분이 되었다. 바로 이 점에서 그의 대학 생활은 하나의 정처(定處)를 찾는 구도(救道)의 고통스런 과정이었다고 말할 수 있다. 그는 고독을 독서로 해소하는 한편 삶의 의미를 연극 수업에서 찾았으며 공황 상태를 예술 창조 방법을 터득하는 것으로 대체시켜 나갔다.

따라서 여유 없고 고통에 찬 대학 생활이 역(逆)으로 후일에 그로 하여금 큰 예술인이 될 수 있게 만들어 주었다고도 말할 수가 있다. 그의 평생 친구 김동원이, 배재중학 시절에 옆에서 보았던 문제아(?) 이해랑이 대학에서 만났을 때는 너무나 변해 있어서 대경실색했을 정도였다고 회상한 것은 많은 것을 시사해 준다. 그는 우선 인간적으로 대단히 성숙해졌다. 실제로 그는 대학 시절에 뭔가를 찾지 못하고 또 앞으로 인생 항로를 찾아나가는 가운데 자신 있는 무기(武器)를 갖추지 못한다면 낙오될지도 모른다는 절박감에서 마치 전쟁하듯이 자신과 싸웠나갔다.

그렇기 때문에 그가 전공을 택하는 과정은 삶에서 최후의 보루를 찾아 지키는 파수병과 같은 심정이지 않았나 싶다. 따라서 그는 대단히 팍팍할 정도의 대학 생활이었지만 조금도 불만하지 않고 묵묵히 견뎌낼 수 있었다. 만약에 그가 엄한 조부모 밑에서 부족함이 없이 성장하면서도 마음을 붙이지 못하고 방황했던 데서 용감하게 일탈하지 않았다면 더없이 고통에 찼던 대학 생활을 견뎌낼 수 없었을 것이다. 그에게서 특히 돋보이는 것은 '고독의 극복'이었으며 '가난에 대한 인내'였다.

이처럼 그는 유소년 시절의 방황을 대학에 와서 말끔히 정리했다. 단 몇 년 사이에 전혀 다른 사람이 되어 있을 정도로 자신을 초극한 것은 그에게 남모르는 비범성이 내재되어 있었기 때문이라고 보인다. 지난 시절 책과 가까이하는 공부하고는 담을 쌓다시피 해온 그가 언제 그랬느냐는 듯이 책에 푹 빠지기 시작한 것이다. 그는 중등학교 시절 빈둥댔던 것을 단번에 보상이라도 하듯이 연극과 문학 서적을 닥치는 대로 읽어나갔다. 마치 사막에서 오랫동안 오아시스를 찾지 못해 갈증을 느끼던 카라반이 물을 만나 실컷 마시듯 책에 빠져든 것이다. 신들린 것처럼 남독(濫讀)하며 책에 묻혀 삶으로써 지적 결핍을 보충해나간 것이다. 이처럼 그가 다독(多讀)과 신독(愼獨)으로 부단히 내공을 쌓음으로써 정신적으로 성숙했을 뿐만 아니라, 20대에 이미 확고한 인생관과 예술관을 확립하는 단계까지 도달했다는 점에서 그의 비범성이 보인다.

앞에서 언급했던 대로 그는 중학교 졸업 후에도 그의 부친의 눈에는 가능성이 없는 존재로 비쳤다. 그러나 그는 부친도 모르는 사이, 대학 시절에 대기만성형 인물의 조짐이 나타나고 있었다. 그렇지만 누구도 알아챈 이가 없었다. 물론 그 자신도 대성할 수 있다는 확신이 있었던 것은 아니었다. 다만 자신이 좋아하게 된 연극 공부에 전념하는 대학 생활을 즐기면서 그 고된 수련 과정을 호사(好事) 취미로서가 아닌 운명으로 받아들이고 있었다는 점에서 남달랐다.

4. 그의 순탄했던 연극수업 시대

이해랑이 연극을 인생의 목표로 삼고 공부를 본격적으로 시작한 것은 그가 대학 예술과에 입학하고 조금 지나서였다. 사실 그는 얼떨결에 니혼 대학에 들어가서 예술 분야에 적을 두고서도 처음에는 막막해 했었다. 문학 서적은 좀 읽었지만 연극에 대해서는 생면부지나 마찬가지였다. 입학한 후에 배재고보 시절 반 친구였던 김동원이 한 해 먼저 입학해서 다니는 것을 알았지만 학년 차이로 인해서 자주 만나는 사이는 아니었다. 더구나 이해랑이 내성적이어서 선배가 되어 있는 친구를 가까이하기도 어색해 했던 것이 사실이었다. 그러는 동안에 일본 경찰에 체포되어 수개월 동안 곤욕을 치르고 나온 것이다. 한참 동안 그는 깊은 자기혐오 속에 빠져 있었다. 전술한 대로 자신의 얼굴조차 보기 싫어서 거울을 내동댕이치는 정도였다. 오로지 못나고 아무것도 할 수 없는 자신을 경멸하면서 독서에만 빠져 있었다. 그는 강의에도 별로 흥미를 못 느꼈고 오직 아이즈카 토모이치로(飯塚石一郎) 교수의 연극 강의에만 겨우 흥미를 느끼고 있었다.

그러던 어느 날 김동원을 만났다. 그가 대뜸 학생예술좌에 가입해서 아마추어지만 연극을 같이 해보자는 것이었다. 학생예술좌에 입회하면 친구도 많이 사귈 수 있고 연극의 실제도 공부할 수 있다고 권유했다. 알다시피 도쿄학생예술좌(東京學生藝術座)는 문과를 공부하는 유학생들이 1934년 6월 24일 도쿄시 우입구 고전정 11번지의 하숙집에서 창단한 학생 아마추어 연극 단체다. 창립 멤버는 박동근(朴東根, 법정대 영문과)을 필두로 주영섭(朱永涉, 법정대 법학과), 마완영(馬完英, 법정대), 이진순(李眞淳, 니혼대 예술과), 허남실(許南實), 김동원(니혼대 예술과), 한적선(韓笛仙, 니혼대 예술과), 임호권(林虎權, 니혼대 예술과), 김영화(金永華, 니혼대 예술과), 김용하(金龍河, 미술수업), 유종열(劉宗烈, 와세다대 상과), 황순원(黃順元, 와세다대 영문과), 주경은(朱敬恩, 문화학원), 김영수(金永壽, 니혼대 예술과) 등 14명이었다.

학생예술좌 멤버들(뒷줄 좌측이 이해랑)

학생예술좌 모임(둘째 줄 우측에서 두 번째가 이해랑)

창립 멤버들은 대체로 한국에서 학생극을 통해 알던 사람, 작품을 통해 알던 사람 등으로 와세다대, 법정대, 그리고 니혼대 학생들이 주축이었다. 실제로 지식 청년들의 아마추어 연극 단체들 수십 개가 3·1 운동 직후로부터 1920년대 중반까지 부침하면서 민족문화운동의 일익을 담당한 빛나는 전통을 지니고 있었다. 그러나 일제의 탄압으로 학생극은 학교 안으로 들어왔고 그나마도 쇠퇴 일로를 걷고 있을 때 도쿄 유학생들이 연극 단체를 만들었다는 데서 특별한 의미를 지닌다. 또 하나는 이들이 당시 본국에서 전개되고 있던 신파극 중심의 기성 연극계에 상당한 회의감을 갖고 있었다는 점에서 특별하다.

다행히 1931년도에 극예술연구회(劇藝術硏究會)가 하나 조직되어 위안이 되었을 정도였다. 그러니까 학생들 생각으로는 본국에서 전개되는 연극 현상에서 희망적인 조짐이 별로 보이지 않는다고 믿었던 것이다. 그렇기 때문에 그들은 학생예술좌를 창립하면서 '도쿄에 와 있는 대학을 중심으로 우수한 연극 기술자를 양성하자는 것'을 극단의 목적으로 삼고 도쿄의 청년 지식인들 중에서 장차 연극운동을 같이 할 동지를 모으고 이론과 실제 면에서 집단 수업을 갖는다는 목표도 세웠다. 이때 단원들이 이상은 높았어도 매우 현실적이었음을 다음과 같은 창단 선언문에서 확인할 수 있다.

우리는 믿는다. 과거를 가장 정당하게 계승하는 자, 현대(現代)를 가장 정당하게 생활하는 자, 미래(未來)에 전 연극 분야의 주류가 될 자, 그것은 우리들의 연극, 신극이다.

—1938년 유라쿠자(有樂座) 신극 협동 공연 공동선언

그리고 창립 멤버 중의 한 사람이었던 마완영은 장차 계획에 대하여 다음과 같이 밝혀놓기도 했다.

우리들의 극단은 조선 현대극(朝鮮 現代劇)의 창조를 향하여 탐구하고 전진할 것이다. 우리는 그것의 강화를 도모하여 제1차로는 극단원의 집단생활을 계획한다.

우리는 초기에는 연 6회의 중앙 공연과 연 1편의 영화제작을 계획한다. 극장을 통한 조선 신문화(朝鮮 新文化)의 수립……[35]

이상에서 볼 수 있는 바와 같이 예술좌 단원들은 한국 연극의 미래 창조라는 원대한 목표를 세우고 마치 기성 극단 같은 행동 목표를 세워놓고 출발하였다. 이러한 멋진(?) 비전에 그는 관심을 갖지 않을 수 없었다. 그들은 당초 부서를 문예부, 연출부, 연기부, 서무부 등으로 나누고 활동 방향으로는 희곡연구, 각본 낭독, 시·소설 낭독, 연극 강좌, 좌담회, 견학, 공연 등으로 정했다. 이 중에서 견학은 도쿄의 각 연극 영화 연구소, 극장 공연 등을 접촉, 관람하자는 것이었다. 이는 곧 현장을 통해서 실력을 쌓자는 것이었다. 창립 멤버 한적선은 창립 공연을 앞두고 "조선과 같이 신극을 수립하려는 열(熱) 있는 기관을 그리 가지지 못한 곳에서는 학생극을 소인극(素人劇)으로만 시종할 것이 아니라 새로운 국면을 개척하지 않으면 안 될 임무가 있다"[36]고 쓰기까지 했다.

필자가 여기서 굳이 도쿄학생예술좌 이야기를 구체적으로 끄집어내는 이유는 그 단체가 매우 진지한 연극 연구 조직체라는 것과 단원들이 공부하지 않으면 견디기 어려운 분위기였다는 것을 설명하기 위해서다. 이것을 그대로 이해랑에게 접목시켜 보면 그가 학생예술좌에 가입하면서 급속히 연극인이 되어 갔다는 것을 짐작할 수 있다. 이해랑이 학생예술좌에 가입한 것은 창립 1년 뒤인 1935년으로서 단원들이 창립 공연을 끝내고 단체를 재정비하고 있을 때였다. 저간의 사정에 대하여 그는 회고의 글에서 "그렇게 나는 연극을 시작했다. 나는 이 연극이야말로 내가 바라던, 내가 살 수 있는 세계라고 느꼈다. 마치 연극하는 것이 자신에 대한 해방을 만나듯 그런 기쁨을 얻었다. 내가 억압당한 인생에 해방을 가져다준 것이다"[37]라고 하며 그가 진정으로 뭔가 막연하게 찾고 있던 돌파구를 만났다고 확신하였다. 때마침 극예술연구회의 창립 주역으로서 최초의 본격 사실주의 희곡인 〈토막〉, 〈버드나무 선 동네풍

학생예술좌 창립 공연 〈소〉(유치진 작)

경〉 등을 발표하여 주목 받기 시작한 유치진이 연출 수업을 받으러 도쿄에
왔다.

이때 이해랑은 거기서 평생의 연극 동지이자 선배인 유치진을 만나는 행운
을 얻기도 했다. 이해랑은 가입하자마자 연기부에 소속되었다. 연기부에는 이
철혁(李喆赫), 박용구(朴容九) 등도 있었다. 그는 학생예술좌의 제2회 공연
작품 〈춘향전〉(유치진 작)에서 생애 처음으로 단역을 맡게 되었다. 첫 리허설
에서 그는 즉각 연극의 본질을 깨칠 만큼 예민한 감성을 지니고 있었다. 그때
의 사정을 그는 다음과 같이 생생하게 회고했다.

김동원이 이(李) 도령 역을, 박노경(朴魯慶)이 춘향을 맡았다. 김동원은 중학 시
절 연극을 했으니 연극은 나보다 선배인 셈이다. 박노경은 역시 이화여전(梨花女
專) 시절 학생 연극을 했었다. 마완영(馬完英) 군이 변 사또를 맡았다. 그 밖에 방
자를 제하고는 전부 조연이었다. 등장인물은 꽤 많아서 30~40명 되었다. 나는 세

가지 역을 맡았는데 사령, 농부, 그리고 잔치 장면에서의 지방 관리 역이었다. 무대 연습 하는데 분장을 하고서 했다. 일본 분장사가 와서 내 얼굴에 분장을 해주면서 "네 배역이 뭐냐" 해서 "늙은 농부로 나온다" 했다. 그랬더니 얼굴에 주름살도 그리고 수염도 붙이고 가발도 씌웠다. "다 됐으니 거울을 가 봐라" 한다. 거울에 비춰 보니 내가 내 얼굴을 알아볼 수 없었다. 스무 살 먹은 내가 60~70세 노인이 돼 버렸다. 나는 그때 내가 연극에 첫발을 디디면서 처음 한 말을 기억한다. "아하! 이게 연극이구나." "내가 내 현실에서 벗어나 나와 다른 변모한 이 사람의 생활을 하는 것이구나." 연극의 매력이랄까, 다른 데는 맛볼 수 없는 느낌을 첫 무대에서 분장된 얼굴을 보고 깊이 깨달은 것이다. 조부모님 슬하에서 또 독자(獨子)로서 어렸을 때 고독한 생활을 하면서 막연하게 꿈꿔왔던 것을 바로 거기서 찾은 것이다. 어릴 때 동경하던 다른 세계가 바로 내 눈앞에 벌어지고 있다는 데서 쾌감을 느낀 것이다. 스무 살까지 자라면서 내 속에 잠재해 있던 꿈이랄까, 그런 걸 처음 체험한 것이다.[38]

당대 명문가 집안의 독자로서는 상상도 할 수 없는 비천한 연극배우, 즉 광대(廣大)로서 처음 분장을 하는 순간 마치 불교 수행자가 견성(見性)하는 것 같은 희열을 느꼈다니, 연극은 분명 그의 숙명이랄 수밖에 없다. 이는 적어도 그에게 생애 최대의 충격적 사건이었다고 해도 과언이 아니다. 왜냐하면 그가 마지못해서 혹은 할 것이 없어서 억지로 연극을 한 것이 아니고, 하나의 운명적 견인에 의해 연극 속에 빨려들어 갔음을 의미하는 것이기 때문이다. 그러니까 그는 분장한 자신의 얼굴을 보는 순간 스파크 같은 것을 느꼈던 것이다.

필자는 이전에 그 자신도 제어할 수 없이 연극으로 끌려들어갈 수밖에 없었던 세 가지 배경을 설명한 바 있지만, 막상 그의 무의식 속에서 연극의 싹이 미세하게나마 돋아나기 시작한 것은 소년 시절 우연히 구경한 한 편의 공연 작품이었음을 다음과 같이 쓴 바 있다.

연극을 하리라는 생각은 꿈에도 해본 일이 없었다. 더구나 내가 배우가 되리라고는 상상을 못하였다. 내가 연극을 알기 전에 우리의 연극이란 신파극 일색이었고 또 배우들이란 글자 그대로 우리 사회의 어릿광대에 지나지 않았다. 우리의 생활과는 완전히 괴리된 족속들이었다. 이들은 의식적인 내용이 결여된 외형적인 허수아비 ―소위 멋쟁이들이었다. 인기와 허영―그리고 마치 이들 족속들에게만 허용된 것과 같은 치정, 그 밖에 생활의 진실성을 찾아볼 수 없는 천박한 인생들이었다. 그러므로 사회에서는 그들을 사갈시하였으며 광대의 후예로서 멸시를 하여 왔다.

나 자신 역시 사회에서 낙오된 난봉꾼들이 아니고는 할 수 없는 노릇으로 알았다. 더구나 내 자식이 계집애들과 같이 얼굴에 분을 바르고 히히덕거린다니 파렴치! 오죽하면 그따위 짓을 하고 밥을 먹으려 하느냐고 멸시하였다. 그러다가 어느 해에 유치진 씨가 연출한 톨스토이의 〈어둠의 힘〉 공연을 보고 연극에도 이렇게 진실한 면이 있는 것인가? 하는 생각을 처음으로 갖기 시작했다. 그전에 신파연극에서 볼 수 있었던 비속한 면을 찾아볼 수 없는 대신 어딘지 모르게 이것은 허위가 아니고 진실이다! 라는 감을 받았다. 그리고 그 후 일본에 건너가서 쓰키지 소극장의 공연을 보았을 때, 나의 연극에 대한 생각은 완전히 뒤집혔던 것이다.

신파연극처럼 인생을 가장하여 희롱하는 것만이 연극이 아닌 것을 깨닫게 되었다. 어둠침침한 무대에는 우리의 현실보다도 더 심각하고 핍박한 환경 속에서 허우적거리는 진실한 인생이 살고 있었다. 그것은 평면적인 회화나 추상적인 문자로 표현되는 문학 형태에서 볼 수 없는 음률의 음악, 보다 인간적인 어디까지나 인간적인 압축된 인생의 진실을 강력하게 표현하는 인간적인 예술이었다. 더구나 여기서 차지하고 있는 배우의 위치는 말할 수 없이 큰 것이었다. 배우에게서 시작되어 배우에게서 연극은 끝나지 않는가! 나는 그 후부터 시간이 있는 대로 쓰키지 소극장을 찾아갔다. 그러고는 연극을 볼 때마다 내 자신이 무대에 뛰어올라 무대의 배우와 더불어 진실한 인생을 살고 싶은 충동을 억제하지 못하였다. 그리고 어떤 친구의 소개로 도쿄학생예술좌에 입단을 하게 된 것이 나의 직접적인 연극 생활의 출발이었다.[39]

이상과 같은 이해랑의 글에서는 매우 중요한 대목이 여럿 보인다. 즉 그가 연극배우의 길을 생각한 직접적 동기는 우연히 〈어둠의 힘〉(톨스토이 원작, 유치진 연출)을 구경하였던 일에서 비롯되었다는 점이다. 그가 중등학교를 다닐 때 우연히 연희전문학교 학생들이 공연한 아마추어 연극 〈어둠의 힘〉을 관극한 것이다. 그는 거기서 인생의 진실 이상의 연극 진실을 발견하게 되면서 연극에 대한 인식을 조금이나마 바꾸게 되었다. 이 작품은 그가 전에 어쩌다가 보았던 신파극과는 너무나 다른 진지함 그 자체였다. 바로 이 점에서 그가 도일(度日)한 뒤 예술학과를 주저 없이 택했던 것도 단순히 입학이 쉬웠기 때문만은 아니었던 것으로 보인다. 그리고 동시에 그가 연극의 진지성에 끌려서 무대에 서고 싶은 충동 같은 것을 은연중에 느꼈다고 보아야 한다.

그가 앞의 글에서 "내 자신이 무대에 뛰어올라 무대의 배우와 더불어 진실한 인생을 살고 싶은 충동을 억제하지 못하였다"고 한 말이 바로 그런 절대자[神]에 의한 운명적 견인 같은 것을 의미하는 것이 아닐까? 그리고 그를 학생예술좌로 끌고 갔던 친구는 바로 평생의 동지 김동원이었다. 여하튼 그가 얼굴에 분을 바른다는 것은 가문으로 볼 때, 상상하기 어려운 파격이었던 것만은 분명했다. 그가 얼굴에 분칠을 한 것은 여러 가지 면에서 그의 새로운 탄생이었다.

사실 그는 변신된 자신을 보고 놀라는 한편 20여 년이라는 기나긴 방황이 끝났다는 생각을 했다고 한다. 왜냐하면 그 순간 자신이 가야 할 길을 발견했기 때문이다. 실제로 그는 자신을 어딘가에 늘 숨기고 싶어 했었다. 유모의 손에서 자라고 엄한 조부모 슬하에서 의지처를 못 찾고 밖으로만 나돌면서 부친의 인정을 받아보지 못한 그는 항상 부끄러운 자신을 감추고 싶어 했으며 적나라한 맨얼굴을 가릴 수 있는 페르소나[persona, 가면(假面)]를 필요로 했었다. 그가 회고에서도 여러 번 밝혔듯이 "연극과 인연을 맺게 된 것은 처음부터 결심한 진로가 아니었다"고 한 것은 솔직한 고백이다. 가령 그가 연극의 본질을 발견하는 순간 "후유"라고 한숨을 내쉰 것은 "세파에 밀려 우여곡절 끝에 우연이나 다름없는 안착"이었다고 주장했던 것도 바로 거기에 있었다.

그런데 막상 그는 분장을 하고 막이 올라 무대에 나설 때 발이 떨어지지 않았다. 청소년 시절 장난꾸러기였고 또 말썽꾸러기였지만 무대 위에서는 발이 떨어지지 않을 정도로 소심함이 드러났던 것이다. 그 첫 무대 등장의 광경을 그는 뒷날 다음과 같이 회고하였다.

(……) 그러고 보면 연극과 다리[脚]는 무슨 피치 못할 관계가 있는 것이 아닌가 하는 생각을 뼈아프게 느낀 것이 나의 처녀 무대의 경험이었다. 그러니까 벌써 20여 년 전 도쿄 유학생들끼리 학생예술좌라는 것을 조직하여 유치진 씨의 〈춘향전〉을 쓰키지 소극장에서 상연하였을 때 일이다. 나는 처음으로 어사또가 출두하는 대단원 장면에 사령 역을 맡아 출연을 하였다. 물론 대사라고는 한마디도 없는 역이다. 그저 줄을 지어 이 도령의 뒤를 따라 들어가서는 잠시 동안 무대에서 꾸부리고 있으면 되는 것이다. 그런데 처녀 무대를 밟는 나에게는 그것이 용이한 일이 아니었다. 관객에 대한 공포! 무대 뒤에서 열에 끼어 등장할 때를 기다리고 있으면서도 그 무서운 생각은 가실 수가 없었다. 긴장, 불안, 초조 그리고 얼마 후 등장할 때가 되어 발을 떼어 놓으려고 하니 다리가 말을 듣지 않는다. 떨고 있는 것이다. 간신히 한 발을 떼어 놓으면 다른 발이 바닥에 붙어서 떨어지지를 않는다. 떨고 있는 것이다. 억지로 무대를 향하여 걸어가기는 하였으나 자꾸 떨리기만 하는 다리를 바로 내어 디딜 길이 없었다. 나만 그런 줄 알았더니 그날 처음으로 무대를 밟는, 앞에 선 다른 친구들도 다 다리를 떨고 제대로 발을 떼어 놓지 못하고 있었다. 그 때문에, 위풍이 당당하여야 할 어사또의 행렬이 제대로 다리를 움직이지 못하는 친구들 때문에 세상에도 보기 딱한 행렬이 되고 말았다.[40]

이상과 같이 상당히 명석하고 용기가 있었던 그도 첫 무대에서는 떨려서 발도 제대로 옮기지 못할 만큼 유약성을 보여준 신인 아마추어 배우였다. 물론 그의 동료들도 모두 처녀 무대였기 때문에 걸음을 제대로 걷지 못하기는 마찬가지였다. 그러나 그가 다른 동료들과 구별되었던 것은 상당히 빠르게 적응해간 점이라 하겠다. 그는 두세 번의 무대에서 즉각 마치 기성 배우처럼 침착함과 능란함을 보여주어 친구들을 놀라게 했다. 그때부터 그는 연극에 완전히 미쳐버리다시피 했고 자신을 불사르기라도 하듯이 이론 공부와 실기에 열정을 쏟았다. 당시 학생예술좌에 관여했던 30여 명의 유학생들 중에서 그와 김동원만이 끝까지 연극을 한 것이야말로 순간의 스파크가 얼마나 강렬했던 가를 극명하게 보여주는 경우라 하겠다. 그는 평생 그때의 순간을 하나님이 그에게 '좋아하는 갈 길'을 가르쳐준 순간으로 여기며 감사의 마음을 잊은 적이 없었다고 했다.

그런데 여기서 또 하나 흥미로운 사실은 가장 도시적이었던 그가 농부 역으로 연극 인생을 시작한 점이다. 그는 서울의 한복판에서 태어나 농촌이라고는 소학교 소풍갈 때 조금 스쳤을 뿐 전혀 그런 생활을 접해본 적이 없었다. 그런 그가 그것도 논바닥에서 일하는 찌든 농부 역을 생애 첫 번째 배역으로 맡아 무대에 섰으니 참으로 아이러니라 아니할 수 없다. 그러나 그는 그것을 아주 즐겁게 소화해냈고, 또 스스로도 만족했다. 그 첫 무대의 심회를 그는 이렇게 썼다.

주영섭의 연출은 무난했으나 연기자를 지도하고 연기자의 재능을 빼내기에는 나이가 젊었다. 거의 비슷한 또래였기 때문이다. 처음으로 큰 역을 맡은 나는 무거운 짐을 안은 격이었다. 거의 침식을 잊어버리고 배역에 열중했다. 그러나 역시 무슨 경험이 없으니 그 고통이라는 것은 이루 말할 수 없었다. 그런데 그 작품에서 잊혀지지 않는 라스트 막, 그 후 그 작품을 본 일도 없고 해본 적도 없기 때문이다. 기억나는 것은 떨어지는 태양을 향해 내가 언덕을 기어 올라가고 있었다. 말하자면 폐병 환자의 단말마적인 모습이었다. 한데 아무래도 어색했다. 뭔가 마음의 진실이 우러나지 않고 그냥 건성으로 행동을 한 것 같다. 그래서 그것이 지금도 후회스럽다. 연극이란 어느 정도 내가 이런 진실한 감정을 느끼면서 했을 때 안정감을 갖고 관객이 어떻게 보든 평론가가 혹평을 하든 창조의 행복감을 느끼는 것으로 생각한다. 그런데 그게 안 된 것이다. 그 어색한 동작, 어색한 행동…… 뭔가 이게 아닌데 하면서 행동만 하고 대사만 외고 있었다. 그때 당시도 불만이었고 오늘 50년 이후에도 불만으로 남아 있다.[41]

이상에서 알 수 있는 바와 같이 그의 첫 무대는 연기가 뭔지도 모르는 상황에 어리둥절하다가 끝난 공연이었다. 거기서 그가 얻은 귀중한 교훈은 경험해 보지 못한 삶을 대신 산다는 것이 얼마나 어려운가 하는 것이었다. 결국 그는 다음 작품에서 큰 역을 맡고서야 연극과 배우의 진수를 어렴풋이나마 깨달았고, 첫 무대야말로 "오늘까지 나 자신이 연극에 붙들려 매여 있으면서 공부하며 연극을 해오고 있어도 역시 아직 멀었다는 부족감을 느끼게 해주는 귀중한 체험"이 되었다고 회고했다. 전술한 바 있듯이 그는 연극 무대에 서고 나서부터 정말 몰라볼 정도로 변신하고 있었다.

이해랑의 데뷔작 〈춘향전〉의 한 장면

우선 그는 공부를 열심히 했는데 그것은 그의 전 생애에 걸쳐서 전무후무한 일이었다고 해도 과언이 아니다. 사대부의 외동아들이 부친의 기대를 저버리고 타향에 와서 배우 노릇과 그 공부를 하고 있다는 것에 대해서 그는 때때로 깊은 자괴감과 함께 밀물처럼 밀려오는 우울증에 시달리기도 했다. 하지만 그것을 오로지 연극 공부로 극복하려고 노력했다.

또한 그는 고생이라고는 해본 적이 없는 귀한 집 자손치고는 너무나 고통스런 생활을 꾸려갔다. 집에서 보내주는 최소한의 학비 때문에 하숙다운 생활도 하지 못했다. 그는 기숙사는 "하숙 뒤켠 오꾸부 지역의 고오요(紅葉) 아파트였는데 말이 아파트지 집단 하숙방이라는 게 더 적절한 표현이었다. 한국 음식을 싫어하는 일인(日人)들 덕택에 4년간을 거의 싸구려 매식으로 때웠다"[42]고 했다. 그의 곤핍한 생활을 짐작하고도 남음이 있겠다.

그러나 그는 구금 사건에서 터득한 참을성을 십분 활용하여 견뎌냈고, 연극 공부의 재미로 인해 오히려 생활은 생기가 났다. 사실 당시 니혼 대학이란 2류급 학교였다. 따라서 교수진도 보잘것없었고 강의 내용도 부실했음은 두말할 나위 없었다. 그래도 그가 연극 지식을 얻은 것은 스스로의 독서와 현장 경험에서였다. 그는 연극 이론서를 닥치는 대로 읽고 쓰키지 소극장에 가서는 책 속의 이론을 확인하는 과정으로 삼았다. 그런 가운데서도 아이즈카 토모이치로 교수의 강의에는 매료되어 있었다. 그때의 사정을 그는 다음과 같이 썼다.

나는 넉넉지 못한 하숙비를 쪼개어 신극 공연장을 빠짐없이 드나들었으며 연극에 관한 서적이라면 내용을 가리지 않고 몽땅 사들여 탐독했다. 솔직히 말해 이때의 학교 강의는 극히 초보적이며 빈약했다. 전공보다 엘리트 인간상을 다듬는 데 우선했고, 그나마도 식민지 출신 학생들에겐 당연히 보이지 않는 많은 제약이 뒤따랐다. 니혼 대학 창작과 4년 동안에 얻은 연극의 학술적 지식이란 부끄러울 만큼 형편없었음을 고백한다. 그러나 연극 공부의 체계를 터득할 수 있었던 것만은 사실이다. 대학에서 배운 것 중 지금까지 뇌리에 뚜렷이 박힌 것은 아이즈카 토모이치로(飯塚

石一郎)라는 은사가 강조했던 "계절(季節)이 무시된 공연은 결코 성공하지 못한 다"라는 가르침뿐이었다. 그의 이 말은 정말 진리였고 훗날 큰 도움이 됐다. 되돌아 보니 나의 연극 지식은 캠퍼스에서보다 대학의 울타리 밖에서의 체험과 노력을 통 해 쌓아진 것이며 이 점은 당시의 다른 유학생들도 마찬가지였다고 생각한다.[43]

알다시피 그 당시 일본 연극계는 서구 근대극과 사회주의 사상이 혼효(混 淆)되어 있었고 체호프, 입센, 스트린드베리, 베데킨트, 하젠클레버 등 사실주 의극과 표현파 연극, 그리고 사회주의 리얼리즘극이 어지럽게 무대에 올려지 고 있었다. 그러나 이해랑의 관심은 오로지 안톤 체호프와 입센의 리얼리즘극 이었다. 리얼리즘극이야말로 인생을 진실하게 표현해 준다고 믿었기 때문이 다. 그렇지만 그에게 특히 연극의 깊고 넓은 세계를 가르쳐준 것은 역시 셰익 스피어였다.

그는 츠보우치 쇼오(坪內逍遙)가 일본 최초로 1909년에 번역해낸 셰익스 피어 전집을 통독하면서 연극의 호한(浩瀚)한 세계를 발견하였다. 그 속에서 그는 연극의 시적인 표현, 기승전결의 이야기 전개, 오묘하면서도 복잡다단한 인간관계 등을 발견할 수 있었고, 연극이란 그런 것을 풀어주는 것으로 보았 다. 이 시기에 간과해서는 안 될 것이 그가 이름을 예명이라는 명목으로 바꾼 것이었다. 물론 그것은 학생예술좌 입회와 함께 개명한 것이었다. 그렇다면 그 개명 배경 과정이 어떠했는지 본인의 이야기를 통해 알아보자. 그는 「자호 통명(字號通名)」이라는 신문 칼럼을 통해서 다음과 같이 밝혔다.

바다 해(海) 자는 돌림자고 그 밑에 어질 량 자가 붙은 해량(海良)이 나의 본명 이다. 가친이 쿄도제대에 유학을 하고 계시었기 때문에 조부님이 지어주신 것이다. 그런데 '해량'이라 부르지 않고 '해양' 또는 '해냥'이라 부르기가 일쑤다. 나는 그것 이 귀에 거슬리었다. 도쿄학생예술좌에 들어가서 처음으로 연극을 하던 때 배역 표 에 나의 이름을 써놓고 보니 어디 한군데 빠진 것 같은 감이 드는 것을 금할 수가 없었다. '이해(李海)' 두 자를 밑에서 받치고 있는 '량(良)' 자가 어딘가 허전한 감을 주고 있는 것이다. 그래서 나는 그 즉석에서 남들이 나를 곧잘 '해랑'이라고 부르던 일을 생각하고 그 옆에다 삼수변을 찍어 넣어 위의 두 자를 버티고 서게 하였다. 그 후부터는 나의 이름을 잘못 부르는 사람이 없어졌다. 건망증이 심한 시인 김소운 선생 같은 분도 나를 '김해랑'이라고 성을 바꾸어 부를망정 이름만은 언제나 틀림없이 '해랑'이라고 제대로 불렀다. 써놓고 보면 듬직하고 또 부르기도 편하고 하여서 나는 '해랑'이란 이름이 본명보다 훨씬 마음에 들었다. 다시없이 낭만적인 이름이기도 하다.[44]

그런데 집안에서 큰 문제가 생겼다. 대대로 사대부 집안으로서 돌림자를 써왔던 터에 웬 사당패(寺黨牌)나 쓰는 이름자를 썼느냐는 것이 완고한 의전관인 조부의 대로(大怒)였던 것이다. 대학 공부를 한답시고 일본에 건너가서 겨우 이름갈이를 유랑극단 패처럼 했느냐는 것이 조부의 호령이었다. 그러나 이해랑의 고집도 조부 못지않았다. 더욱이 그는 조부로부터 멀리 떨어져 있었기 때문에 호령 같은 것은 못 들은 척할 수 있었다. 그는 워낙 날쌘돌이(?)답게 기지(機智)도 있고 해서 근엄하고 완고하기만 한 조부의 걱정을 피해 나갈 수 있었다.

이렇게 해서 개명한 이해랑은 더욱더 다른 사람으로 되어 갔다. 그는 조부나 가문을 거의 의식하지 않은 채 연극 공부와 학생예술좌 활동에만 온 정력을 쏟았다. 그가 연극에 입문하면서 얼마나 달라졌는가는 다음과 같은 그의 회고에 잘 나타나 있다.

연극은 내 생애를 말할 수 없는 희열로 느끼게 했다. 내게 있어서 삶의 즐거움이나 따뜻한 애정이나 뿌듯한 희망보다는 그것을 짓밟고 뭉개버리고 가혹하게 못살게 굴던 현실, 환경 속에서 돌파구를 마련해준 것이다. 연극 세계에 발을 들여놓으면서 나의 인생의 모든 것이 바뀌었다. 내 인생의 일대 전환을 꾀하게 된 것이다. 그 전에는 감히 내 의사를 제대로 표현 못했다. 표정도 굳어 있었고 자연스럽게 웃어보지도 못했다. 웃음이 터져 나와도 억제하고 고통을 당해도 이를 악물고 참았다. 연극을 하면서 내 성격은 비약했다. 남들과 같이 솔직하게 자기가 느낀 대로 행동하고 웃을 때 웃고 생각을 제대로 표현할 수 있는 사람이 됐다. 연극이야말로 내 일생의 업(業)이었던 것이다. 연극을 한 후부터 삶의 즐거움을 찾고 도취하게 됐다. 그것은 나에 대한 하나님의 구원이 아니었던가 싶다.[45]

전술한 바도 있듯이 그가 비록 귀족의 외동아들이었다고 하더라도, 또 남부럽지 않게 유복하게 자랐다고 하더라도 항상 얼굴에는 어두운 그림자가 드리워져 있던 것이 사실이었다. 그가 소년 시절에 싸움 잘하는 문제아였던 것은 생모 없이 자랐던 데 근본적 원인이 있었다. 게다가 경제적으로는 어려운 줄 모르고 자랐다고 하더라도 가정과 연관된 몇 번의 큰 시련을 겪으면서 과묵해져 있었고 어딘가 그의 얼굴에는 어두운 그림자가 드리워져 있었다. 그렇던 그가 연극에 입문하면서 완전히 다른 사람 같이 달라지기 시작한 것이다. 회고의 글에 나타나 있듯이 우선 자신도 몰라볼 정도로 명랑해진 것이 가장 큰 변모였다. 그러니까 전신에 드리워져 있던 어두운 그림자가 어느덧 사라진 것이었다. 그것은 마치 가을 아침 구름에서 빠져 나온 태양과 같은 맑음이었다. 그는 너무 명랑한 나머지 경박스러움까지 보여줄 정도였다. 오죽했으면 동료들이 그에게 하루살이라는 별명을 붙여주었겠는가. 대학 시절 임호권이라는 동료가 그의 프로필을 썼던 것은 매우 흥미롭다. 참고삼아 그 당시의 인물 묘사를 그대로 소개해보면 다음과 같다.

이해랑, 하루사리. 그는 호리호리한 몸집과 근대형(近代型) 얼굴과 곱실거리는 두발(頭髮) 가졌다. 그가 여자와 같이 날씬한 체격으로 보이는 것은 기실은 꽹덜이 같이 마르기 때문이다. 그는 현대인(現代人)답게 발랄한 성격을 가졌음에도 때로는 조수(潮水)와 같이 밀려드는 울증을 사랑할 줄 아는 문청(文靑)이다. 그는 정열이 높다. 탐구(探求)의 정신은 그의 가슴에서 여울물같이 소용돌이친다. 그리고 어디까지나 진실한 사나이다. 그는 입좌한 역사가 짧음에도 불구하고 연기부 책임자가 된 것은 오로지 그의 열성(熱誠)이 아름답기 때문이다. 그는 호젓한 누각(樓閣)에서나, 무르익은 도원경(桃源境)에서나 선구자(先驅者)의 날개를 항상 퍼덕인다. 그의 동물명은 너무도 불쌍한 하루사리다. 하수도(下水道, 수처)로 모여드는 하루사리는 아침[취사 시(炊事 時)]이 소화되는 귀여운 풍경의 하나다. 그러나 이슬처럼 슬어지는 불쌍한 호흡의 운율(韻律)이고나. 군(君)아! 군이 하루사리를 면하려거든 거의 발작적인 경동(輕動)을 삼가라.[46]

이상과 같은 학생예술좌 친구의 이해랑 묘사는 대학 시절의 그의 모습과 행동거지를 떠올리는 데 더없이 좋은 전거라는 생각이다. 우선 그의 20대 시절 외모는 어떠했을까. 호리호리한 체격과 근대형 얼굴에다가 곱슬머리라 했다. 그는 또 여자와 같은 날씬한 몸매라고도 했다. 그러니까 전형적인 도시형 젊은이였고 귀공자 타입의 미남이었음을 알 수 있다. 실제로 그의 젊은 시절 사진을 보아도 그런 모습이 보인다. 창백할 정도로 하얀 얼굴에다가 지적이면서도 신경질적인 모습을 지닌 청년이었던 것 같다. 이는 그가 배우로서 외모를 잘 타고났다는 것을 의미하는 것이기도 하다. 다만 눈이 작은 것이 흠이 될 만했다.

그 다음으로는 그의 성격 묘사가 주목을 끈다. 그가 현대인답게 발랄한 성격을 가졌음에도 불구하고 때때로 우울증에 시달린 문약한 청년이었다고 했다. 이는 대단히 정확한 파악이 아니었던가 싶다. 왜냐하면 그가 타고난 성품에다가 가정환경이 만든 고독과 우울을 덧칠한 상태로 대학 시절을 보냈기 때문이다. 사실 그는 겉으로는 비교적 명랑한 편이었다. 또 모든 것을 긍정적이면서도 낙관적으로 보는 사람이었다. 하지만 그런 그도 가정을 생각할 때마다 소외와 고독감을 느꼈고 우울한 기분에 휘말리곤 했던 것이다. 그런데 여기서 주목되는 것은 그가 때때로 밀려오는 우울증을 사랑했다는 사실이다. 이런 감정을 거부하기보다는 자연스럽게 받아들였다는 점에서 그의 타고난 참을성과 자제력, 그리고 예술가적 기질을 찾아볼 수도 있다.

그의 20대 초반 때 또 한 가지 성격적 특징으로 꼽힌 것은 탐구 정신과 열정이었다. 젊은 시절에 탐구 정신이 강한 사람들은 적지 않을 것이다. 그러나 이해랑의 경우는 그것이 여울물같이 소용돌이쳤다는 점에서 범상하지 않았다고 보인다. 중등학교 시절의 무질서한 생활로 부친에게 장사나 해먹으라고 무시당했던 그가 대학에 들어가자마자 연극 서적을 닥치는 대로 읽고 극장에 다니면서 연극 공부를 한 것을 보면 대단한 정열가였던 것이 분명하다. 그는 일단 목표를 세우고 결심만 서면 끝장을 보아야 직성이 풀리는 열정을 지닌 청년이었다. 이것은 아무래도 후천적이기보다는 선천적인 성격이 아니었나 싶다. 그가 유년 시절 장난이 유난히 심했으며 소년 시절에도 불량하게 보일 만큼 모양을 냈다던가 싸움을 잘했던 것도 일종의 내부에서 용솟음쳐 올라오는 정열의 한 발산이었다고 보인다. 그만큼 그는 주체할 수 없을 정도로 정열이 넘치는 청년이었다. 그렇게 숨겨진 채 심저(心底)에서 잠자고 있던 열정이 그가 연극을 만나면서 폭발하기 시작한 것이다.

그리고 그의 대학 시절에 또 한 가지 조금씩 드러나기 시작한 성격적 특징은 리더십이었다. 다른 창단 멤버들보다 1년 이상의 하급 학년이었음에도 불구하고 그가 연기부 책임자의 자리에 올라설 수 있었던 것은 순전히 일에 대한 열성과 조직에 대한 뛰어난 장악력에 의한 것이었다. 그렇다면 그런 이해랑을 동료 임호권은 왜 하루살이라는 미물에 비유했을까? 평자 임호권은 그를 하루살이로 묘사하는 서두에 "호젓한 누각에서나, 무르익은 도원경에서나 선구자의 날개를 항상 퍼덕인다"는 찬사를 붙였다. 그러면서 이해랑이 하루살이를 면하려거든 "거의 발작적인 경동을 삼가"야 한다고 했다. 따라서 그에게 하루살이라는 별명이 붙게 된 것은 아무래도 어떤 일을 할 경우 마치 하루살이가 하루를 살기 위해 전신을 사르듯 혼신을 쏟아 끝장을 내려고 서두르는 그의 성격에 빗댄 것이라 말할 수가 있겠다. 그러면서 좀 까분다고 할 정도

학생예술좌 친구 마금희(가운데), 박용구(우측)와 함께

로 경박스러운 성격의 부정적 단면도 지적했다고 보인다. 내내 침울하던 이해랑은 연극이라는 삶의 돌파구와 자기 은신처를 찾아내고 팔짝팔짝 뛸 정도로 즐거웠던 것이 사실이었고, 이런 그의 행동거지를 동료들이 경박스럽게 생각할 수 있었으리라 짐작이 간다.

자신이야말로 이 세상에서 아무런 쓸모가 없는 하찮은 존재라고 자학해왔던 그가 인생을 걸 만한 가치가 있는 연극을 발견했으니 남의 눈에 띨 만큼 좋아하고 설쳤던 것을 이해하고도 남음이 있겠다. 그는 연극 입문 2, 3년 만에 거의 전문가연할 정도로 연극 수업을 받았다고 자부했다. 이와 관련하여 그는 "학교에서 배우는 이론(理論)과 도쿄학생예술좌를 통한 실기(實技) 활동은 단시간 내에 급속한 진전을 보았고 여기다 광적(狂的)인 열정이 더 보태져 불과 2~3년 만에 전문가 행세를 할 만큼 지식과 경험을 다지게 됐다"고 회상한 바 있다.

많은 사람은 대학 생활 2, 3년 만에 무슨 연극 전문가가 되었겠느냐고 의심할 것 같다. 요즘 대학 연극학과들의 부실한 교육에 비추어 볼 때 그런 개연성은 충분히 있다. 그러나 당시 이해랑과 같은 연극 학도들의 연극 수업은 대단히 치열한 것이었고, 현장 경험 또한 만만치 않았다. 그의 경우 앞에서도 언급한 것처럼 독서량도 대단했을 뿐만 아니라 자체 공연, 외부 출연, 순회공연 등 대단히 다채로운 활동을 하였다. 그는 뭐든지 연극 일이라면 어디든 물불가리지 않고 적극적으로 참여하였다. 도쿄의 순수 일본인들의 극단이었던 일본 신협이 단역 몇 사람을 학생예술좌에 요청해왔을 때도 그는 자청해서 두달 가까이 출연하였다. 그때의 전후 사정을 그는 다음과 같이 기술했다.

그 무렵 일본 신협은 시마자끼 도손(島崎藤村) 원작의 〈동 틀 무렵〉을 공연하면서 우리 학생예술좌에다 찬조 출연을 요청, 나와 다른 한 명이 자원했다. 〈춘향전〉에서 보인 학생 연기자들의 우수성에 놀란 일본 연극 전문가들이 한국인들의 연극 자질을 살펴보는 테스트 케이스였다. 동경의 외곽 지대인 오꾸보 하숙에서 도심의 공연장까지는 한 시간 이상의 도보 거리였으나 2개월의 장기 공연 중 단 하루도 거르지 않았다. 나는 엑스트라에 불과한 단역(端役)을 맡았으나 일본 신극계를 견문하며 보다 큰 무대에서의 연기 수련을 위한 좋은 기회로 간주했기 때문이다.[47]

이상과 같은 회고의 글에서도 확인할 수 있는 바처럼 그는 일본 극단 공연의 단역을 맡아 두 달여 동안 단 하루도 거르지 않고 출연하는 열성을 보였다. 거기서 수준은 그렇게 높지는 않지만 그들 특유의 꼼꼼하고 세밀하게 무대 구석구석을 마무리하고 대소도구 제작에 완벽을 기하는 모습을 배우게 된다. 그런 와중에서 그는 연극의 진미(眞味)가 무엇인가도 깨달았다고 한다. 연극의 진미를 알기 시작한 그는 국내외 여기저기 정신없이 뛰어다니는 생활을 했다. 그는 1937년 6월 중순에 귀국하여 대학의 예술과 학생들과 함께 전국은 물론이고 만주까지 순회공연을 다녔다.

'하계휴가 유학생 향토방문'이라는 명목으로 전국과 만주의 간도 지방까지 두루 돌아볼 수 있는 순회공연을 가진 것이 그에게는 대단히 좋은 체험이 되었다. 일반적인 학생 순회공연처럼 레퍼토리는 제1부가 음악 연주고, 제2부는 연극 공연으로 짜여졌다. 그런데 단막극 2편이 모두 번역극으로서 아리시마 다께오(有島武郎)의 〈꺽꺽이의 죽음〉과 골스워디의 〈태양〉이었는데, 전자를 이해랑이 번역했다. 생애 처음으로 연극 초년생이 일본 작품을 번역해서 레퍼토리로 삼게 되는 영광까지 누린 것이다. 연출은 각각 김기황(金崎晃)과 김영화가 맡아서 학생극다운 참신함을 보여주었다. 배우로 시작해서 희곡 번역에까지 손을 댔다는 것이야말로 그의 연극 탐구열을 엿보게 하는 사건이라 하겠다. 그는 처음으로 하계 순회공연을 하면서 많은 것을 체험했을 뿐만 아니라 장차 연극운동을 펴나가는 데 적잖은 용기를 얻었다.

우선 농촌을 전혀 모르는 그가 농어촌의 실상을 조금이나마 알 수 있었고, 극예술에 갈증을 느끼는 농어민들에게 앞으로 어떻게 해갈시켜 줄 것인가에 대해서 깊이 생각하게 되었다. 특히 우리에게 절실하게 필요하고 시급한 것은 '연극계몽운동'이라고 주장했다. 농어민들이 공연예술에 대해서 무지하지만 관극에 대한 열의만은 도시 사람들 못지않다는 것을 느꼈던 것이다. 그가 뒷날 이동극장운동을 펼친 것은 젊은 날 몇 번의 지방 순회공연에 참여하는 동안 자신도 모르게 이런 생각이 내면 깊숙이에서 조그만 씨앗으로 움텄기 때문이 아닌가 싶다.

그는 이처럼 청탁을 가리지 않고 연극 활동에 참여했기 때문에 누구보다도 연극인으로서 성장 속도가 빨랐다. 그가 학생예술좌 입회 1년, 단역 한 번 뒤에 일약 주역으로 올라설 수 있었던 것도 바로 이 때문이었다. 즉 그는 1938년 6월 쓰키지 소극장에서 막을 올린 학생예술좌 창립 5주년 기념 공연 작품 〈지평선 너머〉(유진 오닐 작)에서 주인공 로버트 메이오 역을 맡았다. 아무리 연극 학도들이 하는 공연이라 하더라도 어디까지나 미숙한 학생극이기 때문에 실수가 따를 수밖에 없었다. 그런데 그는 실수에서 오히려 진정한 연극의 본질을 깨닫곤 했다. 이는 매우 중요한 부분이다. 왜냐하면 그가 얼마나 연극에 빠져 있었는가를 보여주는 동시에 무대 실제에서 연극의 본질을 찾아내려고 애썼던 모습을 보여주는 것이기 때문이다. 사실 그가 첫 주역을 맡은 무대에서 곤욕을 치른 것은 순전히 상대역의 실수에 의한 것이었지만, 그의 임기응변에서 뒷날 뛰어난 연극인이 될 자질이 나타나 흥미롭다. 그때의 실수와 관련하여 그는 다음과 같이 회고했다.

나의 여성(女性) 상대인 루스 에드컨스 역은 진대숙(陳大淑)이었는데 책을 보며 연인을 기다리는 장면에서 도무지 진(陳) 양이 나타나질 않았다. 관객들 눈초리가 한 몸에 쏠린 상태에서 등줄기에 식은땀이 쏟아졌다. 하는 수 없이 갭을 메우기 위해 무대 위를 오가면서 각본에도 없는 독백을 두서없이 뇌까렸는데 이것이 오히려 극중 분위기를 더욱 고조시키는 결과가 됐다. 연기자라면 누구나 한 번쯤 당하게 마련인 사소한 소동이었으나 나에게는 연극이 무엇인가를 깨닫게 해준 산 교훈이었고 위대한 체험이었다.[48]

뛰어난 인물은 대체로 삶 주변의 하찮은 것들에서 우주의 원리를 깨닫곤 하는데 이해랑이야말로 그런 부류에 속한 연극인이었다고 말할 수 있다. 그는 이 실수를 겪고 나서 "진실한 연기자는 우연 속에서 작중 주인공과 일치하며 또 관객도 이를 바라고 있다"고 쓴 바 있다. 이때 그는 겨우 스물두 살이었고 연극 입문 겨우 1년 반 만이었다. 그리고 연출가(주영섭) 역시 학생이었기 때문에 미숙하기는 마찬가지였다. 그러면 당시 그가 겪고 느꼈던 다음과 같은 이야기를 들어보자.

내가 그때 주연을 처음 맡고 보니 1막부터 부담이 아주 많았다. 로버트의 형은 춘향전 변학도를 했던 마완영(馬完英)이 했고 메리라는 상대역은 진양[이름의 끝 자가 숙(淑)]이었다. 진양은 이화(梨花)를 졸업하고 일본에 와서 어느 대학 영문과를 다니고 있었다. 의사로는 음악을 하던 박용구(朴容九)가 출연했다. 주영섭(朱永涉)의 연출은 무난했으나 연기자를 지도하고 연기자의 재능을 빼내기에는 나이가 젊었다. 거의 또래였기 때문이다. 처음으로 큰 배역을 맡은 나는 무거운 짐을 안은 격이었다. 거의 침식을 잊어버리고 배역에 열중했다. 그러나 역시 무슨 경험이 없으니 그 고통이라는 것은 이루 말할 수 없었다. 그런데 그 작품에서 잊혀지지 않는 라스트 막, 그 후 그 작품을 본 일도 없고 해본 적도 없기 때문이다. 기억나는 것은 떨어지는 태양을 향해 내가 언덕을 기어 올라가고 있었다. 말하자면 폐병 환자의 단말마적인 모습이었다. 한데 아무래도 어색했다. 뭔가 마음의 진실이 우러나지 않고 그냥 건성으로 행동을 한 것 같다. 그래서 그것이 지금도 후회스럽다. 연극이란 것이 어느 정도 내가 이런 진실한 감정을 느끼면서 했을 때 안정감을 갖고 관객이 어떻게 보든 평론가가 혹평을 하든 창조의 행복감을 느끼는 것으로 생각한다. 그런데 그게 안 된 것이다. 그 어색한 동작, 어색한 행동…… 뭔가 이게 아닌데 하면서 행동만 하고 대사만 외고 있었다. 그때 당시도 불만이었고 오늘 50년 이후에도 불만으로 남아 있다. 나로서는 연극의, 배우의 진실이 무엇이냐 하는 것을 유진 오닐의 〈지평선 너머〉의 큰 역을 처음 맡음으로써 경험한 것이다. 오늘까지 나 자신이 연극에 붙들려 매여 있으면서 공부하고 연극을 해오고 있어도 역시 아직 멀었다는 부족감을 느끼게 해주는 귀중한 체험이다.[49]

이상의 글에서 알 수 있는 바와 같이 이해랑이 배우, 더 나아가 연극의 진실에 대해서 어렴풋이나마 깨우친 것은 다름 아닌 〈지평선 너머〉에 출연할 때였다. 극작가가 창조해놓은 인물 속으로 들어가지 못하고 건성 연기를 함으로써 자신의 미숙성을 통절히 느낀 것 같다. 그가 2시간 동안 "이게 아닌데 하면서 행동만 하고 대사만 외고 있었다"는 이야기야말로 바로 그러한 건성 연기를 이르는 말인 것이다. 그가 어색한 동작, 어색한 행동만 했다는 것은 곧 역에 몰입하지 못한 데서 오는 어설픔을 말한다. 그런 실패에서 그는 오히려 배우술이 무엇인지 깨달았다고 볼 수 있다.

이해랑의 첫 번째 주연작 〈지평선 너머〉의 두 장면

그는 뒷날 이 작품에서 상대역이 나타나지 않아 순발력으로 넘긴 일을 다시 한 번 회상한 적이 있다. 이 장면을 그는 매우 극적으로 다음과 같이 말했다.

오늘의 초기 작품인 〈지평선 너머〉에서 주인공 로버트 역을 맡아서 출연했을 때 일이다. 상대역을 하는 여배우가 등장할 때가 되었는데 등장하지 않았다. (그 여배우의 실수로) 나는 능금나무 그늘에서 보고 있던 책을 접어들고 일어서서 말없이 그 책에서 얻은 시상에 잠긴 듯 발걸음을 옮겼다. 좌측으로 갔다 우측으로 갔다 하면서…… 그런데 어찌 된 일인가? 갑자기 객석이 물을 뿌린 듯 조용해졌다. 그리고는 관객이 하나같이 몰아쉬는 숨소리가 들려왔다. 마치 폭풍전야를 예상하는 듯한 긴장된 숨소리, 그것은 거대한 생명이 호흡을 하는 숨소리와도 같았다. 그리고 그 눈, 장내를 메운 눈과 눈이 모두 나에게 쏠려 나의 움직임을 쫓고 있는 게 아닌가. 그들은(관객은) 무대에 선 배우보다 한 발 앞서서 극적으로 긴장을 하고 있었다. 배우가 무대에서 창조하여 그들에게 보여주는 것을 보기 전에 일을 쫓고 있었다. 그들의 상상력은 먼저 배우의 연기에 앞서서 연극을 창조하고 있었다. 나는 이렇게 직접 무대에 서서 체험한 경험을 통하여 비로소 관객의 존재 가치와 소중함을 깨달았다. 연극의 세계에서 기대를 걸고 있는 그들의 상상력을 존중하기 시작했다. 그 후로 쭉 리얼리즘 연극을 해오면서도 연극은 어디까지나 연극이어야 한다는 생각을 한 번도 저버린 적이 없다. 연극은 현실에서는 들을 수 없는 연극의 소리를 들려주어야 한다는 생각을 잊은 적이 없다.[50]

이상과 같이 그는 오닐 작품의 출연 과정에서 엄청난 연극의 진실을 몸소 체험했던 것이다. 그 체험이란 것도 꽤 광범위한 것이었는데, 우선 무대 위에서 배우 포즈의 위력과 객석과의 긴장 관계, 그리고 연극만이 지닌 무대 위에서의 음성 등과 같은 것이었다. 그러니까 그가 거기서 깨달은 것은 연극 자체의 내면의 소리가 있어야 한다는 것이었다. 학문도 어떤 경지에 이르면 학자 자신에게서 다이모니온이라는 소리가 울려 나온다고 하는데, 그것은 연극(예술)에서도 다를 바가 없다. 스물두 살의 대학 초년생이 첫 주역 무대에서 연극의 본질을 느꼈다는 것은 그의 천재성을 단적으로 보여준다. 그는 이처럼 연극을 단순히 하나의 인생 도피처로 마지못해 한 것이 아니라 매우 진지하게 파고들었다.

진지하면서도 치열한 연습과 무대 위에서의 연기는 그를 금방 연극의 본질에 다가설 수 있도록 만들었다. 어릴 적 어머니를 잃고 반가의 외동아들로서 소외와 고독으로 방황한 유소년 시절의 체험이 그의 감수성을 더욱 풍부하게 함으로써 단순한 도피처로서의 연극 입문을 넘어 본질에 접근할 수 있도록 만든 요인으로 작용했다는 이야기가 된다. 그는 특히 관객의 상상력을 촉발시킬 수 있어야 진정한 연극이라 생각했다. 그가 이 시기에 유진 오닐과 만나면서 연극의 본질에 다가설 수 있는 계기를 마련한 것이야말로 가장 큰 수확이라 볼 수 있다. 그런데 그가 단순히 유진 오닐에 국한된 것도 아니었다. 연극 무대가 객석의 관객들에게 상상력을 촉발시킬 때 비로소 연극적인 환상이 싹틀 수 있다는 신념을 확고하게 지니게 됨으로써 궁극적으로 안톤 체호프를 만나는 준비를 갖추게 되었다는 점에서 대단히 의미가 깊었다고 볼 만하다.

이 부분에 대해서는 후술하겠거니와 그는 연극 이론에도 나름대로 일가견을 갖추어 가고 있었다. 그리하여 1938년 3월에 그의 생애 첫 번째 글을 발표하기에 이른다. 당시 학생예술좌 단원들이 자비를 들여서 만든 『막(幕)』이라는 기관지에 몇 사람이 거의 의무적으로 짤막한 글을 발표하곤 했었다. 그역시 그런 추세를 쫓아서 제2호에 「희극론(新喜劇)」이라는 일종의 연극론을발표한 것이다. 이 글은 희극의 정의로부터 시작해서 희극의 현황, 그리고 신희극(新喜劇)의 개념과 바람직한 방향 등을 요약해 놓은 소논문이다. 그는희극의 정의와 관련하여 다음과 같이 썼다.

비극(悲劇)의 주인공이 막연히 사회와 환경을 원망하며 자신의 약한 성격을 한탄하고 또한 어리석은 눈물을 흘리며 창백한 얼굴을 떨고 있었을 째 건강한 혈색과풍부한 기지(機智)로 시대를 풍자하고 조소하며 새로운 시대를 소망하는 변증법적남아(男兒)가 곧 희극이다. 비극이 값싼 감상과 눈물을 팔며 사회에 대한 정당한인식을 기만하였을 째 예리한 메스로 모순과 낡아가는 시대의 추면(醜面)을 여지없

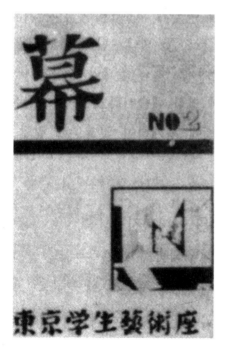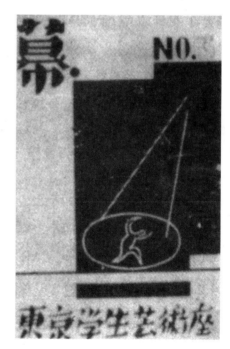

학생예술좌 기관지 『막』

이 지적하며 신랄한 '아이러니'를 보내며 관객에게 건강한(통쾌한) 웃음을 선사한 선구자도 희극이었다. 상복을 입은 비극이 패배의 만가(輓歌)를 부르며 흐느껴 울 때 희극은 우렁찬 목소리로 여명(黎明)의 코러스를 울리었다. 그렇듯 희극은 시대의 모순과 당착을 신랄히 적발하며 그 밑에 잠자고 있는 진실을 끌어내어 추상(醜象)과 대립시키며 이것을 과장하여 가소적(可笑的)인 효과를 자아내는 것이었다.[51]

이상과 같이 그는 몇 가지 측면에서 희극을 정의하면서 "비극이 반동적이며 기만적인 점에서 신파와 같다면 희극은 그 발랄한 정신과 진보적(進步的)인 점에서 미루어 신극과 같다"고 했다. 이처럼 그는 비극보다는 희극을 선호하는 듯한 자세를 취하며 희극을 비극의 상위에 올려놓았다.

그런데 그가 생각한 본래의 희극이 사라지고 타락한 웃음을 팔고 있는 것이 희극의 현실이라고 개탄한 것이다. 즉 그는 논문에서 "이 시대의 희극은 어리석은 관중의 비속한 요구에 아유(阿諛)하며 여기서 안주하고 차마 육안으로 보지 못할 각양각색의 교태(嬌態)와 추태를 부리며 인심을 끌려는 종류의 완전히 타락한 것"이라고 보았다. 그는 더 나아가 일본과 한국의 희극 현황을 대단히 혹독하게 비판했는데, 이는 곧 그가 희극의 본질에 대하여 명확한 인식을 갖추고 있었음을 보여주는 경우라 하겠다. 즉 그는 이와 관련하여 다음과 같이 썼다.

> 백인종(白人種) 가운데서 마르크스 삼형제(三兄弟)가 날뛰고 에노겐(エノケン)과 구쓰비(ロッパ)가 민심을 희롱하며 성광현(成光顯), 현성완류(玄聖完類)의 인간이 자신의 추태를 과장하야 선량한 조선 대중의 사회에 대한 정당한 인식을 방해하고 기만하며 마비시키는 오늘의 희극은 완전히 타락한 그야말로 가소(可笑)로운 것이다.[52]

이처럼 그는 1930년대에 풍미했던 현성완의 형제좌 같은 저질 신파극단이 보여주는 막간극 정도의 너절한 웃음이나 파는 희극은 안 된다고 보았고, 마르크스가 주창한 사회주의 리얼리즘도 곤란하다고 보았다. 그는 일본이나 한국이나 당시 연극 상황을 대단히 비판적으로 보고 있었다. 그러면서 "본래 희극이 가졌던 희극의 최대 강점인 사회에 대한 예리(銳利)한 메스도, 신랄한 아이러니도, 모순(矛盾)을 풍자한 내용이 가져오는 건강한(통쾌한) 웃음도 완전히 매장당하고 배우의 각양각태의 교태(嬌態)와 추태를 보고 마지못해 웃어야 할 떫은 웃음만이 비위(脾胃)를 상(傷)케 하며 비위생적인, 자연발생적이 아닌 불건강한 해충(害蟲)만이 남아 있다"고 비판했다. 그러니까 "웃어보려는 본능적인 인간의 요구를 이용하야 사회에 대한 기만적 인식과 자신의 추태를 파는 그들의 교활한 상재(商才)가 낳은 구토할 웃음이 이 시대의 희극"이라는 것이다. 이런 흐름에 반기를 들고 일본에서 신희극이 등장했다는 주장이다. 그렇다면 그가 생각하고 있던 신희극은 어떤 것일까? 이에 대하여 그는 다음과 같이 썼다.

재래의 이 시대의 희극과 같이 민심을 마비시키는 기만적(欺瞞的) 웃음이 아니요, 자연발생적(自然發生的)인 명랑한 웃음을 웃게 하며 때로는 이 시대의 모순을 적발하고 과장하여 현실의 참다운 면모를 보고 건강한 웃음을 웃게 한다. 생활에 시달렸던 소시민은 무대를 보고 명랑한 웃음을 웃으며 등장인물 가운데에서 자기를 발견하고 자신의 생활을 부감(俯瞰)하며 반성해 본다. 여기에는 기만과 마비 대신 소시민의 오뇌(懊惱)와 반동과 희망이 약동하고 있다. 적나라한 소시민의 생활이 가소적(可笑的)으로 전개된다. 신희극은 오늘의 소시민의 예술이다. 여기에는 또한 정사(政事)와 시사(時事)와 계절이 민속(敏速)히 반영된다. 그러나 이 정사와 시사와 계절 등은 모두 소시민의 생활을 위협하는 것이었다.[53]

이상에서 볼 수 있는 바와 같이 신희극이란 당시대의 모순을 파헤침으로써 빚어지는 여러 가지 인간 군상을 적나라하게 노출시키고 거기서 드러나는 악인과 위선자들이 자각하도록 하는 것이라 했다. 그리고 웃음이란 것도 억지웃음이 아니라 악인과 위선자 등이 폭로 당할 때 그들이 벌이는 비정상적 행태를 보고 속으로부터 솟아나는 실소라 했다. 이러한 그의 신희극에 대한 주장은 곧 희극의 본질을 의미하는 것이다.

그는 대중에 영합하는 값싼 웃음을 제일 경멸했다. 특히 그가 1930년대 희극계를 주도했던 현성완과 성광현 두 사람을 지목한 것을 보면 국내 연극계의 상황에도 비교적 밝았던 것 같다. 그는 신희극을 설명하는 가운데 당시 일본 연극계의 중진이었던 무라야마 도모요시(村山知義)의 다음과 같은 글을 인용하기도 했다. 즉 무라야마는 신희극에 대하여 "대중은 괴롭고 어두운 생활의 위안으로서 오락을 사러 모인다. 그들에게서는 실생활에 결여되어 있는 것이 요구된다. 그러한 요구 가운데서 비속적(卑俗的)이 아닌 예술적 요소를 선출해서 그것을 형상화하야 제공하는 것이 작가들의 과제였다. 자포자기가 아닌 단념, 야비한 홍소(哄笑)가 아닌 미소, 희망이 없는 추악한 인세(人世)에 대한 유일한 신뢰할 동아줄로서 인간의 본질적인 성량(善良)에의 신앙, 신파에 떨어지지 않는 인정의 세계에의 동경, 고상하고 흉허물 없는 난센스, 불만의 해방으로서의 가벼운 풍자(諷刺), 그러한 요소가 대중의 현실의 생활환경 안에서 흡취(汲取)되었다"고 말했다.

비록 무라야마 도모요시의 글을 일부 인용하긴 했지만 이해랑은 희극의 본질에 대해서 꿰뚫고 있었다. 그가 이 글에서 "나는 신희극에서와 같이 일본의 국민성이 적나라하게 표현되어 있는 것을 보지 못하였다"고 한 것에 주목할 필요가 있다. 이것은 당시 일본에서 유행한 개그형 코미디 히지가다(土方)를 염두에 두고 쓴 글이 아닌가 싶다. 통렬한 풍자로 사회와 인간의 치부를 드러낸 히지가다야말로 희극 정신에 맞다고 본 듯싶다. 그는 이어서 이렇게 썼다.

모순과 당착에 싸인 잡다한 현실의 추면(醜面)이 소시민의 신경질적인 생활을
통하여 무대에 표현되며 풍자와 아이러니로 모순과 대립을 가볍게 공격하는 신희극

은 미온적이나마 이 시대의 정당한 조류를 거닐려는 양심적인〔물론 철면피적(鐵面皮的)인 희극은 아닌〕 희극이라 할 수 있을 것이다. 그러나 결국 신희극은 신극이 아니다. 신파(新派)를 양심적으로 발전시킨 것에 지나지 않는다. 그러기 때문에 일본내지의 중간극(中間劇)이란 것을 모방하야 의연히 반동적인 신파의 틀을 벗어나지 못하고 허덕대는 제군에게 이 신희극을 권유하고 싶다. 신파의 마비(痲痺)에서 각성하야 의연히 지성을 잃은 채 미로(迷路)에서 방황하는 그들에게 신희극은 완전한 나침반(羅針盤)의 역할을 할 것이다.[54]

이상에서 대강 살펴본 대로 그의 연극 이론에 대한 기초는 대단히 탄탄했다. 앞에 인용한 「신희극」이란 글에서 본 것처럼 그는 희극의 일반적 원리를 정확히 파악하고 있었고 그러한 잣대로 당시 일본과 한국의 연극 행태를 예리하게 분석해냈다. 그는 희극이 인간 사회의 모순과 당착, 부조리를 파헤쳐서 관중의 불만과 답답증을 풀어주고 그것을 넘어 더 나은 사회로 진입하는 일에 기여해야 한다는 주장을 폈다. 이런 결론은 대단히 정확한 연극 지식이 없다면 내기 어렵다.

그런데 더욱 흥미로운 사실은 고전적인 희극이 곧 신극은 아니라고 말한 점이다. 희극은 궁극적으로 인간 사회를 악덕과 위선의 지배로부터 벗어나게 하여 하나의 유토피아를 만들어내는 것이므로 항상 악덕과 비행, 그리고 비리를 폭로, 비판, 풍자의 비수를 휘두르는 기법을 쓰게 마련이다. 그런데 당시 일본과 한국 근대극은 그렇지 못했다면서 그 문제점을 지적하는 가운데 신희극을 신극이라 보지 않은 것이다. 그가 '신극'이라 한 것은 19세기 후반 서구에서 시작된 리얼리즘극을 가리키는 연극 용어이다. 그는 이미 대학 초년생 때부터 리얼리즘극에 대한 확고한 신념을 갖고 있었으며 신파극에 대한 혐오감을 조금씩 내비치기도 했었다. 그가 한때 풍미했던 현성완류나 성광현류의 값싼 웃음을 경멸하고 매도했던 것도 실은 신파극에 대한 혐오감이 바탕에 깔려 있는 것이었다. 그가 고전적인 희극을 찬미하면서도 그것을 소위 '신극'

에 포함시키지 않으려 했던 것도 실은 그런 연극이 진지한 리얼리즘극에 미치지는 못한다고 생각했기 때문이다.

그가 대단히 무서운 신인의 모습을 보여주었던 것은 연극에 대한 기본적인 지식과 함께 뛰어난 현상 통찰력 때문이었다. 전술한 바 있듯이 첫 번 주역 무대에서 연극의 내면적 진실에 다가갔던 그는 연극의 현상 파악에도 예리한 통찰력을 보여주기 시작했다. 그는 일본 연극계와 한국 연극계를 마치 유리 속을 들여다보듯 보고 있었다. 이 부분은 대단히 의문스럽기까지 하다. 왜냐 하면 한국에 있을 때는 연극판에 다닌 적도 별로 없었음에도 어떻게 막간류 (幕間類)의 현성완 일행의 형제좌의 저질 연극을 간파하고 있었느냐 하는 점 때문이다. 그뿐만이 아니다. 1937년 초여름 동양극장 전속에서 이탈한 박제형, 서월영, 복혜숙 등 중견 배우들과 송영, 박영호 등 사회주의 작가들이 일본 중간극을 본떠서 중앙무대라는 극단을 만들고 소위 중간극을 표방한 바 있는 데, 이해랑은 그것을 즉각 신파극의 아류라고 비판하고 나섰다. 즉 그는 그런 신파극의 아류를 하는 것보다는 고전적인 의미의 희극을 하는 것이 낫다고 했다.

그가 「신희극」이란 글을 쓴 것은 대학생으로서의 자기만족을 위한 습작이 아니라 본국의 기성 연극계를 향한 질타였다는 점에서 그의 조숙성이 보이기 도 한다. 그런데 여기서 또 하나 주목되는 점은 그의 뛰어난 시대감각이라 하겠다. 이 점은 그가 당시 한국 연극 상황에서는 허튼 웃음이나 파는 소극 (笑劇) 형태의 저급한 희극보다는 정통적인 희극이 필요하다고 지적한 점에 서 그렇다.

사실 그가 이 글을 발표한 1938년도 한국 문단에서는 소위 풍자문학론이 한창 활기를 띠던 시기였다. 저명한 문학평론가 최재서(崔載瑞)가 유명한 「풍자문학론」이라는 논문을 발표한 것이 그 즈음이었다. 당시 우리나라 작가 들은 일제의 감시와 탄압으로 창작의 자유가 상당히 제한되어 있었다. 따라서 최재서를 비롯한 문학평론가들은 한계 상황의 돌파구로서 우회적인 풍자문학

방식을 하나의 창작방식으로 제시한 바 있었다. 이와 같은 문단의 활발한 논의는 채만식(蔡萬植)이라는 출중한 소설가를 탄생시키기도 했다. 그런데 풍자문학 기법이라는 것도 연극에서 보면 희극의 한 표현기법에 불과하다고 말할 수 있다. 이런 측면에서 보았을 때 이해랑은 지적 수준이나 현실 인식이 당대 지식인들에 조금도 뒤지지 않았던 것이다.

예를 들어 문단에서 풍자문학 방법론으로 식민통치의 창작 억압을 벗어나자고 할 때 이해랑은 희극 방법론을 제시한 점에서 탁월했다는 생각이다. 그는 당시 대중이나 연극인들이 신파극이 안겨다 준 최루성 센티멘털리즘에 중독되었다고 보았기 때문에 각성을 촉구했고, 정통 희극을 통해서 그런 의식의 마비로부터 일탈할 수 있다고 보았다. 그는 희극 방법론이야말로 당시 한국 연극의 나침반이 될 수 있다고까지 주장했다.

당시 만약에 우리가 그의 주장대로 서양적인 정통 희극을 수용했다면 연극은 상당한 진척을 했을지도 모른다. 사실 이해랑이 희극론을 개진할 때까지만 해도 우리 연극계는 이렇다 할 희극이 없었다. 최초의 희곡이라는 1910년대 초의 조일재의 〈병자 삼인〉은 소극풍의 희극이고, 3·1 운동 직후 김정진(金井鎭)의 〈15분간〉(2막) 정도가 고작이었다. 한 시대 사회를 통렬하게 풍자한 희극은 나오지 않았었다. 따라서 그의 신희극론은 당시 우리 연극인들 중 누구도 생각해내지 못한 대단히 선진적인 주창이었다. 이런 주장을 이해랑이 20대 초반, 즉 니혼대 연극과 학생 시절에 펼쳤다는 점에서 놀라운 일이라 아니할 수 없다. 학창 시절 그가 연극 이론에 대해서 얼마나 기초를 탄탄히 다졌는가는 「신희극」이란 짤막한 글을 쓸 즈음에 연달아 발표한 두 편의 글에도 잘 나타나 있다. 즉 그가 1938년 여름 『조선일보』에 발표한 「연기자와 두뇌(頭腦)」란 공연평과 1939년 6월에 『막』에 발표한 「연극의 본질(本質)」이라는 글이 바로 그것이다.

III. 연극 입문의 시련과 황홀함의 교차

1. 연극 수련의 험로

전술한 바 있듯이 이해랑은 손꼽히는 사대부 집안의 외동아들로 태어나서 일찍 모친과 사별한 후 정처 없이 방황한 기간이 대단히 길었다. 그러니까 유년 시절부터 청소년 시절까지 고독과 방황으로 보냈다고 해도 과언이 아니다. 그렇던 그가 마음을 다잡기 시작한 것은 일본에서 대학 생활을 하면서부터였다. 그런데 대단히 흥미로운 것은 그가 대학 생활을 하는 동안 지난 시절의 건달기를 완전히 털어내고 무서울 정도로 연극 공부에 집중하는 것으로 자신을 세탁해갔다는 사실이다. 명문가의 종손이 ― 비록 아마추어이긴 했지만 ― 학생예술좌의 〈춘향전〉에서 단역 중의 단역이라 할 농부 역으로 무대에 섰다는 것부터 흥미를 넘어 놀라운 일이었고, 그로서는 혁명적 탈바꿈이었다고 말할 수 있다.

그는 한 회고의 글에서 "이때부터 연극에 미친 나는 온몸을 불사르기라도 할 듯 몰두했고 여기다 다소의 잠재적 소질이 뒷받침해줘 이듬해 제3회 공연인 〈지평선 너머〉에서 단연 주연급인 로버트 메이오 역(役)으로 비약했다"고 술회한 바 있다. 여기서 주목되는 것은 어떻게 그가 단번에 연극에 미칠 수 있었느냐 하는 점과 스스로 잠재적 소질이 있었다고 한 점이다. 그가 연극에 끌려들어간 배경은 앞 장에서 설명하였듯이 중등학교 시절까지 불량했던 학업 성적과 행동거지 때문이었다. 기초 실력을 쌓을 기회를 놓쳐 무시험 수준의 니혼 대학, 또 만만한 예술과를 선택하게 되었다. 따라서 그가 단역 무대에 선 것도 그 자신의 갈망에 따른 것이었다기보다는 마지못해 끌려들어간 것이라 볼 수 있다. 그런데 뜻밖에 첫 무대에서 그는 배우술과 연극에 스스로 놀랄 정도로 매력을 느꼈다. 이러한 예기치 못한 사건(?)에 대하여 그는 자신을 가릴 수 있는 변신에 매력을 느꼈다고 하였지만 궁극적으로는 자신도 의식 못한 어떤 거대한 운명적 견인에 따른 것이었다고 보인다.

그리고 그가 스스로 '잠재적 소질'을 이야기했는데, 이 부분도 신기하다. 왜냐하면 이씨 왕조의 후예로서 그의 조상은 대단히 근엄하게 살았다. 초두에서 그의 가계를 훑어볼 때 연극 광대와 연결되는 부분은 그 어디에도 없었다. 따라서 그의 내면에 어떻게 그런 무대 배우의 소질이 깃들어 있었는지 알 수가 없다. 이것은 분명 설명하기 어려운 부분이라 아니할 수 없다. 물론 그의 선대 중에 이세보라는 고관대작 출신의 시조 시인이 있었다. 그러나 그것은 어디까지나 과거시험을 위해서 닦은 한학에 근거한 문학을 호사 취미와 부업으로 한 것에 지나지 않는 것이었다.

어떻든 그는 연극에 입문하자마자 무서울 정도로 변해 갔다. 지난 시절의 건달기는 완전히 사라졌고 진지하면서도 열정적인 연극 학도가 되어 갔다. 그것도 이론과 실제를 겸비한 연극인으로 자리 잡아간 것이다. 유진 오닐의 〈지평선 너머〉 주역에서 그는 이미 연기와 연극의 본질에 다가서기 시작했고, 「신희극」이란 글에서는 그의 탄탄한 연극 이론의 기초를 보여주기도 했다. 그는 계속 무대에 서면서도 이론 닦기에 열성적이었다. 그 스스로 밝혔듯이 부실한 대학에서 배운 것은 별로 없었고 순전히 다독을 통해서 연극 지식을 쌓았던 것이다. 「신희극」이란 글을 쓴 다음 그는 메이저 신문(『조선일보』)에 「연기자와 두뇌」라는 글을 게재함으로써 기성문단에 정식 데뷔하게 된다. 소위 중간극이라는 기치를 내걸고 등장한 극단 중앙무대의 공연평으로 쓴 이 글은 그의 젊은 시절 연극관을 단적으로 보여준다는 점에서 흥미롭다. 그는 이 글의 초두에 "배우예술에 대행하야 초인형론(超人形論)을 주장하던 고든 크레이그의 희망이 단지 연극에 대한 인식 부족이었던 것은 그 후 그의 이론이 진정한 배우예술 앞에 여지없이 와해된 사실을 보아 우리는 알 수가 있다. 무대에 정말 거지 노파를 등장시켰던 스타니슬랍스키〔자연주의(自然主義)〕나 배우를 벽화(壁畵)와 같이 취급하였던 메이에르홀드〔양식주의(樣式舞臺)〕는 모두 배우예술의 진정한 가치를 무시하고 딜레탄티즘을 옹호한 오류(誤謬)를 범하였다"[1]고 비판함으로써 그의 정통 리얼리즘 연극관을 내비치기 시작했다. 그러니까 그가 근대 배우술을 정립한 스타니슬랍스키에 의하여 본격 정립된 리얼리즘극을 부정하고 새로운 극술을 제창한 고든 크레이그, 메이에르홀드 등을 단순한 딜레탄트들로 몰아붙인 것이다. 그는 이어서 다음과 같이 썼다.

그러나 우리는 배우예술을 무시하고 혹은 경시하고 연극을 생각할 수가 없다. (……) 그러나 연극은 배우예술에 의하여 발전하여 오는 것을 우리는 연극사의 시사로 알 수 있다. 희곡이 없이 연극이 존재하였던 긴 시기와 연출가와 무대장치 없이 연극을 하였던 오랜 시기는 있었으나 한 번도 배우(俳優)의 연기 없이 연극이 존립한 적은 없었다. 어느 시대에나 연극의 중심은 배우예술(俳優藝術)이었다. 여기서 우리는 영화를 몽타주에 의한 예술이라고 하면 연극은 배우의 예술이다─즉 연극의 본질(本質)은 매우 예술에 횡재하여 있다고 말할 수 있다.[2]

이상의 글에서 알 수 있는 것처럼 그는 연극은 어디까지나 배우의 예술이라는 것을 누누이 강조하였다. 이어서 배우예술의 본질에 대하여는 "배우의 육체〔이것은 또한 배우의 창조적인 재과(材料)다〕를 그의 창조적 의지에 복종시키어 필요한 형상을 파악하야 마음대로 표현할 수 있는 연기이다. 이 배우의 연기는 또한 그의 재료를 창조적 의지에 의하여 자유자재로 구사하며 어느 때나 필요한 정서를 조성할 수 있는 내적 연기에 의하여 결정된다"고 보았다. 대단히 정곡을 찌르는 연기관이라 하겠다. 그러면서 그는 연기의 본질에 대해서는 다음과 같이 구체적으로 설명했다.

> 환언하면 희곡의 해설자적인 설명적 연기[단순한 대사(臺詞)+동작(動作)]와 희곡을 토대로 형상의 내면성에 육박하야 인간적인 복잡한 감정을 분석하고 표현하려는 내면적 연기의 확연한 구별을 들 수가 있다. 설명적 연기는 요새 흔히 신파(新派) 배우들에게서 볼 수 있는 것으로 대사에 동작을 첨가하는 초보적인 예술 이전의 연기이다. 왜냐하면 배우예술은 결코 희곡의 해설자[변사(辯士)]가 아니기 때문이다. 설명적 연기의 상습적인 신파 배우들은 예술적인 무대적 정서를 센티멘털리즘으로 지극히 용이하게 처리해 버린다.3

이상과 같이 그는 연기에는 두 가지 유형, 즉 피상적인 연기라 할 설명적 연기와 내면적 연기가 있다면서 내면적 연기야말로 가장 극예술적이란 것을 강조하고 있다. "배우예술의 재료는 그의 생활이라"는 코크란의 말을 인용하면서 "사생활이 신통치 않은, 교양이 없는 배우에게 인격자의 복잡한 감정이 표현될 리가 없는 것은 당연하다"고도 했다. 적어도 명배우가 되려면 정서적 두께가 두터워야 되고 평소 풍부한 소양을 갖추어야 한다고 주장한 것이다. 이것도 대단히 교과서적인 이야기였다고 보인다. 그는 배우의 조건으로 명석한 두뇌를 특히 강조했다. 배우는 연출가 이상으로 치밀한 두뇌와 이해력을 갖추고 있어야 한다는 것이다. 그래야만 자기 역할을 연극의 전체성 밑에서 형상화할 수 있다고 보았다.

그러면서 그는 배우의 창조적 정서를 강조했다. 이와 관련하여 "배우가 없는 연극을 상상할 수 없는 것과 같이 우리는 이 창조적 정서가 결여된 연기를 생각할 수 없다"고 했다. 그렇다면 창조적 정서는 어디서 나오는 것인가. 이에 대해서 그는 "현실 생활에서 섭취하는 것이 아니요, 공상(空想)에서 배우의 예술적 판타지에서 창조해 내는 것"이라 했다. 여기에 필요한 것은 다름 아닌 배우의 풍부한 예술가적 환상이라는 것이다.

이러한 연기론에다가 그는 배우의 진지한 연습을 추가했다. 가장 형편없는 배우는 희곡의 대사조차 제대로 암송하지 못하고 프롬프터에 의존하는 배우라고 했다. 배우가 무대 위에서 프롬프터에 정신을 팔면 어떻게 연기에 몰입할 수 있느냐는 것이다. 그가 이런 시각으로 중앙무대의 공연을 보았기 때문에 좋은 평가가 나올 리 만무했다.

요번 중앙무대(中央舞臺) 공연의 실패의 원인도 사실은 여기 있었다고 해도 과언은 아니다. 그들은 연습할 때 하는 동작을 기계적으로 무대에 올리는 데 불과하였다. 대사를 외우지 못한 그들은 프롬프터의 소리를 받아서야 다이얼로그를 하며 대사에 맞추어 기계적으로 동작을 하였다. 여기에 창조적 ○○가 있을 리 만무하다. 단순하고 유치한 감정을 가진 인물들이 무대 위를 드나들며 쓸데없는 '사이'가 떠서 관객을 지루하게 할 뿐이다. 관객이 하품할 것을 안 연기자는 여기저기 무리를 하야 쓸데없는 열을 높이며 무내용적(無內容的)인 과장적 연기를 한다. 그 결과는 신파의 연기가 되고 무대에도 정서가 건조(乾燥)되고 리얼한 감정이 말라붙은 대신 허구적인 부르짖음만이 남아서 연극 전체를 산만하게 하였다. (……) 배우 자신이 격분하고 흥분하는 것은 벌써 연기가 아니다. 이것은 배우 자신의 도취(陶醉)이다. 배우는 표현만 하면 그만이다. 배우 자신이 격분하고 흥분할 까닭은 없다. 배우 자신이 격분하고 흥분하는 것은 먼저 말한 배우의 이원성(二元性)과 이중성을 완전히 극복하지 못한 때문이며 이론적인 두뇌가 결여된 때문이다.

배우는 항상 무대 위에서 현재 자기가 무엇을 표현하고 있다는 것을 알아야 한다. 무대 위에서 배우가 부상(負傷)을 한다든가 격동하야 무대장치를 쏘며 건들여 뜨린다든가 하는 것은 결코 배우의 영예는 될 수 없다기보다는 연기라고 할 수가 없다. 그리고 우리는 또 정서적(情緖的) 면이 결여된 배우의 연기에서 절대로 예술적 감흥(感興)을 얻을 수는 없다. 시(詩)를 신파의 대화라고 생각하며 과장하는 연기자의 두뇌는 의심스럽다. 무대 위에서 일상적인 설명적 행동을 하는 것도 물론 금물(禁物)이려니와 현실에 있어서 격한 감정과 요태(妖態)를 무대 위에서 대담하게 표시하는 배우는 연극을 보고 관객이 그의 사생활을 상상하리라는 것을 잊어서는 안 된다. 왜 그러냐 하면 무대적 형상을 표현할 능력이 부족하야 그의 단순한 인간적 속성이 전면에 드러난 것을 관객은 알기 때문이다.

연기에는 절대로 우연(偶然)이 있어서는 안 된다. 정서와 감정이 필연(必然)으로 연결되지 않고 비약하는 것은 아주 확실한 무대적 형상을 파악하지 못한 때문이요 표현력이 박약한 때문이다. 이 비약적 연기는 배우의 무지로 인하야 쓸데없는 곳을 과장하고 중요한 곳에서 억양(抑揚)을 떨어트리고 하는 악질적 트리비얼리즘에 빠지고 만다. 이렇게 되면 급기야 관객은 내용도 모르고 연극을 보게 되며 관객석과 무대는 전혀 별세계가 된다. 무대와의 정서적 교류가 없이 연극이 재미가 있을 리 없다. (……) 대체로 조선의 배우들은 배우로서 좋은 육체적 조건을 가졌으나 또 배우로서 갖지 않으면 안 될 예술가적 두뇌(頭腦)가 결여되었다. 애석한 노릇이다. 너무 추상적(抽象的)인 말만을 늘어놓았다. 누구누구 개인을 지명하야 평하느니보다는 오히려 추상적인 말로서 요번 공연을 통한 중앙무대 배우 제씨의 연기평을 하는 것이 효과적으로 생각되었던 까닭이다. 그리고 이것은 또한 일반극계에 보내는 나의 마음의 기록이다. 앞으로 배우 제씨의 노력이 배우로서 부끄럽지 않은 인격(人格)과 두뇌를 창성(創成)하였으면 다행이겠다.[4]

이상에서 대강 살펴본 것처럼 「연기자와 두뇌」라는 글은 극단 중앙무대가 6월 말에 단성사에서 공연한 〈아버지와 딸〉(이성궁 작)과 〈황금광상곡〉(김승구 작)에 대한 평을 겸해서 이해랑 자신의 연기론을 펼친 것이다. 앞에서도 이야기한 것처럼 그의 연기론은 철저하게 리얼리즘극에 입각한 것이기 때문에 모든 것은 내면 연기라야 하고 그러려면 배우가 두 가지를 반드시 갖추어야 한다고 했다. 그 첫째가 '창조적 두뇌'이고, 둘째가 '풍부한 정서를 바탕으로 한 인격'이라고 했다. 그는 극히 피상적이면서 설명적일 수밖에 없는 과장 연기를 가장 싫어했고 트리비얼리즘, 즉 쇄말주의(瑣末主義) 연기 자세를 배격했다. 그는 특히 연극적 환상을 최고로 생각했는데, 이것은 어디까지나 배우가 창조해내는 연극미의 극치로서 배우의 창조적 두뇌가 뒷받침되어야 가능하다고 보았다. 그는 이미 대학생 때 철두철미한 리얼리스트가 되어 있었고, 그러한 기조 위에서 연극을 보고 또 연기를 했으며 글도 썼다. 따라서 그는 신파극을 가장 천박한 연극으로 보게 된 것이다.

사실 연극 입문 3년여 만에 거의 전문가 수준에 도달했다는 것은 그에게 천재성이 없고서는 불가능한 일이었다. 그는 20대 초에 연기 이론만 정립한 것이 아니라 어느 정도 연극관도 확립했다. 어떤 경우는 수십 년 동안 연극을 해도 자신만의 연극관을 정립한다는 것이 쉽지 않은 판에 그는 이미 20대 초반의 젊은 나이에 나름대로의 자기 연극관을 지녔던 것이다. 「연기자와 두뇌」라는 평도 실제로는 그의 배우술 내지 연극관의 일단을 피력한 글이라고 말할 수 있다.

이상과 같은 두 편의 글을 통해서 실력을 인정받고 또 자신감과 재미까지 얻은 그는 또다시 『막』 제3호에 「연극의 본질」이란 글을 게재했다. 이 글은 희곡의 정의, 연극의 발생, 희곡과 배우의 관계, 그리고 배우예술을 핵으로 한 연극의 기본에 관해 쓴 평범한 글이다. 결론부터 말한다면 그가 이 글에서도 배우지상주의를 내건 것이 특징이다. 연극은 제의(提議)로부터 출발했지만 궁극적으로는 배우예술로 발전되었다는 일반론이다.

그는 이 글의 서두에서 "극예술은 결코 문학의 일부분이 아니다. 단순한 서물(書物)드라마니 레제드라마니 하는 것은 시적(詩的) 가치에 있어서는 그것이 여하히 높게 평가될지 모르나 그러나 정당한 극예술과는 인연이 먼 것들이다. 극장을 떠나서 극예술은 존재할 수가 없다. (……) 순수한 시인은 방 안에 칩거하야 예언적 랩소디를 쓰는 것도 무방할지 모르나 그러나 극작가는 무엇보다도 먼저 무대와 관객을 염두에 두고 창작을 하지 않으면 안 된다"[5]고 씀으로써 희곡과 연극의 차이를 알려주고 정의를 내리고 있다. 그런데 위의 글에서도 확인할 수 있는 것처럼 그는 특히 희곡의 본질에 대해서 정확히 파악하고 있었다. 그가 단순한 서물드라마와 레제드라마를 과소평가한 것은 기록물로서의 희곡이 무대 위에서 비로소 완성된다고 보았기 때문이다. 그리고 극장을 떠나서 연극은 생각할 수 없다고 한 것은 그가 철저한 리얼리스트임을 또다시 보여주는 대목이기도 하다.

그러나 연극 기원과 관련해서는 조금 빗나가기도 했다. 가령 이 글에서 그가 "연극의 본원적 형상은 한 개의 군중적(群衆的) 현상이었다. 다시 말하면 연극은 문학에서 생긴 것도 아니요, 극작가가 만들어낸 것도 아니다. 연극은 군중의 종교의식에서 발생하야 예술적 감동에까지 발전되어온 것"이라고 한 부분에서 정확한 연극 기원의 파악과 함께 총체적인 인식까지 은연중 비추었다고 볼 만하다. 그러나 곧바로 그는 다시 배우지상주의를 설명했다. 연극의 본질을 희곡 문학에 두고 있던 일본 연극이론가 키시다 쿠니오(岸田國士, 1890~1954)에 반대론을 편 것이다. 키시다는 일찍이 "문학으로서의 희곡의 언어가 곧 소리가 되며 또 동작이 되고 연극이 말이 된다―말하는 언어의 매력에 연극의 제1의적 미(美)가 있다"고 주장한 바 있었다. 이에 대해서 이해랑은 "첫째 연극의 본질을 희곡에서 구하려고 하는데 씨(氏)의 큰 실책이 있고, 둘째로 연극이기보다 예술이기를 바라는 씨의 말은 그 반면에 레제드라마를 주장하는 위험이 숨어 있다"고 비판하면서 다음과 같이 썼다.

극작가가 있어서 배우(俳優)가 생긴 것이 아니고 배우의 발전적 의지가 활동적인 궤도에 올랐을 때 대본 즉 극문학이 생긴 것이다. 희곡은 연기술(演技術)의 필요에서 생긴 것이지 연기술이 완성된 희곡에 첨가된 것이 아니었다. 극문학은 전연 연기술에 한 기초를 부여하려는 목적에서 발생하였다. 극작가는 오랜 동안 배우였었다. 아이스큐로스, 소포클레스, 셰익스피어, 모리엘 모두 배우였다. 여기에 연극의 본질을 대뜸 희곡에서 구하려는 키시다 쿠니오(岸田國士) 씨의 이론을 수긍하지

못할 큰 상위점이 있다.[6]

이처럼 그는 연극의 핵심 자리에 극작가나 연극의 다른 요소가 아닌 '배우'가 자리하고 있다는 것을 강조하고 있다. 희곡의 바탕을 이루는 언어에 대해서도 그는 문학의 수사가 아닌 배우의 동작에서 나온다는 것을 강조했다. 이와 관련해서 그는 "연극에 있어서 말의 가치를 결코 경시할 수는 없다. 언어의 공상도 물론 무대에는 필요하다. 그러나 행동을 무시한 서정적인 말, 쓸데없는 지적 담화(知的 談話) 즉 연극을 맥없는 따분한 공기로 끌고 가는 말을 배격한다. 행동을 무시한 말은 연극의 다이얼로그가 될 수 없기 때문이다. 행동은 말보다도 정직하게 인간을 폭로하는 것이며 언어는 사람의 최초의 통신양식인 동작에서 발생하였다. 생활은 동작이요, 인간은 생활한다. 사람이 없는데 연극이 있을 리 없고, 생활이 없는데 연극이 있을 리 만무하다. 또한 동작이 무시된 데 연극이 있을 리 없다. 연극은 생활의 동작적 표현이다. 배우는 완전히 엑스터시에 빠진 비이지적인 어릿광대가 아니요, 무대에서 생활하는 공간적인 생활체(生活體)다"라고 설명했다. 이상과 같이 그는 모든 연극의 요소 가운데 배우가 제일 위에 놓이는 것이라는 각도에서 강한 논리를 전개하였다. 대체로 연극이론가들은 연극에서 문학성도 소홀히 하지 않지만 이해랑은 그것을 과소평가한 것이 특징이다. 그는 또 이렇게 논리를 전개하였다.

연극은 원시인의 종교적 엑스터시에서 발생하야 관객이 배우를 낳았고 배우가 극작가를 낳았다. 이 관객, 배우, 극작가는 현대 연극에 있어서도 없어서는 안 될 연극의 중대한 본질적 요소이다. 무대장치나 연출이나[연출자는 배우(俳優)의 본능을 가진 통일자(統一者)다. 그는 고급 배우(高級 俳優)다] 음악 같은 것은 없어도 연극이 존재할 수 있는 부차적인 종속적(從屬的) 요소이다. 연극은 극장예술의 본질적 요소인 창작분자(創作分子: 관객, 배우, 극작가)의 통일체요 그 상호관계다.

극작가의 정신을 받은 배우의 감각적인 표현과 거기 따르는 관객의 감동, 흥분이 삼위일체(三位一體)가 즉 연극의 본질이다[희곡(戱曲)이 연극의 본질이 아니다]. 이 중에서도 배우가 기본적인 결정적 역할을 한다. 배우는 직접 관객에게 산 인간(人間)을 제시하며 관객과 직접 연락을 취한다. 이 배우의 직접적인 표현의 강한 감염력(感染力)은 관객을 감동과 긴장의 세계로 이끈다. 여기 연극의 힘이 있고 특징이 있다. 이 배우의 직접적 표현이 연극을 효과적으로 하며 강력적인 것을 만든다. 연극이 영상적인 영화와 구별되는 제1 첫째 원인도 여기 있다. 연극은 허다한 예술 가운데 가장 구상적(具象的)인 예술이다. 산 구상적인 인간이 추상적인 관념과 구상적인 정서(情緖)를 표현하는 것이 연극이기 때문이다. 배우는 연극의 기본적 재료(材料)다. 배우는 연극예술의 창조적 주체(主體)요 무대 형상의 창조자다. 배우가 없어지면 연극도 없어진다. 다시 말하면 연극의 본질은 전기(前記) 세 가지 기본적인 요소의 상호 관계에 있다. 이것을 말한 것이 삼위일체요. 삼위일체가 연극의 본질이다.[7]

이상의 글에서 알 수 있는 바와 같이 이해랑은 연극의 4대 요소 중에서 단연 배우를 상위에 올려놓았으며 일찍이 아돌프 아피아나 고든 크레이그 같은 사람의 연극관을 거부하였다. 이 점에서 그는 정통주의자이며 언제나 리얼리즘 연극의 틀에서 한 발짝도 벗어나지 않았던 것을 알 수 있다. 이로 말미암아 그는 때로 자기모순에 빠지기도 했다. 가령 그가 글에서 "극작가, 배우, 관객을 결부시키는 삼위일체에 공통되는 연극의 독특한 매력이 갈등"이라고 한 것은 기왕에 그가 전개해온 배우 중심의 연극론에 어느 정도 배치되는 것이 아닌가 싶다. 왜냐하면 갈등의 근원을 제공하는 것은 배우나 관객이 아닌 희곡이기 때문이다.

이 지점에서 볼 수 있는 것처럼 그는 연극의 잡다한 지식을 20대 청년답게 때때로 소화불량 상태에서 쏟아내는 경우도 있었다. 그러나 그는 당대의 그 어느 누구보다도 연극 이론에 밝았다. 더구나 그의 동료들 사이에서도 거의 군계일학의 야심가로서 전면적 활동을 벌여나갔다.

그는 이 글에서 연극에서의 갈등이야말로 가장 핵심적 요소라는 보편적인 말로 끝을 맺었다. 그런데 그 갈등도 외적 갈등이 아닌 내적 갈등의 중요성을 강조하면서 그것이야말로 근대극의 특징이라고 본 것이다. 즉 그는 갈등과 관련해서 이렇게 썼다.

사람과 사람의 충돌에서 생긴 갈등, 사상과 목적의 갈등, 경우(境遇)와의 갈등, 내심의 갈등 이러한 갈등이 위기와 긴장을 약기(躍起)하는 것이 연극이다. 이 갈등에서 비극이 생기고 희극이 생긴다. (……) 그러나 이 갈등이 마데링이 얼굴을 찌푸린 피와 눈물, 죽음 이런 외적 갈등, 즉 엘리사베스조의 연극과 같은 과격한 동작과 무대 위에서 살인 독살을 하는 외적 자극에 의하여 최대한도의 동작을 약기하는 것만이 갈등은 아니다. 이러한 외적 갈등은 원시적인 것이며 요새 와서는 신파와 같은 저급한 연극에서밖에 볼 수 없는 것이다. 여기 외적 갈등과 구별되는 내적 갈등이 있다. 이 내적 갈등이 표현되지 않았을 때 고귀한 비극은 멜로드라마가 되며 지적(知的) 희극은 파르스가 되고 그리고 또 신파가 된다. 문화의 발달과 함께 이 내적 요소는 점점 강조되었다. 고전극에 대한 근대극(近代劇)의 특색은 이 내적 성질이다.[8]

이상의 글에서 확인할 수 있는 것처럼 그는 연극에서 바탕을 이루는 것은 어디까지나 배우이고 근대극의 특징은 내적 갈등이라는 측면에서 논지를 전개하였다. 결국 이 글에서도 역시 그는 리얼리즘 연극의 틀에서 조금도 벗어나지 않고 있다. 그가 20대 초반에 당돌하다 싶을 정도로 당대 일본 최고의 연극평론가였다 할 키시다 쿠니오의 연극관을 정면으로 부정, 비판하고 나선 저돌성까지 보여주었던 것이다. 이는 곧 자신의 연극관이 결코 틀리지 않다는 자부심에서 나온 것이다. 도쿄학생예술좌원의 동지 임호권 등의 인물평에서도 지적되었던 것처럼 그는 "탐구정신이 가슴속에서 여울물같이 소용돌이치는" 젊은이답게 용감하게 새로운 것에 도전하고 또 그런 연극 이론을 자기화하는 데 적극적이었다. 니혼 대학 예술과 학생 때 닦은 연극 이론을 평생의 연극 목표로 삼은 인물이기도 하다. 그는 실생활에서처럼 예술에서도 가식을 가장 싫어했다. 그가 신파극을 연극이 아니라고까지 끝끝내 부정한 것도 '연극은 곧 진실한 삶'이라는 자기 확신에 근거하였기 때문이다. 그가 글을 쓸 때, 논지에서 벗어나더라도 자주 쓰는 구절이 있다. 그것이 다름 아닌 "연극은 무대에서 그냥 생활(生活)하는 것"이라는 센텐스이다. 그는 「연극의 본질」이라는 글에서도 "생활은 동작(動作)이요, 인간은 생활한다. 사람이 없는데 연극이 있을 리 없고, 생활이 없는데 연극이 있을 리 만무하다"고 쓴 바 있다.

사실 20대 초반, 그것도 연극 입문 3, 4년 만에 확고한 자기 연극관을 세운다는 것은 쉬운 일이 아니다. 한국 연극사상 그런 연극인은 찾아보기 힘들 정도이다. 이해랑이 돋보이는 이유도 거기에 있다. 그는 연극 이론을 섭렵하는 것 이상으로 연기에도 열정적이었다. 그런데 그는 특히 연극을 만들어가는 과정, 즉 배우들의 모임과 연습 같은 것을 유독 즐긴 연극 학도였다. 연극에 취미가 없거나 감성이 메마른 사람은 지루하고 또 무의미하게 느낄 수도 있는 연극 연습 분위기를 매우 좋아했던 것이다. 이런 측면에서 보면 그가 천부적으로 연극인 기질을 타고났던 것이 아닌가 싶다. 그는 회고의 글에서 이렇게 썼다.

그렇게 되니까 학교는 오전 중에나 강의 듣고 오후만 되면 그때 어떤 차고 2층에 있던 연습장으로 모인 것이다. 그 경험이 나한테 말할 수 없이 즐거운 것이었다. 우선 한국 사람끼리만 매일 모여 가지고 이런저런 잡담을 하는 것, 친분을 갖기 전에 애기를 주고받아 서로 친밀하게 되기까지 그것이 그렇게 즐거울 수 없었다. 몇 사람 빼고는 처음 연극을 경험하는 사람들이 50일 동안 지나면서 모두 연극에 흠뻑 빠져버렸다. 누가 좀 어색하고 부자연스럽게 대사를 읽는다든가 동작을 한다든가 하면 그냥 웃음바다가 되기 일쑤였다. 그때 느낀 것이 이전에는 객석에 앉아 보는 것만 즐거움인 줄 알았는데 연극 만드는 과정도 이렇게 즐거운 줄 미처 몰랐다는 것이었다. 두 가지 경험을 한 셈이다. 하나는 내 자신을 몰라보게 딴 사람으로 바꾸면서의 느낌이고, 또 하나는 연습을 통해 연극을 창조하는 기쁨을 맛보았다는 소중한 경험이다.[9]

이상의 글에서 알 수 있는 것은 그가 배우에게 은폐와 변신의 미학이 있다는 것을 발견하고 그 매력으로 연극에 빠져들었다는 것과 연습하는 과정에서 즐거움을 발견하였다는 것이다. 전술한 바 있듯이 어린 시절 모성상실을 겪는 등 사대부의 종손이라고는 생각지 못할 정도로 기나긴 방황의 여로에서 정처를 못 찾던 그가 연극에 자신을 숨기는 과정의 모습을 매우 극적으로 보여주고 있다(그렇지만 그에게 소질과 취향이 없었다면 연극배우의 길이 열릴 수 없었을 것이다). 이처럼 그는 연극 연습에서 지루함은커녕 대단한 즐거움을 느끼고 있었던 것이다.

서툰 아마추어 배우들이 모여서 연습 도중 일으키는 해프닝이 그에게는 너무나 우습고 즐거운 광경이었다. 타고난 낙천가였던 그에게 연습장에서 일어나는 실수와 그에 따른 웃음은 20여 년 동안 몸에 밴 고독감과 소외감을 말끔히 씻어주곤 했다. 그가 의외로 연극을 알아가면서 삶의 즐거움과 생기를 얻은 것은 그의 일생에 큰 의미를 지니는 것이었다고 말할 수 있다. 그 자신이 실토했듯이 연극은 객석에서 느끼는 즐거움 이상으로 연습장에서도 얻어진다고 본 것이다. 특히 항상 혼자였던 그에게 연극이라는 공동체적인 예술이 구멍 난 삶에 활기를 불어넣어 주었다. 이처럼 그는 연극의 즐거움을 통해서 삶의 즐거움도 되찾을 수 있었다. 그가 누구보다도 연극 연습에 열정적이고 진지했던 것도 거기서 느껴지는 즐거움을 대단히 소중하게 생각했기 때문이다.

연극은 그의 성격과 생활태도마저 완전히 바꿔놓았다. 과묵하면서도 무조건 모든 것에 회의적이고 반항적이었던 그가 연극에 입문하면서 전연 다른 사람처럼 변해갔다. 이와 관련해서 그는 다음과 같이 고백했다.

연극 세계에 발을 들여놓으면서 나의 인생의 모든 것이 바뀌었다. 내 인생의 일 대 전환을 꾀하게 된 것이다. 그전에는 감히 내 의사를 제대로 표현 못했다. 표정도 굳어 있었고 자연스럽게 웃어보지도 못했다. 웃음이 터져 나와도 억제하고 고통을 당해도 이를 악물고 참았다. 연극을 하면서 내 성격은 비약했다. 남들과 같이 솔직 하게 자기가 느낀 대로 행동하고 웃을 때 웃고 생각을 제대로 표현할 수 있는 사람 이 됐다. 연극이야말로 내 일생의 업(業)이었던 것이다. 연극을 한 후부터 삶의 즐 거움을 찾고 도취하게 됐다. 그것은 나에 대한 하나님의 구원이 아니었던가 싶다.[10]

위의 솔직한 고백에서 유년 시절과 청소년 시절에 그가 얼마나 억제되고 소외와 고독 속에서 방황했는가를 짐작하고도 남음이 있다. 사대부의 외동아 들로서 생모 없이 엄한 조부모 슬하에서 자랐다는 것 자체가 그로 하여금 대 단히 경직되게 만든 것이 사실이었다. 그러나 연극을 만나면서 그는 본래의 자기 모습을 서서히 되찾아가기 시작했다. 본래의 자기 모습이란 모든 것을 긍정적으로 생각하는 낙천적 기질과 명랑 유쾌한 성품 같은 것이다. 그런 그 의 타고난 성품이 독특한 가정환경 속에서 왜곡되고 묻혀 있었다. 그가 중등 학교 시절 공부에 뜻을 두지 않고 놀기 좋아하는 소년들과 어울려 다니면서 여러 학교를 전전하게 되었던 것도 일종의 자기가 처한 현실에 대한 이유 있 는 반항이자 도전이었다. 그러한 반항심이 연극을 알면서 탐구 의욕과 열정으 로 전환되어 갔던 것으로 볼 수 있다.

그는 끝없는 지적 욕구 속에서 영화에도 관심을 가졌었다. 함께 도쿄학생예 술좌를 이끌던 주영섭이 영화 분야로 방향을 돌리면서 관심을 기울이게 된 것이다. 대단히 감각적이면서도 진보적이었던 주영섭은 장차 한국에서는 연 극 못지않게 영화도 중요한 분야로서 개척을 해야 한다고 생각하고 있었다. 따라서 그는 대화가 잘 통하던 이해랑을 만날 때마다 영화의 중요성을 강조 했고 설득도 했다.

따라서 이해랑이 그의 말에 솔깃했음은 두말할 나위 없는 것이었다. 결국 그는 주영섭의 주도하에 도쿄영화인협회(東京映畵人協會)라는 단체 조직에 앞장서게 된다. 이 모임에는 매우 다양한 사람들이 가담했다. 우선 연장자로서 선구적인 무용가 조택원이 가담했는데 그는 도쿄에서 무용을 공부하고 또 무대 활동도 하고 있었다. 그와 함께 닛카쓰(日活)에서 조감독으로 활동하고 있던 이명일(李炳逸)과 신흥 키네마에서 촬영기사로 활동하고 있던 김학성〔金學成, 영화배우 최은희(崔銀姬)의 첫 남편〕, 무용 수업을 받고 있던 박외선〔朴外仙, 아동문학가 마해송(馬海松)의 부인〕, 그리고 김동원과 이진순 등이 주축을 이루었다. 이처럼 영화감독과 촬영기사 등 전문가와 함께 무용가, 연극인 등 다양한 전공의 청년들 10여 명이 조직체를 구성한 것이었다. 그런데 조직체가 도쿄영화인협회라고 해서 그럴 듯해 보였지만 실제 한 일은 대단한 것이 못 되었다. 이들이 설사 의욕도 대단하고 어느 정도 전문 지식도 갖추고 있었다고는 해도 큰 자본이 드는 영화를 직접 만들 수 없는 처지였다.

그렇기 때문에 이들은 마치 쓰키지 소극장에서 연극을 단체 관람하듯이 외국영화가 들어오면 함께 구경하고 품평회를 갖는 정도로 그칠 수밖에 없었다. 이들은 외국의 영화가 들어오면 함께 관람하고 매우 신랄하게 비판하는 모임을 자주 가졌고, 영화 이론도 철저히 공부했다. 가령 당시 가장 앞서가던 러시아의 영화작가 에이젠슈타인으로부터 시작하여 푸토푸킨의 몽타주 이론이라든가 프랑스 페로프라지의 영화론, 아롱하임의 예술로서의 영화 등 이론적 섭렵도 게을리하지 않았다. 따라서 그는 영화에 대한 식견도 탄탄하게 갖출 수가 있었다.

그러나 그는 어디까지나 연극 학도로서 인접 분야에 대한 관심과 호기심으로 한 것이었을 뿐, 장차 영화 분야를 해보겠다는 생각은 추호도 없었다. 그리고 영화 연구 모임도 주도자였던 주영섭이 도쿄를 떠남으로써 점차 시들해갔다. 그런데 주영섭만은 영화에 대한 열정이 연극 못지않았기 때문에 영화제작의 실제를 제대로 공부하기 위해서 쇼치쿠(松竹)의 교토 촬영소를 찾아갔었다. 주영섭이 교토로 간 후로 이해랑은 그와의 우정을 돈독히 했는데, 방학 중 한국에 왔다가 일본으로 갈 때는 반드시 교토로 가서 주영섭을 만나곤 했을 정도였다. 그는 사실 주영섭을 형처럼 따를 만큼 좋아했다. 그가 나이도 한두 살 위였던 데다가 이해랑이 첫 번 무대를 밟은 〈춘향전〉의 연출가이기도 했기 때문이다.

평안도 출신의 주영섭은 보성전문을 나와서 일본에 갔기 때문에 동료 학생들보다는 여러 면에서 성숙해 있었다. 더구나 보성전문 시절에 고리키의 〈밤주막〉에 출연도 한 바 있기 때문에 연극을 어느 정도 알고 있었고 감각도 대단히 뛰어난 청년이었다. 그렇기 때문에 이해랑으로서는 릿쿄 대학생인 주영섭이 훌륭해 보인 것 같다. 가령 그가 회고의 글에서 "주영섭(朱永涉)이 그 나이에 그래도 무난하게 〈춘향전〉 같은 대작을 연출한 것에 대해 나는 또한 경탄을 금치 못했고 존경하는 마음이 말할 수 없이 솟아났다. 나는 그가 한두 살 위였지만 형처럼 따르고 좋아한 것"이라고 했다든가 "실로 주영섭은 예능의 귀재로 무소불위(無所不爲)의 천재 예술인이었다"고 과대평가까지 한 것을 보면 알 수 있다. 그가 그런 선배를 가졌다는 것은 젊은 날에 있어서 매우 중요한 일이었다. 그리고 주영섭을 통해서 연극 영화에만 재미를 붙인 게 아니라 민족의식도 강해진 것이 사실이었다. 식민지 치하의 청년들로서 위축될 대로 위축되어 있었던 그들이 순우리말로, 그것도 도쿄의 한복판에서 연극을 했다는 것은 대단한 사건이었다. 그는 학생예술좌에서 활동하는 것을 언제나 가슴 뿌듯하게 생각했고 민족에 대한 막연한 자부심 같은 것도 느끼곤 했다.

솔직히 주영섭은 누구보다도 민족의식이 강했기 때문에 이해랑은 그를 만나면 마치 전염이라도 되는 듯한 느낌을 받곤 했다. 그의 민족의식이 절친한 친구였던 주영섭과의 우정에서 더욱 굳어진 것은 다행이었다. 우연하게도 그가 학생예술좌에서 출연한 작품들은 거의 주영섭 연출이었다. 주영섭은 교토에서 영화 공부를 하면서도 학생예술좌 공연 때마다 와서 연출을 맡곤 했다. 그러니까 자연히 연출가와 주연배우가 가까워질 수밖에 없었던 것이다.

주영섭에 이어 박동근이 학생예술좌의 대표였는데, 그가 먼저 졸업하고 귀

학생예술좌의 〈축지좌〉 찬조 출연 직후

국하면서 이해랑이 3대 리더가 되었다. 생애 최초로 단체의 대표가 된 것이다. 그 단체에는 김동원 등 선배도 여러 명 있었지만 이해랑의 리더십이 돋보였기 때문에 순조롭게 대표에 오를 수 있었다. 그가 학생예술좌를 이끌면서부터는 인화(人和)도 잘되었다. 그는 연극 영화에 이어 하계 방학 동안에 전국 순회공연을 한다든가 라디오드라마에도 출연하는 등 모든 일에 적극적이었다. 학생들의 하계 방학 동안의 순회공연은 워낙 전통이 있었고 특히 3·1 운동 이후 민족운동의 일환으로 진행되었던 것이기 때문에 이해랑으로서도 대단히 가치 있는 활동이라 생각했다. 따라서 그는 1937년 6월 하계휴가 때 니혼 대학 예술과 학생들을 이끌고 전국의 주요 도시는 말할 것도 없고 만주까지 다녀왔다. 그들의 순회공연은 제1부와 제2부로 나뉘어졌는데, 제1부가 음악 연주라고 한다면 제2부는 연극 공연이었다. 그것은 마치 3·1 운동 이후 청년 학생들의 소인 극단 활동과 같은 맥락이었다. 그는 아리시마 다께오의 단막극 〈꺽꺽이의 죽음〉을 직접 우리말로 번역해서 순회공연 레퍼토리로 삼기도 했다. 이 작품은 그의 첫 번째 번역극으로서 김기황이 연출을 맡았다. 이들은 골스워디의 〈태양〉〔김도영(金島影) 역, 김영화 연출〕도 갖고 다녔는데 인기가 꽤 좋았던 것 같다.

이해랑은 생애 최초의 전국 순회공연을 하면서 두 가지를 강하게 느꼈다. 그 한 가지가 애국심이라고 한다면, 다른 한 가지는 순회공연이 갖는 민중적 가치였다. 도쿄 한복판에서 한국말로 마음껏 연극을 하면서 민족적 긍지를 느꼈던 그가 고국의 지방 도시를 다니면서 우리 민족의 참 삶을 목격하게 된 것은 크나큰 소득이었다. 그는 모성상실의 트라우마로 인해서 고독과 소외감을 깊이 느끼고 있었던 것은 사실이나 실제로 가난만은 몰랐다. 서울의 한복판에 있는 드넓은 양반집 한옥에서 좋은 옷 입고 배불리 먹으면서 성장한 그로서는 가난이 무엇인지, 또 핍박 속의 고단한 삶이 어떤 것인지 몸속으로 느껴보지는 못했었다. 그러던 차에 그가 지방을 순회하면서 생생한 삶의 현장을 헤집고 다닌 것이다. 그는 단 몇 주일 동안에 너무나 많은 삶의 밑바닥을 절실하게 체험할 수 있었다. 서민들의 실생활을 전혀 몰랐던 그가 시골 여관방을 친구들과 함께 뒹굴면서 질박한 삶도 깨달았다. 그러한 체험은 곧 그의 내면 깊은 곳에서 조국을 향한 사랑과 민족을 향한 연민의 정으로 바뀌어갔다.

그리고 그는 또한 순회공연의 위력도 실감했다. 간단한 음악 연주와 미숙한 학생들의 단막극 2편 공연이었지만 가는 곳마다 호응이 좋았다. 1년에 연극 공연 한 편 접하기 어려운 지방의 소도시 사람들에게 이들의 순회공연은 오랜 가뭄 뒤의 단비 같은 것이었다. 그는 순회공연을 하면서 지방민들이 공연 예술에 대해서 얼마나 갈증을 느끼고 있는가를 실감케 되었다. 지방 순회공연의 위력을 몸소 피부로 느꼈기 때문에 먼 훗날 그런 운동을 해야겠다는 것을 마음속에 담아두기까지 했다. 그 순회공연은 비록 달포 만에 끝났지만 그에게는 더없이 중요한 경험이었고 더 나아가 한국인의 생존 양상에 대한 깨달음도 뒤따랐다.

그는 또한 방학 중에 경성방송국의 라디오드라마에도 출연했다. 제일 처음에 출연한 것은 지방 순회공연 작품인 골스워디의 〈태양〉이었고, 두 번째 작품은 주영섭이 교토에 있으면서 쓴 〈날이 밝으면 비가 오십니다〉였다. 반응은 역시 괜찮았던 것 같다. 그렇기 때문에 세 번째 작품까지 내보내게 되었는데 박동근이 쓴 〈생활도〉가 바로 그것이었다. 세 작품 모두 주영섭이 연출했는데 〈날이 밝으면 비가 오십니다〉는 이해랑과 김동원이 나란히 출연했다. 참고삼아 이 작품의 줄거리를 소개하면 다음과 같다.

> 내용인즉 청년 둘이서 등산길에 올랐다가 좀 깊은 산속에서 소복한 여인을 만났다. 그 미모의 여인에게 김동원과 나 둘이서 야릇한 연정을 느낀다. 그 여인과 같이 앞서거니 뒤서거니 가는데 여인이 산간 초가로 들어갔다. 청년들도 해가 져서 같이 묵게 됐고 여인이 그 집주인과 얘기하는 걸 엿듣게 된다. 여인을 사랑하는 남자와 등산을 하다가 남자가 추락사를 했는데 그 현장을 다시 보려고 산에 있는 노인을 찾아간 것이다. 그걸 듣고 두 청년은 심정에 엷은 실연(失戀)을 느끼게 된다는 줄거리다.[11]

이상의 내용은 그가 기억을 더듬어서 소개한 작품의 줄거리이다. 이 작품에서 느껴지는 것은 당시 학생예술좌 소속 청년들의 작품 경향 같은 것이다. 지금 생각으로는 그들이 사회의식이 강한 작품만 선호했을 것 같지만, 실제로는 그렇지만은 않았다. 우리의 고전 〈춘향전〉을 창립 공연 레퍼토리로 삼은 것에서도 짐작할 수 있듯이 그들은 사회문제를 테마로 삼을 수만도 없었다. 그럴 수밖에 없는 것이 그들에게 끊임없이 가해지는 감시와 압박 때문이었다. 혹자는 일본 유학생들이 웬 사랑 놀음 연극만을 했느냐고 나무랄지 모르나 그것은 당시 시대 상황을 모르고 하는 소리이다.

주지하다시피 이 시기는 일본 군국주의가 최고로 기승을 부리기 시작한 때였다. 1936년 2월 육군부대 일부가 반란을 일으켜 재무상(高橋是淸)과 내무상(齊藤實) 등을 살해한 일이 있었다. 물론 군부의 반란은 단 며칠 만에 진압되었지만 그 사건을 기화로 군부 강경파가 정부를 이끄는 비상시국으로 돌변하게 되었다. 사건 후 히로타 코우키(廣田弘毅)가 수상이 되면서 소위 국책대강(國策大綱)이라는 것을 공포한 바 있는데, 그것은 "동아 대륙에서의 제국의 지위를 확보하는 한편 남방 해양에의 발전도 기한다"는 것을 국책으로 정하고, "북방 소련의 위협을 제거하는 한편 영미(英美)에 대비하여 일만중(日滿中) 3국의 긴밀한 제휴를 실현하고 특히 남양 방면에 대해 우리의 민족적, 경제적 발전도 기한다"는 것이었다. 사실 이것은 뒷날 태평양전쟁을 염두에 둔 장기 구상의 일단을 피력한 것이었다. 저들은 이러한 구상을 구체적으로 실현하기 위해서 '광의국방(廣義國防)'과 '서정쇄신(庶政刷新)'을 슬로건으로 내세워 경제, 재정, 국민 생활 등 모두가 군국주의 일색이 되게끔 만들어 갔다. 그로부터 사상범보호관찰법(思想犯保護觀察法)이 제정되었고 전과가 있는 사람들은 상시 경찰의 보호와 감시를 받게 되었다.

　일본은 큰 전쟁에 대비하려니까 자연 중화학공업을 발전시키지 않을 수 없었고 그에 필요한 철, 석탄, 석유, 고무, 주석 등과 같은 공업 원료가 급속히 달리는 사태가 발생하였다. 일본 군국주의자들은 그러한 공업 원료를 확보하기 위해서 소위 대동아공영권이라는 것을 구상했는데 이것은 중국을 비롯한 동남아 지역으로의 진출을 의미하는 것이었다. 남방으로 진출하려면 아무래도 이 지역을 식민지로 갖고 있는 영국, 프랑스, 네덜란드, 미국 등과 힘겨루기를 하지 않을 수 없었다.[12]

　이렇게 으스스한 시절에 도쿄 유학생들이 느낀 눈에 보이지 않는 감시와 압력은 숨 막히는 것일 수밖에 없었다. 그런데 그러한 시국 상황은 더욱 가팔라지기만 했다. 왜냐하면 1937년 여름에 일본이 드디어 중국을 상대로 전면적인 침략 전쟁을 개시했기 때문이다. 즉 일본은 그해 초겨울까지 난징(南京)을

학생예술좌 JODC 방송 출연 직후

점령하면서 중국인 20여만 명을 학살했다. 이 시기 국내에서도 일제의 강압
통치는 기승을 부렸다. 1936년 12월부터 시행된 조선사상범보호관찰령(朝鮮
思想犯保護觀察令)도 이때 제정되었으며 서울, 함흥, 청진, 평양, 신의주, 대
구, 광주 등 대도시 일곱 군데에는 보호관소가 설치되기도 했다.

　저들은 이어서 사상보호단체 야마도주구(大和塾)를 설치하고 사상범으로
지목된 자는 무조건 강제로 가입시키는 한편 연좌제식으로 감시를 받게 했다.
1937년 7월에는 이른바 조선중앙정보위원회를 설치해서 정보, 계몽, 선전에
관한 사항을 조사, 연구한다는 명목하에 한국 반일사상 인사들에 관한 정보도
수집했다.

　이처럼 어수선한 속에서도 이해랑은 도쿄학생예술좌를 중심으로 열정적으
로 연극운동에만 몰두했다. 일본 제국주의자들에게 몇 번 혼쭐이 난 바 있었

던 그는 정치 상황은 전혀 모른 척하고 연기에만 몰두했다. 그는 주영섭과 박동근에 이어 학생예술좌의 제3대 리더로서 출연과 기획 등에서 단연 두각을 나타냈다. 그는 몇 번의 출연을 하면서 번역극보다는 창작극에 매력을 느끼게 되었다. 번역극은 아무래도 서양 사람 흉내를 내야 했기 때문에 어딘가 어설프다는 느낌을 받곤 했었다. 연기를 제대로 공부하려면 역시 우리의 풍정(風情)이 서려 있는 창작극이 좋겠다는 생각을 하게 된 것이다.

그는 학생예술좌의 다음 작품으로 창작극을 무대에 올리기로 하고 극예술연구회에서 사귄 이서향(李曙鄕)에게 신작을 부탁했다. 이서향은 학생예술좌 회원은 아니었지만 이해랑의 재능만은 높이 평가하고 있던 연출가였다. 왜냐하면 이해랑이 방학 중에 극예술연구회의 〈깨어서 노래 부르자〉(클리포드 오뎃츠 작)에 찬조 출연할 때 연출자로서 서로 간에 가능성을 확인한 사이였기 때문이다. 이해랑이 극예술연구회라는 기성 연극 단체에 첫 출연했을 때 당시 『매일신보』는 앞날이 기대되는 신진 연기자라고 호평을 하였다. 이서향은 연출가였지만 『동아일보』에 〈제방을 넘어서〉라는 단막 희곡으로 이미 등단한 바 있는 극작가이기도 했다. 따라서 그는 이해랑의 요청을 흔쾌히 받아들여서 〈집〉이라는 장막극을 써 가지고 온 것이다. 기쁨을 감추지 못한 이해랑은 서둘러 공연 계획을 짜고 연습에 들어가려고 경시청에 공연 허가원을 제출했다. 그러나 나날이 살벌해지기만 하던 때 공연 허가가 나올 리 만무했다.

이해랑은 섬뜩한 느낌이 들 수밖에 없었다. 별 내용도 아닌 작품이 일본 경찰 당국으로부터 공연 불허가 떨어졌기 때문이다. "자라한테 놀란 가슴 솥 뚜껑을 보고도 놀란다"는 속담대로 일경에 지독한 고문을 당해 본 그로서는 가슴이 내려앉을 수밖에 없었다. 공연 불허를 당하면서 학생예술좌에도 서서히 일본 경찰의 그물망이 좁혀져 오고 있음을 감지하게 된 것이다. 사실 1938년도는 일제가 국가총동원법을 제정해서 국내에 국민정신총동원조선연맹(國民精神總動員朝鮮聯盟)이 조직된 해였다. 이 조직은 서울과 각 도, 그리고 읍, 면과 부락, 직장에까지 결성되어 있었는데 이것은 그에 앞서 공포, 실시한 소위 국가총동원법에 의한 기간 조직이었다.[13] 일제는 이어서 육군특별지원병령을 내리고 그것을 국민 징용령으로까지 연결하는 등 이 땅의 사람들에게 더욱 심한 압박을 가해왔다.

이 시기 미국과 영국 등 자유진영에서는 일본을 침략국으로 잠정 결정하고 ABCD선이라 해서 경제적으로 봉쇄하고 있었다. 그에 따라 일본에서는 반미(反美), 반영(反英)의 여론이 비등하여 곧 전쟁이 터질 것 같은 저기압이 전 국민을 누르는 상황이었다. 이런 상황에서 학생예술좌에 대한 일본 경찰의 감시는 강화될 수밖에 없었다. 그런 때에 마침 학생예술좌가 좌파 성향이 강한 이서향의 작품 〈문〉(3막 7장)과 함세덕의 단막극 〈유명(幽明)〉을 창립 6주년 기념 공연으로 무대에 올린 것이다.

거기다가 또 한 가지 말썽이 국내 연극계에서 일어났다. 즉 도쿄에서 대학을 먼저 졸업한 주영섭, 박동근, 이서향 등이 귀국해서 극연좌에 가담했는데, 거기서 기존 단원들과 주도권 다툼이 벌어진 것이다. 한국의 젊은 연극인들 간의 내부 갈등은 적이 침투하기에 너무나 좋은 기회였다. 특히 극연좌의 기존 단원들이 학생예술좌 출신들의 급진적인 연극 노선에 어떤 위협을 느낀 것이 아닌가 싶다. 이러한 연극인들 간의 노선 갈등이 감시 형사들에게 미심쩍게 비친 것은 극히 자연스러웠다. 결국 일본 경찰은 기회를 놓치지 않고 학생예술좌 단원들을 '좌익 사상 고취'라는 명목을 걸어서 체포 작전에 나섰다. 그리하여 1939년 7월 말께 주영섭, 박동근, 이서향, 마완영 등 여러 명의 연루자들이 체포되었다. 저간의 사정에 대하여 『매일신보』는 다음과 같이 보도했다.

'학생예술좌 사건' 확대…… 연극을 통하여 좌익 사상 고취(左翼 思想 鼓吹), 종로서서 엄조 중(嚴調 中), 관계자를 전선(全鮮)에서 검거 중, 부내 종로서 고등계에서 목하 검거 취조 중인 전 도쿄학생예술좌 연출자 겸 지도자, 현재 동보(東寶)경도촬영소 연출부에 있는 주영섭(朱永涉, 27)을 중심으로 한 좌익극 단체 사건은 점점 확대되어 10일 새벽에는 부내 본동정(本洞町)에서 법정대학에 재학 중이면서 학생예술좌의 현재 리더격인 박동근(朴東根, 28)을 또 검거하고 계속 활동 중인데 그 관계자가 전선적으로 흐트러져 있어 함흥 방면에서도 주모(朱某)를 검거 압래하는 등 대활동 중인데 이미 검거된 사람만 78명이나 된다고 한다. 사건의 내용인즉 도쿄에 있는 조선 학생들로 조직된 학생예술좌에서는 그들이 장차 학교를 졸업한 후 조선에 돌아오게 된다 하면 새로운 극단체를 조직하기 어려운 터이라 그 중요 간부 박동근, 이서향, 주영섭들이 여러 차례 협의를 한 결과 현재 경성에 있는 극연좌(劇硏座)로 동지를 들어가게 하야 장차는 극연좌의 세력을 잡아가지고 희곡을 통하여 좌익운동을 일으키기로 한 다음, 우선 이서향이가 극연에 참가를 하였는데, 그 계획이 원래 있는 극연좌원에게 폭로되어 결국 세력 다툼으로 분쟁을 일으키어 나중에는 이서향 등은 탈퇴를 하게까지 되었다. 이와 같은 불온 계획이 경찰에 발각된 것인데 10일은 그전에 극연(劇硏)에 관계하던 세브란스병원 김수임(金壽任, 28) 양을 데려다가 내분이 일어났던 경과와 극연의 여러 가지 사실을 조사하였다.[14]

이상과 같은 당시 보도에서 확인할 수 있는 바처럼 경찰은 도쿄에서 학생예술좌를 통하여 연극 활동을 벌이고 있는 것을 항상 감시하고 있었으며 조그만 약점이라도 드러나면 즉각 해산시키고, 또 주동 인물들을 옭아 넣을 기회만 기다리고 있었다. 그런데 그 기회가 국내의 극연좌 내부 갈등으로 불거져 나왔고 결국 눈엣가시 같은 문제아라고 주시하고 있던 주영섭, 이서향 등이 체포되기에 이르렀다. 군국주의 시대에는 일본 경찰이 사회주의 사상에 대하여 알레르기 반응을 일으킬 정도로 증오심을 갖고 탄압했다. 그런 때에 급진적인 학생예술좌 출신 몇 명이 극연좌를 장악해 가지고 국내에서 연극을 통한 민족운동을 벌이지 않나 의심한 것 같다. 일본 경찰의 이러한 낌새를 눈치 못 챈 젊은 연극인들이 극연좌 주도권을 둘러싸고 갈등을 벌인 것이 화근이 되었다. 우선 4명이 검거되었지만 이해랑, 김동원, 임호권, 유치진 등도 종로서로 끌려가서 40여 일간 구금당하였다. 이때 유치진이 학생들과 함께 끌려가서 40일 동안이나 고초를 겪은 것은 그가 학생예술좌의 배후 지도인물로 지목되었기 때문이다. 실제로 그는 1936년에 몇 달간 동경에서 연출 수업을 받을 때 학생예술좌원들을 지도한 적이 있었다. 결국 학생예술좌원들 중 주동자로 몰린 주영섭, 마완영, 박동근, 이서향 등 4명은 치안유지법이라는 죄목으로 기소되었다. 이것은 다음과 같은 당시 보도기사로 확인할 수 있다.

'학생예술좌' 4명을 수 기소(遂起訴)…… 도쿄에 유학 중인 학생, 극작가 등으로 조직하고 표면으로는 연극 연구라는 이름 밑에 뒤로 돌아가서는 불온한 사상운동을 하였다는 것으로 종로서에 적발되었던 소위 학생예술좌 사건은 경성지방법원 검사국에 송치된 후 동검사국 히라이히(平石) 검사의 준열한 취조를 받아오던 중 6일 검사의 구류 기간이 만기가 되는 동시에 드디어 다음의 네 명은 치안유지 위반으로 기소되어 공판에 돌리게 되었다.
　·경성부 사직동 262의 48, 조감독 주영섭(27)　·경성부 기림정 180의 150, 마완영(馬完英, 28)　·경성부 본동정 236, 학생 박동근(27)　·경성부 체부동 125의 1, 극작가 이서향(25).[15]

이상과 같이 도쿄학생예술좌원들은 일본 경찰로부터 호된 시련을 겪었다. 워낙 악질적인 일본 경찰이었기 때문에 한번 걸려 들어가면 누구나 불온 사상가가 되어 고문당하는 것은 다반사였다. 이해랑 등 여러 사람의 경우 곧바로 방면되었지만 불순 사상분자의 꼬리표가 떼어진 것은 아니었다. 학생예술좌 사건으로 기소까지는 이르지 않고 풀려난 이해랑은 그 당시의 상황을 이렇게 회상했다.

도쿄예술좌 사건이라 해서 주영섭, 박동근, 김동원, 마완영, 그리고 내가 종로경찰서에 구속되고 말았다. 당시 신문에서는 "신극(新劇), 수술대에 오르다"라고 하여 관심을 보였다. 한 2개월 고초를 겪었다. 그들은 데리고 가면 우선 두들겨 패는 것이 첫 인사다. 무조건 좌익분자를 만들어 놓는 것이다. 책 읽는 것부터 대라고 해서는 우리가 공산 서적을 안 읽었다고 해도 가와가미 하지매(河上肇)의 『제2의 가난』쯤은 읽지 않았느냐고 족쳐서 읽은 걸로 꾸미곤 했다. 또 "톨스토이가 무슨 사상가냐, 박애주의자가 아니냐, 너희들은 사회의 파괴주의자다"라는 식이었다. 박애(博愛)는 왜놈 말로 파괴(破壞)와 같았기 때문이다. 그밖에 〈춘향전〉도 관헌에 대한 저항을 선동한 것이라는 등 저희들이 조서를 만들어서는 우리 모두를 빨갱이로 몰아버렸다. 우리는 징역을 꽤나 사는 줄 알았는데 어찌어찌해서 검사 손에 넘어갔다가 학생들이라 해서 집행유예로 풀려났다.[16]

이처럼 일본 경찰은 한국 지식 청년들의 움직임 하나하나를 놓치지 않고 체크하면서 어떤 틈만 보이면 잡아들여 고문을 함으로써 기를 꺾어놓곤 했다. 그런데 그는 공산주의로 모는 것에는 절대로 끌려 들어가지 않았다. 조선시대의 전형적인 귀족 가문 출신이기 때문에 사회주의 사상과는 전혀 어울리지도 않았을 뿐더러 자신의 생리에도 맞지 않는 이념이었기 때문이다. 공산주의라면 앞장서서 반대하는 입장이었다.

이러한 그의 가문이나 성향을 일본 경찰도 알고 있었기 때문에 그만은 공산주의자로 몰지를 못했다. 이뿐만 아니라 그는 대학 입학과 동시에 첩자로 몰려서 혼난 일이 있었기 때문에 경찰의 올가미를 피하는 방법을 알고 있었고, 또 그런 것을 대단히 무서워했다.

도쿄예술좌 사건으로 기소되었던 네 사람도 재판을 받고 8개월여 후에 완전 자유의 몸이 되었다. 시국이 워낙 흉흉하고 살벌했기 때문에 몇몇 사람은 귀향 채비를 했다. 왜냐하면 그들이 유일하게 희망을 걸었던 극연좌마저 일제에 의해서 강제 해산 당했기 때문이다. 동지들보다 한 학년 뒤였던 그만 곧바로 도쿄로 돌아가서 학생예술좌 해체 작업을 하게 되었고, 이미 대학을 졸업한 주영섭과 마완영은 고향인 평양으로 돌아갔으며, 서울에 집이 있었던 박동근과 김동원은 서울에 머물러 있었다.

이 시기의 일본 정국을 한번 살펴보자. 즉 일본 제국주의는 1936년 후반에 조선사상범보호관찰령을 제정한 바 있는데, 이것은 치안유지법 위반자들의 기소유예, 집행유예, 또는 가출옥, 만기출옥자에 대하여 그들의 사상 활동을 감시할 목적이었다. 그리고 1937년 2월에 사상보호단체 대화숙(大和塾)을 설치하고 사상범으로 지목된 자는 무조건 가입시키고 연좌제식으로 감시를 받도록 했다. 따라서 수십 개 사회문화단체들이 감시 대상이었고 한국인 1만여 명이 감시 대상이었다. 일제가 다음 해에는 조선총독부의 추진으로 보호관찰소가 중심이 되어 사상 전향자들을 모아 시국대응 조선사상보국연맹(朝鮮思想報國聯盟)을 결성시켜서 "① 우리는 황국신민으로서 일본 정신의 앙양에 힘쓰고 내선일체의 강화 철저를 기한다. ② 우리는 사상 국방전선에서 반국가적 사상을 분쇄 격멸하는 육탄 전사이기를 기한다. ③ 우리는 국책 수행을 위해 철저한 봉사를 하고 애국적 통후(統後) 활동 등의 강화, 철저를 기한다"를 결의시키기까지 할 정도였다.

다음 해에는 거기서 한 발짝 더 나아가 총독부 경무국이 중심이 되어 '공산주의 사상 및 그 운동의 박멸, 일본 정신의 고양'을 목적으로 하는 조선방공협회(朝鮮防共協會)를 만들어 사상보국연맹, 국민총력연맹과 관계를 맺고 민간의 방공망을 충실케 하고 공산주의와 간첩 박멸에도 힘을 쏟았다.[17] 이처럼 살벌하기까지 했던 시국에서 연극을 공부한 지식 청년이 할 일이 과연 어떤 것이었겠는가. 정말 암담하기만 한 상황이었고 절망의 어두운 터널만이 그들 앞에 놓여 있을 뿐이었다.

2. 귀국, 그리고 험난한 직업 연극의 길로

이해랑은 일본에서의 우여곡절 끝에 연극에 빠져서 일단 대학 4년을 무사히 마칠 수가 있었다. 그는 마음에 흡족하지 않았던 대학을 다니는 둥 마는

둥 했지만 연극 공부만은 정말 열심히 하고 귀국했다. 자기 손으로 학생예술
좌를 완전 해체하고 귀국했지만 그를 기다리는 것은 일제의 대화숙이었다. 사
상범과 관계없이 경찰에 한 번 붙들려 갔던 사람은 무조건 의무적으로 대화
숙 명부에 올라 있었다. 왜냐하면 정기적으로 보호관들로부터 선도를 받아야
했기 때문이다. 그때의 사정을 그는 매우 실감나게 다음과 같이 회상했다.

어느 날 대화숙 하라 해서 갔더니 마치 우리나라 명사들의 전시장 같았다. 예를
들면 유억겸(兪億兼), 여운형(呂運亨), 윤치영(尹致暎), 장덕수(張德秀), 송진우
(宋鎭禹), 장택상(張澤相), 조병옥(趙炳玉) 씨 등이 떠오른다. 내가 아는 명사는
거기 가담 안 한 사람이 없는 것 같았다. 일본은 그렇게 요시찰 인물로 매겨 놓고
꼼짝달싹 못하게 감시한 것이다. 왜놈 몇 명과 한국인 친일파 몇이 대상 인물을 한
달에 한두 번 찾아다니기도 하고 여행 가려면 승락을 받아야 하게 해놓기도 했다.
나는 왜놈이 처음 보호관이었다. 불려서 갔더니 "이제 뭐하겠느냐"고 했다. 연극을
하겠다고 하니까 "너 임마 학교 졸업하고서도 연극 단체에 있어 갖고 경을 치지 않
았느냐." 정업(正業)을 하라는 것이었다.
그놈들은 연극과 놀고 술 먹는 것을 같은 놀음이라 생각한 모양이다. 연극은 정
상적인 업이 아니니까 정업을 하는 게 좋다는 얘기였다. 그런 분위기에서 박동근은
그놈들이 알선해 준 영등포구청엔가에, 김동원은 경방(京紡)에 취직했다. 나보고도
가라는 건데 나는 도저히 능력이 없다고 버텼다. "내가 주판을 잘 놓나, 글씨를 제
대로 쓰나, 그런 데 취직을 해봤자 피해만 줄 뿐이지 적합치 않소. 다른 걸 하게 해
주오." "나는 연극을 통해 대학을 졸업하고 이제부터 연극을 좀 하려 했는데 다른
것 하면 또 1학년부터 해야지 않겠나." 완강히 거부했더니 저희들이 극단을 소개해
줄 테니 가라고 했다.[18]

이상과 같이 그는 대화숙의 협박과 회유에도 불구하고 연극의 길을 결코
포기하지 않았다. 그가 수십 년을 방황하면서 겨우 찾아낸, 마지막 선택이라

고 생각한 연극의 길을 포기할 리가 만무했다. 그가 한 회고에서 "4년간을 이 길을 위해 달려왔는데 또다시 인생을 새로 시작하란 말인가……"라고 말하며 목숨을 걸고 버텼다고 한 것은 과장이 아닌 것 같다. 사실 당시 상당수 지식인들은 교활하면서도 노련한 대화숙원들의 선도(?)에 곧잘 넘어갔다. 일제는 지식층에서도 품격을 갖춘 인사들을 교화원으로 활용했기 때문에 숙원들은 세련된 화술에 넘어가지 않을 수 없었다. 더구나 이해랑의 경우는 나이도 겨우 24살의 청년이었으므로 장덕수, 조병옥, 여운형 등과 같은 민족 지도자들과 비교해서는 보잘것없는 애송이에 지나지 않았다. 그럼에도 불구하고 그는 절대로 연극을 포기할 수 없다고 버틴 것이다. 왜냐하면 그가 연극을 포기한다는 것은 곧 삶의 목표를 내던지는 것이고 동시에 생의 의욕을 포기하는 것이나 마찬가지였기 때문이었다.

그의 뜻이 너무나 확고하다고 느낀 일본 교화원은 그를 한국인 교화원 한학수(韓學洙)에게 인계했다. 한학수가 연극과 관계가 있었기 때문이다. 한학수는 당시 장안의 4대 빌딩이라 할 한청빌딩의 주인이었다. 화신, 미쓰코시(현 신세계백화점), 정자옥(현 미도파) 등과 함께 4대 빌딩의 하나였던 한청빌딩의 주인이었으므로 한학수는 친일 부호인 셈이다. 그런 그가 서울 불광동 근처에 우시장(牛市場)을 소유하고 있었는데, 그곳의 한 주막을 연극단용(用)으로 내준 것이다. 여기서 탄생된 극단이 다름 아닌 '고협(高協)'이었다.

당초 극단 고협은 영화와 연극을 전문으로 하는 사람들이 조직한 고려영화협회가 모체였다. 영화제작을 목표로 조직된 고려영화협회 멤버를 보면 기획에 이창용·전창근, 경리에 주인규, 문예부에 박영호, 연출부에 김태환(객원)·안영일, 장치부에 서영복, 조명에 신욱, 소도구에 김태삼, 음악부에 김한창, 연기부에 성일영·박제행·배용·이재현·권현·심인규·박창한·심영(남자), 김소영·지계순·유계선·이길재(여자) 등이 가입되어 있었다.[19]

1938년에 조직된 것으로 보이는 고려영화협회가 극단 고협을 발족시킨 것은 영화 로케이션을 마치고 돌아온 1939년 2월이었다. 회원 중에 북선 출신이 많았던지 그들이 공연하는 곳은 대체로 북선 지방이었다. 그래서 몇 개월 동안 북선 지방 로케이션을 마치고 서울로 돌아와서 잠시 쉬는 동안에 연극 공연을 하게 된 것이다. 이들은 다비트비리스의 〈층(層)〉(3막)과 박영호의 〈연애문제〉, 송영의 〈버들피리〉(3막) 등을 공연하였다. "진정한 뜻의 재미있는 연극을 생산할 것과 그 생산의 모체인 집단 앙상블의 지반과 결실을 꾀하며 연출과 연기자의 선의의 활동 기관이 되게 하는 동시에 연극인의 생활 조건도 상호부조 할 것을 도모한다"라는 목표를 내건 극단 고협은 몇 가지 점에서 여타 단체들과는 차이가 있었다. 그 하나가 영화제작사가 극단을 조직한 점이고, 다음으로는 영화제작자가 경영인과 함께 극단을 창단한 점이며, 끝으로 지방 공연을 먼저 하고 중앙으로 진출한 점에서 그러하다.[20]

이들은 1939년 3월초 〈복지만리〉라는 영화 현지 로케를 북선 지방에서 두 번째로 했는데 그 사이에 원산에서 연극 〈쾌걸 웡〉을 무대에 올렸다. 그 직후 극단 고협은 그 작품을 갖고 북선 지방의 주요 도시와 만주의 모란강(牡丹江) 주변 도시까지 순회공연했다. 그들은 또 무산과 간도에서 영화 촬영과 연극 공연도 가졌다. '영화도 연극도 우리 손으로'라는 자긍심과 의욕을 갖고 현지 로케와 순회공연을 하고 다녔다. 극단 고협이 이처럼 자신감과 의욕을 갖고 영화제작과 연극 활동을 하겠다고 나선 것은 금력과 권력이 있는 한학수가 뒷받침해 주었기 때문이다. 한청빌딩과 불광동 우시장, 그리고 여자상업학교 주인이었던 한학수는 친일파였지만 영화와 연극에 남다른 관심을 가진 인물이었다.

극단 고협은 그의 출자로 연극사상 최초로 소위 고협촌이라는 집단 주거지를 건설하기도 했다. 일본의 전위적 극단이라 할 전진좌(前進座)를 모방하여 단원들의 자급자족을 이루기 위하여 경기도 고양군 은평면에 대지 3천 평, 전답 2천 평, 가옥 8채를 사서 극단촌을 형성했다. 그곳에서 그들은 가축도 키우면서 영화와 연극을 제작한다는 계획을 세웠다. 3개월간은 영화를 만들고, 3개월간은 독서 및 심신수양을 하며, 나머지 6개월간은 연극 제작을 하는 것으로 되어 있었다. 연극, 영화 사상 전무후무했던 연극인촌까지 꾸미자 유능한 연극·영화인 여러 명이 정단원 또는 객원 단원으로 가담했다. 가령 나웅(羅雄, 연출가)이라든가 전옥(全玉, 여배우) 등 여러 명의 연극인들이 가입했고 유치진, 함세덕, 송영, 이서향, 주영섭 등이 객원 단원으로 가담하기도 했다. 심지어 유명한 의료인 김성진(金晟鎭) 박사까지 고문의사로 참여할 정도였다. 그렇게 되니까 고협 단원은 30여 명에 이르렀고 딸린 가족 70여 명을 합쳐서 1백여 명의 정식 연극촌이 형성되었다. 고양군 은평면은 그대로 연극 기지가 되어 갔다. 이런 극단에 이해랑이 가입하게 된 배경은 순전히 대화숙 덕분이었다. 한학수가 바로 대화숙의 몇 안 되는 한국인 교화원이었기 때문이다. 한학수와의 만남 및 극단 고협에 들어가게 되는 배경과 관련하여 그는 다음과 같이 쓴 바 있다.

이 대화숙의 선도 과정이 특이하면서도 재미있었다. 교활한 일제는 지식층에서 선발된 민간보호사라는 교화 담당자를 따로 두고서 숙원(塾員) 한 사람에 하나씩 말하자면 맨투맨 전법을 쓴 것이었다. 공교롭게도 나만이 유일한 한국인 보호사에게 맡겨졌는데 그가 한청빌딩 소유주인 한학수였다. 현 종각 자리에 화신백화점과 마주 했던 한청빌딩은 당시 국내 최대의 종합 오피스 빌딩으로 손꼽는 재벌이었다. 사상 범의 포도청답게 기세등등한 대화숙이나 한편으로 고도의 테크닉을 구사할 줄 아는 제법 세련된 전문 관청이었다. 예를 들면 감화의 여지가 있다고 본 숙원에게는 든 든한 직장을 알선하는 선심을 베풀기도 했다. 물론 이 역시 예뻐서가 아니고 "미운 놈 떡 하나 더 준다"는 식의 얄팍한 수단이었지만 이 대화숙의 자비(?) 덕분에 해 방 후 기반을 닦고 입신출세한 인사도 적지 않았다. 그들이 짭짤한 일자리를 배려 한 것은 지극히 당연지사였다. 대화숙에 매인 숙원치고 그 명성이나 인품 면에서 남의 밑에 둘 만큼 호락호락한 사람은 없었기 때문이다.

(……) 유혹과 협박을 번갈아 했지만 나의 질긴 연극 집념을 꺾지 못하게 되자 보다 못한 보호사 한(韓) 씨가 자기가 후원자로 있던 극단 고협에 든다는 조건부

연극 활동 선으로 양보했다. 고협 극단은 다분히 어용 극단의 성격이었기에 나 같은 문제아를 맡겨도 안심할 수 있어 당국도 이를 받아들인 것 같다. 어쩔 수 없이 사세부득이한 입단이었으나 아픔을 깨물면서 수락한 것은 누차 강조하지만 연극 외는 나의 길이 없다고 생각했기 때문이다. 고협은 신극을 표방했으나 냉정히 평가해 대중 성격의 신파 극단 쪽에 가까웠다. 도쿄 유학생의 허울을 벗어던진 이때의 용단은 나 개인의 의미를 흐린 감도 없지 않으나 대신 나의 연극 인생을 살찌웠다고 자신한다. 고협을 통해 신파와 대중연극의 진실을 알게 됐고 여기서의 체험이 훗날 연출가 생활에 단단한 바탕이 됐던 것이다.[21]

이상은 그가 자신의 삶과 직업 연극 활동의 중대한 전환점이 되는 배경에 대하여 진솔하게 설명한 글이다. 여기서 팔자가 중대한 전환점이라고 쓴 것은 그가 대학 시절 확고하게 굳힌 연극관을 잠시나마 유보시킨 사실 때문이다. 사실 그는 평소에 신파극을 연극이 아니라고까지 비판할 만큼 철두철미한 리얼리스트였다. 그런 그가 신파 극단에 가까운 고협에 가입한 것이다. 스스로 고백한 바 있듯이 그것은 타의에 의한 것이었지만 1939년 후반에 귀국한 그가 제대로 활동할 만한 신극단은 이 땅에 없었다. 오랜 방황 끝에 연극으로 삶의 방향을 정한 그가 다른 길을 찾는다는 것은 스스로 용납 못 했다. 그에게 차선책이란 있을 수도 없었고, 또 찾으려 하지도 않았다. 그런데 다행히 고협에서는 많은 선배 연극인을 사귀고 허황된 권위의식을 벗어 던질 수 있었다. 물론 거기서 끝나는 것도 아니었다.

아마추어 단체를 이끌었던 그는 프로 극단에 들어가서 당시 우리나라의 연극 생리를 체득할 수 있었으며 대중연극의 가치도 알게 되었다. 더욱이 뒷날에 그가 대연출가가 되는 데 있어서 고협에 참여한 것은 소중한 경험이었다. 단원들을 먹여 살리는 방법에서부터 자질이 부족한 배우들을 데리고 작품을 만들어내는 것 등 소위 경영 마인드나 리더십을 터득한 것이다. 그는 사실 대학을 갓 졸업한 애송이였기 때문에 고협은 그에게 변변한 배역도 주지 않았다. 그는 기껏해야 주역 배우였던 심영(沈影)의 대역 정도나 맡는 천덕꾸러기였다.

그가 고협에 가담할 무렵 곧바로 극단은 중국 순회공연에 나섰다. 몇천 리 길을 기차 한자리에 앉아서 며칠을 가야 하는 고된 여정이었다. 고협은 일제의 어용 극단이었기 때문에 대화숙과 조선총독부, 베이징 주둔 일본군사령부의 후원을 받기도 했다. 그만큼 고협에 중국 순회공연의 특혜가 주어진 것이다. 고협은 베이징으로부터 신경, 봉천, 하르빈, 도문 등지로 순회공연을 다녔던 바 조선 동포들의 열광은 대단했다. 그는 극단의 말단 단원으로서 그런 현장을 목도하면서 많은 것을 느낄 수 있었다. 특히 드넓은 만주 땅에서 대학 하계 방학 때 잠시 동안의 지방 순회공연에서 느꼈던 것과는 또 다른 감동을 받게 되었다. 심영의 대역으로 주역까지 자주 맡은 그는 몇 달의 짧은 중국 순회공연에서 배우로서 급성장할 수 있었다. 심영이 워낙 목이 잘 쉬었기 때문에 오히려 이해랑이 무대에 서는 날이 많았던 것이다. 그가 고협에 가입했기 때문에 광대한 중국 땅까지 여러 날 돌아다닐 수 있었고 그의 시야 또한 넓혀졌음은 두말할 나위 없는 것이었다.

그리고 고협은 그가 존경하던 선배 연극인으로서 도쿄학생예술좌 때 몇 달 동안 지도 받은 적이 있었던 유치진을 정략적으로 객원 단원을 만들었고 그의 작품 〈춘향전〉을 부민관에 올리기도 했다. 이해랑은 학생예술좌 시절 첫 데뷔 무대로 〈춘향전〉에 출연한 적이 있었기 때문에 역시 농부 역으로 다시 부민관 무대에 설 수 있었다.

그런데 이해랑이 고협의 〈춘향전〉 공연에서 인상 깊게 배운 것은 철저한 프로 정신이었다. 가령 고협이 〈춘향전〉 공연에 앞서서 분위기 조성을 위해 춘향전 전람회를 개최한 것 등은 그를 감탄시키기에 충분했다. 왜냐하면 고협이 수익을 올리기 위해서 철저하면서도 주도면밀한 홍보 전략을 구사했기 때문이다. 즉 고협은 춘향전 전람회를 형식적이 아닌 매우 전문적으로 했다. 고협은 당대 최고의 복식 전문가 이여성(李如星)의 의상 고증과 유자후(柳子

〈춘향전〉에 방자 역으로 출연한 이해랑(좌)

厚)의 소도구 고증, 그리고 함화진(咸和鎭)의 음악 고증에 이르기까지 대단히 학술적인 전람회를 개최하였다. 그로서도 매우 특이한 경험을 한 것이다. 직업 극단이 벌이는 여러 가지 행사는 좋은 공부가 되었다. 그가 대학 시절에 이상주의적으로 생각했던 연극운동이 막상 직업 극단의 현장에서는 허황된 것으로 생각되기도 했다. 반면에 특히 〈춘향전〉만 하더라도 그 진지성에 있어서 그가 학생예술좌 시절에 했던 것만 못했다는 점에서 대중적 신파 극단에 대한 환멸 같은 것도 느끼게 되었다. 특히 몇몇 중견 배우들의 오버 액션은 차마 눈 뜨고 볼 수 없는 수준이었다. 따라서 〈춘향전〉에 대한 평가도 대단히 부정적으로 나왔음은 두말할 나위 없었다.

고협은 〈춘향전〉 공연을 끝내고 북지(北支) 순회공연에 나섰다. 그런데 불행하게도 북지 공연은 황군(皇軍) 위문과 대륙 진출의 명목을 걸고 나선 것이었다. 북선 지방과 극장이 전무한 동해안 어촌의 벽지까지 순회공연을 다닌 것은 순전히 총독부 지시에 따른 연극보국(演劇報國)을 위해서였다. 그가 순회공연을 따라다녔던 것은 수치스럽고 고통스러운 일이었지만, 한편으로는 서민들의 밑바닥 생활을 깊숙이 들여다볼 수 있어서 인생 공부가 되었고 장차 벽지 사람들에게도 연극을 보여주어야겠다는 생각을 갖게 해준 소중한 경험이었다.

그가 고협에서 만난 사람 중에는 함세덕(咸世德)이 있었다. 물론 함세덕은 신진 극작가였으므로 유치진이나 다른 중견 배우들에 비해서는 보잘것없었다. 그러나 유치진과 두 사람은 모두 사제 지간이나 마찬가지였다. 특히 그가 유치진이 연출하게 된 〈무영탑〉(현진건 원작)에서 함께 일하게 되었기 때문에 의기투합할 수 있었다. 유치진은 두 제자에게 각각 극본 각색과 주인공(아사달) 역을 맡겼다. 항상 멀리 앞을 내다보면서 일하는 유치진답게 전도유망한 함세덕과 이해랑에게 중책을 맡긴 것이었다. 함세덕은 비록 선린상업학교밖에 다니지 못했지만 서점에서 일하면서 독서를 많이 했기 때문에 동서고금의 명작들은 두루 꿰는 수준이었다. 그가 특히 이해랑을 감복시킨 것은 이해랑이 잘 몰랐던 일본의 고전극 특히 가부키(歌舞伎)는 물론이고 아일랜드극까지 훤히 꿰뚫고 있었기 때문이다. 사실 이해랑도 독서의 폭이 상당히 넓고 깊었기 때문에 자부심이 대단했는데, 함세덕은 이에 조금도 물러서지 않고 맞설 수 있는 실력을 갖추고 있었던 것이다. 이해랑은 오랜만에 깊은 연극 대화가 통할 수 있는 친구를 만남으로써 마지못해 신파 극단을 쫓아다니는 허전함을 달랠 수 있었다.

그런데 그가 〈무영탑〉의 주역을 맡자 시샘하는 동료들이 많았다. 고협의 중견 배우들은 기라성 같은 신파극 스타들을 배제하고 이해랑 같은 백면서생, 이름 석 자도 없는 신인을 주역으로 내세울 수 있느냐고 반박했다. 그러니까 단원들은 이해랑이 아무리 도쿄 유학 출신이라고는 하지만 기성 무대에서 검증받지 못한 무명 신인인데 어떻게 고협 같은 최고 직업 극단의 주인공으로 내세울 수 있는지 항의한 것이다. 그의 주역 발탁은 곧 흥행 실패라는 주장도 나왔다. 그럼에도 불구하고 연출을 맡은 유치진은 절대로 흔들리지 않았다. 따라서 그가 직업 극단에서 우여곡절 끝에 처음 주역을 맡은 것은 퍽 감동적인 일이었고, 저력 있는 신인의 등장이라 하여 대서특필되기도 했다. 그 평의 일부를 여기에 소개해 보면 다음과 같다.

> (……) 그러나 이러한 모든 이유보다도 무엇보다도 가장 강력적으로 우리의 흥미를 자극시킨 것은 그들의 청신(淸新)을 다한 무대의 충실한 앙상블이었다. 우선 각색자가 극연(劇研) 시대에 가작 〈도념〉을 들고 나온 가장 양심적이고 재기발랄한 신극인 함세덕(咸世德)이고 연출자 역시 극연 시대에 가장 공헌이 많고 거기 따라 질로나 양으로나 남긴 업적이 현재에 있어서 누구보다도 유세(有勢)한 유치진 씨며 또 여기에 따르는 무대장치가 역시 신극좌(新築地)나 극연과 같은 순연한 극단체를 경유해 나온 이원경 씨라는 데 제일의적으로 우리의 흥미와 흥분은 아울러 경주되었던 것이다. 연기자 중에서도 이해랑 씨(李海浪 氏) 같은 신극 출신을 찾아낼 수 있었을 때 막이 오르기 전부터 일반의 기대는 얼마든지 컸다. 물론 이 짧은 지면을 빌려 세세한 평필을 가하려고는 안 하나 우선 앞서서 말해 둘 것은 극단 고협이 감히 이러한 팀웍을 짜가지고 중앙공연의 막을 열려고까지 결심하였다는 양심적 거사다. 신극의 대소 부대가 뒤를 이어 행방불명이 되는 지금에 있어서 여기에 대응하는 새로운 체제의 연극단이 나타나서 유위(有爲)한 인재를 주저 없이 등장시킨다는 데 우리는 역시 하나의 시대적 의의를 느끼게 되는 것이다.
> (……) 연기자에 있어서는 단연(斷然) 이해랑 씨(李海浪 氏)의 저력 있는 연기가 호감을 주었음을 나는 끝으로 자신을 가지고 말하고 싶다. 역시 "콩 심은 데 콩 난다"는 말이 여기서도 들어맞았다.[22] (방점 필자)

이상과 같은 당시 공연평에 잘 나타나 있듯이 고협이 이해랑을 일약 주역으로 발탁한 것부터 연극계의 신선한 충격이었고, 그의 뛰어난 연기력은 다시 한 번 기성 연극계를 놀라움에 사로잡히게 만들었다. 그의 연기는 대단히 분석적이고 지적인 것이 특징이었다. 더욱이 당대 최고의 문사였던 춘원 이광수(李光洙)의 호평이 그의 인기를 수직 상승시켰다. 그는 하루아침에 일약 스타가 된 것이다.

관객 역시 초만원이었기 때문에 그는 단 한 편의 작품으로 연극 팬들의 총아가 되었다. 이해랑의 이름 석 자가 기성 연극계의 가장 주목받는 신인으로 각인된 것이다. 이해랑이 〈무영탑〉의 주인공으로 발탁된 것은 순전히 연출자 유치진 덕택이지만 연습과 공연 과정에서 선배 단원들의 눈에 보이지 않는 질시와 박대를 이겨낸 것은 역시 그의 내공과 뚝심이었다. 그는 나약하지 않았다. 옳다고 생각하면 결코 자신의 신념을 굽히지 않는 강인함이 있었다. 연습 과정에서도 선배 단원들은 계속 수군거리곤 했다. "쟤가 아무리 도쿄에서 연극 공부를 해가지고 이론이 어떻고 입으로 떠들어대지만 과연 무대에서 통할까?" 하는 등의 수군거림이었다. 그러나 그는 그런 반발과 저항을 뚝심과 실력으로 극복하고 스타덤에 올랐다. 신진 스타로 우뚝 서서 선배 단원들을 향해서 마음속으로 '너희들은 신파다. 내가 하는 게 진짜 신극이다. 너희보다 학문적, 이론적, 체계적으로 연극을 한 사람이다'라고 외치곤 했다. 하지만 결국 그에 대한 고협 단원들의 시샘과 질시는 그로 하여금 극단을 떠나는 계기를 만들어 주었다.

당시에는 서울에서 인기를 끈 공연은 곧바로 지방 순회공연으로 이어지는 것이 상례였다. 극단의 기획자들이 지방 도시에 가서 시장 조사를 하고 그에 맞춰서 일정을 짜놓곤 했다. 따라서 고협의 〈무영탑〉이 서울에서 히트하자 지방 순회공연 일정이 잡힌 것은 극히 자연스런 일이었다. 그런데 뜻밖에 이해랑에게 주역을 내놓으라는 압력이 온 것이다. 심영에게 아사달 역을 내어주라는 것이었다. 심영은 다른 단원 박창한(朴昌漢, 예명 주인규(朱仁奎)) 을 시켜서 간접적인 뜻을 전달해 왔는데 "서울선 네가 주연을 했다. 서울은 그래도 신극을 볼 수 있는 관객이 있고 극평을 한 이광수 씨 같은 인텔리도 있다. 흥행도 나쁘지 않았다. 그러나 지방에 가면 이해랑을 알겠나. 누가 보러 오겠나. 네가 양보해라. 내가, 심영이 주연을 해야겠다"는 것이었다. 그러니까 무명 신인이 주연을 하면 흥행 면에서 어려울 것이니 사라지라는 것이었다. 그가 프로 극단에서 첫 번째 수치스런 시련이라 할 '배역 앗김'에 직면한 것이다. 그는 이야기를 듣자마자 즉각 이렇게 내뱉었다. "이런 미친놈들이 있나. 인기라는 게 뭔가. 연극이란 것은 진실한 인생을 표현하는 것인데 이놈들은 흥행을 먼저 생각하고 있구나. 이런 유치한 녀석들과 언제까지 행동을 같이 할 것인가"라고.

사실 그는 고협에 1년여 있으면서 배울 점도 없지 않았지만 실망스런 면이 더 많았다. 우선 신파 연극인들과는 생리적으로 맞지를 않았다. 그래서 항상 떠나야겠다는 생각을 마음속에 품고 있었다. 그러던 차에 배역 앗김을 당하게 되었으니 마음속에 분노와 함께 수치심으로 가득 찰 수밖에 없었다. 그는 그 말을 전해 듣자마자 쿨하게 즉각 탈퇴 선언을 했다. 특히 후배 연극인들에게 그러한 배리(背理)의 풍토를 남겨줘서는 안 되겠다는 생각을 한 것이다.

그런데 어이없게도 이번에는 고협에서 문제가 발생했다. 심영이 전혀 연습을 못한 상황에서 이해랑이 탈퇴하면 어떻게 하느냐는 것이었다. 따라서 그는 고협 단원들에게 강제로 끌려서 개성까지 갔다. 심영이 극본을 다 욀 때까지만 무대에 서 달라는 뿌리치기 어려운 간청 때문이었다. 그는 비록 고협으로부터 탈퇴하겠다고 선언은 해두었지만 관중과의 약속은 지켜야 한다는 신념에 따라 며칠간 개성 무대에 섰다. 그리고 심영에게 깨끗이 주역 자리를 물려주었다.

그런 상황에서 그의 귀경을 막고 고협에 계속 머물도록 한 것은 친구 함세덕이었다. 물론 유치진도 그에게 당분간 머물러 있도록 권유했다. 연극을 포기하려면 모를까 당장 가입할 만한 극단이 없었기 때문에 그는 어정쩡하게 남아 있었다. 배역을 잃은 뒤에도 극단을 따라서 3개월 동안 북선 지방 순회

공연을 끝까지 따라다녔다. 이 사건(?)은 그에게 하나의 인내력의 시험이기도 했다. 그는 북선 지방을 다니면서 많은 것을 배웠다. 일제강점기에 조선인의 삶의 실상을 보았고 고장마다 다른 풍물에서 많은 작품 소재를 얻기도 했다. 그는 고생스럽긴 해도 여행은 확실히 인생의 스승임을 새삼 깨닫기도 했다. 북선 지방 순회공연은 대체로 성공적이었다. 고협 역시 〈무영탑〉을 통해서 정통 신극인들을 끌어들여 조화를 이루어야 성공한다는 것을 깨닫게 되었다.

고협은 신진 극작가 박영호(朴英鎬)가 미국 토키영화 〈소년의 거리〉를 모작한 〈우미관 뒷골목〉을 탈고하자 곧바로 신극 연출가를 찾아 나섰다. 그리하여 그들은 이해랑을 통해서 이서향을 불러오도록 했다. 그는 도쿄학생예술좌 때 이해랑과 함께 연극을 하다가 일본 경찰에 체포되어 수개월 동안 옥고를 치르고 고향인 원산(元山)에서 지방신문 기자로 조용히 지내고 있는 처지였다. 극단의 명령에 따라 이해랑은 원산까지 찾아가서 이서향에게 연출을 의뢰했다. 2년여 동안 연극계로부터 떠나 있었던 이서향은 이해랑의 제의를 흔쾌히 받아들였다. 제안에 감동하여 이해랑에게 주역을 맡기겠다는 약속까지 했다.

이 작품의 주역은 거리의 불량배들을 선도하는 기자와 인정미 넘치는 깡통 장수 할아버지였다. 이해랑은 깔끔한 용모라든가 지적인 풍모 등으로 보아 기자 역이 적격이었다. 그런데 막상 연습에 들어가면서 연출자 이서향의 말은 먹혀들지 않았다. 상업 극단에서 객원 연출자가 무슨 큰소리냐는 것이었다. 역시 심영이 기자 역을 맡고, 김동규가 깡통 할아버지 역을 맡았다.

결국 이해랑에게는 겨우 불량배라는 악역이 돌아왔다. 고협은 또다시 배역 갈등으로 홍역을 치를 수밖에 없었다. 이처럼 그는 상업 극단에서 끊임없이 인내의 시험을 당했다. 그는 거기서 참는 것을 충분히 몸에 익혔다. 청소년 시절에 무절제하고 참을성 없이 행동했던 것이 상업 극단에서 철저히 담금질 당한 것이다. 결국 배역 갈등으로 홍역을 치른 작품 〈우미관 뒷골목〉은 무대에 오르지 못했다. 왜냐하면 조선총독부 경무과에서 그 작품이 사회주의 경향성을 띠었다고 하여 공연 불가 판정을 내렸기 때문이다.

고협은 전속 작가 박영호에게 시켜서 부랴부랴 대체 희곡 〈동라(銅羅)〉를 준비토록 했다. 이 작품에서도 이해랑은 심영에게 홀대 받고 악역으로 밀려나는 수모를 당해야 했다. 이 작품은 마침 도쿄예술좌의 연극 활동을 테마로 한 것이기 때문에 그 리더였던 이해랑이 적역임은 누구나 인정하는 터였다. 그럼에도 불구하고 극단 총무였던 심영이 주역을 차지하고 그에게는 못된 극장 주인이라는 악역이 주어졌다. 그때 그는 심영과 연기 대결을 벌여보겠다고 속으로 다짐하고 맹렬히 연습했다. 그는 의도적으로 연기 앙상블을 무시하고 튀는 연기를 함으로써 작품으로서는 망쳤지만 연기 대결에선 심영을 압도하였다. 이로써 극단 고협에 심각한 반성의 교훈을 던지겠다는 것이었다. 이해랑에게는 그러한 오기도 내심 깊숙이 감추어져 있었다.

그렇지만 고협이 당시에 여전히 최고의 직업 극단이었음은 자타가 공인하는 처지였다. 이러한 고협이 1941년 초봄에 극단 창립 2주년 기념 공연으로 유치진의 첫 번째 역사극인 〈마의태자〉를 무대에 올렸다. 이 작품에서도 그는 주연인 마의태자를 심영에게 빼앗기고 조역〔이종자(李從者)〕으로 만족해야 했다. 물론 심영의 열연으로 그가 대스타답게 각광을 받았지만 이해랑의 진가도 유감없이 발휘된 공연이었다. 당시 한 월간 잡지는 조역이었던 이해랑의 연기에 대하여 다음과 같이 극찬한 바 있다.

> (……) 이종자〔李從者, 이해랑 분(李海浪 扮)〕, 이 연기자는 그가 가지고 있는 지성(知性)과 악마적인 습성이 잘 반합(反合)하여 지성의 승리(勝利)를 확실히 표현하고 있다고 본다. 종막에 들어서서 태자에게 간(諫)하는 호성(呼聲)은 아리스토파네스의 일장(一場)의 비극을 말하려는 것 같았다.[23]

이상과 같은 연기평에서 확인할 수 있는 바와 같이 이해랑은 대단히 지성적인 배우로 인정받았다. 이 점은 그의 데뷔 무대에서도 희미하게나마 관중에게 비쳐졌었다. 외모상으로 호리호리한 몸매와 가름하고 흰 얼굴, 그리고 작은 눈, 오뚝한 코가 조화를 이루어 차갑고 지적인 분위기를 풍겨준 것 같다. 그뿐만 아니라 귀족 출신으로서의 기품과 대학에서 닦은 교양이 그로 하여금 더욱 지성파 배우로 만들어 준 것이 아닌가도 싶다. 게다가 비교적 가느다란 목소리를 내는 그가 악마적인 분위기를 내는 데 한몫했을 것 같다. 평자는 흥미롭게도 그 점을 지적하면서 지성과 악마적인 양면을 지닌 배우로 부각시킨 것이다. 그가 뒷날 〈오셀로〉의 이야고 역을 최고의 경지로까지 끌어올린 것이야말로 그의 또 다른 측면이라 할 악마적인 분위기에 따른 것이 아닌가 싶다.

여하튼 그는 1940년 초두에 전 연극계에서 가장 유망한 신예 배우로 스타덤에 오르게 되었다. 이미 스타로서 부동의 자리를 지키고 있는 심영까지 질투할 정도로 지적인 신인으로 우뚝 섰다는 것은 괄목할 만한 진전이었다. 왜냐하면 당시만 하더라도 수백 명의 배우들이 눈에 보이지 않게 치열한 경쟁을 하고 있던 상황이었기 때문이다. 더욱이 그는 몇 안 되는 도쿄 유학 출신이었기 때문에 전도유망했다.

그는 고협에서의 2년여 활동을 끝으로 일단 극단을 떠나게 된다. 당초 타의에 의한 것이긴 했지만 고협에 입단하여 프로 극단에서의 연기 실습이라 생각하고 열심히 최선을 다했음에도 불구하고 선배들의 시샘과 견제로 인하여 마음껏 실력을 발휘해 보지 못했다. 치사스러울 정도로 선배 동료들이 그를 배타하고 홀대했기 때문에 고협을 떠나는 것은 그에게 특별히 아쉽지 않았다.

시대 분위기 역시 그로 하여금 한가하게 연극이나 하고 앉아 있을 수 없게 만들었다. 왜냐하면 일본 군국주의가 드디어 미국을 향하여 선전포고를 함으로써 제2차 세계대전의 서막이 올랐기 때문이다. 따라서 전시 분위기가 긴박하게 식민지 이 땅과 일본 전역에 번져나갔다. 일제는 『조선일보』와 『동아일보』 양대 민족지를 폐간시키고 『문장』, 『인문평론』 등 한글로 된 월간 잡지도 모조리 폐간시켰다. 저들은 소위 내선일체라는 표어를 내걸고 민족말살정책을 강력히 펴나가기 시작했다. 공연예술 분야에서의 획일적인 통제와 억압적 분위기는 한층 더 고조되었다. 저들은 1941년 3월 들어서는 소위 연극 신체제 방침(演劇 新體制 方針)을 정부 발표 형식으로 공표했다. 그 내용을 보면 첫째 일본 연극의 연극미[傳統美]를 살림과 동시에 국민 문화의 진전에 자 (資)할 국민연극(國民演劇)을 수립할 것, 둘째 이것으로 인해 종래 비생산분 자의 점유물로 보이던 연극을 국민 전체의 것으로 만들기 위한 방침에 연극 의 기구조직의 재편성과 공장, 광산, 농산어촌의 생산·면(面)에 보내는 이동 연극대를 확대, 강화할 것 등이었다.

그러니까 국책적인 내용의 국민연극을 전국적으로 확대시켜서 일본 군국주 의 정치 이념을 일본인은 물론이고 조선인들에게도 주입시키겠다는 것이었 다. 결국 모든 예술은 어용적인 것이 될 수밖에 없었고 연극은 국민 연극밖에 없게 되었다. 그런 어수선한 시기에 이해랑은 고협을 감연히 탈퇴하였다. 따 라서 그는 상당 기간 친구들과 어울려 술이나 마시면서 낭인 생활을 하였다. 그런 때에 유치진이 극단 현대극장(現代劇場)을 창단하면서 그를 유망 신인 으로 끌어들였다. 물론 현대극장이 조선총독부의 사주에 의한 어용 극단이었 음은 두말할 필요도 없었다.

그러나 암흑시대에도 신극의 맥은 이어야 한다는 생각으로 유능한 연극인 들이 대부분 참여했는데 그 면면을 보면 유치진을 대표로 함대훈(咸大勳), 서항석(徐恒錫), 주영섭, 김영옥, 이웅, 윤성묘, 유계선, 김신재, 이백수, 강홍 식, 전옥, 김양춘, 현지섭, 김동원, 이해랑 등이 있었다. 과거의 극예술연구회 멤버가 주축이 되고 토월회, 학생예술좌, 그리고 몇몇 신파 극단 출신을 합친 극단이 현대극장이었다. 그런데 이해랑의 마음을 끌어당긴 것은 평생의 친구 김동원이 가담했기 때문이었다. 배재고보 시절부터 친한 사이로 도쿄학생예 술좌 때는 그의 단짝이었던 김동원은 대학 졸업과 함께 일제의 탄압으로 연 극계를 떠나 2년여 경성방직 사원으로 근무했었다. 김동원은 연극계에 복귀 하여 이해랑과 함께 무대에 서게 되어 감개무량할 수밖에 없었다. 그런데 현대극장이 어용 단체였으므로 만부득이 첫 희곡으로 친일 성향의 〈흑룡강〉(유치진 작, 주영섭 연출)을 창립 공연으로 무대에 올리게 되었다. 이해랑도 꺼림칙한 마음이었지만 신극의 맥을 잇는다는 사명감으로 참여한 것이었다. 그가 뒷날 현대극장에 대해서 회고한 글에서 극단에 참여했던 그의 생각의 일단을 살필 수 있다.

현대극장 소개 벽두부터 나는 분명히 신극사(新劇史)의 최후 보루로서 그 공로를 앞세웠다. 그러나 어떤 사람은 극단 현대극장이 과연 순수 동기의 민족 극단이었나를 의심하며 오히려 일제가 목적한 침략 전쟁 수행 완수와 민족문화 말살정책에 동조했던 반동(反動) 연극 단체였다고 말할지도 모른다. 그러나 이런 태도는 불행한 결과론이며 근시안적 견해라고 본다. 40년대의 암흑기를 겪었던 세대라면 우리말 심지어는 우리 성(姓)까지 박탈당해야 했던 수난을 결코 왜곡할 수 없을 것이다. 군이 지조론(志操論)에서 따진다면 이 당시 문화 단체 중에서 정도의 차이는 있겠으나 자의든, 타의든 간에 일제에 추종치 않은 단체는 없었으며 만약 있었다면 그것은 활동 자체를 포기할 수밖에 없었다. 육당(六堂)이나 춘원(春園) 같은 고절한 문인까지도 본의 아니게 뜻을 굽혀야 했는데 하물며 개인도 아닌 단체가 현실을 전연 배제할 수는 없었던 것이다. 이런 상황 속에서 현대극장은 명분만의 침묵보다 차라리 멍에를 멘 행동을 택해 망각 시대를 이어준 한 줄기 맥(脈)이었다고 생각된다.[24]

이상의 글은 이해랑이 식민지 말엽의 암흑기를 어떻게 보냈는가 하는 것과 현대극장 활동을 어떤 시각에서 보고 있는가, 그리고 그의 역사의식의 일단을 피력한 것이다. 사실 작가나 연출가가 아니고 단순한 신인 배우였기 때문에 공연을 통한 현실 참여에 대해서 특별히 고뇌할 필요는 없었다고 보아도 될 것 같다. 그는 일본 제국주의에 대해서 아유(阿諛)할 필요도 없었고 반대로 저항할 처지도 아니었다. 왜냐하면 배우란 작가와 연출가가 묘사해 놓은 인물 성격을 충실하게 표현하면 되는 것이기 때문이다. 세계 연극사를 보더라도 어떤 정치 이념이나 체제에 반기를 들고 저항했던 사람들은 대체로 작가였다. 물론 배우 중에도 그런 인물이 없었던 것은 아니지만 그런 배우는 대개 극작이나 연출을 겸한 경우였다. 배우는 극작가가 창조해 놓은 인물 성격을 무대위에서 충실히 대변한다는 점에서 정치로부터 멀리 벗어나 있는 직업이라 말할 수 있다. 우리가 어용 작가라는 말은 잘 써도 어용 배우라는 용어는 거의 사용하지 않는 이유도 바로 여기에 있다.

그러나 한 가지 분명한 것은 그가 젊은 시절 식민지 시대를 겪으면서 장삼이사 이상의 특별한 고뇌는 하지 않은 듯싶다. 이는 의협심이나 반항적 기질이 없어서가 아니라 그의 가문과 직접적 연관이 있는 것 같다. 앞에서 상술한 것처럼 그는 명문가의 장손이었는데 그를 키워준 조부는 대한제국 고관으로서 일제강점기에도 전사(典祀)로서 대우를 받았으며 부친은 저명한 의사로서 부산의 임명직 부의원이었다. 따라서 그에게 특별한 역사의식이 싹트기는 어렵지 않았나 하는 생각이다. 그는 국민연극 시대에도 연극 활동에만 정신을 쏟고 있었다. 읽는 책도 모두 연극 이론서나 서양의 희곡 작품이었다. 현대극장 초기에는 워낙 선배들이 많았기 때문에 그에게 큰 역이 주어지지 않았다. 그런 사이에 그는 연극 공부를 더 했고, 특히 극단 고협 시절에 묻었던 신파극의 때를 벗겨내는 일을 했다. 특히 그는 2년여 상업 극단에 몸담고 있으면서 느낀 관중에 대한 환멸이 대단히 컸었다. 그가 무대 활동을 쉬면서 쓴 「비속성(卑俗性)의 극복」이란 글은 그런 관객 혐오론을 드러내고 연극의 진정한 본질이 무엇인가를 다시 한 번 일깨워준 것이었다. 그는 이 글에서 관중의 천박성에 대하여 다음과 같이 썼다.

연극을 낳고 연극을 키워온 것은 관객(觀客)이다. 다 같이 살려는 삶의 욕구를 가진 사람이 모인 곳에서 연극은 현상(現象)하고 발생하였다. 극본이니 극장이니 배우이니 하는 연극의 주관적 조건을 무시하고 연극이 존재한 일은 있으나〔중세기

(中世紀)의 즉흥희극(卽興喜劇) 혹은 영국의 페−젠트와 같은 인형극(人形劇)과 같이〕 관객을 떠난 연극은 존재할 수 없고 또 존재한 일도 없다. 관객을 떠나서 연극은 생활할 수 없기 때문이다. 관객은 연극의 근원(根源)이요 모태(母胎)이요, 연극의 본질적인 생활조건이다. 관객, 그들의 본 이름은 군중(群衆)이다. 전날에 연극을 현상시키고 그 연극을 구경하러 모인 군중이 관객이다. 그러나 이 관객이란 군중은 결코 유식한 무리가 아니었다. 어느 때 어느 곳을 물론하고 그들의 공통된 성질은 무지(無知) 그것이었다.

그들을 지배하는 것은 원시적인 본능과 감정이었다. 지력(知力)이 적은 대신 감정이 광대한 것이 그들의 특징이다. 관객은 큰 어린애다. 연극은 이러한 관객을 상대로 생활하지 않으면 안 될 선천적 숙명(宿命)을 타고났다. 그들 관객은 연극에 있어 예술을 구하지 않고 단순한 관능적 자극(官能的 刺戟)을 구하고 오락을 구한다. 써−커스나 레뷰−와 연극이 어디가 다르단 말이냐? 하는 것이 일반 관객이다. 다−같단 말이다. 그렇기 때문에 그들은 배우가 머리를 썼을 때보다 몸을 썼을 때 더 환영한다. 여기서 스타−라는 간판 배우(看板 俳優)가 생긴다. 심한 관객은 연극을 보러오지 않고 배우의 간판을 보러온다. 그러한 관객이 배우를 기생(妓生)이나 유녀(遊女)와 같은 또는 커피나 담배와 같은 물건을 만들어 버렸다. 간판 배우는 잘 팔리는 연극 시장의 상품(商品)이다. 관객은 연극에 있어 깊은 것보다는 천박(淺薄)한 것을, 생각시키는 것보다는 열광(熱狂)시키는 것을 바란다.

흔히 그들은 연극에서 연극(演劇)을 요구하지 않고 스포−츠를 요구한다. 그들의 구미(口味)를 당기게 하는 것은 칼쌈, 격투, 그렇지 않으면 불을 토하는 언쟁(言爭)이다. 극장 근방에서 운동 경기가 있을 때면 언제나 극장은 텅 비는 게 예사다. 이러한 관객의 어린애와 같은 오락적 태도가 오늘의 상업주의 연극의 성황을 보게 하였고 연극을 비속(卑俗)하게 만든 것은 더 구구히 말할 나위도 없다. 관객은 연극을 만들어 놓고 그 다음 연극을 타락(墮落)시켜 놨다.

이상과 같은 관중의 무지는 연극을 비속하게 하는 연극의 객관적 조건이다. 이밖에 연극은 연극 주체 내(演劇 主體 內)에 그것이 그대로 표현되었을 때 비속하게 되기 쉬운 비속성의 주관적 조건을 가지고 있다. 그것은 연극이 다른 어느 예술보다도 인간이며 생활을 무대라는 공간을 통하여 직접 관객에게 표현하는 것이기 때문에 위험이 더 심하다.[25]

이상의 글에서 확인할 수 있는 것은 이해랑의 탁월한 관객론(觀客論)이다. 이는 곧 그가 2년여 동안 상업 극단에서 배우로 일하면서 직접 현장에서 보고 느낀 관객의 본질과 성향에 대하여 쓴 일종의 관객본질론인 것이다. 그런데 그의 관객론은 대단히 부정적이었다는 데 주목할 필요가 있다. 그의 부정적 관객론은 두 가지 점에서 우리의 주목을 끈다. 첫째는 그의 지성적인 측면이다. 그는 이미 지적 배우로 인정받았던 터이지만 당시 관객의 성향을 분석한 눈은 대단히 예리했다. 그는 관객을 연극의 한 중요 요소로 보았는데, 특히 관객을 연극의 모태라든가 근원으로까지 추켜세우면서도 관객의 생리를 매우 비판적으로 본 것은 놀랄 정도로 냉철하고 예리한 것이다. 그가 상업 극단 무대에서 관중을 응시하며 대중의 속성을 알아챈 것이다.

그는 관객을 큰 어린애들로 볼 정도였다. 관객이 연극에서 "깊은 것보다는 천박한 것을, 생각시키는 것보다는 열광시키는 것을 바란다"고 지적한 것은 대중의 생리를 정확하게 간파한 것이다. 이는 사회학자인 어네스트 반 덴 하그가 일찍이 대중의 속성을 갈파한 것과 상통한다고 말할 수 있다. 어네스트 반 덴 하그는 "대중은 인간의 앎을 밝혀보려고 하기보다는 오히려 일상의 어려운 삶을 잊게 하는 것을 찾는다. 다시 말하면 대중은 새롭고 낯선 문화현상에 의한 충격을 받기를 피하려 하고, 그보다는 익숙한 전통적인 놀이의 표현(행복하고 감상적인 놀이의 표현)에 의해 편안히 쉽게 즐기고자 한다. 사실 대중은 아슬아슬한 스릴을 원하기는 한다. 그러나 대중이 원하는 스릴은 비이성적 폭력이나 천박한 것으로 얻어지는 것이며, 이러한 것을 통해 감정을 해소하려 할 뿐이다. 마찬가지로 달콤한 감상적인 것을 좋아하며 이를 통해 현실도피를 하려 한다"[26]고 비판한 바 있다. 이해랑과 약간의 표현상 차이는 있지만 대중(관중)의 속성을 지적한 부분은 정확하게 맞아떨어진다. 가령 이해랑이 관객의 생리를 지적하는 중에 고도의 예술을 감상하기보다는 칼싸움, 격투, 불을 토하는 언쟁 등에 더욱 흥미를 가진다고 말한 것과 무대 위에서 배우가 머리를 썼을 때보다 몸을 썼을 때 열광한다고 비판한 것 등도 어네스트 반 덴 하그의 대중 생리 분석과 일치한다.

사실 대중이란 일찍이 사회학자 오르테가가 갈파한 바 있듯이 '감정에 민감'하고 '지성에 둔화'되어 있으며 '개인의 책임'을 멀리하는 특성이 있다. 철학자 몽테뉴도 인간이 정신적 불안과 사회적 환경에 따라 적응하여 현실도피를 하게 되는 것을 필연으로 보았다. 이 같은 사회적인 분위기에서는 대중오락이 범람하게 되지만 몽테뉴는 이 같은 도피적 오락이 인간을 정신적 고통으로부터 해방시켜 주는 사회적 기능도 한다고 보았다. 이해랑은 지적으로 성숙하지 못했던 1940년대 특히 식민지 치하의 우리나라 연극 관중의 속성과 생리, 그리고 갈망 같은 것을 체험을 통해서 직관적으로 분석해 낸 것이다. 이 점은 그의 탁월한 감각과 지적 능력을 단적으로 보여준다.

그런데 둘째로 관중의 천박성 등이 연극과 배우의 속성과도 무관하지 않다고 본 그의 뛰어난 안목이 더욱 주목된다. 그는 연극의 생리와 관련하여 "연극의 만고불멸(萬古不滅)의 수단은 사랑을 한다든가, 반항을 한다든가, 싸움을 한다든가, 살인을 한다든가 하는 파란곡절을 예상시키고 야기하는 것들"인 바 그것이야말로 연극의 수단이 비속한 행동일 수밖에 없다고 했다. 그러니까 연극이라는 것이 "생각하는 사람보다도 울며불며 하는 사람이 더 극적(劇的)"이라는 것이다. 그만큼 연극이라는 것은 운명적으로 비속성을 갖고 있다는 것이다. 그에 따라 배우도 무대적인 일체의 정서를 육체를 통하여 표현하는 비속한 존재일 수밖에 없다고 보았다.

바로 여기서 연극과 배우의 비속성을 극복하는 방안을 모색하기에 이르렀는데 그들이 다름 아닌 스트린드베리, 메이에르홀드, 그리고 고든 크레이그라는 것이다. 이는 매우 정확한 관찰로서 그가 광범위한 연극 이론을 섭렵하지 않았으면 알아낼 수 없었던 것이다. 그렇다면 그가 스트린드베리나 메이에르홀드, 고든 크레이그 등의 극술에서 찾아낸 것은 무엇인가? 그것은 다름 아닌 '연극적 환상'으로서 그가 평생 지키게 되는 연극관도 부분적이나마 나타나게 된다. 그는 이 글에서 그와 관련하여 다음과 같이 쓰고 있다.

연극은 환상(幻想)의 예술이다. 무대상의 업무는 이 예술적 환상을 일으키기 위한 행동이다. 연극의 외적 또는 내적 일체의 비속성이 예술적 환상에 의하여 극복되지 않으면 연극은 추하고 천한 수단의 적나라한 표시에 끝이고 만다. 예술적 환상을 일으키지 못한 연극은 촉루(髑髏)와 같은 연극이다. 연극은 현실과 인간을 수단으로 하되 현실이 아니고 촉루가 아니다. 비속성을 극복하고 예술적 환상에 의하여 현실의 피안(彼岸)으로 무대를 전개시키며 관객을 이끌고 가는 것이 연극이다. 극예술이다. 연극에 있어서는 눈에 보이는 것이 전부가 아니다. 눈에 보이지 않는 것, 육안(肉眼)으로는 볼 수 없는 것, 그것이 훨씬 더 중대하다. 그것은 예술적 환상이요 시미(詩美)다. 이것이 연극을 현실의 피안으로 끌고 가고 무대를 아름답게 꾸미는 연극의 최대 지배자요 주인공이다. 이 예술적 환상과 시미는 비속성이 극복당한 연후에 비로소 피는, 예술적 향기(香氣)가 높은 무대의 꽃이다.[27]

이상의 내용은 그가 평생 동안 확고한 연극관으로 지켜온 것의 일부를 내비친 것이기 때문에 대단히 중요하다. 그가 이 글을 쓴 것이 25살 때였다. 그가 25살에 이미 확고한 연극관을 가졌다는 점에서 얼마나 조숙했는가를 짐작할 수 있다. 그때까지만 해도 유치진 등 한두 연극인을 제외하고 그처럼 확고한 연극관을 가졌던 경우는 찾기 힘들었다. 그의 이러한 연극관은 구체적 체험과 이론 섭렵을 통해서 얻어진 것으로 볼 수 있다. 여기서 구체적 체험이란 고협이라는 상업 극단에 2년여 몸담고 무대에 서면서 관객의 속성을 알았다는 점을 꼽을 수 있다. 관객의 속성이란 그가 누누이 지적한 것처럼 지적 도전이나 모험을 거부하고 천박하고 비속한 오락취미를 선호하는 것을 가리킨다.

그는 상업 극단을 따라다니면서 저급한 관중의 통속 취미를 절실하게 느꼈고, 그 과정에서 연극의 품위를 어떻게 지키며 시적 아름다움을 무대 위에 어떻게 창조해 놓을 것인가에 대하여 숙고를 거듭했다. 물론 젊은 기분에 관중에 대하여 실망하고 또 환멸의 비애를 적잖게 느낀 것도 사실이다. 그러나 그의 지적 자각이 오히려 그런 저급 관중을 대하면서 솟구쳤다. 그는 평생 연극이 그러한 관중에 영합해서는 안 되겠다는 생각을 해왔다.

그래서 그 극복 수단으로 극적 환상을 발견하게 된 것 같다. 이 극적 환상이 체험에서만 얻어진 것은 물론 아니다. 여기에는 그의 부단한 연극 이론 탐색이 수반되었다. 그와 관련해서는 후술하겠거니와 아무래도 서구 근대극에 대한 연구에서 터득된 것이라 말할 수 있다. 이해랑은 이와 관련해서 표현주의 작가 스트린드베리를 비롯해서 스타니슬랍스키의 반대론자 메이에르홀드, 그리고 연극에서의 리듬, 조명, 선율 등을 강조한 고든 크레이그 등을 예시했지만 가장 직접적으로 영향을 받은 작가는 역시 안톤 체호프였음을 알 수 있다. 왜냐하면 안톤 체호프야말로 극적 환상을 가장 강조한 극작가였기 때문이다.

가령 위의 글 중에서 "연극에 있어서는 눈에 보이는 것이 전부가 아니다. 눈에 보이지 않는 것, 육안으로 볼 수 없는 것, 그것이 훨씬 중대하다"고 설명한 것이야말로 바로 안톤 체호프의 연극관과 맞닿아 있는 것이 아닌가. 그리고 연극이란 "현실을 피안으로 이끌어가는 것"이라고 한 것 또한 연극을 "낙원의 행사"라고 정의했던 유치진과도 연결되는 것이다. 어떻든 그가 상업 극단 고협을 탈퇴한 뒤 신파극 등 대중극에 전혀 오염되지 않았음을 만천하에 공표한 셈이 된다.

그리고 유치진 주도의 현대극장에 마지못해서 참여한 것을 눈치 챈 유치진 대표가 창립 공연 때는 별다른 역을 이해랑에게 주지 않았다. 그로서는 다행이었다. 왜냐하면 현대극장의 창립 공연 작품인 〈흑룡강〉은 일제가 만주 땅을 완전 지배하기 위하여 정책적으로 내세운 분촌(分村)운동을 테마로 한 친일 어용극이었기 때문이다. 그러나 두 번째 작품 〈흑경정〉에서는 그가 주역

〔마리우스 분(扮)〕으로 무대에 설 수 있었다. 그것도 절친한 친구인 함세덕이 번안하고 그를 추천했기 때문에 가능했다. 이 작품은 본래 프랑스 작가 파뇰의 〈마리우스〉인데 함세덕이 번안해서 〈흑경정〉이 된 것이다. 이는 그가 고협 무대에 서고 나서 근 반년여 만에 다시 주역으로 나선 것이었다.

함세덕이 파뇰의 원작 이상으로 잘 번안해 놓은 작품이었기 때문에 이해랑으로서는 오랜만에 멋진 연기를 보여줄 수 있는 기회를 갖게 되었다. 연출자역시 그가 평소에 존경하던 중견작가 유치진이었다. 그는 이 작품에서 자신을 붙잡는 연인과 바다로 떠가고 싶은 두 상반된 욕망을 소도구를 통해서 멋지게 연기해 보임으로써 단원들뿐만 아니라 관중으로부터 뜨거운 갈채를 받았다. 그때의 사정을 그는 다음과 같이 회고한 바 있다.

이 연극을 통해 나 자신이 처음으로 입체적 연기를 시도했다는 데 큰 자부심을 갖는다. 마리우스가 연인 화니를 남기고 마지막 배 떠나는 장면. 이 별리(別離)의 순간에 떠나는 발길에다 남겨둔 마음의 이중 감정을 표현하기가 무척 어려웠다. 처음에는 단순하게 한 가지씩 독립적으로 나타내 봤으나 아무래도 석연치가 않았다. 며칠간 고민을 하다 문득 무대 소품을 이용한 간접 표현방법에 생각이 미쳤고 연출자인 유(柳) 선생도 기발한 착상이라면서 기뻐했다. 그 방법은 카운터의 술잔 2개를 비벼댐으로써 떠남을 앞둔 망설임의 복합적 감정을 전달하자는 것이었다. 얼마나 그 효과가 선명했던지 이 연극이 공연된 후 술집을 찾을 때면 곧잘 술잔을 부비는 흉내 내는 광경을 접할 수 있었다.[28]

여기서 배우로서 그의 두 가지 특징이 나타난다. 한 가지는 맡은 역에 대해서 끊임없이 연구하는 그의 자세이다. 그는 아무리 작은 역을 맡아도 언제나 최선을 다하는 탐구적 배우였다. 그러나 그보다 더 중요한 점은 그의 뛰어난 창의성이다. 그는 학생예술좌의 아마추어 연극 무대에서도 연기 중 상대역의 실수 와중에 포즈의 중요성을 발견해 낸 적이 있다. 또한 〈흑경정〉에서도 소위 입체적 연기를 창출해 낸 것이다. 그는 배우도 연출가나 작가 못지않게 창조적 공간이 크다는 신념을 가진 연기자였다. 그렇기 때문에 이 작품에서도 상충하는 이중적 감정을 술잔 두 개로 멋지게 표현해낸 것이다. 그만큼 창의성이 대단히 뛰어난 배우였다. 지적이면서 생각하는 배우가 바로 이해랑이었다.

그는 내키지 않았지만 곧바로 현대극장의 지방 순회공연을 따라나서지 않을 수 없었다. 왜냐하면 〈흑경정〉을 갖고 가는데 그가 바로 주역이었기 때문이다. 그는 현대극장을 따라 북선 지방을 거쳐 만주까지 끌려다녔다. 한겨울인데다가 극장들이 난방시설도 제대로 되어 있지 않아서 고생은 이만저만이 아니었다. 더욱이 가지고 간 두 작품 중 〈흑경정〉은 그런 대로 관객이 좋아했는데 약간 친일 냄새가 나는 〈흑룡강〉은 냉담한 반응이어서 단원들의 사기조차 엉망이었다. 사실 동포들에게는 분노마저 일으키는 작품이었기 때문이다.

그가 몇 번의 지방 순회공연을 다녀보았지만 이처럼 곤혹스러운 경우는 처음이었다. 사실 만주에 살고 있는 동포들은 비록 고통 속에 처해 있었지만 조국과 민족에 대한 사랑은 국내 동포 이상이었다. 왜냐하면 그들은 대체로 조국에 대해서 특별한 정한을 품고 있었기 때문이다. 만주에는 19세기 후반부터 너무 가난해서 이주해 간 동포들로부터 시작해서 의병 또는 독립운동을 위해 조국을 떠나 살고 있는 동포들이 주류를 이루고 있었다. 특히 일본 제국주의가 우리나라를 침탈하자마자 조선인의 농토를 수탈하는 조선토지조사사업을 벌이고, 이어서 동양척식주식회사 등을 설립함에 따라 농토를 잃은 우리 동포들이 남부여대하여 간도를 중심으로 만주 지방에 수만 명이 흩어져 살고 있었다. 그렇기 때문에 일제에 대한 이들의 적개심은 국내 동포들 이상이었다. 그런 분위기도 모르고 현대극장이 〈흑경정〉과 함께 친일성의 〈흑룡강〉까지 갖고 갔으니 냉담한 것은 너무나 당연했다. 오히려 돌팔매질을 당하지 않은 것만도 다행스런 일이었다. 〈흑경정〉은 〈흑룡강〉처럼 친일 냄새를 덜 풍긴 번안극이었음에도 불구하고 같이 냉대를 받기도 했다.

그는 40여 일 동안 북선 지방과 만주를 여행하면서 가슴속 깊은 곳으로부터 두 가지 마음이 솟아오르고 있음을 느꼈다. 그 한 가지가 역시 '민족애(民族愛)'에 대한 것이었다고 한다면, 다른 한 가지는 '연극 이념'에 대한 것이었다. 그는 사실 만주 지방을 처음 여행하면서 재만 동포의 참상과 함께 그들의 이글거리는 반일 감정과 조국에 대한 짙은 정한을 몸으로 느꼈다. 가난한 농민과 소상인들이 주조를 이루는 재만 동포들은 매우 끈질긴 생존의식과 조국애를 지니고 있었다. 그런 동포들에게 〈흑룡강〉은 실망과 분노만 안겨 주었다. 주인공으로 무대에 선 그가 충격 받은 것은 극히 자연스런 일이었다.

착잡한 심정으로 서울로 돌아온 그에게 별다른 역할이 주어지지 않았고, 그는 고협 극단과 만주 지방 순회공연 등에서 느낀 여러 가지 생각으로 배우 생활에 깊은 회의를 느껴가기 시작했다. 그가 몇 년 전 극단 고협을 떠나는 것으로 저질 신파극의 늪으로부터 일단 벗어나자마자 다음으로 기다리고 있었던 것은 친일 어용 국책극(國策劇)이 아니었던가. 따라서 그는 이런저런 생각으로 회의와 절망 속으로 빠져들어 가게 된 것이다. 사실 그는 만주 순회 공연 때부터 자신이 일생을 건 연극운동에 대하여 깊은 고뇌에 빠지곤 했다. 왜냐하면 어렵게 찾은 예도(藝道)가 커다란 벽에 부닥침으로써 무대를 떠난다는 것은 삶을 포기하는 것이나 마찬가지였기 때문이다. 그렇다고 해서 실망과 환멸만 안겨 주는 연극 무대에 계속 서 있어야 하는 것도 문제였다. 즉 진퇴양난에 봉착한 것이다. 더욱이 그가 지성파 신진 유망 배우로서 이제 막 각광을 받고 있는 처지에 용단을 내리기란 정말 어려운 일이었다. 그리고 현대극장에서는 개런티마저 한 푼도 받아본 적이 없었다. 상업 극단이었던 고협에서는 적지만 그래도 생활비를 받았었다. 그러나 현대극장을 따라 북선 지방과 추운 만주까지 40여 일간 죽을 고생을 다하면서 순회공연을 했음에도 개런티를 한 푼도 받지 못한 것이다.

시국은 또한 시간이 흐를수록 더욱더 살벌하고 어수선해가기만 했다. 일본 군국주의자들은 태평양전쟁을 도발하기 위하여 더욱 강력한 사상 통제를 가하고 있었다. 1941년에 들어서면서 일제는 무시무시한 국방보안법(國防保安

法)을 제정했는데, 이는 '적성국의 비밀전적 책동을 봉쇄하고 총력전 체제를 강화'하고 '국방국가 체제의 완벽을 기하기 위해서'였다. 저들은 이 법을 근거로 하여 군사 기밀 외에 외교, 재정, 경제의 기밀 등에 광범위하게 이것을 적용하고 국가기밀의 누설, 탐지, 수집자 등에 사형, 무기 이하의 징역에 벌금 5천만 원을 규정하여 조선인의 입을 완전 봉쇄하려고 했다. 결국 일제는 같은 해 12월 태평양전쟁을 일으키고 조선임시보안령(朝鮮臨時保安令)을 공포했으며 그 법령에 근거하여 전시하의 언론, 출판, 집회, 결사의 초비상의 단속을 더욱 강화했다.[29] 총독부는 12월 말에 소위 조선연극협회(朝鮮演劇協會)를 강제로 조직하고 모든 극단을 소속시켜 통제해나가기 시작했다. 이런 때에 그는 할 수 있는 일이 아무것도 없다고 생각했다. 그리고 결국 삶을 포기하는 각오로 연극계를 떠나기로 결심하였다. 그때의 배경을 그는 다음과 같이 설명한 바 있다.

> 내가 현대극장의 〈흑경정〉을 끝으로 일시 연극계를 등진 데는 두 가지 이유에서였다. 그 첫 번째는 거친 시국이 도저히 연극에의 길을 지켜줄 것 같지가 않았다. 이것이 근본 동기였다. 모든 연극인을 어용 단체인 조선연극협회 속에 몰아넣은 일제는 점차 그 본성을 드러내 연극을 전쟁 수행의 도구로 만들기 시작했다. 특히 못 견딜 일은 신파나 신극을 가리지 않고 초록(草綠)동색의 취급, 그들로선 말 잘 듣는 신파인들이 훨씬 예뻤을 게 당연하다. 고협에 몸담은 것도 대중극을 배운다는 소박한 목적 외에 내가 신극 안내자라는 프라이드가 있었기 때문이다. 신파인들이 판을 치는 풍토에선 도저히 자신을 지킬 용기가 없었다.[30]

이상의 고백에서 확인할 수 있는 것처럼 그는 친일 어용극만은 그의 양심이 허용치 않았다고 했다. 솔직히 그가 연극계를 떠난다는 것은 범인으로서는 생각하기 힘든 일이었다. 삶을 거기에 걸다시피 하고 조부모와 부모로부터 거의 추방되다시피 한 상태에서 혼신의 열정을 쏟고 있던 연극계로부터 스스로 벗어난다는 것은 정말 용단 내리기 어려운 일이었다. 하지만 그는 결행했다. 자신에게 그러한 결단력이 있었던가에 대해서 스스로 놀랐을 정도였다. 그는 사실 앞에서도 언급한 대로 가문으로 볼 때는 반일에 앞장설 만한 처지가 아니었다.

그럼에도 불구하고 그는 삶의 전부를 걸다시피 했던 연극계를 등지는 용기를 보여주었던 것이다. 그가 연극계를 떠나려 했을 때 가장 만류했던 사람은 스승격인 유치진과 절친한 친구였던 함세덕이었다. 이들 두 사람도 좋아서 국책 연극을 한 것은 아니었다. 신극의 맥을 이으려면 당시로서는 그런 연극밖에 할 수 없었기 때문에 울며 겨자 먹는 심정으로 국책 연극을 하고 있었던 것이다. 이들은 그런 고통스러운 심정을 이해랑에게 설명하면서 함께 신극운동을 하자고 호소했다. 이들의 우정 어린 설득으로 그의 마음이 동요했던 것도 사실이었다. 그러나 이들의 간곡한 설득 이상으로 그를 압박했던 결정적 요인은 사랑하는 반려 김인순(金仁順)의 얼굴이었다.

3. 사랑과 결혼

예술인들은 대체로 감수성이 풍부하고 열정적인 데다가 멋지고 아름다운 사람들과의 접촉 또는 교유가 많은 편이다. 그것은 특히 협동 예술이라 할 공연예술에서 더욱 두드러진다고 말할 수 있다. 가령 연극이라든가 영화, 무용 같은 예술 장르의 경우 아름다운 여배우와 무용수들과 긴 시간 동안 함께 창조 과정을 거쳐야 한다. 따라서 배우라든가 연출가, 안무가, 작가 등은 젊고 아리따운 여성들과 자주 만나게 된다. 이처럼 열정적인 이들의 만남은 곧잘 로맨스로 발전하곤 한다. 세계의 유명 예술가들이 아름다운 로맨스를 낳고 때로는 스캔들로 얼룩지기도 하는 것이 모두 그런 연유 때문이다.

우리나라 공연예술사를 되돌아보아도 그러한 로맨스나 스캔들은 부지기수다. 특히 스타급 예술가들 중 한두 번의 로맨스나 스캔들을 낳지 않은 사람은 드물 정도이다. 그럼에도 불구하고 이해랑만은 전혀 그런 것을 찾을 수가 없었다. 그는 적어도 이성 문제에 관한 한 성직자 못지않을 만큼 엄격하고 정결하였다. 그가 평생 술과 친구를 좋아했음에도 여성 문제에서만은 이해하기 힘들 만큼 엄격하고 절제를 끝까지 지켰던 것은 아무래도 지체 높은 가문 출신에서 비롯된 것이 아닌가 싶다.

그는 사대부 가문의 장손답게 연극배우를 하면서도 항상 절도를 잃지 않았고 품위를 지켰다. 그런 그에게 이성 문제가 따라 붙을 수가 없었다. 1960년대 초까지 20여 년 동안 무대 배우로 많은 여배우들과 무대에 섰지만 어느 누구와도 스캔들을 뿌린 적이 없었다. 어떻게 보면 예술가로서 너무나 무미건조할 정도였다. 그런 그였기 때문에 평생 연애 사건 하나 없었다. 그는 예술단체를 수십 년간 이끌면서 이성 문제에 관한 한 확고한 철칙을 하나 지켰다. 속된 말로 "자기 집 닭은 절대로 잡아먹어서는 안 된다"는 것이었다. 가뜩이나 연극이 천대받고 있는데 스캔들까지 있어서 되겠느냐는 것이었다. 이는 그가 평소 배우들에게 유독 인격을 강조한 것과도 연관된다.

적어도 1930년대라면 도쿄 유학생들이 신여성들과 연애를 많이 했지만 그에게는 그런 일이 일어나지 않았다. 따라서 그는 적령기가 되어서 중매결혼을 했다. 그는 소위 전통적 방식인 맞선을 몇 번 보는 방식을 취했다. 그것은 물론 유학을 마치고 귀국하자마자였다. 당시는 조혼 풍습이 유행했기 때문에 24살의 청년이었던 그에게 집안으로 청혼이 많이 들어왔던 것 같다. 좋은 가문 출신에다가 일본 유학 출신의 미남 청년이었으므로 자격 구비 요건이 최고였기 때문이다. 그래서 맞선을 본 신부 집안 측에서는 언제나 반할 정도였다. 그러나 그의 배우라는 직업이 혼사를 그르치곤 했다. 그가 한 번 약혼까지 했다가 배우라는 직업 때문에 파혼을 당한 일화는 유명하다. 그는 개성의 명문가 출신의 소학교 교원과 약혼했다가 파혼 당한 일이 있었다. 신부 집 식구한 사람이 그의 출연 작품을 구경한 것이 동기가 된 것이었다. 그는 극단 고협

배우 시절 〈무영탑〉을 갖고 개성에 순회공연 가서 망신당한 이야기를 다음과 같이 회고한 바 있다.

이튿날 그 친구들을 북쪽으로 보내고 대합실에 앉아 있는데 한 젊은이가 인사를 했다. 어디서 본 얼굴 같았는데 알고 보니 사주단자를 보낸 색시감의 오라버니 되는 사람이었다. 그 친구 얘기가 "엊저녁 극장에 갔었습니다. 연극 잘하시던데요" 나는 그러냐고 웃고 대답을 안 했다. 속으로 "아하 이 결혼 또 깨지는구나" 생각을 했을 뿐이다. 아니나 다를까 서울 와서 그 이튿날 사주단자가 퇴짜를 맞고 돌아왔다.[31]

이상과 같은 파혼으로 화를 가장 많이 낸 사람은 그의 근엄한 조부였다. 그의 조부는 집에 돌아온 손자 이해랑을 향해서 파혼 서류를 내던지며 "이놈아! 그놈의 광대놀음 때문에 이게 되돌아왔다. 이놈아, 이 무슨 망신이냐!"며 노발대발했던 것이다. 조부로서는 가문 망신이라고 대단히 언짢게 생각한 것은 당연했다. 명문가로서 둘째가라면 서러워할 정도의 자존심을 가졌던 조부는 얼마동안 손자를 거들떠보지 않을 만큼 화를 삭이지 못했다. 그러나 이해랑은 담담했다. 오히려 그 개성의 여교사와는 인연이 없는 것으로 생각을 돌렸다. 그러다가 우연히 진정한 평생의 배필감을 주변에서 찾게 되었다. 그 이야기를 그는 다음과 같이 쓴 바 있다.

개성(開城) 공연을 마치고 사주단자가 돌아온 뒤 고협과도 완전히 관계를 끊은 상태였다. 단칸방이나마 서적에 파묻혀 책 읽는 데 나날을 보낸 것이다. 나이 스물여섯, 일곱까지 1~2년 사이에 그런 일이 자꾸 거듭됐다. 자기네들 애지중지하는 딸 자식을 연극이나 하는 배우, 어릿광대에게 시집보낼 수는 없다고 한 모양이다. 그렇게 퇴짜를 맞고 있었는데 하루는 그때 친하게 지내던 홍성인(洪性仁)이란 친구와 명동엘 나갔다. 홍(洪) 군은 무대장치가로서 도쿄학생예술좌 시절부터 친하게 지낸 사이였다. 서울에 와서도 연극과 술을 통한 친구로 명동에 다닐 때 특히 자주 어울렸다. 그날도 같이 명동에 나갔다가 깜짝 놀랄 만한 사람을 만났다. 누구냐 하면 바로 현재의 내 아내 김인순(金仁順)이었다. 전에 소개했듯이 일본의 드레스메이커란 의상전문학교를 다니면서 우리 도쿄학생예술좌에 의상 공부를 하겠다고 몇 번 드나들었던 여성이다. 그 후 도쿄에서 통 만난 적이 없는데, 졸업하고 2, 3년 만에 우연히 마주친 것이다.

같이 가던 친구 홍성인과 셋이서 인사를 하고 반가이 얘기를 나눴다. 그때가 한창 다방이 유행하던 무렵이다. '황혼'이란 델 갔다. 나는 도쿄에서 그 여성을 마음속으로 사모했었다. 그러면서도 나는 연극에 정신이 팔려 있었고, 감히 집적거리지 못했던 면도 있다. 그녀는 양장을 전공해서 그랬는지 여학생 중에서도 모양을 많이 내는 편이었다. 또 부잣집 딸이란 소문을 들었던 터라 그저 마음속으로만 좋아했었는데 몇 년 후 서울에서 만난 것이다. 나를 이해하지 못하고 연극을 알지 못하는 사람들로부터 경멸을 당해서 내 결혼이 이뤄지지 않았던 무렵인지라 뭔가 직접적인 관계를 느끼게 되는 것 같았다. 전에는 강하지 않던 가까이하려는 내 마음의 충동이랄까 정열이 솟아났던 것이다.

김인순은 평안도 여자로서 키가 작달막하고 눈도 크며 코도 컸다. 내가 눈이 작고 코도 납작하며 얼굴이 둥근 편인데 비해 그녀는 갸름한 얼굴이다. 뭔가 내 육체적 조건이 이뤄지지 않은 면을 보상해 준달까 그런 요소들이 더욱 내 마음을 끌지 않았던가 싶다.[32]

이상과 같은 그의 글에는 결혼에 이르는 과정과 주요 인물, 당시의 심정, 그리고 대학 시절의 사생활 등이 꽤 솔직하게 표현되어 있음을 확인할 수 있다. 우선 그의 친구 홍성인이 등장한다. 홍성인은 니혼 미술학교(日本 美術學校) 출신의 무대장치 전문가이다. 학생예술좌 동인으로 참여하여 연기를 하면서도 무대장치를 전문으로 했다. 그가 이해랑과 유독 친하게 지낼 수 있었던 것은 두 가지 성향 때문이었다. 우선 홍성인은 성격이 대단히 명랑하고 낙천적이며 유머 감각이 뛰어났다. 노래를 잘하고 춤을 잘 추었기 때문에 당시 빙 크로스비에 비유되곤 했다. 그 명랑한 성격이 이해랑과 잘 맞았던 것이다. 그뿐만 아니라 애주가로서도 두 사람은 호형호제할 정도였다. 따라서 이 두 사람은 콤비가 되어 자주 만나 술을 마시곤 했다. 이들이 옛 동료랄 수 있는 김인순을 만났기 때문에 일이 잘 풀릴 수 있었다. 왜냐하면 중매쟁이로서는 구변 좋고 유머 감각이 풍부한 홍성인만 한 사람이 없었기 때문이다.

사실 이해랑과 김인순은 도쿄학생예술좌에서 꽤 가까이 지낸 사이기도 했다. 하지만 김인순은 내성적인 데다가 너무 얌전해서 겉으로 표현을 하지 않는 성격이었고 이해랑은 연애 같은 것에 열정을 쏟지 않는 편이어서, 두 사람이 가까웠어도 그 이상으로 진전된 것은 아니었다. 학생예술좌 시절 두 사람의 관계에 대해서 비교적 소상히 쓴 글이 있어서 소개하면 다음과 같다.

두 사람은 이 단체가 베푼 어느 자리에서 동족(同族)이라는 반가움으로 자연스러운 첫 자리를 갖게 되었다. 그때 이해랑 씨는 니혼 대학 연극과에 다니는 학생, 김인순 씨는 도쿄(東京) 드레스메이커 학교에 다니는 멋쟁이 '모던걸'이었다. 말하자면 그즈음 많은 남성의 흠모 대상이 되었던 신여성이었다. 아무튼 두 사람은 그런 첫 대면 이후로 자주 만나게 되었다. 연극 단체의 각종 모임에서 도쿄 거리의 어느 모퉁이에서, 혹은 차(車) 속에서……. 그럴 때마다 두 사람은 필요 이상일 만큼 무관심했고 담담하게 헤어지곤 했다. 그것은 어쩌면 어떤 격렬한 감정을 숨기기 위한 그들 나름의 자존심이었는지도 모른다.

두 사람은 어떠한 행위를 자신에게 허용할 수 없었던 자만심투성이의 남녀였다. 그리고 그들은 자기의 일에 바쁘기도 했었고, 그래서 두 사람은 아무런 감정의 진전도 없는 채 이해랑 씨의 귀국과 함께 이들의 만남은 그 선이 끊어지고 말았다. 슬픈 것은 없었다. 그것이 영원한 이별이었대도 아쉬울 것은 더욱 아니었다. 그렇게 두 사람은 담담하게 여느 친구들 사이처럼 헤어졌다. 그러나 결코 담담한 것은 아니었다. 그들이 그것을 확인할 수 없었던 것은 서울에서의 재회(再會) 후였다. 두 사람은 불같은 관심, 영원으로 이끌고 갈 사랑의 가능성을 갖고 있었던 것이다. 결코 담담했던 것, 무관심했던 것이 아니었다. 단지 자부심과 젊음이라는 자존심 때문에 자신을 숨겼던 탓 때문이었다. 그러한 것을 깨달은 두 사람의 사랑은 석류 알처럼 영롱하고 아름답게 영글어갔다.[33]

이상의 글에서 알 수 있는 것처럼 두 사람은 이미 도쿄학생예술좌 시절에 어느 정도 사랑이 싹텄다가 일단 헤어져 있는 처지였다. 그들이 도쿄에서 쉽게 열정의 불을 켜지 않은 것은 앞에서 이야기한 것처럼 순전히 내성적인 성격과 젊은이들의 얄팍한 자존심 때문이었다. 만약에 단짝으로 도쿄 시내를 누비고 다닐 정도였으면 누군가 먼저 사랑을 고백할 수도 있었지만 서로 눈치만 보다가 헤어진 경우였다. 그렇게 담담하게 헤어진 데는 김인순 쪽의 성향에 따랐던 것으로 볼 수가 있다. 왜냐하면 그녀가 비록 의상을 전공했어도 남자가 연극하는 것을 그렇게 달가워하는 편이 아니었고 또 술과 담배를 멀리한 요조숙녀였기 때문이다. 그녀는 매우 지적이고 냉철하면서도 감정을 겉으로 드러내지 않는 성격이어서 허랑한 남자들을 별로 좋게 보지 않았던 것이다.

이는 아무래도 그녀의 가정 배경과 성장 과정에서 찾아야 할 것 같다. 압록강 하류 의주(義州)에서 가까운 용천군(龍川郡) 부라면 덕암동 103번지가 원적인 김인순의 부친 김상주(金尙柱)는 선친으로부터 큰 재산을 물려받은 대지주였다. 그의 조상은 안동(安東) 김씨로서 세조 때 생육신 사건과 관련되어 멀리 국경 근처로 피신해서 그곳에 정착한 양반 가문이다. 따라서 조선시대에는 거의 관직에 오르지 못했고 대원군 때 벼슬을 해보려고 아이들을 시켜 한양에 거금을 올려 보냈으나 심부름꾼인 하인들이 몽땅 갖고 도망친 일화가 전한다.

다행히 그녀의 조부는 이재(理財)에 밝아서 벼슬 대신 재산 모으는 데 보람을 느꼈다고 한다. 김상주는 형제 중 장남으로서 서당에서 한학을 공부한

학생예술좌원들과 함께 한 김인순(앞줄 우측), 이해랑(맨 뒷줄 가운데)

정도였고 지주 가문이었기 때문에 땅을 알아야 한다고 해서 측량 기술을 조금 배운 정도였다. 그러나 계씨인 성주(成柱)는 경신고보를 거쳐 경성의학전문학교를 졸업한 의사였다. 상주는 아우가 의사가 된 것을 큰 자랑으로 생각해서 함께 살면서 병원도 개업하라고 집을 대궐같이 크게 지어주기도 했다.

당시 4, 5백 명을 수용할 수 있도록 집을 지었으므로 웬만한 호텔 급이라고 해도 과언이 아니었다. 그것도 압록강 뗏목에서 좋은 재목만 골라 지었기 때문에 그의 집은 그 일대의 명물이 될 정도였다. 그런데 계씨 성주는 시골에서 무슨 병원을 개업하느냐고 용암포로 나가 따로 개업을 했다. 그가 형의 소박한 성의를 받아들이지 않은 것이다. 그럼에도 불구하고 상주는 동생을 끔찍하게 생각하고 항상 자랑스러워했다.

김씨 집안이 기독교(장로교)에 귀의한 것은 선천(宣川)에 기독교가 처음 전파되면서부터였다. 김상주의 4촌 간인 국주(國柱)와 건주(建柱) 형제가 평양신학교 2회 졸업생으로서 목사가 될 정도였으므로 그의 부친 대부터 장로교를 믿어왔음을 알 수 있다. 특히 국주는 고향에 덕천교회와 보성학교를 각각 설립하여 목회 일과 교육 사업을 동시에 벌인 선구자였다. 당시 평양신학교 졸업생 10명 중 2명이 김씨 가문에서 나왔다는 한 가지 사실만 가지고도 그 선구성을 짐작할 수 있다. 그 지역은 기독교가 일찍 들어와서 주민들의 개명이 대단히 빨랐다. 또한 그 주변에서 이미 1920년대에 목사와 의사가 많이 배출되었다.

따라서 김상주도 기독교 신도로서 열심이었다. 그러나 천성적으로 낙천적이고 쾌활한 데다가 풍류를 아는 사람이었기 때문에 젊어서부터 멋을 많이 부리고 다녔다. 좋은 옷에 말을 타고 다닐 정도였으니까 그가 얼마나 멋쟁이였는가는 짐작하고도 남음이 있다. 그는 대지주의 장남답게 여유가 만만했다. 당시 부라면에서 용천역에 가려면 김씨 집 땅을 밟지 않고서는 갈 수가 없을 정도로 부자였으므로 그가 멋을 부릴 만도 했다. 그는 초취로 정상신을 맞았는데 자녀가 없었다. 대단히 독실한 기독교도였던 그녀는 스스로 교회를 세우기도 했다. 개인적인 고통을 종교로 승화시킨 것이다. 그는 자녀가 없어서 두 번째 부인을 맞아 3녀를 낳았다.

그러나 뜻이 맞지 않아서 세 번째 부인을 맞았는데, 그녀가 다름 아닌 철산 출신의 여장부 최옥녀(崔玉女)이었다. 최옥녀가 시집갔을 때 벽장과 뒤주에 은전(銀錢)이 가득가득 차 있었다고 한다. 그만큼 부자였던 것이다. 그녀는 능란하고 적극적인 성격으로서 인순과 아들 형제를 두었다〔연규(連圭) 작고, 도규(度圭) 교육자〕.

장남인 김상주는 멋쟁이 그대로 개방적이고 진보적인 생각을 갖고 있었기 때문에 원하는 자녀들은 모두 고등교육을 시켰다. 딸 둘과 아들 형제를 모두 일본 유학시킨 것이다. 셋째 딸은 일본의 제국의학전문학교를 나온 약사였고 그 밑이 의상디자인을 공부한 인순이다. 적극적이고 여장부적인 모친의 영향을 절대적으로 받고 자란 딸이 인순이다.

유아세례를 받은 그녀는 총명하고 발랄한 소녀로서 일찍부터 기독교에 깊이 빠졌다. 그녀가 만년에 쓴 한 일기(1994. 6. 11.)는 주님과 모친에 대한 그리움과 흠모의 정을 절절히 담고 있다. 그 일기를 살펴보면 다음과 같다.

주님은 위대하시다. 사랑, 지혜, 총명…… 내 나이 79세, 80이 다 되어서야 깨달음이 너무나 많다. 주님 사랑, 어머니의 사랑, 사랑은 위대하다. 내가 넘치는 이 자리에 있음은 오직 하나님의 사랑이요, 다음은 내 생모의 사랑이다. 주님께서는 불쌍한 그 딸의 간절한 기도를 들으시고 이루어 주셨다. 자랑스러운 어머니, 30에 요절한 젊은 가련한 여인(女人)의 소망을 이루어 주셨다. 미련한 내가 지금이야 깨닫고 자랑스럽고 감사하고 행복하다. 주님을 진정 만남으로써 모든 것을 깨달았다. 가슴 뿌듯하고 자랑스럽고 무한한 주님 사랑을 느낀다. "우리 인순이는 부잣집 맏며느리로 시집보내야지." 열 살도 못 된 어린 나에게 항상 하시는 말씀, 지금도 내 귀에 쟁쟁하다. 예수 믿겠다고 찬송 연습하던 모습, 깨끗하고 아름답던 모습, 눈에 선하다. 엄마의 임종은 내가 지켰다. 그 여인(女人)에게는 내가 맏딸이었으니, 자랑스러운 어머니, 내게 깨달음을 주신 아빠, 아버지시여 감사합니다. 주님은 위대하십니다.

이상과 같은 그녀의 만년의 일기에서 볼 수 있는 바와 같이 그녀는 모친의 극진한 사랑과 기독교 교육을 받으면서 성장했다. 모친 최옥녀는 용모가 단정하고 신심이 깊었기 때문에 장녀 김인순에게는 가장 이상적인 여인상으로 각인되어 있었다. 그렇기 때문에 그녀는 평생 모친의 말이라면 어길 수가 없었다. 물론 그녀 역시 실제로 어길 만한 일을 하는 여성도 아니었다. 용천에서 소학교를 마치고 몇 명의 고향 친구들과 함께 당시 최고의 사학 명문인 숙명고녀(淑明高女)에 응시했는데 그녀만 합격했다.

그녀가 어려서부터 워낙 총명했기 때문에 혼자서만 우수한 성적으로 합격된 것이었다. 숙명고녀 시절에도 줄곧 상위권 성적으로 타의 모범이 되었음은 두말할 나위 없었다. 그녀는 손재주가 좋았던 데다가 예술적 감각도 뛰어나서 장차 그런 분야를 전공하겠다고 마음을 다지고 있었다. 따라서 숙명고녀를 우등생으로 졸업한 그는 이화(梨花)여자전문학교 문과로 진학했다. 당시 숙명학교 담임선생은 그녀에게 조선인이 잘 가는 나라(奈良) 여자고등사범학교를 추천했었다.

그러나 그녀는 교원이 되고 싶지 않았기 때문에 이화여전을 1년만 다니고 일본 유학길에 올랐다. 장차 디자이너가 되고 싶어서 의상전문학교를 택한 것

숙명고녀 졸업 사진〔맨 뒷줄 가운데 교복 소녀가 김인순, 맨 뒤에서 둘째 줄 왼편에서 두 번째가
이석희 여사(KBS 이인호 이사장 모친)〕

이다. 아마도 당시 조선 여성으로서는 최초였을 것이다. 그녀 역시 부친을 닮아서 멋을 부릴 줄 알았고 모친의 영향으로 과단성도 있었다. 가령 그녀가 유학 시절 최초로 퍼머넌트를 하고 방학 때 귀향하자 용천 바닥이 떠들썩했고, 집안에서도 난리를 치러야만 했던 일화는 유명하다. 그뿐만 아니라 그녀는 눈 쌍꺼풀 수술까지 할 정도로 앞서갔던 것이다. 그녀가 그만큼 진보적이고 대담했던 것은 역시 자유분방했던 집안 분위기에 의한 것이었다고 보인다. 의상전문학교를 졸업한 그녀는 더 공부하기 위하여 도쿄의 도야마(戶山) 제모학교에 다시 들어가서 1년간 모자 만드는 법을 배우기도 했다.

학교를 마치자마자 그녀는 도쿄에 있는 하도리회사에 잠시 취직을 해서 다니기도 했다. 그녀가 학생예술좌에 의상 제작으로 참여하고 이해랑과 만난 시기도 역시 그 무렵이었다. 그러나 하도리회사가 마음에 들지 않자 그녀는 곧바로 귀국하여 고향에 가 있었다. 결혼 적령기가 되었기 때문에 부모가 불러들인 것이었다. 그런데 곧바로 혼처가 나타난 것도 아니고 유학까지 다녀왔는데 집에만 머물러 있기에는 너무 무료하고 배운 것이 아깝다는 생각에 그녀는 무작정 서울로 왔다. 모든 것을 갖춘 그녀는 곧바로 화신(和信)백화점 부인복부(部) 디자이너로 자리 잡을 수 있었다.

이처럼 그녀가 구태여 직업전선에 나선 것은 돈벌이를 위해서라기보다는 순전히 전공을 살리겠다는 생각과 부모를 일찍 여읜 데 따른 독립심 때문이었다. 즉 그녀는 모친과 일찍 사별했고 부친도 그녀가 17살 때인 1933년에 작고했다. 맹장염 수술을 잘못해서 50살에 세상을 떠난 것이다. 그처럼 그녀는 경제적으로는 부유했지만 외로운 소녀 시절을 보냈다. 그녀가 나이에 비해서 조숙했던 것도 바로 그러한 가정 배경과 기나긴 유학 생활에 따른 것이었다. 독립생활을 오래 한 것은 그녀가 강인한 정신력을 갖게 된 요인이 되었다.

그런 처지에 있을 때 그녀가 우연찮게 이해랑을 명동 길거리에서 만난 것이다. 이해랑은 그녀를 우연히 만나면서 서서히 가까워져 갔다. 이와 관련하여 이해랑은 회고의 글에서 "그 후 몇 번 만나는 일을 거듭하면서 나는 감히 애기를 못하고 홍(洪)을 통해 의사 타진을 시켰다. 내가 우선 걱정한 것은 김인순이 그동안 결혼을 했느냐 여부였다. 만일 결혼을 안 했다면 프러포즈를 해볼까 한 것이다. 홍성인 군을 방자로 삼아 내보낸 셈인데 결혼을 안 했다는 소식을 듣게 됐다. 그때부터 내 인생은 변하기 시작했다. 이제껏 우울했던 내 인생이 밝아지는 것 같았다. 몇 개월 후 홍 군을 통해 프러포즈를 했고 만나는 기회가 잦아지면서 방자 역을 제쳐두고 단둘이만 밀회를 했다. 요즘은 유원지나 관광지가 많아 갈 곳을 별로 걱정하지 않을 것 같다. 하나 그 당시는 정말 갈 데가 없었다. 속말로 연애하는 남녀들이 어디 어울리는 장소에 가서 서로 연정을 느낄 만한 곳이 없었던 것이다. 장충단공원이란 것도 그저 말뿐이고 하나의 고개에 불과했고 창경원이 있고 이름에 한강이 있었다. 그러나 나야 수영을 했지만 여자가 당시 수영을 할 수 없는 노릇이었다. 갈 곳이 없어 장충단, 창경원, 그리고 황혼다방 세 군데를 옹색하게 번갈아 다녔던 일이 지금도 잊혀지지 않는다"[34]고 쓴 바 있다.

이처럼 두 사람 간의 사랑이 혼담으로 오가게 된 것은 극히 자연스런 방향이었다. 그런데 당시는 오늘날처럼 당사자가 절대적인 주도권을 갖고 결혼을 성사시킬 수 있는 시절이 아니어서 사랑만으로는 모든 것이 해결되지 않았다. 더욱이 두 가문 역시 매우 보수적이어서 두 사람의 사랑이 익어가는 깃과는 달리 결혼 성사가 쉽게 이루어지지 않았다. 이해랑의 배우라는 직업이 문제가 되어 결혼에 이르는 데는 적잖은 고통이 따라야 했다. 두 사람의 결혼을 쌍방 집안 모두가 반대한 것이다. 김인순 역시 인간적으로는 그에게 매료되면서도 마음 한 귀퉁이에는 어딘가 걸리는 데가 없지 않았다.

그러나 두 사람 간의 사랑만은 깊어가고 있었다. 그는 김인순이 자기를 정말 사랑하고 있는지를 테스트해 보기도 했다. 그가 고협을 따라 지방 공연을 갔을 때, 귀경길에 서울역에서 만나기로 약속을 해본 것이다. 그녀가 서울역에 마중 나오면 진정성을 확인할 수 있다고 생각했다. 그런데 의외로 그녀가 서울역에 반갑게 마중을 나와준 것이 아닌가. 그는 이제 됐다고, 마음속으로 어떤 난관도 뚫어보겠다는 결심을 하게 되었다. 그녀 역시 이해랑의 결심에 동조하고 나섰다. 그러나 양쪽 집안에서는 여전히 불가를 내리고 꿈적도 하지 않았다. 그에 대하여 이해랑은 다음과 같이 회고했다.

두 사람의 결혼은 가장 자랑스러운 사랑의 결과였다. 아무런 방해가 그 틈새에 끼일 수 없었고 모든 주위 사람들은 두·사람을 축복해주어야만 했다. 그러나 그렇지가 않았다. 삼류소설처럼 연인들은 집안의 반대에 부딪치게 되었다. 그 이유는 김인순 (金仁順) 씨의 고향이 평안도 신의주라는 것 때문. 전형적인 서울의 양반 출신인 이 (李)씨 가문으로선 그래봄직한 것이었다. 얼마 동안의 실랑이가 있었고 드디어 사랑으로 연결된 연인 팀(?)의 승리로 결혼식(結婚式)의 문턱에까지 이르게 되었다.[35]

이상과 같은 이해랑의 회고에는 남자 쪽의 반대로 결혼성사가 어렵게 된 것처럼 묘사되어 있다. 그러나 여자 측의 반대도 만만찮았다. 여자 측은 대지주였던 데다가 큰 벼슬은 못했지만 안동 김씨로서 자부심이 대단한데 왕손이 아니라 그 이상이라고 하더라도 어떻게 광대한테 시집을 보낼 수 있느냐는 것이었다. 결국 이해랑의 회고와는 달리 혼담은 깨지는 방향으로 흘러가고 있었다. 겉으로 표현은 안 했지만 두 사람의 충격은 대단히 컸다.

충격을 안으로 삭이고 있던 김인순이 직장을 잠시 쉬고 당분간이라도 이해랑과 멀리 떨어져 있기 위해서 텐진(天津)으로 훌쩍 떠나가 버렸다. 워낙 두 집안이 완강했기 때문에 단념까지 생각한 것이었다. 이해랑 역시 실의에 빠져 연극과 술로 세월을 보내고 있었다. 쌍방 모두가 일단 결혼을 체념한 상태였다. 그럼에도 불구하고 두 사람은 따로 선을 본다든가 하지는 않았다. 워낙 사랑했기 때문이었다. 세월은 흘러갔다. 김인순은 화신백화점에서 함께 일했던 일본 디자이너의 요청으로 텐진에서 양장점을 냈기 때문에 바쁜 것으로 시름을 달랠 수가 있었다.

그러는 사이 1년이란 세월이 훌쩍 지나갔다. 그런데 인연이란 어쩔 수 없는 것인지, 전혀 엉뚱한 사람이 두 사람의 결혼을 다시 추진하고 나섰다. 즉 그녀의 가까운 친척 중에 조선은행원이 있었는데 그 사람이 아이디어를 짜낸 것이다. 그녀가 고통스러워하는 모습을 본 그는 동문 관계를 이용하였다. 이해랑의 부친(근용)과 김인순의 숙부(성주)가 경성의학전문학교의 선후배인 것을 알고 각각 만나서 설득시킨 것이다. 그 결과는 비교적 호의적이었다. 사실 혼사 이야기가 나오면서 두 집안 간에 감정적으로 오해도 없지 않았기 때문에 은행원이 양쪽 집을 왔다 갔다 하면서 결혼을 성사시켜 보려 한 것이다. 결국 수차례에 걸친 은행원의 끈질긴 노력은 헛되지 않았다.

일단 양가에서 서로 간의 오해를 풀고 혼사가 성사의 방향으로 흘러갔다. 그런데 흥미로운 사실은 김인순 집안의 요구가 더욱 강경한 편이었다는 점이다. 김인순 집안은 이해랑이 연극을 그만두어야만 한다는 조건을 내걸었다. 이는 사실 이해랑에게는 사형선고나 다름없는 조건이었다. 왜냐하면 그로서는 연극을 생의 업으로 택했던 데다가 일본 경찰이 그렇게 연극을 못하게 했어도 고집으로 이겨낸 처지였기 때문이다. 한편 이해랑 집안에서는 그녀의 집안에서 내놓은 절대 조건(?)을 속으로는 은근히 좋아하고 있었다. 이씨 가문으로서는 당초부터 광대를 꺼려왔던 터였기에 차제에 귀한 장손으로 하여금 연극 무대에서 끌어내기로 작정한 것이다.

일이 그렇게 흘러가자 이해랑에게서도 의외로 심적 동요가 서서히 일기 시작했다. 연극이 아무리 인생의 전부라 하지만 당시 유행한 친일 국책극도 마음에 걸렸고 특히 저급한 신파극에는 도저히 마음이 내키지 않았기 때문이다. 그러니까 당초 생각했던 연극과는 너무나 거리가 먼 신파나 친일 목적극만 해야 하는 것에 대해서 새삼 자괴감을 느끼고 있었던 것이다. 더욱이 자기가 진정으로 사랑하는 여인이 혐오하는 연극을 굳이 계속해야 하는가에 대해서도 깊이 생각하게 되었다. 김인순 역시 비록 도쿄학생예술좌 시절에 의상 담당으로 참여는 했었지만 연극을 그렇게 좋게 생각하고 있었던 것은 아니었다. 그래서 연애 시절에도 몇 번 이해랑에게 배우를 그만둘 것을 요청한 바 있었다. 그러나 이해랑이 워낙 연극에 빠져 있었기 때문에 그 열정까지 잠재울 수는 없었던 것이다. 그런 이해랑이었지만 김인순 집안의 요구는 거부할 수가 없었다.

결국 이해랑이 연극계를 떠나는 조건으로 혼담은 급속도로 진행되었다. 두 사람의 결혼이 양가로부터 완전히 합의된 것이다. 그런데 이번에는 혼례 방식을 갖고 또다시 난관에 봉착했다. 두 사람의 결혼성사와 관련하여 당시 한 신문은 이렇게 썼다.

이제는 어떤 벽(壁)도 있을 수 없다. 그런 생각으로 득의만면해진 동갑내기 연인들 앞에 또 하나의 벽이 생겨났다. 이번에는 결혼식 절차에서의 대립이 그것. 유교를 신봉하는 신랑 집 측과 독실한 크리스천 집안인 신부 측의 의견이 각기 달랐다. 목사를 주례로 모셔야 한다는 신부 집안과 사회 명사를 모시자는 신랑 측의 조건이 팽팽하게 맞서서 조금도 양보의 기미를 보이지 않았다. 지금과 달라 그 당시만 해도 생활습관이나 종교가 다를 경우, 양가 집의 승낙을 얻어 결혼을 성사시키는 일이란 쉬운 일이 아니었다. 그래서 곧잘 계급이 다른 두 남녀의 사랑의 애기는 슬픈 종말을 고하는 예가 많았고 특히 연극이나 영화의 좋은 주제(主題)로서 관객의 심금을 울리곤 했다. 두 남녀는 막연하기만 했다. 무엇으로 두 집안을 부드럽게 조화시킬 수 있단 말인가.[36]

이처럼 두 사람 간의 결혼에 이르는 길은 첩첩산중이었다. 이번에는 특히 이해랑의 조부가 가장 완강했다. 이씨 왕조의 종묘제례를 담당하는 제전(祭典) 담당관이었던 조부가 혼례의식에 완강한 것은 극히 자연스런 일이었다. 결국 이 문제는 이씨 가문에서 풀어야 했다. 왜냐하면 장로교회까지 세우고 포교 활동을 하고 있는 김씨 가문에서는 도저히 전통혼례만은 시킬 수 없었기 때문이다. 그런 때에 이해랑에게 번쩍 떠오르는 생각이 있었다. 큰할아버지 이재형(李載馨)이 성동교회 원로목사로 있었으므로 그를 주례로 모시면 되겠다는 것이었다. 그 문제에 대해서는 김씨 가문에서도 환영했다. 어렵게 이루어진 결혼식은 1941년 봄 태화원(泰和院) 강당(지금의 종로서 자리)에서 성대하게 치러졌다. 구체적으로 혼담이 오가고 1년이나 지나서였다. 부유했던 신부 측에서 신혼부부를 위해서 돈암동에 아담한 기와집 한 채를 사줬다. 아주 행복한 신접살이가 시작된 것이다.

그런데 연극을 하지 않겠다는 결혼 조건은 얼마 지나지 않아서 이해랑이 일방적으로 깨버리고 말았다. 물론 그가 당시 연극 현실에 대해서 깊은 회의를 품고 있었던 것만은 분명했지만 막상 무대를 떠난다는 것은 쉬운 일이 아니었다. 더구나 그는 롤모델로 삼고 있는 유치진 주도의 현대극장의 창립 단원이기도 했기 때문이다. 다만 결혼식 관계로 창립 공연에 출연하지 않았을 뿐이었다. 그러나 제2회 공연작은 그의 절친한 친구 함세덕의 번안인데다가 주인공으로 발탁되었던 터라서 그 유혹을 떨쳐버린다는 것은 마약 중독자가 마약을 끊는 것 이상으로 어려운 일이었다. 부부 연(緣)을 맺은 직후 남편이 다시 극단에 참여하여 첫 출연한 〈흑경정〉을 관극한 후 아내 김인순은 그에게 직접적으로 무대를 떠날 것을 요구해 왔다.

그런데 흥미로운 사실은 그녀가 남편에게 단호하게 연극계를 떠나라고 요구한 것은 극히 사소한 데서 발단되었다는 점이다. 즉 〈흑경정〉에서 이해랑이 여주인공과 연애하는 장면이 눈에 거슬렸던 것이다. 그때의 사정에 대하여 그는 다음과 같이 회고했다.

또 하나, 마리우스가 화니와 한방에 들어가 하룻밤 자는 장면이 있다. 그 사실을 미리 알고 아버지가 현장에 가서 마리우스의 신발 한 짝을 몰래 갖고 갔다. 아침에 "신발 한 짝 어쨌냐" 하면서 지난밤 마리우스와 화니가 하룻밤 잔 걸 아버지가 안다고 표현하는 장면이다. 물론 둘이서 방에 들어가는 장면만 나오고 같이 잤다는 사실이 대화를 통해서 폭로가 된 것이다. 한데 마침 우리 내자가 그걸 구경하러 왔다. 남편인 내가 딴 여자와 자는 장면이 직접 안 나오지만 간접으로 화니란 여자가 마리우스와 같이 잤다는 장면을 보고서는 어떤 의아심이랄까 환멸이랄까 품었던 것 같다. 마리우스로 분장한 이해랑의 아내로서 어떤 질투 같은 걸 느꼈던 모양이다. 연기자들은 그런 감정이 전혀 없다. 그러나 관객 입장에서는 배우들의 대화를 통해 상상이 무한대로 되게 마련이다. 그게 또 연극의 묘미인데 아내는 그걸 보고 남편이 연극하는 것이 싫고 불안했던 것이다. 뭔가 아내로서 모욕감을 금치 못했던 것 같다. "제발 연극 좀 그만두고 딴 직업을 택해 달라"는 아내의 사정이었다.[37]

아내 김인순의 애원에 가까운 요구에 그도 어쩔 수가 없었다. 그는 결혼 조건으로 처가와 한 약속도 있었기 때문에 눈물을 머금고 또다시 극장 무대를 떠나야겠다고 결심했다. 그런데 솔직히 연극 외에는 할 줄 아는 것이 아무 것도 없었다. 처가에서 집은 한 채 사줘서 살고는 있지만 생계가 막막했다. 그가 쉽게 연극계를 떠나지 못한 이유 중에는 다소간의 출연료도 한몫했었다.

그런 기미를 눈치 챈 아내는 지참금 통장을 내보이면서 자신이 생활 전선에 뛰어들겠다고 했다. 아내의 단호한 의지에 그는 손을 들고 말았다. 그녀는 도쿄에서 제대로 의상학을 공부한 데다가 화신백화점 등 두 군데서 2년여 동안 실무까지 익혔던 터라 양장점 하나 경영하는 것은 식은 죽 먹기나 다름없다고 생각했다. 결단을 내린 부부는 지참금을 털어서 종각 뒤에다가 담뽀뽀(민들레) 양장점 하나를 냈다. 그 당시 서울을 통틀어서 양장점이 겨우 서너 군데밖에 없었을 때였으므로 종로1가에 그런 점포를 낸다는 것은 대단한 일이었다. 그들은 곧장 점포 수리에 들어갔다. 초겨울이어서 점포 수리에 시간이 적잖게 걸렸다. 매일 분 바르고 무대에만 섰던 그는 점퍼 차림으로 현장 감독을 하지 않을 수 없었다.

그러던 어느 날 유치진이 예고도 없이 그를 찾아왔다. 현대극장이 〈흑경정〉과 〈흑룡강〉을 갖고 순회공연을 떠나는데 주연 중의 한 사람이었던 네가 안 가면 되느냐는 것이었다. 그것은 극단의 사활이 걸려 있었던 만큼 그로서는 우선 도의상 뿌리칠 수 없는 처지가 되었다. 내부 수리 중인 점포에는 나무,

학생예술좌원들과 함께 한 김인순(뒷줄 세 여자 중 좌측), 이해랑(맨 앞줄 우측 첫 번째)

시멘트 등 각종 내장재들이 쌓여 있었지만, 일그러져 있는 아내의 얼굴을 뒤로 한 채 그는 어쩔 수 없이 북선 지방으로 순회공연을 따라나섰다. 그 자신은 다시 무대에 서는 감격이 있었지만 아내의 얼굴만 떠올리면 등 뒤에서 식은 땀이 흐르곤 했다. 달포의 여정은 길기만 했다. 추운 겨울에 북만주까지 다니면서 공연을 하는 것은 마치 탄갱부가 캄캄한 막장을 헤집고 다니는 것과 같은 고통이었다. 재만 동포의 냉랭한 반응은 연극을 하는 즐거움마저 앗아가 지루한 고통의 여로였다.

그가 40여 일 동안 출연료를 단 한 푼도 받지 못하고 귀가했을 때 아내가 보이지 않았다. 엄동설한에 점포 수리 현장감독을 하다가 유산을 하여 병원에 입원해 있었기 때문이다. 점포에 가보니 공사는 중단된 채 방치되어 있었다. 주인 부부가 없으니 공사를 더 진행할 수가 없었던 것이다. 그는 난감했다. 우선 번번이 약속만 깨온 터였으므로 아내에게 면목이 있을 리 만무했다. 그렇다고 돈을 벌어온 것도 아니고 빨랫감만 가득 든 트렁크만 덩그러니 방 안에 처박을 수밖에 없었다. 그는 사랑하는 아내에게 다시는 연극을 않겠다고 거듭 다짐하고 병간호와 점포 수리를 함께 병행했다.

그런데 이번에는 수중에 돈이 한 푼도 없는 것이 문제였다. 왜냐하면 아내가 시집 올 때 가져온 지참금은 모두 점포를 얻고 수리하는 데 썼기 때문이다. 엎친 데 덮친 격으로 아내의 입원비 또한 만만치 않았다. 날씨는 그해 따라 몹시 추웠고 점포 수리 공사는 벌여 놓은 데다가 아내마저 병원에 누워 있는 처지였으니, 그의 고통은 견디기 힘든 상태였다. 결국 그는 떨어지지 않는 발길을 부산으로 돌렸다. 병원장으로 있는 부친에게서 돈을 얻어 와야 했기 때문이다. 그의 처가도 부자이긴 해도 그동안 결혼 조건을 어기고 배우 생활을 계속했기 때문에 도움을 받는다는 것은 좀처럼 불가능한 일이었다. 그 점에서는 그의 부친도 다를 바 없었다. 그러나 어쩔 수 없었다. 워낙 진퇴양난이었기 때문에 자존심을 죽이고 사정하는 수밖에 없었다. 그의 부친도 혈육의 정은 어쩔 수 없었던지 급한 불은 꺼주었다. 병원에서 건강을 회복하고 다시 양장점 개업을 서두른 그의 아내는 제발 연극을 그만두라고 애소하다시피 매달렸다. 부인의 절절한 호소에 그는 손을 들 수밖에 없었다.

그는 결심을 하고 갈월동 유치진의 집으로 가 떨어지지 않는 입을 떼었다. 일단 연극에서 손을 떼겠다고 했다. 그러나 유치진은 펄쩍 뛰었다. 그의 뛰어난 재능이 아깝다는 것이었다. 실제로 유치진은 내심 이해랑을 가장 유망한 후계자로 생각하고 있었다. 따라서 이해랑을 달래고 설득했다. 그런 어려움 속에서 예술을 해야 가치 있는 것이 아니냐고도 했다. 그러한 설득에 이해랑의 마음이 흔들린 것은 사실이었지만 이번에도 아내와의 언약을 파기할 수는 없었다. 그는 괴롭지만 용단을 내렸다. 일단 연극계를 떠난 것이다. 그의 아내가 발 벗고 나서서 양장점을 운영하기 시작했고 그는 마치 명예회장 겸 지배인처럼 점포를 일 없이 드나들면서 담배 연기만 허공에 날리는 생활을 하게 되었다.

얼마 전까지만 해도 매일 연습하고 밤에는 공연을 하고 막이 내린 뒤에는 술집으로 밤늦게까지 돌아다니며 동료 연극인들과 분주했던 생활이 하루아침에 무료한 생활로 바뀌어버린 것이다. 그래서 낮에는 무료하게 양장점을 지키다가 해가 넘어가면 주변의 카페로 가서 맥주 몇 잔을 마시는 생활을 반복했다. 극단 활동을 그만두었지만 본래 독서광이었던 그는 연극 서적과 추리 소설을 읽으면서 무료한 낮 시간을 보내곤 했다. 그런데 카페 드나드는 일도 주머니 사정이 여의치 않았기 때문에 자유스러운 것이 못 되었다. 그때의 무료했던 생활을 그는 다음과 같이 회고한 바 있다.

양장점 뒤에는 쭉 술집이었다. 그 시대 양장이라면 여염집 여자들은 하지 않았다. 술집 여자들이 주로 했고 간혹 무용을 하는 여자, 일본이나 미국에 갔다 온 여성들이 양장을 하는 게 고작이었다. 돈주머니를 아내가 쥐고 있었다. 나는 양장점을 지킨다고 하지만 할 일이 없었다. 아내가 치수도 재고 재단을 떠서 공장에 넘기는 일 등 일을 다 했다. 나는 쇼윈도 앞에 의자 하나 놓고 앉아 책이나 보고 담배 피우는 것이 일과였다. 스스로 생각해도 신세가 딱했다. 지나가는 사람이 보면 양장점이라서 여자를 상대하는 집일 텐데 웬 남자 마네킹이 앉아 있나 했을지도 모르겠다.

생계를 아내가 주도하고 있으니까 일일이 아내에게 손을 벌려야 했다. 아침에 커피 먹으러 간다면 얼른 주고, 이발이다, 목간이다 하면 지체 없이 돈을 줬다. 한데 술값 달라고 하면 아내는 두 길 세 길 뛰었다. 물론 편하긴 했다. 끝나면 같이 돈암동 집에 가고 아침이면 같이 나오고 책이나 보면서 편했다. 근데 할 일이 있어야지. 하루 온종일 고작해야 커피나 마시고 가게 앞의 커피숍이나 들락날락하며 친구들과 노닥거리노라면 무료하기 짝이 없었다. 술값을 달라고 하면 으레 퇴짜이다.

근데 양장점에는 술집의 여인들이 종종 옷을 맞추러 왔다. 내가 어쩌다 그 여자들이 있는 술집에 가면 대환영이다. 양장점 주인이 왔다는 거였다. 외상을 준다는 것이다. 그러면 나중에 계산서를 집에 가져와서는 아내와 냅다 싸움이 벌어지곤 했다. 아내는 술을 먹지 말라고 하니 나는 간간이 몰래몰래 술을 먹을 따름이었다. 이 손바닥 벌리는 생활을 언제까지 할 것인가 낙담하는 나날을 보내던 중 1년 반 만에 집을 사겠다는 작자가 나섰다. 아내는 팔면 어떡하느냐 했지만 내가 서둘러 팔아버렸다. 그때 돈 2만 원을 받았는데 우리 내외가 평생 먹고살 만한 액수였다. 그걸 곶감 빼먹듯 쓰면서 지내는 룸펜 생활을 하다가 다른 일을 해야겠다고 마음을 고쳐먹었다.[38]

이상의 글은 그가 룸펜 생활을 할 때의 처지를 솔직히 술회한 것이다. 그런데 그렇게 무료한 생활을 할 때가 바로 그가 아내를 가장 행복하게 해준 기간이기도 했다. 왜냐하면 아내의 입장에서는 우선 남편이 연극배우를 그만두어서 좋았고, 그녀 자신 역시 힘든 일본 유학까지 가서 배워온 의상디자이너 일을 독립해서 할 수 있었기 때문이다. 특히 신혼기간 중 남편과 온종일 함께 있으면서 하고 싶은 일을 했던 것처럼 행복한 일은 다시없었다. 반면에 남편 이해랑으로서는 노는 것이야말로 정말 고통스러운 일이었다. 그는 평소 돈에 별 관심을 두지 않는 편이었지만 친구와 술을 좋아했기 때문에 돈이 언제나 필요했다. 배우 생활을 할 때는 적은 출연료라도 받아서 카페도 심심찮게 갔었지만, 아내의 점포에서 놀고 있을 때는 어디에서 일전 한 푼 스스로 버는 것이 없었고, 따라서 일일이 아내에게 손을 벌리는 것은 정말 자존심 상하는 일이었다. 그리고 양장점에 온종일 앉아 있는 것도 지루한 것이었지만 커피숍에 앉아 있는 일도 지루하기는 마찬가지였다. 그는 본래 산책 같은 것은 별로 좋아하지 않는 편이었지만 주머니에 돈이 떨어지고 다방도 지겨우면 어쩔 수 없이 고궁(古宮) 산책길에 나서곤 했다. 덕수궁이라든가 비원, 그리고 파고다공원을 자주 찾았다. 그는 공원 벤치에 망연히 앉아서 푸른 하늘과 숲을 바라보면서 깊은 사색에 잠기곤 했다. 그가 하루해를 보내는 모습은 꼭 실업자의 모습과 다를 바 없었다.

그러나 그가 그런 낭인 생활을 헛되게 보낸 것은 아니었다. 그는 독서하고 사색을 했다. 대학 시절 탐독했던 책을 다시 들추고 재음미하는 시간으로 활용한 것이다. 그로서는 일종의 재충전이나 마찬가지였다. 왜냐하면 마음속으로 언젠가는 연극을 다시 해야겠다는 생각을 품고 있었기 때문이다. 그는 어두운 현실을 미래의 디딤돌로 생각하고 있었다.

그는 결국 1년 반 정도의 무료한 생활을 청산해야겠다는 결심을 했다. 더이상 그런 생활을 하다가는 무력증에 걸릴 것 같다는 생각까지 했다. 이때부터 그는 아내를 설득하기 시작했다. 그러나 그의 아내는 가게를 새롭게 다른 장소에서 계속하자고 했다. 그것은 남편이 또다시 연극배우를 할까 봐 지레 겁을 먹었기 때문이었다. 사실 그녀가 양장점을 팔기로 마음먹은 것은 남편의 무료한 생활을 청산하기 위해서가 아니라 일본 제국주의자들이 일으킨 태평양전쟁 때문에 모든 물자가 달려서 옷감마저 구하기 힘들었기 때문이다. 그러니까 장사가 잘 되지 않았다는 이야기이다. 그녀로서는 난감할 수밖에 없었다. 남편이 연극밖에 모르고 돈에 대한 욕심도 없어 가정을 이끌 만한 생활능력이 없는 터에 양장점을 처분한다는 것은 쉬운 일이 아니었던 것이다. 그녀는 용단을 내릴 수밖에 없는 궁지에 몰렸다. 당시 2만 원이란 기금이었다.

부부는 한동안 곶감 빼먹듯이 그 돈으로 생활을 영위해 갔다. 그런 때에 기다리던 장남 방주(邦柱)가 태어났다. 식구가 늘어나면서 이해랑은 가장으로서 무거운 어깨를 느끼기 시작했다. 2년 가까운 룸펜 생활도 진저리가 났을 법도 했다. 그는 부인이 연극을 싫어하고 또 연극 상황이 순전히 친일 목적극 아니면 저질 신파 악극뿐이어서 다른 직장에 취직을 해보려고 발길이 떨어지지 않는 대화숙의 문을 두드렸다. 두 번 다시 가고 싶지 않은 대화숙을 찾아갔다는 것은 현실의 절박성을 단적으로 보여주는 것이었다고 하겠다. 그런데 의외로 취직은 곧바로 되었다. 그리하여 그는 전혀 생소한 스토브 회사를 다니게 되었다. 그는 아무 일이라도 해야 했기 때문에 돈암동 집으로부터 2시간이 소요되는 용산의 스토브 회사를 출퇴근했다. 겨울이면 어두컴컴한 새벽에 일어나서 전차를 몇 번 갈아타고 다니는 샐러리맨이 된 것이다. 일이 재미있을 리 만무했지만 그는 꼭두새벽에 나와서 어두워야 퇴근하는 고달픈 직장인으로 만족해야 했다. 다만 그는 귀여운 아들이 건강하게 자라나는 것과 사랑하는 아내가 자신을 이해해주는 것을 낙으로 삼고 열심히 일했다.

그런데 시국은 더욱더 어수선해갔다. 일본군이 태평양전쟁의 와중에 여기저기서 참패를 당한 것이다. 즉 1943년 2월에 카달카날 해전에서 참패하고, 4월에는 연합함대 사령관인 야마모도(山本)가 비행기 추락으로 사망하는가 하면, 5월에는 아츠츠 도(島)에서 전멸 당하자 일본 정부는 신경을 곤두세우고 조선 탄압을 더욱 강화했다. 이처럼 전황(戰況)이 시시각각으로 불리해지자 일본은 자국의 국력만으로는 도저히 감당할 수 없다고 생각했다. 그리하여 조선청년연성령(朝鮮青年鍊成令)을 공표하여 청장년을 묶고, 학도동원령으로 남녀학생들을 노무장으로 끌고 가서 강제 사역을 시켰으며, 학년을 단축하여 전시 노동력 확보에 급급했다.

1943년 이후에는 조선징병제(朝鮮徵兵制)를 실시하여 조선 청년을 그들의 전선에 강제로 납치하다시피 했고, 여자 정신대라는 명목으로 조선 여성을 그들의 공장 혹은 전선 위안부로까지 끌고 갔다. 그뿐만 아니라 전선 노무자를 잡아가니 조선인들은 그들의 전선에서, 그들의 탄광에서, 그들의 공장에서, 그들의 창굴(娼窟)에서 노예 이하의 노동과 능욕 속에서 죽어가야 했다.[39] 그러니까 일본 군국주의자들은 조선 남성을 군대 아니면 징용으로 마구잡이로 끌고 간 것이다.

그런 상황에서 이해랑이라고 예외일 리 만무했다. 스물여덟 살의 그에게 어느 날 징집영장이 날아든 것이다. 그 시기에 총독부 산하의 관리직이나 기능공, 국가요원, 그리고 예술 분야의 경우는 연극협회 산하 극단원들만 징용이 면제되었다. 예술인들을 면제시켜 준 것은 국책예술의 선전요원으로 써먹기 위해서였다. 그러나 그는 이미 연극계를 떠나 있었으므로 피할 수 없이 걸려든 것이다. 우선 집안에서 큰 난리가 났다. 가뜩이나 손이 귀한 집안인데다가 외동아들이 아닌가. 그는 징용장이 날아든 그날 밤, 가솔을 이끌고 부산의 부친 집으로 달려갔다. 부친이 부산 유지로서 총독부의 부산 부의원으로 있었기 때문이다. 그의 부친은 그를 즉각 경남우편국의 임시 직원으로 취직시켜 주었다. 왜냐하면 우편국 직원도 말단 관리인 만큼 징용은 면제되었기 때문이다.

그는 또다시 탐탁지 않은 일을 두 번째로 해야 했다. 출근하면서도 우체국 말단 직원 일은 잠시 하는 것으로 마음먹었다. 그가 하는 일이란 우체국에서도 잡일에 속하는, 도장 찍고 우표 팔고 하는 등등의 잔노동에 속하는 것이었다. 머리를 쓸 것은 아무것도 없었다. 그런데 우체국 일은 순전히 징용을 피하기 위한 것이었지만 오랜만에 경원했던 부친과 함께 생활하는 의미가 더 컸다.

사실 그는 전술한 대로 조실모 후 부친이 재혼했기 때문에 줄곧 조부모 밑에서 성장했고, 대학 입학 전에 부친과 1년여 함께 산 것이 고작이었다. 그런 그가 아내와 아들까지 함께 부친과 한 지붕 밑에서 산다는 것은 여러 가지로 의미가 컸다. 그가 탐탁지 않은 직업(배우)을 택해서 소원해진 이후, 결혼도 부친을 흡족하게 한 것은 아니었다. 그럼에도 불구하고 그가 가솔을 이끌고 갑자기 들이닥쳤으니 그의 부친과 계모가 당혹스러워 한 것은 너무나 당연했다. 다행히 그의 아내가 시부모에게 잘했기 때문에 가정은 화목할 수 있었고, 귀여운 손자까지 있어서 그의 부친을 즐겁게 했다.

하지만 부친과의 화목한 생활도 오래 지속되지는 못했다. 급박한 시대 상황이 그들의 단란한 생활을 파괴한 것이다. 즉 부산에 미군 비행기의 폭격 사건이 발생했다. 미 공군은 회유책부터 썼는데 가령 B29가 서울 용산 포로수용소에 구호물자를 떨어뜨리는가 하면 부산에는 폭탄을 투하한 것이다. 미 공군기의 부산 폭격 사건은 부산 시민은 말할 것도 없고 전 국민을 경악시켰다. 그때 가장 놀란 사람은 이해랑보다는 그의 부친이었다. 손이 귀한 집안에 손자까지 딸린 외아들이 폭격 지역에 있다는 것은 예삿일이 아니었다. 그의 부친은 아들 이해랑에게 즉각 멀리 피신하라고 했다. 그의 처가가 있는 용천은 압록강

변 국경지대로서 서울이나 부산에서 볼 때 대단히 멀게 느껴지는 오지였다. 그러나 이해랑은 망설였다. 2년 가까이 룸펜 생활을 하다가 탐탁찮은 일자리라도 하나 얻어서 몇 달 다녔는데 그만두기가 쉽지 않았던 것이다. 그에게 또다시, 그것도 기약 없이 낭인 생활을 시작해야 한다는 것은 생각만 해도 끔찍한 일이었다. 그것도 처가에 가서 하라는 것이 아닌가.

그는 아내와 어린 아들, 모자만을 처가인 용천으로 보냈다. 두 살 난 장남 방주가 뛰어다니면서 말도 몇 마디씩 하여 귀여움을 독차지할 때였다. 함께 가기를 원하는 아내에게 뒤따라가겠다고 달래서 용천으로 보내놓고 그는 직장에 계속 나갔다. 부친의 끈질긴 요구에도 이 핑계 저 핑계를 대면서 차일피일 미루었다.

그러나 초조해하는 부친의 강권을 물리치기란 쉬운 일이 아니었다. 그는 결국 우체국 출근 6개월 만인 1945년 7월 하순에 1주일 휴가를 얻어 처가인 용천으로 갔다. 가족과 헤어진 지 두어 달 만의 재회였다. 사실 그 무렵에는 관청에서 휴가를 내주지 않았다. 전시에 무슨 휴가냐는 것이었다. 그래서 그는 또 부친의 빽을 써서 얻었다. 그는 용천에서 얼마간 한가롭게 휴가를 즐겼다. 마침 장성한 손아래 처남(연규와 도규)이 둘이나 있었기 때문에 시간 보내기는 더 없이 좋았다. 워낙 부유한 집이었기 때문에 탁구대도 있었고 농구나 배구를 할 수 있는 기구도 있었다. 그와 손아래 처남 두 사람 모두가 스포츠를 좋아했기 때문에 탁구, 배구 등 구기(球技)를 하면서 시간을 보냈고 멀지 않은 서해안으로 나가서 수영도 즐겼다. 그는 특히 수영을 좋아했고 또 상당히 잘했다. 그가 술을 그렇게 좋아하고 많이 마셔도 건강했던 것은 수영을 많이 한 것도 도움이 되었다.

그는 오랜만에 용천의 처가에서 즐거운 나날을 보낼 수 있었다. 휴가 1주일이 후딱 지나가는 줄도 모르고 시원한 여름을 즐겼다. 그가 휴가 기간이 지났지만 부산의 직장으로 복귀하지 않은 이유는 두 가지였다. 첫째로, 그는 몇 달 만에 재회한 아내와 어린 아들, 그리고 놀기 좋아하는 손아래 처남들과의 생활이 시간 가는 줄 모를 정도로 행복했다. 경제적으로 유복하게 자란 그였기 때문에 직장에도 별로 연연하지 않았다. 게다가 징용을 피하기 위해서 임시로 다니고 있던 우체국에 별 매력을 느끼지 않았기 때문에 용천에서의 여름 생활이 시간 가는 줄 모를 정도로 즐거웠던 것이다. 둘째로, 그는 예리한 감각에 의해 일제의 패망을 어느 정도 직감하고 있었다. 그는 한 회고의 글에서 "멀잖아 일제(日帝)는 패망할 것이란 소문은 돌고 있던 터였다. 그러나 일제는 무단정치로 한국민의 귀를 막고 있었다. 자기네들이 이긴다고 부녀자들까지 죽창 연습을 시키곤 했다"고 이야기한 바 있다. 따라서 우체국의 일주일 휴가를 한참 넘기고도 태연할 수 있었다. 어영부영하는 동안에 그는 용천의 처가에서 8·15 광복의 감격을 맞게 되었다.

4. 민족 해방과 연극계 리더로서의 부상

부산우체국 임시 직원으로서 용천 처가에서의 휴가 생활 중 해방을 맞은 이해랑이 당시 한국인 모두처럼 환호작약(歡呼雀躍)했음은 자명한 것이었다. 그가 특히 감격한 것은 우리 민족이 일제의 압제로부터 벗어났다는 것 다음으로 징용의 공포와 하기 싫은 일로부터 해방되었으며 연극을 다시 할 수 있겠다는 한껏 부푼 희망 때문이었다. 광복의 순간과 관련해서 그는 "대체로 무얼 좀 생각하는 사람들은 얼마 못 갈 것이라 느끼고 있었지만 악독한 일본 놈들이 하루아침에 항복하는 걸 보고선 나 자신도 꿈이 아닌가 했다"고 회상한 바 있다. 그러니까 당시 한국인들 중 지각 있는 사람들은 일제가 패망하는 것은 분명하다고 느끼면서도 그렇게 빨리 닥칠 것이라고는 예상 못했다는 이야기가 된다. 해방 소식을 듣고 꿈인지 생시인지 분간할 수 없었다는 그의 실토야말로 바로 그런 입장을 단적으로 보여주는 것이다. 광복을 맞는 순간 그의 아내의 첫마디는 "당장 서울로 가시오"였다.

그런데 그의 아내가 남편에게 서울로 가라고 한 것은 연극을 하라는 뜻은 결코 아니었다. 오히려 서울로 가라고 그의 등을 떼밀면서 "연극만은 제발 하지 말라"고 당부한 것이야말로 아내의 심정을 잘 표현한 것이었다. 이제 나라가 주권을 찾고 독립했으니 도쿄 유학까지 다녀온 젊은 청년으로서 할 만한 일이 얼마나 많겠느냐는 것이었다. 그는 해방된 다음 날 떠밀리다시피 만삭이었던 아내와 세 살 난 아들, 그리고 처가 식구들과 헤어져 서울행 완행열차에 몸을 실었다. 그는 아내의 신신당부를 잊지는 않았지만 다시 연극 무대에 설 수도 있을 것이라는 생각으로 가슴 설렜다. 차창 밖의 늦여름 산하는 유난히 눈부셨다. 녹음이 짙은 산이며 들판, 실개천 등이 찬란히 빛났고 유난히 아름답다고 생각했다. 그는 여러 가지 장래의 포부로 가슴이 부풀었다.

그는 우선 서울에 도착하자마자 조부모께 인사를 드리고 이틀 동안 훈계를 들어야 했다. 조부모는 그를 직접 길러준 분들이었기 때문에 유별날 정도로 친근했다. 조부모도 그가 이씨 가문의 대를 잇는 단 하나의 손자였기 때문에 끔찍스러울 정도로 아끼는 처지였다. 그런데 그의 조부모 역시 그에게 연극만은 하지 않으면 하는 표정이었다. 그는 솔직히 가문 자체가 연극배우라는 직업과 너무나 먼 것을 잘 알고 있었기 때문에 아내와 조부모의 완곡한 당부를 가슴에 새기곤 했다.

당시 그는 광복을 맞았다고는 하지만 우체국 임시 직원을 그만둔 것은 아니었기 때문에 곧바로 부산으로 내려갔다. 부모님께 인사도 드리고 곧바로 우체국에 정식으로 사표를 제출하러 직장에 나갔다. 우체국에서는 두 가지 반응이 나왔다. 일본인 상관은 아직도 기세가 꺾이지 않았는지 그에게 무단으로 휴가를 연장했다고 질책했다. 반면에 한국인 상관은 나라가 독립했는데 우체국을 지켜야지 왜 그만두느냐고 만류한 것이다. 그러나 그는 당초부터 체신 공무원이 되려고 한 것이 아니었기 때문에 만류를 뿌리치고 사표를 제출하는 동시에 다른 일감을 찾아보려고 상경했다.

서울은 흥분과 감격, 희망의 와중에 휩싸여 혼란스럽기 이를 데 없었다. 일본인들은 귀국하느라 정신없었고, 한국인 중 부도덕하고 약삭빠른 사람들은 저들이 남기고 간 가옥, 세간 등과 창고에 쌓인 물품을 가져가려고 혈안이 되어 있었다. 정치, 사회단체들이 하루에도 몇 개씩 등장하고 시민들은 흥분과 감격을 이기지 못해서 거리에 쏟아져 나와 이리저리 몰려다녔다. 거리에서는 일본인들이 내팽개치고 간 주택, 건물, 물품 등이 널려 있었다. 치안이 제대로 잡혀 있지 않은 무정부 상태였기 때문에 적산 가옥 점거, 창고 털이, 세간살이 털이 등 절도 행위가 공공연히 일어나고 있었다. 다만 얼마 되지 않는 중산층, 인텔리층만 자중하면서 국가 장래를 걱정할 뿐이었다. 인텔리층과 중산층은 하루 빨리 사회가 안정되기만을 학수고대하고 있었다.

그들은 우리나라가 곧 독립국가로서 법치가 시작되면 적산(敵産)은 독립투사들과 양심적인 사람들에게 분배되리라고 믿고 있었다. 이런 혼란의 와중에 그는 몇몇 가까운 친구들과 어울리면서 세상 돌아가는 일에 귀를 기울이고 있을 뿐이었다. 솔직히 그때까지만 해도 그는 연극배우를 다시 하겠다는 의지가 박약했었다. 이와 관련해서 그는 다음과 같이 술회한 바 있다.

나는 아내의 말을 따르려고 했다. 허나 취직을 하려니 회사가 있나, 사업을 하려해도 뭐가 될 리 없다. 모두 허황되게 눈먼 돈이 굴러 떨어지지 않나 찾아다니는가하면 횡재의 건덕지가 길에 즐비하다고 보기 때문이었다. 내가 떠날 때 큰아들이 3살이고 아내가 장녀를 임신한 걸 보고 왔던 터였다. '이제는 자식도 둘이니 연극을해서는 도저히 앞으로 가족 부양을 못할 것이다. 가족들을 위해서 어떤 착실한 월수입이 생기는 일을 해야겠다'고 생각한 것이다. 한데 막상 서울 와서 보니 꼬락서니가 그랬다. 제대로 정신 박힌 사람을 10명에 두세 사람 찾기 어려울 정도였다. 거기다가 얼마 되지 않아 이북에서 피난민들이 밀물 쏟아지듯 38선을 넘어왔다. 경제고 문화고 다 뒷전이어서 거들떠보지도 않았다. 모두들 시각을 정치에 던져 어떻게되나, 우리나라가 어떻게 독립이 될 것인가 전전긍긍했다. 나 자신도 자연히 그쪽에눈이 쏠렸다.[40]

이상에서 확인할 수 있는 것처럼 그는 결혼 전처럼 연극에 대한 열정은 적었다. 특히 3년 가까이 무대를 떠나 있었던 데다가 그동안 낭인 생활과 하급 관리 노릇을 하면서 거의 연극을 잊은 상태였다. 게다가 아내가 둘째 아이까지 임신해 있던 터라서 가장으로서의 무거운 책임감도 있었기 때문에 연극배우를 다시 한다는 것에 대한 공포감도 없지 않았던 것이다. 그런데 당시 정치에 쏠린 국민적 관심이 혈기왕성한 그에게도 예외일 수는 없었다. 그는 여운형(呂運亨)이 공산주의자들을 업고 건준(建準)을 만들어 인민공화국 수립을 꾀하는 것에 주목했다. 이어서 골수 공산주의자였던 박헌영(朴憲永)이 등장하여 여운형을 압도해나가는 것도 지켜보았다. 그런 분위기였기 때문에 우익계 사람들은 대체로 숨죽이고 있었던 데 반해서 좌익계 사람들만 설치고 다닐 뿐이었다.

이런 사회 분위기 속에서 그는 다시 연극을 생각하기 시작했다. 아무래도 과거 그와 함께 연극을 했던 사람들의 움직임에 큰 자극을 받은 것이다. 그는 특히 해방되고 며칠 되지 않아 발족된 조선연극건설본부(朝鮮演劇建設本部)에 시선이 쏠렸다. 왜냐하면 그 단체에는 절친한 친구였던 함세덕을 위시하여 선배인 이서향 등이 끼여 있었던 데다가 친일 어용극의 선봉장들도 함께 가담되어 있었기 때문이다. 그는 신문에서 그 기사를 보자 피가 거꾸로 올라오는 것 같은 느낌을 받았다고 한다.

어제까지 친일 어용극의 앞잡이 노릇을 하던 자들이 해방되자마자 자숙은 커녕 무슨 연극 단체를 만들고 나선 것을 보면서 의협심이 강한 그는 도저히 참고 앉아 있을 수만은 없었다. 그는 당장 사무실이 있는 종로의 한청(韓靑) 빌딩으로 달려갔다. 어용극의 선봉장이었던 연출가 안영일(安英一)이 순진한 연극인들을 모아 놓고 진실한 연극을 창조하는 운동을 벌이자는 취지의 강연을 하고 있었다. 피가 끓어오른 이해랑은 참다못해 일어나서 일갈했다. "여보시오 진실한 연극이란 게 도대체 뭐요. 좀 들어봅시다. 내가 생각하기에는 앞으로 진정한 연극을 수립하기 위해서는 당신들 같은 친일 연극인이 없어져야 하는데, 대답을 해보시오." 강연장이 아수라장이 되었음은 두말할 나위 없다. 당초부터 이데올로기 예술을 싫어했던 데다가 친일 어용극을 거부했던 그로서는 할 만한 이야기였다. 실제로 한청빌딩 사건은 그가 좌익 연극인들과 분명한 선을 긋는 한 해프닝이었다. 그러나 그때까지만 해도 좌우익 연극인들의 색깔이 분명하게 드러나지 않았고 또 분열이란 것도 없었다. 그렇기 때문에 8월 20일에 일제 말엽의 조선연극문화협회 접수를 토의하기 위한 전국연극인대회(全國演劇人大會)가 열릴 수 있었던 것이다.

여하튼 그는 다시 연극운동에 본격적으로 나서야 한다는 어떤 사명감에 불타고 있었다. 친일 어용극을 하지 않은 몇 안 되는 순수 연극인이었던 그는 해방 직후의 연극 상황에 당혹감을 느꼈다. 어떻게 친일 연극에 앞장섰던 자들이 해방되자마자 자숙하지 않고 설칠 수 있느냐는 분노였다. 그는 어떤 연극인보다도 당당했고 또 많은 연극인이 그를 두려워하며 따르기도 했다. 그러나 시간이 흐를수록 좌익 정치사회단체들의 세력이 커갔고 그에 따라 좌파 연극인들이 급증하면서 일오극장(一五劇場)을 위시하여 자유극장, 극단 청포도, 혁명극장 등이 등장했다. 그는 안 되겠다 싶어서 평소 존경하고 있던 중진 극작가 유치진을 찾아갔다. 좌익 연극인들을 제압하려면 유치진이 앞장서야 한다고 설득하기 위해서였다. 그러나 유치진은 미동도 하지 않았다. 일제 말엽에 강제로나마 친일 어용극을 한 연극인으로서 근신을 해야겠다는 것이었다. 그런 유치진의 처신은 이해가 되면서도 그에게 너무나 큰 실망을 안겨주었다. 따라서 그는 스스로 직접 선봉에 서야겠다는 결심을 했다.

그런 때에 유치진 이후 차세대 극작가로서 자리를 굳혀 가던 친구 함세덕이 그를 찾아와서 인기 배우 황철(黃澈)과 극단을 하나 만들자고 제안했다. 그는 평소에 황철의 배우 자질을 인정하면서도 전형적 신파 배우였기 때문에 탐탁하게 여기지는 않았지만 함세덕의 요청이 워낙 강했던 만큼 손을 잡지 않을 수 없었다. 이때부터 그는 극단 조직에 발 벗고 나섰다. 대배우 황철, 신예 극작가 함세덕, 그리고 때 묻지 않은 지성파 배우 이해랑 세 사람이 손을 잡자 여러 사람이 모여들었다. 즉 현대극장에서 기획을 담당했던 박민천(朴民天), 여배우 김선영(金鮮英), 중견 배우 서일성(徐一星) 등이 속속 참여함으로써 해방되고 두 달 뒤인 1945년 11월 5일에 낙랑극회를 창립하였다. 그 취지는 "36년의 굴욕과 역사가 우리들 연극의 성장과 개화를 짓밟고 박해와 탄압을 혹독히 하여왔으나 그러한 극악의 조건과 투쟁하여 온 이 땅의 연극이 새로운 역사의 새벽을 맞이함에 가장 준엄한 자기비판과 자기반성을 통하여서만 진정한 우리 연극의 맹아와 창조 건설이 있는 것을 믿고 이에 뜻을 같이 한 연극인들이 모여 낙랑극회를 조직"[41]하는 것이었다. 이해랑이 초안을 작성한 것으로 보이는 이 극회의 선언문에서 어떤 이념적 색채가 전연 없었음을 알 수 있다. 선언문에서 어느 정도 읽어 낼 수 있듯이 이때의 주동자는 단연 29살의 혈기왕성한 이해랑이었다. 평생의 친구 김동원도 회고의 글에서 "매사 정력적인 이해랑은 이틈에도 왕성한 활동력을 보여 대중 극단 출신의 톱 연기자인 황철과 손잡고 낙랑극회를 만들었다"[42]고 쓴 바 있다.

낙랑극회는 급조된 단체이기 때문에 구체적인 목표를 설정한 것도 아니었고 다만 혼란스러운 해방 직후 상황에서 연극계의 기선을 잡아야겠다는 공감대 위에서 조직된 것이었다. 특히 일제 말에 그는 3년여 동안 연극계를 떠나 있었던 만큼 연극에 굶주려 있었으므로 빨리 무대에 서고 싶은 생각만 하고 레퍼토리 선정에 나섰다. 그러나 무대에 올릴 만한 창작품이 있을 리 만무했다. 며칠 전까지도 소위 국민극이라는 친일 국책극만 했던 극작가들이 한 달 사이에 새로운 희곡을 쓴다는 것은 전혀 불가능한 일이었다. 여하튼 극작가로서는 유일하게 함세덕이 참여했으므로 레퍼토리는 그의 몫이었다. 11월 1일에 창립 공연을 하기로 예술극장을 얻어놓은 상태에서 작품을 구하다가 함세덕의 제안으로 독일 고전 극작가 쉴러의 〈군도〉를 번안하여 공연키로 했다. 재능 있는 함세덕이 단 며칠 사이에 〈군도〉를 〈산적〉으로 번안해온 것이 아닌가. 비교적 괜찮다는 평가를 받자 곧바로 연습에 들어갔다. 연출도 그에게 맡기고 남자 주역 형제는 황철과 이해랑이 맡았으며 여주인공은 김선영의 몫

〈목격자〉(M. 앤더슨 작)의 한 장면(좌측 이해랑)

이었다. 당시 최고의 황금 콤비였다.

한창 연습이 진행되고 있던 10월에 그의 처남들이 용전에서부터 서울로 왔다. 처남과 매부 간의 두 달여 만의 재회였다. 그들을 통해서 처자가 잘 있다는 소식을 듣고 안심했다. 그러나 그의 생활 자체가 불안정했기 때문에 처자의 귀경을 바랄 수 없었다. 그는 연극의 재건을 위해서 동분서주했기 때문에 한가하게 처자나 생각하고 있을 여유가 없었다. 가능하면 처자가 처가에 그대로 있기를 은근히 바라는 처지였다.

연습이 비교적 잘된 것은 세 사람의 최고 배우가 모였던 데다가 10대 미녀 배우들인 조미령(趙美鈴), 이민자(李民子), 문정숙(文貞淑) 등이 양념으로 끼여 있었기 때문이었다. 극단 창립 닷새 뒤인 11월 10일에 막을 올린 낙랑극회의 창립 공연은 밤낮으로 인산인해였다. 몇몇 상업 극단과 이념성 짙은 극단들의 저조한 공연과는 상대가 되지 않을 만큼 흥행상으로 대성공이었다. 황철의 유연하고도 노련한 연기와 이해랑, 김선영의 이지적이고 정확한 연기가 절묘한 앙상블을 이룸으로써 1주일 동안 극장 객석을 가득가득 채운 성공작이었다.

이해랑은 이 공연에서 대배우 황철을 새롭게 발견하고 깊은 우정을 나누게 된다. 황철은 교육 수준은 높지 못했으나 천부적인 배우였고 이해랑은 인텔리 신예 배우로서 서로 연극관은 달랐지만, 포용력 있고 풍류적이었던 두 사람은 쉽게 의기투합했다. 이해랑은 회고의 글에서 그와 관련하여 다음과 같이 쓴 바 있다.

> 돌이켜보니 그와 내가 가슴을 서로 열게 한 것도 술이었고 취기(醉氣) 속에 주고받은 대화가 참 우정으로 이어진 감이다. 그는 교동국민학교 앞에 살았고 와룡동의 우리 집과는 방향이 같아 퇴근길이면 매일 술판을 벌였다. 그 추억의 장소가 바로 파고다공원 뒷길 노천 포장술집. 지금은 다정했던 수다장이 주모도 좌판도 사라지고 없으나 이따금씩 뒷골목 포장집을 스쳐갈 때면 옛 주당(酒黨)이 새삼 그리워지곤 한다. (……) 한번은 예의 노천주점에서 둘이 술 마시기 경합을 벌여 새벽 4시까지 마셨는데 과장 없이 말술 서너 동이를 비게 했다. 이튿날 연습장에 골머리를 싸매고 기다시피 나왔으나 황철은 오후 늦게 출근, 그것도 작취미성 상태였다. 이 때문에 호형호제가 시작됐고 그 후 지방 공연 때면 한방에서 뒹굴다시피 가까웠다. 인간적인 부드러움을 지닌 황철은 극단 운영도 화목으로 이끌어 가족 분위기가 조성됐다.[43]

이상에서 알 수 있는 것처럼 그는 상업주의 연극배우인 황철과 깊은 우정을 나누면서 연극관의 폭과 깊이도 넓혔다고 볼 수 있다. 그뿐만 아니라 황철에게서 인간에 대한 신뢰라든가 포용력 같은 것도 배운 것이 사실이다. 그런 면은 1950년대 이후 그가 극단 신협을 이끌면서 나타난다.

그런데 여기서 또 하나 짚고 넘어가야 할 것은 낙랑극회가 만들어지고 창립 공연으로 대성공을 거두기 직전인 10월 15일에 출판사인 연문사(硏文社)가 이철혁(李喆赫)을 앞세워 『인문예술』 잡지 출간을 목표로 삼고 극단 전선을 조직하였다는 점이다. 이철혁이 김동원과 이화삼(李化三) 등과 소극장운동을 펴기 위해서였다.[44] 그렇기 때문에 절친 김동원이 이해랑에게 창립 공연(『자유신문』, 1945. 11. 24.)에 참여해 달라고 요청해 왔다. 이해랑은 우정 때문에 그 극단에 이름은 올렸지만 낙랑극회를 만들어서 〈산적〉으로 히트한 지 며칠 안 되어 또다시 다른 극단에 출연한다는 것이 마음에 걸렸다. 그러나 전선의 주역들이 김동원, 이철혁 등 과거 도쿄학생예술좌에서 함께 고생했던 동지들이었기 때문에 차마 거절하기 어려운 입장이었다. 그래서 그는 거기에도 한 발 걸치고 낙랑극회를 중심으로 활동하기로 했다. 두 극단에 발을 걸친 꼴이 된 셈이다. 전선은 위에서 지적한 대로 당시로서는 매우 전진적인 이념을 표방했는데 그것이 다름 아닌 소극장운동이었다. 다행히 강상률(姜相律)이라는 재정 후원자도 있었기 때문에 수월하게 진척되어 갔다. 김동원과 이철혁이 앞장서고 장계원(張桂園), 이화삼, 홍성인 등도 가담했다.

그뿐만 아니라 매우 이색적인 인물이 옵서버 비슷하게 측면 지원을 했는데, 그가 다름 아닌 일본 연출가 무라야마 도모요시였다. 그는 도쿄학생예술좌 시절부터 한국 연극인들을 도와준 친한파 연극인으로서 만주 공연에 올랐다가 해방이 되는 바람에 잠시 서울에 머물고 있었다. 해방 직후에는 친일을 했던 극작가들이 모두 잠적해버렸기 때문에 번역극이나 번안물을 갖고 창립 공연을 갖는 경우가 많았다. 전선 역시 예외일 수 없었다. 그들은 고골리의 〈검찰관〉으로 창립 공연을 가졌다. 김동원, 이화삼 등이 주역을 맡고 이해랑은 단역으로 참가의 의의를 찾았다.

허집(許執)을 연출자로 내세웠으나 실질적으로는 일본 연출가 무라야마 도모요시가 다 했다. 그는 연출에 그치지 않고 무대장치, 의상, 소품까지 모두 직접 참여해서 만들었다. 그만큼 연극과 한국인을 사랑했다. 제2회 공연만은 창작극으로 해야 한다는 강박관념에 사로잡혀 있을 때 홀연 김사량이 중국 연안(延安)에서 귀국하였다. 한국인으로서 식민지 시대에 아꾸다가와상(芥川賞)까지 탄 도쿄제국대학 출신의 김사량은 이해랑이 특히 좋아하는 작가였다. 왜냐하면 도쿄의 유치장에서 함께 수감 생활을 하면서 교유를 가진 바 있었기 때문이다. 김사량은 사회주의자로서 대학 졸업 후에는 중국 연안 땅에서 정치운동을 하면서 작품을 쓴 인물이다. 그와 관련해서 이해랑은 다음과 같이 회고했다.

태평양전쟁 기간 중 중국 땅 연안에서 종군했었다는 김사량(金史良)은 참호 속에서도 문학성을 살렸으니 집념의 문학인이었다. 이미 이야기했듯이 김사량과 나는 유치장 동창. 니혼대(日本大) 입학 직후 모도후지 경찰서에 끌려가 심한 고문으로 생사를 헤맬 때 형제처럼 따스한 보살핌을 베풀어줬던 은인이다. 우선은 반가움에 그를 찾았더니 그 역시 재회를 기뻐하면서 두말 않고 작품을 건네주었다. 그의 작품을 받아본 순간 나는 김사량이란 위대한 예술가의 얼굴에 또 한 번 머리 숙여야 했다. 상의 포켓에서 꺼낸 원고는 영락없는 휴지조각들이었다.

전지(戰地)에서 종이가 귀했다는 그의 변명이었으나 손바닥만 한 메모지 앞뒷면에 깨알 글씨로 쓰인 작품을 대했을 때 감동에 벅차 눈앞이 흐려졌다. 종잇장들은 땀에 절고 빗물이 번졌으나 그것이 예술의 그윽한 색채였다. 〈호접(胡蝶)〉과 〈붓도리 군복〉이 작품명. 불우한 조선인 병사들이 포화에 찢기어 고향을 그리는 내용의 전진(戰陣) 환경극이었다. 이를 프린트해 다시 읽어본 나는 너무 기뻤고 한편으로 두렵기까지 했다. 문학이 제공하는 극치의 아름다움에 질렸고 도무지 소화할 자신이 없다고 느껴졌다. 대사 한 줄 한 줄이 그대로 포엠(詩). 희곡으로서 적격 여부를 떠나서 그처럼 성실한 인간의 절규를 들은 적이 없다. 고차원의 작품 수준도 문제였으나 우선 당장은 소규모 전선(全線) 스탭만으로는 배역을 채울 수가 없었다.[45]

이상에 나타난 내용을 살펴보면 우선 그가 김사량을 얼마나 외경의 눈으로 바라보고 있었는가를 알 수 있다. 도쿄 유학 시절부터 왕손답게 사회주의자들을 혐오하고 배타했지만 김사량만큼은 애국지사로서 존경하고 있었다. 더구나 그가 중국 오지의 전진(戰陣)에서 휴지 조각에 써온 작품을 보고는 경탄해 마지않은 것이다. 매우 지적이면서 냉철한 그였지만 김사량의 투철한 민족정신과 불굴의 예술혼에 대해서만은 이념을 넘어서 흠모의 정을 표했다. 뒷날 김사량이 월북해서 미국 간첩으로 몰려 처형되었을 때 가장 애석해 한 사람도 이해랑이었다.

그만큼 그는 김사량의 높은 지성과 애국심을 인정했다. 이 작품은 워낙 대작인 데다가 고도의 문학성과 연극성, 그리고 이념을 지닌 희곡이기 때문에 극단 전선 한 단체로서는 소화하기 힘들었다. 그래서 비록 성향은 다르지만 황철 주도의 낙랑극회와 합동 공연을 가졌다. 대중극 성향의 낙랑극회는 제5회, 순수파 극단 전선은 제2회 공연을 하였으나, 그 후 합동 공연은 흥행상 대실패로 끝났다. 출연진은 괜찮은 편이었다. 당대 최고의 배우 황철을 대대장으로 하고 이해랑을 문학청년으로 삼았지만 대중에게 먹히지 않았다. 가령 대사 한 마디 한 마디가 시어(詩語)였음에도 대중에게 외면당한 것은 김사량이 좌익이라는 것과 여자가 단 한 사람도 등장하지 않는 무미하고 살벌한 전쟁극이라는 것, 두 극단의 성향이 조화를 이루지 못한 것, 그리고 대중에 비해 너무 수준이 높은 것 등 때문이었다. 주역의 한 사람이었던 그도 회고의 글에서 "김사량의 참호 속의 작품 〈호접〉이 흥행 면에서 불발탄이 된 것은 애석한 일이나 한편으로 당연한 귀결이었다. 그의 문학을 따르기에는 연기자도 대중도 너무 먼 거리에 있기 때문이다. 그간 신파에 오염됐던 풍토가 이처럼 수준 높은 순수 무대 그것도 심리환경극(心理環境劇)을 감당할 수가 없었던 것"이라 했다.

특히 결정적으로 극단 자체까지 공중분해된 것은 그 작품을 갖고 지방 공연을 갔기 때문이다. 즉 극단 기획자 이철혁이 그의 고향인 경상도 지방 순회

공연을 다닐 때 좌익계 사람들이 주선함으로써 관중이 외면하는 통에 흥행상
으로 참패하게 된 것이다. 적잖은 돈을 꼬라박자 재정 후원자 강상률이 손을
뗌으로써 극단 전선은 하루아침에 공중 분해되어 버렸다.

그는 당초 낙랑극회의 창립 멤버였으므로 원(元)극단에 충실했다. 황철이
유독 그를 높이 평가하고 있었기 때문에 함께 극단을 꾸려가면서 무대에 서
주기를 간절하게 바랐기 때문이다. 그는 매일 같이 명동에 있는 낙랑극회 사
무실에 출근함으로써 오랜만에 직장인으로서의 안정감도 맛보았다. 연극계에
입문한 이후 떠돌이처럼 불안정한 생활만 해왔던 그로서는 비록 월급은 받지
못해도 매일 출근하여 앉아 있는 극단 사무실이 있다는 것에 행복감을 느꼈
다. 반면에 정치사회는 더욱 어수선해 가기만 했다. 좌우익의 갈등이 첨예화
해 가면서 38선도 점차 굳어져 가고 있었다. 아무 거리낌 없이 자유 왕래했던
38선에 군대가 많이 포진하고 통행도 엄격하게 통제되기 시작했다.

그는 처자를 하루빨리 데려와야겠다는 생각을 했다. 그리하여 처남을 시켜
서 데리고 오도록 했다. 더 두면 큰일 날 것만 같았다. 왜냐하면 풍문에 들려
오는 이야기로는 북한에 진주한 소련군들의 만행이 적지 않았기 때문이다. 그
는 서울에 있던 손아래 처남을 시켜서 용천에 있는 처자를 데려오도록 했다.
그리하여 1945년 12월 말 한겨울에 처자가 무사히 서울로 돌아오게 되었다.
근 4개월여 만의 가족 재회였다. 돈암동 집은 그대로 있었기 때문에 서울에서
의 생활은 그렇게 어려운 것이 아니었다. 연극을 극구 반대했던 그의 아내도
이제는 더 이상 어쩔 수 없다고 체념하고 그의 연극운동을 뒷받침해 주는 방
향으로 나아갔다.

해방이 되고 달포 뒤부터 좌익 연극인들이 조금씩 색깔을 드러내기 시작했
다. 그 하나의 예가 다름 아닌 조선프롤레타리아연극동맹의 결성이었다. 조선
프롤레타리아연극동맹은 세 가지 강령을 발표했는데, "첫째, 우리는 프롤레타
리아 연극의 건설과 그 예술적 완성을 기한다. 둘째, 우리는 일체의 반동 연극
과 싸운다. 셋째, 우리는 연극 활동이 노동자, 농민의 생활력과 투쟁력의 원천

이 되기를 기한다"[46]였다.

　이러한 프로연극동맹의 등장을 전후해서 좌익 연극인들이 노골적으로 색깔을 드러내면서 활기찬 연극운동을 벌이기 시작했다. 그리하여 이들이 중심이 된 조선연극동맹이 3개월 뒤인 1945년 12월 20일에 결성되기에 이른다. 이들이 내건 모토는 좀 더 구체적이어서 일본 제국주의 잔재 소탕, 봉건적 유제의 청소, 국수주의의 배격, 진보적 조선 연극의 수립, 국제 연극과의 제휴[47] 등이 있었는데, 궁극적으로는 민족 연극 건설이었다. 이들은 1946년 벽두에 '민족통일전선 촉성 연극인대회'를 열고 반파쇼 공동투쟁위원회에 참가하겠다고 선언하고는 인공(人共)과 임정(臨政)의 합작을 통한 민족통일전선을 결성하라는 권고문을 발표하기도 했다. 때맞춰 남로당의 외곽단체라 할 조선문화단체총연맹이 발족되었는데 조선연극동맹이 기다렸다는 듯이 가입한 것은 두말할

〈목격자〉 출연진. 앞줄 가운데 이해랑

나위 없다.

이들은 3·1절을 기해서 소위 '3·1 기념 연극대회'를 개최하기도 했다. 이때까지만 해도 좌익 연극 단체가 온건 노선을 걷던 때라서 낙랑극회도 함세덕의 〈기미년 3월 1일〉을 가지고 참가한 바 있다. 이해랑은 극단 전선이 해산했기 때문에 김동원 등을 끌어들여서 함께 작품에 출연했다. 뒷날 콤비였던 여배우 김선영도 출연했음은 두말할 나위 없다. 그때까지만 해도 좌익 연극이 기승을 부린 것은 아니었기 때문에 그는 별 거부감 없이 배우로서 심심찮게 올려지는 공연에 참여했다. 그것은 순전히 극단 낙랑극회 소속 배우로서였다.

해방 이듬해인 1946년 〈기미년 3월 1일〉에 이어 함세덕이 쓴 〈산적〉에서 황철과 다시 한 번 연기 대결을 벌이기도 했다. 황철이야 동양극장 시대 이후 최고의 배우로서 대중의 우상이었기 때문에 이해랑으로서는 버거운 상대였던 것도 사실이었다. 그러나 관중의 열광이 황철에게만 쏠려 있는 것만은 아니었다. 작품에서 형(황철)과 아우(이해랑)로 연기 대결하는 과정에서 뜻밖에 관중에게 비교적 낯선 이해랑이 돋보이기 시작한 것이다. 이는 순전히 그가 고음을 제대로 못 내는 황철의 약점을 간파하고 자유자재로 분위기를 이끌어갔기 때문이다. 연기 이론에 밝은 그가 고음과 저음을 자유자재로 구사함으로써 황철의 기세를 잠재울 수 있었던 것이다. 그런데 그가 특별히 주목을 끌기 시작한 작품은 〈호접〉에서 황철의 대대장 밑에서 싸우고 있는 말단 병사 역에서부터였다. 그 장면에 관련하여 그는 "대대장 역은 황철이 하고, 내가 병사로서 시를 좋아하는, 「호접」이란 시를 읊는 시인 역을, 김동원이 중대장 역을 했다. 그때 잊혀지지 않는 두 가지가 있다. 하나는 「호접」이란 시가 말할 수 없이 감동적이란 것이다. 내용은 잊어버렸는데 하여튼 전쟁통에 한밤중에 음유하듯이 그 시를 읊조리고 있으면 전쟁터가 아니고 마치 신비경(神秘境)에서 노래하는 것 같았다"고 회고한 바 있다. 그래서 놀란 사람은 관객뿐만 아니라 황철 자신이었다. 황철이 볼 때, 이해랑은 연령으로나 경력에 있어서 한참 밑이었으나 계산된 연기를 하는 자세가 중진 배우들을 능가하고도 남는다고 생각한 것이다. 적어도 이해랑은 극중 인물의 정서 속에 젖어 들어가는 연기를 보여준 것이었다. 그는 자기의 연기력에 감탄하는 황철의 모습을 보고 쾌재를 부르는 한편 이때부터 연기에 자신감을 갖기 시작했다.

그뿐만 아니라 그는 대중적 인기로 타인의 추종을 불허했던 황철의 신파연기의 한계를 파악해내기도 했다. 즉 그는 〈호접〉이 참패한 원인이 인기에만 연연하던 황철의 연기력의 한계에도 있었음을 확인하면서 "연극이 대관객적으로 대실패를 했는데 그때 나는 생각했다. 연극 세계에 있어서 스타, 인기 배우라는 것이 어느 정도 비중을 차지하는 것인가. 황철 자신도 그때 고민이었던 모양이다. 자기의 인기라는 것이 한계가 있음을 느끼고 동양극장류의 신파에서 벗어나 어떻게 하면 자기가 닦은 기량을 좀 더 차원 높은 예술적 연기를 통해 발휘할 것인가 모색했던 것이다. 그러기 위해 그는 나와 손을 잡았고 함세덕에게 작품을 의뢰했는가 하면 김사량 같은 친구가 희곡을 써와 나한테 있다는 것을 알았을 때 합동 공연 하자고 제의도 한 것이다. 역시 황철은 신파 배우이고 리얼리즘 연극으로 뭉쳐 있는 극단에서는 별로 빛나는 연기자가 못됐다"[48]고 그 한계를 지적하기도 했다.

여하튼 낙랑극회는 계속해서 중국 작가 조우(曹禺)의 〈뇌우(雷雨)〉를 무대에 올렸다. 노역과 악역에 능한 그가 아버지 주박원(周樸園) 역을 맡고 황철이 아들 평(萍) 역을 맡아서 두 번째 연기 대결을 벌였고 이 작품에서도 절제된 연기로 주목을 끌었다. 그가 황철과 대결해서 결코 뒤지지 않는다고 느꼈기 때문에 자신감이 붙은 것이었다. 그러나 의외로 관객이 몰리지 않았다. 그러니까 당시 저질극이 판치던 때라서 수준 높은 작품일수록 오히려 흥행성이 떨어졌는데 그것은 순전히 관중의 낮은 수준 때문이었다. 낙랑극회의 대표인 황철은 1946년 말에 와서는 과거 동양극장 시절을 생각하게 되었고 임선규(林仙圭)가 히트시켰던 〈바람부는 시절〉(홍영진 연출)을 무대에 올렸다. 예상대로 그 대중연극은 공전절후(空前絶後)의 인기를 끌었음은 두말할 나위 없다.

충청도 촌놈이 무단 상경해 우여곡절을 치르는 등 부잣집 딸과의 연애 성
공담으로서 전형적인 멜로드라마 구조를 지니고 있었기 때문에 대중의 기호
와 취향에 맞아 떨어졌던 것이다. 그 공연으로 큰돈을 번 낙랑극회는 순풍에
돛단 듯이 잘 풀려갔고 곧바로 〈붓도리 군복〉을 8·15 기념 공연으로 무대에
올렸다. 이 작품은 〈호접〉을 쓴 김사량의 희곡으로서 당시 대중 수준에 비해
서 문학성과 사상성이 높았기 때문에 역시 흥행상으로는 재미를 보지 못했다.
낙랑극회는 또다시 흥행성을 노리고 유치진이 각색한 〈춘향전〉을 무대에 올
렸다. 관객은 그런 대로 들었으나 흥행상 수지를 맞추지는 못했다. 극단들이
워낙 우후죽순처럼 솟아났기 때문에 웬만한 공연으로는 대중의 주목을 끌기
가 어려웠다. 따라서 낙랑극회는 황철의 취향대로 또다시 동양극장의 레퍼토
리인 〈정열의 대지〉를 무대에 올렸다. 상업성 짙은 작품으로 수익을 꾀해 보
자는 것이다. 그런 유형의 작품이 어느 정도 먹힌 것은 사실이다.

그 여세를 몰아서 낙랑극회는 임선규의 〈여명〉을 또다시 무대에 올렸다.
이번에는 관객의 호응이 전과 같지 않았다. 그런 때에 명동의 극단 사무실에
화재가 발생하여 집기까지 몽땅 불타버리고 말았다. 당대 최고의 인기 배우였
던 황철을 잡으려고 눈독을 들이고 있던 좌익 연극인들이 때를 놓칠세라 달
려들었다. 그러니까 황철이 가장 어려운 처지에 놓여 있을 때 포섭 공작을
벌여 나간 것이다. 그들의 감언이설에 넘어가지 않은 연극인이 드물었다. 그
때의 사정을 이해랑은 이렇게 회고했다.

　명동의 극단 사무실에 불이 나 본거지를 한순간에 잃고 말았다. 이 절호의 기회
를 노린 좌익계가 적극적인 포섭 공작을 벌였던 것이다. 화재 자체는 그리 대단한
손실이 아니었으나 이로 인한 심적 충격이 허점이 돼 이때부터 황철은 서서히 좌경
화 노선을 걷기 시작했다. 나중에 황철은 박헌영 일당의 남로당 결성식장에서 연극
동맹을 대표한 축사 낭독자가 됐으며 이것이 그와의 마지막 석별이었다. 황철보다
훨씬 이전에 이미 나는 지우(知友) 함세덕을 잃었다. 내가 전선을 옮길 무렵 함세

덕은 동향 선배로 빨갱이 연극평론가 김동석(金東錫)과 어울렸고 그 얼마 후 〈태백산맥〉, 〈감자와 쪽제비와 여교사〉 등을 마구 발표해 좌익 작가의 낙인이 찍혀 있었다. 이 두 사람도 처음부터 빨갱이는 아니었다.[49]

이상의 글에서 알 수 있는 것처럼 해방 직후 그가 가장 가까이했던 서너 사람의 연극인 중 두 사람이 좌경화함으로써 사상적으로 초연했던 그로 하여금 자신을 심각하게 돌아보게끔 만들었다.

그런데 그가 이념 문제로 고민하기 이전에 좌익 연극인들은 남로당의 지령 하에 치밀하게 프롤레타리아 연극운동을 벌여나가고 있었다. 전술한 바 있듯이 연극동맹은 그 하나의 구심점이었다. 물론 우익 민족진영도 조금씩이나마 움직임이 있었다. 가령 극단 전선을 비롯해서 이광래(李光來) 주도의 민예(民藝)도 그런 노선의 극단이었다. 그리고 1946년 6월에는 극예술연구회의 주도로 잠시나마 연극 브나로드운동 실천위원회가 조직된 바도 있었다. 그러나 좌익 연극인들만큼 뚜렷한 이념을 내세워서 조직적으로 활동한 것은 아니었다.

가령 조선연극동맹이 1947년 2월초에 소위 연극대중화운동을 벌인 것이야말로 본격 좌익운동의 기치를 올린 것이었다. 그들의 결정서(決定書)를 보면 6개 항목으로 되어 있는데, 첫째 가능한 극단으로부터 대극장 공연 중심주의에서 소규모 이동 공연으로 전환시키고 점차 전 극단에 확대할 것, 둘째 직장, 농촌, 학교 등의 자립적 연극 활동을 지도, 원조하고 각 지방에 지부를 설치하여 연극 서클 활동을 전개할 것, 셋째 비판 활동을 강화하고 전개할 것, 넷째 저속한 가극의 옳은 지도를 위하여 노력할 것, 다섯째 예술주의(藝術主義)에 대한 철저한 비판, 여섯째 대중화의 사업을 위하여 정기 간행물과 총서 등을 발간하는 한편 전 출판물을 활용할 것이었다.[50]

이상과 같이 연극동맹의 연극대중화운동은 우익 연극에 대한 선전포고인 동시에 전국적으로 좌익 연극을 확산해 가겠다는 의지의 선언이었다. 이해랑으로서는 아연할 수밖에 없었다. 몇 년씩이나 함께 고락을 나누며 연극을 했던 두 동지를 잃으면서 그는 자신의 정체성에 대해서 고뇌했다. 그때 그의 입장은 다음과 같았다.

나는 사상적으로 어떤 주의라는 것에서는 그 사람들과 이질적이다. 나로서는 그들이 생각하는 것을 죽었다 깨어나도 추종할 수가 없다. 연극인으로서 나는 연극의 자유, 생활의 자유를 추구한다. 그것이 소위 민주주의라 한다면 나는 민주주의의 신봉자인 셈이다. 그래 그들이 간 것을 서운하게 여기면서도 나라가 두 동강으로 수박 자르듯 좌우로 갈라지는 마당에서는 또한 피할 수 없는 일이 아닌가 생각했다. 한데 오늘 나는 얘기를 좀 비약해서 지금의 심경을 털어놓고 싶다. 그렇게 쭉 신앙처럼 지켜오던 민주주의, 그 속에서 근 40년을 살아오면서 최근에 나는 생일을 맞았다. 만 일흔한 살이 되면서 이것저것 생각나는 게 많은데 그중에서도 도대체 민주주의란 무엇인가, 또한 우리가 좌경이라고 하는 공산주의란 무엇인가. 왜 그것이 말썽인가, 왜 그것은 우리의 생활이나 지역을 초월해가지고 바람을 일으키는 것인가 하는 생각을 하게 되었다.[51]

이상과 같이 그는 보편주의자이고 자유주의자이며 인문주의자이기도 했다. 따라서 체질적으로 어떤 이데올로기에 얽매이기 힘들었다. 그는 가문상으로도 전형적인 부르주아 출신이지만 정서상으로도 자유주의자였던 것이다. 그는 오로지 연극인으로서 자유롭고 생활인으로서도 자유롭기를 갈망했다. 그는 해방 직후 좌익 연극인들의 발호를 목격하면서 자신의 정체성을 확실하게 굳혀간 것이다. 그는 "투철한 사상이 있어서가 아니라 비판할 여지도 없이 유행병적인 소아병에 걸려서 공산주의연(共産主義然)하는 것을 진보적인 것처럼 여기던 당시 풍토"[52]를 혐오하기 시작하였다. 당시 좌익 정당은 말할 것도 없고 연극인들도 대부분 좌익 계열에 서서 부화뇌동하고 있었다.

조선연극동맹을 중심으로 서울에서는 소위 자립극경연대회(自立劇競演大

會)를 개최하고, 지방으로는 문화공작대를 파견하여 "인민을 위한 문화" 건설을 부르짖고 다니게 했다. 이 문화공작대가 맡은 세 가지 임무, 즉 첫째 지방 문화를 적극적으로 원조하고 추진시키는 일, 둘째 지방 문화 조직의 체계를 강화, 확립하는 일, 셋째 민주주의 민족전선 산하 각 정당 사회단체의 확대, 강화를 추진 원조하는 일[53]은 그대로 문화를 앞세운 공산주의 선전이었다.

이런 분위기를 그는 매우 심각하게 받아들이기 시작했다. 그는 체질적으로 "선동적인 것, 입으로 떠드는 행복, 입으로 떠드는 이상향(理想鄕), 그리고 아우성치는 무슨 주의, 무슨 역설은 모두 일시적인 선동"에 불과하다고 싫어했다. 그런 분위기 속에서 극좌 연극인들인 신고송(申鼓頌), 한효(韓曉), 이동규(李東珪), 윤규섭, 박세영 등이 1차로 월북했고, 뒤따라 송영(宋影), 김승구(金承久), 박영호 등이 월북했다. 이처럼 연극계도 정계 못지않게 양분화되어 각자의 길을 가고 있었던 것이다.

식민지 말엽, 그러니까 현대극장 때부터 친하게 지낸 함세덕, 그리고 해방 직후 낙랑극회를 함께 꾸려가면서 동고동락했던 황철과 결별한 그는 즉각 선배 유치진을 찾았다. 해방 직후 갈월동 집으로 찾아갔을 때 참회의 기간을 갖겠다고 연극 일선에 나서기를 사양한 그를 두 번째로 찾은 것이다. 우익 민족진영 연극인들도 나서야 할 때라고 생각했기 때문이었다. 조심성이 강한 유치진은 매우 신중했다. 일제 말엽 친일 협력으로 마음의 상처를 깊게 간직하고 있었던 그로서는 조심스러울 수밖에 없었다. 그러나 그도 나서지 않을 수 없는 처지에 놓여 있음을 절감하고 있었던 것이 사실이다. 의기투합한 두 사람은 우익 진영도 순수 연극 이전에 좌익 연극인들이 펼치고 있는 정치 선전운동에 대항하는 계몽운동을 펴나가기로 한 것이다.

그래서 조직한 단체가 다름 아닌 연극 브나로드운동 실천위원회였다. 지난 시대의 극예술연구회 회원들이 주축이 되고 『민주일보(民主日報)』가 후원자로 나선 것이었다. 서울의 강기정(岡崎町) 7번지의 28호에 본부 사무실까지 마련한 이 단체는 국민의 집단심과 애국심 함양이 주목적이었고, 따라서 애국

심에 불타는 전국 학생, 청년, 여성, 소년들로 160개의 조직체를 만들었다. 1
대를 10명 내외로 하여 각 군(郡) 단위로 10여 일씩 공연토록 했다. 이들의
지도 강사는 유치진, 이해랑 등 10여 명이었고, 레퍼토리는 〈안중근의 최후〉,
〈매국노〉, 〈윤봉길 의사〉, 〈애국자〉, 〈38교 수선〉 5편이었는데 이들 중 1대가
한 편 내지 두 편을 가지고 7월 중순에 전국 순회공연에 나선 바 있다.

이 조직체의 하계 연극계몽운동은 좌익 연극운동에 대한 대응 활동이었다.
우익 민족진영 연극인들이 일단 조직체를 만들면서 조금씩 구심력이 생겨나
기 시작했고 뭔가 좌익 연극인들과는 변별성을 지닌 일을 시작하자는 데 생
각이 모아졌다. 이들이 8월 하순에 중앙애육원에서 극장예술인대회를 개최하
고 국립극장 설치 필요성을 들고 나오게 되었다. 당시로서는 거의 실현성이
없는 일이었지만 좌익 연극인들에 대항해서 하나의 애드벌룬을 띄운 것이었
다. 비교적 행동력이 강한 이해랑에 의하여 가속도가 붙으면서 구체적 단체
하나가 조직되었는데, 그것은 다름 아닌 조선연예문화사였다. 그는 친구 김동
원, 이화삼 등과 의기투합하여 자금을 댄 신봉균(申鳳均)을 회장으로 하고
이창건(李影健)을 사장으로 삼았다. 그리고 유치진과 함대훈을 고문으로 추
대함으로써 우익 연극의 주력임을 보여주었다. 조선연예문화사 산하에 극단
극예술원(劇藝術園)과 무용단을 두고 연극운동에 나섰다.[54]

이해랑은 프롤레타리아 연극에 대항하기 위하여 그들이 주최한 제2회 3·1
연극제에 유치진의 〈조국〉을 갖고 당당히 참가했다. 이 공연이야말로 극단
전선 해체 이후에 가장 뚜렷하게 좌익 연극과 대결한 것이었다. 그런데 조선
연예문화사는 어딘가 극단 냄새가 희박하고 조직도 견고하지 않았기 때문에
발전적 해산을 하고 극예술협회〔약칭 극협(劇協)〕라는 본격 극단을 출범시
키게 되었다. 실제로 그가 극예술협회라는 본격 우익 민족진영 극단을 조직하
고 나설 수 있었던 것은 역시 미군정의 정치적 뒷받침 때문이었다. 가령 1947
년 초에 수도 경찰총감 장택상(張澤相)이 "극장 안에서의 예술을 빙자한 정
치선전 금지 조처"를 내린(『경향신문』, 1947. 2. 3.) 이후 좌익 연극이 급격히

극협의 〈자명고〉(유치진 작) (좌측 이해랑)

쇠퇴하는 조짐을 보였다. 그런 사회 분위기를 놓칠 리 없는 그들은 전격적으로 극협을 조직하고 나섰다. 극협은 이름을 대외적으로 발표하지 않는다는 조건으로 유치진을 명목상 대표로 했고, 이해랑, 김동원, 이화삼, 박상익, 김선영, 조미령 등을 창립 멤버로 하여 1947년 4월에 조직되었다.

이때도 운 좋게 재정적 후원자가 나타났는데, 그가 다름 아닌 한국문화흥업사(韓國文化興業社)였다. 재정적 뒷받침이 있었기 때문에 극협은 즉각 연습에 들어갔는데 레퍼토리는 유치진의 역사극 〈자명고〉였다. 유치진이 구태여 극협의 창립 공연에 〈자명고〉를 권한 것은 이데올로기 대립 속에서 민족 주체성을 고취하기 위해서였다. 특히 유치진이 생각한 것은 외세 배척이었고 분단에 대한 고뇌였다. 그 당시 대표적 극장이었던 국도극장을 대관 받았는데 조건은 하루에 3천 명 이상의 관객을 동원하는 것이었다. 하루에 3회 공연을 했으므로 작품만 좋으면 불가능한 것은 아니었다. 공연은 착착 준비되었으나 좌익의 지령을 받고 있는 극장 직원 노동자들의 태업이 서서히 진행되었다.

공연 전날 리허설이 끝난 뒤 직원들이 무대장치를 몽땅 부숴버린 일까지 생기는 등 방해 공작이 대단했다. 당시 출연자였던 이해랑은 그때의 사정을 다음과 같이 썼다.

> 이 〈자명고〉 공연 시 잊을 수 없는 일은 현 신민당 당수 이철승(李哲承) 씨의 공연보호조치다. 연극계뿐만이 아니고 문화계 전반이 온통 빨갛게 물든 때라 좌익계의 준동은 공공연한 테러행위까지 서슴지 않았다. 남로당 괴수 박헌영이 외신(外信)기자들에게 조선의 소련 방화를 떠벌려 일대 파문을 일으켰던 것도 바로 이때였다.
>
> 민족진영으로선 유일하게 정돈된 극예술협회의 출현은 좌파 연극인들에게 도전장을 던진 셈이고 따라서 방해 공작이 당연했다. 이들은 불량배 앞잡이를 내세워 공연장 입구를 봉쇄, 관객을 몰아냈으며 출연자들에게도 공갈 협박했으나 이를 견제할 만큼 경찰력이 강하지 못했다. 견디다 못한 유 선생이 당시 학련 회장(學聯 會長)이던 이철승 씨에게 보호를 요청, 학련의 보호 아래 공연을 무사히 마칠 수가 있었던 것이다.[55]

이상과 같은 난장판 속에서도 관중은 밀려들었고 을지로3가까지 줄을 서야 표를 구입할 수 있을 만큼 대성황을 이루었다. 우익 민족 연극인들이 좌익의 발호 속에서도 굴하지 않고 자유민주주의 노선을 지켰던 것은 유치진, 이해랑, 김동원 등으로 이어지는 정통파들로서 실력 있고 행동력과 용기를 갖춘 연극인들이 있었기 때문이다. 그 외에도 상투적인 좌익 이념 연극에 식상한 데다가 저질 악극, 신파극 등 상업연극에 넌더리를 낸 대중의 뒷받침이 있었기 때문이다. 그 당시 우익 민족진영 연극의 리더 중의 한 사람이었던 김동원도 회고의 글에서 "창립과 동시에 유치진 선생의 〈자명고〉가 그 자신의 연출로 국도극장에서 첫 선을 보였는데 그때까지 좌익 선전극과 볼품없는 상업극에 염증을 느끼던 관객들로부터 절찬을 받았다. 이 공연에서는 내가 호동왕자 역, 김선영이 낙랑공주 역, 이화삼이 최리왕 역, 이해랑이 악역 장초를 맡았으며, 조미령과 박상익, 오사량이 조연급으로 각각 참여했다. 이 극협 첫 무대에서 엮어진 나와 김선영의 주인공 커플과 이해랑과의 콤비는 우리 연극사에서 무대 연기의 이상적인 앙상블로 자타가 공인하는 배역이었다. 이해랑의 뛰어난 악역이 없었다면 나의 선인 역 또한 빛을 내지 못했을 것이다. 조연이 없는 주연은 한낱 인형에 불과한 것 아닌가. 이해랑의 헌신적인 지원이 있었기에 나의 무대 스포트도 화려할 수 있었던 것이다. 같은 나이에 같은 대학 동문인 그와 나의 맺음은 진실로 숙명의 인연이었다. 나와 이해랑이 주연과 조연 사이의 환상적 콤비였다면 히로인 김선영은 최고의 파트너였다"[56]고 쓴 바 있다.

그런데 여기서 주목해야 될 사항은 김동원의 이해랑에 대한 평가이다. 물론 절친했던 연극 동지에 대한 추억이지만 당시 이해랑에 대한 평가도 나타나 있다. 즉 이해랑이 〈자명고〉에서 악역(장초)을 맡아서 선인 역의 김동원과 명 콤비를 창출했다는 점이다. 사실 연극에서 선한 역보다는 악한 역을 해내기가 어려운 것은 다 아는 이야기이다. 그런데 이해랑이 그런 역을 뛰어나게 형상화해냄으로써 김동원, 김선영과 현대 연극사에 남을 만한 작품을 만들어냈다는 것이다. 그의 빼어난 악역으로 인해서 김동원의 선인 역이 자연스럽게 부각될 수 있도록 했다는 것이다. 이처럼 그는 항상 어려운 역을 자청해서 맡았고 또 그 역을 최고의 경지로까지 끌어올리는 지적 연기자였다. 그뿐만 아니라 그가 일제 말엽에 4년 가까이 연극을 쉬었었는데 그때 숨겨져 있던 열정이 다시 솟구치기 시작한 것이다. 그는 친구 김동원이 지적한 대로 헌신적으로 연극을 위해서 분투했다. 여기서 주목되는 것은 그가 해방 직후에 급격히 젊은 리더로 부각되었다는 점이다. 그가 젊은 지도자로 쉽게 자리를 굳힐 수 있었던 것은 세 가지 이유 때문이었다.

첫째는 그가 실기와 연극 이론 면에서 누구와 겨루어도 떨어지지 않을 만큼의 실력을 갖추었고, 둘째는 일제 말엽에 친일 어용극을 하지 않은 몇 안 되는 연극인이었으며, 셋째는 그가 용기와 행동력을 갖춘 인물이었다는 점이다. 이처럼 연극계 지도자로서 갖추어야 할 도덕성과 실력이 출중했기 때문에 그는 누구의 견제도 받지 않고 젊은 리더로 자리를 굳힐 수 있었다. 이런 자신의 위치를 잘 인식하고 있었던 그는 좌익 연극인들과 맞서서 이론에는 이론으로 대항하고, 힘에는 힘으로 부딪치는 것을 두려워하지 않고 앞장섰다. 그가 1947년 벽두 『예술조선』이란 잡지에 쓴 「조선극작가론」은 바로 그런 자세를 대내외에 과시한 글이었다. 이 글에서 특히 주목되는 것은 해방 전후로 연극을 하면서 동고동락했던 친구 함세덕에 대한 다음과 같은 비판이다.

그는 대뜸 좌익극 작가 진영에서 닭이 새끼 떼의 학처럼 뛰어난 존재로서 자타의 공인을 받게 되었다. 해방 후에는 그의 작품 행동은 여전히 민활하여 〈산적〉, 〈기미년 3월 1일〉, 〈태백산맥〉 등 대작을 연거푸 내었다. 그중 〈기미년 3월 1일〉은 그의 사상적 전환에 있어 결정적인 계기가 된 작품이요 〈태백산맥〉은 그의 사상이 전면에서 작품을 지배한 극좌적(極左的)인 작품이었다. 어느새 그렇게 백팔십도의 사상적 전환을 꾀하였는지 그와 누구보다도 친밀했던 필자도 그 결과를 보고 아연 놀라지 않을 수 없었다. 예술이 정치 접근하는 것은 임의이다. 그러나 정치의 압력에 예술이 국척(跼蹐)해서는 안 된다. 그것은 두말할 것도 없는 예술의 패배이다. 〈기미년 3월 1일〉은 무미(無味) 그것이었고 〈태백산맥〉에서는 정치의 압력에 허덕이는 작자가 눈에 어리어 보고 있는 이쪽이 면구스러웠던 것은 필자만의 소감은 아니리라. 좌익이든 우익이든 예술적 견지에 티가 있어서는 안 된다.

에머슨은 이것을 지적하여 사상은 감옥이라고 경고하였거니와 좁은 사상의 껍질을 쓰고 창작하는 한 그는 〈태백산맥〉에서 문제의 책임을 얼토당토않은 지주의 아들에게 전가한 견강부회적인 오류를 청산하지 못할 것이며 또한 은사 유치진 씨 작품의 비판에서 범한 것과 같은 유도심문적 비판에서 이탈하지 못하리라. 마치 일제의 고문 형사가 제국주의 준봉자(帝國主義 遵奉者)가 아니면 유도심문을 향하여 공산주의자를 만들 듯이 자기와 한 장단에 춤을 추지 않는다고 해서 반동이니 국수주의니 하는 라벨을 함부로 붙여놓은 그의 제국주의적인 완강한 사상에서 일후(日後) 우리는 무엇을 기대하랴. 씨가 지향하는 모스크바의 길은 아직도 멀고 씨의 협착한 감정은 안하무인격인 경지이다. 그는 대담하게도 은사 유치진 씨에게 〈버드나무 선 동리〉로 돌아가라고 외쳤다. 그런데 씨에게 나는 도리어 이렇게 충고하고 싶다. 씨여! 〈동승〉의 세계로 돌아가라고.[57]

이상에서 알 수 있는 것처럼 이해랑은 단 몇 달 전까지만 해도 낙랑극회에서 함께 연극을 했던 친구 함세덕이 갑자기 좌경하여 극작을 배운 스승 유치진을 공격하고 나선 데 대하여 사나이들의 의리적 차원에서 반격을 가하고 나섰다. 그는 이어서 타깃을 박영호, 조영출, 박노아, 송영 등 좌파 계열의 대표적 극작가들에 맞췄다. 박영호에 대해서는 이렇게 썼다.

환경극(環境劇)이라는 근대극 특이의 극작술은 구성적 드라마투르기에 대한 확고한 비판 위에 입각하지 않으면 안 된다. 논리적인 사건의 진행에 대항하여 심리적인 인간의 반전을 무대화하는 것이 환경극의 특징이다. (……) 이러한 근거를 무시하고 드라마투르기에 대한 무지와 무능을 엄폐하기 위하여 환경극을 안이한 희곡술로 착각하고 무모히 대드는 맹인불공사(不恐蛇)의 위인이 많다. 그중의 한 사람이 그다. 속어를 많이 쓰는데 그는 일종의 자부를 느끼고 그 속어 리얼리즘이 있는 것과 같은 착각을 하고 있다. 무엇보다도 치명적인 병은 작품에 품위(品位)가 없는 것이다.[58]

이상과 같이 극좌파 극작가로 해방 직후 가장 일찍 월북해서 북한 연극의 기초를 닦은 박영호의 작품 세계를 형편없이 폄하한 것이다. 그는 조영출에 대해서도 "그전에는 시도 쓰고 악극도 썼다. 희곡을 쓰기 시작한 연령은 누구보다도 어리다. 원체가 시인이었기 때문에 그의 작품에서 나는 그럴 듯한 정조(情調)를 기대했다. 당초부터 완벽한 희곡을 쓰리라고는 생각지 않았다. 그랬더니 쓰는 작품이 〈논개〉며 〈위대한 사랑〉이며 모두 정치 이념의 속박에서 헤어나질 못한다. 모처럼 가졌던 나의 기대는 보기 좋게 박살이 났다"[59]고 비판했다. 그러니까 조영출 정도는 극작가에 낄 만큼도 되지 않는다고 본 것이다. 박노아에 대해서는 더욱 혹독한 비판을 가했다.

조천석(朝天石)이라는 일명을 하나 더 가졌다. 소련서 무슨 대학을 나왔고 어느 회사에서는 중역 노릇을 했었고 깊이는 모르나 경력은 대단한 분이다. 그러나 극작계에 있어서는 아직 중역이 못 되고 일찍이 현대극장(現代劇場)의 멤버를 움직여 보여준 처녀작 〈사만호〉는 찬조 출연을 했던 악극단 색시들의 노래와 춤의 덕으로 겨우 하루의 프로를 지탱한 작품이었다. 해방 후도 여전히 작품을 써내어 그 수가 여느 작가에 비하여 결코 적지 않았다. 그런 비속한 그릇 속에서 그의 사상은 어느 때까지 신음해야 되는가? 나는 창피해서 이 이상 더 얼굴에 분을 바르고 나설 수 없소 하고 그의 사상이 성을 내고 도망갈 것만 같아서 나는 마음이 안 놓인다.[60]

박노아도 해방 직후에는 희곡집을 출판할 만큼 활발한 극작 활동을 벌였음에도 이해랑이 보기에는 천박한 아마추어 이념 작가 이상이 못 된다고 판단한 것이다. 송영에 대해서는 그래도 너그러운 자세로 비판했지만 필봉만은 역시 날카로웠다. 즉 그는 이들에 대하여 다음과 같이 비판한 것이다.

카프 시대에는 프롤레타리아 작가로서 사계의 기대를 집중했고 그 후 호구지책의 유인으로 신파에도 손을 댔고 또 미일전쟁이 한창 고조에 달했을 때는 일제의 주구 조선연극문화협회(朝鮮演劇文化協會)의 이사의 자리에 앉았었고 하여튼 극작가로서는 제일 연로한 만큼 과거도 단순하지 않다. 해방 후에도 연극건설본부라는 맹랑한 존재의 위원장 노릇을 하다가 긴급한 사상적 경향에 몰리어 지금은 이북에서 또 무슨 장(長)의 요직에 앉았다고. 실례의 말이나 나는 이분의 작품보다는 인간성을 사랑한다. (……) 그러나 어떤 까닭인지 이분의 작품에서는 그의 인간 면에서 느낄 수 있는 보편적인 면모를 엿볼 수가 없다. 그가 작가적인 양심을 꺾고 속중(俗衆)에게 타협한 신파 작품도 무대에서는 한 번도 성공을 해보지 못했다.[61]

이상에서 볼 수 있는 것처럼 그는 해방 직후 좌익 연극인들 편에 서서 소위 유물변증법에 입각해 작품 활동을 벌인 극작가들 대부분을 한 사람씩 그 문제점을 짚어나간 것이다. 그렇다고 그가 좌파 극작가들에 대해서 편견을 가지고 공격을 위한 공격을 한 것은 절대 아니었다. 그는 무대 배우의 한 사람으로서 객관성을 유지하고 그들 작품의 허구성을 지적한 것뿐이었다.

당시 문단에서도 좌우익 논쟁이 한창이었다. 문단에서는 일제 말엽 친일 어용 활동을 전혀 아니한 김동리(金東里)가 젊은 맹장으로서 앞장서서 당(黨)의 문학이냐 인간의 문학이냐 하는 논제를 내걸고 공산주의 문학의 취약점을 정면 공격하고 나섰다. 연극 등 공연예술 분야에서 이해랑은 김동리 못지않은 이론적 무장으로 공격해오는 좌익 연극인들에게 대항했다. 좌익 연극인들의 공격에 수동적으로 저항만 한 것이 아니고 적극적으로 공세를 취하기도 했다. 그런 대표적인 논문이 「연극의 순수성(純粹性)」이다. 네 항목으로 나누어서 좌익 연극인들을 정연한 논리로 반격한 이 논문은 이렇게 시작되었다.

실증할 수 있는 어떤 면밀한 사회조직체를 지향하는 경향을 진보적(進步的)이라고 자칭하여 자아를 과시하고 예시적 환영에 사로잡혀 무모히 금일에 대한 투쟁을 격발하여 혼란과 무질서를 야기(躍起)하는 행동이 오늘과 같이 심한 때는 없었다. 금일을 부정하고 명일을 위한 투쟁 속에 뛰어듦으로 진보적일 수 있고 그 위에 공리적인 소아(小我)의 영웅심을 채울 수 있는 열광적인 행동이 그 사상과 같이 빠른 속도로 퍼져 총명한 청년들의 정열을 오늘처럼 매혹시킨 적도 없었다. 실재하지 않은 세계의 생명을 희구하고 진보적인 사상의 무게에 허덕이며 협소한 사상 속에 칩거하여 예술에 대한 명민한 비판정신을 상실하고 자신도 모르게 정당의 끄나풀 노릇을 하기에 급급한 청년이 조선 연극계에도 결코 적지 않다.

그들은 실증적인 사상의 현실적 합리화에 부심하고 격앙하면 할수록 그들의 예술가로서의 자아의 심오한 곳이 침범되어가는 것은 모르고 연극에 있어 연극과는 따로 존재하고 오히려 연극의 진실을 침해하는 각도에서 연극예술을 조정하는 정당적인 정치적 진실을 수립하려고 노력하는 그들의 영웅적인 정치적 공리심은 수수한 예술적 정신과 예술 생명에 대항하여 그렇지 않아도 예술적으로 위기에 직면한 연극예술을 자꾸자꾸 잡타(雜駄)하고 건조한 세계에로 박차를 강요한다.

해방 후 조선 연극이 북국에서 몰아친 선풍적 정열에 의하여 그 성격에 결정적인 영향을 받고 대다수의 젊은 연극인은 마치 열병 환자처럼 유물사상(唯物思想)에 뛰어들어 일제시 연극문화협회의 이사로서 부일(附日) 협력에 영일이 없었던 모모한 군(君)들의 영도 아래 해방 직후 뭇 연극인을 모아 활개를 펴던 연극건설본부를 비롯하여 창립 때의 이념을 망각하고 애당초 친일파로 배격했던 연극문화협회 때의 이사 제군을 다시 불러들여 근자에 와서는 모 정당의 괴뢰가 되어 좌익 전선의 편익(片翼)을 짊어지고 있는 소위 연극동맹의 배타적인 독선적 자행은 한동안 연극동맹에 가담을 안 하면 연극 행동을 못 하게 할 만치 콧대가 세져서 처세에 예리하고 어느 때나 시국 편승의 첨단을 걷는 무사려(無思慮)한 배우단들 산하에 집결할 수 있었고 이들의 메가폰으로 편당적인 정치 이념은 광대한 선전효과를 발휘할 수 있었다.[62]

이상과 같이 그는 좌우익 연극인들의 첨예한 대립과 갈등 속에서 우익 민족진영의 대표적 논객으로 저들 공격에 앞장선 것이다. 이상의 글에서 알 수 있듯이 그는 좌익 연극인들의 아세적(阿世的)인 도덕성을 우선 공격했다. 일제 말 국민연극 시대에 조선연극문화협회의 이사를 하는 등 친일에 앞장섰던 송영 등이 어떻게 또다시 선두에 서서 남로당의 괴뢰 역할을 할 수 있느냐는 것이었다. 거기다가 사려 깊지 못하고 시세 편승에 능한 배우들이 덩달아 유물사상을 전파하고 있는 것도 가관이라고 매도했다. 그는 그러한 망동에 대해서 다음과 같이 비판했다.

이러한 부동적(浮動的)인 배우들의 공리적 영웅심을 이용하여 연극인을 극장에서 끌어내어 정치적인 집회로 가두로 시위운동으로 끌고 다니며 본전(本尊)은 조선

연극의 집권자의 얼굴을 하던 연극동맹은 정치적 압력에 신음하는 극작가들의 붓을 꺾게 하였고 오직 무대의 예술적 환상 속에서 생명을 지속할 수 있는 배우를 무대에서 끌어내려 그들로 하여금 시원치 않은 이데올로기론에 열중하게 하는 결과를 빚게 하였다. 이들의 실증적 의식에는 예술가로서의 회의 정신이 결핍되었고 일반적 의식에의 적극적인 망아적 공명(忘我的 共鳴)은 필연적으로 자아를 성찰할 여유를 남기지 않고 단 하나는 치열히 연소되는 공리적 사상에 의하여 자기의 예술이 곧 사회에 직접 위대한 공헌을 하고 나아가서는 사회혁명을 꾀할 수 있는 기능을 하리라고 자부하는 심한 착오 속에서 이들은 헛되이 예술가로서의 자기의 천분을 희생시키고 있는 딱한 형편을 인식하지 못한다. 이들의 의식의 고집을 부여하면 무용은 현대의 생활 속도에 대응하기 위하여 아그로바틱이 돼야 하고 더 많은 심금을 울리기 위하여는 음악은 유행가가 되고, 또한 연극은 연극 아닌 딴 것을 위하여 존재하지 않으면 안 된다.[63]

이상에서 볼 수 있는 것처럼 그는 해방 직후 남로당의 꼭두각시놀음에 열중한 좌익 연극인들, 특히 극작가와 연출가, 배우들을 향해서 논박을 가했다. 그의 논지는 예리한 통찰력에 근거한 데다가 너무나 논리적이어서 좌익 연극인들이 반박조차 해보지 못했다. 그럴 수밖에 없는 것이 좌익 연극인들이 실제로 남로당의 지령에 따라 움직인 데다가 주장마저 연극예술의 본도에서 크게 벗어나는 것이었기 때문이다. 가령 "오직 무대의 예술적 환상 속에서 생명을 지속할 수 있는 배우를 무대에서 끌어내려 그들로 하여금 시원치 않은 이데올로기론에 열중하게 하는 결과를 빚게 하였다"고 지적한 것은 정곡을 찌르는 것이었다. 워낙 이론적 무장이 잘되었기 때문에 그의 좌파 연극 비판은 상대방으로 하여금 반박의 여지조차 주지 않았다. 그의 논지의 기본은 연극은 어디까지나 극예술의 본도를 견지할 때 비로소 진정한 예술이 되는 것이고 그렇지 않은 것은 사이비라고 했다. 따라서 그는 다음과 같이 자신의 논지를 펴나갔다.

연극예술이 연극 이외의 다른 것을 위하여 존재하지 않으면 안 된다는 슬픈 명제는 확실히 연극술에 대한 부정적 태도를 의미하는 것이 아니면 안 된다. 왜 그러냐 하면 그 본질에 있어 근본적으로 자연을 멀리하고 현실 밖에서 현실과는 독립해 존재해 있는 새로운 환상의 세계를 창조하려는 연극예술의 내적 욕망을 무시하고 어떤 치우친 사상의 구체적 실현을 위하여 그 사상의 선동적 전파를 꾀하려는 행동은 연극예술에 대한 반동이 아닐 수 없기 때문이다. 가령 세계 최초의 기하학자(幾何學者)가 한가한 틈을 이용하여 계산과 도형과 각형을 즐기며 엄밀한 규칙의 지배하에 정신의 유희를 할 때 그들은 그들의 유희(遊戲)가 오늘에 이르러 우주의 체계를 설명하고 자연의 법칙을 발견하는 데 큰 기여를 하리라고는 예기하지 않았을 것이다. 만일 그들이 그때 그러한 것을 예기(豫期)하고 공리적인 영웅심을 올렸었다면 그들의 유희의 결과가 오늘의 찬연한 광휘(光輝)를 보지는 못했을 것이다. 공리적인 불순한 행동에서 후일에 무엇을 기대하랴. 그와 같이 연극에 있어서도 연극 행동이 곧 사회에 유의하다고 생각하는 공리주의자의 불순한 치몽(痴夢)처럼 어리석은 꿈은 없을 것이다.[64]

　　이처럼 그는 연극이 연극 아닌 다른 어떤 이념 같은 것을 위해서 존재한다면 그것은 곧 연극에 대한 부정을 넘어서 반동 행위라고까지 규탄했다. 그는 그런 논박의 근거로 기하학자가 기하학의 본질에 충실한 것으로 인하여 후세에 기여를 한 것이지, 그렇지 않고 공리적으로 그 기하학을 악용했다면 위험한 결과를 초래했을 것이라 했다. 그러면서 그는 극예술의 왜곡된 공리주의의 위험성을 지적했다.

　　연극으로 하여금 연극의 길을 걷게 하여라. 정당(政黨)의 갈등에 휩쓸리어 추잡한 현실의 속박 속에 연극마저 끌어넣어 순수해야 할 연극의 세계를 탁류로써 흐릴 필요가 어디 있느냐? 만일 뉴턴의 습관과 현실 문제로 인하여 자신의 지고한 감각을 무디게 했던들 물체가 낙하하는 평범한 사실을 보고 위대한 지구의 인력을 발견할 수는 없었을 것이다. 순수한 정신이란 다른 게 아니고 이 뉴턴의 창조적 정신과 같은 평범한 정신을 말하는 것이다. 결코 영웅주의나 공리주의(功利主義)를 의미하는 것이 아니며 현실의 압력에 지배되는 속박당한 정신을 가리키는 말이 아니다. 최근의 극단은 연극동맹의 상술한 독선적 행동에 덮여 연극인이면 하찮은 위인까지도 팸플릿의 편식(片識)을 지껄이고 무대는 정당의 슬로건화하여 반항과 타도의 절규가 무대의 상식어가 되고 연극의 내적 생명은 마치 의붓자식의 천대를 받고 연극 본연의 자태는 어느 틈에 반신반수(半身半獸)의 삐뚤어진 병신의 얼굴같이 왜곡되어 무대의 예술적 환상은 대공황을 받고 있는 현상이다.

또 한편 극장 측의 관리주의와 일반 대중의 저속한 취미에 영합하여 연극을 한 개의 이윤 사업으로만 알고 정상적 두뇌로는 도저히 참을 수 없는 속악(俗惡)한 짓을 하는 눈물의 신파극이 일제시의 면모를 조금도 변경하지 않고 발호하여 그렇지 않아도 부족한 극장을 독차지하고 연극이 퇴폐의 일로를 향하여 전락하는 데 박차를 가하고 있는 형편이다. 이러한 정치적 압력에서 질식의 비명을 발하는 연극을 연극 본영의 길로 해방하고 일체 인간적인 제 문제는 오직 연극 안에서만 존재할 수 있고 연극의 독자적인 형식에 의해서만 표현될 수 있는 직접 현실의 제압을 받지 않는 연극을 창조하여 옆으로는 관객의 낮은 정신과 결부하는 비속한 신파연극에도 연극예술에의 근원적인 각성을 촉진하려는 것이 극예술협회가 고군분투하여 이룩하는 순수연극운동이다.[65]

이상에서 확인할 수 있듯이 이해랑이 좌익 연극인들을 향해서 던지는 충고는 "연극으로 하여금 연극의 길을 가게 하라"는 것이었다. 그러니까 그는 왜 연극을 추잡한 정당 싸움의 탁류 속으로 밀어 넣어 순수해야 할 연극마저 타락시키느냐는 것이었다. 좌익 정치인들이 연극을 공산주의 선전 수단으로 이용함으로써 극장은 정치 선전장이 되었고 따라서 연극이 대공황 상태에 빠져 버렸다는 것이었다. 그런 틈새를 비집고 동양극장 시대의 대중극만도 못한 속악한 흥행물들이 극장가를 황폐화시킨다고 개탄했다. 유치진, 이해랑, 김동원

등의 주도로 출범한 극협이야말로 바로 그러한 사도(邪道)를 바로잡기 위한 순수극운동의 시발이라는 것이다. 그러면서 그는 이렇게 써나갔다.

어떤 이는 순수연극운동을 가리켜 일제시대의 양심적인 소시민지식층의 소극적인 항거로서 또는 양심의 도피처로서의 의의가 있었고 또 그 의의는 기억될 필요가 있으나 일제에서 해방된 오늘의 연극운동은 스스로 다른 것이 있어야 한다고 극예술협회의 순수연극운동을 공박했다. 그러나 이러한 견해는 첫째 순수라는 말의 뜻을 해득(解得)하지 못한 무지의 폭로 외의 아무것도 아니었다. 순수연극이란 소극적인 항거도 양심의 도피처도 아무것도 아니기 때문이다. 단적으로 말하면 연극예술이 가질 수 있는 연극의 진리와 함께 살고 그 진리와 더불어 창조하려는 운동이다. 일제에서 해방된 연극운동이란 상술한 정치운동일진데 그 밑에서 허덕거리고 있는 연극

해방 직후에 공연한 〈포기와 베스〉 무대

을 구출하여 해방하지 않으면 이 땅의 연극은 나중에는 살은 다 썩고 뼈만 남은 해골이 될 것은 타는 불을 보는 것보다도 더 뻔하다. 스스로 다른 게 있는 것은 그러한 연극운동에서 연극을 구출하려는 운동이다. 대체로 일제에서 해방된 오늘의 연극운동이란 그 말 자체가 연극예술에 대한 상술한 공리심을 포함함에랴. 순수연극운동은 일제에서 해방된 오늘의 연극운동에서 또 한 번 연극을 해방하려는 연극예술운동이다.[66]

이처럼 그는 연극이 사회변혁 등과 같은 능동적 기능도 해야 한다는 좌익 연극인들의 반박을 착각이라고 비판했다. 그러니까 연극이 일제 말엽에는 일본 군국주의자들에 속박당했고, 현재에는 또다시 공산주의자들에게 속박당하고 있다고 본 것이다. "연극이 연극의 길을 가게 하라"는 화두야말로 바로 그러한 연극 해방론(演劇 解放論)이라 하겠다. 그러니까 그가 극협을 통해서 전개하고 있는 순수연극운동은 곧 연극을 정치 이념의 예속으로부터 해방시키는 운동이라는 것이었다. 그러면서 그는 좀 더 구체적으로 설명해 갔는데, 즉 "순수연극운동이란 다시 말하면 연극의 순화운동(醇化運動)이다. 연극이 아닌 잡스러운 정치현실이 뻔뻔스럽게 연극에서 큰 얼굴을 하고 연극이 가져야 할 연극 자체의 미를 옆에다 밀어 넣고 전면에서 우쭐거리는 폭탄의 행위에 대한 항거요, 그들 폭도의 손에서 연극을 다시 해방하고 연극으로 하여금 연극의 길을 걷게 하기 위하여 연극의 독립을 부르짖는 운동이다. 연극이 자기가 부르고 싶은 노래를 마음대로 못 부르고 남의 다리를 긁다가 본래의 고운 성대를 못 쓰게 해놓는다면 이보다 더한 슬픔이 없으리라. 해방 후의 조선 연극은 폭탄의 압박으로 노래를 잊어버린 우울 속에서 날을 보냈다. 그러한 연극을 폭군의 손에서 구출하여 천성적인 고운 음성으로 마음껏 자유의 노래를 부르게 하려는 것이 순수연극운동(純粹演劇運動)"[67]이라고 결론을 맺었다.

이상과 같이 그의 논리가 대단히 정연한 데다가 연극에 대한 보편적 진리에 그 논거를 두고 글을 썼기 때문에 좌익 연극인들의 반박 논리는 억지거나 허공의 메아리일 수밖에 없었다. 특히 탄탄한 이론과 적절한 비유, 그리고 빼어난 문장력 등으로 말미암아 좌익 연극인들이 그를 공적(公敵) 제1호로 삼을 만큼 경원하고 증오했다. 그가 무슨 연극학자나 평론가가 아닌 현역 배우로서 이론과 실기에 능했기 때문에 좌파 연극인들의 논리로 이해랑을 패퇴시키기가 쉽지 않았다. 좌우익 연극 논쟁에서 자신감을 가질 만큼 우위의 입장에 선 그는 계속해서 그들이 벌이고 있는 이데올로기 극운동의 맹점을 파헤치는 필봉을 휘둘렀다. 그는 「해방 4년의 문화사」라는 글에서도 다음과 같이 비판하였다.

대체로 그들의 무대에서는 생각하는 인간을 볼 수가 없었다. 약속이나 한 듯이 모두 성격이 단순한 인물들이 환경과 생활을 저주하고 삶의 고통을 발악하여 현실을 증오하고 울부짖고 군중과 관객을 향하여 가슴에 주먹을 처박고 비장한 선동적 연설을 하는 것이었다. 그래서 그들의 무대에는 언제나 침착성이 결여되고 우락부락한 폭거에 질리어 예술적 정서는 창백한 얼굴로 전율하고 있었다. 나는 그들의 연극에서 정열에 사로잡힌 그러한 인물 이외에 저어(齟齬)한 현실을 묵묵히 체시(諦視)하고 심장이 찢어지는 듯한 고통과 복받치는 울분을 꽉 억제하며 냉정한 정열로서 내부의 고통을 호흡할 수 있는 그러한 무게 있는 인물의 등장을 보고 싶었다. 그러나 재래의 신파연극에 젖은 송영, 박창환, 김동규 등이나 그저 내부의 정열을 발산하면 그것이 곧 연극의 최고 매력이 되는 것과 같이 착각을 하고 있는 배용(裵勇), 박학, 유현 등 그리고 연극의 심소(深所)를 간과하고 그 외면을 과시하여 헛된 기교를 농(弄)하고 있는 안영일의 연출로서는 도시 가망이 없는 일이었다.

이러한 그들의 연극 스타일의 면모를 노골적으로 무대에 제시한 것이 서기 1947년 국도극장에서 개최한 3·1 연극 기념제였다. 연극동맹 산하의 연극인이 총동원된 이 공연은 2부로 나뉘어 제1부는 함세덕의 〈태백산맥〉을 민중극장, 자유극장, 무대예술연구회가, 제2부는 조영출의 〈위대한 사랑〉을 예술극장, 낙랑극회, 문화극장이 공동으로 출연하였다. 〈위대한 사랑〉은 이조 말엽의 민중운동을 〈태백산맥〉은 일제의 폭정에 신음하는 농민들의 생활을 그린 작품이나 두 작품이 다 인물(人物)의 정신적인 내용이나 생활의 깊이보다는 인물들이 발악하고 태도를 절규할 수 있는 기회를 구성하기 위하여 억지로 사건을 엮어놓은 선동극(煽動劇)이었다. 배우들은 관객의 열광적인 박수를 계산하여 원작의 선동적인 내용을 확대하고 연출가는 계획적으로 그것을 더 강화하기 위하여 군중의 동작을 정리하고 그리하여 열을 이기지 못한 선동자의 목청이 갈라진 소리와 군중들의 아우성 소리로 연극의 전 구도(構圖)를 흔들어 놓았다. 그리고 그 반면에 넋을 잃은 연극의 내적 생명을 한 귀퉁이에서 두려움에 떨게 하였다.[68]

이상에서 볼 수 있는 바와 같이 그는 좌익 연극이 총체적으로 부실하다는 것을 정확하게 짚어낸 것이다. 그것도 극작가, 연출가, 배우 등을 일일이 거명하면서 그들이 순전히 왜곡된 정치 놀음에 휩쓸려서 연극의 본도와는 크게 어긋난 사도에 빠져 있다고 비판했다. 그러니까 그는 선동극은 연극의 진실에 어긋나기 때문에 소멸할 수밖에 없다고까지 주장했다. 좌파 연극에 대한 최고의 비판자로서 확고한 위치를 굳힌 그는 좌파 연극인들에게 띄우는 서간 형식으로 그들의 맹점을 다음과 같이 비판했다.

우선 당신이 연극에 대한 모호한 관념을 수정하지 않는 한 나는 더 이 얘기를 계속할 수가 없소. 당신은 한 입으로 해방 후의 연극이 어쩌니 저쩌니 하지만 당신이 말하는 연극이란 무엇을 가리키는 것이오? 그리고 당신은 말끝마다 '우리 연극인'이니 '우리들 배우'니 하고 큰 소리를 치지만 나는 도대체 당신의 그 말투가 싫소. 우리란 어떤 종류의 사람을 말하는 것이오. 물론 당신도 그 속에 포함해서 하는 말이 아니겠소. 그러므로 당신이 말하는 우리 속에 끼워지는 것이 나는 불쾌하다는 말이오. 당신과 나는 또 한 번 일제와 같은 침략적인 전체주의가 재현하지 않는 한 결코 같은 의미의 우리일 수가 없소. 당신과 나는 근원적으로 뼈가 다르고 피가 다

른 완전히 다른 세상의 사람이오. 한때 나는 연극인으로서의 높은 자부심을 가졌었
소. 연극하는 자신에게 무한한 행복을 느꼈었소. 그러던 것이 일제 말기에 소위 국
민연극이란 거짓 이름 아래 나와 당신이 다 같이 취급되기 시작한 후로부터는 나는
극단예술에 대한 환멸을 느끼고 급기야는 연극에서 둔주(遁走)해 버리고 말았소.
당신과 나는 그렇게 물과 기름 같소. 그런 것을 모르고 같이 무대에 서는 사람이라
고 해서 서로를 혼동해서는 안 되오.[69]

이상은 그가 좌익 연극인들에게 논쟁의 마무리 형식으로 쓴 「분열과 위축
의 연극계」라는 논문의 서두 부분이다. 그는 이 논문에서 자신과 좌파 연극인
들 간의 본질적 차이점을 부각시키는 것으로부터 이야기를 풀어나갔다. 여기
서 본질적 차이점이란 식민지 말엽 친일 어용극을 한 좌파 연극인들과 그것
을 거부한 자신과의 구별을 말한 것이다. 그리고 동시에 신파인과 정통극을
추구한 자신과의 차별성도 분명히 했다. 그는 이어서 다음과 같이 써나갔다.

해방 후 연극 제반 사태와 더불어 국토 해방이란 열광적인 충동에 도취하여 정
신적으로는 황무지를 배회할 때 당신들이 연극건설본부라는 것을 만들었던 것도 당
신은 지금 잊지 않고 있으리라. 그때 당신들의 얼굴에는 붉은 혈색이 만면에 빛나
고 정열에 억압된 거친 호흡은 가쁘게 쌔근거렸다. 무엇 때문이었소. 그때 당신들이
눈앞에 그린 풍요한 꿈은 무엇이었소. 나는 그때 당신이 갑자기 소유하게 되었던
혹시 사상의 관리에 관해서는 여기서 더 말하기를 피하겠소. 당신은 일제시대에도
같은 정열로 왜적(矮敵)의 침략사상을 구가했으니까.

당신에게는 하나의 사상을 때에 따라서는 물건을 팔 듯이 깨끗이 정리하고 다시
필요한 물건을 사들이듯 새로운 사상을 가져오는 비상한 정신적인 수완이 있는 것
을 나는 알고 있소. 그렇기 때문에 당신의 사상은 언제나 당신의 피가 되고 살이
될 수는 없었소. 당신에게 있어 사상은 당신 자신의 전망에 대한 방법이었소. 그러
므로 거기에 대해서 더 말을 계속하는 것은 무의미한 일이오. 그보다도 그때 당신

의 정신에는 어떤 기획이 있었소 당신의 정신의 총체가 집권에의 동경에 기울어졌을 때 그것은 무모하게도 일제 때의 버릇이었던 자기 확대의 꿈을 더 발전시켜 놓은 것이 아니겠소 생각해보시오. 송영, 김태진, 나웅, 안영일, 심영 등과 같이 당신이 이마에 핏대를 세워가지고 날뛰던 꼴은 정말 보기 좋은 일이 아니었었소 그것은 마치 일제의 조선연극문화협회의 재판(再版)이 아니오?

그 후 연극건설본부가 발전적인 해소를 하고 새로 연극동맹이 창설되었을 때 상술한 연극문화협회 이사 제군을 지도층에서 제외한 것은 해방 후 조선 연극의 건전한 발전을 위하여 현명한 처사이었소 무엇보다도 통쾌한 일이 아닐 수 없었소 그러나 그 후 연극동맹은 일 년이 채 못 가서 다시 연극문화협회 이사(理事) 제군을 불러들이게 되고 극작가 함세덕이 좌경을 하고 황철(黃澈)이 적극성을 띠게 되면서부터 조선 연극을 한 손에 쥐고 흔들려는 놀라운 기세를 보였소 사실 연극동맹 산하단체로는 심영이 주간이던 민중극장이나 서일성을 대표로 한 문화극장, 또는 박창환이 영도하던 혁명극장 등 기타 유명무실한 허접쓰레기 극단은 차치하고라도 유현(柳玄), 이재현, 태을민, 박학(朴學) 그리고 뒤에서 이서향(李曙鄕), 조영출 등이 버티고 있었던 서울예술극장이나 안영일, 김일영, 이강복 등이 주가 되고 김동규, 배용, 박영신(朴永信) 등이 무대의 중심이 되어 있던 조선예술극장은 극단 사람으로나 또 예술적인 역량으로나 강력한 집단이었소

그 후 이 대표적인 두 집단이 객관적인 핍박한 사정으로 각자 머리 위에 붙었던 '서울'과 '조선'의 명칭을 떼어버리고 합동하여 새로 예술극장을 형성하였소 그러니까 이 예술극장이야말로 연극동맹 산하의 유일한 전위적인 정수분자(精粹分子)의 극단이었소 그렇소 그 점은 당신과 나도 동감이오. 지금은 다들 월북하고 말았지만 그중에 함세덕, 이서향, 황철, 김일영, 이재현, 태을민, 박학 등 제군은 정말 보내서는 안 될 아까운 사람들이었소 그러나 미련은 어리석은 감상이오. (……) 자 시간이 늦었소 나는 내일 새벽차로 지방 순업을 떠나오. 끝으로 나는 이것이 당신과의 영원한 작별이 되기를 바라오. 사실 지금은 당신 같은 사람이 나설 때도 아니고 또 당신 같은 인기 배우를 필요로 하지도 않소 나는 앞으로 진정으로 연극을 사랑

하는 사람들(신예술무대, 여인소극장, 예술무대, 각 대학 연극부)과 손잡고 당신이

말한 우리 연극인의 운명을 개척하겠소 그럼 안녕히 가시오.[70]

이상에서 알 수 있는 것처럼 그는 함세덕, 황철 등 몇몇 연극 동지들에 대한
마지막 미련조차 완전히 떨쳐버리고, 극협을 중심축으로 하고 새로 돋아나는
순수 정통 신극 단체들, 이를테면 여인소극장, 신예술무대, 예술무대, 각 대학
연극부를 이끌면서 한국 연극의 기초를 견고하게 다져나가겠다고 선언하였
다. 그러자 이론과 대중 여론에서 절대적으로 밀리게 된 좌익 연극인들이 물
리적 폭력으로 위협해 왔고 또 실제로 이해랑에게 위해를 가하기도 했다. 그
럴 수밖에 없는 것이 그가 좌익 연극인들의 공적 제1호로 지목되었기 때문이
다. 그에게는 좌익 연극인들로부터 심심찮게 협박장이 날아들곤 했다. 한결같
이 붉은 잉크로 써보낸 협박장의 내용은 "반동 연극을 중지하고 자중하라!
그렇지 않으면 당신은 물론 가족까지 몰살하겠다"는 것이었다. 그로서는 난
감한 일이었다. 왜냐하면 언제 어느 곳에서 테러를 당할지 모르기 때문이었
다. 시간이 흐를수록 협박장의 빈도수가 늘어났고 가족의 불안은 말이 아니었
다. 그가 두 번째로 딸〔명숙(明淑)〕을 얻은 직후여서 가족들의 걱정은 태산
같을 수밖에 없었다. 그는 즉시 문패를 떼어버렸고 출퇴근 때도 언제나 조심
했다.

마침 그런 때에 힘과 의협심이 강한 청년 오사량(吳史良)이 나타났다. 극
협의 연구생으로 들어와서 배우수업을 받고 있는 오사량은 체격도 건장한 데
다가 이해랑의 열렬한 팬이었기 때문에 신변 보호에는 적격이었다. 그가 자청
해서 이해랑의 신변 보호를 책임지겠다고 나섰기 때문에 어느 정도 안심하는
단계에 있었다. 그러나 두 사람으로는 여러 명의 독 오른 좌익 연극인들을
당해낼 수 없었다. 따라서 어느 날 술자리에서 우연히 만난 좌익 연극인들에
게 심하게 폭행당하는 사태까지 있었다. 즉 그는 한 회고에서 "오사량과 동행
하던 어느 날, 우연히 학생좌 멤버였던 무대장치가 홍성인을 만나 대폿집을

찾게 됐다. 한창 술기가 오르는 판에 안영일, 이강복, 이서향, 조영출 등 좌익계 일당 대여섯 명이 불쑥 나타났다. 작심하고 나타난 이들은 우리들에게 시비를 걸었고 급기야는 육탄전으로까지 번졌다. 그러나 중과부적, 우리는 녹초가 되도록 얻어맞았다"[71]고 술회한 바 있다.

그런데 여기서 주목되는 것은 그를 때린 좌익 연극인들 중 이서향은 도쿄학생예술좌 때 함께 연극을 한 친구였고, 조영출은 도쿄 유학 때 쓰루마끼죠(鶴卷町)에서 한방 하숙생으로 지내며 대단히 친한 친구였다는 사실이다. 그만큼 해방 직후는 어제의 단짝 친구라도 연극 노선이 다르면 증오하는 적이 되어 피투성이 싸움을 벌일 만큼 이데올로기 대립이 보통 심한 것이 아니었다. 그러나 그것도 역사의 대세 속에서 분단의 벽을 경계로 하여 각자의 길을 걷는 것으로 일단 정리가 되었다.

Ⅳ. 젊은 연극 지도자의 형극의 길

1. 극예술협회(약칭 극협)와 민족극의 정착

이해랑은 극협을 조직하면서 자신감을 갖기 시작했고, 그 여세로 좌익 연극인과 혈투도 벌일 수 있었다. 극협 조직에 앞장섰기 때문에 누구보다도 극협을 사랑했고 해방 이후 민족극 정립의 선봉장이라 자부할 수 있었다. 그는 「저항정신과 신극운동」이란 글에서 극협과 관련하여 다음과 같이 그 역사적 사명을 규정지은 바 있다.

양대 진영의 전초지점(前哨地點)으로 선택된 삼팔선의 불가해한 획정으로 한민족은 분열하고 연극인들도 서로 대립하였다. 이로 인하여 소위 소련을 상전으로 알고 조국이라고 광신하는 공산도배(共産徒輩)에 가세한 대부분의 연극인들은 연극동맹을 결성하고 공산주의 선전을 대독하고 타이프하는 따위의 살인, 방화, 약탈 등의 슈푸리이꼴을 생산하기에 의기충천하였다. 그러나 자유를 의식하고 민족의 자주권을 염려하는 연극인들의 저항정신은 공산도배들의 상투적 공갈 협박에 대결하여 1947년 초 유치진의 신작 〈자명고〉 전 5막을 들고 극단 극예술협회로 하여금 신극운동의 한 표본으로 국도극장에서 역사적인 개막을 보았다. 이 연극이 지닌 저항정신은 자유를 침식하고 민족의 자주권을 말살하려는 좌익 연극의 행패에 경종을 울려 민족 전통의 생활 모태에 결집한 당위성의 민족지향을 명시하여 프로파간다적인 좌익의 타이프 연극을 봉쇄하였던 것이다.[1]

이상과 같이 그는 극협이 해방 공간의 연극운동사에서 차지하는 위치가 대단히 크다고 강조한 바 있다. 그는 그러한 관점에서 저질 상업 극단들과 배우들의 행태에 대해서도 비판의 예봉을 접지 않았다. 그는 「해방연극에 대한 몇 가지 제언(提言)」이란 글에서 "연극에서 새로운 무엇을 찾아보려고 노력하고 오늘의 연극을 비판하고 음미하고 그리하여 명일의 새로운 연극을 창조하기 위하여 정신력을 총동원해야 할 연극인이 연극 자체의 위기와 개인적인 경제적 핍박, 그것이 끼치는 내부적 영향에서 무능히도 예술, 초조(焦燥), 불안, 절망의 심연을 배회하여 오직 금일의 생존을 꾀하기 위하여 이 극단에서 저 극단으로 후한 개런티를 상대로 집시적인 방황을 하고 있는 판국이다. (……) 여기저기서 임시 극단을 만들고 개런티를 후하게 주면 배우들은 구세주나 만난 듯이 그곳으로 모여든다. 그리하여 임시 극단에서 임시 극단으로…… 그렇게 수입(收入)을 쫓아 돌아다니며 연극의 앙상블은 불필요한 외국어가 되어버린다. 임시 극단이라고 흥행을 해서 안 된다는 법은 없다 해서 면세로 이윤을 보고 그 덕으로 배우들도 살게 되면 좋은 일이다. 그러나 그러한 임시 극단은 모두가 흥행 본위에서 연극적으로는 퇴영적(退嬰的)인 타락의 길을 밟고 있는 것이다. 돈에 팔린 작자, 돈에 팔린 연출가, 돈으로 사들인 배우, 여기저기서 주워 모은 연극인들이 예술적으로 정리되지 않은 비양심적인 개런티의 대가의 일을 하는 것이 임시 극단이다. 그러니 그것이 조선 연극 전체에 어떠한 영향을 준다면 조선 연극 발전에 큰 병(病)이 아닐 수 없다"[2]고 개탄하였다.

이처럼 그가 바라본 해방 직후의 병폐는 '연극의 정치 이데올로기 도구화'와 '흥행성만을 추구하는 상업극의 타락'으로 요약되었다. 따라서 그는 좌익 연극인들에게는 이론과 완력으로 대항했고, 타락한 흥행극에는 건강한 연극 모델을 제시하는 것으로 임했다. 그가 실질적으로 주도한 극협의 운영체제를 동인제 방식으로 가져갔던 이유도 거기에 있었다. 새 시대의 새 스테이지를 만들겠다고 나선 그는 극협을 현대극단의 모범으로 삼으려 했다. 그는 주로 상업 극단들이 취해온 도제식 1인 체제를 지양하고 중지(衆智)에 의한 민주주의 방식의 극단 운영을 생각한 것이다. 그리하여 극협은 단장을 두지 않고 동인제의 합의운영방식을 도입했다. 창립 당시 유치진을 대표로 했던 것은 극단 조직을 원활하게 하기 위한 것이었고 출범과 동시에 그것이 없어졌다. 그는 상업 극단들의 폐해를 누구보다도 잘 간파하고 있었기 때문에 어떤 형태로든 1인 독재식 단장제는 배격한다는 신념을 끝까지 지켰다.

그는 그러한 단장운영제의 배격 외에도 몇 가지 자체 내의 규칙을 만들었다. 우선 극협은 뒷 스탭까지 20명으로 구성되었는데 이들을 7등급으로 나누어 수익금의 배당제를 채택한 것이다. 이는 구성원 전원이 연대의식을 갖고 일사불란한 팀워크를 이루자는 데 그 궁극적 목적이 있었다. 이어서 그는 일제의 잔재 중의 한 가지였던 야찬비(夜饌費)를 없애버렸다. 그것은 몇 푼 되지 않는 돈으로서 대포 값이나 노름 판돈으로 쓰여서 배우들의 건전한 생활을 오히려 해치는 요인으로 보았기 때문이다. 그는 세 가지 외에도 도박과 부부 출연도 금지시켰다. 남녀 배우가 모여서 극단이 조직되는 것이므로 연애는 막지 않았지만 부부 출연은 조직체의 건전성을 위해서 막은 것이다. 금주, 금연만은 금지하지 않은 이유는 그 자신 때문이다. 극협 안에서 두주불사였던 그를 따를 만한 배우는 이화삼뿐이었다.

이상과 같은 매우 전진적인 극단 운영방식이 상당한 부작용을 일으킨 것도 사실이었다. 가령 배당제만 하더라도 단원들의 생활 안정에는 도움이 되었지만 매번 수익금을 몽땅 나누어 쓰다 보니 유축된 자금이 없어서 작품을 제작할 때마다 곤욕을 치러야 했고, 그것은 곧 실질적인 책임자였던 이해랑의 채무로 고스란히 남게 된 것이다. 여하튼 극협이 당시로서는 어느 극단도 따를 수 없을 만큼 선진적인 극단이었던 것만은 분명했다.

그는 극협의 책임자였지만 연기에 누구보다도 열성적이었다. 빚을 끌어다가 살림을 꾸리면서도 매번 중요한 배역을 맡아 무대에 서곤 했다. 그는 극협의 두 번째 작품인 〈마의태자〉(유치진 작, 이화삼 연출)에서도 왕건(王建) 역을 맡아서 무대를 빛냈다. 그러나 왕건 역 자체가 배우술을 최대한 발휘할 만한 배역이 못 되었기 때문에 그는 그 작품에서 두드러지게 나타나지는 못했다. 그 작품에서도 역시 만년 주역 김동원이 태자 역을 맡아 젊은 여성 관객들을 사로잡았다. 그러나 더 돋보인 것은 사실 처녀 연출을 한 동료 배우 이화삼이었다. 일찍이 그의 재능을 알아본 이해랑이 유치진의 반대에도 불구하고 그를 강력하게 밀어서 첫 연출을 맡긴 것이었다. 예상이 적중해서 이화삼은 일약 가능성 있는 연출가로서 인정받기에 이르렀다. 그러나 다음 작품인 〈은

극협의 〈마의태자〉 출연진

하수〉(유치진 작)에서도 이해랑은 평범한 배역으로 만족해야 했다. 그는 그런 문제에 대해서는 아무런 생각을 하지 않았다. 오직 극협을 정통극의 모범으로 만들어 간다는 사명감에 불탔을 뿐이다.

그런데 언제나 레퍼토리 빈곤이 문제였다. 극작가라고 해야 유치진과 김영수 정도였는데, 김영수는 스스로 극단 신청년(新靑年)을 만들어 공연 활동을 벌이기 시작했으니 작품을 얻기가 힘들었고 매번 유치진에게만 의존하는 것도 문제였다. 그래서 택한 것이 극협의 첫 번역극인 미국 작품 〈목격자〉(맥스웰 앤더슨 작, 유치진 연출)였다. 극협의 번역극은 예상외로 대성황을 이루었는데, 이는 이해랑의 빼어난 희극 연기와 유치진의 치밀한 연출 덕택이었다. 유치진은 작가가 요구하는 요점을 빈틈없이 찾아내어 관객에게 던져줌으로써 클라이맥스에서는 관객이 숨도 못 쉬게 몰아붙이는 장기가 있었다. 이해랑은 바로 그런 유치진의 연출에 주목했고 또 배우기도 했다. 그는 유치진의 연출을 받으면서 연극이란 극본을 무대 위에 이식하고 대사를 행동으로 옮기는 것만으로 끝나지 않는다는 것을 재확인했다. 그가 항상 후학들에게 "배우란 그 마음속에 가득히 음악을 채워야 하고 교양을 풍겨야 한다"고 강조한 것도 실은 극작가가 만들어 놓은 대사를 교양 있는 배우가 행동으로 옮길 때 빛이 난다는 것을 깨달았기 때문이다. 사실 배우가 부식하고 교양이 없으면 작가가 아무리 훌륭한 인물을 창조해 놓아도 그것을 자연스럽게 표현해낼 수 없다는 것을 그는 확신한 것이다. 그가 평소에 배우만은 제대로 교육을 받아야 한다고 주장한 이유도 바로 여기에서 연유한다고 볼 수 있다. 그가 이런 생각을 하면서 무대에 서고 있을 때도 좌익 연극인들은 사회주의 이념만 외쳐대고 있었다.

그런 때는 그는 유치진과 함께 프로연극동맹에 당당히 맞설 만한 단체로서 전국연극예술협회(全國演劇藝術協會)를 조직했는데, 이때도 이해랑과 김동원, 이화삼 등이 뒷받침했음은 두말할 나위 없다. 이 조직체는 네 가지 목표를 제시했는데, "첫째, 민주주의 원칙과 창조적 자유를 확보한다. 둘째, 일체의

〈목격자〉 공연을 마치고 출연진과 함께(담배 물고 있는 사람이 이해랑)

사대사상을 배격한다. 셋째, 순수 연극 문화를 수립한다. 넷째, 상업주의 연극을 지양한다"였다. 이는 이해랑이 초안을 작성할 만큼 그의 주장이 골자로 되어 있었다. 이 단체에는 극협을 위시하여 12개 극단들이 가입했다. 이 단체는 곧 한국무대예술원(이사장 유치진)으로 개칭되어 우익 민족진영 연극인들의 구심체가 되었다. 그러나 연극인들의 앞길에는 좌익 연극의 정치 돌풍 못지않게 장애가 계속 닥쳐왔다. 그것이 다름 아닌 미군정 당국의 극장 입장세 10할 인상(十割 引上)이었다. 이 악법이 공표되자 "극단이 해산을 하고 지방에 나갔던 단체가 여관식비를 못 갚아서 억류를 당하고 극장이 한산하여 인건비조차 자충키 곤란하여 바야흐로 독립 전야의 연예 문화계는 몰락, 퇴폐, 종식(終熄)의 위기에 처하게 되었다."[3] 이로부터 그는 황폐해 가는 연극계를 바라보면서 극장세 문제를 심층적으로 짚어보는 글을 쓰기 시작했다. 그러니까 그가 좌익 연극인들을 향해서 휘둘렀던 필봉을 미군정의 실패한 문화정책 비판으로 향한 것이다. 그는 극히 자조적으로 미군정의 문화정책을 신랄하게 비판했다.

연극예술도 문화 범위에 속하는가? 연극 문화? 그것은 저 미지의 세계, 별나라에서나 통용되는 관념 같다. 이 땅의 연극은 문화의 혜택을 상실하고 문화적인 방법과는 먼 거리에서 무서운 힘으로 압박하는 가혹한 정책 아래 매춘부 이상의 우대를 받고 있는 것이다. 중세기 청교도들의 연극에 대한 박해도 이토록 심하지 않았다. 맥박은 시간을 따라 자꾸 희미해만 가는 육체, 회복할 줄 모르고 날이 갈수록 더해 가는 연극 생명의 위기는 죽음의 공포에 싸여 바야흐로 단말마(斷末魔)의 고통을 호소하고 있는 것이다. 10할 입장세, 이 억울한 정책 때문에.

이 정책은 연극에서 모든 것을 빼앗아 가고 지금 최후로 연극 생명을 노리고 그 위를 엄습하고 있는 것이다. 작부를 끼고 술을 마시고 하는 유흥세는 3할이고 어느 예술보다 유별히 인간적인 예술, 강렬한 극적 정서를 통하여 보다 높은 삶의 의식을 자극하고 직접 국민의 정신을 개발하는 연극예술에 십 할 입장세를 부과하는 문화정책을 우리는 무어라 말해야 좋을지 모르겠다. 이런 대우를 받으며 연극의 문화성(文化性) 운운한다는 것이 부끄러운 것 같다. 먼저 연극에 대한 정책을 수정하고 문화적 활동을 할 수 있는 문화적 대우를 무엇보다도 바랄 뿐이다. 이러한 정책적인 연극의 멸시와 천대는 직접 연극인들의 정신에 반영되지 않을 수 없다.[4]

이처럼 그는 좌익 연극과의 투쟁에 이어서 미군정의 왜곡된 문화정책에 대한 비판의 선봉에 섰다. 오로지 무대 배우로서 자신의 일생을 불사르려던 그를 격동하는 시대가 투사로 만들었다고 해도 과언이 아니다. 그는 누구보다 연극인들의 생활난을 가장 걱정하고 그런 각도에서 군정의 입장세 인상을 우려한 것이다. 그가 그 시기에 쓴 「예술인의 생활난 타개로 감세절규」라는 글이야말로 바로 그러한 심정을 잘 표현한 것이라고 말할 수 있다. 즉 그는 이 글에서 "(……) 해방 후에 수많은 극단들이 1회 공연으로 넘어지고 넘어지고 한 그 원인의 중요한 것은 10할 과세라는 가혹한 흥행세에 있었다고 말하여도 과언이 아닐 석가. 일제에도 전쟁 말기에야 극장 요금 중에서 3할을 부과했었다. (……) 그러나 심각한 생활난에 쪼들려가며 이리저리 다녀서는 도저히 예술적인 연기가 나올 리 없으며 국가적인 좋은 연극이 대중 상대로 생산될 리가 없다"[5]고 비판과 한탄의 심정을 표현한 것이다. 그렇다고 해서 그가 무대 배우로서 역할을 등한히 한 것도 아니었다. 극협에서 공연 때마다 중요한 역을 맡아 열연했다. 극단을 이끌어 가면서 정통극을 훼손하는 세력과 부단히 피나는 투쟁을 벌였고 연기도 점차 무르익어 갔다.

그는 극협을 주도하면서 많은 시행착오를 겪었고 또 거기서 중요한 교훈을 얻는 지혜도 갖추고 있었다. 극협의 다음 작품 〈왕소군〉(진우촌 작)에서의 무대장치 사건도 그 하나의 예였다. 즉 한 극단에서 연기와 연출력을 담당하고 있는 이화삼의 동생(미술대 재학)에게 장치를 맡겼다가 학예회에서나 할 수 있는 무대장치를 만들어오는 바람에 대실패한 경우라 하겠다. 그는 이 작품에서 연극이란 종합예술이기 때문에 장치, 효과, 조명 등이 극본, 연기와 딱 맞아 떨어져야 하고 만약 한 가지라도 삐걱하면 나머지는 덩달아 무너진다는 것을 확인했다. 연극은 눈에 보이지 않는 정서의 교류가 이루어져야 하므로 무언가 한 가지만 이상이 생겨도 정서의 흐름은 단절되고 만다는 것을 깨달았다. 실제로 정서의 교환 없이 연극을 성공시킨다는 것은 불가능한 일이다. 〈왕소군〉으로 큰 낭패를 본 그는 만회할 수 있는 극본을 찾기 시작했다. 그런 때에 찾아낸 것이 다름 아닌 유치진의 〈대춘향전〉이었다. 그가 찾아냈다기보다는 오히려 외부의 요청에 의한 선택이었다는 말이 옳을 것 같다. 즉 5·10 총선거를 앞두고 유엔사절단이 내한하였는데 그들에 대한 대대적인 환영 분위기 조성을 위해 미군정의 한국 간부였던 정일형(鄭一亨) 박사가 극협에 〈대춘향전〉 공연을 요청해온 것이었다.

극협의 〈대춘향전〉 공연 장면

　극협의 〈대춘향전〉 공연은 극단 창단 이래 최고였다. 제작비까지 미군정에
서 담당했기 때문에 최선의 무대를 만들어 낼 수 있었다. 우선 연출을 작가
자신이 한데다가, 김동원(이도령 역), 김선영(춘향 역), 이화삼(변학도 역), 복
혜숙(월매 역), 이해랑(방자 역) 등 최고의 배우들이 연기했고, 무대장치 역시
김정환(金貞桓)이 환상적으로 만들었기 때문에 2월 말 늦겨울의 폭설 속에서
도 명동 시공관(市公館)의 유리창이 깨어져 나갈 만큼 폭발적이었다. 그런데
주목할 만한 사실은 이해랑이 이 작품에서 매우 특이한 변신을 하였다는 점이다.
　즉 그가 자기 정서와는 전혀 상반되는 우리의 전통 춤과 민요까지 부른 것
이다. 그는 대단히 서구적 정서의 소유자여서 우리의 전통적인 예능은 좋아하
지 않았고 또 소질도 없었다. 그럼에도 불구하고 열성으로 그것을 극복해낸
것이다. 그만큼 열정적이고 또 대단히 능동적이었던 그는 한국무대예술원이
주도한 총선거 선전문화 계몽대에도 열성적으로 참여했다. 그러니까 8월 정
부 수립(政府 樹立)을 앞두고 실시하는 총선거에서 처음 해보는 투표 계몽을
위한 민주주의 훈련에 그가 앞장서 참가했다는 이야기이다. 서울의 30여 개

전 극단이 9개 시도를 돌면서 선거 캠페인을 벌이게 되었는데 극협은 경상남도를 맡았다. 경상도에 순회공연을 다니면서 그는 지방 사람들 대부분이 적화(赤化)되어 있는 것을 보고 놀라곤 했다. 본래부터 반공의식이 강했던 그는 남한에 단독정부라도 세워진 것이 천만다행이었다고 생각했다. 당시 상황을 그는 이렇게 회고했다.

5·10 선거를 통해 대한민국 정부가 수립됐다. 이북에서 좌익분자들은 단독정부라고 비난했다. 그러나 그때 만일 우리나라에 단독정부가 수립되지 않았으면 그들이 얘기하는 인민 대중층은 완전히 적화(赤化)되지 않았을까 하는 생각을 금할 수 없다. 우리가 연극 계몽을 하러 다닐 때 가는 곳마다 거기가 "모스크바"라고 지방 유력자들이 입을 모아 얘기하는 걸 들었기 때문이다. 김일성(金日成)이 남침하지 않더라도 자연히 적화되지 않았겠느냐 걱정을 했던 것이다. (……) 어쨌거나 대한민국(大韓民國) 정부는 수립됐고 사상적으로 불안정한 요소는 차츰 가셔지면서 한 국가로서 틀을 잡아가기 시작했다. 그때 정말 적화된 인간들, 김일성과의 관계를 끊을 수 없는 사람들, 김일성의 장단에 놀아나 손을 뗄 수 없는 입장의 좌익분자, 갖은 행패를 일삼던 적색 테러분자들은 모두 이 나라를 떠나 대량으로 월북해갔다. 적색분자들이 소탕이 됐다고나 할까. 우리나라를 떠나 김일성의 그늘 밑으로 들어간 것이다.[6]

이상에서 볼 수 있는 것처럼 그는 반공의식이 투철했으며 철저한 민주주의자로서 보수적인 정치관을 갖고 있었다. 이것은 그가 좌익 연극인들과 혈투를 벌이면서 가꾼 확고한 정치의식이었다. 그는 좌익 연극인들과 싸움을 하면서 자기도 모르게 정치에 눈을 떴고, 정치권력이 얼마나 큰 것인가도 절실히 인식하게 되었다. 그렇다고 정치인이 된다는 것은 꿈에도 생각하지 않았다. 그는 다만 격동하는 사회상황 속에서 자기도 모르는 사이에 문화운동가로 우뚝 선 것뿐이었다. 특히 내성적이었던 그가 투사로 바뀌면서 극협과 같은 극단도 능숙하게 이끌 수 있었다. 그러나 그는 언제나 얼굴에 분칠을 하고 무대에 서는 것이 즐거웠을 뿐이다.

문교부가 주최한 전국연극경연대회에 극협은 미국 번역극인 〈포기와 베스〉〔헤이워드 부처(夫妻) 작〕를 갖고 참가했다. 이 공연은 그에게 대단히 역사적인 의미가 있는 작품이었다. 그 이유는 두 가지에 있었다. 첫째 그가 해방 후 처음으로 주연을 맡은 일이며, 둘째 그의 인내력과 순발력을 시험받은 공연이라는 점에서 그렇다. 그는 평생의 친구 김동원에게 용모에서 뒤졌기 때문에 그동안 항상 주인공 역을 내주고 주인공을 빛내는 조연에 만족해야 했다. 그러나 이번에는 드디어 김동원과 주조연을 바꾸어서 하게 된 것이다. 보조역이나 악역만 해온 그가 오랜만에 선한 주인공을 맡았는데 그것이 앉은뱅이 '포기'로 나선 것이었으며, 김동원은 '포기'의 아내를 유혹하는 크라운 역을 맡았다. 모처럼 주인공으로 나선 공연에 객석은 한산했다. 아직 번역극에 익숙지 않은 관중이 외면했기 때문이다. 그런데 설상가상으로 어느 날 객석에서 한 관객이 드르렁거리며 코를 골고 있었다. 코 고는 소리가 너무 커서 앉은뱅이 '포기'의 심기를 건드렸음은 두말할 나위 없었다. 앉은뱅이 역을 맡은 그는 일어날 수 없었기 때문에 대사 도중 "그만!" 하고 객석을 향해 소리를 버럭 질렀다. 그러면서 마치 연극 대사를 하듯이 "게 누구 없느냐?" 하고 공연을 중단시켜 버린 것이다.

일대 소동이 벌어졌고 코 골던 관객도 놀라 스탭진에게 끌려나갔다. 알고 보니 당사자는 함께 연극운동을 해온 극작가 이광래였다.[7] 연극은 엉망이 됐고 일주일 내내 관객은 들지 않았다. 모처럼 주연으로 자신을 빛내려던 그는 〈대춘향전〉 공연으로 번 돈까지 몽땅 까먹고 막을 내릴 수밖에 없었다. 그러나 실망하지 않았다. 언제나 긍정적인 사고를 하고 낙천적인 기질의 그가 스스로 주연으로 무대에 섰던 작품이 참패로 끝났다고 낙담할 수는 없는 일이었다. 그런데 뜻밖에 문교부로부터 그에게 연기상을 준다는 낭보가 날아든 것이 아닌가.

사실 그는 첫 번째 주연인데다가 앉은뱅이 역이어서 연기상 같은 것은 상상도 할 수 없었다. 그럼에도 불구하고 남녀 한 사람밖에 받을 수 없는 연기상을 거머쥐게 된 것이다. 좌익 연극인들과의 논쟁으로 문명을 날렸던 그는 이일로 이제 배우로서도 확고한 지위를 굳힐 수 있었다. 그는 흥분을 가라앉히고 차분히 다음 작품을 생각하기 시작했다. 결국 그는 또다시 창작극으로 재기해야겠다는 생각으로 유치진을 다그쳤다. 마침 유치진이 시대극을 쓰고 있었기 때문에 그 작품으로 잃어버린 관객을 되찾기로 했다. 그는 유치진과 여러 가지 면에서 의기투합했다. 특히 철저한 반공주의자였으며, 연극관이 비슷했고, 연극 인재 양성 문제 등에도 의견이 일치했다. 사실 좌익 연극인들이 다수 월북한 해방 공간의 연극 인재 부족 문제는 심각했다. 그래서 두 사람은 배우를 양성하기 위해서 연극 학교(演劇 學校)를 만들기로 했고, 다음 공연은 그 기념을 위한 것으로 삼기에 이르렀다. 극협은 유치진이 새로 쓴 〈별〉〔허석(許碩) 연출〕을 무대에 올렸는데 예상대로 초만원을 이루었다. 극협은 이 작품을 들고 전국 순회공연에 나서서 극단의 재정을 탄탄하게 만들었다. 한국판 〈로미오와 줄리엣〉이라 할 이 작품은 가는 곳마다 여성 관객을 울리곤 했다. 〈별〉에는 특히 기생 관객이 많이 몰렸는데, 그 이유는 두 가지에 있었다.

첫째는 여주인공 '구슬아기'의 처지가 기생들의 취향과 누선을 자극하는 요인이 되었고, 둘째는 '구슬아기'의 화려한 남장이 꽤 볼거리가 되었던 것이다. 이 이야기는 해방 직후 연극의 한 왜곡현상이기도 해서 짚고 넘어가야 될 것 같다. 주지하다시피 이해랑은 철두철미한 리얼리스트이다. 그런데 해방 직후의 좌익 연극인들이 리얼리즘극을 열렬히 주창하고 다녔기 때문에 우익 민족진영 연극인들은 그들과 차별성을 부각시키느라 고의적으로 리얼리즘극을 회피했던 것이다. 여주인공 '구슬아기'의 지나치리만치 화려한 남장이야말로 그 단적인 예였다고 하겠다. 이러한 우익 민족진영의 연극에 대해서 일부에서 상업주의라고 비판했던 이유도 바로 거기에 있었다. 이해랑에게 리얼리즘은 하

극협 공연의 〈별〉(유치진 작)

나의 확고한 연극 철학이었고 평생 그러한 자세를 버린 적이 없다. 그는 철저한 리얼리스트였기 때문에 누구보다도 순수 연극을 금과옥조처럼 지키고 또 그것을 위해서 투쟁도 하였다. 그가 좌익 연극인들과 혈투를 벌였던 것도 오로지 연극의 순수성을 지키기 위해서였다. 앞에서도 언급한 바 있듯이 그는 해방 공간의 연극에서 이데올로기 오염이 가장 큰 문제라 보았고 실제 공연과 이론 전개에서도 그 이데올로기 오염을 벗겨내려는 노력을 부단히 했다. 그가 『경향신문』(1949. 10. 17.)에 기고한 다음과 같은 글이야말로 1948년 분단 이후의 연극인들을 향해 반성을 촉구하는 경고였다고 하겠다.

이제 절박하게 느껴지는 것은 연극의 내면적인 문제이다. 그의 본질적인 탐구가 그러하고 그것의 모든 표현수단이 실생활과는 상당한 거리에 서 있는 연극의 예술적 조건이 무대에서 어느 정도의 순수성을 보지했었는가? 실생활의 직접적인 모방이 연극의 예술적 환상을 방해하고 연극의 독자적인 양식(樣式)을 파괴한 일은 없었는가? 현실적인 너무나 현실적인 생경한 문제가 연극의 미학적 근거를 혼란시키지는 않았는가? 예술적인 변혁을 꾀하지 못한 배우의 연기, 양식적인 이론적 공상을 무시한 조명, 장치, 소도구 그 외에도 불순한 현실이지는 않았는가? 과장한 무대적인 에로쿠숀과 세속적인 현실적 동작의 모순을 연극의 전체적인 형식적 구성에 있어서 어떻게 해결한 것인가? 원작, 연출, 배우, 조명, 장치, 소도구 등 제 조건을 여하히 극장적인 스타일 아래 통일할 것인가? 이러한 복잡한 연극의 내면적인 문제를 해결하고 연극의 순수한 자기언어를 구성할 수 있는 그러한 마음의 준비가 연극인들에게 돼 있는가?

이상과 같이 그는 연극의 순수성을 회복하고 지키는 것을 해방 공간의 연극 정신으로 삼을 정도였다. 여하튼 극협은 〈별〉 공연으로 재정 기반은 닦았지만 연극 학교는 만들지 못했다. 극단이 사무실 한 칸 유지하기도 힘든 터에 시급하긴 해도 연극 학교를 짓는다는 것은 하나의 꿈일 뿐이었다. 그 후 연극

학교 이야기는 들어가 버리고 말았다. 계속해서 극협은 공연을 계속하면서 좌익 연극이 사라진 연극계의 공백을 메워 나갔다.

정부 수립 직후인 10월에는 진우촌이 쓴 〈죄〉를 유치진 연출로 무대에 올렸다. 그는 극협을 주도하고 또 무대 연기에 열정을 쏟으면서도 좌익 연극과의 투쟁 뒤에는 국립극장 설치운동에도 관심을 기울였다. 국립극장은 연극 기반을 다지는 데 절대적으로 필요한 것이었기 때문에 유치진 등과 함께 설치운동에 앞장섰다. 결국 국립극장 설치는 정부 수립 이듬해인 1949년 초에 국무회의를 통과했다. 서울과 대구(대구키네마) 및 부산〔봉래관(蓬萊舘)〕에 설치하기로 결정이 났는데 문제는 서울의 중앙국립극장을 어느 건물로 삼느냐였다. 그때 연극계에서는 명동의 시공관이냐, 충정로의 부민관이냐로 의견들이 분분했었다. 그와 관련하여 그는 다음과 같이 주장했다.

극장 — 무대 설비 있는 극장 — 없이 연극은 발전할 수 없다. 지금 논의되고 있는 국립극장 문제는 먼저 이러한 극장 설비를 제1의적(第一義的)으로 고려하고 결정해야 한다. 구 부민관(舊 府民舘)과 시공관. 시공관은 문제가 아니다. 그것은 원체가 영화상설관이다. 무대 구조, 무대 설비, 조명 장치 등 어떤 점으로 보나 시공관보다는 구 부민관이 연극을 하기 위한 조건이 구비된 극장이다. 극장 조건으로 보아 시공관보다 구 부민관이 국립극장에 적합한 극장인 것은 더 말할 나위 없이 엄연한 것이다. 그러니 서울시에서도 공연히 구 부민관이 자기네 건물이라고 우기지만 말고 조선 연극의 발전을 충심에서 기원한다면 구 부민관을 국립극장에 양보하는 아량을 보여주어야 하겠다.[8]

이처럼 그는 국립극장 운동에도 발 벗고 나서서 충정로에 있는 구(舊) 부민관을 역사상 처음으로 개설되는 국립극장으로 지정해야 한다는 것을 주장한 것이다. 그가 명동의 시공관보다도 구 부민관을 선호한 것은 오랜 무대 경험을 통해서 극장 구조를 잘 알고 있었기 때문이다. 사실 시공관은 1935년에 이시바시(石橋)라는 일본인이 영화관으로 지은 것이기 때문에 대폭 수리하기 전에는 연극장으로 사용하기는 적합하지 않았다. 그래서 그는 여러 번 무대에 서 본 구 부민관을 선호한 것이었다. 그것은 대단히 적절한 행동이었다. 결국 정부는 국립극장을 구 부민관으로 지정하는 결단을 내리게 되었다. 정부가 국립극장을 개설하기로 결정하자 연극인들은 화답이라도 하려는 듯 한국무대예술원 주최로 무대예술인대회(舞臺藝術人大會)를 개최하여 공연예술인들의 민족정신 앙양과 한국 무대예술 향상 발전을 도모하는 결의를 다지기도 했다. 이때도 이해랑은 소장 연극인들을 대표하여 적극 참여하였다.

무대예술인대회에서는 여섯 개 항목을 정부에 건의했는데, 그 첫째가 입장세 철폐에 관한 건(件)이고, 둘째는 외국영화에 관한 것이며, 셋째는 문화행정과 공연 수속 사무 일원화에 관한 건, 넷째는 무대예술의 질적 향상을 위한 시책에 관한 건(① 무대예술인의 자격 심사 ② 무대예술인 양성기관 설치 ③ 무대예술인의 후생시설), 다섯째는 공연 자재 수배(受配)에 관한 건, 여섯째는 국립극장 기시 촉진(期施 促進)에 관한 건이었다.[9] 공연예술계가 당면한 문제를 여섯 부분으로 나누어 건의한 것이었다. 이때 막후에서 가장 큰 역할을 한 것도 다름 아닌 이해랑이었다.

극협이 연극계에 군림하자 여기저기서 극단이 생겨나기 시작했다. 극단들이 부침하면서 극협의 단원들도 한두 사람씩 들락거리게 되었다. 가령 1949년 봄에 극단 신예술무대(新藝術舞臺)가 창단되면서 이화삼과 김선영, 조백령 등이 잠시나마 극협을 떠난 것도 그런 본보기에 속할 것이다. 좋은 동지를 잃은 그는 신예술무대의 창립 공연을 별렀다. 얼마나 좋은 연극을 하는가 지켜보겠다는 것이었다. 그런데 뜻밖에 신예술무대의 공연은 신통치가 못했다. 그는 오랜만에 신랄한 공연평을 다음과 같이 기고했다.

오늘 우리의 연극에서 그 생명의 긴장된 숨소리를 들을 수 없고 비속과 치기(稚氣)와 편협된 사상의 난맥 속에 연극 생명의 일 행로가 저물고 학대받은 연극 정신

의 고민은 날로 심각해만 가는 때에 진정한 민족 연극 수립에의 열의에 찬 신예술
무대와 같은 건전한 극단의 출현은 무엇보다도 반가운 일이 아닐 수 없다. (……)
원래 자연주의 연극이란 재미없는 물건인지도 모른다. 산상(山上)의 기적과 같은
그러한 광채가 없고 눈에서 불을 토하는 광란의 정열이 없다. 압축된 정서! 결코 그
대로 방사(放射)하지 않고 꽉 가슴에 억압시켰던 구심적인 미묘한 심의(心意)의
내용을 곡선적으로 표현하는 인물들이 서식하는 통곡과 발악을 모르는 음울한 세계.
이 세계에 필요한 예술적 수법은 심리적인 내면적 기교이다. 내면적 기교에 의하여
일상적인 정서 가운데 악착(齷齪)한 생활이 기록되고 환경의 중량에 허덕이는 인물
들이 무한한 뉘앙스가 살아야 한다. 그리하여 자연주의 연극에도 특이한 매력이 존
재하는 것을 무대에 증명해야 한다. 그런데 하물며 하이엘만스의 〈천우호〉와 같이
더구나 박진력이 강한 작품에서랴. 그러나 신예술무대 공연에서는 도대체 아무러한
연극적인 매력과 박력을 느낄 수 없고 생활의 분위기를 찾아볼 수 없는 것은 어찌
된 노릇인가? 무대와 객석을 마치 완벽된 자연주의 연출수법에 의하여 격리시켜 놓
은 것처럼 서로서로 딴 세계를 구성하고 있었다. 푸로시니엄 아치를 넘어서 무대의
정서가 관객의 심금에 공명을 일으키지 못하고 그래도 끈기 있게 동감적(同感的)
인 감흥을 추구하고 관객은 그만 지쳐버리고 말았다. 우선 연기자 제씨에게도 경력
에 비추어 재래의 안이한 연기를 용납하지 않은 이 연극이 어깨가 뻑뻑하겠으니 그
보다도 신인 연출가에게는 도저히 주체할 수 없는 과대한 부담이었다. 거물(巨物)
연기진을 움직여서 그렇지 않아도 신인의 능력으로는 전체를 통일할 가능성이 희박
한데 반지빠른 연기자들의 연출의 용훼(容喙)로 인하여 무대는 비상한 혼선 상태를
이루었다. (……) 연기자 성격을 구성하지 못하여 그 인물의 핵심에서는 먼 거리에
있었다.[10]

이상에서 볼 수 있는 바와 같이 이해랑은 정통 리얼리즘 연극이라는 정확
한 잣대를 갖고 신예술무대의 창립 공연을 여러 각도에서 분석하여 그 문제
점을 짚어낸 것이다. 그러니까 그는 레퍼토리 선정에서부터 연출, 연기 등 전

반에 걸쳐서 전문 극단이 만들어낸 작품이라고 볼 수 없는 미숙성을 지적해 냈다. 그는 특히 그 작품이 실패한 근본적 원인은 아직 신인티를 못 벗은 이운용(李雲龍)의 연출에서 찾았다. 그는 〈범선천우호〉를 보면서 연출을 해야겠다는 생각을 했다. 저 정도라면 자신이 훨씬 더 잘할 것이라는 생각을 굳히게 되었다는 이야기이다. 처신에 있어서 누구보다도 신중한 그였지만 가만히 있을 수가 없었다. 드디어 연출을 하기로 선언한 것이다. 연기와 연출을 병행키로 했다. 자기보다 나을 것도 없는 이화삼도 그랬지 않은가 하는 오기가 발동한 것이다. 극협은 마땅한 창작극을 얻지 못해서 김희창(金熙昌)이 각색해놓았던 이탈리아 작가 콘체 원작의 〈도란기(桃蘭記)〉를 공연키로 했는데 연출자가 마땅치 않아서 이해랑이 맡게 되었다. 그의 처녀 연출이었다. 그런데 신진 화가 박석인(朴石人)의 무대장치부터 어긋나기 시작했다. 결국 대실패였다. 아니나 다를까 『경향신문』의 다음과 같은 혹평이 나왔다.

대극협(大劇協)이 왜 이러한 레퍼토리를 선정했는지 크게 유감이다. 이 〈도란기〉 공연이 예술상 수상 기념 공연이라는 데 더욱 유감이다. 확실히 레퍼토리 빈곤을 말하는 것이며 극협 앞길이 막혀가는 걸 설명하는 것이다. 원래 극협은 우리 민족의 전심(專心)한 연극을 수립하려는 의도 밑에서 조직된 극예술연구회의 전통을 계승한 신극 단체로서 첫 출발이 장하였으며 또 기개(氣槪)가 고귀하였던 것이다. 그리고 극협의 이론적, 경제적 지도는 유치진 씨의 인격에 의존하였던 것이 사실이다. 특히 레퍼토리에 있어서는 유치진 씨 작품이 거의 전체라 해도 과언이 아닐 만큼 전용(專用)되었던 것이다. 그럼에도 불구하고 극협 공연은 달이 가고 해가 갈수록 부진하여 가는 건 그 원인이 하처(何處)에 있을까. 나는 이 부진 상태를 이렇게 평하고 싶다. 원래 극협의 목적은 풍부한 해외 작품을 소개함과 동시에 그 경험을 발판 잡아 위대한 민족창작을 창조함과 동시에 진정한 민족 연극을 수립하려는 데 그 목적이 있었다. 그런데도 불구하고 유치진 씨의 1개인의 작품에만 의존하고 기타 작품에는 일체 방관주의로 임하였기 때문이 아닌가 한다. (……) 이 〈도란기〉

공연에 획기적인 무대를 상상하였으나 거의 실망하였으며 더구나 소시민을 위로하는 야담적인 공연 태도에 불유쾌했다.[11]

이상에서 볼 수 있는 바와 같이 그의 처녀 연출은 참패로 끝났다. 그러나 여기서 한 가지 주목할 만한 사실은 그 실패가 연출 그 자체보다는 레퍼토리 선정 미스라든가, 무대미술, 그리고 관중 등 외부적인 요인에 있었다는 사실이다. 적어도 그의 연출력에는 별다른 결함은 없었다는 이야기가 된다. 따라서 그는 흥행상의 실패에 대해서 조금도 좌절감을 느끼지 않았다. 오히려 그는 어려움을 겪을 때마다 불사조처럼 딛고 일어서는 용기와 의지가 있었다. 그는 다시 창작극을 찾아 나섰다. 그런 때에 마침 평양에서 시나리오 작가 오영진이 월남하여 작품 활동을 시작했다. 그에 관해서는 김사량(金史良) 등을 통해서 조금은 알고 있었지만 그렇게 친근한 사이는 아니었다. 이상스럽게도 그와는 병원에서 조금 가까워진 경우였다. 그가 조만식(曺晩植)의 비서로 활약하다가 김일성에 밀려 평양으로 탈출해온 뒤, 따라온 적색 테러리스트의 저격을 받고 병원에 입원해 있을 때 몇 번 찾아다녔기 때문이다. 그러므로 오영진은 이해랑의 원고 청탁을 차마 거절하기가 힘들었던 것 같다. 그래서 얻어낸 작품이 〈인생차압〉〔원제 〈살아 있는 이중생 각하(李重生 閣下)〉〕이었다. 그의 두 번째 연출 작품이었던 〈인생차압〉은 오랜만에 정통 희극 무대를 만들어냈다는 점에서 연극인들은 대단히 좋아했다.

이 공연에 대해서 "오영진 씨가 가지고 있는 유머와 풍자는 그의 전작들에 있어서 이미 정평이 있거니와 금번 신희곡(新戱曲) 속에 담겨 있는 풍자 또한 지금 대두되다가 흐려져 가는 반민자들의 교활하고도 가증스러운 발악 양상을 정면으로 날카롭게 찌르는 대신 씨의 독특한 유머로 반공(反攻)하는 데 성공하였다"[12]면서 몰락의 최후 단계를 밟고 있는 극장예술계에 이처럼 참신한 연극을 볼 수 있다는 것은 큰 즐거움이라고까지 극찬을 아끼지 않은 것이다. 그는 사실 첫 번째 작품도 연출만은 자신 있다고 생각했었다. 그러나 호평을 못 받았는데 두 번째 연출에서는 그의 지적 연출의 면모가 드러난 것이다. 그러나 관객은 작품을 외면했다. 대중비극에 익숙한 관중이 예리한 정치사회 풍자극의 가치를 제대로 알고 즐길 줄을 몰랐던 것이다. 그는 한산한 객석을 바라보면서 진정으로 좋은 작품을 외면하는 관중에게 야속해 하고 또 실망도 했지만, 다행히 리바이벌 공연 때부터 관중의 호응이 점차 좋아졌다.

이때 그는 오영진의 원작료 요구로 곤욕을 치르기도 했다. 자존심이 누구보다도 강했던 오영진은 당시 어느 작가도 흉내 내지 못할 정도의 원작료를 요구했고 그런 경험이 없는 이해랑으로서는 황당할 수밖에 없었다. 언제나 난관에 부딪칠 때마다 거기서 뭔가를 배우는 그로서는 처음으로 계산의 중요성을 깨달은 것이다. 물론 극협의 내규에 원작료 지불 규정이 없었던 것은 아니었다. 즉 배당제에 따라 전체 수익금의 1백분의 3을 지불한다는 것이었다. 그러나 그것은 어디까지나 수익금이 있을 경우만 전제로 한 일방적인 생각이었고 공연이 적자일 경우는 별다른 규정이 없었다. 바로 여기서 원작료를 당시로서는 과다하게 요구하는 극작가 측과 충돌하게 된 것이다. 그때만 하더라도 극작가들에게 원작료는 생각할 수도 없었다. 극단 측에서 알아서 주면 고마울 뿐이고 주지 않는 경우가 더 많았다. 그런 시기에 오영진이 흥행에 실패한 극협에 정식 원작료 지불을 요구해왔으니 당혹할 수밖에 없었다. 이해랑은 극협의 책임자였으므로 꼼짝없이 빚을 내서 원작료를 지불할 수밖에 없었다. 따라서 극단은 빚만 늘어갔다.

그런 때에 미공보원에서 극협으로 연락이 왔다. 어려운 속에서도 쉼 없이 정통극을 추구하는 극협을 재정적으로 후원하겠다고 제의한 것이다. 극협 단원들은 화답이라도 하려는 듯이 미국 극작가들이 쓴 일련의 작품들이라 할 〈애국자〉(시드니 킹슬리 작)를 위시하여 〈용사의 집〉, 〈높은 암산〉 등을 연달아 공연하여 성황을 이루었다. 그러는 동안에 극협의 인기는 절정에 올라 있었고 그에 따라 이해랑의 주가는 천장을 모를 정도였다. 그런데 하루는 느닷없이 서항석이 그를 찾아온 것이다. 멋진 악극 한번 해보지 않겠느냐는 것

극협의 〈애국자〉 출연진. 둘째 줄 가운데 이해랑

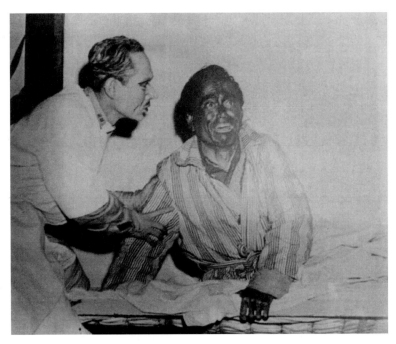

극협의 〈용사의 집〉(킹슬리 작)

이었다. 연극 선배로서 그가 존경하고 있던 서항석은 일제 말엽부터 악극 대본을 여러 편 쓴 바 있고 악극단에도 간여한 적이 있었다. 이해랑은 당초부터 악극 같은 것은 연극으로 취급하지 않았기 때문에 자세한 내용도 들어보지 않고 일소에 붙였다.

그러자 서항석은 그를 설득하기 시작했다. 나라가 이처럼 어수선한 때였으므로 인도의 독립지사 간디 이야기를 무대에 올리면 애국심도 고취하고 얼마나 좋겠느냐는 것이었다. 그런데 그런 주제를 정통극으로 하면 너무 딱딱하고 따분해서 관객이 들지 않는다는 것이었다. 호화현란한 음악무용극으로 하면 좋을 것이라면서 그 자신이 극본을 쓰고 연출까지 할 것인 만큼 당대 최고 배우인 이해랑이 간디 역을 맡아주면 금상첨화일 것이라는 주장이었다. 그 이야기에 이해랑도 귀가 솔깃했다. 결국 서항석의 설득에 이해랑이 동의했고 곧바로 준비에 들어갔다. 사실 그는 주역을 맡은 것일 뿐 별달리 신경 쓸 것은 없었다.

강준희가 주도하는 KPK악극단이 중심이 되어 미국에서 공부하고 갓 귀국한 노라노가 의상을 맡고 진수방이 이끄는 최고의 무용단원들, 즉 주리, 강윤복, 조향숙, 장순방, 최미연 등의 멋진 춤이 곁들여진 무대였다. 시공관 무대에서 공연된 〈간디〉는 오케스트라의 반주와 합창단까지 동원됨으로써 전체 인원이 150여 명이나 출연한 호화 대형 무대였다.

그 무대를 가장 빛낸 것은 두말할 것도 없이 이해랑의 간디 역이었다. 워낙 연기력이 뛰어났지만 그에 앞서 깡마르고 키가 훌쩍 크고 작은 얼굴 등에 있어서 간디의 귀티 나는 외모와 이미지가 너무나 일치했던 것이다. 애국심이 누구보다도 강했던 그는 간디를 완벽하게 소화해냈고 열정을 쏟아부어 연기를 함으로써 종래의 악극과는 차원을 달리하는 새로운 음악무용극을 창출해냈다. 따라서 그의 인기는 더욱 치솟았지만 그는 다시 악극 무대에 서지는 않았다.

얼떨결에 악극 무대에 섰던 그는 다시 극협 극단 일에 심혈을 기울이게 되었고, 창작극에 미련을 버리지 못한 나머지 ─ 원작료 때문에 정은 떨어졌지만 ─ 뛰어난 희극 작가 오영진에게 다시 작품을 의뢰했다. 극협이 1949년 12월 추운 겨울에 시공관을 달구었던 〈도라지 공주〉(원제 〈맹진사댁 경사〉)를 공연한 것도 바로 그러한 이해랑의 오기에 따른 것이었다. 이 공연은 의외로 흥행상으로도 대성공을 거두었다.

그렇다면 이 작품이 어떻게 그처럼 대성공을 거둘 수 있었을까. 거기에는 세 가지 이유가 있었다. 첫째는 무엇보다도 이해랑의 탁월한 연기에 있었다. 전 작품 〈간디〉의 주연에서 타인의 추종을 불허할 만큼 빼어난 연기력을 보여주며 자신감을 얻은 그가 자기의 특기라 할 희극의 주역을 맡아 마음껏 연기력을 발휘할 수 있었던 것이다. 그러니까 그동안 그가 잘 쓰인 창작 희극을 못해 보다가 오영진의 대표작 〈맹진사댁 경사〉를 취택하여 그 주역인 맹진사 역을 하게 된 것이다. 이 맹진사 역은 사대부 명문가 출신의 이해랑에게는 더없이 적합한 역이었다. 그는 희극이 어떤 것인가를 보여줄 만큼 빼어난 연기로 관객을 사로잡았다. 둘째로는 박상익, 김동원, 최은희(崔銀姬) 등 내로라하는 톱클래스 배우들이 앙상블을 창출함으로써 근래에 보기 드문 무대를 만들어낸 것이다. 셋째로는 관중이 울고 짜는 비극류라든가 아니면 어둡고 부정적인 성향의 작품들만 대하다가 풍자성이 짙고 해학적인 토속적 희극을 봄으로써 그동안의 체증이 모두 내려가는 것 같은 상쾌감을 맛볼 수 있었던 것 같다. 이처럼 극협의 〈도라지 공주〉(〈맹진사댁 경사〉) 공연은 좌우익 이데올로기 대립과 저질 상업극의 범람으로 어지러웠던 해방 직후 연극계에 신선한 바람을 불어넣은 공연이었다. 사실 이것은 온전히 우연이었지만 해방 직후의 혼란스런 연극계를 정화시키는 한 계기로 만들기도 한 것이다.

그 한가운데에 이해랑이 우뚝 서 있었음은 두말할 나위 없다. 관중의 반응 또한 폭발적이어서 그동안 졌던 빚도 어느 정도 갚을 수가 있었다. 그때 이해랑은 이 작품을 서울 시민뿐만 아니라 지방민들에게도 보여주고 싶었고 또 수익도 생각해서 대구, 부산, 광주, 마산, 여수, 전주 등 지방의 주요 도시를 돌며 40여 일간 순회공연도 했다. 이 작품은 예상대로 가는 곳마다 열띤 반응을 불러 일으켰다. 그런데 대구에서 뜻밖의 사고가 발생했다. 여주인공 최은희가 다음 공연지 부산에서 며칠 기다려야 되는 것을 못 참고 귀경해 버렸던 것이다. 그는 신진 여배우 문정숙을 불러들여 대역을 시킴으로써 위기를 극복하는 기지를 발휘했다. 그는 대단한 순발력을 지닌 데다가 위기관리 능력 또한 뛰어났다. 이는 아무래도 그의 긍정적 사고와 낙천적 성격에서 비롯된 것이 아닌가 싶다. 그가 극협을 이끌고 지방 순회공연을 다니는 동안 서울에서는 국립극장 설치령이 공포되었다. 그리하여 서항석, 안석주(安碩柱), 채동선(蔡東鮮), 민병식, 박헌봉(朴憲鳳), 유치진 등으로 운영위원회가 구성되고 유치진이 초대 국립극장장으로 임명되었다. 국립극장은 서울뿐만 아니라 대구(대구키네마), 부산(봉래관)에도 두기로 되어 있었다.

유치진은 극장장에 임명되자마자 6개 항의 운영방침을 발표한다. "첫째, 신극협의회라는 기구를 설치하고 그 산하에 전속 극단 2개를 둔다. 극단은 신협, 극협으로 하고 한 극단의 인원을 남녀 15명에서 20명 이내로 한다. 둘째, 공연은 두 단체가 격월로 1편씩을 함으로써 연간 무휴 공연이 되게 한다. 셋째, 작품은 창작을 위주로 하되 번역극도 곁들이고 신인 발굴과 소설가의 참여도 유도하며 원고료는 입장료 수입의 5%를 지불한다. 넷째, 무대미술 등 제작비는 극장 비용으로 한다. 다섯째, 연출은 극단의 자주성을 생각해서 전속 극단에 일임한다. 여섯째, 출연료는 전 입장료에서 원작료를 공제한 나머지 10분지 3을 전속 극단이 받아서 연출자와 배우들에게 지불하게끔 한다"[13]는 것이었다.

여기서 굳이 극장장의 운영방침을 소개한 것은 전속 극단의 구성 때문이다. 그와 관련해서 이해랑은 "지방 공연에서 돌아와 보니 이미 이광래를 대표로 한 신극협의회(新劇協議會, 이하 新協)가 조직돼 있었고 극협 멤버 중 기획 담당인 윤방일(尹芳一)이 새 간사로 김동원, 이화삼 등 동지들이 모두 가입돼 있었다. 새로 생긴 신극협의회[新協]는 이름만 바뀌었을 뿐 얼굴은 모두 극협 인사들이었다"[14]고 회고한 바 있다. 그러니까 그가 서울을 비운 사이에 극협의 재판이라 할 신협이 구성되었다는 이야기가 된다.

신협은 1950년 1월 19일에 발족되었는데 총괄하는 협의체 신극협의회 간사장으로 극작가 이광래가 앉고 예술국과 지방국을 두었으며 그 밑에 극작 분과, 연기 분과, 무대 분과를 설치했다. 그런 가운데서도 연기 분과는 이해랑, 김동원, 박상익, 최삼, 전두영, 송재로, 이화삼, 주선태, 박경주 등 남자 배우 11명과 김선영, 유계선, 황정순, 유해초, 백성희 등 여배우 5명이 초창기 멤버였다.

이해랑은 그동안 동고동락한 단원들을 모두 데리고 국립극장으로 들어갔다. 극협을 신협으로 개칭한 것에 대해서는 불만이 있었지만 민족극의 수립이라는 명분이 같았기 때문에 그대로 순응키로 했다. 유(柳) 극장장은 극협도 살린다면서 그를 위로했다. 전속 단원들은 국립답게 월급제였기 때문에 그도 생애에 처음으로 5만 원이라는 거금의 첫 월급을 탈 수 있었다. 물론 전에도 수익이 없었던 것은 아니지만 국립극장처럼 꼬박꼬박 받은 것은 아니고 수익이 있을 때 얼마씩 받는 것이었으므로 언제나 보잘것없었고, 또 그나마도 들쑥날쑥한 것이었다. 당시에 5만 원이면 다섯 식구가 두 달 정도 살 수 있는 거금이었기 때문에 그 자신도 감개무량할 수밖에 없었다.

그런데 여기서 한 가지 간과해서는 안 될 것은 그의 아내 김인순이 그가 모르게 국립극장 의상부 주임으로 취직한 사실이었다. 당대의 최고 의상 디자이너였던 그녀가 이따금 극협 등의 무대의상을 도와준 적은 있었지만 아예 극장의 전속 무대의상 주임이라는 직책으로 취직한 것은 의외의 사건(?)이었다. 그것은 순전히 남편 모르게 유치진 극장장 하고만 짜고 한 일이었고, 부족한 생활비를 충당하기 위한 고육지책이었다. 물론 그 무대의상 일은 세 번의 공연으로 마감케 되었는데, 6·25 전쟁이 발발했기 때문이었다.[15]

단원들의 실질적인 리더였던 그는 창립 공연 준비로 분주했다. 창립 공연작은 유치진의 〈원술랑〉(허석, 이화삼 공동 연출)으로서 애국심과 박진감 넘치는 스펙터클한 역사극이었다. 이 작품에서 그는 제5막에만 등장하는 문무왕 역이었지만 최선을 다했다. 그리고 마지막 장면에만 등장하기 때문에 4막까지는 객석에 앉아서 단원들의 연기를 객관화시켜 볼 수가 있었다. 1천 석이 훨씬 넘는 3층짜리의 국립극장(舊) 무대는 연일 밤낮으로 통로까지 메워지는 초만원일 만큼 인기 충천했다. 10일간 공연했음에도 관객의 열기가 식지 않아서 5일 동안 연장 공연까지 함으로써 해방 직후의 최대 관객 동원이라 할 6만여 명이 구경을 했다. 그는 제4막까지 객석에 앉아서 우리 연극의 문제점 중의 한 가지라 할 배역에 대해서 깊은 생각을 하게 되었다. 가령 여배우가 처음 입단하면 노파 역부터 시키고 고참이 언제나 젊은 주인공을 맡는 폐습을 생각한 것이다. 〈원술랑〉에서도 20대 초반의 신인 여배우 황정순이 65세의 지소부인 역을 맡은 데 비해서 30대 후반의 김선영은 18세의 처녀 역을 맡음으로써 연극을 잘 아는 사람들의 눈살을 찌푸리게 한 것이다. 여하튼 국립극장 개관 공연은 공전의 대히트를 해서 해방 직후 5년여간 혼란스러웠던 연극계가 안정기에 접어들고 있다고 믿게 되었다. 그러나 무엇보다도 이해랑으로서는 극협을 이끌 때 언제나 재정적으로 쪼들렸던 굴레를 벗어나 안정된 생활을 할 수 있게 된 것이 가장 큰 소득이었다.

탐구욕이 강한 그는 그동안 출연한 작품 중에서 가장 스케일이 컸던 〈원술랑〉에서 또한 많은 것을 배우고 느끼기도 했다. 우선 그는 역사극에서 고증의 중요성을 배웠다. 즉 유치진이 평소에 친했던 국사학자 이선근(李瑄根)을 불러서 신라 화랑도에 관해서 세세히 고증해줌으로써 작품의 리얼리티를 배가시키는 것을 목도할 수 있었다. 그뿐만 아니라 무대장치와 조명의 대단한 가치를 느꼈다. 김정환의 호화 무대가 작품 전체를 스펙터클하면서도 환상적이게 했는데 여기에는 노련한 최진(崔進)의 뒷받침이 있었기에 가능했다. 연극의 리얼리티를 극대화시키기 위해서 전투 장면에는 '마그네슘'을 터트리기도 했는데 너무나 실감나게 하다가 효과를 담당한 심재훈(沈載勳)은 심한 화상을 입기도 했다. 이처럼 개관 공연은 뒷이야기도 많았다.

국립극장 전속 신협 〈원술랑〉의 문무왕 역의 이해랑

그는 국립극장의 전속 신협 단원이 되면서 경제적 고통으로부터 일단 벗어났기 때문에 연극, 그중에서도 연기에만 열중할 수가 있었다. 그의 배우로서의 탁월한 재능을 일찍부터 알고 있었던 유치진은 신협의 두 번째 작품에서는 그를 주역으로 발탁하겠다는 복안을 갖고 있었다. 사실 해방 직후부터 유치진은 이해랑이 장차 연극계의 지도자가 될 수 있을 것으로 마음속 깊이 생각하고 있었다. 또한 평양에서 월남한 시나리오 작가 오영진은 영화계의 리더로 생각함으로써 유치진 자신은 연극(이해랑)과 영화(오영진)의 쌍두마차를 이끄는 마부로 자임하고 있었던 것이다. 그러던 차에 국립극장이 설립되고 또 신협까지 조직되었기 때문에 이해랑에게 날개를 달아주어야겠다는 생각을 한 것은 너무나 자연스런 일이었다. 이해랑으로서도 그동안의 불안정한 유랑(流浪)의 짐을 벗고 홀가분하게 연기 생활에 몰두할 수 있는 여건이 마련된 셈이었다.

신협의 두 번째 작품은 그가 실력을 마음껏 발휘해 볼 수 있는 중국 작품 〈뇌우〉〔조우 작, 김광주(金光洲) 역〕였다. 그는 이 작품은 해보아서 너무나 잘 알고 있었다. 해방 직후 황철과 낙랑극회를 잠시 했을 때 그 작품에 아버지 역으로 출연한 바 있었기 때문이다. 그런데 유치진은 뜻밖에 그에게 작품에서 화려한 각광을 받을 수 있는 젊은 주인공 '평' 역을 맡겼다. 이 작품에서 만년 주인공 김동원이 '평' 역을 맡으리라 생각한 그로서는 당황할 수밖에 없었다.

처음에 그는 고사했으나 유치진의 엄명으로 국립극장 제2회 공연의 주인공으로 무대의 스포트라이트를 받게 되었다. 그런데 예상을 훨씬 뛰어넘는 관객이 몰려들었다. 1만 명만 동원해도 대성공작으로 평가되던 당시에 〈뇌우〉는 보름 동안 7만 5천 명의 관객을 동원한 것이다. 서울 인구가 고작 40만 명일 때 7만 5천 명이라는 것은 약 1/6이 보았다는 이야기가 된다. 〈뇌우〉가 성공한 요인은 크게 두 가지에 있었다. 첫째는 유치진의 연출이었고, 둘째는 역시 빼어난 무대 앙상블이었다. 유치진의 연출은 치밀하고 혹독하기로 정평이 나 있었다. 그는 배우들이 피로에 지쳐서 쓰러지기 직전까지 끊임없이 반복해서 연습을 시키곤 했다. 연극은 종이에 인쇄된 희곡만 있을 뿐 나머지는 모두가 빈 공간이다. 아무것도 없는 환상의 세계에 무엇인가 구현시키려면 연습이 최상이다. 더군다나 허구의 세계는 치밀하게 배우들의 감정이 정착되기까지 지쳐 쓰러질 때까지의 연습이 필요한 것이다. 앙상블이라는 것도 바로 거기서 창출된 것이다. 물론 연습만 많이 시킨다고 뛰어난 연극 무대가 되는 것은 아니다. 레퍼토리 선정도 잘해야 되고 특히 재능 있는 배우들이 적역을 맡아서 열연을 해주어야 가능하다.

〈뇌우〉에서는 주역인 이해랑이 뛰어난 연기력을 발휘했고 김선영(어머니 역), 신태민〔申泰旼, 평(萍) 동생 역〕, 김동원(아버지 역), 박경주〔사해(士海) 역〕, 박상익(계부 역), 유계선(계모 역), 백성희(계모 역), 황정순〔사봉(四鳳) 역〕 등 당대 최고의 배우들이 환상적 조화를 이루었다. 20대 중반에서부터 40대 초반의 쟁쟁한 배우들이 안정된 환경에서 최선을 다했고, 그것이 무대에 그대로 나타남으로써 해방 이후 최고의 공연이 되었고 많은 관객도 동원할 수가 있었다. 이해랑은 주역인 아들 평(萍) 역을 맡아 그동안의 연기 생활 10여 년 만에 하나의 이정표가 될 만한 연기력을 발휘하였다. 우선 깡마른 체구에 파리하고 창백한 분장으로 평의 이미지를 너무나 멋지게 풍겨주었고 평의 정서에 가까이 다가감으로써 냉철하고 지성적인 캐릭터를 거의 완벽하게 표출한 것이다. 연출가 유치진이 그를 주역으로 발탁한 것이 적중한 경우였다.

일찍이 미국 연출가 사무엘 셀던은 배우의 세 가지 요소로서 천부적 재능, 연습, 그리고 실연(實演)이라고 말한 바 있었는데, 신협 단원들이 제2회 공연 〈뇌우〉에서 그 점을 너무나 극명하게 보여주었다. 〈뇌우〉는 당초의 일정대로 10일 동안 공연했다. 그런데 구경 못한 시민들이 난리를 친 것이다. 그래서 다음 공연 작품인 창극 〈만리장성〉을 닷새 동안 무대에 올리고 나서 또다시 닷새 동안 〈뇌우〉를 공연함으로써 시민들을 진정시킬 수 있었다. 공연이 끝난 뒤에도 단원들의 흥분은 가라앉지 않았다. 왜냐하면 이해랑 등 배우들이 일약 대스타로 떠올랐기 때문이다. 당시에는 연극과 영화 외에는 별다른 오락이 없었기 때문에 성공한 무대 배우는 인구에 회자되었고, 문화인 소리를 들으려면 연극을 보아야만 했다. 따라서 〈뇌우〉 하면 이해랑이었고 인텔리들 사이에서는 그 작품과 주연배우를 모르면 화제에 끼어들지도 못할 정도였다.

또 하나 이 작품에서 간과해서는 안 될 것이 레퍼토리 선정 문제였다. 역시 번역극이라 하더라도 시대감각에 맞아야 되고 또 관객의 피부에 와 닿는 이야기라야 했다. 주역이었던 이해랑도 〈뇌우〉 공연을 회상하면서 "리얼리즘의 입김이라는 것, 창작 방법이라는 것이 그렇게 연극적으로 무서운 성과를 거둘 수 있고 관객의 가슴을 치는 연극 창조를 할 수 있고, 진정한 인생(人生)의 면모를 보여주는 연극이 된다는 사실을 그때 우리 연극인들은 깨닫기 시작했다"[16]고 쓴 바 있다. 그가 이런 이야기를 하는 것은 번역극과 관련되어서였다. 그동안 그는 창작극보다 번역극에 더 많이 출연했는데, 주인공들의 서양 이름이 어딘가 어색했었다. 그러나 〈뇌우〉는 번역극이라 하더라도 이웃 중국 작품인데다가 등장인물도 시평(時泙)이라든가 사봉(四鳳), 대해(大海) 등이었기 때문에 친근감이 있었던 데다가 우리 생활 주변에서 흔히 일어날 수 있는 운명적인 가정 비극이라는 점에서 커다란 공감을 불러 일으켰고 거기서 이해랑은 리얼리즘극의 위대성을 다시 한 번 발견하게 된 것이다.

이로써 한국 연극은 기나긴 방황을 끝내고 부흥기에 접어들기 시작했다. 그는 잠시 쉬는 동안 동료 배우들과 어울려 다니면서 생활의 여유를 만끽하고 있었다.

2. 전쟁 속의 연극운동

1950년 6월에 일어난 한국전쟁은 세계 역사도 바꾸어 놓을 만큼 20세기의 가장 큰 사건 중의 하나였음은 다 아는 사실이다. 따라서 그 전쟁이 한국인

한 사람 한 사람에게 미친 영향은 엄청난 것이었다. 수많은 사람들이 사망하거나 부상을 당했고 이산가족도 엄청났다. 도시들은 폭격으로 폐허가 되었고 굶주림과 질병 등으로 고통은 계속되었다. 따라서 이런 와중에 예술을 생각할 여유가 없었다. 특히 연극 같은 경우는 여러 사람이 모여서 만드는 종합예술인데다가 다중(多衆)을 상대로 극장에서 이루어지는 것이기 때문에 문학이나 미술 등과 같이 개인 작업으로 이루어지는 것과는 전혀 달랐다. 그만큼 하기가 어렵다는 이야기이다. 더욱이 그동안 쌓아온 관객 기반이 완전 붕괴되었기 때문에 6·25 전쟁은 적어도 연극 분야에서는 대단히 혹독한 시련일 수밖에 없었다.

그런 상황에서 한 스타로 떠오르기 시작한 30대 중반의 연극인 이해랑은 어떤 궤적을 밟아 갔을까? 우선 그가 6·25 전쟁을 맞는 상황부터 한번 짚어볼 필요가 있을 것 같다.

6·25가 터진 것은 〈뇌우〉 공연이 끝난 며칠 뒤였다. 처음 10일간 공연이 끝나고 관객의 '앙코르' 요청이 있었으나 미리 잡힌 〈만리장성〉이란 창극(唱劇) 공연 일정이 있어서 5일간 쉬었다가 다시 5일간 연장 공연이 있었다. 5일간 공연이 끝난 뒤엔 다음 프로 〈인어공주〉란 발레가 있어서 공연 중이었는데 6·25는 그 발레 공연 중 터졌다. 일요일, 극장에 출근해 발레를 구경하고 있는데 이상한 안내방송이 장내에 울려 퍼졌다. "모든 국군은 즉시 소속부대로 귀대하라"는 것이었다. 똑같은 내용이 거듭 방송되었는데 이것이 북괴의 대규모의 남침 때문이리라곤 아무도 예상 못 했다.[17]

이상은 그가 1950년 6월 25일 낮에 국립극장에서 발레를 구경하던 중 전쟁 발발을 처음으로 접했던 당시 상황을 회고한 글이다. 그러니까 그것이 북한의 남침으로는 꿈에도 생각하지 못했다는 이야기이다. 그는 또 이렇게 회고했다.

6월 25일 당일만 해도 사태가 그렇게 긴박함을 알 수가 없었다. 26일 월요일 극장엘 출근하니 북괴(北傀)가 38선 전역에서 남침했다는 '뉴스'가 있었다. 그러나 정부는 국군이 반격 중이니 안심하라고 해 이 소요는 쉽게 진정될 줄 알았다. 전속 단원실엔 윤방일, 이화삼, 박경주, 송재로 등을 비롯해 젊은 연기자들이 모여 있었는데 이 사태를 아무도 심각하게 생각하지 않았고 물 건너 불구경하듯 덤덤히 시국 얘기를 했다. 그래서 26일 밤은 술을 마셨을 뿐 아니라 극장 숙직실에서 동료들과 밤샘 마작까지 했다. 27일 늦게 집에 들어가 잠자리에 들었는데 28일 새벽 누군가가 요란히 대문을 두드렸다. 아내가 나가더니 이웃에 사는 오사량이란 것이다. 오사량은 황급히 뛰어들면서 "피신을 않고 무얼 합니까!"며 따지듯이 독촉을 했다. 정부는 이미 수원으로 옮겼다는 것이다. 오사량의 독촉에 세수도 못하고 아내와 이별을 했다. "곧 수복이 될 테니 아이[장남 방주(邦柱), 당시 8세] 데리고 잘 있으라"고 한마디 하고 대문을 나섰다. 아들놈은 벌써 놀러나가고 얼굴도 보질 못했다.[18]

이상과 같이 그는 6·25 전쟁 직후에 당시 시민들처럼 태평이었고 상황이 이처럼 급박한 줄을 전혀 몰랐다. 가령 그가 작취미성 중에 얼떨결에 집을 나선 것도 동료인 오사량이 재촉을 하고 아내가 등을 떠밀다시피 했기 때문이었다. 그렇다면 집을 나선 뒤 그의 행적은 어떠했을까? 이와 관련해서 그는 다음과 같이 실감나게 당시 행적을 회고했다.

돈암동을 떠나 성북경찰서 앞을 지나려니 경찰들은 모두 사복을 입고 밀짚모자를 쓴 채 서성대고 있었다. 극장엘 오니 극장은 텅 하니 비어 있었다. 그렇게 떠들던 단원들도 한 사람 보이질 않았다. 극장 앞 태평로 넓은 길은 부상병을 실어 나르는 군 트럭으로 줄을 이었고 서대문 형무소에서 풀려난 죄수들이 죄수복을 그대로 입은 채 활보하고 다녔다. 하룻밤 사이에 세상은 뒤바뀐 듯했다.

오후가 되자 부슬부슬 비가 뿌리기 시작했고 밤샘 때문에 눈을 뜰 수 없을 정도로 잠이 쏟아졌다. '에라! 잠이나 한숨 자고 길을 떠나자. 이래 가지고야 움직일 수가 있나' 하는 생각에 인사동 할머니 댁으로 향했다. 그런데 웬걸 할머니 댁엔 보따리와 아들 손을 쥔 아내가 와 있었으며 대문을 들어서는 나를 보고 질겁을 했다. "아니, 벌써 한강을 넘은 줄 알았는데 지금까지 무엇을 했느냐"고 소리를 질렀다. 결국 할머니와 아내에게 등을 밀려 도로 대문을 나섰다. 가족들에겐 부산 초량(草梁)서 개업하고 있는 아버지에게로 간다고 했다. 날은 어두웠고 길은 이제 피난민 행렬로 가득 메워졌다. 서울역을 지나려니 복혜숙(卜惠淑) 여사가 피난 짐을 가득 실은 수레를 밀며 갈팡질팡하고 있었다. 나를 보더니만 반가워하면서도 '어떻게 될 것인가' 하고 불안한 표정을 지었다. 나는 갈월동 유치진 선생 댁으로 향했다. 동행(同行)을 할까 해서였다. 유(柳) 선생 댁도 저녁을 마치고 안절부절 못하고 있었다. 유(柳) 선생에게 함께 떠나자고 했더니 3남매를 물끄러미 바라보더니만 차마 혼자서는 떠날 수가 없다고 했다. 부인이 간곡히 권유했지만 막무가내였다.[19]

이상에서 알 수 있는 것처럼 느닷없이 닥친 북한의 남침은 모든 사람을 당혹스럽게 만들었고 이해랑은 더 말할 나위 없었다. 그는 우왕좌왕하다가 그래도 의리를 지키기 위하여 유치진을 찾아가서 함께 피난 가자고 권유하였다. 하지만 자녀에 대해서 유난히 애정이 강했던 유치진은 결국 떠나지 못하고 수개월 동안 숨어 지내게 된다. 유치진을 설득 못한 그는 홀로 죽음을 각오하고 끊어진 한강을 헤엄쳐 건너 남하하는 과정을 다음과 같이 회고했다.

나는 다시 혼자 길을 나섰다. 부슬부슬 뿌리던 비가 날이 어두워지면서 폭우로 변했다. 그대로 비를 흠뻑 맞은 채 한강 인도교엘 닿으니 아비규환 바로 그것이었다. 물 밀리듯 밀어닥치는 인파 속에 후퇴하는 군용 차량이 꼬리를 이었고 그 사이사이에 자가용을 탄 피난민들이 끼어들었다. 한 육군 대위가 피난민 길목을 막아서서 피를 토하는 연설을 했다. "조국을 버리고 어디로 가려고 하느냐"는 것이었다. 귀를 기울이는 이는 아무도 없어도 그 대위는 민족적인 울분과 의분으로 눈물을 흘리며 소리쳤던 것이다.

그리고 그 순간이었다. 천지를 깨뜨리는 폭음이 한강 인도교 중간쯤서 터져 나왔다. 바로 내 눈앞에서 일어난 비극이었다. 하늘을 붉게 물들인 불빛 속에 쇠붙이는 엿가락처럼 휘어 내렸고 피난민 속에 끼어들었던 몇 대의 자가용이 강(江) 속으로 곤두박질쳤다. 원효로 쪽 둑 아래로 미친 듯이 내달았다. 얼마쯤 지났을까. 나는 잡초가 발목을 뒤덮는 둑 한가운데 가쁜 숨을 몰아쉬고 앉아 있었다. 비는 억수로 쏟아지면서 멎을 기미를 보이지 않았고 밤이 깊어갈수록 둑 주위엔 피난민들로 가득히 메워졌다. 무릎을 쪼그린 채 길고 지루한 밤을 새우고 이튿날 새벽을 맞았다. 날씨는 말갛게 개 있었지만 밤새 내린 폭우로 한강(漢江) 물은 엄청나게 불어 황토물이 도도하게 흐르고 있었다. '한강을 건너야 한다!' 결심은 했지만 아무도 엄두를 내는 이는 없었다. 집과 가족이 딸린 피난민들은 당연했다. 나는 이틀 밤을 꼬박 새운 데다 변변히 먹지도 못해 몸은 물에 젖은 솜처럼 지쳐 있었다. 그래도 한강은 건너야 한다는 결심에 신은 팽개치고 바지를 벗어 목덜미에 동여맸다. 그리고 간단히 준비운동을 하고 도도히 흐르는 한강으로 뛰어들었다. 한강(漢江)에 뛰어든 나는 침착하게 앞으로 헤어나갔다. 수영엔 자신이 있었고 지금도 그때의 실력은 여전히 남아 있다. 물살이 세어 노량진역쯤에 가서야 닿았다. 맨발로 걸어 시흥까지 갔더니 거기서야 장국밥과 신을 팔았다. 요기를 하고 운동화를 한 켤레 사 신은 뒤 다시 걸어서 임시 수도로 정했다는 수원까지 갔다. 천신만고 끝에 수원에 닿았으나 정부는 이미 대전으로 떠난 뒤였다. 수원에선 용케 화물 기차간 한 틈새에 끼여 탈 수가 있었다. 대전에 닿아 임시정부 청사로 쓰고 있는 충남도청을 찾아가니 공보처 관리가 반갑게 맞아주었다. 그러면서 대민선무(對民宣撫)를 위한 방송국 일을 보아달라고 부탁했다. 그러나 나는 서울을 사수(死守)한다는 그들의 말에 속았던 터라 관리의 말을 믿지 못해 단호히 거절하고 말았다. 다시 대전역으로 가 남행기차를 기다리고 있는데 국립극장 사무직원 변순제(邊順濟)와 김상호(金湘鎬)를 만났다.[20]

이상에서 알 수 있는 것처럼 예술인들 중에서는 최초로 그의 도강(渡江)은 대단히 극적이었고 생명을 건 하나의 모험이기도 했다. 이씨 종가의 외동아들이었던 그가 목숨까지 걸고서 헤엄쳐 도강한 이유는 두말할 것도 없이 그의 반공정신에 따른 것이었다. 만약 그가 적치하에서 검거되기라도 한다면 생명을 부지하기 힘들었을 것이다. 왜냐하면 그가 해방 직후 좌우익 연극인들의 첨예한 대립 속에서 우익 진영의 맹장으로 좌익 연극 공격에 앞장섰기 때문이다. 그의 가족과 측근인 오사량이 등을 떠밀다시피 피난 가도록 재촉한 이유도 바로 거기에 있었다. 그는 극한 상황에서 도강 후 주린 배를 안고 맨발로 시흥까지 수십 리 길을 걸었고 수원까지도 걸어 남하했다.

주지하다시피 그는 명문가 집안의 외동아들이다. 그가 비록 생모를 일찍 여의기는 했지만 이씨 가문에서는 금쪽같이 귀하게 자랐었다. 유아기부터 비단 포대기에 싸여서 자랐고 소년 시절에는 맨발로 흙을 밟지 않을 만큼 귀하게 자랐다. 그런 그가 도강 후 그것도 맨발바닥으로 시흥까지 수십 리 길을 걸어갔다는 것은 사투 그 자체였다고 말할 수 있다. 발은 부르터서 터지고, 또 부르트고 또다시 터지고의 반복일 수밖에 없었다. 왜냐하면 평생 양말과 구두를 신었기 때문에 발바닥이 너무나 얇고 약했기 때문이다. 그러나 그는 눈물을 머금고 걸어야만 했다. 그것은 최소한 생존을 위한 몸부림이었다. 우선 살고 보아야 했기 때문이다.

6월의 태양은 뜨겁게 내리 쪼이고 주린 배는 등에 달라붙을 정도였다. 그는 청년 시절 상해에서 질병으로 사투한 적이 있었고, 일본 유학 중 억울하게 끌려가서 몇 개월간 구타와 고문 등 갖은 수모를 당했으며, 6·25 전쟁을 맞아서 사랑하는 가족과 삶의 전부였던 국립극장을 버리고 맨발로 6월의 태양 속을 걸었던 것이다. 그동안 40년도 못 산 삶 속에서 세 번의 죽을 고비를 넘기고 있었다. 그는 아픈 발을 어루만지며 지나온 삶을 회상, 반추했고 약해져가는 마음을 달래곤 했다. 그러는 동안 시흥에 도착, 신발을 사 신고 수원까지 다다른 것이다. 거기서 겨우 화물차에 올라 대전까지 다다랐다가 목적지인 부산 부친 집에 도착할 수 있었다. 부산에는 서울 등지에서 온 피난민들로 붐볐다.

앞줄 우측에서 두 번째가 이해랑

　그런데 피난민들 사이에선 '연극배우 이해랑이 죽었다더라'는 루머가 확 퍼
져 있었다. 당대의 스타였던 그의 얼굴을 아는 몇몇 사람들이 그가 한강에
뛰어드는 것을 보았기 때문이다. 그가 수영을 할 줄 안다고 해도 장마로 불어
난 한강을 건너기란 불가능할 것으로 생각했던 듯싶다. 또 아무도 그가 건너
온 것을 본 사람이 없었다. 그렇기 때문에 그는 익사한 사람으로 되었고 막상
그를 만나는 사람마다 놀라는 것은 당연했다. 저승에서 온 유령인 줄 알았기
때문이다. 연극배우인 그가 그렇게 수영을 잘할 줄은 아무도 몰랐던 것 같다.
그는 강건한 체격을 가진 것은 아니었지만 매우 건강했고 따라서 거의 잔병
을 몰랐다. 그러나 근 몇 달 동안은 그가 한강에서 익사했다는 소문이 잠자지
않았다.

그는 비록 가족과는 헤어져 있었지만 큰 병원을 운영하는 부친 집에 있었기 때문에 생활은 피난민들에 비할 수 없을 만큼 편안했다. 전쟁 직후 부산에 피난 온 예술인은 몇 명 되지 않았다. 미처 서울을 빠져 나오지 못했기 때문이다. 그래도 평소 친교가 있었던 예술인들이 더러 피난 와 있었는데 가령 문인으로는 김송(金松), 조영암(趙靈岩), 조흔파(趙欣坡), 김광섭(金珖燮, 대통령비서관), 이헌구(李軒求, 공보처 차관), 이서구(李起鵬, 서울 시장 비서관) 등이 있었고, 음악인으로는 이흥열(李興烈), 채동선, 무용인으론 송범(宋范), 김진걸(金振傑) 등이 있었다. 그리고 부산의 문인으로서 유치환(柳致環), 한노단(韓路檀), 김동명(金東鳴) 등이 있었다. 연극인은 더 많았는데 마침 부산에 공연을 왔다가 발이 묶인 극단 예술극회의 강계식, 문정숙, 윤인자 등과 보랑극단의 이향(李鄕), 한은진, 주증녀(朱曾女) 등이 있었다.

전쟁 발발 직후이기 때문에 시국은 어수선했고 부산에 발이 묶인 연극인들은 당장 숙식조차 어려운 처지였다. 이해랑이 능력을 발휘할 기회가 온 것이다. 그는 당장 문화극장장으로 있는 한유한을 찾아갔다. 문화극장은 당초 국립극장 설치 당시 부산의 국립극장으로 지정된 적이 있었다. 그것이 예산 등 몇 가지 요인으로 인하여 실현은 안 되었지만 그가 극장장 한유한을 설득하는 구실로는 괜찮은 것이었다. 그리하여 강계식 등 예술극회 단원들을 문화극장 숙직실을 숙소로 삼아 생활하도록 해주었다. 그런데 또 하나의 문제가 등장했다. 그것은 다름 아닌 젊은 단원들의 징병 문제였다. 전시 중이었기 때문에 청년들은 닥치는 대로 징병해갔다. 그는 우선 얼마 되지 않는 연극인들마저 전쟁터에 나가 죽으면 신극사의 맥이 끊어지리라는 우려 때문에 그들을 보호해야겠다는 생각을 하였다. 따라서 평소 안면이 있던 군인 시인 김종문(金宗文, 부산 지구 군정훈감)을 찾아가서 하소연을 한 것이다.

김종문은 군인이기 이전에 시인이기 때문에 예술 분야에 대한 감각이 남달랐다. 그는 이해랑의 하소연을 즉각 수용하고 문총(文總)구국대를 조직했다. 문총구국대는 군 위문을 위한 연극을 하면서 생활할 수 있도록 한 것이었다.

시간이 흐르면서 전세는 역전되어 가고 있었다. 미군이 본격적으로 상륙했기 때문이다. 그런 때 미공보원에서 그가 이끄는 문총구국대에 전쟁을 소재로 한 홍보용 희곡 3편을 의뢰해 왔다. 그는 즉각 이서구, 김송, 한노단 등에게 희곡을 1편씩 쓰도록 청탁했다. 그러나 극본을 써온 사람은 한노단뿐이었다. 국군과 미군 병사 간의 뜨거운 전우애를 묘사한 한노단의 〈전유화(戰有花)〉는 잘 쓴 희곡이었다. 이해랑의 연출로 부산과 대구에서 무대에 올렸는데 대단한 반응을 불러 일으켰다. 부산 피난지에서 만든 첫 번째 작품이 예상외로 큰 성과를 올린 것이다.

그러는 동안에 미군이 인천상륙작전을 펴서 전세는 완전히 역전되었고 3개월여 만에 서울이 수복되었다. 그는 서울 수복 소식을 듣자마자 짐을 꾸려 상경했다. 마땅한 교통편이 없었기 때문에 해군 함정을 타고 3, 4일 걸려서 도착한 것이었다. 다행히 가족이 모두 조부모 댁에 있었기에 무사할 수 있었다. 그러나 국립극장과 신협은 파탄이 났다. 국립극장에 설치되어 있던 조명기, 효과, 녹음기기 등의 설비는 북한 사람들이 몽땅 떼어갔으므로 국립극장은 빈 창고가 되어 있었고, 단원들은 상당수가 납치됨으로써 재구성 단계에 놓여 있었다. 즉 김동원, 이화삼, 최은희 등이 납치되었고 김선영과 박민천은 자의 반 타의 반으로 월북했으며 박상익은 군 위문대를 따라 북진하고 있었다. 다행히 서울에 이광래와 박경주가 극단을 재건한다고 장민호(張民虎), 최무룡(崔戊龍), 김경옥(金京鈺), 최창봉(崔彰鳳) 등 신인들을 단원으로 확보하고 있었다.

얼마 후 김동원이 극적으로 탈출하여 극단에 복귀하기를 원했다. 그런데 의외로 신협의 회장이었던 이광래가 그의 복귀를 반대하고 나섰다. 도대체 젊은 사람이 왜 납치를 당했느냐는 것이었다. 이해랑은 이광래보다는 아래의 책임자였지만 도강파(渡江派)라는 강점을 배경으로 김동원의 복귀를 끝까지 주장하였다. 하지만 이 일로 화가 난 이광래는 결국 신협과 결별했다. 명실상부하게 이해랑이 새로운 신협의 지도자로 등장한 것이다.

김동원도 한 회고의 글에서 "난세일수록 남을 위해 일하는 유능한 리더가 아쉽기 마련인데 이때 이해랑은 우리 연극인들의 기둥 역으로서 정력적인 활동을 보여주었다"고 쓴 바 있다. 이처럼 그는 두 번의 중요한 고비를 적극적으로 그리고 운 좋게 넘김으로써 자연스럽게 연극계의 지도자로 우뚝 설 수 있었다. 즉 일제 말엽에는 친일 연극을 하지 않아서 해방 공간의 연극계를 주도할 수 있었고, 6·25 전쟁 중에는 한강을 헤엄쳐 건넘으로써 사상적으로 그 누구보다도 우위에 있었던 것이다.

따라서 수복 직후 그는 소위 도강파의 보스로서 연극계는 말할 것도 없고 문화예술계에서는 개선장군 대접을 받는 위치에 서게 되었다. 수복 직후 공산주의자들을 처벌하기 위한 합동수사본부가 생겨났는데 그가 일종의 판정관 비슷한 노릇을 하게 되었다. 즉 급박히 서울이 탈환되면서 미처 월북하지 못한 적색분자들, 그중에서도 문화계 사람들에 대한 판정관 역할을 하게 되었다. 당시 서대문경찰서에 부역자들이 상당수 구속되어 있었는데 그에게 구원 요청이 쇄도했다. 부역자들은 편지나 인편을 통해서 하나같이 "나는 사실 빨갱이에 협력을 안 했는데 이렇게 잡혀 왔다. 이(李) 선생이 도와서 합동수사본부나 정부에 무고하다는 것을 얘기해 주시오" 하는 내용이었다. 그로 인해서 이해랑은 여러 사람을 변호해서 구제해 주기도 했다. 그 하나의 예로서 억울하게 납치되었다가 탈출해 온 친구 김동원의 경우를 들 수 있다. 김동원을 신협에 복귀시키는 데 앞장섰던 이도 이해랑이었지만 그를 합동수사본부로 데리고 가서 억울함을 호소한 이도 바로 이해랑이었다. 그는 피난지 부산에서 3개월 동안 방송국에 출연했기 때문에 경제적으로 여유가 있었고, 그로 말미암아 경찰관들도 여러 명 사귈 수 있었다.

수복 후에 그런 인연이 대단히 큰 도움이 될 줄은 그 자신도 미처 깨닫지 못했었다. 서울은 폐허가 되어 있었으나 국립극장 건물은 괜찮았다. 신협 단원들은 다시 모이고 신인들도 몇몇 끌어들였으나 연극을 다시 할 여건은 안되었다. 그는 숨어서 견딘 연극인들 및 김동원, 조연현, 박종화(朴鍾和), 그리고 음악인 현제명(玄濟明), 김성태(金聖泰) 등과 어울리면서 명동의 허름한 가건물 선술집에서 술타령으로 어수선한 세월을 낚게 되었다. 그러나 그런 생활도 하루 이틀 지나면서 시들해졌고 이런 때일수록 연극을 해야 한다는 사명감에 불타게 되었다. 신협의 리더가 된 그는 몇 명의 기존 단원에다가 신인들인 최무룡, 박암(朴巖), 나옥주(羅玉珠), 김경옥 등을 더 가입시켜 공연 준비에 들어갔다. 조명, 음향시설 등이 온전한 국도극장을 빌려서 폐허 상황에 딱 들어맞는 〈혈맥〉(김영수 작)을 무대에 올렸다. 그러나 관객이 없었다. 흉흉한 전쟁 중에 한가하게 연극 구경을 다닐 시민들이 아니었다. 수복 축하 공연이 참패로 끝나면서 월급까지 끊겨 있는 신협이 다시 공연을 한다는 것은 거의 불가능한 일이었다. 연극 활동은커녕 단원들의 생계가 당장 막막했다.

그와 윤방일은 친교가 깊었던 육군 정훈감 이선근 장군을 찾아가서 호소했다. 이(李) 장군은 문예중대(文藝中隊)를 만들어 주겠다고 약속하였다. 그는 신협 단원들과 악극단, 무용단 등을 합쳐서 1백여 명의 대가족 문예중대를 만들어 육군정훈감실 소속으로 해주었다. 그렇게 되니까 자동적으로 생활이 안정되었는데 이는 어디까지나 전쟁 시기에 연예인들을 보호해야겠다는 학자 장군 이선근의 의지에 따른 것이었다. 그런 속에서도 신협은 다시 〈원술랑〉을 무대에 올렸는데 역시 관객이 적어서 흥행상으로 실패했음은 두말할 나위 없다. 친구와 술을 좋아했던 이해랑은 전황이 급박한 수복 직후의 어수선한 속에서도 연극과 풍류를 즐겼다. 그때의 단짝 친구는 시인 조병화(趙炳華)와 중국문학에 정통한 언론인 김광주, 그리고 부산에서 함께 올라온 한노단이었다. 네 사람이 어울려 매일 같이 술을 마셨고 전쟁의 시름을 풍류로 달랬다. 이와 관련하여 이해랑은 한 회고의 글에서 "나는 그 즈음 김광주, 조병화, 그리고 부산에서 함께 상경한 한노단과 함께 단짝이 됐다. 넷은 매일이다시피 함께 어울려 술을 마셨고 명동과 소공동을 누비며 전쟁의 시름을 풀었다. 술이 오르면 문학, 연극, 인생, 전쟁, 민족론 등이 거론되어 기염을 토했고 시간이 늦으면 술집에서 쓰러져 자기가 일쑤였다. 되돌아보면 아름다운 한 시절이었다"고 쓴 바 있다.

그 즈음 전황은 대단히 급박하게 돌아갔다. 국군과 유엔군이 파죽지세로 압록강까지 밀고 올라가자 갑자기 중공군이 참전을 선언한 것이다. 중공군이 인해전술로 밀고 내려오자 아군은 작전상 후퇴를 하지 않을 수 없었다. 이런 급박한 전세에도 아랑곳하지 않고 연극만 생각하면서 친구들과 어울려 매일같이 술타령만 하고 있었던 그에 대해서 어린 3남매를 두고 있던 아내의 걱정은 태산 같았다. 참다못한 아내가 하루는 남편 이해랑을 찾아나선 것이다. 이때의 사정을 그는 다음과 같이 묘사했다.

그런데 신문사 현관을 나서려는데 저쪽 길 건너 조선호텔 담 밑에 조그마한 여자 하나가 조심스레 서 있었다. 누군가 하고 봤더니 아내였다. 중공군 참전 소식은 들리고 남편은 돌아오지 않으니 걱정이 되어 찾아 나선 것이었다. 나는 걱정 말라고 안심을 시키고 돌려보냈는데 그때 돌아서는 아내의 모습이 가슴을 찔렀다. 밖에서 본 아내의 모습은 왜 그렇게 측은하게 보였는지. 그리고 언제 아내가 저렇게 폭삭 늙었는지. 집안에서 함께 생활할 때는 서로가 늙어가는 줄을 몰랐는데 밖에서 보니 완연히 늙어 보였다. 집에서는 똑같이 세월을 보내고 함께 나이를 먹어도 늙는 줄을 모른다.

거울을 들여다보듯 얼굴이 변해도 서로는 언제나 처음 만났을 때의 그 모습을 그대로 생각하고 있다. 그런데 밖에서 바라본 아내의 얼굴은 그것이 아니었다. 집안에서 느껴온 그 얼굴이 아니었고 '언제 저렇게 변했나' 싶게 늙어 있었다. 그 뒤로 우리는 동부인 외출이 드물었다. 이것은 서로의 늙은 얼굴을 보이지 않기 위한 예의라고 생각했다. 이제는 아주 늙어 스스럼없이 함께 외출하게 되었지만……. 그날 저녁께 일찍 귀가하여 전황(戰況)을 살핀 뒤 짐을 꾸려 처자를 먼저 부산으로 내려 보냈다. 나는 극단이 아직 서울에 남아 있어 극단과 함께 행동하기로 했다.[21]

이상과 같은 회고의 글에서 유독 눈에 띄는 구절은 그의 아내에 대한 절절한 연민의 정이다. 평북 용천의 대지주집 장녀로서 부족함이 없이 자라고 최고의 교육을 받은 신여성이 연극인에게 시집 와서 결혼 10년 만에 눈에 띌 정도로 늙은 모습이 남편인 그에게는 가슴 아프게 비쳤던 것 같다.

그는 사실 누구보다도 애처가였다. 앞에서도 누누이 이야기했지만 그는 조그만 스캔들 하나 없는 연극인이었다. 친구와 술은 좋아했지만 도덕적으로 어긋나는 일을 해본 적이 없었다. 매일 같이 술을 마셔도 그는 언제나 유쾌했고, 웃음으로 세월을 보냈다. 그는 아내에게 큰 소리 한 번 치지 않을 만큼 가정적이었고 애처가였다. 그는 한 에세이에서 "공처가(恐妻家)니 또 경처가(驚妻家)니 하는 말은 아내를 아끼고 사랑하고 위해 주려고 하여도 뜻대로 안 되는 일이 생기고 아내를 볼 면목이 없어지니까 고개를 들 수가 없어서 나오는 소리인 것 같다. '까짓것' 하고 막보기로 하면 두려울 게 하나도 없지만 그렇게 할 수 없는 것이 마음에 깔려 있기 때문에 두려운 존재. 언제나 지나친 행동에 제동을 걸고 또 브레이크를 걸면서 잔소리를 하는 것을 들으며 인생을 살다 보면 어느덧 세월이 가고 나이가 든다"[22]고 쓴 적이 있다. 그만큼 아내를 사랑했고, 그래서 고생하는 아내에 대한 연민의 정도 깊었던 것이다.

그는 6·25 전쟁 발발 시 혼자서 허겁지겁 도강하여 피난길에 올랐던 생각이 났기 때문에 이번에는 가족부터 부산의 부친 집으로 먼저 내려보냈다. 그 자신도 함께 가고 싶었으나 극단의 책임자로서 그렇게 할 수는 없었다. 그는 신협 단원 가족을 모두 데려가겠다는 생각을 하고 그 방법을 찾아 헤맸다. 그는 또다시 이선근 장군을 찾아가 문예중대 가족이 함께 가야 피난지에서 연예 활동을 할 수 있다고 했다. 그러자 이(李) 장군은 문예중대 가족들에게 화물 차량 1대를 주선해 주었다.

이들은 청량리에서 출발하는 기차의 화물 차량 한 칸을 몽땅 얻어서 짐과 간단한 연예 기구를 싣고 동해선을 따라 남하했다. 화물차였기 때문에 느리기도 했지만 한군데 서게 되면 몇 시간씩 부지하세월이었다. 포항까지 가는 데 무려 일주일이나 걸릴 정도였다. 백 명이 넘는 일행은 포항에서 다시 대구로

갔다. 그들은 대구키네마극장에 짐을 풀었다. 대구키네마는 국립극장 설치 당시 대구 국립극장으로 지정되었다가 예산 등의 문제로 제외된 극장이었다. 그런 인연을 잘 알고 있었던 이해랑은 불문곡직 대구키네마로 직행해서 1백여 명이 넘는 문예중대 식솔들을 분장실에 풀어놓은 것이다. 대구키네마 분장실이 곧 문예중대 식솔들의 임시 숙소가 되었다. 거기서 그들은 숙식을 해결하고 극장 무대에서 연극을 할 수 있게 되었다. 신협 단원들을 핵심으로 구성된 문예중대는 일종의 군속이었기 때문에 중대장으로 목포상고 교사 출신의 김동주(金東株) 소령이 파견되어 있었고 단원들은 남녀 모두가 문관으로서 1등병 대우를 받았다. 따라서 주부식(主副食)도 1등병급이었음은 두말할 나위 없었다.

공연은 아무래도 신협이 도맡아 했다. 당대 최고급 배우들이 모였기 때문에 대중의 주목을 끌 만했다. 다만 여주연배우를 월북한 김선영 대신 황정순이 한 것뿐이다. 신협은 피난 보따리를 풀자마자 공연 준비를 서둘렀다. 대구 시내는 시민들과 피난민들로 거리가 넘쳐났다. 이해랑은 군인이 전장에서 전투를 하듯이 연극인들은 어수선하고 불안에 떠는 피난민들을 위하여 공연을 하는 것이 의무라는 생각을 했기 때문에 공연을 서둘렀다. 신협은 우선 과거 극협이 인기를 끌었던 〈자명고〉를 대구키네마 무대에 올렸다. 극장은 매일 미어터졌다. 피난민들도 많았지만 대구 시민도 못지않게 연극을 좋아했다.

그는 아내와 3남매를 부산의 본가로 보냈기 때문에 안심하고 연극만 할 수 있었다. 뒤에 가담한 단짝 친구 김동원도 처자를 마산에 피난시키고 있어서 역시 편안한 마음으로 이해랑과 호흡을 맞출 수 있었다. 대구키네마는 극장이 터져나갈 정도로 관객이 밀려들었다. 갈 곳 없는 피난민들이 극장으로 몰려든 것이다. 평일 2회, 공휴일은 3회씩 하기도 했다. 따라서 한 회를 군인들을 위한 별도의 무료 공연으로 열기도 했다. 의외로 군인들도 연극 관람을 즐겼고 미군을 포함한 유엔군들도 적잖게 관극했다.

그러던 어느 날 뜻밖의 사건이 발생했다. 공연 중에 느닷없이 미군들이 무대 위로 뛰어오르는 불상사가 생긴 것이다. 그때 출연했던 강유정(姜由楨)의 생생한 증언을 들어보면 저간의 사정은 이러했다.

극중의 클라이막스인 낙랑공주가 자명고를 찢는 장면이 되자 극장 안은 숨소리조차 들리지 않을 정도로 분위기가 고조되어 있었다. 낙랑공주 역을 맡았던 황정순 씨가 막 북을 찢으려는 순간! 갑자기 미군 병사 4, 5명이 무대 위로 뛰어오르는 것이 아닌가. 무대 위로 뛰어올라온 미군들이 갑자기 분장실로 들어가더니 소품으로 쓰고 있던 칼을 들고 나와서 낙랑공주(황정순)에게 결투를 신청한 것이다. 그동안에 비극으로 치달았던 분위기는 일시에 무너지고 극장 안은 폭소의 바다로 변해버린 것이다. 게다가 결투를 신청하는 미군 병사들의 표정이 얼마나 진지했던지 더 이상 공연이 진행될 수가 없었다. 화가 나기도 하고 놀라기도 한 황정순 씨가 미군 병사들을 향해서 고함을 지르니 혼비백산한 미군 병사들이 이번에는 분장실 안으로 쫓겨 가는 것이다. 연극을 망쳐버린 데 대해 속이 상할 대로 상한 황정순 씨가 미군들에게 분통을 터뜨리며 고함을 쳤다. "헬로우, 유 노노노노 노 굿!" 무대감독을 보던 고 김규대 씨가 얼마나 책임추궁을 당했는지 모른다.[23]

이상은 대구키네마 공연에서의 거짓말 같은 실제 상황이었다. 자기 나라에서 연극을 별로 본 적이 없는 어린 미군 병사 몇 사람이 연극을 현실로 착각하고 흥분해서 무대로 뛰어오른 것이었다. 이는 또한 연극이 너무나 완벽하고 진지하기 때문에 관극 경험이 부족한 사람들이 때때로 실제 상황으로 착각하는 수도 있음을 단적으로 보여준 해프닝이었다. 그런데 문제는 연출 이해랑의 노여움이었다. 그는 연극에서 환상을 가장 중요시하는 연출가이다. 그런 그에게 미군 병사의 무대 해프닝은 도저히 용납할 수 없는 것이었다. 그 사건으로 무대감독을 맡았던 김규대(金圭大)는 책임을 제대로 하지 못한 죄목으로 호된 질책을 받았다.

당시 신협 대표는 윤방일이었지만 실제적으로는 이해랑, 김동원 등 3인의 합의제로 움직여갔다. 그중에서도 도강파인데다가 적극적인 이해랑이 가장 큰 영향력을 행사했다. 그는 인화(人和)를 중요시하기 때문에 단체 내에서 튀는 행동을 하는 것을 용납하지 않았다. 그 하나의 예는 소위 '세븐 클럽'에 대한 조처였다.

당시 신협에는 비슷한 또래의 젊은 단원들이 있었는데, 오사량, 장민호, 최무룡, 김규대, 심재훈(효과), 조항(趙恒), 김한극(金韓克, 사업가)이 바로 그들이었다. 이들이 술집과 다방에 몰려다니면서 의기투합했고, 거기서 탄생된 것이 '세븐 클럽'이었다. 처음에는 단순한 친목 단체였지만 연극과 극단 이야기를 하면서 차차 분파 성격을 띠게 된 것이다. 조그만 조직체 내에서 또 하나의 작은 조직체가 생겨나는 것에 대해서 이해랑은 한두 번 주의를 환기시켰다. 하지만 그럴 적마다 별 것이 아니라고 해서 넘어가곤 했다. 그런데 그가 잠시 부산 집에 다녀오는 사이에 이들이 사건을 일으킨 것이다.

당시 단원들은 연륜에 따라 등급이 있었는데, 이해랑의 부재중에 저희들끼리 등급 조정을 다시 했고, 그런 중에 박경주만을 하향 조정함으로써 그가 공포를 쏘는 난동을 부린 사건이 발생한 것이다. 뒤늦게 이 사실을 안 그는 '세븐 클럽' 회원들을 모아놓고 "일에 대한 정열과 개혁 정신은 이해가 가지만, 그 결과에 대한 책임질 능력이 없는 이들이 어떻게 그런 짓을 했느냐"고 힐책하고 해산을 명했다. 물론 그는 사태는 원만히 수습했지만 이 일로 인해서 얼마 뒤 박경주와 이진순이 신협을 아주 떠나버리고 말았다. 그만큼 혼란기에 이해랑은 극단 안팎을 추스른 대들보였다. 당시 문예중대는 문자 그대로 중대(中隊)로 편성된 군속이었다. 그렇기 때문에 음식도 군대식으로 소금 묻힌 주먹밥으로 두 끼 내지 세 끼를 때우곤 했다.

그러는 동안에 전세는 다시 역전되어 아군이 인민군과 중공군을 밀고 올라가기 시작했다. 역시 월등한 아군의 공군력에는 맥을 추지 못했던 것이다. 아군이 승승장구 북진하자 문예중대에 위문 공연이라는 명령이 떨어졌다. 전방을 찾아가서 아군의 사기를 돋우는 위문 공연을 해야 한다는 것이었다. 그러면서 문예중대원 1백여 명에 대해서 훈련을 시키기 시작했다. 전방에 공연을 가면 아무래도 총포탄이 비 오듯 쏟아질 경우가 적지 않을 터인데, 그것에 대처하려면 배우들도 군인과 똑같이 훈련을 받아두어야 한다는 것이었다. 매일 같이 군인처럼 기상에서부터 일과 훈련, 취침까지 엄격한 규칙 생활이었고 규율도 대단히 엄했음은 두말할 나위 없다. 평소에 자유분방한 생활을 하면서 분 바르고 무대에 올라 연기를 하거나 노래, 춤이나 추던 연예인들에게 군인 정신을 주입하는 훈련은 견디기 힘든 것이었다. 이와 관련하여 당시 단원이었던 강유정은 다음과 같이 회고한 바 있다.

> 그래서 문예중대는 거의 매일을 소위 기합이라는 것으로 보냈는데, 단골 메뉴가 '엎드려뻗쳐'였다. 여배우들, 무용가, 가수 등 당신의 스타들이 많이 참여했기 때문에 미인계라도 쓰면 들어줄 수 있으리라는 상상도 가능하겠지만, 천만의 말씀이었다. 그런데 이상하게도 기합을 받을 때마다 말썽을 부리는 사람이 있었으니 바로 복혜숙 선배였다. 원래 '엎드려뻗쳐'라는 기합은 처음에는 두 팔이 아프다가 나중에는 배가 아프기 시작하고 마침내는 온몸이 무너지는 것 같은 고통을 주는 것인데, 모두들 아픈 팔을 견디느라 오만상들을 찡그릴 때쯤이면 언제나 저쪽 구석에서 "아이고 나 죽겠다" 하며 나동그라지는 소리가 들렸다. 땀범벅이 되어 소리 나는 쪽을 바라보면 복혜숙 선배의 애절한(?) 모습에 웃지도 울지도 못하는 야릇한 표정을 짓곤 했다.[24]

이상과 같이 50대 후반의 중진 여배우 복혜숙까지도 예외 없이 혹독한 군대 훈련을 받을 정도였다. 문예중대는 군대식 훈련을 받으면서 전방에 위문 공연 작품으로 반공극 〈순동이〉(유치진 작) 연습에 들어갔다. 전방 순회 위문대는 제1소대 신협, 제2소대 서울오케스트라심포니, 제3소대 한국무용단, 제4소대 KPK악극단 등으로 나누어졌고, 제1소대 신협은 중진 팀 A그룹, 소장 팀 B그룹으로 나누어짐으로써 극단은 동부전선(A팀)과 서부전선(B팀)으로 가게 되었다. 물론 신협의 전체 대표는 극작가 윤방일이었다. 이들은 전투가 막 끝나고 나면 그곳으로 들어가서 군인들을 연극과 노래, 춤 등으로 위문하게 되어 있었다. 제천에서 마지막 리허설을 마친 신협 A팀은 아직도 화약 냄새가 나는 강릉으로 가서 일단 본거지로 삼게 되었다. 이동 차량은 군용 트럭이었고, 그 위에는 연예인들뿐만 아니라 임시로 만든 초가집 등 무대장치와 대소도구가 가득가득 실려 있었다. 군 막사 앞 광장에서 연극을 할 때는 군용 트럭 다섯 대로 임시 가설무대를 만들고 공연을 했다. A팀은 책임자였던 이해랑이 주연이었다. 그리고 B팀은 오사량이었다.

신협은 조국에 대한 강한 애국심으로 매우 진지하게 연극에 임했는데 전장에서 언제 죽을지 모르는 군인들이 너무나 연극을 좋아했다. 특히 고등학교 이상 학교를 다니다가 입대한 군인들의 반응이 열띠었고 공연이 끝나면 눈물을 글썽이면서 막 뒤로 찾아와 연극인들에게 뜨거운 감사의 마음을 전하기도 했다. 신협은 강릉을 중심으로 주문진, 양양, 속초 등지까지 따라 올라가면서 군인들이 목숨을 걸고 전쟁을 하듯이 긍지와 사명감을 갖고 열심히 공연했다.

하지만 전선을 돌아다니다 보면 여러 가지 불상사가 생기기 마련인데, 신협도 예외일 수 없었다. 어느 날 사단장이 파티에 여배우들만을 초청한 일이 있었다. 그러자 이해랑은 나서서 단호히 거절하며 여배우는 유녀(遊女)가 아니라는 것을 단호하게 알려주었다. 시체들이 나뒹구는 산악 지대 전장을 매일같이 찾아다니는 위문공연대에 때때로 이와 같은 무례한 사건도 있었다. 또한 당시 동부전선의 도로 사정도 안 좋은 데다가 눈이라도 내리면 위험하기 짝이 없었다.

그럼에도 불구하고 불평 한마디 없이 열심히 위문 공연을 다녔다. 실질적 리더였던 이해랑은 일제시대와 해방 직후에 지방 순회공연 경험이 있었기 때문에 누구보다도 잘 적응했고 극단도 잘 관리했다. 근 한 달 정도 전방 순회공연을 하고 대구로 돌아와서 얼마 동안 쉬었다가 〈뇌우〉를 재탕 공연했다. 그런데 그에게 갑자기 셰익스피어 작품을 해보고 싶다는 생각이 떠오르기 시작한 것이다. 그는 해방 직후 중앙대학교 학생들을 데리고 〈햄릿〉을 한 번 연출해본 경험이 있기 때문에 마침 부산에 피난 와 있는 유치진에게 부분 각색을 부탁할 수 있었다. 이것은 적중해서 부산극장 무대에 올리자마자 크게 히트하였다. 극장 8백 석에 보통 3, 4천 명의 관객이 들어찰 정도로 입추의 여지가 없었다. 이것은 이해랑의 승리였다. 즉 그의 기획의 승리이고 연출력의 승리였다. 그의 무한한 능력을 보여준 하나의 본보기였다. 가령 당시 주역을 맡았던 김동원은 단기간에 그 대작을 성공적 무대로 만들 수 있었던 것은 순전히 이해랑의 고집과 리더십, 그리고 연출력 덕분이었음을 다음과 같이 증언했다.

처음 이해랑이 이 대작을 내놓았을 때 난 기가 질리고 말았다. 대본을 훑어보니 쉽게 말해서 문학이지 대사가 아니었다. 단어 하나하나가 씹고 곱씹어야만 비로소 이해할 수 있을 정도로 심오성을 지닌 데다 상용어가 아닌 품격 높은 대화체여서 암기만 하기에도 주눅이 들 판이었다. 게다가 연습 시간이 불과 일주일밖에 없는 상태여서 도무지 자신이 서질 않았다. 그의 강권에 못 이겨 열심히 연습해 보았지만 마음대로 되지 않아 난 최무룡을 대신 시키라고 하면서 대본을 팽개쳐 버리고 말았다. 하지만 연출자 이해랑은 나 아니면 안 된다고 완강히 버텼다. "못 하겠다", "해라!"로 옥신각신하다 연습은 고사하고 주먹다짐 일보 직전까지 몰아갔다. 결국 그의 고집에 꺾여서 하긴 했지만 하마터면 나는 연기자로서 평생의 후회를 남길 뻔했다.[25]

이상과 같은 김동원의 회고에서 확인할 수 있는 것은 그의 안목과 고집, 그리고 작품을 만들어내는 연출 능력이다. 그는 문학적으로 직역된 〈햄릿〉을 대사 위주의 극본으로 다듬는 솜씨가 대단했다. 더구나 그것을 단 1주일 조금 넘게 연습을 시켜서 훌륭한 무대극으로 만들어내는 솜씨와 집념은 누구도 따라갈 수 없을 정도였다. 또한 그는 높은 안목과 고집이 있었다. 그는 절

신협의 〈햄릿〉 출연진

친한 친구 김동원이 의절하기 일보 직전까지 갈 정도로 햄릿 역 맡기를 거부
했어도 끝까지 처음 구상대로 밀고 갔다. 사실 햄릿 역은 재능 있는 신입 회원
최무룡이 맡아도 별 문제가 없었다. 더구나 최무룡은 그가 연출한 중앙대학교
연극부의 〈햄릿〉에서 이미 주인공을 맡았던 경험이 있었다. 그럼에도 불구하
고 그는 김동원이 주연을 해야 앙상블이 살아난다고 확신한 것이다. 그렇기
때문에 김동원의 저항에도 끝까지 굽히지 않고 관철하여 대성공을 거둬낸 것
이다. 여기에 김동원이 짧은 시간 내에 철두철미하게 시키는 연습을 충실히
따라줌으로써 일생일대의 명연기를 했고, 햄릿이라면 김동원을 연상시킬 만
큼 배우사에 남는 대기록을 남길 수 있었다. 김동원도 뒷날의 회고에서 당시
이해랑의 권유를 끝까지 거슬려 햄릿 역을 맡지 않았으면 평생 후회할 뻔했

다고 솔직히 고백한 바 있다.

김동원은 동경 유학 시절 신스키지(新築地) 극장에서 명배우 센다(千田是也)가 주연을 맡은 회의적 햄릿 연기를 구경한 바 있었다. 그러나 이해랑의 연출 해석은 정반대였다. 즉 그는 '회의하는 햄릿'이 아닌 '행동하는 햄릿' 상(像)으로 작품 해석을 가져간 것이다. 그러한 〈햄릿〉이 크게 적중하여 대성공을 거두었는데 그 이유는 두 가지에 있었다. 한 가지는 햄릿을 현대적으로 해석한 것이고, 다른 한 가지는 햄릿의 적극적 해석이 전쟁 분위기에 맞아 떨어졌던 것이다. 사실 작품은 연출자의 인생관이 투영될 수밖에 없는 것이고 따라서 햄릿도 그의 적극적이고 행동적이며 긍정적 세계관에 입각해서 해석되었음은 두말할 나위 없다. 그런데 그것이 크게 적중했고 또 한국인의 정서에도 들어맞았다.

그가 〈햄릿〉 연출로 돋보일 수 있었던 것은 그 연극 공연 몇 달 뒤 영국 명배우 로렌스 올리비에 주연의 영화 〈햄릿〉이 들어왔는데 역시 행동하는 햄릿이었기 때문이다. 우연의 일치였지만 그만큼 이해랑의 뛰어난 감각을 다시 한 번 입증해 주는 계기가 되었다. 〈햄릿〉 공연 후 신협은 그 인기가 하늘을 찌를 듯했다. 그런데 작품이 성공하는 데는 그만한 이유가 있는 법이다. 가령 〈햄릿〉 공연의 성공에는 궁극적으로 세 가지 요인이 작용했다고 볼 수 있다. 첫째는, 앞에서도 설명한 것처럼 그의 뛰어난 감각에 의한 작품 해석 때문이다. 그 자신도 회고의 글에서 "〈햄릿〉은 주인공의 회의적이고 사색적이고 우유부단한 성격이 진하게 깔려 있는 작품인데 그 성격을 그대로 가져가면 연극이 박력이 없을 것 같아 나는 연출 방침을 다른 각도로 약간 바꾸기로 했다. 즉 아버지의 원수에 대한 불타는 복수의 정열을 강조해야겠다고 생각, 극의 흐름을 햄릿의 정신적 갈등을 극적 긴장 속으로 압축해 표현하는 방향으로 몰고 갔는데 이런 연출 의도가 잘 전달되어 성공에 한 도움이 됐다"[26]고 쓴 적이 있다. 둘째는, 역시 그의 끈질기면서도 주도면밀한 연습에 있었다. 짧은 시간에 그런 대작을 제대로 무대에서 성공시킬 수 있었던 것은

평소 연극에 임하는 그의 진지함 때문이었다. 〈햄릿〉 공연만 하더라도 첫날
은 실패였다. 그 원인은 두말할 것도 없이 부족한 연습에 기인한 것이었다.
이와 관련하여 그는 다음과 같이 증언했다.

그런데 〈햄릿〉의 첫날 낮 공연은 엉망이었다. 막을 올리니까 관객이 손으로 셀
정도로 몇밖에 없었다. 가까스로 공연을 끝내고 분장실로 모인 단원들의 분위기는
무덤같이 침울했다. 나는 무슨 결함이 있다고 판단, 그 결함을 찾기 위해 책 읽기를
다시 하자고 권유했다. 코피를 쏟은 김동원이 반대했지만 내가 그래도 해야 한다고
우겨 소금을 섞은 주먹밥을 먹으면서 책 읽기를 새로 시작했다. 연기자들에게 연출
자의 극적 사상과 정서를 바람직하게 전달, 주입, 반영, 해석시키는 데는 책 읽기가

신협의 〈햄릿〉(1951년 9월) 출연진, 앞줄 좌측에서 세 번째 이해랑, 네 번째 윤방일,
뒷줄 좌측에서 첫 번째 장민호, 네 번째 최무룡, 가운데 김동원

가장 적절한 조치이다. 단원들이 분발하여 책 읽기를 해 연극을 다시 한 번 정리한 것이 큰 도움이 되어 그 뒤부터의 공연은 인산인해를 이루었다. 책 읽기의 중요성을 실감한 나는 그 뒤부터는 종합 연습을 끝내고 공연 첫날 전엔 꼭 다시 한 번 책 읽기를 하는 습관이 들었다.[27]

이상과 같이 그는 대단히 학구적으로 연출을 했고 그런 연출 결과가 그대로 정직하게 무대 위에 반영되었다. 셋째는, 단원들의 성숙한 자세에 따른 것으로 보아야 한다. 엄동설한에 총포탄이 쏟아지고 전사자들의 시체가 즐비한 최전선의 전장을 쫓아다니며 연극을 했던 단원들은 정신 무장이 된 것은 물론 급격히 성장하였다. 그런 저력이 있었기에 대작 〈햄릿〉을 단기간에 좋은 작품으로 만들어낼 수 있었다.

〈햄릿〉의 인기가 너무 좋았기 때문에 대구에서만 공연하고 막을 내리기에는 너무 아까웠던지 그는 신협을 이끌고 전주, 목포, 부산, 마산, 진주 등 지방 도시로 순회공연을 다니기도 했다. 〈햄릿〉 붐을 남부 전역으로 확산시키겠다는 의욕에 따른 것이다. 공연은 가는 곳마다 호평이었다. 신협은 〈햄릿〉으로 돈도 꽤 많이 벌었다. 셰익스피어를 널리 인식시키면서 자신감을 얻은 그는 4대 비극을 모두 무대에 올릴 생각으로 친구 한노단에게 번역을 시키고 그 사이에 실존주의 작가 사르트르의 〈붉은 장갑〉을 역시 친구 이진순에게 연출을 맡겨 무대에 올렸다. 그런데 이진순의 연출력 부족으로 그가 대신 정리하여 성과를 올릴 수 있었다.

그러는 사이에 〈오셀로〉의 번역 대본이 그의 손에 들어옴으로써 즉각 연습에 들어갈 수 있었다. 주역은 역시 톱스타 김동원(오셀로 역)이 맡고 상대역 이야고 역을 그가 맡았다. 데스데모나가 문제였는데, 그가 6·25 전쟁 중 납치되어 곤욕을 치르고 탈출한 최은희를 찾아낸 것이다. 그녀는 과거에 잠깐 함께 연극을 했던 수줍음 타는 미모의 처녀였다. 그런 그녀가 납북되어 갖은 곤욕을 치르면서 끌려가다가 개천(价川) 근처에서 탈출 사선을 뚫고 귀환하

여 부산 광복동의 한 다방에서 얼굴마담으로 있었다. 이해랑이 보았을 때, 그
녀는 극한 상황을 넘어선 처녀로서의 파괴된 모습 그대로라 생각한 것이다.
연약했던 그녀가 도발적이며 담대해지긴 했으나 얼굴에는 어딘가 음영이 깃
들인 슬픈 여인상으로 그 이미지가 바뀌어져 있었다. 그는 그녀야말로 데스데
모나의 적역이라고 생각해서 전격적으로 발탁했다. 〈오셀로〉도 〈햄릿〉 못지
않은 성공을 거두었는데, 성공 요인은 노련한 연출(유치진)과 빼어난 앙상블
에 따른 것이었다. 특히 이해랑의 이야고 역이 빛남으로써 그의 연기력의 진
가가 다시 한 번 발휘된 무대가 되었다. 〈오셀로〉는 해방 직후 박노경(朴魯
慶) 주도의 여인소극장이 한 번 공연한 적이 있었는데, 그때의 이야고는 순전
히 아첨쟁이에 지나지 않았다. 따라서 오셀로의 독무대가 되었었다. 그러나
이해랑의 이야고 역은 달랐다. 그는 이야고를 간신이라는 탁월한 이중인격자
로 해석해서 무대 위에 페르시아 융단처럼 현란하게 펼친 것이었다. 이해랑
연기의 절정을 이루는 이야고 역의 장면을 여기에 조금 재현해 보겠다.

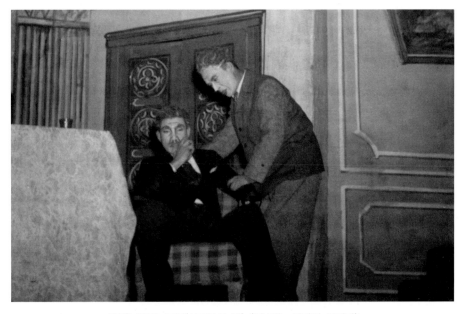

〈붉은 장갑〉 공연(사르트르 작) (서 있는 사람이 이해랑)

오셀로   확실한가?

이야고   부인께서는 장군과 결혼하기 위해서 자기 부친을 속였고 〔45도 각도로 고개를 돌려 오셀로를 본다. 반응을 보기 위함이다. 고개를 다시 정면(正面)으로 돌려〕 부인이 장군을 보고 무서워 떨었을 때 실은 장군을 가장 사랑했지요. (45도로 고개를 돌려 오셀로를 본다)

오셀로   그랬지.

이야고   〔다시 정면(正面)으로 고개를 돌려〕 그것이 중요합니다. 그처럼 젊은 분이 부친의 눈을 가리고 요술이라고 생각할 만큼 수단을 쓰는 분이죠. 참, 너무 지나친 말을 했나요? 저는 장군을 너무 생각한 나머지……. (45도 각도로 고개를 돌려서 오셀로를 본다)

이상과 같은 모습으로 대화를 나누고 오셀로가 데스데모나를 만나 마음을 떠보고는 캐시오에 대한 저주의 독백을 할 때, 이야고는 오셀로 뒤에 쳐 있는 붉은 커튼 사이로 얼굴만을 내놓고 오셀로가 광분(狂奔)하며 퇴장하는 것을 지켜본다. 그때 핀 스포트는 조리개를 조여서 이야고의 얼굴만 비추고 주위가 어두워지면서 이야고의 파란 얼굴만 2, 3초간 부각되다가 컷아웃된다. 〔전세권(全世權)의 관극담(觀劇談)〕

이상은 간사한 이중인격의 이야고 역을 소름끼치도록 생각해 낸 장면이다. 박수에 인색한 당시의 우리 관중은 이런 장면에서만은 열광적이었다. 이런 멋진 명연기로 인해서 이야고가 오히려 오셀로를 데리고 놀 만큼 돋보이는 주역으로 부각될 수밖에 없었다. 결과적으로 김동원과 이해랑의 불꽃 튀는 듀엣 연기 대결이 됨으로써 관객의 시선을 집중시킨 것이다. 이처럼 〈햄릿〉이 이해랑의 현대적 해석에 따른 연출로 성공을 거두었다고 한다면, 〈오셀로〉 역시 그의 현대적인 이야고 역 해석과 연기술 때문에 성공을 거두었다고 말할 수 있다.

셰익스피어 작품이 계속 성공을 거둔 데다가 전선 위문 공연도 끝났기 때

〈오셀로〉에 출연한 이해랑(우)

문에 극단 측으로 보거나 육군 측으로 볼 때, 더 이상 문예중대가 필요 없게 되었다. 그뿐만 아니라 이선근 정훈감도 전역하여 육군과 유대의 끈도 끊어진 셈이었다. 결국 문예중대는 해산되었고 극단과 악극단, 그리고 가수들은 제각각 자기들 갈 길로 흩어졌다. 그런데 문제가 생겼다. 20대의 젊은 단원들이 군대에 끌려갈 판이었다. 그때는 한창 전쟁 중이었기 때문에 젊은이들은 누구나 할 것 없이 군대에 가야 했고, 또 가기 싫어도 끌려 나가곤 했다. 당시 신협에는 장민호, 최무룡, 장일호(張一湖), 박상호(朴商昊) 등 해당자만 10여 명에 이르렀다. 이들이 군대에 끌려가게 되면 공연은커녕 극단 유지도 어려울 판이었다. 이해랑은 즉각 사촌 매부인 김정열(金貞烈) 공군참모총장을 찾아 갔다. 김(金) 총장은 사정을 전해듣자마자 즉각 신협의 젊은 단원들을 공군정훈감 소속 문관 요원으로 입대시켜 주었다. 정훈감 소속 문관 요원은 근무할 필요가 없었고 연극 활동이 그대로 임무 수행이었다.

이 무렵 신협에 적잖은 변화가 있었다. 단원들의 이탈이 바로 그것이다. 군대 면제를 받은 오사량, 최무룡 등이 뜻 맞는 젊은 연극인들을 모아가지고 극협이라는 새 극단을 조직해서 신협을 떠났다. 그뿐만 아니라 〈오셀로〉에서 데스데모나 역으로 재기한 최은희마저 신상옥(申相玉)과 영화를 하겠다고 극단을 이탈했다. 그래서 신협에는 황정순과 강유정만 남게 되었다. 최은희가 극단을 떠난 데는 순전히 신상옥 때문이라고 말할 수 있으나 연극 무대보다 스크린을 선호한 그녀 자신의 성향에 따른 것으로 보아야 한다. 당시 신인 감독이던 신상옥이 대구에 피난 와서 〈코리아〉라는 선전 영화를 찍고 있었다. 그러면서 연극계의 대표격인 이해랑과 김동원에게 전시 중의 한국 선전이니 출연해줄 수 있느냐고 문의해온 것이다. 따라서 이들은 선의로 출연에 응했고 결국 최은희까지 합세하여 〈춘향전〉을 찍게 되었다. 그로서는 최초의 영화 데뷔였고, 최은희는 그 작품이 계기가 되어 영화계로 옮겨 앉게 되었다. 이것이 계기가 되었는지는 알 수 없으나, 김동원은 뒷날 영화에서도 크게 활약했지만 이해랑만은 스크린을 별로 좋아하지 않았다.

신협의 〈수전노〉(모리엘 작)에 출연한 이해랑

신협은 셰익스피어의 작품으로 크게 성공했으나 두 작품 모두 무겁고 칙칙한 비극이었기 때문에 피난민들에게 밝은 웃음을 선사해야 한다는 생각을 하게 되었다. 그래서 선택한 것이 모리엘의 〈수전노〉였다. 이 작품 연출은 신협을 떠났던 이광래에게 맡겼는데, 연출 도중 그가 어린 아들을 잃는 슬픔을 겪기도 했다. 그 자신은 울면서 관객은 웃겨야 하는 연출을 할 수밖에 없었던 것은 극히 이율배반적인 비극이 아닐 수 없었다.

그런데 〈수전노〉 공연에서 매우 중요한 문제가 한 가지 생겼다. 가령 번역극의 경우 번안이 아닌 이상 원작 그대로 옮기는 것이 대원칙임은 누구나 아는 일이다. 그러나 그런 것이 풍습과 전통이 다른 민족에게 전혀 먹히지 않을

영화 〈코리아〉(1954년 5월) (왼쪽부터 이해랑, 김동원, 최은희, 복혜숙)

때가 종종 있게 마련이다. 이 작품에서는 프랑스 요리 이름이 여럿 등장하는 장면이 있다. 여기서 주인공 구두쇠 영감(아르팡콩) 역을 이해랑이 멋지게 해 냈다. 구두쇠 영감이 극 속에서 손님을 접대하는 장면이 있다. 그런데 구두쇠 영감이 성찬을 차릴 리가 없다. 따라서 하인에게 값싼 요리만을 시키도록 명령한다. 첫날 공연 때 주인공인 구두쇠 영감이 값싼 음식 이름을 죽 대는데 웃어야 될 객석은 조용하기만 했다. 결국 첫 번째 공연은 그대로 실패할 수밖에 없었다. 이해랑은 다음 공연은 요리 이름을 우리 토속 음식으로 바꿨다. 그러니까 원작의 프랑스 요리 이름 대신에 "애야, 잘 차릴 것 없다. 간장, 고추 장에다 된장찌개만 끓여 내놔라" 한 것이다. 그랬더니 객석에서 폭소가 터져 나왔다. 그는 거기서 번역극의 한계와 번안극의 가능성까지 발견해냈다. 사실 실제의 인생살이건 예술이건 경험이야말로 최고의 스승임을 단적으로 보여준 것이라 하겠다.

희극과 비극을 교차시킨다는 극단의 방침에 따라 늘 재미를 톡톡히 본 셰익스피어 비극을 공연키로 하고 〈맥베스〉를 다음 작품으로 취택했다. 그런데 셰익스피어극에 자신을 가진 이해랑이 연출을 맡았는데 뜻밖에도 관객이 넘치지 않았다. 이상스럽게도 〈맥베스〉 공연은 어느 나라에서나 흥행 실패라는 징크스가 따라 다니는 것 같다. 그러나 그의 작품 해석은 대단히 독창적이고 현대적이었다. 그렇다면 그의 연출 의도를 한번 들어보는 것이 좋을 듯 싶다.

> 그래서 나는 금번 〈맥베스〉 연출에 있어 신협 연기부 회원에게 세 가지 요구조건을 제시하였다. ① 우선 무내용적(無內容的) 연기를 철저히 배격하자. ② 우주와 같이 광대하게 생각하고 별과 같이 적게 표현하자. ③ 현실적인 조건 혹은 앙양하는 극적 정서보다 예술적인 분위기 조성에 힘쓰자. 그리하여 나는 외부로 뻗치려는 연기자들의 정열을 억압하여 되도록 내면적인 깊이를 갖게 하는 동시에 사상이 가능한 한 연기자들이 자기가 맡은 인물에 대하여 원작 이상의 것을 머리에 그리고 연기할 것을 요구하였다.[28]

이상과 같은 그의 〈맥베스〉 연출 방침은 실제로는 연출관의 일단을 보여준 것이다. 대단히 리얼한 정치 드라마를 그는 환상적인 예술 드라마로 해석하려 한 것이다. 그 결과 '마녀들과 헛것이 구성하는 초현실적인 분위기와 맥베스 공포의 분위기가 주체적인 정서'가 될 수밖에 없었다. 이러한 접근에는 조명의 역할이 대단히 크게 마련이다. 왜냐하면 초현실적이면서 동시에 공포의 분위기를 극대화시켜야 되기 때문이다. 따라서 그는 구체적으로 무대는 다음과 같아야 한다고 했다.

맥베스에는 직선으로 그려진 정지한 물체가 존재할 수 없다. 모든 것은 맥베스의 공포(恐怖)에 질리어 곡선적으로 떨고 있지 않으면 안 된다. 그밖에 효과에 있어서도 공포의 심상(心像)을 같이 호흡하여 천지를 진동하는 우레! 하늘이 깨지는 듯한 번갯불, 까마귀의 목쉰 소리와 떡부엉이의 음산한 울음소리로 불길한 밤의 공포가 더욱 짙어가게 해야 한다. 이리하여 나는 맥베스를 창조하는 연극의 일체 구성요소가 마치 한 사람이 숨을 쉬듯 한 호흡으로 공포의 심상을 표현하고 이 연극의 핵심적인 공포의 숨소리로 예술적인 분위기를 양성(釀成)하여 주기를 요구하였다. 그리하여 맥베스 "저것이 단도(短刀)지! 칼자루가 나를 향해서…… 안 잡히는구나. 그러나 연연히 보인다. 불길한 환영(幻影)! 너는 눈에는 보이나 만져볼 수 없는 것이냐. 그렇지 않으면 열에 뜬 머릿속에서 뛰어나오는 단도냐."

맥베스와 같이 열(熱)에 뜬 머리로써만 볼 수 있는 것—육안(肉眼)으로는 볼 수 없는 공포의 환영(幻影)을 관객에게 보여주어야 한다.[29]

그런데 여기서 가장 주목해야 할 대목은 역시 "우주와 같이 광대하게 사유하고 별과 같이 적게 표현하자"는 구절이다.

그는 철저한 리얼리스트로서 절제를 항상 중요시했고 내면 연기를 최고로 생각했다. 그래서 그는 대단히 섬세하게 성격 분석을 했고 인물의 감정의 세로(細路)를 따라가는 것을 대단히 중요하게 생각했다. 그러나 그런 디테일이 편협한 생각에서 나온 것이 아니고 우주와 같이 광대무변한 사유 세계를 통해 나온다는 데 주목할 필요가 있다. 셰익스피어 희곡의 세 번째 작품인 〈맥베스〉는 흥행상 〈햄릿〉이나 〈오셀로〉에는 미치지 못하지만 피난 관중이 꽤 있었다. 〈수전노〉나 〈붉은 장갑〉 등에 비해서는 역시 셰익스피어 비극이 먹혔던 것이다. 셰익스피어의 비극이 인기가 있었던 데는 스펙터클하고 사랑과 음모, 의리와 복수 등이 주는 고통이 내재되어 있는 데다가 박진감도 넘쳤던 것이 무료하게 지내고 있는 피난민들에게 위안을 주었기 때문이다. 그렇다고 해서 신협이 셰익스피어를 중심으로 한 번역극만을 할 수는 없었던 것 같다.

그는 부산에 머무르고 있는 유치진에게 새 창작극을 의뢰했다. 얼마 뒤 유치진이 음악극으로 하면 좋을 〈처용의 노래〉라는 희곡을 보내왔다. 유치진은 피난 시절부터 음악극에 관심이 많았다. 그래서 〈처용의 노래〉도 쓴 것이다. 유치진은 통영이 동향인 무명의 고등학교 음악 교사 윤이상(尹伊桑)에게 작곡을 의뢰했다. 부산극장에서 공연할 때는 관현악단도 불러서 음악무용극으로 〈처용의 노래〉를 무대에 올렸다. 그러나 성공을 거두진 못했다. 그때 신협을 이끌면서 직접 출연했던 이해랑은 그 작품의 음악성에 대해서 다음과 같이 술회했다.

내 생각에도 작곡은 시원치 못한 것 같았다. 내가 그때 받은 인상은 마치 죽은 사람을 장사 지내는 곡(曲)이었다. 좀 처량하달까. 뭔가 음악적인 어떤 매력 같은

신협의 〈처용의 노래〉(유치진 작)

것이 도무지 느껴지지 않는 작품이었던 것이다. 아마 윤이상이란 이름이 그때 처음으로 활자화됐을 것이다. 음악을 잘 모르는 나지만 실패작이었다는 걸 느낄 수 있었다. 그러나 윤이상은 그 작품으로 점차 이름을 얻었고 환도 후 서울서 활동하다가 독일로 갔다.[30]

이상과 같이 신협이 피난지 부산에서 첫 시도한 창작음악극은 우선 음악이 신통치 않아서 공연도 실패할 수밖에 없었다. 배우들도 음악극을 처음 해보았기 때문에 최고의 기량을 발휘하지 못했음은 두말할 나위 없다. 이해랑 자신은 음악극을 별로 좋아하지 않았기 때문에 〈처용의 노래〉 공연에 별로 큰 의미를 부여하지 않으려 했다. 다만 그가 존경하는 선배(유치진)가 그런 경향의 작품을 썼기 때문에 마지못해서 따랐을 뿐이다.

신협이 시도한 첫 번째 창작음악극이 관중의 주목을 끌지 못하자 그는 다시 번역극으로 승부를 끌어야겠다고 마음을 먹었다. 그래서 찾아낸 쉴러의 대작 〈빌헬름 텔〉은 등장인물이 50여 명이나 되고 5시간이 소요되는 대작(大作)의 시민비극이다.

의욕 넘치는 그는 희곡을 3시간에 공연할 수 있도록 다듬는 일부터 했다. 그리고 한 배우가 여러 역을 하도록 했고 그 자신도 연출을 하면서 동시에 세 가지 다른 역을 맡았다. 부산극장에서의 공연은 예상대로 대성공이었다. 그러나 대구 공연에서는 사건이 발생했다. 〈빌헬름 텔〉의 클라이맥스는 역시 총독 앞에서 아들의 머리 위에 놓여 있는 사과를 활로 명중시키는 장면이라 할 것이다. 그런데 실제 무대 위에서 그것을 극적으로 형상화하기는 쉽지가 않다. 그래서 쉴러는 스스로 연출을 해놓았다. 즉 아들을 멀찍이 세워놓고 총독은 호통을 친다. "빨리 활을 쏘아라. 왜 쏘지 않느냐"라고 군중들이 우르르 총독에게로 달려가서 "총독 각하, 그것은 너무 잔인한 일입니다. 그것만은 하지 않게 해주소서!" 하고 빈다. 그때 대부분의 관객들은 자연히 총독에게 시선이 쏠리기 마련이다. 그 순간 한 관객이 갑자기 큰 소리를 지른다. "야! 맞혔

신협의 〈빌헬름 텔〉(F. 쉴러 작)

다. 사과를 꿰뚫었다." 그러면 어느새 아들의 머리 위 사과는 정통으로 화살을 맞은 채 덩그러니 놓여 있다. 활 쏘는 장면을 그렇게 슬쩍 카무플라주(위장)하는 것이다. 그러니까 연극적으로 속임수를 쓰게 되어 있는 장면이라고 볼 수 있다.

따라서 빌헬름 텔이 활을 쏘는 순간, 조명을 잠깐 동안 껐다가 바로 그 암전 상태를 이용해서 순간적으로 소품 보는 사람이 아들의 머리 위에 화살이 꽂힌 사과를 올려놓고 바로 조명을 다시 켜는 것으로 연출이 되어 있었다. 그런데 소품 담당자의 순간의 실수로 조명이 들어오는 순간 화살의 방향이 아들의 정수리를 향하여 대롱대롱 매달려 있었던 것이다. 가장 엄숙해야 할 클라이맥스 장면이 한바탕 폭소를 자아내게 만든 것이다(김동원, 강유정 증언). 약 5분 정도 출연자와 관중이 허리가 끊어질 정도로 웃은 뒤 우레와 같은 격려의 박수가 터져나옴으로써 극장 시설의 부족을 메워주는 여유를 보여주었다. 사실 피난지 극장의 조명, 음향 시설 등은 도저히 연극을 할 수 없을 정도였다. 오로지 열정만이 연극인들의 가슴을 덥혀주었고 피난지 관객들의 연극에 대한 사랑과 합해져서 멋진 화음을 이루었던 것이다.

화제의 〈빌헬름 텔〉이 끝나갈 무렵 극단 내부에서는 사랑과 결혼의 경사가 계속되었다. 이해랑이 워낙 이성에 관한 한 엄격하고 근엄하기 때문에 단원끼리의 염사는 생각할 수가 없었다. 특히 단원 간 결혼을 할 경우, 한 사람은 극단을 떠나야만 되게끔 내규를 만들어놓은 것도 바로 그였다. 그럼에도 내밀하게 사랑의 밀어를 나누고 있던 무대감독 민구(閔九)와 미모의 여배우 윤인자가 부산극장 분장실에서 웨딩마치를 올리고 신협 내규에 따라 윤인자가 극단을 떠났다. 그들에 이어 황정순이 대구 지역의 저명한 의사 이영복(李榮馥)의 끈질긴 구애로 결혼을 약속하기도 했다. 연극에 문외한인 이영복은 순전히 연인을 위해서 자비로 공연 때마다 프로그램을 만들어 극장 문 앞에서 판매하는 진풍경을 연출했다. 사랑을 위해서 병원 문까지 닫아 걸고 프로그램 제작 배포자가 된 것이다. 이들은 귀경하여 백년해로 했다. 젊은 스타 최무룡, 강효실(姜孝實) 커플도 신협에서 싹튼 것임은 두말할 나위 없다.

동족상잔은 끝날 줄 모르고 오르락내리락하면서 진행되었다. 연극은 계속해야 했기 때문에 신협은 쉴 사이 없이 공연을 지속했다. 신협은 과거에 했던 작품을 재탕 공연하기도 했지만 신작에 더욱 관심이 많았다. 아무래도 유치진의 영향을 적잖게 받았기 때문에 그의 창작극에 많이 의존했던 것도 사실이었다. 이번에도 유치진은 음악 극본을 내놓았다. 명창 김소희(金素姬)까지 발탁해서 창극 비슷하게 만든 〈가야금의 유래〉가 바로 그것이었다. 이해랑은 못마땅해 했고, 이 작품에 대한 반응도 그저 그러했다. 특색이라면 관객층이 조금 달라진 것뿐이었다. 셰익스피어나 현대극을 선호하는 기존 관객층보다는 김소희 명창의 팬이 더 많았던 것이다. 그녀는 10대부터 창(唱)을 했기 때문에 광범위한 팬을 갖고 있었고 그들이 오랜만에 몰려든 것이다.

피난 생활도 3년여 접어들면서 연예인들 상당수가 대구와 부산에 정착해 있었다. 따라서 두 도시에서는 극단이라든가 악극단, 무용단 등이 속속 등장하여 각자 공연 활동을 벌이기 시작했다. 그러니까 신협의 독주 시대는 끝나고 여러 극단이 활동하는 연극 시대가 열린 것이다. 신청년 등 피난지에서 재건된 극단만도 대여섯 단체나 되었고, 상록극회(常綠劇會)를 위시하여 신향(新響), 극협, 자유극회 등 10여 개 극단이 피난지에서 창립된 극단들이었다. 따라서 최고의 평판을 받고 있던 이해랑은 다른 극단의 연출도 심심찮게 해주는 여유를 누리기도 했다. 서항석 주도의 극단 신향의 창립 공연작인 〈여비헌(女匪幹)〉〔철오(鐵吾) 원작〕도 그래서 연출한 것이었다.

이 무렵 신협을 위협하는 두 가지 외적인 사건이 생겨났다. 그 하나가 미국 영화의 급속한 팽창이었다. 즉 영화업자가 생겨나면서 미국 영화를 무궤도하게 사들임으로써 부산의 모든 극장은 완전히 영화 상영관이 되다시피 한 것이다. 웬만큼 좋은 연극이 아니고서는 스펙터클한 미국 영화를 이겨낼 재간이 없었다. 상업 극단들까지 합쳐서 대구와 부산에 20여 개 단체가 있었지만 극장을 얻기조차 어려운 지경에 이르게 되었다. 각 극단들은 돈을 벌기는커녕 명맥 유지조차 어려웠다. 그래도 신협은 워낙 명성이 있었던 만큼 공연 활동을 지속할 수 있었지만 화려한 영화(榮華)의 시대는 지나갔던 것이다.

신협을 의기소침하게 만든 또 한 가지 사건은 예고 없는 국립극장장의 전격 교체였다. 정부가 초대극장장 유치진의 사표도 받지 않고 제2대 극장장으로 서항석을 임명한 것이다. 두 사람 모두 존경받는 연극계 중진이었지만 신협은 아무래도 유치진의 손때가 묻은 극단이었다. 따라서 신협은 대구키네마가 피난 국립극장으로 지정되었기 때문에 그곳 사무실에서 철수할 수밖에 없었다. 신협이 철수하자 서항석 극장장은 비(非)신협 사람들로 전속 단체를 구성했다. 이른바 민극(民劇)인데 이원경, 윤백남, 김승호, 최남현, 이민자 등이 주 멤버였다. 민극은 창립 공연으로 윤백남의 〈야화〉(서항석 연출)를 국립극장 무대에 화려하게 올렸다. 그 무렵에 서울이 수복되었기 때문에 신협은 즉각 환도하여 명동의 시공관에서 〈원술랑〉으로 기념 공연을 가졌다. 그리하여 한국 연극계는 대구의 민극과 서울의 신협 양대 극단으로 전란의 어려움을 뚫어나가게 되었다.

그러나 폐허화된 서울에서의 공연은 흥행상 어려움의 연속이었다. 생각다 못한 신협은 흥행성이 있는 레퍼토리를 찾을 수밖에 없었고 결국 식민지 시대에 공연한 경험이 있는 프랑스 극작가 파뇰의 〈향수〉를 이해랑이 연출하게 되었다.

3. 환도와 개인적 승리

환도 기념 공연 직후 공연한 〈향수〉는 서정성 때문에 아름다운 무대였지만, 모든 것이 파괴된 폐허 위에서의 공연 활동은 여의치 않았다. 시민들이 각자 살기 위해 몸부림칠 때였기 때문이다. 그렇다고 예술마저 없다면 유령의 도시 서울은 어떻게 될까 하는 것이 이해랑의 고민이었다. 신협은 전시 중이기도 했기 때문에 반공극인 〈나도 인간이 되련다〉(유치진 작)를 무대에 올렸다. 그런데 문제가 생겼다. 순전히 여배우들 간의 배역 갈등, 곧 인기 경쟁 때문이었다. 항상 라이벌 의식이 있는 황정순과 최은희 두 여성이 서로 시샘하고 대립을 벌였다. 월북 작곡가의 연인 역을 두 여성이 더블 캐스트로 하는 것인데, 막상 황정순이 공연장에 나타나지 않아 공연 사고가 일어났다(강유정 증언). 다행히 수습은 되었지만 신협으로서는 고통의 경험이었다. 그때도 이해랑이 기지를 발휘해서 위기를 넘긴 바 있는데, 역시 그가 없으면 극단을 꾸려간다는 것은 쉽지가 않았던 것이다. 신협은 〈대춘향전〉(유치진 작)과 〈은장도〉(윤방일 작, 이해랑 연출) 두 창작극을 공연한 뒤 또다시 셰익스피어 작품으로 눈을 돌렸다. 이해랑이 오랜만에 연출한 셰익스피어의 〈줄리어스 시저〉(김광주 역)였다.

신협이 그동안 〈햄릿〉, 〈오셀로〉, 〈맥베스〉 등을 공연하여 성과를 올렸던 만큼 이 작품도 관객의 호응을 받은 것은 두말할 나위 없다. 특히 이 작품은 권력과 의리, 모반과 음모 등이 뒤섞인 남성적 정치 드라마이기 때문에 전쟁을 겪은 당시 시민들에게 묘한 감동을 안겨줄 만했던 것이다. 그러나 신협이 옛 영화를 되찾은 듯이 극장을 터지게 만든 공연은 역시 정비석(鄭飛石)의 인기 소설 〈자유부인(自由夫人)〉(이해랑 연출)이었다. 『서울신문』에 연재되어 장안의 지가(紙價)를 드높였던 〈자유부인〉의 배역은 김동원(대학 교수 역), 황정순(자유부인 역), 주선태(사장 역)의 황금 트리오였다. 신협은

신협의 인기작 〈자유부인〉(정비석 작) (가운데가 이해랑)

이 공연으로 원상 복귀가 될 만큼 생기를 찾을 수 있었다. 그러나 이해랑의 마음이 가벼운 것은 아니었다. 왜냐하면 신협이 정도를 간다고 보기 어려웠기 때문이다. 하지만 이런 비상시국에 격조 높은 작품만 선호할 수는 없었다. 바로 거기에 이해랑의 고뇌가 있었다.

그러나 이 시기에 그 자신에게는 대단히 영광스런 일이 계속 생겨났다. 즉 그가 초대 대한민국예술원 회원이 된 것이다. 예술원은 1952년 8월 피난지 부산의 국회에서 문화보호법(文化保護法)이 제정, 공포됨에 따라 예술의 향상, 발전을 도모하고 예술가를 우대할 목적으로 설립된 기관이었다. 문화보호법이 공포되자마자 문화인 등록이 시작되었는데 자격은 대학 졸업 후 그 분야에서 예술 활동을 10년 이상 종사했거나 대학을 마치지 않고 20년 이상 종사한 사람이었다. 이러한 등록제에 대하여 논란이 많았지만 일단 전국에서 443명이 등록했다. 그리하여 1954년 3월에 등록문화인들이 투표를 해서 각 분야 25명의 예술원 회원이 탄생했는데 그가 최고 득표를 받은 것이다. 이는 당시 그의 전국적 인기를 가늠해 볼 수 있는 한 예라고 볼 수 있다. 이때 연극 분야에서는 그와 함께 유치진, 오영진 등이 뽑혔고, 곧이어 서항석, 박진, 변기종 등 중진 연극인들이 선출되었다.

이로써 그는 유치진의 뒤를 잇는 연극계 지도자로 확고한 위치에 올라서게 된다. 그는 필재(筆才)까지 겸비하고 있었기 때문에 여기저기서 연극 시론(時論) 형태의 글 청탁도 많이 받았다. 이 시기 그의 관심을 알 수 있는 몇 편의 글을 소개해보면 대충 이런 내용들이었다. 가령 1955년 1월 16일자에 『동아일보』에 기고한 「관객과의 정서적 교류」란 글을 보면 연극이란 관객과 함께 창조하는 예술 양식이라면서 다음과 같이 썼다.

요컨대 아무리 난삽한 희곡일지라도 연출가와 연기자가 관객을 위하여 다각도로 음미한 친절한 표현을 하여주므로 관객은 손쉽게 그 연극을 곧잘 이해한다. 여기서 말하는 관객을 위한 친절한 표현방식이란 어디까지나 설명적이 아니고 암시적(暗示

的)인 것은 물론이다. 관객은 설명을 하지 않고 정서적인 내용을 암시만 하더라도 자신의 상상력을 통하여 능히 그 암시한 정서적 내용을 이해할 뿐더러 또 무대에서 예술적인 행동을 꾀하는 연기자와 함께 내면적(內面的)으로 연극을 더불어 창조해 나가는 것이다. 그러므로 관객이 어떻게 볼 것이냐 혹은 관객에게 어떻게 보이느냐 하는 데 대한 창조적인 목표는 마땅히 허구(虛構)의 진실(眞實)을 창조하는 환상 의 연극이 실재할 수 있는 관객의 내면적인 극적 진실의 세계에 여하히 오래 존재 할 수 있느냐는 데 놓여야 할 것이다. 그것을 목표로 창조를 해야 할 것과 그런데 도 불구하고 배우가 암시한 정서적 내용을 상상적으로 이해하려는 관객의 진지한 내면적인 창조성을 무시하고 지나치게 관객에게 설명을 하고 그것을 과장하여 관객 의 비속(卑俗)한 취미에 영합하려는 것을 예술적인 계획이 부족한 안이(安易)한 행동이라 아니할 수 없다. 창조적인 연습 과정에서 객관적인 무대를 상상하고 빈틈

신협의 〈은장도〉(윤방일 작) (우측 이해랑)

없이 예술적으로 계획된 연극은 예술적인 창조적 감흥을 돋우어 줄지언정 관객의
저속한 취미에 영합하는 일이 없기 때문이다.[31]

이상과 같이 이해랑의 논지는 어디까지나 진지한 연극 창조 행위야말로 관
객 또한 진지하게 만들고 비속을 추구하려는 대중적 성향도 잠재울 수 있다
는 것이다. 그는 예술지상주의자인 데다가 순수 연극 주창자이기 때문에 이념
적인 것과 통속적인 연극을 똑같이 배격했다. 그는 어떤 연극인보다도 관객에
게 신경을 많이 쓴 연극인이었다. 좋은 연극은 언제나 관객과 함께 만들어지
는 것이고 또 그 원인 제공은 극작가와 연출가, 그리고 배우라는 것이다. 그해
연말정산의 글에서도 그는 연극계 내부의 자체적 역량의 부족으로 예술적 빈
곤을 초래했다면서 특히 대 객관적인 안이한 레퍼토리 선정과 짧은 연습 시
간으로 인한 창조력의 무리가 극심했으며, 그 결과 예술적으로 미숙한 무대만
이 존재했다[32]고 비판한 바 있다.

이러한 기조는 이듬해에도 별로 달라지지 않았다. 가령 1956년 문화계 회고
의 글에서도 그는 "(……) 연극은 글자 그대로 무대를 상실했다. 극장 무대에
서뿐만 아니라 지상(紙上)의 무대에서도 연극은 추방당하고 있다"면서 따라
서 "관객들 역시 그들대로 화려한 미복(美服)을 입고 미소하는 영화의 황홀
한 매력에 눈이 팔리어 좀처럼 어두침침한 인생의 진실한 무대를 돌보려 하
지 않는다. (……) 대다수의 연극인이 생활을 하기 위하여 극단을 떠나서 영
화에 출연함으로써 극단의 수가 급감하고 또 공연의 횟수가 줄어드는 것은
당연지사"[33]라고 쓴 바 있다. 이러한 상황에서 그는 미국무성 초청을 받아 시
찰길에 오르는 행운을 얻게 된다. 미국 가기 어려웠던 시절에 그가 당당히
국무성 초청으로 미국을 방문하게 되자 엄하기만 했던 그의 부친이 그의 등
을 두드리며 "장하다"고 했다는 것은 그가 박대에도 불구하고 험난했던 연극
생활을 극복하고 훌륭한 인물로 성장한 것을 대견하게 여겼음을 상징적으로
설명해 주는 일화이다. 그는 이러한 일련의 영광과 관련하여 자신의 심경과

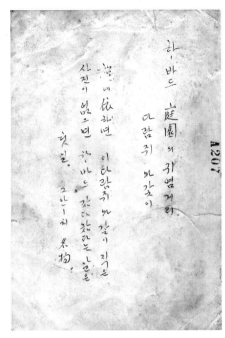

국무성 초청 당시 하버드 대학교에 방문한 사진과 사진 설명(앞뒷면)

조부 및 부친의 반응까지를 다음과 같이 회고한 바 있다.

　　그동안 출세(出世)라는 게 뭔지, 인생살이가 어떤 건지도 모르고 그저 연극 하나
에만 매달려서 그것을 위해, 자고 깨는 생활을 했던 터였다. 한데 그렇게 한 해 동
안 갑자기 세 가지 영예가 뜻밖에 나한테 안겨졌다. '아하, 역시 무슨 일을 꾸준히
하고 있으면 언젠가 사회에서 알아주고 국민들도 인정해주는 것인가보다' '뭣이든
꾸준히 전력을 다해서 하면 비록 그것 때문에 찢어지게 고생스런 생활을 할지라도
정당한 평가를 해주는 것이로구나'라는 것을 실감했다. 그런 기쁨과 감동은 나뿐이
아니었다. 내가 연극을 처음 시작할 때 우리 조부님이나 선친은 "고작 돈 들여 일
본 유학시켰더니 연극 공부하고 왔구나" 한탄하셨다. 조부께서는 직접 화를 내며
꾸지람하셨고 선친은 특히 못마땅해 했다. 자신이 병원을 하나 차리셨고 그것이 어

느 정도 기반을 잡게 될 때는 자기 인생은 거의 다 가는 때였다. 자식 되는 놈이 그 병원을 인계받아 하기를 속으로 바라고 은근히 자신이 그동안 고생한 것이 헛되지 않기를 바랐을 것이었다. 그런 기대를 갖고 내 성장을 지켜보던 선친이 적이 실망(失望)했던 것이다. 그동안 내가 연극을 하면서 처자를 데리고 하루 세 끼 끼니를 못 때우기도 하고 겨울에 구공탄이 떨어져 추위에 떨면서 지냈었다. 그러다가 처자를 가친에게 보내 생활비가 없다고 동정을 구하기도 했다. 그러면 겨우 쥐어짜다시피 달라느니, 줄 수 없다느니 시비를 한 후에야 연명할 돈을 받아오곤 했었다. 그러던 부친이 그때 가서는 보는 눈이 달라진 것 같았다. 1년 동안 한꺼번에 예술원 회원이 되고 서울시문화상을 타고 더욱이 미국까지 초청되지 않았는가 말이다. 거기 몇 사람 안 되는 예술가에 끼어 초청을 받았다는 걸 알고 우리 선친은 몹시 기뻐했다.[34]

이상과 같은 그의 회고에는 연극의 길로 뛰어들어 그동안 가문으로부터 배척당하고 가난하게 살아온 처절한 삶이 그대로 드러난다. 그는 무대 위에서 빛나는 삶을 누렸지만 5남매의 가장으로서의 가정생활은 곤궁 그 자체였다. 15년 전 결혼 당시 처가가 사준 돈암동의 작은 주택에 살면서 조석(朝夕) 걱정을 한 것이 하루 이틀이 아니었으며 구공탄 살 돈이 없어서 엄동설한에 삼척 냉골에서 처자와 떤 날이 몇 날이었던가. 오직 연극 외에는 관심도 능력도 없었던 그는 아내의 처절한 얼굴만 쳐다보아야 했다. 정이나 때를 거를 지경이 되면 그의 아내가 아이를 업고 부산까지 내려가서는 생활비 몇 푼을 구걸하다시피 얻어다 호구(糊口)한 것이 비일비재했다. 그럼에도 불구하고 그는 연극이 좋아서 연극만을 해온 것이다. 그는 그런 외곬의 삶에 대해 연극 입문 20년 만에 보상이 돌아왔다고 생각했다. 특히 그렇게 무섭기만 하고 사대부의 품격을 지키는 근엄한 부친이 흐뭇해하자 그의 설렘은 배가 되었다. 사실 그는 예술가로서의 기인스러움은 없다. 그는 확실한 신념하에 언제나 정도(正道)만을 향해 굳건하게 걸어온 예술가였다. 그가 사대부 가문의 종손으로서 가문으로부터 거의 추방되다시피 했으면서도 오직 한 우물을 팠고 40대에 접어들면서 사회적인 명성을 얻었다고 회고한 것에서 그런 면모가 여실히 드러난다.

그의 인생에 또 한 번의 중요한 변화를 주었던 미국행도 흥미 있는 사건이었다. 왜냐하면 그의 생애에 있어서 최초의 서양 체험이고 동시에 그가 그렇게도 동경해 마지않던 서양 현대극 무대를 접하는 소중한 기회였기 때문이다. 그는 마치 섬마을 소년이 처음으로 기차를 타고 도회지 구경하는 기분같이 여의도에서 비행기를 타고 미국에 가는 신기함을 흥미롭게 묘사한 바 있다.

드디어 미국행(美國行)이 실현되었다. 일본까지는 조그만 비행기를 탔고 도쿄서 태평양을 건널 때는 팬탐사 대형기를 탔다. 그때 프로펠러 비행기인데 밑창에 복어 배처럼 볼록한 데가 있었다. 그게 바인데 거기 앉으면 사방이 다 보였다. 요즘 비행기 타서 앉으면 왼쪽이나 오른쪽 한 면만 볼 수 있는 것과는 달랐던 것이다. 1등석

미국무성 초청 방미 때 여의도공항에서(좌측 김정열 공참총장)

손님으로서 그 방에 앉아 위스키 잔에 입맛을 다시면서 사방을 조망했던 것은 지금 생각해도 참 멋있었다. (……) 샌프란시스코에 거의 다 갔는데 눈 아래 집들이 보였다. 가지각색 찬란한 색깔의 집 지붕들이 눈에 띄었다. 눈이 부셨다. (……) 그런데 샌프란시스코 상공에서 보이는 그 광경, 언덕에 즐비하게 늘어선 주택들, 색색의 페인트칠을 해놔서 정말 여태껏 보지 못한 꿈의 나라에 온 것 같은 희한한 느낌을 받았다.[35]

이상과 같이 그는 수천 년 가난으로 찌들은 데다가 참담한 전쟁까지 겪어서 폐허가 된 한국의 현실과는 너무나 동떨어진 세계 최강국인 미국의 도시 풍경에 넋을 잃었다. 현란한 색채의 고급 주택들이 끝없이 펼쳐진 미국 도시가 슬픈 음영이 깃들여진 회색빛의 궁핍한 우리 땅과 천양지차라고 느낀 것은 극히 자연스런 감정이었다고 하겠다. 그는 2주간의 미국 소개 스케줄을 마치는 둥 마는 둥하고 세계 연극의 메카 뉴욕으로 달려갔다. 그는 뉴욕에 연구차 와 있던 김은우(金恩雨, 이화여자대학교 교수), 이종우(李鍾雨, 고려대학교 교수), 이동원(李東元, 전 외무장관) 등과 어울리면서 몇 달 동안 연극 구경만 다녔다. 뉴욕에 가는 도중 잠깐 들렀던 워싱턴에서는 소위 아리나 스테이지(arena stage)에서 하는 연극을 구경하고 자신과는 맞지 않는 형태임을 깨닫기도 했다. 물론 처음 접해본 원형극장이 관객과는 상당히 접근할 수 있는 형태이기 때문에 그에게 흥미를 준 것은 사실이었다. 그러나 배우와 관객의 친밀감을 더해준다는 원형극장 형태와 관련해서 그는 "내가 처음 연극을 공부할 때부터 오늘까지 내 연극 세계를 지배하고 있는 것은 '연극은 현실을 이상화(理想化)시켜야 한다'는 것이다. 헌데 그러한 나의 연극 정신과 어쩐지 거리가 멀었다"고 쓴 바 있다. 그러면서 그는 "바로 관객의 코 앞, 무릎 앞에서 연극을 함으로써 극적인 이미지가 파괴되고 연극의 이상적인, 창조적이고 예술적인 감동을 받을 수 없었다는 기억이 그때 남아 있었다"고 했다. 그러니까 미국 연극을 훑어보면서 자신의 연극관과 어긋나는 것에 대해서는 거부감을 분명히 나타낸 것이다.

그는 이어서 브로드웨이 연극의 진수를 보게 된다. 그는 브로드웨이 본격 연극을 본 뒤 신협에서 그동안 해온 연극과 별 차이가 없음을 느끼기 시작했다. 그때의 감상과 관련하여 그는 "그러나 그 배우들의 노련한 연기 ― 오랫동안 연습하고 장기 공연을 통해 무르익은 ― 를 보여주는 무대를 통해서 나는 비로소 극적 감흥을 느꼈다. 연극적·예술적으로 무르익은 무대만이 관객을 감동시킬 수 있다는 것을 깨달았다"고 했다.

호기심이 많았던 그는 미국 연극을 샅샅이 보기 위해 그리니치 빌리지에서 하고 있는 〈오프 브로드웨이〉 연극까지 구경했다. 그러나 거기서 그는 대단히 실망을 하게 된다. 놀이인지 장난인지 모를 왜곡된 연극으로 본 것이다. 물론 당시 오프 브로드웨이에서도 대체로 아리나 스테이지 연극이었음은 두말할 나위 없었다. 그는 그런 연극이야말로 연극을 천격(賤格)으로 만드는 것으로 보았다. 그는 항상 연극은 현실보다 훨씬 이상적이고 아름다워야 한다고 믿고 있었다. 따라서 그가 감명 받고 공감한 것은 브로드웨이의 정통 연극이었다. 그런 대표적인 공연들이 다름 아닌 엘리아 카잔의 연출 작품이었다면서 이렇게 썼다.

> 내가 엘리아 카잔이 연출한 작품을 보고 놀란 것은 그의 모든 작품이 예외 없이 리얼리즘에 투철했다는 것이다. 배우의 연기 지도 작품 해석이 리얼리즘에 상당히 투철한 것을 보고 나는 많은 것을 뉘우치지 않을 수 없었다. (……) 엘리아 카잔의 그 철저한 리얼리즘 연극 연출을 보고선 그동안 내가 한국서 해오던 연극 행동에 대해 뼈아픈 반성을 하지 않을 수 없었다.[36]

이상에서 볼 수 있는 바와 같이 그는 평생 연극의 목표로 삼아오면서 나름대로 해왔던 리얼리즘 연극의 진수를 보고 감동과 함께 충격을 받았다. 특히 당대 미국 최고의 정통파 연출가로 명성이 드높던 엘리아 카잔의 연출 작품

문화촌 시절의 이해랑

을 대하고서 만감이 오갔다. 특히 그로 하여금 회한의 아픔으로 마음을 무겁게 했던 것은 해방 직후의 좌우익 연극인의 싸움으로 연극 정신이 훼손된 것이었다. 좌익 연극인들이 해방 직후 일제히 '리얼리즘 연극만이 곧 진실한 연극'이라고 부르짖으면서 도식적이고 선동적인 혁명 이데올로기 연극만을 무대에 올렸던바 극협을 중심으로 한 우익 민족진영 연극인들은 의도적으로 안티리얼리즘을 내세웠다. 그러니까 고의적으로 리얼리즘을 회피했는데, 그것은 순전히 좌익 연극과 구별 지으려는 것이었다. 그 결과 리얼리즘 연극이 많이 왜곡되어온 것이다. 그는 선망의 인물인 엘리아 카잔을 만나 이야기하고 싶었다. 그러나 연출 중이었던 카잔이 만나줄 리 만무했다. 그는 엘리아 카잔과 함께 액터즈 스튜디오(Actor's studio)를 하고 있는 리 스트라스버그를 찾아가기로 했다. 초등학교밖에 나오지 않았지만 수많은 독서로 미국 최고의 연극 교사로 인정받고 있는 그가 뉴욕 브로드웨이 52번가에서 엘리아 카잔과 액터즈 스튜디오를 열고 있었다. 액터즈 스튜디오를 방문한 소감을 그는 이렇게 썼다.

전면에 불이 켜지고 학교 교사가 올라서는 교단(校壇)만큼의 작은 무대 위에 남녀가 올라서 연극을 하고 있었다. 연극 전편을 다 하는 게 아니고 어느 대목을 공부해 와서 그걸 시연하면 여러 사람의 맨 앞에 자리한 리 스트라스버그를 중심으로 질문을 하고 토론을 하고 있었다. 내가 일찍이 보지 못하던 연극 연습 교정이랄까. 그것을 보고 '아! 이렇게 연극을 공부하는 것이구나' 통감했다. 왜 우리는 이렇게 공부하는 걸 몰랐었나, 해보지도 못 했던가 후회하기도 했다.[37]

이처럼 그는 액터즈 스튜디오의 실기 위주 교육에 크게 감동했다. 그는 우연히 신인티를 못 벗은 메릴린 먼로를 직접 보기도 한 액터즈 스튜디오의 인상에 대해서 다음과 같이 썼다.

마론 부란도, 폴 뉴먼, 제임스 딘과 같은 기라성 같은 스타들을 배출한 액터즈 스튜디오는 강의보다 액션 위주의 워크숍 장소인 인상이었다. 브로드웨이의 전성기 배우들이 주 2회 정도 찾아들어 연기 수업을 갖는데 연기 지도자도 관객도 없이 오직 배우만의 연습장이었다. 공연 중인 작품의 대본만을 챙겨와 20~30여 분간 실연(實演)한 다음 연기론의 거장(巨匠) 리 스트라스버그와의 프리토킹으로 액션 전반을 보충하는 식이었다. 지극히 민주적인 자유학습장이면서도 빈틈없이 완벽한 배우 수련장이었다. 여기서 제기되는 연기 이론의 전문성과 깊이는 그때까지 내가 듣도 보도 못했던 내용들이었다. 귀국하면 꼭 이같이 수준 높은 배우 전문양성소를 가져야겠다고 결심했으나 실현되지 못한 게 유감이다. 액터즈 스튜디오 탐방은 나에게 세계 정상 연극의 흐름을 개안(開眼)시켰다. 특히 이때 현대 리얼리즘 연극의 실체라고 할 수 있는 '스타니슬랍스키 시스템'의 진수(眞髓)를 깨닫게 한 것은 훗날 연출 생활에 절대적 이론 바탕이었다. 현대 배우예술론의 근본인 스타니슬랍스키 시스

미국 방문 중 할리우드에서

템은 내면적 심리 묘사, 자연스런 연기 스타일, 잠재의식적인 연기 등으로 풀이되겠으나 한마디로 말해 연기자 자신이 극중 인물과 일치된 상태에서의 재창조된 연기가 곧 리얼리즘 무대라는 연극론이다. 현재까지도 우리 연극계는 몇몇 지도자급 외에 이 현대연기론을 정통하지 못한 단계인데 반해 그때 액터즈 스튜디오의 미국 배우들은 이를 직접 액션에 도입시키고 있음을 보고 우리 연극의 낙후성을 절감했다. 당시 미국 연극계를 둘러보고 감동했던 점은 우선 연극 세계의 진실성이 부러웠고 다음 탄탄한 수련 연기가 만드는 무대의 안정감이 과연 연극왕국의 체통으로 비쳐졌다. 대연기자들이 더욱 좋은 연기를 위해 액터즈 스튜디오 같은 전문수련장을 찾아와 땀을 짜는 모습은 자유 천지 미국의 또 다른 이미지였다. 또 기능 배우의 확보는 연극의 건전한 상업화로 통하며 무대와 대중이 호흡을 같이 하는 원동력이었다.[38]

이상에서 알 수 있는 것처럼 그는 미국 연극계 시찰, 특히 브로드웨이 정통 무대와 리 스트라스버그의 액터즈 스튜디오 견학에서 상당한 충격을 받으면서 세계 연극의 조류와 함께 극술에 대해서도 개안하였다. 특히 그가 항상 마음속으로 사숙(私淑)하고 있던 스타니슬랍스키 시스템이 어떤 것인지 직접 무대와 액터즈 스튜디오에서의 연기 수련 과정을 보며 확인한 것이야말로 대단한 소득이었다.

주지하다시피 스타니슬랍스키 연극 교육의 핵심은 여덟 가지로 요약될 수 있다. 첫째, 배우의 신체와 음성은 모든 요구에 즉각 반응할 수 있도록 철저하게 훈련하고 신축적이어야 한다. 둘째, 배우는 실감나는 행동 비지니스 및 대사를 통해서 그의 역을 진실 되게 구축할 수 있도록 리얼리티를 관찰하는 기술을 연마해야 한다. 셋째, 배우는 일체의 부자연함 없이 그의 성격 묘사를 투사할 수 있도록 무대 기술을 완벽하게 연마해야 한다. 넷째, 배우는 그가 연기하고 있는 등장인물의 상황 속에서 자신을 상상할 수 있도록 비교적 복잡한 심리적 훈련과정을 거쳐야 정서기억법(情緒記憶法, 연극 상황에서 요구되는 정서적 반응들과 상응하는 실제의 감정 체험을 환기하는 것)을 사용할 수 있다. 다섯째, 그러나 배우가 무대 위에서 단순히 자기를 연기하는 데 그치지 않으려면, 대본에 대한 철저한 이해가 있어야 한다. 그러므로 배우는 각 장면에서, 작품 전체에서, 그리고 다른 등장인물과의 관계에서 자기가 맡은 등장인물의 기본적 욕구와 동기를 명확하게 규명해야 한다. 등장인물의 우선적 목표 혹은 동기를 관통선(貫通線)이라 부른다. 왜냐하면 나머지 성격 창조가 이것을 바탕으로 구축되어야 하기 때문이다. 배우는 자기의 역(役)을 완벽하게 — 배경, 감정 및 행동의 모든 세부사항까지를 — 이해해서 그 진실성을 스스로 믿을 수 있어야 한다. 등장인물을 완전히 이해할 수 있고 믿음이 가게 하려면 때때로 배우가 대본에서 생략된 것을 채워 넣거나 발명해 넣어야 한다. 여섯째, 작품에 대한 완전한 이해를 통해서 배우는 그가 맡은 역을 전체적인 요구에 순응시켜야 하며 전체 극단의 앙상블 효과를 달성하는 데

협력해야 한다. 일곱째, 배우가 무대 위에서 행하는 일체의 작업은 극의 집중을 통해서 합일되어야 한다. 배우는 그의 모든 주의를 순간순간 펼쳐지는 사건에 집중하고 관객들에게 그가 자연발생적으로 또 처음으로 발생하고 있는 상황에 개입되어 있음을 확신시켜 주어야 한다. 그러기 위해서 그는 무대 상황의 진실을 상상하고 느끼고 표현하는 데 집중해야 한다. 여덟째, 배우는 기꺼이 하나의 도구로서의 자기를 완성하는 작업과 작품에 출연할 때마다 그의 연기를 완벽하게 만드는 작업을 계속적으로 해야 한다.[39]

이처럼 스타니슬랍스키 시스템의 요체는 배우로 하여금 완벽하리만치 헌신적이며 꾸준한 노력의 필요성을 강조하고 있다. 가령 스타니슬랍스키의 주장에 의하면 배우는 관객에게 무대 상황의 진실을 믿게 할 수 있을 때 성공할 수 있으며 이러한 확신은 오로지 밀도 있는 훈련과 완벽을 향한 부단한 노력에서 결과한다.

이러한 스타니슬랍스키의 연기관은 그의 구미에 딱 맞았다. 사실 스타니슬랍스키는 이러한 자기주장을 펴면서도 그것이 어느 나라 어느 민족에게나 딱 들어맞는 것이라고는 생각지 않았다. 그럼에도 불구하고 이해랑만은 그런 견해에 백 퍼센트 공감하고 또 평생 실천하기도 했다. 가령 그가 배우들에게 연습을 시킬 때 철두철미하게 반복해서 완벽을 기할 때까지 강행했던 것은 그 하나의 증거라 말할 수 있다. 그렇다고 해서 그가 스타니슬랍스키를 완벽한 연기이론가로 생각한 것은 아니었다. 그는 몇 가지 측면에서 스타니슬랍스키의 안계(眼界)를 예리하게 간파하고 있었다. 가령 그는 오사량이 번역한 스타니슬랍스키의 책 『배우예술(俳優修業)』에 부친 서문에서 그 한계점을 이렇게 지적했다.

그러나 아쉬운 것은 그의 '배우수업'의 단편적인 서술이 배우의 성격이 극중 인물의 성격으로 번역되고 변신하여 가는 과정에서 하나의 성격으로 통일돼가는 일관된 흐름의 전모를 밝히지 못하고 그가 주장하고 있는 초목표(超目標)를 향한 관통

행동(貫通行動)도 배우의 내면적인 창조의 기초적 발판을 제공하는 데 그치고 있을 뿐, 성격의 전체적인 창조 방법을 제시하지 못하고 있는 것이다. 나는 요즘 우리나라 연극에서 명배우(실력 있는 우수한 연기자)의 명연기(관객에게 큰 감동을 주는 위대한 연기)를 볼 수 없는 것을 몹시 아쉬워하고 있다. 그런데 그는 그러한 명배우의 인스피레이션을 환상을 쫓는 기적의 처녀로 몰아버리고 순간적으로 표출하였다가 숨어버리는 잠재의식의 발로가 전체적인 배우의 연기에 어떠한 영향을 가져오며, 또 그 후에 그것이 극중 인물과 같이 느끼는 배우의 자감(自感)을 따라서 어떻게 지속적인 창조적 역할을 할 수 있는 것인가? 관객의 마음을 그대로 사로잡고 놓지 않는 명배우의 연기, 명연기에 대하여는 입을 다물고 있다. 그러고는 초보자들을 위한 연기의 기초적인 훈련에 사로잡혀, 그들이 성장해서 발전적인 연기를 하고 명배우가 되어 관객을 압도하는 명연기를 할 수 있는 길에 대해서는 언급을 피하고 있는 것이다.

이상과 같은 스타니슬랍스키의 안계에 대한 불만에도 불구하고 그는 '배우의 연기가 사람의 마음의 심층을 파고드는 조용한 감동, 잔잔한 극적 정서, 마치 우리의 생명과 생활의 맥박을 재는 것과 같은 섬세한 정서의 흐름을 관객이 또 그와 같이 조용히 느끼면서 받아들이는 연극'을 만들어내야 한다는 스타니슬랍스키의 주장에 전적으로 공감했다. 그가 배우들을 연습시킬 때나 학생들을 가르칠 때 자주 인용하는 햄릿의 대사 중 "아주 자연스럽게, 아무리 격한 감정이 폭풍우처럼 휘몰아쳐도 그것을 억제하고 어디까지나 자연스럽게 연기를 해야 한다. 자연의 절도를 벗어난 과장적인 동작을 하지 마라. 그것은 연극의 본질에 위배된다"고 한 구절을 스타니슬랍스키의 자연스런 연기와 일치시키기도 했다.

그가 미국 연극계를 시찰하면서 얻은 최대의 수확은 스타니슬랍스키 시스템의 완벽한 실현을 본 것이었다. 따라서 그는 귀국 후 이런 연극 기법의 연출과 인재 양성 및 기존 배우들의 재교육을 시급히 시행해야겠다고 마음먹었다.

그는 뉴욕을 떠나 보스턴으로 옮겨 세계적인 명문 대학 하버드에 가서 유진 오닐을 회억하기도 했다.

또한 그가 미국 여행 중에 여러 가지 일을 경험한 가운데 감동한 일은 뭐니 뭐니 해도 당대 세계의 연극과 영화 등을 통해 주름잡았던 미래의 대스타들, 이를테면 메릴린 먼로, 안소니 퀸, 제임스 딘, 폴 뉴먼 등과 함께 리 스트라스버그의 액터즈 스튜디오에서 워크숍을 하면서 이들과 친교까지 맺은 일이었다. 그런데 더욱 주목해야 할 것은 평소 애국심이 강한 그가 미국 땅에서 우연찮게 조국에 크게 기여도 했다는 사실이다. 그렇다면 그가 잠시 미국을 시찰하는 과정에서 어떻게 조국에 기여를 했다는 것인가? 이에 대하여는 당시 유학 중에 있던 이동원(李東元) 전 외무부장관의 다음과 같은 자전적 회고에 구체적으로 나타나 있다.

"하루는 강영규(전 필리핀 대사) 유엔 대표부 3등 서기관이 임병직 대사가 급히 찾는다고 연락해왔다. 임 대사는 날 보더니 대뜸 '한국대표부 주최로 유엔회원국 대사 초청 파티를 열려고 하니 유명 인사를 좀 끌고 오라'고 부탁하였다. 한국이 유엔에서 미미한 존재였던 시절이라 유명 인사를 '미끼 상품'으로 내걸어 외교적으로 활용하겠다는 의도였다. 임 대사는 '얼마 전 신문을 봤더니 청춘 스타 메릴린 먼로가 뉴욕의 브로드웨이 연극학교에 와 있더군' 하며 꼭 남의 얘기하듯 툭 내뱉었다. 나는 혹 잘못 들었나 귀를 의심하며 '설마 저더러 메릴린 먼로를 데려오라는 것은 아니겠죠' 하고 한 발 뺐더니 '먼로가 오면 손님이 많겠어. 애국이 뭐 별건가' 하며 정색을 하는 게 아닌가. 메릴린 먼로를 대사관에 초청하겠다는 아이디어는 약소국 외교의 설움을 극복해보고자 발버둥 치던 임 대사가 짜낸 일종의 고육지책(苦肉之策)이었다.

나는 당시 브로드웨이 연극학교에 연수차 와 있던 이해랑(李海浪 작고) 선생에게 먼로를 파티에 초청할 수 있게 해달라고 부탁했다. 그의 노력으로 먼로는 임 대사 초청만찬에 참석했다."[40]

이상과 같이 그가 잠시 미국에 머무르던 때, 유엔한국대표부의 외국 대사 초청만찬에 콧대 높기로 이름 난 당대의 대스타 메릴린 먼로를 불러왔다는 것은 예삿일이 아니다. 왜냐하면 전쟁과 가난으로 겨우 알려진 약소국 대사관의 초청에 그녀가 흔쾌히 응했다는 것은 오로지 인간 이해랑의 친화력과 정치력, 그리고 사람을 끄는 강력한 힘이 아니고서는 불가능한 것이었기 때문이다. 더구나 그가 메릴린 먼로와 액터즈 스튜디오에서 함께 워크숍을 한 것도 몇 번 되지 않은 기간에 짧은 영어 실력으로 그녀와 인간적 신뢰를 쌓

전선의 미군을 위로하기 위해 한국을 방문한 메릴린 먼로(1954년)

았다는 것은 간단한 일이 아니라고 볼 수가 있는 것이다. 바로 이 지점에서 확인할 수 있듯이 그는 평소 사람을 끄는 남다른 그 무엇이 있었으며 애국심은 말할 것도 없고 친화력과 정치력 또한 탁월했다.

유치진이 부탁한 효과 음반만 사들고 3개월 만에 귀국한 그는 마치 연극인생 10년을 단기간에 산 것 같은 기분을 내면서 여기저기 미국 연극계를 소개하느라고 달포를 허비했다. 그가 미국 시찰 중일 때 국내에서는 유치진이 신협의 다음 레퍼토리로 테네시 윌리엄스의 신작 〈욕망이라는 이름의 전차〉를 선택해 놓고 있었다. 왜냐하면 당시 이 작품이 브로드웨이 무대에 올라 대단히 주목을 받고 있었기 때문이다. 유치진은 그가 뉴욕에서 이 공연을 구경하고 자료도 얻어 왔을 것으로 생각했던 것이다. 그러나 불행하게도 그의 방문 중에는 이미 공연이 끝난 뒤였다. 신협은 기왕에 취택한 야심작이므로 공연을

강행했다. 김동원(스탠리 역)과 백성희(블랑쉬 역)가 열연하고 그는 조연을 하였는데, 미국의 주목할 만한 신작이어서 그런지 관객이 미어터졌다. 특히 대학생층 관객이 주를 이룬 것이 특징이었다. 사실 전후 연극에서 대학생층이 주 관객층을 형성했던 첫 번째 작품이 다름 아닌 〈욕망이라는 이름의 전차〉였다.

이 작품에서는 처음으로 생동감 넘치는 효과음향을 활용해서 관객들의 얼을 빼놓을 수 있었다. 그가 귀국할 때 사 들여온 효과 음반이 극장 안을 쩡쩡 울려준 것이다. 그동안 한국의 극장에 없던 것을 처음 시도한 것이었다. 유치진은 역시 연극을 너무나 잘 알고 또 선견지명이 있는 큰 연극인이라는 것이 이 공연에서도 잘 드러났다. 당시 우리의 연극 수준은 수공업과 같았다. 잘 녹음된 기계를 조작하여 음향 효과를 내는 것이 아니라 극히 원시적으로 하고 있었다. 그런데 유치진은 이 공연에서 이해랑이 미국에서 사온 효과 음반을 적절하게 사용하여 관객을 매료시켰다. 특히 작품에서 주인공의 집이 철로변에 있었기 때문에 기차 지나가는 소리가 자주 났는데 그것을 미국에서 잘 녹음된 효과 음반을 틀어 들려주었기 때문에 마치 기차가 무대 뒤를 지나가는 것 같이 실감나게 객석에 전달되었다. 간간이 들려오는 기적 소리도 관객을 사로잡기에 충분했다.

이 작품에서 이해랑은 단역을 맡았지만 우리나라 연극사상 최초의 '미국물 먹고 온 배우'라는 선전 문구를 보고 관객이 몰려 객석이 꽉 들어찼다. 물론 이 작품의 신선한 감각도 관객을 매료시키는 데 적잖게 기여했다. 그는 유리 창문이 깨어져 나갈 정도로 몰리는 관중을 바라보면서 대체로 관객들은 뭔가 이전에 경험하지 못했던 신기한 것을 동경하는 경향이 있다는 것을 발견했다. 그러면서 한편으로는 관객이 요구하는 신기한 면에만 치중하면 연극이 경박해지고 통속화되기 쉽다는 것도 깨달았다. 그는 이처럼 하나의 경험에서 큰 교훈을 끄집어내는 재능이 있었다.

〈욕망이라는 이름의 전차〉는 전후에 관중에게 대단히 신선한 충격을 준 공연이었고 특히 여대생들을 관객층으로 묶는 데 결정적 계기를 만들었다. 이것은 비단 관객들에게만 새로운 체험을 안겨준 것이 아니다. 젊은 극작가들에게도 적잖은 자극을 주었다. 그 결과 임희재(任熙宰)라는 신진 극작가가 모작 〈꽃잎을 먹고 사는 기관차〉라는 장막극을 쓰도록 해주기도 했다. 이 작품은 신협이 공연하였으나 물론 반응은 테네시 윌리엄스 작품과 비교될 수가 없었다. 미국에서 많은 작품을 구경하고 귀국한 이해랑이었던지라 브로드웨이에서 본 유진 오닐이라든가 아서 밀러, 프레드릭 노트 등과 같은 작가들이 머리에서 떠나지 않은 것이다. 결국 그는 뉴욕에서 관극한 뒤 인상 깊이 남아 있던 유진 오닐의 〈느릅나무 그늘의 욕망〉을 공연하기로 하고 연출 작업에 나섰다. 그는 연출과 주연을 동시에 해냄으로써 자신의 연극 열정을 대내외에 과시한 바 있다.

이어서 그는 〈계월향〉〔이태환(李泰煥) 작〕 등 창작극 두세 편을 무대에 올린 뒤 또다시 번역극 두 편을 공연했는데, 그것이 다름 아닌 〈뜨거운 양철 지붕 위의 고양이〉(테네시 윌리엄스 작)와 〈다이알 M을 돌려라〉(프레드릭 노트 작)였다. 두 작품 모두 그가 브로드웨이에서 인상 깊게 구경한 것들이었다. 따라서 그는 미국에서 이 작품을 연출했던 엘리아 카잔의 모방 냄새를 풍기기도 했다. 그만큼 카잔의 인상이 너무 강하게 남아 있었던 것이다. 그러나 〈다이알 M을 돌려라〉만은 처음 시도한 본격 추리극이었기 때문에 관객들에게 짜릿한 감흥을 안겨준 성공적 공연이 되었다. 이 시기 그는 연출과 주·조연을 겸하는 방향으로 나아갔다. 극단을 이끌면서 연출과 연기를 겸했기 때문에 보통 분주한 것이 아니었다. 따라서 그는 자신의 뒤를 이을 젊은 후배 양성에 관심을 기울이기 시작했다.

그 첫 번째 제자가 다름 아닌 김규대였다. 그는 조연출을 몇 번 맡겨 본적이 있었던 김규대의 재능을 인정했고, 1957년 벽두에 막을 올린 〈세일즈맨의 죽음〉(아서 밀러 작)의 연출을 그에게 맡겼다. 예상했던 대로 그의 연출 솜씨는 훌륭했고, 이해랑은 크게 만족했다. 사실 미국 산업사회의 애환을 묘사한 이 작품이 한국 관객에게 직접적으로 와 닿는 것은 아니었다. 왜냐하면 1950년대의 우리는 아직도 농경사회의 끄트럭에 놓여 있었으므로 산업사회에 사는 서민들의 좌절을 실감할 수 없었기 때문이다. 그럼에도 불구하고 이해랑이 이 작품을 과감하게 무대에 올린 이유는 두 가지에서 찾을 수 있다. 첫째는 역시 그가 몇 해 전에 미국 연극계를 시찰하고 왔기 때문에 미국 현대극을 꿰뚫고 있었기 때문이고, 둘째로는 역시 아서 밀러의 사회비판적이면서도 진지하고 무거운 사상의 작품에 매료되었기 때문이다. 사실 그는 환도 직후부터 이 작품을 공연하고 싶은 욕망이 있었다. 그러나 당시의 극장 시설, 특히 조명 시설이 낙후되어 있어서 엄두를 못 냈을 뿐이다. 이 작품은 과거와 현재가 공존하거나 교차하는 부분이 많아서 조명 시설이 좋지 않으면 공연이 불가능했다.

그럼에도 불구하고 신협의 레퍼토리로 취택된 데는 아서 밀러가 주장해온

1984년 한독 수교 100주년 기념 공연 〈파우스트〉

"훌륭한 희곡은 훌륭한 사상(思想)이다. 또한 위대한 희곡은 위대한 사상이다. 위대한 사상은 외부 세계로 뻗어나가려는 대담한 행위이다. 대담한 것은 온건한 것이나 무난한 것과는 양립할 수 없다"는 생각 때문이었다. 사실 이해랑은 경박스럽고 말초신경을 자극하는 통속극을 경멸해온 터였기 때문에 아서 밀러가 마음에 와 닿는 작가일 수밖에 없었다. 즉 그는 이 작품을 공연하게 된 배경과 관련하여 "아서 밀러는 말초적(末梢的)인 기술을 존중한 작가가 아니었다. 신협이 오랫동안 주저해오던 이 작품의 상연을 결정한 이유도 여상한 작가의 정신, 소위 그가 말하는 훌륭한 사상, 그리고 위대한 사상, 즉 연극적인 대담한 행위를 살리기 위하여 무대의 기술적인 문제를 가능한 한 해결

경무대로 이승만 대통령 내외분 예방
(뒷줄 왼쪽부터 김동원, 김승호, 오영진, 이병일, 전창근, 전택이, 유치진, 이해랑)

해 보려는 데 있었다"고 했다. 실제 공연 성과는 예상대로였다. 주역을 맡은 김동원이 일생일대의 명연기를 펼침으로써 1만 2,000명이라는 의외의 관중을 감동시키기에 충분했다. 사실 이 작품에서 김동원의 윌리 로만 역은 그의 햄릿, 메피스토펠레스(〈파우스트〉)와 함께 평생의 3대 명연기로 남는 것이었다.

김규대의 능력을 인정한 이해랑은 다음 창작극 〈풍운〉(오영진 작)을 또다시 그에게 연출을 맡기고 자신은 주역을 맡고 나섰다. 물론 이름만 김규대로 정하고 실제로 그 자신이 연출도 겸하다시피한 작품이었다. 이승만 초대대통령의 청년 시절을 묘사한 이 작품은 당시 공보처에서 제작비 전부를 대주었기 때문에 손해를 보지는 않았지만 예술 작품으로서는 성공하지 못했다. 대통령 선거를 앞두고 현직 대통령의 젊은 시절을 미화한 작품에 대해서 관객이 호감을 갖기는 쉬운 일이 아니었다. 극히 친여적(親與的)인 작품을 공연한 그는 어딘가 마음이 꺼림칙할 수밖에 없었다. 그때의 전후 사정에 대하여 그는 '도급 맡은 공연'이었다면서 다음과 같이 회고한 바 있다.

이 정권 때 이 박사의 독립투쟁을 테마로 한 〈풍운〉이라는 연극을 450만 환에 도급을 맡아서 공연한 일이 있다. 장내 정리비로 백 환을 받고 시공관에서 1주일 공연을 치렀는데 관객이 예상외로 밀려들어 극단으로서는 장내 정리비로 톡톡히 재미를 보았다. 극단은 한창 곤궁에 빠져 있었으나 이 노다지 작품 가지고 전국을 순회하면 학생 동원은 물론 일반 관객의 동원도 순조로울 것이므로 사뭇 기대를 걸고 있었다. 전국 순회공연에 앞서 우선 가까운 인천 공연을 떠났다. 계약된 동원 수는 열흘 동안 매일 밤낮 3회씩 공연을 하여도 그 사람들에게 연극을 보일 수 없을 만한 굉장한 숫자였다. 극단원들의 기분은 흐뭇하였다.

첫날 주간 제1회 공연에는 두 학교가 동원되어 2천5백 명이 오기로 되어 있었다. 천여 명을 가까스로 수용할 수 있는 극장은 그야말로 입추의 여지없이 꽉 들어찰 것이다. 그런데 어찌된 노릇인지 제1회 공연 시간인 1시가 되어도 장내는 사람들의 끓는 소리가 없이 종용하기만 하고 극장 문전에도 얼씬거리는 학생의 그림자는 볼 수가 없었다. 당황한 사업부원이 학교에 연락을 취하니 학교에서는 분명히 오전 수업만을 하고 극장으로 가라고 학생들을 올려 보냈다는 것이다. 어찌된 영문인지 몰라 알기 위하여 거리에서 사업부원이 데리고 온 한 학생들을 나는 화장실로 불러 들여서 물어보았다. 학생들은 극장으로 오다가 모두 영화관으로 갔다는 것이다. 그리고 그 학생은 덧붙여서 인천 사람들은 야당적인 색채가 농후하기 때문에 이 박사를 주인공으로 한 연극을 보려고 하지 않는다고 솔직한 충고를 하여주는 것이었다. 2회 공연에도, 3회 공연에도, 그리고 그 이튿날 공연에도 기획된 관객은 여전히 오지 않았다. 우리는 허둥지둥 여드레를 예정하였던 공연을 이틀로서 끊어버리고 인천을 떠났다.[41]

이상에서 우리가 알 수 있는 것은 집권당이었던 자유당이 이미 민심을 잃고 있었으므로 이 대통령의 젊은 시절을 긍정적으로 묘사한 〈풍운〉이 학생들로부터 외면당했다는 것이다. 그 낌새를 알아차린 이해랑은 특정인을 찬양하는 것과는 정반대의 작품을 물색했고 결국 정치사회의 부패를 파헤친 입센의 〈민중의 적〉을 무대에 올리기로 하였다. 이는 곧 〈풍운〉 공연에 대한 일종의 보속심리(補贖心理)에 따른 것이었다. 이와 관련하여 이해랑은 "그 이듬해 고 신익희(古 申翼熙) 씨가 이 박사와 같이 대통령 후보로서 선거전을 벌이고 있을 때 한강 백사장에는 수십만의 군중이 몰려들어 민주당에 대한 국민의 지지가 절정에 달하였을 때 바로 그 대통령 선거가 있는 달에 우리는 입센의 〈민중의 적〉을 상연하였다. 주지의 사실이나 권력층을 지지하는 민의는 조작된 것이며 다수보다는 소수에 진리가 있다는 것이 이 작품의 테마다. 당시에 자유당은 허위로 만들어진 정권이며 진리는 소수당인 민주당에 있다는 것을 말하려는 것이 이 작품을 상연하는 우리의 의도였다. 또 한편으로는 민주당을 지지하고 한강 백사장을 메운 인파(人波)가 같은 진리를 풀이하는 극장으로도 몰려올 것을 예상하고 거기에도 적지 않은 기대를 건 공연이었다. 그러나 매회 2, 30명의 관객을 놓고 일주일 동안 공연을 치르고 났을 때 남은

신협의 〈민중의 적〉(입센 작) (가운데가 이해랑)

것은 우리 국민으로서는 감당할 수 없는 막대한 부채뿐이었다. 연극이 정치의 바람을 탔다가는 정말 큰코다치고 만다는 것을 뼈아프게 가르쳐 주었다"[42]고 회상한 바 있다. 그러면서 그는 "경찰의 간섭으로 내용을 뜯어고쳐 막을 올렸는데 객석의 관객이란 무대 위의 배우 수보다 적었다. 결국 빚만 태산같이 지고 말았는데 연극이란 역시 정치색을 띤다든가 시대에만 통용되는 특정 문제만을 내세우면 실패를 한다는 사실을 비싼 대가를 치르고서야 깨닫게 되었다. 연극이란 한 시대를 초월한 영원한 생명과 인생의 문제가 담겨져야만 한다는 큰 교훈을 다시 한 번 깨닫게 했다"[43]고 실토한 바 있다.

이처럼 그는 언제나 실패에서 하나의 교훈을 캐내곤 했다. 〈민중의 적〉이란 작품이 신협 극단에 끼친 치명적인 악영향은 또 하나 있었다. 즉 이해랑이 연출을 맡겼던 전근영(全槿映)이 놀랍게도 남파 고정간첩이 아닌가. 전근영이 1·4 후퇴 때 월남해 서울에 머물고 있으면서 당시 연극계에서 가장 영향력이 있었던 이해랑에게 접근하여 니혼대 예술과 후배라면서 연출을 한번 하겠다고 간청해서 맡은 작품이 바로 〈민중의 적〉이었다. 그런데 북한에서 연출을 많이 해보았다고 자기선전을 했지만 행동선 하나 제대로 찾아내지 못할 정도의 실력이었다. 어딘가 낯설었던 전근영이 신협의 공연을 망치는 큰 몫을 했는데, 그 몇 달 후 그가 월북 직전 사살됐다는 보도를 보고서야 신협 측에서는 남파 간첩임을 알고 놀랐고 동시에 곤욕도 치러야 했다. 이처럼 전쟁이 끝났어도 이데올로기의 유령들이 연극계에서 그때까지도 암약하고 있었던 것이다.

그가 이끌던 신협이 최악의 상태로 빠져 들어간 데는 영화의 붐도 한몫했다. 미국 영화도 물밀 듯 밀려들어 왔지만 이철혁 제작의 〈춘향전〉〔이규환(李圭煥) 감독〕이 미녀 여배우 조미령을 히로인으로 내세워서 대단한 히트를 한 것이 연극이 내리막길을 가게 하는 데 결정타를 먹인 것이다. 대중예술이 영화 쪽으로 무게가 기울어지면서 유능한 무대 배우들이 영화판으로 이동해갔다. 〈춘향전〉에 이어 소설과 연극으로 크게 히트했던 〈자유부인〉(정비석 작)이 한형모 감독 작품으로 선을 보이면서 국산 영화 붐이 절정을 향해서 치달았다. 특히 신협뿐만 아니라 전 연극계를 통틀어서 최고의 연기자로 군림하고 있던 김동원이 〈자유부인〉의 주연을 맡음으로써 영상 스타로서도 단번에 스타덤에 오른 것이다. 〈춘향전〉과 〈자유부인〉 두 작품의 히트로 인해서 이원(梨園)의 판도는 완전히 영화 무대로 바뀌었으며 그때부터 방화 시대(邦畵 時代)가 열리고 있었다.

그가 해방 직후 다시 연극계에 발을 들여놓은 때부터 고행의 연속이긴 했지만 환도 후에는 더욱 심했다. 황폐된 서울에서 기십 명의 단원들을 이끌면서 연극으로 생계를 꾸린다는 것은 정말 상상을 초월할 만큼 고통의 생활이었다. 언제나 채권자들의 등쌀로 고통받아야 했고, 나이 어린 5남매의 학비 조달도 쉬운 일이 아니었다. 자존심 강한 그의 아내가 수시로 부산의 시부를 찾아 생활비를 얻어 와야 하는 것은 마치 지옥문을 드나드는 것 같은 고통이었으리라.

그런 때에 마침 국립극장이 대구에서 환도했다. 명동의 시공관을 국립극장으로 정했으나 변변한 전속 단원이 없어서 신협에 구원의 손길을 뻗쳤다. 마침 환도한 국립극장은 책임자인 서항석을 위시하여 이무영(李無影), 박진, 이해랑, 이진순 등으로 운영위원회를 구성하여 전속 단체에 대한 논의를 본격화했다. 그 당시 상당수 배우들이 영화계로 이동한 상태에서 적어도 국립극장이 전속 단체를 구성하려면 신협을 제외하고는 상상도 할 수 없었다. 그는 매우 까다로운 조건을 내세웠다. 즉 배우뿐만 아니라 무대장치가, 조명가, 소품 제작자, 효과음향 전문가까지 스탭진 전체를 받아줘야 들어간다고 한 것이다. 그는 앙상블을 이루려면 그동안 함께 호흡을 맞춰온 전체를 받아들여야 한다고 주장했다. 국립극장 측으로서는 당연히 거부했다. 도대체 전속 극단을 만

1950년대 중반의 유치진과 이해랑, 록펠러재단 이사

드는 데 배우만 들어오면 되지 스탭진, 더욱이 인부까지 어떻게 받아들이냐는 것이 극장 측의 주장이었다. 이 문제는 상당한 시일이 걸릴 수밖에 없었다.

이즈음 신협의 정신적 후원자였던 유치진이 록펠러재단 후원으로 세계 일주 여행을 떠났다. 신협 측과 국립극장 측은 몇 달 동안 옥신각신하다가 결국 이해랑의 고집이 관철되었다. 그러나 신협 측에서도 중대한 양보를 했다. 명칭의 양보였다. 이해랑은 국립극장 측에서 인부를 포함한 전 단원까지 고스란히 데려가는데 명칭까지 고집할 수는 없었다. 사실 신협은 10년의 빛나는 전통을 가진 고유 명사의 극단 명칭이었는데도 불구하고 서항석 극장장은 고집스럽게 '국립극단(國立劇團)'을 주장한 것이다. 이러한 명칭 싸움의 배경에는 유치진과 서항석의 연극계 주도권 다툼이 깔려 있었다고 말할 수 있다. 결국 칼자루를 쥔 쪽인 국립극장의 주장대로 되었다.

전통 있는 극단 신협은 1957년 5월 〈박쥐〉 공연을 끝으로 역사의 뒤안길로 사라져가는 듯했다. 국립극단의 진용은 신협이 주축이 되고 몇몇 중견 연극인들이 참여했는데, 이해랑, 김동원, 강계식, 최남현, 박암, 장민호, 조항, 박성대, 장일호, 주선태, 박상익, 변기종, 백성희, 김경애, 문정숙, 황정순, 정애란, 진랑(陳娘) 등이었다. 연극계의 중견 배우들은 모두 참여했다고 해도 과언이 아닐 만큼 최강진으로 구성되었다. 국립극단은 창단 기념으로 1957년 7월 중순에 카알 쇠인헤르의 〈신앙과 고향〉(서항석 역)을 홍해성(洪海星) 연출로 무대에 올렸다. 국립극단은 계속해서 〈태풍경보〉(코프만 하아트 작)와 〈발착점에 선 사람들〉(이무영 작), 그리고 이해랑의 회심의 연출작 〈인생차압〉(오영진 작) 등을 연달아 공연했다. 이 공연에 대해서 김광주는 "현실과 인생을 칼로 치듯이 그 중턱을 탁 쳐버려 놓고 생생한 단면을 우리에게 보여주는 데 성공했다"[44]고 극찬한 바 있다.

고생하고 있던 신협 단원들은 국립극장으로 들어가면서 매월 급료도 받고 제작비 걱정도 하지 않으면서 어렵잖게 공연 활동을 할 수 있게 되어 비교적 행복하게 생각했고, 생활 안정도 어느 정도 기할 수 있게 되었다. 그러나 단

국립극장 환도 기념 공연 〈신앙과 고향〉

한 사람 이해랑만은 허탈한 상태에 빠져 있었다. 왜냐하면 전쟁 중에도 이끌어 온 신협을 고스란히 국립극장 측에 넘겨 준 결과가 되었기 때문이다. 결국 뭔가 꺼림칙했던 것이 구미(歐美) 여행에서 돌아온 유치진에 의해 폭발하고 말았다. 왜냐하면 유치진으로서는 극협에서부터 꼭 10년을 가꿔온 극단을 라이벌인 서항석에게 고스란히 넘겨준 꼴이 되었기 때문이다. 화가 치민 유치진은 그에게 "네 마음대로 신협을 처분해도 되는가. 당장 신협 이름을 되찾아오라!"고 야단을 쳤다. 그때의 상황에 대하여 이해랑은 다음과 같이 회고했다.

"그런 망발이 어디 있나. 나는 세계 각국을 다니면서 신협 선전을 했다. 한국에 신협이란 극단이 있다고 자랑하고 왔는데 웬 말이냐 안 된다. 어떡하든 싸워서 신협 이름을 되찾아라." 그 양반 말씀을 듣고 나로선 저항할 길이 없었다. 다시 국립극장에 가서 신협 이름을 주장했다. 운영위원회는 그것 때문에 연일 모여서 안 된다느니, 꼭 그렇게 해야 하느니 시비가 붙었다. 신협이란 문제는 교착 상태에 빠져 있었다. 나로선 샌드위치가 된 꼴이었다. 국립극장 운영위원들의 말에도 일리가 있었고, 유(柳) 선생이 주장하는 것도 전적으로 아집이라 하기 어려웠다. 전에 극협(신협의 전신)을 조직할 때, 유 선생을 고문 또는 지도위원으로 받들었었다. 신협을 조직할 때의 그 정신을 생각할 때 그분의 신협 명칭 고집은 일리가 있었던 것이다. 좌우지간 선배들의 시비와 압력 사이에서 나는 이러지도 저러지도 못했다. 고민 끝에 나는 '에이 내가 그만두면 되지 않느냐' 샌드위치 질곡에서 벗어나기 위해 나는 국립극장에 사표를 제출하고 나와 버렸다. 다른 단원들에게는 그대로 있어 달라고 당부를 했다. 김동원, 장민호, 백성희, 박암 등은 그대로 남게 되었다.[45]

이상에서 알 수 있는 바와 같이 그로서는 진퇴양난이었다. 단원들은 명칭보다도 당장 생계가 절박하다고 생각해서 국립극장 전속 단원이 된 것을 크게 만족해하고 있었는데 그만은 리더로서 적잖은 갈등을 겪지 않을 수 없었다. 결국 그는 유치진의 명분이냐 20여 명 단원들의 생계냐는 기로에서 고민하다가 스스로 국립극장을 떠나는 것으로 결말을 지었다. 그 역시 국립극단을 떠나면 당장 일곱 식구의 생계가 곤란하다는 것을 알면서도 지도자로서의 책임감 때문에 고행의 길을 택한 것이다. 여기서 그와 관련하여 두 가지가 떠오른다. 첫째로 그는 항상 자기 앞에 놓인 두 가지 길, 쉬운 길과 어려운 길 중언제나 어려운 길을 택했다는 것이고, 둘째로 그가 항상 자신보다는 자기를 따르는 사람들을 위해 희생할 줄 아는 지도자상을 지녔다는 점이다. 따라서 그는 또다시 실직자가 되었다.

그의 실직은 가족생활에도 중대한 변화를 불러왔다. 그가 뜻하지 않게 다방까지 운영하는 처지가 되었기 때문이다. 물론 그가 국립극단을 떠나자마자 다방을 낸 것은 아니었다. 그것은 당시의 정치 판도와 연관이 있었다. 이승만 독재정권에 대한 국민 반감이 거세지면서 이 박사(李 博士)의 후계자 이기붕(李起鵬)의 의회 기반 강화가 시급한 문제로 떠올랐다. 당시 야당에서는 입심 좋은 김산(金山)이 대중의 인기를 끌고 있었기 때문에 당선을 장담할 수 없는 처지였다. 뭔가 조치를 취하지 않으면 안 되었다. 그래서 이기붕은 이재학(李在鶴) 국회부의장을 내세워 출신구 서대문 홍제동 일대에 14평짜리 국민주택이란 것을 지어서 예술인들에게 무료로 1백 세대를 분양해주도록 한

문화인촌 시절의 이해랑

것이다. 이재학 부의장은 당시 무대예술인으로서 최고의 명성을 얻고 있던 이해랑에게 그 일을 전적으로 맡겨서 진행하도록 했다. 당시 홍제동 일대는 대부분 밭이었는데 그런 밭 가운데 덩그러니 집 백여 채를 지어놓고 문화인촌(文化人村)이라 이름 붙인 것도 바로 그였다. 그는 즉각 홍제동 문화인촌으로 이사를 갔는데, 이웃에는 절친 김광주를 비롯하여 아끼는 후배 장민호, 그리고 류호(兪湖), 최남현, 조영암 등이 살게 되었다.

그런데 새집이 생기면서 그는 뭔가 생활수단을 찾아보려고 결혼 직후 살았던 돈암동 집을 20여 년 만에 300만 원을 받고 팔았던 것이다. 그는 아내와 숙의한 끝에 장사를 하기로 하고 을지로 입구에 있던 다방 동방(東方)살롱을 200만 원에 인수했다. 당시 그는 스스로 밝힌 바 있듯이 '다방을 하면서 생활을 돌보고 좋은 연극이 있으면 마음 놓고 연극을 하리라' 마음먹었었다. 그러나 장사와 거리가 멀었던 그는 처가 식구들의 도움을 받아가면서 다방을 운영했지만 그것이 제대로 될 리 만무했다. 우선 전 주인의 거액의 체납까지 고스란히 안고 들어감으로써 시작부터 큰 손해를 본 것이다. 그런데 더욱 고통스러운 문제는 동방살롱이 가난한 예술인들의 아지트가 된 점이었다. 평소 잘 알고 지내는 예술인들이 10원짜리 외상 커피를 한 잔 마시고 온종일 노닥거리는 통에 손님들이 잘 들어오지 않았다. 그러니까 살롱이 예술인들의 아지트가 되어 온종일 앉아서 원고 쓰는 문인에다가 그림까지 그리는 화가도 있었다. 온종일 예술인들이 사랑방으로 진을 치고 있으니 정말 차를 팔아줄 손님은 얼씬도 할 수 없었다. 술 취한 예술인들의 행패도 눈에 거슬리는 것이었다. 그러나 문제는 단순히 그런 행패 정도가 아니었다. 나날이 쌓여가는 외상 찻값과 빚이었다. 10원짜리 커피 천 잔을 외상 진 사람도 몇 명 있었고 수십, 수백 잔은 보통이었다. 1년여 지나면서 그는 장사와는 거리가 멀다는 생각을 하면서 돈암동 집을 판 돈 중에 240여만 원을 몽땅 날리고 다방업을 걷어치울 수밖에 없었다.

그러던 차에 그는 10여 개월 만에 국립극단을 탈퇴한 장민호, 황정순, 유계

신협의 〈한강은 흐른다〉 공연 중 분장실에서(1958)

선, 박상익, 최남현, 주선태, 조항, 박암, 김승호, 한은진 등을 데리고 유치진이
구미 연극계를 돌아보고 와서 새로 쓴 〈한강은 흐른다〉를 심혈을 기울여 연
출했다. 그런데 뜻밖에 문화예술인들의 주도권 싸움에 말려든 것이다. 이것은
순전히 그가 존경하는 선배 유치진 때문에 야기된 일이었다. 즉 유치진이 시
작한 전국대학극경연대회의 지정 작품 〈왜 싸워〉(유치진 작)가 친일 작품이
었다는 김광섭(金珖燮) 시인의 문제 제기로 사태가 벌어졌다. 그런데 문제를
제기한 측은 과거 문총파(文總派)로서 전부터 유치진과 감정 대립을 하고 있
었고, 의리와 의협심이 강한 이해랑이 자연스럽게 그 싸움에 말려들어 간 것
이다. 이에 대하여 그는 다음과 같이 회고한 바 있다.

오리지널 극본 〈왜 싸워〉에 대한 일제 잔영(日帝 殘影) 시비는 급기야 문화계
전체의 진흙탕 싸움으로 번졌다. 계획됐던 대학 연극 콩쿠르가 좌절되자 유치진 선

생 쪽은 피해자 입장이니 말할 것도 없고 부질없는 개입으로 덜미를 잡힌 쪽인 문총으로선 위신을 걸게 됐던 것. 당초 나는 이 소동과는 전혀 거리가 먼 사람이었다. 대학 연극 콩쿠르 계획이 있는 줄도 전혀 몰랐고 부산 체재 중 갑자기 유(柳) 선생의 지원 요청을 받게 된 것이다. 그런데 사태가 악화되면서 나도 모르게 주역 감이 됐고 나중에는 나 개인과 문총 간의 대결 양상이 되고 말았다. 내가 이 소란 통에 휘말려든 것은 좋게 말해서 정의파적 열혈 기질 탓이겠지만 그보다는 세상살이에 어둡기 때문이었다.[46]

이상과 같이 〈왜 싸워〉 사건은 이해랑과는 솔직히 아무런 관계가 없는 것이었다. 그런데 스스로 고백했듯이 정의심과 의리를 중요시한 그가 유치진과의 사적 친분 때문에 자연히 앞장서서 변호하고 또 감정싸움도 벌인 것이다. 그러다 보니 정작 당사자는 뒤로 빠지고 이해랑이 문총 사람들과 전면전을 벌이는 형국이 되어갔다. 그들과의 감정싸움은 급기야 임화수(林和秀)까지 개입하는 폭력 사태로 비화되었다. 그리하여 이해랑을 따르던 후배들인 김승호, 최남현, 주선태, 박암 등이 임화수에게 끌려가 곤욕을 치렀고, 그 자신도 엉뚱하게 '이승만 대통령을 비방했다'는 명목으로 끌려갔었다. 당시 이 박사를 비방하는 것은 곧 좌익으로 몰리던 때였다.

임화수와 첫 대면한 그는 6·25 때 한강 도강을 상기시키면서 그를 설득함으로써 오히려 그와 가까워진 일도 생겨났다. 이처럼 그는 지난 시절 친일 연극도 하지 않았고, 또 6·25 때는 한강을 헤엄쳐 건넌 당당한 도덕성 때문에 추악한 예술계의 이전투구에서도 당당할 수 있었다. 오히려 그는 이승만 박사의 청년 시절을 묘사한 작품 〈풍운〉의 주역을 맡았던 경력까지 있었기 때문에 임화수와 가까워지는 계기가 되었다. 사나이다운 의리와 정의심이라는 공통분모를 발견한 임화수는 이해랑에게 함께 문화단체를 하자고 제의해 왔다. 소위 '반공예술인단(反共藝術人團)'이 바로 그것이다. 막강한 자유당의 배경을 뒤에 업고 있었던 임화수는 반공예술인단을 조직하여 스스로 단장이 되어 이해랑을 부단장에 앉혔다. 이해랑으로서는 연예계의 주먹으로 군림하고 있던 임화수가 마음에 들지는 않았지만 그 자신이 반공사상에 투철했던 데다가 전근영 등 연극계에 침투한 남파 간첩 사건도 경험했던 터여서 부단장직을 수락했다. 반공예술인단이 발족되면서 문총의 무대예술원 산하에 있던 영화, 연극, 국악, 무용 단체들이 모두 반공예술인단으로 옮겨왔고, 문총의 힘은 급속히 약화되었다. 그러니까 문화예술계의 힘이 완전히 반공예술인단으로 옮겨졌다는 이야기가 된다.

그런데 이 단체는 순수하지 못했다. 왜냐하면 이 단체가 당초의 설립 취지와는 달리 자유당 정권의 외곽 문예 단체, 즉 어용 도구로 전락해갔기 때문이다. 따라서 그는 단체 사무실에 거의 나가지 않았다. 부단장이란 감투도 임화수가 마음대로 붙여준 것이기 때문에 사무실에 나가지 않아도 부담될 것은 하나도 없었다. 뒷날 그는 반공예술인단 간부를 맡았던 것과 관련해서 "나는 지금도 단체의 변질에 대한 책임을 자괴(自愧)한다"[47]고 실토한 바 있다.

4. 영상예술로의 진출과 회귀

이 무렵 그는 궤도 이탈을 해야 하는 처지에 놓이게 되었다. 물론 그가 험난한 예도(藝道)를 걸어오면서 연극이라는 정도를 궤도 이탈한 적이 없었던 것은 아니다. 가령 일제 말 연극계를 떠나 있었던 일이나 극협을 이끌 때 그가 경멸해 마지않던 악극의 주역을 단 한 번 맡았던 일, 그리고 이상한 정치 외곽 단체였던 반공예술인단 부단장을 한 것이나 먹고살기 위해 다방을 경영했던 일 등도 외도임이 분명했다. 그러나 주목할 만한 사실은 그의 외도가 언제나 오래 지속되지는 않았다는 점이다.

그런데 그의 다음 외도는 '영화'였다. 즉 그가 1950년대 하반기의 영화 붐을 외면하지 못하고 생활을 위해서 스크린으로 잠시 눈을 돌린 것이다. 어느 날

이해랑이 처음 출연한 영화 〈낙랑공주와 호동왕자〉

영화제작자가 그를 찾아와서 출연료를 두둑이 줄 터이니 참여해달라고 했다. 그는 동방살롱도 걷어치워 막막했던 터라서 쾌히 승낙하고 〈낙랑공주와 호동왕자〉에 출연했다. 이 작품은 과거 한 번 무대에 올린 적도 있어서 만만하게 본 것이다. 그러나 의외로 영화는 영화대로 또 다른 문법과 분위기를 가지고 있었기 때문에 그를 애먹였다. 그때 영화에 함께 출연했던 동료 연극인 강계식(姜桂植)의 회고담을 들으면 그가 영화 출연에 마지못해 응했음을 알 수 있다. 강계식은 이해랑을 추모하는 회상의 글에서 "1950년대 연극이 한창 고생하던 시절, 선생과 나는 (제목은 생각나지 않는다) 어떤 영화의 촬영이었는데 얼굴에 수염을 붙이고 함께 출연을 기다리다가 선생께서는 책 한 권을 꺼내들고 한적한 곳을 찾아 독서 삼매경에 빠지셨다. 군중 장면이라 한두 사람쯤 빠져도 감독(監督)도 정신을 못 차리는 지경이었으니 보이지 않는 선생은 당연히 잊고 그 장면을 찍었다. 촬영을 마치고 뒤늦게 내가 선생을 찾아 헤매다 보니 선생께서는 여전히 그 모습대로 책을 읽고 계셨다. 내가 다가가 '끝났습니다. 가시지요' 하고 말씀 드리니 그제야 일어나시며 '나는 왜 부르지도 않아' 하시며 옷을 갈아입고 분장(粉粧)을 지우고는 그대로 귀가하셨다"고 썼다. 이러한 그의 모습에서는 두 가지 의미를 읽어낼 수 있다. 첫째, 그가 생활고 때문에 전혀 마음이 가지 않는 영화 출연에 마지못해 응한 것이 극명하게 드러난다. 젊은 연극 지도자로서 자존심마저 접어 두고 억지로 영화 촬영에 응한 것이다. 둘째, 그가 어려운 시절에도 책을 손에서 놓지 않았다는 것이다. 이는 곧 그가 미래를 준비하기 위하여 항상 공부하고 있었다는 이야기가 된다.

그런 얼마 뒤 또 다른 영화제작사에서 그에게 감독을 의뢰해 왔다. 그는 영화 출연에 자존심만 구기고 별 재미를 보지 못했던 터라서 처음에는 망설였으나 단원들을 먹여 살리기 위해서 신협 단원 전원이 출연하는 것을 조건으로 수락하였다. 영화 제목은 〈육체는 슬프다〉〔이진섭(李眞燮) 시나리오〕였고 출연 배우는 김동원, 박암, 장민호, 문정숙, 조미령 등이었다. 설악산을 주 배경으로 로케이션을 한 이 영화 촬영에서 그는 커다란 벽에 부닥쳤다. 카메라를 몰랐기 때문이다. 이때의 실패담을 그는 이렇게 실토했다.

그런데 영화 연출이란 연극과는 생판 다른 것이어서 생각대로 연출이 되질 않았다. 실내 장면은 그런대로 감을 잡아 촬영을 할 수가 있었는데 야외에만 나가면 카메라를 어디에다 놓아야 할지 막막할 뿐이었다. 카메라를 통한 세계가 어떤지를 모르니 당연했던 노릇. 이러니 영화가 제대로 될 리가 만무했다. 나중에 완성된 영화를 보니 템포는 느리고 장면은 튀고 엉망이었다.[48]

이상과 같이 그의 영화 외도는 출연진과 감독 모두에서 참담한 실패로 끝났다. 그는 여러 가지 면에서 영화 체질이 아니었던 것 같다. 가장 정통 연극적인 인물이었기 때문에 다른 장르를 잘 인정하지도 않았고 또 소질도 없었다. 그는 오직 외골수 연극배우였고 연출가였을 뿐이다. 다방에 실패하고 순전히 타의로 반공예술인단 부단장을 맡았다가 영화로 진출한 일도 실패로 끝나 낭패감에 빠져 있을 때 박진이 찾아왔다. 그에게 국립극장 복귀를 권유하기 위해서였다. 불황기에는 어떻든 바람을 일으켜야 하는데, 그러려면 국립극장에는 두 개의 개성이 다른 극단이 있어야 한다는 것이었다. 자신이 극단 민극을 조직하고 있으니 이해랑은 신협을 재건해서 국립극장으로 들어오라는 것이었다. 그는 이미 신협 재건을 끝마친 터라서 이원 체제도 괜찮다는 생각이었다. 두 개의 극단에는 중견 연극인 모두가 참여했기 때문에 대단히 호화로운 진용으로 짜일 수 있었다.

이처럼 국립극장은 두 개의 전속 극단과 두 대표를 갖게 되었다. 당초 박진은 동양극장 체질이 몸에 배어 있던 인물이었기 때문에 민극에는 황해(黃海), 신영균(申榮均) 등 대중성이 강한 배우들도 많이 가담했다. 두 극단은 당장 잃어버린 관객 찾기 작업에 나서야 했고, 그래서 취택된 합동 공연 레퍼토리는 대하소설 〈대수양〉〔김동인(金東仁) 원작〕이었다. 호화 배역진으로 장대하게 만든 이 작품은 예술적으로 수준이 높지는 못했지만 흥행적으로는 어느 정도 성공을 거두었다. 이 말은 곧 국립극장이 당초의 목적을 일단 달성했다는 이야기가 된다. 국립극장으로서는 대단한 심혈을 기울여 만든 대작이지만 이질적인 연기진과 연습 시간의 부족으로 앙상블에는 미흡했다는 평가를 받은 것이 사실이었다. 『조선일보』는 공연평에서 "극단의 유신을 부르짖으며 새로이 국립극장의 전속 극단이 된 '민극'과 '신협'이 합동 공연으로 상연한 김동인 원작, 이광래 각색, 박진 연출의 〈대수양〉(제5막 10장) (……) 수양이라고 하면 이조의 대표적인 폭군의 하나로 알려져 있는데, 그것을 뒤집어 수양이 왕위에 오르기까지의 인간적인 고뇌를 동정적인 견지에서 그리고 김동인 씨의 〈대수양〉을 충실하게 각색한 상연 시간 3시간여의 이 연극은 사극이 지녀야 하는 품격이라든가 앙상블에서 오는 통일된 감명을 주지는 못했지만 60명이 넘는 등장인물에다 불충분했던 연습 시간을 생각한다면 산만한 대로 부분적으로 연극이 지니는 매력의 일단은 보여주었다"[49]고 나름대로 긍정적인 평가를 해주기도 했다. 그런데 당초 이 작품은 그가 상당수 수정해서 그런대로 작품이 될 수 있었다.

합동 공연이 성과를 거두자 그 다음에는 독문학을 전공한 서항석 극장장의 고집에 따라 쉴러의 〈빌헬름 텔〉을 그의 번역과 연출로 무대에 올렸는데 혹평만 받았다. 물론 이해랑은 신협 대표로서 외면할 수가 없어서 단역으로 겨우 협조했을 뿐이다. 그런데 여기서 한 가지 그가 동양극장 연극인들과 한솥밥을 먹게 된 배경에 대한 것이다. 사실 그는 동양극장류의 신파극을 언제나 경멸, 배타하는 입장이었다. 그러나 인간미 넘치는 연극계 선배 박진의 권유로 국립극장에도 다시 복귀하면서 대중연극도 포용한 것이었다. 이러한 그의 아량과 변신은 역시 나이와 연극 환경에서 비롯된 것으로 보아야 할 것 같다.

그렇다고 그가 자신의 연극 철학까지 내팽개친 것은 결코 아니었다. 따라서 그는 그 다음 공연부터는 신협만 따로 공연을 갖기 시작했고, 첫 작품이 미국에서 관극한 바 있는 테네시 윌리엄스의 〈뜨거운 양철지붕 위의 고양이〉를 연출한 것이었다. 미국의 신예 작가인 테네시 윌리엄스의 작품은 현대인의 복잡한 정신 상황을 예리하게 파헤친 희곡이기 때문에 이해랑에게는 안성맞춤이었고 젊은 관객들로부터 좋은 반응을 불러왔다. 이에 자신감과 용기를 얻은 그는 미국 시찰 중 브로드웨이에서 인상 깊게 관극한 바 있는 〈안네 프랑크의 일기〉를 연거푸 무대에 올려서 호평을 받았다. 가령 이근삼은 공연평에서 "금년에 들어 둘째로 신협이 또다시 번역극 공연을 국립극장 무대에 내놓았다. 작품은 너무나 잘 알려진 〈안네 프랑크의 일기〉, 전혜린 역, 이해랑 연출로 된 이번의 공연은 6·25라는 쓰라린 경험을 겪어온 관객들에게 여러모로 깊은 인상을 안겨주었다. 정평 있는 작품 자체도 좋았거니와 무엇보다도 연출자 이

신협 〈뜨거운 양철지붕 위의 고양이〉의 출연진과 함께

해랑(李海浪) 씨의 세밀하고 빈틈없는 브로킹, 타이밍과 구미의 어떤 극장에
서 본 장치에 못지않게 이 극이 갖는 본래의 성격을 잘 살린 장종선(張鍾善)
씨의 무대장치 또한 충분한 연습과 고생의 흔적이 엿보이는 연기진의 능숙한
연기로 해서 이번 공연은 훌륭한 성과를 이뤘다. 극히 제한된 협소한 지역에
서 열 명의 출연 인물이 시종 움직여야 하는 힘든 극이었지만 동작에 조금도
무리가 없었으니 우리가 크게 배워야 할 점이다. 꼭대기 방에서의 '환단' 부부
의 거동이 가끔 어색할 때가 있었지만 긴박감, 공포에 대한 심리 상태의 표현
도 적재적소에 삽입된 음향효과와 더불어 성공적이었다. (……) 연기진은 전
체적으로 보아 자신 있고 능숙했다. 장민호 씨의 아버지 역은 매 행동에 무게

국립극단 제18회 정기 공연 〈안네 프랑크의 일기〉(안네 프랑크 작, 전혜린 역, 이해랑 연출)

가 있고 요령이 있어 피난 일가의 지도자 구실을 잘 해냈다. 연설조의 말투가 가끔 튀어나오기는 했지만 어머니 역의 한은진(韓銀珍)은 인자하고 참을성 있는 성격을 거리낌 없이 그려 내놓았다. 나옥주(羅玉珠)의 마르코트 역은 매우 인상적이었다. 〈여인천하〉에서의 따분한 마스크와는 달리 정적인 성격 묘사를 깨끗이 해냈다. 제일 힘든 역을 본 옥경희(玉京姬)의 안네 역은 개막 전의 은근한 근심과는 달리 예상외의 훌륭한 연기를 보였다. 화술에 약간 무리가 있었지만 '환단' 부부 역의 최삼(崔三), 유계선(劉桂仙) 양인의 풍부한 연기가 관중의 마음을 사로잡았다. 성의는 대단했지만 어린 소년 역을 맡은 박병호(朴炳鎬)는 연기마저 어려 보였다. 박상익(朴商翊)의 독설도 이력저력 무난했지만 종막에 이를 무렵 연기에 통일성을 잃어 위태로웠다"[50]고 호평을 했다.

그런데 여기서 문제점은 이근삼이 출연진의 연기에 대하여 세세하게 설명을 했지만 이해랑이 배우들로 하여금 세세한 연기를 하도록 지도한 연출가였다는 사실을 간과한 점이다. 이해랑은 이 작품에서 리얼리즘 연기의 진수를 보여주려 하였다. 이 말은 곧 그가 6·25 전쟁 중에 피난지에서 연기보다는 연출에 힘을 쏟으면서 나름대로의 연출미학을 만들어내기 시작했다는 것이다. 그는 셰익스피어 작품을 연출하면서 거칠었던 면이 없지 않았지만 1956년 미국의 브로드웨이 연극을 구경하면서 리얼리즘 연출의 기법과 방식을 현장에서 제대로 배웠다.

그가 굳이 신협 대표를 맡아 국립극장에서 미국 여행 중 인상 깊게 관극했던 작품을 무대에 올렸던 이유도 바로 그러한 자신의 실험을 점검해보려는 의도도 없지 않았다. 그는 브로드웨이식 연출로 높은 평가를 받자 곧바로 창작극 연출로 옮겨갔다. 그것이 다름 아닌 하유상의 신작 〈미풍〉이었다. 이 작품은 그의 연출가로서의 자질과 능력을 어느 정도 보여준 것이었다. 가령 평소 칭찬에 인색했던 젊은 극작가 이근삼은 이 공연에 대하여 "오래간만에 극단 신협의 공연을 보았다. 하유상 작, 이해랑 연출의 〈미풍〉을 낯익은 전속 배우들이 모여 국립극장에서 개막하였다. 송화백 일가를 중심으로 한 평범한 인간들의 생활을 체호프식의 비극관을 적용시켜 꾸며 나아간 창작 중 〈미풍〉은 가끔 한국 작가들의 버릇인 우연이 튀어나오긴 했지만 근래에 나온 작품 중 그 어느 것보다는 월등하여 안심이 되었다. (……) 이 극은 시종 템포가 느려 걱정이 되었지만 소위 명배우들의 출연과 이해랑 씨의 재지(才智) 있는 브로킹으로 해서 4막 5장이라는 긴 공연을 이럭저럭 끌고 나갔다. 극적인 사건이 없이 분위기 전력을 다했다는 이 극도 케케묵고 추운 극장 내의 분위기와 3백 환짜리 관객들의 소음으로 해서 별무효과, 그러나 일종의 집단 인물극을 조리 있게 처리한 연출자의 솜씨는 대단했다"[51]고 극찬하였다.

이근삼이 이해랑을 당대의 대표적인 연출가로 인정해준 것은 중요한 의미를 지니는 것이다. 왜냐하면 그동안 그가 연출가로서보다는 배우로 모든 이들에게 각인되어 있는 상황에서 비중 있는 신예 작가가 훌륭한 연출가라고 공인한 것이기 때문이다. 그리고 여기서 한 가지 짚고 넘어가야 할 것은 그가 이근삼의 공연평에서도 나타나 있듯이 미숙한 희곡을 자신의 연극 미학에 맞도록 뜯어고치는 형의 연출가라는 점이다. 이는 원작에 전혀 손대지 않는 연출가형과는 다른 형임을 보여준다. 그런데 연출가의 두 가지 형에서 이해랑은 전자에 속하긴 하지만, 대체로 무대를 모르는 신인 작가의 경우에는 순수하게 가르쳐 주려고, 또한 셰익스피어 작품들에서 볼 수 있듯이 멜로드라마 냄새를 감소시켜서 리얼리티를 살려보려는 의도에서 원작에 손을 보았다는 점에서 실험극을 한답시고 원작을 마구잡이로 뒤집는 무례를 범하지 않았다. 또한 그는 1960년대에 접어들면서 사숙하던 안톤 체호프의 무대 분위기를 조금씩 만들어가고 있음을 보여주기 시작했다는 점에서 주목된다. 이러한 성향의 그가 같은 극장 안에서 동양극장류의 평소 가까이 지내고 있던 중진 연출가 박진의 간청에 의하여 극단 민극과 동거하고 있었던 것은 괴로운 일이었다. 물론 그도 우리 근대극이 신파와 정극의 두 줄기로 흘러온 것을 부인하지는 않았다. 그리고 만부득이 국립극장에서 동거하는 것에 대하여도 잠정적이라는 생각으로 인정하고 있었다. 그러나 신파를 인정하지 않는 그는 주도권을 잡고 국립극장의 레퍼토리 선정에서부터 캐스팅, 연출 등에 있어서 양보하지 않았다. 정극의 순수성만은 지켜야겠다는 확고한 신념 때문이었다.

그는 국립극장의 다음 작품도 신협이 하기로 하여, 도쿄학생예술좌의 동지인 박동근(朴東根)에게 의뢰하여 도스토옙스키의 원작소설 〈죄와 벌〉을 공연한 직후 곧바로 하유상의 신작 〈미풍〉을 하기로 결정했다. 하유상의 짜임새 있는 새 희곡을 연출하는 소회와 자세에 대하여는 꽤 깊은 뜻이 숨겨 있었음을 조금 비치기도 했다. 즉 그는 하유상의 〈미풍〉을 무대에 올리는 심경과 관련하여 "새 작품을 대할 때마다 솟아오르는 청신한 열정, 이것은 어디서 오는 것일까? 그것은 매일 같은 연극을 하면서 처음 그 연극을 할 때와 똑같은 정열로 매일 연기를 하고 있는 배우에게서 전염된 것일까? 어쨌든 새 작품을 할 때마다 샘솟는 정열의 덕분으로 언제나 내 기분은 젊어지는 것을 부인할 길이 없다"면서 다음과 같은 연출 방향을 제시한 바 있다.

①사건 진전을 위한 노력보다도 전체적인 분위기를 위해서 항상 여러 가지 음향

과 배음을 흐르게 하는 등의 효과에 노력했다. ② 인물끼리의 갈등보다도 그 인물 자신의 생활환경에 초점을 두었다. 따라서 그 인물들이 지니고 있는 소품에까지도 생활 상태를 반영시키려고 애썼다. ③ 외면적인 극의 흐름보다도 내면적인 극의 흐름에 충실하려고 했다. ④ 계절이 바뀔 때마다 따르는 인물들의 생활의 음영 같은 것에 신경을 썼다. ⑤ 어느 인물만 두드러지는 것을 지극히 두려워했다. 역의 대소를 막론하고 같은 중량으로 다루려고 했다.[52]

하유상은 이해랑이 비교적 좋아한 신인 극작가였다. 왜냐하면 하유상이 안톤 체호프의 분위기를 풍겼기 때문이다. 〈미풍〉만 하더라도 의식이 시대 변화를 따르지 못하는 사람들의 사랑의 고통을 묘사한 작품으로서 다분히 분위기 연극이었다. 격렬한 갈등도 없고 파국도 없이 잔잔하게 상처받은 사람들의 일상을 묘사한 작품이기 때문에 이해랑은 이 작품에서 연극적 분위기를 최대한 살리려 했다. 특히 이 작품에서 그가 주요 사건을 모두 뒤로 뺀 것만 보더라도 안톤 체호프의 새로운 기법을 도입했음을 확인할 수 있다. 그뿐만 아니라 연극은 압축된 인생이라는 신념에 따라 무대 위에 진실한 삶을 펼쳐준다는 생각으로 연출에 임했음을 알 수 있다. 그가 이 작품에서 인물들 간의 갈등보다는 생활환경에 포커스를 맞춘 것이나 생활의 음영에 신경을 많이 쓴 것도 바로 그러한 연극관에 입각한 것이었다. 이러한 그의 연출에 힘입어 〈미풍〉을 쓴 신인 하유상은 주요한 극작가로 자리를 잡게 되었다.

〈미풍〉 연출 후 그에게는 한동안 일이 없었다. 물론 그 후에도 국립극장은 〈여당원〉(철오 원작)이라든가 〈태양을 향하여〉〔차범석(車凡錫) 작〕 등을 무대에 올렸으나 외부 연출가들에게 맡기고 그는 마땅한 작품을 만날 때까지 빈둥대고 있었다.

이런 개인적인 휴식기에 그에게 묘한 일이 닥쳐왔다. 물론 그것은 순전히 정치 변동에 따른 것이었다. 즉 5·16 군사 쿠데타가 발생하여 구악 일소(舊惡 一掃)라는 사회개혁의 거센 바람이 그에게도 닥쳐온 것이었다. 왜냐하면 그가 임화수에게 마지못해 끌려서 반공예술인단 부단장으로 있었기 때문이다. 그는 공민권(公民權) 박탈 심사 케이스에 올려졌다. 그는 남산에 있는 심사 위원회에 몇 번이나 출두해서 자신을 변호했고 심사를 받는 수모도 겪어야 했다. 결국 그는 별다른 죄과가 없었기 때문에 면죄부를 받았지만 망신스러웠던 것은 참을 수 없었다. 그런 돌발 사건을 겪으면서 그는 "정치 변동은 생사람을 잡는 것이다. 정치란 꾸준히 발전하는 것이지 혁명적인 방법을 통한다면 입이 있어도 말을 못하고 말을 해도 통하지 못하는 많은 억울한 사람들의 많은 희생을 보게 된다"는 생각을 갖기에 이르렀다고 한다. 그러니까 그가 비정상적인 정권 탈취 등과 같은 것은 안 된다는 생각을 했다는 이야기이다. 그는 철두철미한 민주주의 신봉자였다. 아무리 혁명을 해서 살기 좋은 세상을 만들고 인권이 보장되는 자유로운 세상, 이상적인 사회를 만든다손 치더라도 데모나 선동 등 물리적인 방법으로 한 정권이 전도되고 새로운 정권이 대권을 장악하는 따위의 일은 두 번 다시 있어서는 안 되겠다는 생각을 한 것이다.

이처럼 그는 5·16 군사 쿠데타에 대해서 대단한 반감을 갖고 있었다. 그들이 구악 일소라는 명분을 내걸고 부정 축재자 처리 등을 한 것에 대해서도 회의적이었다. 왜냐하면 그는 자수성가한 사람들까지도 부정 축재니, 구(舊)정부 협력자니, 반국가적 인물이니 하면서 공적(公敵)으로 몰아붙이는 등 시행착오를 하고 있다고 보았기 때문이다. 여하튼 소용돌이 정치에 환멸을 느끼면서 한유를 즐기고 있을 때에 남산 중턱에서는 드라마센터극장이 마무리 공사를 끝내고 개관 공연 준비에 들어가고 있었다. 그런데 국립극장은 공무원 출신의 젊은 김창구(金昌九)가 새 극장장으로 와서 전속 극단 운영 규정을 고쳐서 민극과 신협을 통합, 국립극단으로 재발족시키면서 신협 대표인 그를 박진 단장 밑에 부단장으로 임명해버렸다. 기습당하다시피 한 그는 어떻게든 국립극장을 떠나야겠다고 마음먹고 있었다.

한편 생활 때문에 국립극장을 들락거리는 그를 좋지 않게 보고 있던 유치진은 드라마센터의 개관이 임박했음에도 그를 부르지 않았다. 그는 유치진과

함께 허정 수반을 찾아가서 남산의 땅을 불하받는 데 결정적 역할을 했음에
도 자신을 모른 척한 것이 섭섭하기도 했다. 유치진은 공사 마무리에 정신없
으면서 개관 공연작인 〈햄릿〉을 스스로 연출하고 있었던 것이다. 그러던 어
느 날 이해랑은 부산에서 올라온 친우 한노단과 함께 드라마센터 구경을 갔
고, 거기서 연출자도 없이 연습하고 있는 단원들과 만나게 된다. 솔직히 드라
마센터는 그에게 하나의 동경의 대상이기도 했다. 여석기(呂石基), 이근삼,
김정옥(金正鈺) 등 신예 연극이론가들과 함께 김동훈(金東勳), 오현경(吳鉉
京), 김성옥(金聲玉), 오현주, 여운계, 허규(許圭) 등 쟁쟁한 대학극 출신의
젊은이들이 모여 있었기 때문에 그로서는 한번 새바람을 일으킬 수 있겠구나
하는 생각을 떠올릴 수가 있었다. 이럭저럭 시키지도 않은 〈햄릿〉 연출 지도
를 자발적으로 하면서 유치진의 마음을 돌렸던지 그는 드라마센터 극장장으
로 와달라는 부탁을 받게 되었다. 그는 응낙을 하긴 했지만 몇 년 동안 그를
밥 먹여준 국립극장을 떠나는 일도 쉬운 일은 아니었다. 이때의 심정을 그는
다음과 같이 회고했다.

국립극장 이탈의 또 다른 이유로서 유치진(柳致眞) 선생과의 유대감도 빼놓을
수 없다. 돌이켜 보면 지난 연극 길에서 가장 가까우면서도 또한 가장 멀기만 했던
게 우리 두 사람 사이였다. 아마 무대란 끈이 없었다면 그와 난 전혀 남남이었을지
도 모른다. 그가 너무나 거인(巨人)이었기에 뒤쫓는 나의 발길이 피곤했던가 싶다.
국립극장 쪽에선 나의 이탈이 원망스러웠을 테지만 내 자신에게도 그만한 고통은
따랐다. 의리(義理)를 저버린다는 아픔 외에도 당장 생활 방도가 막연해진 모험이
었기 때문이다.[53]

이상과 같은 그의 회상기에는 두 가지의 중요한 내용이 담겨 있다. 그 한
가지가 유치진과의 운명적인 애증 관계라고 한다면, 다른 한 가지는 연극을
위해서는 가족의 희생도 무릅쓸 정도의 열정이라 하겠다. 사실 그는 도쿄학생

예술좌 시절에 만난 유치진과 평생 애증 관계를 유지했다. 그가 결국 1년여 만에 드라마센터를 떠남으로써 유치진과 소원한 관계가 되었지만 그 이전까지는 유치진의 수제자처럼 그에게 최선을 다했고 의리를 저버리지 않으려 최선을 다했었다. 사실 그가 급료가 꼬박꼬박 나오는 국립극장을 뿌리치고 드라마센터로 올라갔던 것도 물론 멋진 연극을 하고 싶어서였지만 유치진이라는 연극계 선배와의 끈끈한 인간관계를 더 중요시한 데 따른 것이었다. 그만큼 그는 연극과 인간관계를 똑같이 중요시했다.

한국현대극장사에 있어서 가장 첨단적으로 만들어진 드라마센터는 유치진이 1931년 극예술연구회라는 신극 단체에 첫발을 디디면서부터 꿈꿔왔던 것을 현실화시킨 극장이었다. 유치진은 드라마센터를 통해서 전후 침체에 빠져 있던 연극의 중흥을 이루려는 원대한 구상을 하고 있었다. 우선 연중무휴 공연을 통해서 연극 전문화를 꾀해보려 했다. 이런 극장의 초대극장장에 이해랑을 앉힌 것이다. 그동안 가까웠다가 멀어지곤 하면서 애증의 감정을 가졌던 한국 연극계의 두 거인이 거의 마지막으로 결합한 것이었다. 특별한 일이었기 때문에 이해랑이 가족의 생계도 외면한 채 또다시 모험의 길로 접어들었다고 말할 수 있다.

드라마센터의 월급 없는 초대극장장에 취임한 그는 당장 개관 프로 〈햄릿〉 연출에 심혈을 기울였다. 당초 유치진이 연출하려고 시작했던 만큼 그의 이름을 그대로 내세우고 실제적으로는 이해랑이 한 것이다. 그는 〈햄릿〉에 관한 한 해방 직후 중앙대학교 연극반에서 처음 해보았고, 피난지에서 대성공을 거둔 풍부한 노하우가 있었기 때문에 상당한 자신감을 갖고 임했다. 유치진과의 작품 해석 견해차로 인해서 고생을 한 것도 사실이지만 개관 공연은 일단 대성공이었다. 특히 극장 개관 기념 시연회 때 박정희 최고회의의장과 김종필 중앙정보부장이 참석한 것은 대단한 사건이었다. 박 의장과 김 부장은 리셉션에도 참석하여 격려해주었다. 두 권력자가 이해랑에게 남긴 인상은 강렬한 것이었다.

두 권력자는 유치진, 이해랑, 김동원 등에 대해서 잘 알고 있었으며 그중에서도 이해랑에 대해서는 각별했다. 왜냐하면 박 의장이 부산의 6관구 사령관 재직 시절 부산 시장을 하고 있던 부친 이근용과 친교가 깊었기 때문이다. 그에 따라 김 부장과도 쉽게 가까워질 수 있었다. 개관 기념 공연은 작품 수준에 있어서나 관중 호응도 등에서 큰 성공을 거둔 편이었다. 가령 개관 공연에 대해서 가장 호감을 가졌던 『한국일보』는 "우리의 기대에 어긋남이 없이 이번 공연은 우리 연극계에 장래가 있다는 뚜렷한 희망을 보여주었다. 그 어떠한 작품에 비해서도 난해하고 무대화에 있어서 문제가 산적되어 있는 이 작품을 요령 있고 산뜻하게 옮긴 역자(譯者)의 고생과 연출자의 능숙한 솜씨로 이번 공연은 훌륭한 성과를 거두었다. 드라마센터가 갖는 특수한 무대를 대담하게 활용하는 수법이며 조직화(組織化)된 인물들의 브로킹이 무엇보다도 인상적이었다"[54]고 호평을 아끼지 않았다.

이상의 평에서 그가 새로운 돌출 무대를 잘 활용함으로써 정통극장 무대뿐

드라마센터 개관 공연 〈햄릿〉 연출을 한 이해랑

만 아니라 전위적인 무대 적응에도 빨랐음을 알 수 있다. 〈햄릿〉은 두 달 동안 공연했다. 대체로 열흘을 넘지 못하던 당시 연극계의 공연 패러다임을 완전히 뒤바꿔 놓는 장기 공연 체제를 갖춘 것으로서도 전용 극장의 위력을 충분히 보여준 것이었다. 그렇다고 해서 그의 생활이 나아진 것은 아무 것도 없었다. 동국대학교에서 조금 나오는 급료 가지고는 일곱 식구의 호구지책도 되지 않았다. 더구나 자녀들이 중학교와 초등학교까지 다니고 있었기 때문에 곤궁은 말할 것도 없었다. 언제나 문화촌에서 남산 드라마센터까지 오가는 버스표 두 장이 주머니에 들어 있는 전부였다.

그 당시 그의 곤궁한 삶을 함께 연극하면서 옆에서 지켜보았던 김성옥은 회고의 글에서 "드라마센터 개관 기념 공연으로 〈햄릿〉을 화려하게 막을 올렸을 때이다. 그때는 마땅하게 술 마실 곳도 술값도 변변치 않은지라 우리는 언제나 극장 사무실이나 뒷마당, 무대실 등에서 술판을 벌였다. 그날도 공연이 끝나고 술자리가 있었고, 선생님은 많이 취하셨다. 잠이 들어 깨어보니 아침이었고, 주위에는 아무도 없었다. 주머니에는 전차표가 달랑 한 장 들려 있었고, 전차를 타려면 종로 화신 앞까지 가야만 하므로 선생님은 슬슬 남산을 빠져나와 유유히 산책을 시작하셨고 걷다보니 종로를 지나 영천까지 가게 되었고, 거기서는 또 댁으로 갈 버스 값이 없어 다시 걸어 문화촌까지 가셨다는 웃지 못할 일화가 있다. 이 에피소드는 드라마센터의 화려한 개관과 영광 뒤에 숨겨진 가난하고 고달팠던 한 모퉁이의 모습을 말해준다"[55]고 회상함으로써 그의 어려웠던 시절을 잘 보여주고 있다. 그럼에도 불구하고 그는 현대적인 시설의 극장에서 마음껏 연출을 할 수 있다는 생각으로 가슴이 부풀어 있었고, 다음 작품 구상에 골몰했다.

마침 제2회 공연작인 유진 오닐의 〈밤으로의 긴 여로〉는 연출, 주연 등이 모두 그에게 맡겨졌기 때문에 더욱 꿈에 들떠 있을 정도였다. 그는 이 작품에서 자신의 진가를 보여주려 하였다. 연극계에 입문한 지 30년이 넘은 데다가 지천명(知天命)의 나이를 바라보는 중견 연극인으로서 이제는 자신의 연극

드라마센터 〈밤으로의 긴 여로〉의 연출과 주연을 끝내고, 뒷줄 우측에서 두 번째 이해랑

철학을 보여줄 기회가 왔다고 생각한 것이다. 사실 이 작품은 뚜렷한 사건의 진전도 없이 오닐의 내면 고통을 전달해야 하는 것이기 때문에 비교적 어려운 작품이었다. 게다가 연습 기간이 너무나 짧았다. 따라서 그는 뒷날 이 작품 연출과 관련하여 "지난 나의 연극 생활을 통틀어 봐도 이 〈밤으로의 긴 여로〉만큼이나 고통스럽고 난감했던 무대는 거의 없을 것 같다"고 실토한 바도 있다. 그는 이 작품을 연출하는 과정에서 대사를 과감하게 생략하고 치밀한 브로킹으로 대단히 격조 높은 환상 무대를 창출해냈다. 막이 열리자마자 찬사가 쏟아졌는데 미국 연극에 밝은 극작가 이근삼은 "한국의 관객들에게도 이번 공연은 크나큰 감명을 주었으며 (……) 전체적으로 보아 공감을 주는 기록(記錄)에 남을 만한 공연"[56]이라고 평가해 주었다. 영문학자 여석기도 "1956년의 뉴욕 초연이 센세이션을 일으켰다지만 이번 드라마센터의 공연도 근래에 보기 드문 수확이다. 원래 한국의 신극은 이러한 내면적인 작품을 좋아하는데 이번 것도 앙상블이 비교적 짜여 있고 그 많은 대사(그래도 많이 줄였다

〈밤으로의 긴 여로〉에서 황정순과 열연하는 이해랑

1963년 대한민국 예술원상 수상 기념사진

지만)가 이럭저럭 처리되어 있음은 꼼꼼한 연습의 공으로 돌려야 하겠다. 세부(細部)에 대한 망촉(望蜀)의 주문은 한두 가지가 아니겠으나 이렇다 할 큰 사건 없는 무대를 두(二) 시간 사○(四○) 분 넘어 관객에게 지루함 없이 이끌고 나간 솜씨를 살 만하다 (……) 오랜만에 출연한 이해랑은 발성에 약간의 혼탁이 있었다손 치더라도 그가 발산하는 극적 분위기는 당대 무류(無類)"57 라고 극찬하였다.

확실히 이 작품은 그가 연극 인생 30여 년 만에 최대의 심혈을 기울인 작품이었으며 예술적 성취에 있어서도 기념비적인 공연이 되었다. 그 결과 그는 영예로운 예술원상(작품상)을 받는 영광도 안았다. 그렇다고 경제적으로 나아진 것은 아니었다. 그나마 국립극장에서 받던 월급마저 끊어졌기 때문에 생

예술원상 수상식을 마치고(앞줄 우측에서 두 번째가 이해랑)

활은 곤란하기만 했다. 신문에 그의 이름이 자주 오르내렸지만 일곱 식구의 의식주 생활은 곤궁의 극치를 달렸다. 문화촌 집에서 나올 때 아내가 버스표 두 장을 주면 그것이 전부였고 극장에 나와서 겨우 끼니를 얻어먹다시피 했다. 생활은 외화내빈 그대로였다. 드라마센터의 사정이 여의치 않은 것을 아는 그로서는 어떻게 할 수가 없었다.

〈밤으로의 긴 여로〉가 끝나자 다음 작품 준비에 들어갔다. 유치진은 세계 연극 시찰 후에 뮤지컬에 굉장한 관심을 가지고 있었다. 미래의 연극은 뮤지 컬이 좌우할 것이라는 예견력을 갖고 있었기 때문에 그런 음악극적 요소를 갖고 있는 〈포기와 베스〉〔헤이워드 부처(夫妻) 작〕를 연출해보도록 종용하였다. 이해랑은 음악극을 좋아하지 않았지만 유치진의 지시이므로 어쩔 수 없이 연출을 맡았다. 원작 자체가 드라마센터의 돌출 무대에 잘 들어맞는 작품이었기 때문에 공연은 성공적이었다. 극작가 차범석도 이 작품에 대하여 "드라마센터의 제3회 공연 〈포기와 베스〉는 메마른 극계에서 파낸 또 하나의 맑은 우물을 연상케 했다. 아니 어쩌면 그것은 사막(沙漠)에서 발견한 오아시스일지도 모른다. 과문(寡聞)한 탓일지는 몰라도 극계에서 음악극(音樂劇)이 상연되기는 이번이 처음"58이라고 썼다.

차범석의 견해는 맞는 것이다. 그동안 악극은 많이 해왔지만 미국풍 뮤지컬의 시도는 이것이 첫 번이었다. 그러니까 음악극을 연극으로 인정하지 않으려는 이해랑이 신극 사상 최초로 브로드웨이풍의 뮤지컬을 부분적으로나마 시도했다는 것은 대단히 아이러니컬한 일이라 아니할 수 없다. 이 작품에는 역시 대학층을 중심으로 한 젊은층 관객이 주로 몰린 것도 특징이었다. 세 번째 공연도 성공적이었다. 그러나 작품 성과와는 달리 관객은 점차 감소되어 갔다. 설립자 유치진은 수십 년 동안 살아오던 갈월동 집까지 팔면서 극장을 유지해보려고 몸부림쳤다. 그는 흥행성을 내다보고 제4회 공연으로 〈로미오와 줄리엣〉을 무대에 올리면서 영화계의 스타 남궁원(南宮遠)을 주역으로 발탁하기까지 했다. 역시 이해랑이 연출을 맡았으나 남궁원의 연기가 신통치 않아서 무대적 성과는 저조했다. 달콤한 청춘 남녀의 비련으로 관중을 동원하려 했지만 성공을 거두지는 못한 것이다. 연애물을 별로 탐탁찮게 생각해온 그는 이 공연을 통해서 '어떤 드라마든 사회적 리얼리티가 없이는 성공하기 어렵다'는 교훈을 다시 확인하게 되었다.

여하튼 한국 연극의 중흥이라는 거대한 기치를 내걸고 세 편의 좋은 공연을 선보였지만 극장 유지는 쉽지 않았다. 설립자가 애지중지하던 집까지 팔았지만 드라마센터 건설 과정 자체가 힘겨웠기 때문에 재정난을 해결하기 어려웠다. 5·16 군사정부가 세제 혜택을 주고 각계에서 의자 기증 등 후원도 적지 않게 해주었지만 그것으로도 극장 유지는 힘들었다. 1년 가까이 월급 한 푼 받지 못한 배우들이 생활을 위해서 극장 옆에 있는 KBS 방송국으로 옮겨갔고 일부는 다시 영화계로 복귀하기도 했다.

그러던 어느 날 유치진이 그를 불렀다. 극장의 전기세조차 내기 힘든 처지가 되었다면서 드라마센터의 문을 닫겠다고 했다. 그는 아연할 수밖에 없었다. 국립극장에서 그렇게까지 만류하는 것을 뿌리치면서 멋진 연극 활동을 시작했는데 1년도 해보지 않고 문을 닫다니, 언어도단이란 생각을 한 것이다. 그는 유치진에게 "아직 젊은 인재들이 남아 있으니 어렵더라도 몇 해 끌고 가면 가능성이 있을 것 같다"고 애원하다시피 설득했지만 동랑의 결심을 바꿀 수는 없었다. 물론 그렇다고 해서 드라마센터가 그를 당장 해임한 것은 아니었다. 동랑도 그에게 계속 나오라든가 말라든가 하는 아무런 언질도 주지 않았다. 그렇기 때문에 별달리 할 일이 없었던 그는 급료도 받지 못하는 드라마센터를 매일 출근한 것이다. 월급이 꼬박꼬박 나오는 국립극장을 박차고 나온 그로서는 정말 난감한 일이었다.

그런 때에 추석 명절이 다가왔다. 집에 쌀 한 톨 없음을 안 그는 추석 전날 동랑에게 쌀 몇 되 값이라도 달라고 부탁했다. 그러나 동랑 역시 어려운 때라서 응하기가 어려웠다. 그날로 이해랑은 드라마센터를 영영 떠났고 어렵게 재결합한 동랑과도 소원해졌다. 또다시 그는 낭인 비슷하게 명동을 떠돌면서 간간이 학원 강의와 저녁나절 친구들과 만나 막걸리 잔이나 기울이면서 밤늦게 귀가하는 일과의 반복 생활을 했다. 궁핍한 생활에다가 당장 연극 연출을 할 수 없었던 그에게 실의의 나날이었음은 두말할 나위 없었다. 그는 이 시기에 또 하나의 교훈을 얻게 되었는데, 가령 근본적으로 빵 문제의 해결 없이 예술지상 구호(藝術至上 口號)는 공염불에 불과하다는 것이었다. 드라마센터의 조기 파산이야말로 그 하나의 좋은 본보기라 생각한 것이다.

낭인 생활이 지속되던 어느 날 과거에 신협 동지들이었다가 영화계로 간 김승호, 최남현, 주선태, 박암, 조미령, 주증녀, 문정숙, 그리고 허장강(許長江) 등이 그를 찾아왔다. 연극계의 대표적인 인물이 이처럼 낭인 생활을 하고 있어서야 되겠느냐는 것이었다. 일종의 옛 지도자에 대한 안쓰러움과 울분의

드라마센터를 찾은 박정희 의장

토로였다. 이들은 즉석에서 신협 재건을 선언해버렸다. 그것이 그가 드라마센터를 떠난 2개월여 뒤인 1963년 3월이었다. 지난 시절 신협 동지들의 뜨거운 우정으로 용기를 얻은 그는 영화계의 허장강, 황해, 방수일(方秀一), 김성원 등까지 포함시켜서 극단을 재건하였다. 신협 13년 만의 최대 호화 진용이었다. 그는 당시 신예 극작가로서 각광을 받고 있던 차범석에게 작품을 의뢰하는 한편 제작비 조달에 나섰다.

　신예 작가 차범석은 마침 문제작 〈갈매기 떼〉를 집필 중에 있었기 때문에 신협으로선 일이 쉽게 풀려 나갔다. 문제는 제작비였는데, 그가 미스코리아 심사위원을 하면서 평소에 막역하게 지내던 한국일보 설립자 장기영(張基榮)을 생각해낸 것이다. 장 회장이 제작비 50만 원을 흔쾌히 쾌척해 주었기 때문에 재건 공연 준비는 대단히 순조로울 수 있었다. 장기영 회장은 제작비만 대준 것이 아니었다. 대원(大元)호텔의 커다란 홀까지 연습장으로 내주고 바쁜 시간을 쪼개서 자주 들러 격려까지 해주기도 했다. 이때의 사정을 누구보다도 잘 아는 극작가 차범석은 저간의 사정과 관련하여 "한국일보사 장기영 사장으로부터 재정적 후원과 적극적인 홍보 작전의 약속을 받아내었으니 이른바 신협 재기 공연(新協 再起 公演)이 실

『한국일보』 창설자 장기영과 함께 한 이해랑

현될 단계에 와 있었다. 이 결실은 이해랑과 장기영의 끈끈한 인간관계에서 비롯되었지만 사실은 외롭게 밀려만 다니던 이해랑의 연극 재건에 건 열의와 집념에서 비롯되었다"[59]고 회고한 바 있다. 연극에 특별한 관심을 가진 장 회장은 단원들의 사기를 북돋워주기 위해서 『한국일보』 문화면을 통하여 거의 매일이다시피 신협 재건 공연을 대서특필해 주기도 했다. 결국 이런 신협과의 인연으로 장기영은 뒷날 이해랑이동극장(李海浪移動劇場)을 후원하는가 하면 백상예술상(百想藝術賞)도 만들게 되었다.

사실 신협 재건 공연의 연습은 순탄치 않았다. 왜냐하면 영화계 스타들의 촬영 스케줄과 중복되었기 때문이다. 다행히 김동원, 장민호, 황정순 등이 복귀했기 때문에 그런 대로 연습은 진행되었다. '연극에 대한 향수와 정열을 안고 민중의 고아가 된 우리나라 연극을 다시금 부흥시키고자' 마련된 신협 재

신협 제61회 재건 대공연 〈갈매기 떼〉 포스터(차범석 작, 이해랑 연출)

〈갈매기 떼〉 무대를 배경으로 한 사진

건 공연은 그 자신도 놀랄 정도로 관객이 몰려들었다. 명동 국립극장이 입추의 여지가 없었고 장 회장이 준 50만 원 제작비가 하루에 빠질 정도였다. 신협 재건 공연이 성공한 이유는 세 가지에 있었다. 첫째는 역시 차범석의 희곡에 있었고, 둘째는 기라성 같은 연극·영화계의 스타들이 총출연하다시피한 데 있으며, 셋째는 대중의 좋은 연극에 대한 갈증이었다고 하겠다. 순수 연극에 대한 갈망은 각 언론의 아낌없는 후원에서도 잘 나타났다. 따라서 재건 공연에 대한 평가는 작품성보다도 출연진에 맞춰졌다. "수많은 관객 동원과 올스타 캐스트의 호화로운 공연으로써 과연 연극이 구제될 수 있을까 하는 의문을 연극인들에 안겨주었다"는 평에서부터 "지나친 관객 의식, 연극을 너무 쉽게 생각하는 태도, 앙상블을 무시한 대성과기(大聲誇技)의 개인플레이 등으로 흥행에서는 성공하였으나 연극에서는 실패하였다"[60]는 평가가 나온 것이다.

이러한 부정적 평가는 연극을 만든 이해랑 자신도 어느 정도는 수긍했다. 왜냐하면 작품 자체가 나쁜 것은 아니었지만 그 많은 관객이 순수한 극예술 때문에 몰려든 것이라고는 그 자신도 생각지 않았기 때문이다. 여하튼 신협 재건 공연은 대단했던 것이 사실이었다. 그는 여세를 몰아 지방 공연에 나섰는데, 지방에서는 더욱 열띠었다. 피난 시절 신협이 쌓아두었던 인기까지 보태져서 가는 곳마다 인산인해였다. 지방 관객들은 신협에 대한 추억이 있었던 데다가 당대 최고의 스타들을 가까이에서 볼 수 있었기 때문에 신협의 재건을 뒷받침해주고도 남음이 있었다.

1959년도에 유치진이 동국대학교에 연극학과를 만들었고 드라마센터로 인해서 섭섭하게 헤어진 이해랑을 다시 전임강사로 불러들이게 된다. 이처럼 두 사람은 떼려야 뗄 수 없는 숙명적 관계였던 것이다. 교수가 되면서 겨우 생활이 안정된 그는 재건된 신협을 계속 유지하기 위하여 두 번째 작품을 물색했다. 그래서 얻어낸 것이 연전에 〈미풍〉이란 희곡을 쓴 하유상의 〈학 외다리로 서다〉였다. 물론 이해랑이 연출을 했는데 이때부터 그는 연출 노트를 통해서 자신만의 확고한 연극론을 펼치기 시작한다. 가령 이 작품의 프로그램에서 그는 "우리는 현실적인 풍속적 진실보다도 인물의 내면적 진실이 더 중요하다는 것을 알고 있으면서도 전통적인 리얼리즘 연극 무대에서는 생활 이식(移植)에 급급한 나머지 일쑤 그 중요한 것을 망각하는 수가 많다. 생활 현실의 밑바닥을 저류(低流)하는 정서적 흐름을 눈에 보이게 창조하는 것이 리얼리즘 연극이 지향하는 목표인 것이다. 오셀로의 광란(狂亂)의 비극보다는 일상적인 무명 노인의 비극이 우리에게는 더 절실하듯 눈물보다는 눈물 이전에 극적 진실을 소중히 하고 아끼고 싶다"고 쓰고 있다.

그의 연출 노트에 나타나 있는 것을 보면 그가 근대극의 철저한 신봉자였음을 알 수 있다. 그것도 영웅호걸의 주인공보다도 우리 주변의 범용한 시민 생활의 저변을 무대 위에 형상화함으로써 현대인들의 삶의 진실 됨을 그려준다는 것이었다. 이처럼 그는 자신이 철두철미한 리얼리스트라는 것을 계속해서 천명하고 있었다. 그런데 그가 추구했던 차분한 연극은 의외로 관객 호응이 좋지 않았다. 영화 스타들이 모두 영화판으로 되돌아가고 겨우 신인 박노식(朴魯植)과 태현실(太賢實)만이 출연했기 때문이다. 그러나 그는 조금도 실망하지 않았다. 왜냐하면 그가 연속적으로 차범석, 하유상 등 신진 극작가들의 창작극을 공연하면서 무한한 가능성을 발견했고, 특히 마침 방한해서 강연을 해준 세계적 연출가 라프네이 이브렌트와 헬렌 헤이즈의 이야기가 그를 고무시켰기 때문이다. 즉 이들 두 사람이 미국 연극계의 현황을 설명하는 핵심은 "될수록 창작극을 하라. 창작극을 많이 하는 나라의 연극만이 위대해진다"는 내용이었다. 게다가 그들은 미국의 문화정책이 중앙문화의 지방 분산화라는 것도 설명해주었다. 이해랑은 이들 강연에서 크게 감명 받았다.

그는 가능하면 창작극을 무대에 올려야겠다는 생각과 함께 지방 연극 육성에 대한 구상도 하기 시작했다. 문제는 좋은 창작극이 좀처럼 나오지 않는 데 있었다. 따라서 그는 우선 절친한 장기영 회장을 찾아가서 『한국일보』 창간 10주년 기념행사 중 하나로서 장막극 현상 모집을 하나 넣자고 제안하였다. 연극과 영화를 좋아하는 장 회장은 즉각 그에 응했고 10만 원이라는 거금

신협 공연을 끝내고

의 상금도 내걸었다. 그래서 입선한 희곡이 대구의 중학 교사 이만택(李萬澤)의 〈무지개〉였다.

경상도 산간의 화전민(火田民) 생활을 묘사한 이 작품은 드라마투르기에는 부족한 점이 많았다. 하지만 희곡을 무대에 맞게 손질하는 데 뛰어난 솜씨를 가진 이해랑은 원작자를 불러올려서 여관방에 재우면서 무대화에 맞도록 함께 보완 작업을 했다. 깊숙한 산악 지대에 사는 화전민들의 생활을 표현해야 했기 때문에 그는 무대 오른쪽에 옹달샘을 만들어 식수를 해결하게 했고 뜨락에 화톳불을 피워 놓아서 모기 문제를 해결해내었다. 무대에는 언제나 생활이 있어야 된다는 지론에 따라 만들어놓은 두 가지는 그의 뛰어난 연출가적 자질을 잘 보여주는 것이었다. 가장 현대적이고 또 도시인다운 그가 만들어놓은 무대는 그대로 한 폭의 산수화였다. 그가 이 작품을 연출하면서 "예술 세계에 몰입하면 자연까지 스승이 된다는 깨우침을 받았다"고 회상한 바 있다. 이처럼 그의 레퍼토리 선택 폭은 상당히 넓었다. 그러면서도 그는 미숙한 신인들의 창작극을 매만지면서 자신의 연극관을 무대 위에, 또 글로 펼치는 일에 재미까지 붙인 처지였다.

그는 다음 작품으로 역시 자기가 키워온 하유상의 〈어머니의 모습〉을 무대에 올렸다. 이 작품을 연출하면서도 자신의 심화된 연극관의 일단을 내비쳤다. 특히 그가 연출 노트에서 자신의 반백이 순전히 연극 때문이었음을 밝힌 것은 흥미롭다. "지금 내 나이 50의 고개를 넘어서지만 회갑을 훨씬 넘은 거와 같은 착각을 할 때가 있다"면서 자신의 늙음에 허무감마저 느끼기 시작한 것이다. 그러면서 그는 연극이야말로 진실의 세계임을 밝히고 있다.

그는 연출 노트에서 "연극은 마치 진실을 외면하고 허위를 일삼고 있는 거와 같이 세인(世人)들이 착각하고 있다는 것은 나로서는 용납할 길이 없다. 못된 바람은 시구문에서 불어온다고, 덮어놓고 꾸며낸 사실을 통틀어 연극이라고 하는 데는 일말의 서운한 감을 금할 길이 없다. 내 그런 거짓 세계를 위하여 그것을 아끼고 온갖 정열을 기울이며 이렇게 나이를 먹었던가? 하긴 연극의 외면(外面)은 꾸며진 거짓, 그것에 틀림없다. 무대장치가 그렇고 조명, 효과, 소품 등 연극을 위하여 꾸며지지 않은 것이 없다. 심지어 배우도 화장으로 자기 얼굴을 분장(粉裝)하지 않는가? 그러나 그것은 우리들의 육안(肉眼)에 비치는 연극 세계일 뿐, 그 꺼풀을 넘어 내면을 들여다보면 긴축된 생명의 진실한 호흡 소리가 들려오지 않는가. 참된 인간의 모습의 핍박(逼迫)한 행동이 우리의 심안(心眼)을 적시고 있지 않은가? 현실의 그것보다 내적으로 압축된 진실한 세계, 그것이 진정한 연극의 세계가 아닌가?"라고 쓴 바 있다.

이처럼 그는 연극의 진정한 본질이 '일상의 이면'에 가려져 있는 진실 그 자체라고 본 것이다. 이 시기에 그가 이런 연극관을 기회 있을 때마다 피력한 것은 연극 판도가 자꾸만 달라져가고 있었기 때문이다. 제작극회, 실험극장, 민중극장, 동인극장, 산하 등 동인제 극단들이 여럿 등장하여 서구 계통의 번역극과 신인들의 창작극을 선보임으로써 젊은 대학생 관객층을 끌어들이고 있었던 것이다. 이제 신협의 독주 시대는 끝난 것을 깨달았다고 하겠다. 시대감각에 매우 예민한 그는 신협도 환골탈태해야 한다고 생각하였다. 그는 일종의 거품이라 할 영화 스타들을 털어버리고 극단 체제를 신인 중심으로 구조조정을 하는 한편 책임지지 않는 운영위원 제도를 버리고 강력한 대표제로 변환했다. 그리고 이만택이라든가 황유철(黃裕喆) 등 신인 작가를 주목하기 시작하였다. 거기에 그치지 않고 젊은 극단들에 뒤지지 않기 위해서 신협은 여기저기 기웃거리고 방황도 했다.

그렇게 되니까 오화섭(吳華燮) 같은 영문학자는 대단한 우려를 표하기도 했다. 오화섭은 신협을 향하여 "작금(昨今) 젊은 연극 학도들이 전위극(前衛劇)들을 지향하여 다양한 실험을 하고 있음을 보거니와 그럴수록 내가 신협에 바라는 것은 본격적인 전통극을 해주었으면 하는 점이다. 무르익은 연기와 대사(臺詞)로써 전통적인 극작술에 의하여 쓰인 훌륭한 희곡을 상연해 주었으면 좋겠다"[61]고 외치기도 했다. 이러한 오화섭의 주문에도 불구하고 신협은 과거로의 회귀가 쉽지 않았다. 역사가 바뀌고, 시대감각이 변하며 조직원들이 바뀌는데 연극 이념만 고정불변일 수 없었다. 바로 여기에 이해랑의 고뇌가 있었다. 그 자신만은 그래도 여전히 리얼리즘 연극이 최고의 가치를 지니는 것이라는 확고한 신념을 지니고 있었지만 급변하는 시대감각이 받아들여 주지 않는 데 따른 내적 고통이 심했다는 이야기이다. 결국 그는 신협을 떠나기로 결심하기에 이르렀다. 그때의 심정을 그는 다음과 같이 썼다.

신협(新協) 무대마저 등지게 된 나는 설 땅을 잃은 채 연극 길의 고독한 나그네 신세가 되었다. 당시 신협의 퇴세와는 달리 새로운 실험 극단들이 태동하고 있었는데 특히 김의경(金義卿), 김동훈, 이낙훈(李樂勳), 오현경 등 젊은 층이 중심이 된 실험극장이 매우 알찬 공연 활동을 보였다. 이오네스코, 아더 밀러 등의 현대극을 부지런히 국내에 소개함으로써 다가올 현대 무대의 발판을 구축하고 있었다. 그러나 이미 구세대(舊世代)인 내가 그들 속에 뛰어들 수 없었다. 〈무지개〉의 최종 연출을 마치고부터 나는 그간의 연극 생활에 대한 회의를 느끼기 시작했다. 수준 높은 작품으로 관객의 감동을 사는 것만이 연극운동의 전부가 아니라는 생각이 들었다.62

이상에서 볼 수 있는 바와 같이 1964년은 그의 연극 인생에 있어서 중대한 분수령이 되는 것이다. 왜냐하면 그 자신이 30여 년 가까이 해온 연극운동 방식에 대해서 본질적으로 회의를 하고 또 그렇게 애지중지하면서 십수 년을 지켜온 신협과 결별했기 때문이다. 그가 신협을 떠나면서 신협은 형체만 남는 극단으로 전락했다. 어떻게 보면 신협은 한 극단으로서 역사적 사명을 다한 것이고 다음 세대에게 새로운 시대감각에 맞는 연극을 하도록 길을 비켜준 것이기도 했다. 그것을 가장 빨리 인식한 사람이 다름 아닌 신협의 알파와 오메가라 말할 수 있는 리더 이해랑이었다. 그만큼 그는 시대 변화와 역사 감각을 감지하는 능력이 있었다. 가령 그가 신협을 해산시키는 것이 아니고 스스로 떠난다고 했을 때, 친구 김동원 같은 동지도 무언으로 고개를 끄덕였는데, 그도 시대 변화를 누구보다도 절감하고 있었기 때문이다. 영원한 동지 김동원은 이렇게 회고했다.

재기 신협이 사양길에 들게 된 것은 연극계의 세대교체, 텔레비전 보급에 따른 전파 문화 시대의 도래 등 여러 가지 원인이 있겠으나 근본적으로 옛 신협이 아니었던 점에 문제성이 있었다. 신협을 못 잊어 집결되긴 했으나 전통에 충실한 순수 신협인이 되기에는 모두가 너무 변질되어 있었다. 나 역시 예외는 아니어서 무대와 영화를 동시에 뛰면서 텔레비전 드라마까지 출연해야 하는 액터이기 이전에 스크린 스타, 탤런트였던 것이다. 솔직히 말해 재기 신협 무대는 연극이라 할 수 없는 스타 쇼 성격이었다. 순수성을 잃은 연기는 작품이 될 수 없었던 것이다.63

이처럼 신협은 창립 주역들이 스스로 수명을 다했다고 느꼈다. 1947년 해방의 격동 속에서 민족 연극의 정통성과 순수성을 지키기 위해 좌익 연극과 피나는 투쟁을 한 극협이 국립극장 개설과 함께 신협이 되고 전쟁 발발과 함께 피난지에서 외롭게 신극사의 명맥을 이으면서 1960년대의 새 연극 세대를 탄생시켰다고 말할 수 있다. 이 땅에 리얼리즘 연극의 숲을 조성하기 위해 몸부림쳤지만 전쟁이라는 특수 상황 때문에 많은 제약이 있었던 것도 사실이었다. 근대극 전통의 기반이 취약한 이 땅에서, 또 제대로 된 연극을 하기가 어려운 내외의 환경에서 그만큼이라도 연극을 했던 것은 유치진, 이해랑, 김동원, 이원경이라는 신극계의 네 거목과, 재능과 열정을 겸비한 신협 단원들 때문에 가능했다. 이런 신협을 떠나기로 결심하기까지 이해랑은 고뇌하며 밤잠을 이루지 못했다. 그는 대단히 솔직하고 아쌀한 성격의 소유자였다. 그는 항상 어떤 것에 대해서 연연하거나 집착하는 성격이 아니었다. 그가 역사 전환과 시대감각의 변화를 감지하고 15년 동안 지켜온 신협을 나올 수 있었던 것도 바로 그러한 성품 때문에 가능했던 것이었다.

신협을 떠난 그는 또다시 한동안 방황의 계절을 맞게 된다. 동국대학교 연극과 교수였기 때문에 생활 걱정은 적었으나 자기 인생의 전부였던 연극 무대와 신협을 떠나 있었던 그의 삶은 공허 그 자체였다. 그는 자신의 열정을 신협의 객원 연출과 대학에서의 후진 양성에 쏟고 있었다. 물론 이따금 국립극단의 객원 연출가로서 〈여성만세〉(하유상 작품) 등과 같은 신작을 연출하기도 했다. 그런데 주목할 만한 사실은 그가 신협을 떠날 무렵의 착잡한 심중인데, 그것은 곧 삶과 연극에 대한 무상(無常)을 느끼기 시작한 사실이라 하겠다.

가령 그가 1965년 벽두에 〈여성만세〉를 연출하면서 쓴 노트를 보면 자신의 연극운동을 되돌아보면서 "그동안의 활동이 우리 극단(劇壇)에 여하한 플러스를 남겼던 연극은 한없이 덧없는 것. 마치 미녀(美女)의 얼굴을 스치고 간 미소와 같이 대단원의 막(幕)을 최후로 그것은 이제 다시 볼 수 없는 영겁의

문화촌 시절의 단란한 가족의 한때

세계로 사라져 갔으며 우리는 또 흐르는 세월과 더불어 새해를 맞아 내일의
연극을 위하여 변함없는 정열을 쏟아 우리의 연극 활동을 계속하여야 하는
것이다. 내 아직 백조(白鳥)의 노래를 부를 나이가 아니므로 오늘도 새 작품
을 대할 때마다 새로운 정열을 안고 연출을 하게 되는 것은 다행한 일이 아닐
수 없다. 새 작품을 대할 때마다 솟아오르는 정신(情新)한 정열, 이것은 어디
서 오는 것일까? 그것은 매일 같은 연극을 하면서 처음 그 연극을 할 때와
똑같은 정열로 매일 연기를 하고 있는 배우들에게서 전염된 것일까?"라고 쓰
고 있다. 이러한 그의 글 속에는 여러 가지 복합적인 생각들이 얽혀 있다. 우
선 그가 가장 심혈을 기울였던 신협과 헤어진 뒤의 허탈함이 30년 동안 인생
의 전부로 생각하고 해온 연극 그 자체에 대한 회의로까지 확대된 것 같다.
그럼에도 불구하고 연출을 할 때마다 새로움을 느낀 것은 역시 그가 오랫동
안 배우로 살아온 숙명 같은 데 따른 것이다. 그러니까 하나의 본능 같은 것이
었다고 하겠다.

이러한 그의 심정은 동랑의 회갑 기념 공연 〈춘향전〉 연출 노트에 더욱 노골적으로 나타나 있다. 그는 이따금 작품 공연을 한 편 하고 나면 나이를 한 살 더 먹는 기분이라고 말하곤 했었다. 그 말 속에는 우리 여건에서 연극하기가 힘들고 또 연출 작업이라는 것이 심신으로 사람을 지치게 한다는 뜻이 내포되어 있다. 그러나 그 뒤에 남는 것이 과연 무엇인가 하는 것에 대하여 허무감을 심하게 느끼기 시작한 것은 그가 50대 들어서였다.

그는 동랑의 회갑 기념 공연 〈춘향전〉의 연출 노트에서 "그토록 애를 태우면서 공연을 치르고 나면 연극은 명멸(明滅)하던 스포트라이트의 불빛과 같이 자취를 남기지 않고 사라지고 견딜 수 없는 정적(靜寂)만이 썰물처럼 가슴을 스며든다. 후세의 털끝만 한 그 무엇을 남기고 싶은 야심도 없고 오직 현실의 면전에서 관객과 더불어 짧은 순간 속에서 인생의 영원한 꿈을 그리다가 사라지는 허무(虛無)하기 그지없는 연극을 부둥켜안고 회갑이란 장수(長壽)의 고비 길에 이르기까지 하루 한시라도 쉬지 않고 연극만을 생각하고 또 그것을 키우기 위하여 온갖 심혈을 다 경주하여 오신 유 선생에 대하여 무어라고 말씀을 드려야 나의 감회를 표현할 수 있을지 오직 말의 옹색함을 한탄할 뿐"이라고 헌사(獻詞)와 같은 글을 썼다.

그런데 선배 겸 스승 격인 동랑에 대한 이상과 같은 헌사는 50 고개를 넘어선 이해랑 자신의 감회와 회의감, 그리고 더 나아가 삶과 연극에 대한 허무감의 우회적 표현이기도 했다. 그는 애지중지하던 신협과 결별한 뒤에는 격심한 허탈감에 빠져 있었다. 20대에 연극계에 뛰어든 이후 30년 동안 문자 그대로 영광은커녕 세 끼 호구(糊口)도 어려운 상황에서 오로지 연극이 좋아서 한눈 팔지 않고 달려왔지만 자신에게 남아 있는 것이 과연 무엇인가에 대해서 깊은 회의감에 빠져 있었다.

그는 또 연출 노트에서 동랑을 향하여 "선생께서는 연극이 관객과 같이 호흡을 하던 연극의 현실적인 순간에서도 어리석은 배우와 같이 결코 박수를 기대하지 않았으며 또 연극을 통하여 자기를 빛내어 보려는 야심을 품어본 일도 없이 그저 연극이 좋고 연극예술에 무한한 매력을 느껴왔기 때문에 보답할 줄 모르는 매정한 연극 세계에 몸을 던진 후 한 번도 그곳에서 헤어나지를 못하시었다"고 썼는데, 이는 곧 자신의 이야기이기도 했다. 동랑은 어쨌든 드라마센터라는 극장이라도 얻었지만 이해랑 자신 앞에는 가난만이 가로놓여 있지 않았던가.

깊은 좌절감에 빠져 있던 그는 비상을 위한 장고(長考)에 들어갔다. 그는 쉽게 좌절하고 포기할 만큼 나약한 위인이 아니었다. 그는 당초 낙천적인 성격인 데다가 긍정적인 사고와 뚝심 또한 있었기 때문에 새로운 길을 모색하는 데 그리 오래 걸리지는 않았다. 그는 또한 신협에서 손을 뗐지만 과거의 인연도 있고 해서 신협의 연출 의뢰를 거절하지 않았다. 객원으로 신협의 〈그 많은 낮과 밤을〉(이만택 작)과 역시 신진 작가가 쓴 〈불신시대〉(황유철 작)를 연출해주었다. 그리고 이어서 절친한 친구 한노단이 수십 년 동안 정열을 쏟아 쓴 〈교류〉도 연출했다. 그러나 그는 이미 다른 생각에 빠져 있었다.

Ⅴ. 예술과 현실 참여의 조화

1. 이동극장운동과 예총의 이해랑 시대

평생의 꿈이었던 안정된 상태에서 연극에 전념할 수 있겠다는 포부를 갖고 남산에 올라갔으나 드라마센터가 1963년 초에 단 1년도 못 버티고 문을 닫음으로써 그는 깊은 좌절감을 안고 또다시 과거처럼 연극을 해야겠다는 결심을 하게 된다. 바로 그런 시기에 그의 인생을 크게 변화시키는 뜻밖의 일이 생겨난다. 그것은 다름 아닌 정치와의 인연 맺기였다. 즉 5·16 군사혁명 세력이 민간 이양을 앞두고 정당조직에 나서면서 그를 문화계의 대표인물로 창당 발기인으로 영입한 것이었다. 혁명의 젊은 리더였던 김종필이 그를 직접 불러 민주공화당(民主共和黨) 창당 발기인이 되어달라고 완곡하게 요청했다. 물론 혁명 주체들이 주축이 되고 정계, 관계, 법조계, 언론계, 재계, 학계, 문화계 등 각계에서 명망 높은 인재 78명으로 구성되어 1963년 1월 18일에 창당 발기인 대회가 열렸다.[1]

그때의 사정에 대하여 그는 "〈무지개〉 공연 후 무대가 없는 외로움에 잠겨 있던 어느 날 김종필 씨가 사람을 보내와 면담을 요청했다. 그의 사무실에 들어서니 정치, 경제, 종교, 언론 등 각 계층의 지도급 인사 20여 명이 모였고 예술계로선 나 혼자뿐이었다. 나와 김종필 씨와의 상면은 드라마센터 개관 때 〈햄릿〉 시연회를 마치고 장막 뒤 막걸리 파티장에서가 처음이었다. 그는 민정이양을 앞두고 정당 활동이 시작됨을 알리고 '새 술은 새 부대에 담겠다'면서 동석자들의 의향을 물었다. 그 자리가 바로 공화당 창당의 모태였고, 나는 창당발기위원이 되었다. 이것이 내가 정계와 기연(奇緣)을 맺게 된 출발점이었다"[2]면서 전혀 생각지도 않은 상태에서 우연히 정치와 인연을 맺게 된 배경을 설명했다. 그로서는 정치를 해본 경험이 전혀 없었기 때문에 처음에는 의외로 느끼기도 했지만 권부에서는 이미 여러 면에 걸쳐서 그의 가문 배경이나 살아온 과정을 소상하게 뒷조사를 해온 것으로 보아야 한다. 김종필 등 혁명세력들이 장기 집권을 꿈꾸고 처음 정당을 창당하는 데 소홀히 했겠는가.

그런데 의외로 그의 정당 참여에 대하여 문화예술계에서는 선망과 시기심이 깔린 부정적 여론이 비등했던 것이다. 이와 관련하여 그는 "한마디로 예술인의 정치 관여는 용납될 수 없는 외도(外道)라는 것, 그러나 나 자신은 전혀 망설임이 없었음을 밝힌다. 현실참여 없이는 우리 문화계의 고질병인 가난을 퇴치할 수 없다는 게 나의 신념이었다. 의외의 기회가 찾아들었으니 예술계의 권익 강화에 나서기로 뜻을 세웠다"고 회고한 바 있다. 이러한 그의 회고는 매우 솔직한 것이었다. 왜냐하면 이미 30대 초반에 공연예술계의 리더로서 좌익과 치열하게 투쟁했고, 6·25 한국전쟁 시기에는 최전방까지 다니면서 위문 공연을 했으며, 반공 예술단의 부단장까지 한 것 등이 바로 정치행위가 아니고 무엇인가 하는 생각을 한 것이다. 그러니까 굴곡진 시대가 그로 하여금 정치행위를 하게끔 만들었다는 자괴감도 없지 않았던 것이다. 또 한 가지 분명한 것은 북벌을 강력히 주창했던 능원대군의 직계 손으로서 그에게는 지도자로서의 DNA가 내재되어 있었는지도 모른다.

그런데 그가 생각한 대로 창당발기위원으로서는 당장 할 수 있는 일이 거의 없었다. 의회에 진출해야 하는데, 그런 기회가 당장 온 것은 아니었기 때문이다. 그의 정치참여에 대하여는 후술하겠거니와 나중에 우리나라의 문화 발전에 적잖은 기여를 하게 되는 것은 사실이었다. 이에 그는 자신이 이끌던 신협 재건운동이나 해야겠다고 방향을 틀게 된다. 그러나 주변을 돌아보면 적막공산이었다. 우선 전쟁 중에서도 동고동락했던 옛 동지들이 생존을 위해서 대부분 영화판으로 떠났기 때문에 배우도 없었고, 그렇다고 자금이 있었던 것도 아니었다. 다행히 그동안 그가 쌓아온 인덕으로 인하여 그를 따르던 옛 동지들이 신협 재건에 흔쾌히 동조하면서 십시일반으로 재건에 가속도가 붙었다. 즉 평생의 친구로서 누구보다도 절친했던 김동원(金東園)을 비롯하여 김승호(金勝鎬), 박암(朴巖), 최남현(崔湳鉉), 장민호(張民虎), 주선태(朱善泰), 강계식(姜桂植), 김상호(金湘鎬), 최은희(崔銀姬), 황정순(黃貞順), 백성희(白星姬) 등 당대 최고의 스타들이 다 모였던 것이다.[3] 이에 힘을 얻은 그는 곧바로 신예 극작가 차범석의 신작 〈갈매기 떼〉(전 6경) 연습에 들어가 그해 5월에 명동의 국립극장 무대에 올리게 되었다.

그때 그의 모습과 관련하여 『한국일보』는 "이해랑(46) 씨는 신협의 전신인 극예술협회 때부터 창립동인으로 16년의 역사를 자랑하는 극단 신협의 산증인이다. 신협이 61회 공연 기록 가운데 씨의 연출 횟수는 3분의 1에 해당하는 20회, 해방 직후 좌익 연극이 한창일 때 씨는 민족진영 연극의 대표선수로 활약했고, 연극이 영화 앞에 시장을 잃었을 때는 사양연극을 지탱해온 최대의 연극지도자였다. 재작년 〈미풍〉을 마지막으로 신협이 해체됐지만 씨의 끈덕진 노력으로 영화계에 흩어졌던 옛 동지를 재규합하는 데 성공, 재건 신협의 대표가 되었다. 재건 기념 공연의 개막 직전 씨는 '피고와 같은 심정입니다. 관객이 버린 심판의 판결이나 기다리지요' 하며 별 말을 하지 않으려 하면서 '어려움을 무릅쓰고 공연에 협력한 출연자에게 감사한다'는 말만은 잊지 않고 여러 번 되풀이하였다. 이런 때에 화를 낼 줄 모르고 언제나 남에게 돌리는 겸허한 저자세의 인품이 드러난다"[4]고 그의 역량과 인품을 높게 평가한 바 있다. 이러한 보도에서 알 수 있듯이 그는 이미 1960년대에 연극계의 훌륭한 지도자로서 자리매김하고 있었다. 생활전선으로 떠났던 옛 동지들이 쉽게 뭉칠 수 있었던 것도 그의 열정적인 과거 활동과 인품 때문이었음을 알 수 있다. 특히 그들이 재기 공연을 하면서 "바쁜 생활을 하느라고 오랫동안 동지들이 서로 자리를 같이 하여 보지 못하였다. (……) 그러나 연극은 지난날 우리를 키워준 우리들의 생활 무대가 아니었습니까. (……) 우리의 힘으로 민중의 고아가 된 연극에 신생명을 부여잡고 연극으로 하여금 다시 국민에게 제 구실을 할 수 있는 위치를 마련해주어야겠습니다. 이에 우리는 한데 뭉쳐 쓰러져가는 연극에 광채를 부여할 역군이 될 것을 국민 앞에 성언하는 바입니다"[5]라는 재기선언문까지 발표한 것은 오늘날에는 찾아보기 힘든 연극에 대한 열정과 순수성을 느끼게 한다.

이러한 결의에 입각하여 무대에 올린 신협의 재건 공연도 의외로 성공적이었음은 여석기(呂石基)의 호평에 잘 나타나 있다. 여석기는 신협의 〈갈매기떼〉 공연이 '자신에 찬 연기, 연출'이라면서 "(……) 이번 신협의 재건 공연은 '올스타 캐스트'로서 글자 그대로 호화 배역에 우선 눈을 빼앗긴다. 그들의 연기에 안심하고 따라갈 수 있는 것은 물론 그들이 무대에 익숙한 탓이겠는데, 신협이 '연극의 중흥을 모토로 내걸었고 자신을 과시하는 점도 여기 있을 것이다. (……) 오랜만에 연극의 재미를 만끽시켜준 이 베테랑들의 공연에 망촉(望蜀)의 주문이 있다면 바로 이 점이라 할 것이다. 배우는 지실(知悉)하는 연출이 되어서 그런지 무대는 즐기는 여유마저 엿보이는데, 그러한 여유가 할아범(김승호)으로 하여금 춤까지 추게 하는 쇼맨십을 발휘하게 하였는지 관객은 그러한 장면을 무척 즐기고 있었다. 연극이 먼저 무엇보다도 즐거워야 한다는 사실은 특히 우리나라의 경우 시급히 요청되는 노릇이지만 암표까지 등장할 정도로 몰려든 관중을 앞으로 연극에 정착시키기 위해서는 여러 가지 고비가 있을 것이다. 그 고비를 넘기는 데 신협은 앞으로 자주성과 과감한 기획으로써 대해 주기를 겨우 얻은 핀 뒷자리 보조석에서 필자는 느꼈다"[6]고 긍정적인 평가를 하였다.

실제로 신협의 재기 공연은 단원들까지 놀랄 만큼 예상했던 것보다 2배나 많은 1만 2000명을 넘어섬으로써 암표까지 동날 정도였다. 이에 고무된 이해랑은 한 좌담회 석상에서 "우리는 '정신적인 본업(本業)'이라고들 여기고 있는 이 연극운동을 계속하는 한편, 보다 높은 위치까지 끌어올리는 노력을 게을리하지 않을 것을 다짐하겠습니다"[7]라고 설파하기도 했다. 이러한 결의와 흥분 상태에서 그는 곧바로 두 번째 공연에 착수했고 이듬해 정월 초하루부터 하유상의 신작 〈학 외다리로 서다〉를 일주일 동안 무대에 올렸는데, '연출자의 말'에서 그는 "우리는 현실적인 풍속적 진실보다는 인물의 내적 진실이 더 중요하다는 것은 알고 있으면서도 전통적인 리얼리즘 연극 무대에서는 생활 이식(移植)에 급급한 나머지 일쑤 그 중요성을 망각하는 수가 많다, 도대체 큰 소리 치는 것을 나는 싫어하지만 연극에 대한 이야기를 할 땐 더욱 그렇다. 연출 의도는 아무리 세밀히 발표하여도 그것은 무대에 구상화되지 못한다면 그것은 글자 그대로 의도에 그칠 뿐 공수표에 지나지 않기 때문이다. 이제는 신협 이외에도 여러 직업 극단이 탄생하여 신극의 대중화 문제가 요즈음 가끔 논의되고 있는데, 먼저 연극의 소화불량을 청산해야 한다. 관객이 따르지 않는 연극을 예술적인 연극이라고 자부하는 그런 그릇된 생각을 지양하고 보다 관객을 이해시킬 수 있고, 설득력 있는 친절한 연출로 나가야 할 것이며 관념적인 연출일수록 자기들만이 도취하는 독단과 독선에 빠지는 것을 나는 수없이 많이 봐왔다"[8]고 썼던 것이다. 이는 그가 당시 실험극장을 위시하여 민중극장, 동인극장, 자유극장 등 신생 극단들의 번역극 위주 공연을 비판한 말이었다. 이러한 그의 확고한 연출관에 따라 무대에 올린 두 번째 공연 역시 긍정적인 평가를 받았음은 두말할 나위 없는 것이었다.

두 번째 공연마저 크게 성공하자 지방에까지 소문이 나면서 몇 군데에서 공연 요청이 왔다. 그중에서 신협이 3일간이나 지방을 순회케 된 것은 한국일보 부산 지사의 적극적 후원이 있었기 때문이다.[9] 이처럼 재기에 성공한 신협은 1964년 셰익스피어 탄생 400주년 행사에도 〈오셀로〉를 갖고 참여했는데, 연출과 주인공 '이야고' 역까지 맡았던 이해랑은 그 소회에 관련하여 "해방 직후 중안대학의 〈햄릿〉 공연(최무룡 주연) 연출을 맡은 것을 비롯하여 피난 시절 대구서 신협의 〈햄릿〉, 〈줄리어스 시저〉, 부산대학교의 〈베니스의 상인〉, 환도하고 다시 신협의 〈햄릿〉, 〈맥베스〉, 그리고 드라마센터의 〈햄릿〉과 〈로미오와 줄리엣〉…… 이렇게 따지고 보니 나의 셰익스피어극 연출력도 그리 적지는 않은 것 같다. 거기다 〈오셀로〉에는 출연까지 해봤으니 말이다. 그러나 연출을 해보면 해볼수록 어려운 것이 셰익스피어극"[10]이라고 술회한 바 있다. 그의 말대로 그때까지 적어도 셰익스피어 연출을 가장 많이 한 사람은 바로 그였다. 따라서 오랜만에 연출과 동시에 주연으로까지 나서는 그에게 연극계의 기대가 컸음은 다음과 같은 당시 보도가 잘 말해주고 있다.

세계가 들끓는 셰익스피어 시즌─ 지난 22일부터 막을 올린 우리나라의 무대도 이제 절정에 올라 극단 신협은 오늘(28일)부터 〈오셀로〉(오화섭 역) 공연에 들어간다. 오랜만에 무대에 서는 노장 이해랑 씨(이야고 역)를 비롯한 김동원, 장민호 씨(오셀로 역) 등 베테랑에서 참신한 얼굴의 오현주, 태현실 양(데스데모나 역)에 이르기까지 호화 캐스트를 망라한 신협의 〈오셀로〉는 셰익스피어 시즌에 보내는 신협의 최대 선물이 될 것이다. '내가 그대를 사랑하지 않는다면 나의 영혼은 지옥의 불길 속에 떨어질 것이다'라고 외치며 미녀 데스데모나를 사랑했던 흑인 오셀로 장군 ─ 그러나 악한 이아고의 간계로 그는 대리석같이 매끄럽고 눈빛같이 흰 데스데모나의 목을 조르고 만다. 인간의 질투심이 빚어낸 이 비극은 로렌스 올리비에 경이 주관하는 영국 국립극장의 이번 레퍼토리이기도 하다.[11]

이상과 같은 신협의 〈오셀로〉 공연 예고를 여기에 소개한 것은 이해랑이 연출로 방향을 튼 뒤 오랜만에 주역배우로 등장한 것을 언론이 주목했기 때문이다. 그 결과 신협은 기대 이상으로 대중에게 좋은 무대를 제공하고도 남음이 있었다.

모험을 무릅쓰고 신협을 재건하여 두 편의 창작극으로 큰 성과를 올리자 그는 어느 정도 자신감을 가질 수가 있었으며 차제에 신인도 찾아내어 극작의 영역을 넓힐 절호의 찬스가 왔다고 생각했다. 기존의 신진 차범석, 하유상, 임희재 등 몇 극작가들이 간간이 써내는 희곡으로서는 점차 증가하는 극단들의 창작극 공연이 불가능하다고 본 것이다. 그는 막강한 언론을 갖고 있는 장기영 한국일보 사장과 절친한 사이여서 창간 10주년 기념으로 장막극 현상모집을 할 수 있었다. 거기서 얻어진 희곡이 바로 〈무지개〉(이만택 작)였다.[12] 그는 작품을 심사하고 연출까지 맡은 소감에 대하여 "한국일보와 극단 신협이 공동으로 모집한 희곡 70여 편에서 이만택 작 〈무지개〉가 당선되었을 때 나는 이 〈무지개〉를 민 사람 중의 한 사람이었다"면서 심산유곡에서 원시적으로 살고 있는 사람들의 이야기가 무더운 여름에 맞겠다고 생각했고 신협 동지들도 마찬가지였다면서 다음과 같이 쓴 바 있다.

(……) 우리 신협 극단이 예정된 7월에 관객이 더위를 잊고 관극할 수 있는 시원한 조건을 갖추고 있기 때문이다. 연극의 내용이 지닌 계절과 연극 공연의 시기는 따로 생각할 수 없을 만큼 깊은 관계를 가지고 있다는 생각이 어느덧 불문율 같이 내 머리에 자리 잡고 있기 때문인지 여름철에는 우선 더위를 잊을 수 있는 시원한 연극을 하여야 한다는 생각이 언제나 앞선다. 계절과 같이 심각한 내용보다는 웃고 즐길 수 있는 시원한 극적 분위기가 여름철의 연극 생리라면 〈무지개〉는 거기에 정답을 내려주는 코믹한 터치로 영원히 해결할 수 없는 우리 인간 문제를 다루어 그 정곡을 꿰뚫는 작품이라고 할 수 있다. 이 작품을 이번에 내 자신이 연출하게 된 데 대하여 나는 무거운 책임을 느끼지 않을 수 없다. 심사와 연출의 2중의 책임을 ― 그러나 작가와 근 20일 이 작품에 손질을 하고 내 자신 우스꽝스러울 정도로 특이한 시추에이션 속에서 시비(是非)를 하고 있는 인물들에 끌려들어갈 수가 있었고, 또 신협 동지들도 이 작품에 매력을 느꼈는지 이번 공연에는 운영위원들이 한 사람도 빠지지 않고 다 출연을 하며 그 밖에 간부진이 다투어 출연을 하겠다고 덤벼 한정되어 있는 배역을 하느라고 적지 않은 고생을 하였으며 전에 볼 수 없이 의

욕적인 태도를 전원이 앙상블을 이룩하려는 것을 보고 나는 사실 한 짐을 놓은 것 같은 느낌을 안 가질 수가 없다. 가히 이번 〈무지개〉 공연은 강력한 연기진이 이룩하는 앙상블을 통하여 볼 만한 연극이 될 것이라는 생각이 든다. 더욱이 무더운 여름철에.¹³

이상과 같은 '연출의 변'에서 알 수 있는 것은 우선적으로 그의 사고의 유연성이 나타난다는 점이다. 그는 견고한 리얼리스트였지만 주변 환경에 따라서 즐거운 작품으로 관객들에게 서비스도 해야 한다고 말했다. 그 결과 예상외로 대성황을 이루었던 바 창간 10주년 기념으로 전적인 후원을 했던 『한국일보』는 "연극의 본 고장인 파리나 뉴욕의 브로드웨이 같은 데서도 시즌 업으로 막을 거두는 7월─ 그러나 연극의 불모지대라 개탄하던 이 땅의 7월은 오히려 연극으로 여름 더위를 잊고 있다. (……) 지난 10일부터 막을 올린 극단 신협의 〈무지개〉 공연은 첫날부터 연일 '관객의 홍수'를 이루어 우리나라 연극사상 '여름을 이긴' 최초의 연극이 되었다. 이날 개관 1시간 전부터 서성대는 연극 팬들과 각계서 보낸 꽃다발에 묻힌 국립극장 앞은 마치 무슨 잔칫집 같이 들끓었다. 그리고 연극 공연엔 이례적으로 암표마저 나돌았고……, 육중한 징 소리에 맞춰 막이 오르자 객석 여기저기서 탄성이 터져 나왔다. 멀리 희끗희끗한 백설을 인 고산(高山)을 배경으로 아름드리 고목에 둘러싸인 화전민 정노인 일가를 그린 무대는 한 폭의 동양화 바로 그것이었다. 호랑이 영감 정노인을 가장으로 4대째가 한 집에 살며 때로는 낭만과 애욕을, 때로는 눈물과 웃음을 엮어내는 신협의 〈무지개〉는 자기 나름대로의 행복(무지개)을 쫓는 화전민의 생태를 차분히 묘사한 것, 극단 신협은 작년에 재기 공연을 가진 지 이번 네 번째 무대를 팬들에게 선보인 셈인데 이로써 신협은 그들이 내걸고 있는 '연극 중흥'의 가치를 다시 한 번 관객들에게 다짐하는 한편 염제(炎帝)에 굴복하던 연극 생리에 새로운 개가를 올렸다"¹⁴고 찬사를 아끼지 않았다. 좌담회에서 평론가 여석기도 "연일 뿌렸다 갰다 하는 장마 속에서 용케 그 많은 관객을 끌 수 있는 것은 역시 신협이라는 이름과 거기 속해 있는 얼굴들의 네임밸류 때문"이라고 지적하면서 "평소엔 연극이라면 덮어놓고 외면하던 친구들도 이번에는 온 가족 동반으로 가는 것을 보면서 신협의 대중적 인기를 실감했다"[15]고 평가하였다. 극단 신협이 1950년대에 이어 1960년대도 주도하는 듯이 맹활약을 한 것이다. 그리고 그 중심에 이해랑이 버티고 있었다.

이런 대중의 우호적인 분위기에 고무된 그는 곧바로 재건 제5회 공연으로 당시 신예 작가였던 하유상의 〈어머니의 모습〉을 역시 한국일보 공동 주최로 그해 가을에 국립극장 무대에 올렸다. 적막했던 연극계에 신협을 재건하여 단번에 활력을 불어넣은 그는 제5회 공연을 갖는 소회를 다음과 같이 밝혔다.

이해랑, 한동안 떨어져 있던 동지들이 향수와 정열을 안고 연극의 중흥을 꾀하여 신협을 재기한 지 벌써 1년이 되었다. 재기 공연 후 4회 공연을 치렀고 이번이 제5회 공연이 되는 셈이지만 실상 신협 공연 횟수는 65회 공연이 되는 것이다. 해방 이듬해에 창립이 되었으니까 햇수로는 근 20년이 된다. 한 번 공연을 치를 때마다 나이 한 살을 더 먹는 것과 같은 벅찬 정신적인 고통을 느껴왔다. 그러나 어느 땐 극단의 공연 횟수를 내 나이와 같이 세게 된 때도 있었다. 그러나 다시 녹아 떨어지는 촛불의 시간은 현실에서나 무대에서나 동일한 것이다. 촛불이 연극 세계에서 타 있다 해서 현실에서보다 빨리 탈 수는 없는 것이다. 진실은 연극에서나 현실에서나 동일하게 가치가 있는 것이다. 이번 레퍼토리인 하유상 작 〈어머니의 모습〉에서도 나는 내가 먹은 나이를 또 까맣게 잊어버리고 나이를 먹을 줄을 모르는 언제나 젊은 관객을 위하여 그들이 즐길 수 있는 연극을 창조하여야 하는 것이다.[16]

이상의 글에서 확인할 수 있듯이 그는 점차 연극은 우선적으로 재미가 있어야 한다는 연극관을 굳혀갔다. 이는 아무래도 그의 스승과 같은 선배 동랑 유치진의 영향이 아니었나 싶다. 이런 연극관의 형성은 동랑과 연극을 함께 하면서 자연스럽게 터득한 것이지만 해방 공간에서 국제공산주의자들의 이데올로기 연극에 신물이 났던 것도 가장 큰 요인이었다고 볼 수 있을 것 같다. 게다가 1950년대에 뉴욕 브로드웨이의 현란한 연극을 보고 그동안 자신이 해 왔던 연극의 경직성을 반성한 것도 하나의 요인이었다. 따라서 이러한 생각으로 신협을 재건하고 만든 작품들이 하나 같이 대중을 사로잡았던 것은 우연이 아니었던 것이다.

그는 차제에 공연예술계에 자극도 주면서 활력을 불어넣기 위하여 한국연극영화예술상을 한국일보 장기영 사장에게 건의하였는데, 이것이 흔쾌히 받아들여졌다. 곧 신문사로서는 최초로 공연예술상이 마련된 셈이다. 제1회 수상은 극단 민중극장의 〈도적들의 무도회〉가 휩쓸면서 그 단체가 한때는 1960년대의 주목받는 극단으로 부상되기도 했다.[17] 오늘날 백상예술대상으로 개칭되어 존속되고 있는 이 상은 현재 연극보다는 영화와 TV 등 대중적인 분야에 더욱 비중을 두고 있지만, 공연예술상이 부족했던 시절 우리나라의 문화 발전에 큰 기여를 했다. 그것이 이해랑이라는 한 선구자의 머리에서 나온 것임을 생각할 때 그가 얼마나 공연예술의 발전을 갈구했는가 하는 것에 감탄하지 않을 수 없다.

이처럼 그가 1960년대에 연극계의 중심으로 자리 잡으면서 국립극단에서도 연출 요청이 자주 있었고, 신협이 공연을 쉴 때는 그런 요청을 받아들이곤 했다. 가령 1965년 초에 하유상의 〈여성만세〉를 연출했던 것도 그러한 배려의 하나였다. 그러나 그의 주된 관심은 역시 신협과 신인 작가의 육성에 있었음은 두말할 나위 없는 것이었다. 그가 발굴한 무명작가 이만택의 두 번째 희곡인 〈그 많은 낮과 밤을〉에 애정을 가졌던 것도 바로 이러한 배경에서였다. 그는 이 작품을 연출하는 자세와 관련하여 "작년 이맘때 한국일보와 신협이 공동으로 모집한 현상 희곡인 〈무지개〉를 상연한 이후 만 1년 만에 같은 작가의 작품을 상연하게 된 것은 여러 가지 의미에서 기쁜 일이 아닐 수 없다. 한 작가가 당선의 각광을 받은 후 도무지 이렇다 할 버젓한 활동을 하지 못하고 사라져 가는 일은 당선 작가 본인의 노력 여하에도 문제가 있겠지만 그보다도 당선시킨 작가에 대하여 적극적인 책임을 지지 않고 있는 주최 측에도 책임이 없지 않다. 당선만 시키면 행사(行事)로서의 할 일을 다했다고 생각하는 것은 잘못된 생각이다. 그 작가를 성장하도록 키워줄 의무를 또한 져야 하는 것"이라고 함으로 신문사마다 연례행사로 치르는 신춘문예의 행태도 은근히 비판했다. 그러면서 이만택은 신진답게 연출가와 배우들의 의견을 받아들여 보다 좋은 작품이 되도록 함으로써 연기진이 다투어 출연을 원하여 연출부에서 배역을 결정하는 데 땀을 빼게 하였다면서 "그 덕분으로 이번 〈그 많은 낮과 밤을〉의 배역은 일찍이 없었던 호화 배역이 되었다. 그러나 연출부에서는 이 매머드 배역진을 통어(統御)하고 연극의 앙상블을 형성하여 작가의 성장과 더불어 연극의 성장을 꾀하여야 하는 것이다. 연기를 하여 관객에게 보인다는 인습적인 관례에서 벗어나 무대에서 살면서 생활할 수 있는 인물의 내면적인 생활을 창조하려는 나의 의도에는 변함이 없다. 무대의 생활적 분위기와 인물의 보다 깊은 마음의 새김에서 연극의 진실을 찾기 위하여 나는 오늘도 연기자들과 같이 땀나는 연습을 계속하고 있는 것"[18]이라고 썼다.

그러나 결과는 별로였다. 역시 영화판에서 명성을 떨치고 있는 호화 배우들이 바쁜 와중에 연습을 제대로 할 리가 만무했다. 소장연출가 김정옥(金正鈺)은 이 공연에 대하여 지리멸렬 드라마투르기라면서 "(……) 〈무지개〉에서의 주제의 깊이는 고사하고 극적인 짜임새를 다루는 데 뛰어난 솜씨를 보여준 작가가 이처럼 지리멸렬의 작품을 내놓은 것은 지나친 의욕 때문이었을까! 대사의 경우도 〈무지개〉에 비해서 따분하기 이를 데 없다. 작가는 체호프의 〈바냐 아저씨〉를 생각한 모양인데 체호프의 인물들과는 달리 이 작품의 인텔리들의 대사는 어색하기만 했다. 연기진에서는 황정순, 박암, 조항 등이 무난한 편이고 김승호의 '박도진'은 환상적인 창조였으나 대사 전달에 좀 더 유의했어야 했다. '인정'의 도금봉은 이질적인 연기로 눈에 거스르기만 했다. 그리고 또 한 마디의 프롬프터 소리는 제발 우리 무대에서 추방해 주었으면……"[19]라고 혹평했다.

그러나 그는 이런 비판에 조금도 언짢아하지 않았다. 왜냐하면 당시 연극계의 현실이 그런 처지였음을 너무나 잘 알고 있었기 때문이다. 그는 다만 창작극만은 반드시 키워내야 한국 연극이 정체성도 갖추고 또 발전할 수 있다고 확신했다. 이 점은 그가 때마침 내한한 미국의 저명한 연극인들('라므네이 이브렌트'와 '헬렌 헤이즈')이 강조했던 내용에 대한 소감을 쓴 다음과 같은 글이 극명하게 말해주고 있다. 그는 「창작극을 하자」는 제목의 글에서 "(……) 연극협회 주최로 강연회와 미국대사관 주최의 강연회, 그리고 동국대학교에서 열린 강연회 등에서 현하 미국 극단의 동향을 알려주었으며 곁들여 헬렌 헤이즈의 신기(神技)에 가까운 세련된 연기를 보여주며 우리 연극인들에게 많은 자극을 주었다. 강연의 골자를 간단히 추려내 보면 현재 미국에는 20만 개의 극단이 있다. 이 극단의 대부분은 지방에 있으며 그 지방 유지들의 원조에 의하여 운영되고 있다. 그 전까지 브로드웨이에 집중되어 있던 극단들이 차츰 지방으로 뿌리를 뻗고 현재 브로드웨이에는 불과 27개 극장이 문을 열고 있을 뿐인데 그중에서도 반 이상이 뮤지컬 공연을 하고 있다. 미국 연극계는 문화의 도시 편중을 막으려고 문화의 소개(疎開)운동을 벌이고 있다는 등의 내용이다. 이것은 겨우 서울에서만 실험무대를 하며 보이고 있는 우리 연극계에 좋은 본보기가 아닐 수 없다. 그러나 헬렌 헤이즈가 남긴 말 중에서 가장 값진 것은 '될수록 창작극을 하라'는 한마디였다. 창작극을 많이 하는 나라의 연극만이 위대해진다는 것이었다. 정말 공감이 가는 충고였다. 그리고 그들이 본 우리의 연극은 예상 외로 수준이 높았다는 것이며 더욱 젊은 연극인의 연극을 대하는 진실한 태도에 찬사를 아끼지 않았다. 우리 연극이 경제적 빈곤에 허덕이고 있음을 본 그는 실업가들의 도움을 받는 길밖에 없다고 단정했다"[20]고 쓴 바 있다.

그런데 여기서 필자가 그의 글의 중요 부분을 소개한 것은 미국의 두 연극인이 한국 연극인들에게 충고한 내용이 유독 이해랑에게 절대적인 영향을 미쳤을 뿐만 아니라 그에 의해서 우리 연극 문화가 크게 변화했기 때문이다.

그 변화란 후술하겠거니와 그 핵심은 세 가지였다. 즉 '지방 문화의 싹 틔우기'와 '창작극 위주 연출', 그리고 '기업으로부터의 후원 끌어내기'라 하겠다. 그는 우선 자신이 연극을 하면서 보고 또 실제로 했던 것을 곰곰이 되돌아보기도 했다. 가령 자신은 참여하지 않았지만 친일 연극 단체였던 조선연극문화협회(회장 이서구)가 1941년도에 펼쳤던 몇 가지 사업 중 이동극장운동(제1대와 제2대로 편성)에서 단 1년여 만에 관중 43만 8천여 명을 동원했던 예[21]라든가, 해방 직후 동랑 유치진의 주도(이해랑도 적극 참여)로 정부 수립을 목표로 한 캠페인성 연극 브나로드운동으로 많은 성과를 올린 경우 등이 떠올랐다. 특히 그가 전쟁 와중의 피난지에서 신협을 이끌고 순회공연을 다녔을 때만 해도 가는 곳마다 지방 사람들이 열띤 호응으로 인산인해를 이루었던 것을 떠올릴 적이면 대중이 연극을 얼마나 갈망하는지를 느낄 수 있었다. 그럼에도 불구하고 전쟁이 끝난 평화 시절에 명동의 한구석에서 겨우 여대생 중심의 관객 1만여 명을 상대로 연극을 하고 있다니 한심하기 이를 데 없었던 것이다. 수도 서울이 이 지경이니 지방이야말로 황폐하다는 말이 부족하달 정도로 문화 불모지 그 자체였다. 이런 상태를 수수방관하는 것은 곧 문화지도자의 태만을 넘어 죄를 짓는 것이라는 생각까지 했다.

그런데 여기서 한 가지 반드시 짚고 넘어가야 할 것이 그가 솔직히 시골, 농어촌을 잘 모르는 순수 서울 토박이인 데다가 전형적인 사대부 출신의 귀골(貴骨)임에도 불구하고 지방 문화의 중요성을 인식하고 환경이 열악한 시골을 다녀야 하는 유랑 극단을 각오했다는 점이다. 바로 여기서 자신보다는 전체를 위해 희생할 줄도 아는 그의 지도자다운 모습이 드러난다고 말할 수가 있다. 또 한 가지 주목할 만한 점은 그가 대학에서 학생들을 가르치면서 자주 느꼈던 소감과 관련하여 "상아탑의 지식을 할 일 없이 놀리는 게 못마땅해 기회 있을 때마다 농촌 문화의 개척자가 될 것을 당부했으나 도무지 탁한 서울을 벗어나려 하지 않았다. 이들에게 시골이 지닌 슬픔과 애향심을 눈으로 직접 보게 해주고 싶었다"고 한 것이다. 이는 우리나라 근대 연극사상 최초의 경우로서 그처럼 지방 문화 진흥을 절박하게 생각한 연극지도자는 없었다. 그는 두 미국 연극인의 충고를 듣고 지금이야말로 항상 마음 한구석에 자리 잡고 있던 순회극운동을 실천에 옮겨야 할 절박한 시점이라고 확신하게 된 것이다.

그리하여 즉각 「이동극장운동을 제창한다」라는 1960년대 중반의 가장 중요한 글을 발표하기에 이른다. 그는 이 글에서 "아테네의 첫 연극 관람자는 3만이었다. 그러나 지금은 불과 3, 4백 명의 객석을 가진 소극장에서 연극이 살고 있다. 소수의 관객을 상대하면서부터 연극은 시끄럽게 떠들 필요가 없으므로 조용하여졌다. 잠재의식적인 대화를 주고받을 수 있을 만큼 연극은 조용하여졌다. 그러나 그 반면에 더 많은 관객과 접촉하고 싶은 연극 본연의 욕구가 그 밑에 억압당하고 있다는 불만을 씻을 수는 없는 것이다. 어두침침한 소극장에서 뛰어나와 광장에서 심호흡을 하고 싶은 마음, 인공적인 전기 조명 대신 자연광선을 흠뻑 쐬며 연극을 하고 싶은 마음을 금할 길 없다. 시적 도피(詩的 逃避), 심미적인 경향 속에서 살고 있는 소수를 위한 연극에서 탈피하고 국민 속으로 퍼져 들어가 공동체 의식(共同體 意識)을 발견하고 정신적 일치를 꾀할 수 있는 다수를 위한 연극 형태로 방향을 바꿀 수 있는 방법은 없는지, 적은 관객을 상대로 꼴짝거리다가 오늘의 침체를 초래한 연극이 여전히 소극장에서 한가히 낮잠을 자고 있는 것을 그대로 보고만 있을 수 없어 나는 거대한 탈출구로서 이동극장운동의 절실함을 느끼고 기회 있을 때마다 그것을 역설하여 왔던 것이다. 이렇게 연극이 궁지에 몰렸을 적에는 한번 보따리를 싸고 자리를 떠보는 것도 결코 무의미한 일은 아니다. 더욱 현하(現下) 우리나라는 소비적인 도시가 비대하여 가는 반면에 농어촌(農漁村) 광산 등의 지방 문화는 날로 쇠퇴하여 가고 있는 실정에 있다. 오늘의 문화가 도시에 편재(偏在)하여 소수의 도시인에게만 독점되어 농어촌과 광산을 저버리고 있다는 것은 농민이 다수를 점하고 있는 우리나라 실정에서 볼 때 부당한 일이라 아니 할 수 없다. 문화 과잉에 빠진 도시에서 뛰어나와 문화의 혜택을 받지 못하고 자칫하면 거칠어지기 쉬운 이들 농어촌민의 정서를 함양하여 국민 전반의 문화 수준을 높이는 일은 정치적으로나 경제적인 문제에 못지않게 중요한 문제가 아닐 수 없다. 여기에 대한 전위적인 역할을 할 수 있는 것이 이동극장인 것이다. 산 배우의 생명의 파동이 한 장소에 모인 마을 사람들의 마음을 한뜻에 뭉치게 하여 무대와 객석의 구분 없이 한 정신 속에서 호흡을 같이 하게 하여 연극의 고유한 위대한 기능을 광장으로 개조된 버스에 실어 농어촌을 방방곡곡 돌게 하는 것이다. 소극장에서 빠져나와 이들 다수와 접촉함으로써 연극 자체 문제 해결의 폭을 넓히고 문화적으로 망각지대(忘却地帶)에 놓여 있는 이들을 예술적으로 위무(慰撫)하여 국가적으로 연극이 국민에 이바지할 수 있는 길이 곧 이동극장운동인 것이다. 여상한 목적과 성격이 마련하는 가치 외에 이동극장운동에는 또 부차적으로 실효가 따른다"[22]면서 다음과 같이 다섯 가지를 적기(摘記)한 바 있다.

첫째, 개막 전 주최자 측의 인사를 통하여 사회의 움직임을 알려주는 '산 신문'의 역할을 한다. 둘째, 개막 후 극단원 전원이 관객과 더불어 애국가를 혹은 건설적인 노래를 개창(皆唱)함으로써 애국정신을 고취한다. 셋째, 또 노래자랑 시간을 마련하여 그들 자신의 흥을 돋우어 노동에서 오는 피로를 잊게 한다. 넷째, 관극하기 위하여 모처럼 한 장소에 모인 마을 사람들의 상호친목을 도모한다. 다섯째, 일선 장병의 위문을 겸할 수 있다. 그리고 국가제도로서 이동극장 운동장을 장려할 용의는 없는지, 버스를 개조하여 이동극장을 만들고 이를 움직일 수 있는 비용을 댈 기업체나 유지는 나서지 않는지 등을 적었다.

이상과 같이 그가 발표한 전문을 여기에 소개한 이유는 그의 이동극장운동(移動劇場運動)이 당대 최고의 문화운동이고, 동시에 정신적인 범국민운동이었음이 드러나 있기 때문이다. 그는 이 글에서 그때 이동극장운동에 발 벗고 나서게 된 배경이 두 미국 연극 지도자의 충고에 자극받았기 때문인 것처럼 말했지만 그 스스로 이미 오래전부터 마음속에 그러한 생각을 해왔음도 솔직하게 밝혀놓았다.

그런데 더욱 주목되는 것은 이동극장이 내포하고 있는 방대한 구상이라 말할 수가 있다. 그는 이동극장운동이 정치적인 문제나 경제적인 활동 못잖게 중요성을 지닌다는 입장에서 출발하고 있다. 이처럼 그의 이동극장운동은 단순히 연극의 지방 확산이나 중앙과 지방의 문화 균점의 차원을 넘어 일종의 현대판 브나로드운동으로 승화시켜보겠다는 것이었음을 다섯 가지 실천 항목에서 확인할 수 있다.

가령 그가 자신이 추진할 이동극장운동을 1919년 러시아 혁명기 때 유행했던 '산 신문극' 운동과 연결시킨 것은 매우 흥미롭다. 사실 우리나라만 하더라도 1960년대까지만 해도 매스미디어가 발전된 상태가 아니었으며 더구나 신문의 보급률은 보잘것없었다. 특히 농어민들은 정보의 목마름에 젖어 있던 시절이었다. 그래서 그는 이들에게 단순히 연극만 보여주는 것이 아니라 세상 돌아가는 일도 직접 설명해주겠다는 것이었다. 또한 공연이 끝난 직후에는 출연자와 관객이 함께 어울려 애국가나 건설적인 노래를 부름으로써 애국심도 고취하겠다는 것이다. 이어서 관객들을 위한 노래자랑 시간을 만들어 그들의 흥을 북돋우고 동시에 노동의 피로도 씻을 수 있도록 해준다는 것이다. 그런데 거기서 끝나는 것도 아니다. 당시 산업사회로의 이행과정에서 개인주의가 팽배해지고 도시화로 마을 공동체가 무너지고 있던 그 시절에 관객들의 상호친목도 꾀할 수 있도록 하겠다는 것이다. 이와 같이 이동극장운동은 다목적성을 띤 국민운동으로서 차제에 일선장병 위문 공연도 다짐했다. 이는 그가 6·25 전쟁 기간에 일선 장병 위문 공연으로 국군의 사기를 진작시켰던 데 따른 것이었다. 이러한 그의 구상은 좋은 반응을 불러일으켰다.

전쟁 중 정극단들이 거의 소멸함으로써 신협과 제작극회가 근근이 신극사의 명맥을 잇다가 1960년대 들어와서야 몇 개의 동인제 극단이 등장했으나 연극은 여전히 소조(蕭條)한 상황이었다. 영화가 급 발전하고 TV마저 등장함으로써 관객이 답답한 연극을 외면했고 재건된 신협마저 처음만 빤짝하다가 관객이 밀물처럼 어느새 사라져 버린 것이다. 바로 이런 현실 때문에 그는 지방에서부터 바람을 일으켜 한국 공연문화를 단번에 일대 전환시킬 수 있는 혁명적 발상이 필요하다는 생각을 한 것이었다.

그러나 막상 실천에 들어갈 수 있는 여건이 전혀 구비되지 않았다. 예를 들어 출연할 배우는 자신이 몸담고 있는 동국대학교 연극과 학생들을 동원하면 그런대로 가능하지만, 이동 수단에 따른 차량에서부터 각종 비용을 마련할 길이 없었다. 따라서 그는 공화당 창당에 이름을 올리면서 알게 된 정관계 인사들을 찾아가 도움을 요청해보기도 했지만 그 가치와 중요성을 인식하고 협조하겠다는 사람은 단 한 사람도 없었다. 그렇다고 포기할 수는 없었기 때문에 일단 대학 동료 교수인 대표적 무대미술가 김정환(金貞桓)에게 이동극장 무대의 디자인을 의뢰하였다. 그가 김정환에게 자신의 구상에 대한 것을 구체적으로 제시했는데, 교통비와 숙식비를 최대한 줄이기 위하여 대형 버스를 이동생활 거처 겸 식당 분장실로도 사용토록 함은 물론이고 차체 앞뒤에 간이무대를 설치하여 배우들의 등퇴장이 버스 안에서 가능토록 해달라는 요

특별히 제작한 이동극장 차량

청이었다. 이를 좀 더 구체적으로 설명하면 그가 이동버스를 여인숙 겸 식당 겸 분장실 겸 공연 무대로 활용하겠다는 것이었다. 이는 세계 연극사에서도 찾아볼 수 없는 매우 유니크한 것이었다. 적어도 하루에 낮과 밤 2회 공연과 바쁜 일정을 소화하려면 매우 능률적인 무대가 필요했으므로 플랫폼 무대를 나사를 조여 버스 지붕에다 적재시켜 뜯어 내리는 데 3분, 무대 설명에 5분이면 충분하도록 한 것이어서 과거 순회공연에서도 해보지 못한 빼어난 기동력과 능률을 갖춘 형태였다.

그런데 문제는 그렇게 만들어서 전국을 다녀야 하는 데 드는 막대한 비용이었다. 이때 비로소 그에게 집권당의 창당 멤버로서 크나큰 효험이 나타났는데, 그것이 다름 아닌 실권자 김종필과의 정치적 인연이었다. 이와 관련하여 그는 "이처럼 세부계획까지 마련했음에도 후원자가 나타나지 않아 공염불로 맴돌고 있었다. 이동극장 구상 3년째를 맞는 어느 날 김종필 씨가 술자리에

김종필과 함께 한 이해랑

초청했다. 이때 그는 한동안의 외유 길에서 갓 귀국한 참이었다. 나 외에 김성진(金晟鎭) 씨, 그리고 술집과 지면 관계로 알던 평론가 이진섭(李眞燮)이 동석했다. 별달리 특별한 목적의 회동이 아니고 그야말로 오붓한 사석 주연이었다. 이런저런 방담 끝에 우연히 문화계가 화제로 등장했고 나의 이동극장 계획이 토설됐다. 대단한 관심을 나타낸 김종필 씨는 '매우 멋진 생각'이라면서 가능한 한 지원을 확약했다. 마침 김종필 의장은 예술을 좋아하는 낭만적 기질의 소유자여서 이해랑의 구상이야말로 대단히 기발하면서도 국민단합과 계몽에 더없이 훌륭한 것으로 인식한 것이다. 더구나 그는 5·16 군사혁명의 기획자로서 초대 중앙정보부장을 역임하고 집권당 의장에 복귀할 것이어서 그가 마음만 먹으면 무엇이든지 할 수 있는 권력자가 아니던가. 얼마 후 그는 공화당 의장에 복귀했고 어김없이 약속을 지켰다. 대형 버스와 소형 사령차를 제공했으며 일체의 제반 경비를 부담했다. 이때만은 버스가 화젯거리였다. 지금의 고속버스보다도 덩치가 크다보니 당시의 빈약한 도로 사정에 비추어 운행 허가 문제로 한동안 속을 썩였다. 그러나 홍보를 위한 지상(紙上) 후원이 필요하다 생각해 신협 초기 때 호의를 보여준 장기영(張基榮) 씨를 찾았다. 그 역시 단숨에 수락, 한국일보 주최 행사로 받아들였다"[23]라고 회고하였다.

2. 이동극장의 팡파르

이해랑은 당장 그 이튿날부터 대형 버스 제작에 착수했고 단시일에 한국 최초의 이동극장 차량을 완성할 수 있었다. 그런데 그가 회고한 대로 여러 용도로 활용하기 위해서 특별 제작한 차량이 고속버스보다 덩치가 더 컸기 때문에 당시의 부실한 도로 사정으로 볼 때 운행 허가를 내는 것도 쉬운 일이 아니었다. 그는 또 그것마저 권력을 이용하려고 의도적으로 공화당 창당 발기인이라는 것을 내세워 해결해낼 수가 있었다. 그런 일을 진행하면서 예술 활동도 권력의 배경이 절대적이라는 것 또한 깨달았다. 그는 곧이어 단원 조직에 착수하여 유흥렬, 이창구 등 동국대학교 연극과 졸업생 제자 몇 명과 신문 광고를 통해서 모집한 수 명을 합쳐서 22명의 단원을 확보할 수 있었다. 더구나 당시 메이저 신문이었던 『한국일보』가 절대적 후원사로서 지상(紙上) 홍보까지 맡아줌으로써 이동극장은 날개를 단 것과 마찬가지로 전국을 마음 놓고 뛸 수 있었다.

출발에 앞서 후원 주최 측인 한국일보사는 편집국장의 제의로 명칭을 '이해랑이동극장'이라 고쳐줄 정도로 대단한 관심을 가졌었다. 첫 번째 레퍼토리는 역시 친구 이진섭이 써준 〈오해마세요〉(이해랑 연출)였다. 호쾌한 이진섭의 성품대로 작품은 경쾌하면서도 계몽의 냄새가 나는 희극이었다. 물론 그것은 이해랑의 주문이기도 했다. 그와 관련하여 이해랑은 이렇게 쓴 바 있다. "대자연을 배경으로 햇볕을 직접 쬐며 연극을 하는 주간 공연에서는 비극적인 정서의 극적 분위기를 낼 수가 없었기 때문에 부득이 해마다 레퍼토리를 희극(喜劇)을 택한 것이다. 더구나 연극에 대한 전문적 지식이나 관극에 대한 계통적인 훈련을 쌓지 않은 농어촌민(農漁村民)을 상대로 그들이 보고 즐길 수 있는 연극을 하려 하며, 또 한 번 공연에 2, 3만 명씩 몰려드는 관객을 상대로 도저히 차분히 가라앉힌 연극을 할 도리가 없었기 때문이다."[24] 이처럼 그는 열악한 시골에서 다수에게 연극을 보여주려면 메시지가 강렬하고 단순해야 되며 우선 재미있어야 한다는 생각이었다. 모든 준비를 끝낸 이해랑이동극장은 출발에 앞서 자신들을 후원해준 정부 요인들, 이를테면 김종필 공화당 의장을 비롯한 정치인과 관료, 그리고 후원 기업인들을 창덕궁에 초빙하여 시범 공연을 가졌는데 일단 긍정적인 평가를 받아낸 바 있다.

한편 한국일보사는 주최 신문사답게 8월 6일에 첫 시연회를 앞두고 그 전달부터 대대적으로 사보를 내보내기 시작했다. 즉 한국일보사는 시연회로서는 여러 가지 면에서 열악하다 할 강화도 온수리(溫水里)를 시작으로 제1차 순회공연 일정을 간략한 지도까지 그려 넣고 대대적으로 선전해 주었다.[25] 그가 1966년 8월 12일 강원도를 본격 시발점으로 삼은 것은 지방 중에서도 교통 면에서나 생활수준 등에서 타 지역보다 낙후되어 있다고 보았기 때문이다. 그의 이상대로 어두침침한 극장에서 뛰쳐나와 광장에서 심호흡을 하며 인공적인 전기 조명 대신 자연광선을 흠뻑 쐬며 연극을 하게 된 것이다.

이러한 이동극장의 방향은 발의자인 이해랑 자신의 연극관에 중대한 변화가 있었음을 의미한다고 말할 수 있다. 왜냐하면 오소독스하고 또 완성도 높은 고도의 연극 창조를 추구해 온 그가 옥내 극장공간을 버리고 드넓은 자연을 배경으로 연극을 해보겠다고 나선 것이기 때문이다. 그는 공연 무대와 관련해서도 "극장이란 것이 반드시 옥내에서만 해야 하는 것은 아니었다. 극장이란 배우의 가슴속에서 존재하는 것 아닌가 싶다. 관객을 모아 놓고 배우가 연기하면 거기가 곧 극장이 아닌가"라며 원초적 형태의 극장 개념을 설파하기도 했다. 이러한 그의 주장 역시 정통 리얼리스트로 살아온 과거의 모습과는 판이한 것이다. 그가 개명된 명문가 집안에서 태어나 신교육을 받고 서양의 근대극 신봉자였다고 하더라도 그의 피 속에는 가장 원초적인 유랑예인의 DNA가 흐르고 있었던 것이 아닌가 싶다. 그렇다고 해서 그의 연극관이 근본적으로 바뀌었다고 판단하기에는 그 당시로서는 이르다고 말할 수 있다. 그러나 분명한 것은 그가 30여 년 동안 벌여온 근대극운동에 대한 전반적인 반성의 차원에서 연극의 사회적 기능을 새롭게 인식한 것만은 주목된다고 하겠다. 왜냐하면 이러한 그의 행보는 그가 오종종한 소시민적 연극쟁이를 벗어나 더 큰 목표를 실천하는 혁명적 국민연극 운동가로 우뚝 서보겠다는 야심을 보여준 것이기 때문이다.

이러한 그의 원대한 꿈은 1966년의 뜨거운 8월 12일 제1차 첫 공연 지역인 강원도의 청평과 가평(밤) 두 곳에서 각각 관객 1,500명과 1만 2,000명 동원으로 불타오르기 시작했다. 강원 지역의 순회공연 일정을 날짜별로 적어보면 13일 사창 500명, 화천(밤) 4,000명, 14일 춘천 7,000명, 양구(밤) 1만 명, 15일 양덕원 5,000명, 홍천(밤) 2만 명, 16일 신남 1,500명, 인제(밤) 5,000명, 18일

거진 2,000명, 간성(밤) 5,000명, 19일 신흥사(휴식), 20일 양양 1,000명, 철산(밤) 1,200명, 21일 주문진 1,200명, 강릉(밤) 1,500명, 22일 공병대 900명, 23일 옥계 500명, 24일 삼척 1,200명, 24일 근덕 500명, 북평(밤) 1,000명, 25일 묵호 2,000명, 강릉공군비행단(밤) 500명, 26일 진부 1,000명, 대화(밤) 3,000명, 마차(밤) 5,000명, 27일 평창 3,000명, 28일 영월 7,000명, 함백(밤) 1만 2,000명, 29일 쌍용 500명, 제천(밤) 3만 명, 현대건설과 광양시멘트 공장 1,000명, 30일 도담 1,000명, 단양(밤) 1만 명, 31일 문막 1,000명, 원주(밤) 2만 5,000명, 9월 1일 횡성 1,000명, 9월 2일 38사단 300명, 1군사령부(밤) 800명 등이 관람하였다. 그러니까 이해랑이동극장이 25일 동안 제1차로 강원 지역 32곳과 군부대 5곳을 합쳐 37곳에서 밤낮을 가리지 않고 37회 공연을 가진 것이 된다. 거리상으로는 3,450리(里)를 달리면서 관객 18만 6,600명을 동원했다. 공연 장소는 학교 운동장을 비롯하여 소양강 백사장, 재래시장 앞, 회관 앞 광장, PX 광장, 공설운동장, 영화 극장, 로터리, 군대 연병장, 복지회관, 관공서 앞 광장, 공군비행관, 광업소 아파트 앞 광장, 공장 옆 개천 광장, 군대 야외극장 등등 다양했는데, 그중에서도 각급 학교 운동장을 가장 많이 사용한 것이 특징이다.

그런데 더욱 의아한 것은 그 지역민들이 거의 다 관람한 것 같은 생각이 들 정도로 많은 관중이 모여들었다는 점이다. 가령 몇 군데만 예를 들어볼 때, 제천의 경우 야간 공연임에도 불구하고 무려 3만 명이 몰렸고, 홍천도 2만 명이었으며, 별로 이름이 알려져 있지 않은 함백 같은 소읍에서도 1만 2천 명이나 관람한 것이다. 이는 아주 놀라운 일로 그만큼 지방 사람들이 공연예술에 굶주려 있었다는 이야기가 된다. 물론 이렇게 많은 지역민들이 참여한 데는 언론이나 관청, 그리고 그 지역 산업체의 협조가 뒷받침한 것도 사실이다. 이동극장의 첫날 일지에 보면 "아침 10시 30분에 시청 앞을 출발하여 정오에 도착하고 보니 너무도 햇볕이 뜨거웠으나 한국일보 지국장이 사업선전과 극장소형 선전차가 한 바퀴 가두선전을 하기가 무섭게 관객이 몰려들었으며 모두들 양산을 받친 여자들과 어린애들은 무대 주위에서 구경했고 운동장 가에 나무 밑에서 들 구경하는 사람들도 많았다. 한국일보 광고부장과 미풍산업주식회사 선전부장이 지프차를 타고 뒤늦게 공연 직전에 와서 구경을 하고 사진을 찍어갔고 영업부 직원 1명을 우리와 동행케 했다"(유흥렬 보관의 '업무 일지' 참고)고 기록됨으로써 당시 이해랑이동극장에 대한 민관의 협조가 얼마나 열성적이었는지 단적으로 보여준다.

성공을 장담할 수 없는 큰 모험이었던 이동극장운동의 제1차 순회공연이 상상을 초월할 만큼 일대 선풍을 일으키자 풍찬노숙의 상태로 단원들이 지쳐 있었지만 고무된 이해랑은 변변한 휴식도 없이 곧바로 제2차 공연에 나섰다. 강원도 공연이 끝난 1주일 뒤인 9월 11일 경기도 및 충청 지역을 돌기로 하고 수원(2,000명)과 평택(밤, 1만 5,000명)을 시작으로 제2차 순연(巡演)에 나섰다. 그리하여 수원과 평택에 이어 12일 상환 1,100명, 천안(밤) 1만 명, 13일 온양 5,000명, 예산(밤) 1만 명, 14일 합덕 2,000명, 당진(밤) 1만 5,000명, 15일 태안 1,200명, 서산(밤) 1만 7,000명, 16일 해미 2,000명, 홍성(밤) 3,000명, 17일 광천 1,500명, 대천(밤) 8,000명, 18일 웅천 800명, 서천(밤) 1만 2,000명, 19일 홍산 800명, 부여(밤) 1만 명, 20일 강경(밤) 1만 5,000명, 21일 연산 1,200명, 금산(밤) 8,000명, 22일 무주 3,500명, 영동(밤) 1만 3,000명, 23일 옥천 600명, 대전(밤) 1만 명, 24일 공주 4,000명, 조치원(밤) 5,000명, 25일 오창 500명, 진천(밤) 1만 3,000명, 26일 미원 500명, 문의(밤) 5,000명, 27일 청천 800명, 괴산(밤) 1만 3,000명, 28일 음성(밤) 5,000명, 29일 무극 3,000명, 주덕 (밤) 1만 5,000명, 30일 수안보 3,500명, 충주(밤) 2만 5,000명, 10월 1일 증평 4,000명, 청주(밤) 2만 3,000명, 2일 장호원 7,000명, 이천(밤) 1만 5,000명, 3일 여주(밤) 2,500명 등을 동원했던 바, 25일 동안 44지역에서 44회 공연을 갖고 총 관객 수는 31만 3,500명이 되었다. 이동극장의 이동거리는 2,900리였다.

경기, 충청 지역 제2차 순회공연의 첫날 풍경과 관련하여 유흥렬 단원이 "비가 조금씩 내렸으나 공연은 끝을 맺었다. 수원시장이 보낸 꽃다발을 공보

이해랑이동극장운동 공연 시 모인 관중의 모습

실장이 대신 이해랑 선생에게 증정함. 동화통신사 김성수 기자 외 1명이 와서 『동화그라프』 10월호에 게재키 위하여 취재차 많은 공연 사진을 찍었다. 비가 온 관계로 공연 속도가 빨랐다"고 썼고, 평택의 밤 공연과 관련해서는 "역전이라 비교적 사람이 많았고 공연 장소가 중앙지대라 관람객을 동원하는 데 유리했다. 공연이 끝나고 경찰서 마당에서 잤다. 저녁 식사와 아침 식사까지 마련해주었다"고 일지에 기록한 것을 보면 가는 곳마다 지역 관공서에서 협조를 하고 언론에서도 상당한 관심을 갖고 취재했음을 알려주고 있다.

제3차 공연 지역인 전라도 역시 충청 지역 종료 후 겨우 1주일 동안만 쉬고 10월 12일부터 경기 광주(1,500명)와 용인(밤, 2,000명)을 첫 출발지로 삼고 13일 오산 2,000명, 서정리(밤) 5,000명, 14일 이리(밤) 1만 5,000명, 삼례 2,500명, 전주(밤) 3만 명, 16일 관촌 1,500명, 진안(밤) 300명, 17일 진안 1,000명, 17일 장계 2,500명, 장수(밤) 5,000명, 18일 오수 1,500명, 임실(밤) 1,000명, 남원 5,000명, 곡성(밤) 1만 2,000명, 20일 구례(밤) 1만 명, 21일 광양 2,000명, 순천(밤) 2만 명, 22일 율촌 1,500명, 여수(밤) 3만 명, 23일 벌교 2,500명, 고흥(밤) 2,000명, 24일 보성 1,000명, 장흥(밤) 2,000명, 25일 해남 (밤) 1,000명, 26일 영암 1,500명, 영산포(밤) 5,000명, 27일 나주 2,000명, 학교(밤) 5,000명, 28일 무안 1,500명, 목포(밤) 5,000명, 29일 함평 1,500명, 영광(밤) 1만 6,000명, 30일 법성포 1,500명, 장성(밤) 2,000명, 31일 송정리 1,000명, 공군비행장(밤) 900명, 상무대(밤) 5,000명, 11월 1일 화순 2,000명, 동면(밤) 3,000명, 2일 담양 3,000명, 순창(밤) 5,000명, 3일 정읍 3,000명, 고창(밤) 7,000명, 4일 신태인 2,500명, 부안(밤) 1만 명, 5일 김제 4,000명, 군산 (밤) 1만 2,000명, 6일 옥구 1,000명, 대야(밤) 2,000명 등의 구름 같은 관객을 동원하였다. 그리하여 이해랑이동극장이 28일 동안 3,495리를 달리며 50개 지역에서 50회 공연에 총 관객 26만 2,900여 명이나 동원한 것이다. 이 역시 놀라운 것이 아닐 수 없다.

가령 전남 여수의 밤 공연에 보면 무려 3만 명이나 관람했다든가 영산포나 순창과 같은 소읍에서 5,000명이나 관객이 모였다는 것은 당시 지방 사람들이 얼마나 공연예술에 굶주려 있었으며 또 얼마나 열정적으로 참여했는가를 단적으로 보여준다. 물론 전술한 바도 있지만 각 지역의 관(官)의 협조와 주관 언론인 『한국일보』 각 지국의 적극적인 홍보도 많은 관중이 공연장에 나온

한 원인이기도 했다. 비근한 예로서 전라도 지역의 제3차 공연의 첫 출발지인 경기도 광주의 경우를 보면 진행 순서로 "1. 지국장 인사 2. 군수님이 이 단장에게 감사장 수여 3. 군수님이 이 단장에게 꽃다발 증정 4. 문화동지호에서 이 단장에게 꽃다발 증정 5. 한국일보 광주 지국장이 꽃다발 증정"이 끝나고서야 공연에 들어간 것으로 기록되어 있다. 이러한 방식은 대부분의 지역에서 비슷하게 진행되었다.

첫해의 마지막 제4차 경상도 지역 순회공연도 제3차 공연 후 2주일 동안만 휴식하고 11월 20일부터 김천의 밤 공연(600명)을 시발로 하여 21일 왜관 500명, 21일 경산 500명, 청도(밤) 1,000명, 23일 하양 500명, 영천(밤) 2,000명, 24일 건천 1,000명, 경주(밤) 5,000명, 25일 남창 1,200명, 울산(밤) 3,000명, 26일 언양 1,000명, 양산(밤) 2,500명, 27일 동래 2,000명, 부산(밤) 8,000명, 28일 김해 1,500명, 진해(밤) 1만 명, 창원 1만 2,000명, 진영(밤) 2,000명, 30일 수산 1,000명, 밀양(밤) 1,000명, 12월 1일 영산 2,000명, 창녕(밤) 1,400명, 2일 합천(밤) 4,000명, 3일 의령 1,000명, 함안(밤) 3,000명, 4일 마산(밤) 2,000명, 5일 충무(밤) 5,000명, 6일 고성 2,000명, 삼천포(밤) 5,000명, 7일 사천 500명, 곤양(밤) 5,000명, 8일 진교 2,000명, 하동(밤) 5,000명, 9일 반성 3,000명, 진주(밤) 5,000명, 10일 산청 3,000명, 함양(밤) 3,000명, 11일 안의 2,000명, 거창(밤) 2,500명, 12일 지례 1,500명, 선산(밤) 3,000명, 옥산 500명, 상주(밤) 1,000명, 점촌 2,000명, 문경(밤) 2,500명 등으로 순연함으로써 25일 동안 46지역에서 46회 공연을 하여 총 관객 12만 3,200명을 동원했고 거리상으로 4,390리를 뛰었다.

그런데 지역적이나 인구수에 비해서 경상도의 동원 관객 수가 적었던 것은 12월의 겨울철이어서 야외 공연 조건이 추위 때문에 불리했던 것이 가장 큰 이유였다. 가령 제4차 순회공연차 출발 때의 풍경과 관련하여 일지 기록자는 "1. 수원을 지날 무렵 금년 들어 처음 눈이 내리기 시작, 대전까지 올 동안 함박눈이 펑펑 쏟아져서 차가 못갈 정도였으나 대전까지 무사히 와서 점심을 먹었다. 눈 때문에 도착시간이 늦었으나 또 비가 와서 공연 예정 장소인 김천 국민학교에서 공연을 못하고 시에서 운영하는 문화센터에서 공연 2. 시장이 본 극장 단원 일동에게 감사장 수여 3. 서장이 본 극장 단원 대표인 이 선생에게 감사장 수여 4. 한국일보 김천 지국에서 이 선생에게 꽃다발 증정, 역시 연기자 대표에게 꽃다발 증정"이라고 씀으로써 일찍 찾아온 추위를 걱정하는 내용이 담겨 있음을 알 수가 있다.

따라서 첫 해 하반기 공연에서 총 관객 수가 177회 공연에 무려 88만 6,200명이나 되었고 그해 겨울 동안 서부 전선부터 동부 전선까지 전방 부대 위문 공연에서 관람한 숫자까지 합치면 100만 명이나 되는 셈이다. 그리고 이동극장이 다닌 거리는 전방 부대를 빼고도 1만 4,195리나 된다.[26] 이와 같이 이해 랑이동극장이 단번에 전국적으로 연극의 태풍을 일으킨 것이다.

이러한 바람을 일으킨 이해랑은 전국적으로 유명세를 탔다. 그러나 순수 서울 사람이자 반가 출신으로서 비록 연극하느라고 고생은 했어도 누옥(陋屋)에서 살아보지는 않았던 그에게 염천의 여름과 겨울의 삭풍을 맞으며 전국을 유랑 예인처럼 떠돌아다니는 일은 솔직히 견디기 어려운 것이었다. 그는 '풍찬노숙은 아무나 하는 것이 아니구나'라는 생각도 수없이 했다. 물론 소박한 지방 사람들의 열정적인 반응으로 연극하는 재미와 보람을 만끽하면서 낯선 농어촌을 떠돌아다니는 여로의 낭만과 우수가 때로는 그를 행복에 젖도록 만들기도 했었다. 그 한 해는 보람과는 달리 육체적으로는 매우 지친 상태였지만 그가 전국적인 명사가 된 것만은 사실이었다.

바로 그런 시기에 그에게 문화예술계의 수장 자리가 돌아오게 된다. 그것이 다름 아닌 한국예술단체총연합회(예총) 회장 자리였다. 주지하다시피 예총은 자유당 시절 난맥상을 보였던 문총(文總)이 5·16 군사혁명 뒤에 확대 개편된 것으로서 문학을 비롯하여 음악, 미술, 영화, 연극, 연예, 건축, 무용, 사진, 그리고 국악 등까지 포함하여 10개 협회를 거느리는 거대 단체이다. 그런데 이 단체는 초대 유치진을 비롯하여 윤봉춘(제2대), 박종화(3대), 손재형(4, 5대)

등 원로들이 그동안 맡아오면서 1년씩 별 하는 일 없이 5년을 지내왔었다. 그런데 그는 이동극장을 하면서 지방 문화의 불모성을 눈으로 직접 목격했기 때문에 예총이 할 일이 정말 많다는 것을 절감하고 있었다. 따라서 자신이 예총을 제 위치에 올려놓아야 한다는 사명감을 느끼게 되었다.

이와 관련하여 그는 한 회고에서 "처음 예총 회장직은 마치 명예직처럼 원로들의 계승 형식이어서 별다른 잡음이 없었다. 그러나 이런 식의 위임은 책임감을 주지 못하여 운영 활동 면에서 무사안일식이 되기 마련이다. 이것이 내가 회장직에 나선 근본 이유다. 정부 지원만으로는 경상비 지출조차 어려워 끙끙대면서도 자체 해결을 위한 노력이 전혀 없었다. 이 점은 현재도 마찬가지로 생각되며 문화계의 현실 도피 경향은 전통적 고질인 셈이다. 이름뿐이고 일하지 않는 기구(機構)라면 있으나마나 한 존재"여서 자신이 나서게 되었다고 했다. 물론 그가 단순히 예총의 무사안일 또는 무기력만을 혁파하려고 출마한 것은 아니었다. 그는 밝히지는 않았지만 자신이 지방을 다니면서 특별대우(?)를 받은 것은 공화당 창당 멤버라는 직함이 은근히 힘을 발휘했다고 생각했다. 따라서 문화계의 큰 감투가 더해지면 관의 협조를 받는 일이 좀 더 쉬워지고, 지역 인사들로부터 딴따라로 무시당하지 않을 것이라고 믿기도 했다.

그는 숙고 끝에 출마하여 전임자인 원로 서예가 손재형(孫在馨)을 압도적인 표차로 이기고 제6대 회장으로 당선되었다. 이는 사실 당시로서는 기적 같은 일일 수도 있었다. 왜냐하면 손재형은 당대 최고의 서예가인데다가 이미 두 차례나 회장을 하고 있는 현역이고 연령으로 보아도 50대 초반의 이해랑과는 상대가 될 수가 없었기 때문이다. 그럼에도 불구하고 이해랑이 그 대선배를 압도적으로 누르고 당선된 데는 크게 세 가지 이유가 작용했다고 볼 수 있다.

첫째, 그가 비록 예술가로서의 관록 면에서는 손재형에게 밀릴지 모르지만 전국적인 지명도에 있어서는 조금도 뒤지지 않았던 것이다. 그는 그동안 연기자로서 또 유명 연출가로서 상당한 경력이 있었고 인기를 누리고 있었다. 더

제6대 예총 회장에 당선된 이해랑

욱이 이동극장을 이끌면서 그는 이미 스타가 되어 있었던 것이다. 그가 1954년 문화보호법이 발효되고 실시된 대한민국예술원 선거(그 당시는 전국 문화인들이 투표했음)에서 최다 득표를 얻었던 것도 바로 그러한 연극인으로서의 혁혁한 활동에 따른 것이었다. 둘째, 그의 뛰어난 정치적 감각을 꼽을 수 있다. 가령 그는 표를 얻기 위해서 '자립 예총'이라는 슬로건을 내걸고 두 가지 목표, 즉 활동 재원으로서 1억 원 재단을 만들고 예술인들의 창작작업실[거처(居處), 뒤에 예술인마을 성취]을 마련하겠다고 공약했다. 이는 단순한 구호가 아니라 그가 그동안 집 없이 떠돌아다니는 공연예술인들을 수없이 봐왔기 때문에 절박한 경험에서 우러나온 것이었다. 이처럼 그는 예총이 해야 할 현실적이면서 동시에 확실한 대안을 제시함으로써 쉽게 표를 얻을 수 있었다고 보인다. 셋째, 그의 타고난 리더십을 꼽을 수가 있다. 즉 그는 이미 30대 초반이었던 해방 직후에 좌익 연극인들과의 쟁투에서 선봉에 섰었고, 6·25 전쟁 때는 가장 먼저 도강(渡江)하여 극단 신협을 이끌면서 정극의 맥을 이었으며, 신협이 국립극장으로 흡수될 때는 유치진과의 의리를 지키기 위하여 자신을 희생한 유일한 연극인이었다. 이처럼 그는 절대로 매사에 정도를 벗어나지 않으면서 후배 동료들을 위하여 자신을 기꺼이 희생할 줄 아는 지도자의 덕목을 지닌 연극인이었다. 이러한 여러 가지 요인들이 그를 예술계의 리더로 우뚝 서게 만든 것이라고 말할 수 있다.

그가 단번에 예술계의 총수가 된 직후의 행적과 관련하여 그는 "회장이 되고나서 먼저 상부 행정부서인 문공부〔당시 홍종철(洪鍾哲) 장관〕를 찾아 자립의사를 전했더니 자기네의 짐을 벗는다는 점에서 전폭 지원을 약속했다. 이것이 계기가 돼 취임인사차 청와대로 박(朴) 대통령을 찾았을 때 나는 서슴지 않고 작가의 산실이 필요함과 예총이 언제까지나 정부에만 의존할 수 없으니 1억 원 자립기금 지원을 요청했다"[27]고 회고한 바 있다.

그런데 사달이 났다. 왜냐하면 대통령의 하사금 1억 원을 재단은커녕 직원 급료 지급 등 경상비로 2천만 원이나 써버렸기 때문이다. 이에 대하여 그는 "호사다마라고 예총 스스로가 발등을 찍고 말았다. 원대한 계획 아래 고맙게 타낸 대통령 하사금을 경상비로 파먹고 만 것이다. 단체 운영 경험이 많지 못했던 나의 불찰이었다"고 고백했다. 그런데 그럴 수밖에 없었던 것이, 예술인들이 워낙 가난했기 때문에 그를 주변에서 돕고 있는 사람들에게 수고비를 주지 않을 수 없었기 때문이다. 여기서도 그의 정직하고 지도자다운 모습이 보인다. 즉 그는 자기가 쓴 돈은 아니지만 책임자로서 대통령과의 약속을 제대로 못 지킨 것에 대한 통렬한 책임감을 느끼고 회장 자리를 물러설 각오까지 하였다. 이때의 솔직한 심정에 대하여 그는 "1억 원 자립기금 조성 꿈이 무산됐을 때가 내가 예총과 헤어질 절호의 기회였다. 인생살이에서 진퇴를 분명히 하는 것만큼 중요한 것도 없다. 그것이 바로 현자(賢者)와 우자(愚者)의 갈림길이기 때문이다. 그런데도 이탈치 못한 것은 명색뿐인 회장 직함에 연연해서가 아니고 패배를 거부하는 나의 못난 천성이 양보의 미덕을 드러내지 못했기 때문"이었다면서 "무언가 뚜렷한 일을 해놓고 싶었다. 나의 무대 행로에서 분수 이상이지만 단 한 번의 책임자 자리를 맡고 보니 일에 대한 욕심이 너무나 강했다"[28]고 술회하였다.

이러한 그의 회고에는 예술계 지도자 이해랑이라는 인물의 됨됨이가 잘 나타나 있다. 첫째, 그는 유명무실했던 예총이 한국 예술을 위해서 무엇을 해야 하는가를 명료하게 알고 그것을 구체적으로 하나하나 실천해 나갔다. 그 대표적인 예가 당시에는 누구도 상상 못했던 문화복지(예술인마을 조성)를 구상하고 구체적으로 실천한 것이다. 둘째, 그는 어떤 자리를 욕심낸 것이 아니라 일할 수 있는 자리를 필요로 했고, 여의치 않으면 미련 없이 물러설 줄 아는 진퇴가 분명했으며, 따라서 지도자의 책임의식에 투철했던 인물이었다. 셋째, 그가 50대 장년기에 접어들면서 단순히 연극이라는 한정된 장르 안에 갇히지 않고 한국 문화 전체를 고민하면서 그 타개책을 찾아보려 했다는 점이다. 그렇다고 해서 그가 벌여놓은 이동극장운동을 소홀히 한 것도 아니었다. 예총 일은 일대로 진행하면서 국립극단의 연출도 하는 등 24시간이 모자랄 정도였다. 그러니까 제2차 전국 순회공연의 작품으로 중진 연출가 박진(朴珍)이 쓰고 연출한 〈노랭이 아저씨〉를 들고 호남에서부터 전국을 돌면서 차제에 지방 문화를 싹 틔우기 위하여 '지방 문화예술 순회세미나'를 엶으로써 작품만이 아니라 농어민들에게 예술에 대한 중요성을 계몽하는 일도 벌인 것이다. 일종의 관객육성책이라고 볼 수 있다. 그 외에도 예총 회보를 분기별로 만들어 전국에 배포하고 예총종합예술제도 따로 벌여서 전국적인 예술 붐을 일으키려고 안간힘을 썼다. 이러한 그의 노력으로 지방 문화가 조금씩 움트기 시작했다. 이런 때에 그가 다음과 같은 글을 메이저 신문에 기고한 것은 여러 가지로 시사하는 바가 크다고 말할 수 있다.

이미 여러분들은 넓은 마루를 가진 개인집을 이용하여 연극을 한 경험을 가졌으니 말입니다만 좀처럼 빌 수도 없고 그곳에 있지도 않은 극장에 대한 관념을 우리

이동극장 시절 농민들과 함께 한 이해랑

는 우선 고쳐야겠습니다. 극장이란 관객을 모아놓고 배우가 연기를 하는 곳이면 그곳이 학교 마당이건 시장(市場) 복판이건 혹은 천변(川邊)이건 어디고 극장이 되는 것입니다. 극장이란 건물 속에 있는 것이 아니고 연극을 창조하는 여러분과 그것을 구경하는 관객의 내면(內面)에 존재하는 것입니다. 그러니 마을 사정에 따라 관객을 모아놓고 여러분이 연극을 할 수 있는 적당한 장소를 마련하여 그곳에서 연극을 하면 그것이 곧 극장이 되는 것입니다. 그러면 거기서 무엇을 하느냐 하는 것이 문제가 됩니다. 즉 레퍼토리, 희곡 선택의 문제입니다. 우선 나는 여러분에게 장막극보다는 단막극을 시도할 것을 권합니다. 장막극은 처음 연극을 하는 분들에게는 부담이 커서 짐이 무겁기 때문입니다. 그리고 나는 여러분에게 비극보다는 희극(喜劇) 작품을 권하고 싶습니다. 비극이 정서적인 데 비하여 희극은 이지적입니다. 우리들의 정서는 그에 앞선 정서가 조성되지 않고는 우러날 수가 없는 것입니다. 연극의 분위기는 배우의 내면적인 행동을 뒷받침하는 장치·효과·조명 등의 보조를 받아야 비로소 이루어지는데 그것을 제대로 갖추어서 할 수 없는 형편에서는 비극(悲劇)의 성과를 또한 제대로 거둘 수가 없기 때문입니다. 그러나 희극은 그러한 거추장스러운 분위기가 따르지 않아도 이루어질 수 있으며 나체 무대에서도 훌륭한 연극을 할 수가 있습니다. 희극에서 정서는 금물이며 더구나 혼자서는 좀처럼 웃지 않는 사람도 여러 사람들 틈에 끼면 곧잘 웃음보를 터뜨리는 것과 같이 희극의 원리는 집단적이며 사회적인 성격을 가지고 있기 때문이기도 합니다. 다음에는 그러면 그것을 어떻게 하느냐 하는 것이 문제가 됩니다. 즉 연출이 문제가 되는 것입니다. 연출이란 말로 된 희곡을 무대 위에 행동으로 옮겨서 연극 전체를 통일하는 작업을 말하는 것입니다. 그렇기 때문에 연출가에 따라서는 원작의 면모가 백팔십 도로 바꾸어지는 수도 있는 것입니다. 그러나 여러분은 그런 것을 생각하지 말고 처음에는 어디까지나 원작에 충실한 일을 하셔야 합니다. 그리고 연출가가 연극 전체의 통일을 꾀하는 사람이라고 하여서 너무 그 권리를 남용하여 전제적(專制的)인 독선을 하여서는 안 됩니다. 아무리 경험이 많고 능란한 연출가일지라도 배우에게서 창조적인 도움을 받을 적이 많은 것입니다. 연극에서는 앙상블, 즉 예술적 개연이 중요하지 그중에서 어느 부문 하나만이 뛰어나게 잘하는 것을 바라고 있지 않는 것입니다. 다음에는 집단적인 예술적 개연을 꾀하기 위한 방법입니다. 그것은 곧 연습인 것입니다. 더구나 배우의 입장에서 볼 때, 자기 아닌 남의 생활을 한다는 것이 그렇게 손쉬운 일일 수는 없습니다. 그 인물의 생활에 푹 젖어서 생활할 수 있을 때까지 그 인물과 자기와의 거리를 단축시켜 무의식 중에서라도 그 인물의 내면적인 생활을 할 수 있을 때까지 연습을 하여야 합니다. 그렇지 않으면 그 인물의 흉내를 내다가 말게 됩니다. 여러분은 결코 관객을 모아놓고 연극을 하는 그 성과에 대하여서만 눈을 팔아서는 안 됩니다. 그 때문에 좋은 배역을 맡으려고 배역 다툼들을 합니다마는 그것은 연극이 창조하려는 진실과는 너무나 어긋나는 것입니다. 오히려 그 이전에 연습 과정에 더 큰 연극의 교육적인 의의와 가치가 있다는 것을 잊어서는 안 됩니다. 만일 여러분들이 이 연습과정을 소홀히 하는 날에는 먼저 내가 여러분에게 전한 희극은 단박에 그 품위를 잃고 저속한 소극(笑劇)으로 타락하여 버리고

이해랑이동극장 공연 장면

말 것입니다. 그러면 여러분들이 애를 써 한 연극의 사회적인 의의도 없어지고 도리어 마을 사람들의 빈축을 사는 결과를 빚어내게 될 것입니다. 이 연습 과정에서 무엇보다도 중요한 일은 연습 시간을 지키는 일이라는 것을 또한 잊지 말아야 합니다. 지면 관계로 더 말씀을 못 드립니다. 앞으로 희곡 선정이나 연출의 구체적인 방법 등 여러분의 힘으로 해결할 수 없는 문제가 있을 때는 언제고 예총(藝總) 연극협회로 연락을 하여 주시면 편의를 보아드릴 것입니다.[29]

이해랑이동극장 출범 1년 만에 그들이 떨어트린 연극의 씨앗이 경기도의 몇 지역에서 즉시 움트기 시작하는 것을 본 그는 감격한 나머지 이상과 같이 긴 충고의 글을 신문지상에 발표하게 되었다. 이 글은 현대 예술운동사에서 대단히 중요한 의미를 지니는 것이어서 전문(全文)을 그대로 소개했다. 핵심은 공연예술을 할 경우 레퍼토리 선정에서부터 연출, 연기 등 가장 기본적인 것을 가르쳐 주는 내용이었고, 동시에 평소 그의 사실주의 연극관이 소박하게 설명된 것이 특징이었다. 특히 연습을 철저히 하라고 한 것이라든가 앙상블이 야말로 무대극의 최고라 한 것 등은 스타니슬랍스키의 연출 연기관을 그대로 전한 것이라고 하겠다. 특히 예총 회장 명으로 항시 도움을 줄 준비가 되어 있다고 한 것은 지방 소인극에 대한 그의 열정을 단적으로 보여주는 것이어서 주목된다. 그러니까 그는 마을에서 스스로 아마추어극을 하려는 것이야말로 그가 벌이고 있는 이동극장 정신과도 부합되는 것으로 본 듯싶다.

그가 예총 회장으로 당선된 이후에는 주변에서의 예우도 눈에 띄게 달라졌고 매스컴에서의 이동극장 취급 역시 첫 해와는 비교도 되지 않았다. 그가 굉장한 힘을 얻은 것이다. 두 번째 해인 1967년도에 지방 순회공연과 관련한 주최 신문사 『한국일보』는 대대적인 사보를 내보냈는데 참고삼아 제1차 호남 지방 관련 기사를 소개하면 다음과 같다.

'사고(社告)' 이해랑이동극장(李海浪移動劇場)

기동화(機動化) 무대로 전국 방방곡곡을 누비며 지난 한 해 동안 연극의 씨앗을 뿌린 「이해랑이동극장」은 오는 8일 하오 7시부터〔조치원(鳥致院) 교동국민학교〕 다시 제2회 전국 순회공연을 떠납니다. 관객을 기다리지 않고 관객을 찾아 파고드는 이해랑이동극장은 지난 한 해 동안 전국의 1만 5천 리 길을 달리며 178회의 공연으로 1백20만 명의 놀라운 관객 동원을 기록했습니다. 이번 제2회 순회공연에는 레퍼토리로 음악극 〈노랭이 아저씨〉〔박진(朴珍) 작, 이해랑 연출〕를 마련했습니다. 전 12경으로 구성된 〈노랭이 아저씨〉는 음악과 무용을 연극에 도입한 새로운 형식의 경쾌한 희극입니다. 애독자 여러분과 각 지방의 연극 팬들을 두 시간 동안 웃음의 도가니로 몰아넣으며 생활의 주름살을 펴줄 것을 기대합니다. 신장(新裝)한 이동극장의 순회공연에 애독자 여러분의 많은 관람을 바랍니다.[30]

이해랑이동극장이 주최한 〈노랭이 아저씨〉 공연 팸플릿
(박진 작, 이해랑 연출)

이상과 같은 사고(社告)와 함께 조치원에서부터 이리까지, 5월 9일까지 만 두 달 동안의 일정과 지도까지 표시해 놓은 것이다. 즉 두 달 동안에 금산(4. 9.), 연무대, 부여, 함열, 황등, 금마, 여산, 대장, 고산, 전주, 마실, 진안, 동계, 순창, 남원, 인월, 운동, 곡성, 경암, 송광, 순천, 광양, 여수, 도화, 녹동, 오성, 예당, 장평, 장흥, 관산, 대덕, 강진, 성전, 나주, 학교, 목포, 함평, 영광, 비아, 광주, 정읍, 고부, 흥덕, 고창, 출포, 주산, 부안, 동진, 신태인, 만경, 김제, 군산, 임피 등 55개 시와 읍, 면 등을 순회공연한 것이다. 이동극장은 커다란 차량을 갖고 다니기 때문에 기동성은 있었지만 하루에 한 지역을 이동하면서 공연한 다는 것은 쉽지 않은 일이었다. 하지만 이들은 젊은 단원들이었기 때문에 한 번 나설 경우 2개월 동안 하루도 쉬지 않고 움직이면서 공연을 했다. 아마도 이러한 강행군은 세계 연극사에도 없을 것 같다. 이들은 곧바로 이어서 충남 북 지방으로 옮겨서 전의로부터 충주까지 27일 동안 47개 지역을 순회공연을 했는데, 충남북의 경우는 하루에 두 곳씩 공연하는 강행군을 한 바도 있다. 그렇게 하루에 두 지역을 공연하고 지나가는데도 관객은 어느 곳이나 인산인 해였다.

그 하나의 지역으로 서산을 보자. 당시 기사를 보면 "한국일보 주최 이해랑 이동극장 순회공연이 28일 하오 8시 서산읍 서산국교 운동장에서 3만의 관중 이 모인 가운데 성황을 이루었다. 이승규(李承圭) 서산 군수는 극단에게 감 사장을 전달했다"(5. 29.)고 보도된 바 있다. 당시 서산 공연에는 주변 사람 남녀노소가 거의 다 모일 정도였으니 이동극장의 인기가 얼마나 대단했던가 를 짐작하고도 남음이 있는 것이다. 호남과 충남북을 순회한 이해랑이동극장 은 곧이어 경남과 경북을 돌았는데 이들 지역 또한 강행군이었음은 두말할 나위 없다. 이해랑이동극장은 첫 해에 〈오해마세요〉를 가지고 120만 명의 놀 라운 관객을 동원한 데 이어 두 번째 해에도 그 이상의 관객을 동원했다. 서울 의 극단들이 아무리 좋은 공연을 해도 고작 5천 명 안팎의 관객을 동원하는 것과는 비교도 되지 않는 숫자였다. 이동극장이 지방민들로부터 폭발적인 인기를 얻은 여러 가지 요인 중 하나는 레퍼토리 선정과 연극 형식의 변화에도 있었다. 그것은 다름 아닌 경쾌한 음악극을 한 것이었다. 이는 사실 그의 연극 관과는 거리가 먼 것이었다. 평소 자신의 작품에 효과음악도 잘 활용하지 않고 뮤지컬마저 연극이 아니라고 기휘(忌諱)할 정도로 오소독스한 리얼리스트인 그가 자신의 연극 철학과 맞지 않는 가벼운 음악극을 레퍼토리로 삼은 것은 사고의 유연성을 보여주는 것이어서 주목된다. 그만큼 그는 자신의 연극 철학을 접어두고 지방 문화를 위해 헌신했던 것이다.

그런데 더욱 놀라웠던 것은 그가 그처럼 분주했던 때에도 신협의 장기 공연 연출을 외면하지 않았다는 사실이다. 즉 그는 1967년 4월 들어서 희랍비극 〈오이디푸스 왕〉(소포클레스 작)을 연출하였다. 그렇다면 그 작품평은 어떠했을까?

'남편에게서 남편을 낳게 하고 아들에게서 아들을 낳게' 하는 신(神)의 저주가 불가피한 운명으로서 작용하는 한 인간의 비극을 그린 고전, 그리스 시대의 가장 대표적 작품이다. 자칫하면 인간의 윤리적 불쾌감이 따르기 쉬운 소재가 거장 소포클레스의 손에 불후의 명작으로 살게 된 연유는 단적으로 말하여 신화의 테두리를 잘 살린 경험의 근원적 보편성에 있다 할 것이다. 그리스 연극으로서 성공하는 요체(要諦)는 구성상의 뛰어난 짜임새도 짜임새려니와 그 신화의 근원성을 양식적으로 살림으로 해서 극에다 위엄과 비극의 불가피성을 부각시키는 데 있다고 하겠다. 리얼리즘은 금물이다. 일상적 차원에 떨어져 버린다면 이 작품은 견디기 어려운 멜로드라마로 전락할 위험성마저 없지 않다. 그런 견지에서 볼 때 이번 신협 공연이 야심적 기획이었던 만큼은 용의주도하게 무대화되었다고 볼 수가 있다.

연출(이해랑)은 좀 더 양식화가 필요하지 않았던가 그리스 비극 특유의 그 운명감의 강조, 고양된 정서의 순화를 무대 위에 살리기 위해서는 리얼리스틱한 무대화만 갖고서는 미흡하며, 특히 마이크를 통한 모래를 포함하여 코러스 처리가 안일하기 짝이 없었다. 그리고 전체의 제식(祭式)적 분위기를 북돋는 방향에서 이뤄져야 할 터인데도 불구하고 주인공(김동원)의 열연에 그치고 말았고, 결말의 부분에서는 거의 신파조에 흐르는 감이 없지 않았다. 왕비(황정순)와 크레온(박암)이 거의 미스 캐스트 같은 느낌을 준 것은 이 공연을 위해 마이너스가 되었다. 이번 공연을 계기로 앞으로는 그리스 비극을 다룰 때 먼저 작품의 해석에서 연출의 방향(이를테면 가면의 사용 같은 것마저 포함하여)에 이르기까지 치밀한 준비가 이뤄지기를 바라고 싶다.[31]

이상과 같이 〈오이디푸스 왕〉의 연출에 대하여 호평을 받을 수 없었던 것은 두 가지에 있었다. 첫째가 그가 예총 회장 일과 이동극장 운영 등의 바쁜 틈에 연출을 함으로써 충분한 작품 분석과 연습이 부족했던 데 따른 것이었다면, 둘째는 그와 평자(여석기)와의 연극관의 차이에서 온 것이라고 보아야 한다. 여하튼 이런 그의 여러 가지 활동으로 인하여 문화계에서 그의 비중은 날이 갈수록 커갈 수밖에 없었다. 1년 임기의 예총 회장 자리는 1968년 2월 제7대에서도 쉽게 재선되었다. 앞에서도 조금 언급한 바 있지만 솔직히 그는 대통령에게 예총 자립기금 1억 원을 요청하여 받은 하사금이 가난한 직원들을 위한 경상비로 쓰인 후 예총 회장을 책임지고 물러나려 했었다. 그런데 주변의 만류와 꼭 하고 싶었던 일을 마무리하기 위해서 7대 회장도 맡게 되었다. 실제로 그는 예총 사업도 종래의 원로급 회장들과는 차원이 다를 정도로 실질적이면서도 광범위하게 벌여 나갔다. 특히 그가 회장으로서 방점을 두었던 예술인마을 사업이야말로 대단히 중요한 사업이었다. 그것은 누구라도 해야 할 사업이었고, 또 그가 아니면 어떤 예술인도 해낼 수 없는 큰 일이기도 했다.

그가 예술인마을 조성에 총력을 기울인 것은 역시 그가 연극을 해온 과정과 무관치 않다. 그는 명문가 자제답지 않게 가난하게 연극을 해왔고 그의 주변 예술인들은 그와 비교도 안 될 정도로 어려웠다. 대부분은 집조차 제대로 갖고 있지 못한 상태였다. 그는 마침 부산 시장 출신의 불도저라는 별명을 가진 김현옥(金玄玉)이 서울특별시장으로 취임하자 쉽게 친교를 맺었다. 김 시장은 그의 부친이 일찍이 부산 시장을 했다는 것을 알고 있었던 데다가 문학청년 기질까지 있었기 때문에 가까워지기 쉬웠던 것이다. 그는 김 시장을 찾아가 시(市) 행사에 예총의 적극적 지원을 자청하면서 관계를 돈독히 해두었다. 따라서 김현옥은 예총의 주요 행사 때마다 찾아와서 격려도 해주곤 했다. 그렇게 친교를 맺어둔 그는 분위기가 무르익었다고 생각해서 김 시장에게 자신의 멋진 구상을 설명하였다. 예술인들만이 모여 사는 이상촌(理想村)을 건설하고 싶다는 내용을 이야기하자마자 대단히 호쾌한 기질의 김 시장이 즉석에서 허락해주었다. 저간의 사정과 관련하여 그는 회고의 글에서 "(……) 그를 만나 예총과 서울특별시는 여러 면에서 상부상조할 수 있다고 설득, 민전(民展), 음악회, 시민위안 잔치 등 서울특별시 행사에 예총 참여를 역설했다. 또 문학을 좋아하니 시장 스스로 문인협회 회원으로 가입함으로써 쌍방의 유대 강화에 솔선수범해줄 것을 부탁했다. 허심탄회하게 흉금을 털어놓으니 그 역시 폭넓은 사람이어서 나의 견해에 흔쾌히 동조, 이후 시정의 바쁜 틈에도 예총 총회 때면 빠짐없이 참석해주는 호의를 보여주었다"[32]라고 쓴 바 있다. 이처럼 두 사람 간의 사이가 돈독해지면서 시장은 그에게 즉각 서울 외곽에서 그런 곳을 찾아보라고까지 편의를 봐주었다. 이처럼 당시 예술계에서 대단히 중요하면서도 거대한 사업은 그의 훌륭한 가정 배경과 확실한 목표, 그리고 수완이 없었으면 불가능했다.

그는 김 시장의 허락이 떨어지자마자 곽종원(郭鍾元) 등 예총 간부들과 함께 대지(垈地) 물색에 나섰다. 그는 서울 외곽 지대를 20여 회 이상 돌아다니면서 마땅한 대지를 찾아다녔다. 결국 그들이 찾아낸 땅은 도로조차 나 있지 않은 야산의 황량한 공동묘지 땅이었는데, 그곳이 다름 아닌 관악구 사당동이었다. 그는 처음에 10만 평은 필요할 것 같아 요청했으나 1차분으로 3만 3,000평만을 불하받게 되었다. 대지를 확보하자마자 집을 짓기 위한 정지(整地) 작업에 들어갔고 입주자 모집에 나섰다. 그는 예총 간부들과 상의해서 10개

분과에서 각각 20명씩 200명을 상한으로 하고 나머지 1만 평은 별도 공공부지로 이용하는 계획을 확정했다. 그렇다면 선발기준이 어떠해야 하느냐는 문제가 남았다. 그들은 자격기준으로서 희망자들 중 예술 분야 종사 15년 이상에 100만 원 이상의 재산 소유자로 했다. 그런데 여기서 15년 이상의 예술계 종사는 문제가 안 되었지만 재산 100만 원이 애매했다. 당시 서울의 땅값이 평균 100평 대지가 50만 원이었고 거기다가 건축비 50만 원 정도를 합친 금액이었다. 그런데 남의 재산 100만 원을 산출하는 것은 쉬운 일이 아니었다. 예술 분야에만 종사해온 그와 예총 간부들이 현실을 제대로 알 리가 만무했다. 각종 잡음이 따르게 된 것은 극히 자연스런 일이었다. 모든 잡음은 결국 총책임자인 그에게 돌아왔음은 두말할 나위 없었다. 이때의 고통을 그는 다음과 같이 회고했다.

좋은 일 하기도 정말 어렵다는 것을 실감했다. 온갖 구설수가 나도는가 하면 해당자 선발을 둘러싸고 잡음이 꼬리를 물었다. (……) 한바탕 북새통을 치른 후 해당자를 선발했으나 선뜻 돈을 내려들지 않고 악담과 불평불만만 쏟아냈다. 그런가 하면 일부 돈을 치른 자는 미처 정지 공사도 끝나기 전에 왜 불하하지 않느냐고 동동댔다. 이런 자체 소란 외에도 공사 진척에 따른 말썽은 실로 부지기수였다. 개간 공사로 물줄기를 막아 이웃 농토의 폐농 아우성, 측량 미스로 남의 땅을 침범해 항의 소동, 인장 위조 매각 사건, 각종 공사 속임수 등 무대에만 살아온 내게는 모두가 기막힌 현실들이었다. 내가 꿈꾼 이상촌(理想村) 건설은 그야말로 현실 아닌 이상(理想)이었다. 나중에는 너무 지쳐 생병이 생길 정도였고 보다 못한 아내까지 중도 포기를 거듭 애원했다. 내 자신도 몇 번씩이나 주저앉고 싶었으나 이 두 번째 공약마저 꺾이고 싶질 않았다. 이를 악물고 버텼다.[33]

사대부의 외동아들로서 어려움 없이 자라고 성인이 되어서도 연극을 하느라 사서 고생을 했지만, 그래도 이원(梨園)에서만 30년을 살아온 그에게 예

예총 회장 시절 김현옥 시장과 함께

술인마을 사업은 정말로 복잡하고 부대끼는 일이 아닐 수 없었다. 사실 예부터 건축 일이라는 것은 그야말로 막노동판인데, 그가 현실을 제대로 모르는 상태에서 아름다운 이상촌을 그리면서 가볍게 덤벼든 것부터가 문제였다. 중상모략이 난무하고 사기꾼들까지 끼어들면서 그는 생병이 날 정도였지만 당시 부회장으로서 원만하게 일처리를 잘해준 동지 곽종원(郭鍾元)의 도움으로 여러 번의 위기를 넘길 수 있었다. 그가 포기의 위기를 끝까지 넘긴 데는 역시 그 자신의 오기와 그동안 쌓아온 대외 신의도 무시할 수 없는 것이었다. 즉 그가 예총 회장 선거 공약으로 내세운 1억 기금 조성을 실패한 일이 또 하나의 공약이라 할 예술인마을 공약을 끝까지 관철시키는 의지를 부여한 것이었다.

그런데 예술인마을의 일은 거기서 끝나는 것도 아니었다. 그때까지의 시달림은 택지 조성 과정에 불과한 것이었고 건축에 들어가면서부터는 또 다른 문제들이 따라올 수밖에 없었다. 즉 개인 불하가 시작되자 이번에는 젊은 예술인들이 문제 삼고 나온 것이다. 젊은 예술가들은 도대체 예술 경력 15년이라는 기준을 어떻게 설정했으며 예술 활동에서 질적인 것은 도외로 하고 연륜만을 참작하는 것이 말이 되는가 하는 항의였다. 따라서 젊은 예술인들은 택지 제공을 이권으로 몰아붙이면서 지상(紙上) 공격도 서슴지 않았다. 궁지에 몰린 그는 김 시장을 찾아가 10만 평 불하 약속을 지키라고 요구했다. 그러나 그동안 시정이 변화했기 때문에 대신 시영아파트로 지은 철거민용 5층 아파트 3동을 불하받는 것으로 일단 종결짓게 되었다. 그는 이것으로 젊은 예술인들의 반발을 무마할 수 있었다.

이상주의자였던 그는 예술인마을 옆에다가 공동묘지와 민속촌(民俗村)을 만들려 했었다. 예술인들이 거기서 살다가 그 옆 묘지에 묻힌다면 얼마나 멋진 일생인가를 생각한 것이었다. 평소 죽음을 마치 이쪽 동네에서 저쪽 동네로 이사하는 것쯤으로 생각한 그는 이웃에다가 자신의 묘지도 만들어놓겠다는 생각이었다. 그리고 민속촌은 사라져가는 전통문화를 보존해야겠다는 구상에 따른 것이었다. 소중한 조상의 문화유산이 산업화에 밀려서 자꾸만 소멸되어 감을 안타깝게 생각해온 그가 보존의 시급성을 절감한 나머지 전통 민속촌 건설을 구상한 것이었다. 이것이 만약 그의 뜻대로 실현되었다면 용인민속촌보다도 시민들의 접근성이 편리한 서울에 멋진 전통문화 보존 장소가 생겼을 것이다. 그러나 우선 예술인들의 협조가 부족했다. 1970년대 말까지 그곳에 사는 예술인들이 얼마 되지 않을 만큼 모두 팔고 떠나버린 사실이 그 증거라고 말할 수 있다. 그가 갈망했던 이상적인 예술인마을과 예술인 공동묘지, 그리고 민속촌은 단 한 가지만 실현되고 현실화되지 못했다.

뭔가 항상 새로운 일을 만들어내기를 좋아하는 그는 복잡한 예술인마을 건설이라는 사업을 하면서도 간간이 국립극단 공연의 대작 연출을 외면하지 않았다. 봄에는 신협의 〈오이디푸스〉(소포클레스 작) 연출을 했는가 하면, 가을에 들어서도 에드워드 올비 작 〈누가 버지니아 울프를 두려워하랴〉를 연출한 것이다. 그러면서 동시에 이동극장 준비에도 전혀 소홀하지 않았다. 그는 1968년 들어서 예총 회장 재선에 가볍게 성공하면서 세 번째 전국 순회 일정을 착착 준비해갔다. 세 번째 이동극장 순회공연은 6월 22일 경기도 가평을 시작으로 강원도까지 도는 일정이었다. 제3차 연도에는 또다시 레퍼토리를 대폭 변경하여 뮤지컬 코미디 〈중매합시다〉(황유철 작)를 비롯하여 음악, 무용, 촌극 등으로 더욱 다채롭게 꾸몄다. 이어서 이동극장은 8월 21일부터 태백산 줄기를 따라 순회공연을 했는데, 이와 관련해서 주최 언론사 『한국일보』는 다음과 같은 사보를 내보낸 바 있다.

본사(本社) 주최로 버스에 연극예술을 싣고 웃음과 노래로 농어촌민을 위문하여 온 이해랑이동극장은 지난 6월 21일 강원도 지방을 시점으로 제3차 전국 순회공연을 시작하여 태백산 줄기를 따라 2천9백 리 길을 달리며 35회 공연에 21만여 명의 관객을 동원하였으며 지난 7월 25일부터 시작한 경상북도 공연에서는 2천5백 리 길을 달리며 39회 공연에 29만여 명의 관객을 동원하는 성과를 거두었습니다. 이제 또 8월 27일부터 장호원 공연을 스타트로 충남북 지방의 농어촌민과 애독자를 위문하기 위해 순회공연을 떠납니다. 가을의 수확기를 앞두고 바쁜 일손을 잠시 멈추시고 황유철(黃裕喆) 작 뮤지컬·코미디 〈중매합시다〉 외에 음악, 무용, 촌극 등 다채로운 프로를 가지고 위문하는 이해랑이동극장 공연을 즐겨주시기 바랍니다.[34]

이상과 같이 이해랑이동극장은 장호원을 시발로 하여 강원도 일주와 함께 경기도 오산(9. 19.)을 끝으로 일단 며칠 쉬었다가 11월 8일부터 1968년도 마무리 순회공연으로 한발(旱魃)로 고생하고 있는 호남 지역을 돌면서 농민들을 위로했다. 3차 연도의 반응을 알기 위해서 당시 벽지의 조그만 어항이라 할 속초(束草)에서의 주민들 호응도를 소개하면 다음과 같다.

(속초·거진) 6월 23일 중부지방 가평을 시점으로 제3차 전국 순회공연에 나선 본

사 주최 이해랑이동극장 공연은 태백산 기슭 농촌 마을을 찾아 가뭄에 목 타는 농민들을 위로하면서 30일에는 풍어(豊漁)로 붐비는 항도 속초에서 공연을 가졌다. 1만여 관중이 몰린 가운데 속초중학교정에서 열린 이날 공연은 속초방송국 새싹회 어린이 48명이 나와 이동극단 단원들에게 꽃다발을 안겨주고 "우리 고장을 찾아 시민들을 즐겁게 해주어 고맙다"는 인사와 함께 환영 합창을 하는 등 자매(姉妹)결연 공연까지 하여 이해랑이동극장의 음악, 무용, 촌극 등은 더욱 이채를 띠었다. 올해도 풍년을 기원해주면서 12차 공연지 8백 리 길의 10여만 농민들을 위문 공연하고 있는 이동극장은 메인 레퍼토리 〈중매합시다〉(비무장지대에 살던 한 가족이 6·25로 부모가 죽고 쌍둥이 남매가 헤어졌다 기구한 운명으로 어느 어촌에서 다시 만나는 내용)를 공연하면서 수복 지구에서 살던 관중들을 웃기고 울려 많은 갈채를 받았다.[35]

이상에서 볼 수 있는 것처럼 교통이 대단히 불편한 벽지의 작은 읍(邑)인 속초에서 전체 인구의 삼분의 일 정도인 1만여 명이 관극하는 열기가 있었다는 것은 이해랑이동극장의 인기와 위력을 잘 보여주는 예라 하겠다. 특히 속초읍에서는 이동극장에 대한 대대적인 환영과 함께 자매결연까지 맺는 등 특별한 반응을 나타내어 주목되었다. 이처럼 이동극장은 적어도 지방민들에게는 대단한 예술 선물이었고, 따라서 그 호응도는 시간이 흐를수록 배가될 수밖에 없었다. 이동극장이 3년 동안에 4백만 명이라는 관객을 동원한 것은 한국 연극사상 없었던 일이었다. 3년 동안 이동극장을 이끈 주역 이해랑은 1968년도를 마감하면서 그 소회를 다음과 같이 피력했다.

아테네의 노천극장(露天劇場)의 객석은 3만이 넘었다. 그런데 지금은 3, 4백 명의 객석을 가진 소극장에서 연극이 살고 있다. 소수의 관객을 상대하면서부터 연극은 목청을 높여 떠들 필요가 없어졌으므로 조용하여졌다. 잠재의식적(潛在意識的)인 대화를 주고받을 수 있을 만큼 연극은 조용하여졌다. 그러나 그 반면에 더 많은

이동극장 단원들과 함께 한 이해랑

관객과 접촉하고 싶은 연극 본연의 욕구가 그 밑에서 억압을 당하고 있는 불만을 씻을 길이 없다. 어둠침침한 소극장에서 뛰어나와 넓은 광장에서 심호흡을 하고 싶은 마음, 시적 도피(詩的 逃避), 심미적인 경향 속에서 살고 있는 소수를 위한 연극에서 탈피하고 국민 속으로 퍼져 들어가 공동체의식을 발견하고 정신적 일치를 꾀할 수 있는 다수를 위한 연극 형태에 대한 향수(鄉愁)를 누를 길이 없었다. 더구나 오늘의 우리나라의 문화가 도시에 편재하여 소수의 도시인에게만 독점되어 농어촌과 광산을 저버리고 있는 실정에서는 문화의 지방 소개(疏開)는 절실한 문제이며 이러한 과제를 해결하기 위한 전위적(前衛的)인 역할을 자부하고 나는 3년 전 이동극장을 창설하였다. 그리고 지난 11월 말로써 만 6개월 동안의 제3차 전국농어촌 순회공연을 마치고 명춘(明春)에 다시 막을 올릴 것을 기약하며 저무는 해와 더불어 금년도의 대단원의 막을 내렸다. 극장이라고 하면 흔히들 건물을 생각하지만 배우가 관객을 모아놓고 연극을 하며 극적 정서 주고받는 곳이면 어디고 극장이 되는 것이다. 그래서 나는 버스 한 대에 운수 역할(運輸 役割) 외에 침대와 주방을 설치하여 호텔을 대행하게 하고 그 앞에 무대를 가설하여 극장의 구실을 하게 하였다. 그리고 버스의 연극예술을 실은 이동하는 극장을 이끌고 새로운 관객을 찾아 산간벽지를 달리며 장마당, 냇가, 국민학교 운동장, 혹은 대로변(大路邊)에 버스를 세워놓고 연극을 하였다. 3년 동안 버스로 전국 6만 3천여 리를 누비며 4백여 만 명의 관객을 동원하였다. 이러한 연극 행각은 세계 연극사상(世界 演劇史上) 일찍이 유례가 없었던 일로 나로 하여금 연극인으로서 정말 뜻있는 일을 하고 있다는 느낌을 가지게 되었다. (……) 더구나 연극에 대한 전문적 지식이나 관극에 대한 계통적인 훈련을 쌓지 않은 농어촌민을 상대로 그들이 보고 즐길 수 있는 연극을 하려 하며 또 한 번 공연에 2~3만 명씩 몰려드는 관객을 상대로는 도저히 차분히 가라앉힌 연극을 할 도리가 없었기 때문이다. 사실 매 공연 때마다 많은 관객을 정리하는 것이 큰 일이었다. 그래서 관객과 버스 무대와의 일정한 거리를 갖게 하기 위하여 관극 장소를 구획하고 무대를 기준보다 높이고 해보았으나 연극을 처음 시작할 때의 북새는 여전하다. 그러나 처음에 음악과 무용의 '쇼·프로'를 하고 다음에 연극을 할 때는 그 많은 사람들이 조용히 관극을 하는 것이 또한 신통하다.[36]

이상에서 볼 수 있는 것처럼 그가 이동극장을 조직하고 또 전무후무한 버스극장까지 만들어 전국, 그것도 문명의 외진 곳들인 산간벽지 농어촌 구석구석을 누비고 다니면서 극예술의 즐거움을 전해 준 것은 세계 연극사상 유례를 찾기 힘든 특수한 경우였다. 그러나 그보다도 더욱 주목을 끄는 것은 가장 정통주의자이고 또 원칙주의자였던 그가 오로지 문화의 혜택을 전혀 받지 못하는 지방의 농어민들을 위하여 열린 연극을 했다는 것 자체가 그로서는 하나의 혁명적 발상의 전환이었다고 아니할 수 없다.

이러한 그의 눈부신 활약은 예총 회장 선거에 그대로 반영이나 되는 듯이 1969년 2월의 제8대 회장에 압도적으로 당선되는 것에서도 어느 정도 나타났다고 말할 수 있다. 연극인들 중 독서광이었던 그는 바쁜 틈에도 틈틈이 추리

제7대 예총 회장 시절의 이해랑(좌측에서 두 번째)

소설 삼매에 빠지곤 했다. 이런 그의 풍부한 독서가 그로 하여금 비전을 갖도록 만든 것이 아닌가 싶다. 이처럼 그는 연륜이 쌓일수록 경직되어 간 것이 아니라 오히려 개방적이었고 언제나 기발한 아이디어를 쏟아내곤 했다. 전국 곳곳의 예총 지부를 무리 없이 통솔하면서 그 누구도 감히 해낼 수 없었던 큰 사업들을 일구어냈다. 그가 제7대 회장 때 시작한 예술인마을 택지 조성은 제8대 회장에 당선되면서 건축으로 진척되었고, 예술인마을 앞에 젊은 예술가들만을 위한 150세대 아파트 건축도 착수했다. 그뿐만 아니라 명동의 국립극장이 정부에 의해 매각될 예정이었기 때문에 새 국립극장 건립까지의 공백을 메우기 위한 소극장 건립도 구상했다. 사실 그는 1회성 행사를 별로 좋아하지 않았기 때문에 축제 같은 것을 지양하고 창작 활동에 정진할 수 있도록 여건을 만들어 주는 일에 관심을 기울였다. 그가 예총 회장 재직 때 축제보다는 문화 기반을 닦는 일에 심혈을 기울였던 이유도 거기에 있었다.

이런 과정에서 그는 정치판으로부터 혹독한 시달림도 받았다. 솔직히 예나 지금이나 우리나라 정당사를 보면 언제나 여야당 간의 세(勢) 싸움으로 바람 잘 날이 없음은 잘 알려져 있다. 그런데 당시만 하더라도 여당은 여러 문화 사회단체들을 지지 세력으로 끌어들여서 방패막이를 한 경우가 적지 않았다. 가령 예총만 하더라도 생존을 위해서는 친여적(親與的)인 문화단체로 설 수 밖에 없었다. 따라서 정치의 주요 이슈가 떠오르거나 또는 야당〔신민당(新民黨)〕이 반대하는 주요 정책이 새로 펼쳐질 때는 친여 단체들로 하여금 지지를 표명하게끔 유도되곤 했다. 예총 회장으로서 그 역시 마지못해 정부의 정책을 지지하는 성명을 발표한 적이 있었다. 그러자 야당은 그를 정부 여당의 앞잡이로 몰아붙이기도 했다. 저간의 일과 관련하여 그는 "(……) 신민당과 예총과의 성토 대결도 재직 중의 부질없는 다툼이었던 것 같다. 예총은 정치 색이 거래될 수 없는 순수 문화단체임을 강조하고 싶다"고 회고한 적도 있다. 실제로 정치에 아무런 관심도 없던 그가 여당의 앞잡이로 매도당하는 수모를 겪기도 한 것이다. 그럼에도 불구하고 그는 문화예술인들의 사회적 지위와 복지를 위해서는 어쩔 수 없이 자신이 그런 십자가를 져야 한다는 숙명을 인식하고 있었다. 그는 당초 정치인이 되겠다는 욕망이나 꿈이 전혀 없었기 때문에 야당의 매도도 코웃음으로 넘길 수가 있었다. 그렇기 때문에 그는 아무렇지 않다는 생각으로 예총 일과 예술인들을 위해서 벌여놓았던 여러 사업의 마무리와 이동극장 운영 문제에만 몰두할 수가 있었다.

곧 그는 아무런 일도 없었던 것처럼 예총의 여러 사업들은 부회장단에 일임하고 늦봄부터 네 번째로 전국순회 이동극장운동에 나섰다. 이동극장은 박진(朴珍)의 〈벙어리 냉가슴 앓지 마세요〉(이해랑 연출)로 레퍼토리를 바꿔서 5월 1일 경기도 이천을 시발로 21일까지 충북 내륙지방을 가로 질러가면서 공연 활동을 펼쳤다. 이어서 6월 중순부터는 합덕을 기점으로 충남 일대를 순회했으며 8월 하순부터는 경남, 그리고 10월 달에는 호남·경북 등지를 구석구석 돌아다녔다. 이러한 줄기찬 그의 집념은 연속 4선의 예총 회장이라는 영예를 그에게 안겨주었다. 그것도 만장일치의 무투표 당선이라는 신기록까지 남기게 되었다.

그가 예총 회장으로 독주하는 동안 우정 때문에 고민한 적도 없지 않았다. 가령 3선 출마 당시 절친한 소설가 김동리와의 대결은 재임 시절 그를 가장 괴롭게 한 일이었다. 그 자신도 뒷날 회고의 글에서 "예총 시절 가장 괴로운 일은 회장직 선거를 둘러싼 김동리 씨와의 경합이었다. 공적인 입장에서 한판 선거 싸움을 벌였으나 예총 재직 기간 중, 아니 해방 직후의 이데올로기 와중에서부터 그와 난 이심전심(以心傳心)의 지기(知己)였다. 그가 입후보를 자진 사퇴한 것은 모든 면에서 인품이 훌륭했기 때문이며 이 기회에 존경심을 전한다"고도 했다. 이러한 그의 회고는 전혀 가식이 아니며 평소 동지와 선배를 깍듯이 모셨던 그의 인품을 잘 보여주는 것이다. 솔직히 김동리는 선거에서는 그의 상대가 되지 못했다. 이해랑의 탁월한 리더십과 그동안 예총의 빛

이동극장 공연 장면

나는 업적을 김동리가 극복하기에는 역부족이었다. 그러나 승리자였던 이해랑은 해방 직후 좌익 예술인들과의 롱런적 쟁투 과정에서 김동리가 문단을 대표하고 이해랑은 연극을 대표한 쌍두마차로서 두 사람 간에는 끝까지 동지 관계로 내려온 처지였다. 그런 관계 때문에 이해랑은 인간적 고민이 컸는데, 그동안 벌여놓은 예총의 일이 마무리 되지 않아 양보를 못 한 것이었다. 그러나 선거가 끝난 뒤에 김동리는 예총을 적극 도와주기도 했다.

이런 예기치 못한 일도 있었지만 그는 승승장구했고 이동극장운동도 더욱 활기를 띠었다. 그는 1970년도 이동극장 활동을 6월 초부터 시작했는데, 레퍼토리는 박진 각색의 〈그러지 말고 잘 살아 봅시다〉로서 정부의 새마을운동을 의식하고 주제와 내용도 많이 윤색한 것이었다. 그러니까 프랑스의 고전적 희극 작가인 모리엘의 〈기분으로 앓는 사나이〉를 우리 현실에 맞게끔 윤색했다는 이야기다. 따라서 이동극장의 인기는 조금도 퇴색하지 않고 가는 곳마다 대환영이었다. 5년 동안 다녔기 때문에 팬들도 많이 생겨났고, 곳에 따라서는 기다리는 관객도 적지 않았다. 그는 1971년도 2월에는 전무후무하게 예총 회장 연속 5선이라는 신기록을 남길 만큼 전국 예술인들로부터 신망이 두터웠다.

결국 이러한 그의 예술가로서의 큰 업적과 명망이 막강 여당인 민주공화당의 전국구 국회의원이라는 정치의 대해(大海)로 나아가는 디딤돌이 된 것이 아닐까 싶다. 이는 그가 공화당 창당 발기인으로 발을 들여놓은 지 7년 만의 일이었다. 모든 분야가 정치권력의 힘을 빌리지 않고는 어렵다고 느껴왔던 그였기 때문에 전국구 의원 제의가 왔을 때 흔쾌하게 받아들였던 것 같다. 창작의 자유를 누구보다도 절실히 느껴온 그는 국회에 들어가서 당장 할 일은 일본 제국주의자들의 탄압통치의 잔재라 할 전근대적 공연법 개정과 새로운 시대에 맞는 문예진흥법 제정, 중앙, 지방 간의 문화격차 해소, 그리고 공연장 확보 등이라 생각했다. 그가 간난을 무릅쓰고 일생일대의 이동극장운동을 장장 7년간이나 벌였던 것도 바로 한 나라의 뿌리라 할 지방 문화 육성을 반드시 이룩해내겠다는 결심에 따른 것이었다.

그런데 그가 국회의원이 되자 문화계에서 축하는커녕 예총 회장직을 사임해야 한다고 야단법석을 떨었다. 그에게 예총 회장직을 당장 내놓으라고 주장하는 측에서는 세 가지 이유를 들었다. 첫째 그가 특정 정당의 대표로 국회의원이 됨으로써 예총의 성격을 변질시킬 수 있다는 것, 둘째 예총은 예산의 80% 이상을 정부로부터 보조를 받고 있는 사단법인체인 만큼 국회의원의 겸직 금지 조항에 해당된다는 것, 셋째 그가 2월 회장 취임식 때 만약 국회에 진출하게 되면 사임하겠다고 선언했던 일을 그 근거로 제시했다. 그러나 그는 특유의 뚝심으로 반대파의 주장을 꺾었다. 그는 반대파를 힘으로 몰아치면서 국회에 나간다고 회장직을 사임할 필요도 없을 뿐더러 법에도 하등 어긋남이 없으며 회장 당선인사 때 사임을 공언한 적이 없다고 했다. 사실 사적으로 그는 예총 회장직에 상당한 매력을 느끼고 있었다. 왜냐하면 예술가가 권력(?)을 누릴 수 있는 유일한 자리가 바로 예총 회장 자리라고 생각했기 때문이

제8대 예총 회장 시절

다. 실제로 그는 이동극장운동을 하면서 지방에 갔을 때, 지방 관리들이나 유지들이 그를 단순한 딴따라로 보지 않고 융숭한 대접을 해주었던 것이 뇌리에서 떠나지 않았었다. 그러니까 회장을 맡기 전과 맡은 후의 대접이 하늘과 땅 차이라는 것을 절감한 것이다. 사실 그가 예총 회장이 되지 않았으면 이동극장운동은 매우 어려웠을 가능성이 많았다.

매우 솔직 담백한 성격대로 그는 한 기자와의 인터뷰에서 예총 회장직과 관련하여 "분열되고 세속화하고 어용화(御用化) 되긴 했지만 예술인이 창작의 세계를 벗어난 세속 사회에서 누릴 수 있는 최고의 명예직"이라고 평가한 바도 있다. 명문가의 종손으로서 무대에 선 이래로 가문으로부터 거의 박축(剝逐)당하다시피 했으며 일반인들의 시선도 어딘가 자신을 낮춰보는 것 같았던 그로서는 은연중 사회적 지위를 바라는 마음을 숨길 수 없었다. 그러니까 당시까지만 해도 배우는 광대라는 전통적 천민사상(賤民思想)이 완전히 불식되지 않았기 때문에 자위 수단으로서도 명예직은 절실히 필요했다고 본다. 실제로 그는 예총 회장직에 오르면서 가친으로부터 겨우 인정을 받았고 국회의원이 되면서 확실하게 평가를 받았었다. 따라서 그는 여당 국회의원이 된 뒤에도 예총 회장직 임기를 다 채우려 하였다. 그는 예총 회장에다가 막강한 여당의 국회의원으로서 동국대학교 연극과 교수직만 사임하고 이동극장운동과 연출 활동은 계속했다.

그런데 예총 선거에 불참했던 문협(文協)과 미협(美協)을 중심으로 계속 사임 압력을 가해왔다. 더구나 그가 한때 10대 회장에 출마하지 않겠다고 말한 바도 있었던 데다가 1년 임기의 정관을 2년 임기로 바꾸기까지 했기 때문에 그의 독주를 두려워한 측의 공세는 더욱 거세졌다. 반대자들 중에는 그가 국회의원이 되기 위해서 예총 회장을 계속한다는 비난도 했다. 그러한 반대자들의 공세에도 불구하고 뚝심 센 그는 회장직을 사임할 하등의 이유가 없는 만큼 겸직을 계속하겠다면서 차기 회장 선거 전에는 분명히 사임하겠다고 선언했다. 그러면서 그는 겸직이야말로 정계와 예술계를 연결시킬 수 있는 기회

이므로 유용하다고 했다. 그는 반대자들에게 예총 회장으로서 국회에 등원하게 되면 지지부진한 문예진흥법(文藝振興法)을 되살려서 실질적으로 활용되도록 하고 예총의 정부 보조금도 증액시키도록 노력하겠다고 했다.

그가 여당 국회의원에다가 예총 회장직까지 겸하려 한 것은 당시 문화예술계에 중요한 일이 많이 벌어지고 있었기 때문이다. 다 알다시피 그동안 정부가 경제개발에만 열중하다 보니 정신문화가 피폐하고 국민의 문화적 욕구가 팽배해갔으며 사회범죄 역시 급증했었다. 그러니까 정신문화의 기반이 튼튼치 못하면 경제 발전도 한계가 있다는 것을 깨달은 것이다. 따라서 정부는 1968년도에 문화정책을 통괄하는 문화공보부를 발족시키며 종합적이고 체계화된 문화정책 입지를 처음 마련하였고, 1971년도에는 제1차 문예진흥 5개년 계획 시안도 발표하였다. 이처럼 중차대한 시기에 그는 단순히 국회에만 얽매여 있어서는 한계가 있기 때문에 예술계를 지휘할 현장에 진을 치고 있어야 한다고 생각한 것이다. 그래야 모든 일이 순조롭게 풀릴 수 있다고 믿었다. 그러니까 모든 법률 제정은 국회에서 하므로 의원들에게 현장 사정을 제대로 알리려 할 때는 문화현장을 벗어나서는 곤란하다는 것을 인식하고 예술계의 반발에도 불구하고 양쪽을 모두 거머쥔 것이었고, 그의 약속과 포부를 모두 다 이행했다고 말할 수 있는 것이다. 그가 예총 30년을 회고하는 글에서 다음과 같은 축사를 한 것에는 그만한 역할에 따른 자부심도 어느 정도 나타나 있다고 보인다.

예술인의 한 사람으로서 지난 30년 동안 예총이 이루어 놓은 업적을 회고할 때 우리 민족의 반만년 역사상 그 어느 때보다도 가장 큰 일을 해내었다는 긍지를 가지게 합니다. 이는 오늘 우리나라가 세계 무대에서 당당히 선진 문화대국으로 성장했음을 비추어 볼 때 더욱 뚜렷해집니다. (……) 즉 예술인의 역사적 사명의식의 고취와 아울러 창조적 기능의 재무장을 위한 수련 활동에서부터 예술문화의 지방화 시대를 개척, 지역 간 균형발전을 꾀함으로써 예술문화의 보편적인 향유를 도모케

한 일련의 작업들이 바로 그것입니다. 이 밖에도 청소년들에게 올바른 국가관과 확고한 민족의식을 자각게 함으로써 문화국민으로서의 주체성을 진작시켜 내일의 지도자상을 정립케 한 '청소년예술캠프'의 개설 운영과 근로 청소년들의 정서 함양을 위한 전국 문학 강연회 등은 2천 년대의 주역인 그들로 하여금 우리의 전통문화예술을 현대적 차원에서 계승 발전시켜 나아가게 하는 데 크게 기여했다고 하겠습니다. 그뿐만 아니라 경제적 어려움을 극복하는 가운데 순수예술의 비평 정리와 함께 민족예술문화의 발전방향을 제시하는 데 그 몫을 다하고 있는 월간 예술비평지 『예술계』의 지속적인 발간은 이 나라 예술문화 발전을 위해 실로 고무적인 일이 아닐 수 없습니다. 예총이 창립되던 1960년대 초반으로 거슬러 올라가 볼 때 6·25와 4·19, 그리고 5·16으로 이어지던 혼란과 격동의 와중에서 우리 전통예술문화는 그 빛을 잃어가고 있는 위기에 처했던 게 사실이었습니다. 그토록 황폐했던 불모지에 예총은 이 민족의 전통예술문화의 소생을 위한 소명감을 갖고 씨앗을 뿌렸으며 30년이 흐른 오늘에 이르러 반만년 전통이 되살아나 찬연한 빛을 발하게 된 것을 보고 필자는 기쁨을 금할 수 없습니다.[37]

이상과 같은 그의 축사는 자신이 회장 재임 5회에 걸쳐서 중점을 두고 했던 사업목표가 어디에 있었는가를 완곡하게 설명한 것이다. 그만큼 그는 회장 자리를 명예직으로 생각하지 않고 우리 문화예술의 발전 방향을 잡아주는 일을 실질적으로 하였다.

그런 그였기에 국회의원이 된 해에도 이동극장운동을 계속하는 열정을 보였다. 솔직히 그는 국회의원을 대단한 감투로 생각해본 적이 없다. 연극을 하는 동안 가문은 물론이고 주변으로부터도 은연중 도움을 받아온 만큼 일종의 방패막이 정도로 생각했고 동시에 예술 발전을 뒷받침하는 데 정치권력을 이용한다는 생각을 했을 뿐 그는 여전히 연극예술가임을 자부했다. 그렇기 때문에 그 바쁜 국회의원 겸 예총 회장직을 맡고서도 전국을 순회하는 이동극장운동을 계속해 나간 것이다. 제8대 공화당 의원으로서 6월 말에 첫 등원하면서도 그는 1971년도 이동극장 활동을 6월 17일부터 출발시켰다. 중진 연극인 박진(朴珍)의 장편풍자극 〈화내지 마세요〉를 갖고 충남 황간을 시발로 해서 경남북 일대를 20여 일간 순회공연하고 잠시 휴식한 다음에 8월 한 달간은 경기 가평으로부터 강원도와 경상북도를 한 바퀴 도는 것으로 6년간의 이해 랑이동극장운동은 대단원의 막을 내리게 된다.

그가 이동극장이라는 파격적 연극운동을 시작한 표면적 이유는 연극의 중 앙 집중, 왜소화, 사회적 기능 회복 등을 한꺼번에 해결하고 중앙과 지방 간의 문화 불균형을 해소하는 것이었다. 그러나 다른 측면에서 보면 우연이라고 하 더라도 당장은 연극계, 더 나아가 문화계의 주도권 장악을 위한 국면 전환용 (局面 轉換用)이었다고도 말할 수 있다. 즉 그가 신협을 이끌고 해방 직후와 6·25 전쟁기를 겪으며 연극운동의 주도권을 잡았었지만 1960년대 들어서는 대학극 출신들의 제작극회라든가 실험극장, 민중극장 등 신진 세력의 동인제 극단들이 조금씩 주목을 받으면서 이해랑 중심의 신협은 이미 진부한(?) 극 단으로 급격히 퇴조해 갔다. 따라서 그가 3년여의 방황 끝에 신극운동의 새 로운 전기를 마련하는 승부수를 던진 것이 이동극장운동이었고 그것은 적중 했다. 그런 그의 시의적절한 발상의 전환으로 인해서 결과론적이긴 하지만 개인적으로는 예총 회장직에도 쉽게 오를 수 있었고, 여당 국회의원도 될 수 있었다고 보인다. 그런데 이러한 그의 행적은 한국현대사에서 대단히 중요한 의미를 던질 뿐만 아니라 예술사에서도 대단한 변화를 가져왔다고 말할 수 가 있다.

우선 공연예술사에서 보면, 첫째 그의 이동극장운동이 황폐한 상태의 지방 문화가 움틀 수 있는 단초를 만들어주었다는 것, 둘째 '찾아가는 공연 방식'을 적극적으로 실천함으로써 종래와 같이 앉아서 관객을 기다리는 수동적 자세 를 지양하고 연극의 사회적 기능을 제고했다는 것, 셋째 그가 철저한 리얼리 스트로서 극장주의였음에도 불구하고 극장을 '관객을 모아놓고 극적 정서를 주고받는 곳'이라고 개념을 정립시킴으로써 연극 본래의 자리에 위치시킴과 동시에 자연스럽게 1970년대에 마당극운동의 활로를 열어놓는 결과도 가져온 것 등 전국적으로 연극 활성화의 토대를 만들었다. 결론적으로 말해서 한국 공연사상 한 단체가 7년 동안 쉬지 않고 전국을 순회하여 500만여 명의 관객을 모은 적이 없었으며 이러한 기록은 앞으로도 깨기 어려울 것이다. 바로 그 점에서 이해랑이야말로 공연예술사에 전무후무한 공연 기록을 남긴 인물이 될 것이다. 그리고 그가 예총을 능동적 단체로 바꾸어 놓은 것은 그의 리더십을 잘 보여주는 것으로서 예술인마을 조성은 예술 복지의 사례를 가장 일찍 보여준 것이기도 했다.

특히 그는 연극인으로서의 혁혁한 공로를 정부에 평가받아 정치인들이 선망의 대상으로 삼는 국회에도 쉽게 입성할 수 있었다. 다 알다시피 배우는 광대라 하여 조선시대까지만 해도 여덟 가지 천민 계급에 속했다. 오죽했으면 하찮은 지방 양반 출신의 권삼득(權三得)이 판소리 광대가 되었다고 하여 집안 어른들로부터 겨우 척살(刺殺)을 면하고 추방되어 한평생 방랑 생활을 했겠는가. 그것이 겨우 2백 년 전의 일이었다. 물론 개화기의 국창 이동백(李東伯)은 판소리를 좋아했던 고종황제에 의해서 통정대부라는 벼슬을 하사받은 바 있었지만, 명목상일 뿐 실권이 있는 자리에 앉지는 못했었다. 그러한 배우 천시 사상은 20세기 들어와서도 상당 기간 사회윤리의 기저(基低)에 깔려 있다가, 1948년 8월 15일 대한민국 정부가 들어서면서 귀족이니 천민이니 하는 계급사상이 법과 사회규범으로 완전히 소멸되었다. 하지만 현대에 와서도 그 잔재는 좀처럼 사람들의 의식 속에 남아 있어서 유치진과 서항석은 겨우 2급 촉탁 자리였던 국립극장을 지낸 것이 전부였다. 그런데 이해랑이 단번에 막강 권력의 집권당 국회의원이 된 것이다.

이는 사실 사회윤리상으로 볼 때 우리가 건강한 평등 시민사회로 전환되는 하나의 계기를 그의 국회 입성이 만들어주었다고 말할 수가 있는 것이다. 그로부터 십수 년 뒤인 1980년대 이후에는 배우가 국회의원은 물론이고 장관직에도 여러 명 발탁되지 않았던가.

3. 연출하는 현역 국회의원

그는 1978년도에 한 일간 스포츠신문에 자신의 회고록 비슷한 글을 연재한 적이 있었다. 이 글의 말미에 그는 "연극을 이용해 무엇을 하려 들지 말라. 예술의 길은 오로지 봉사만이 있을 뿐"이라는 말을 남겼다. 혹자는 그가 여당 국회의원을 한 것에 대해서 대단히 부정적인 생각을 갖는 경우가 없지 않았다. 특히 그를 비판한 사람 중에는 연극을 이용해서 국회의원이 되었고 또 그것을 즐긴다고 헐뜯기도 했다. 그러나 그는 당초부터 국회의원이 되려는 생각을 해본 적도 없었고, 또 국회의원이 되기 위해서 물불 안 가리고 뛴 적도 없다. 다만 연극이 좋아서, 또 연극이 아니면 사는 그 자체에 대해서 의미를 느끼지 못하여 연극 속에 묻혀 살다 보니 국회의원직에까지 오르게 된 것이다.

물론 그가 수많은 사람들이 누구나 한 번쯤 하고 싶어 하는 국회의원이 되는 데는 몇 가지 중요한 외적 조건이 뒷받침되었다고 말할 수 있다. 그 하나가 역시 그의 훌륭한 가문 배경이 아닌가 싶다. 전형적인 사대부 가문 출신에다가 저명한 의료인인 부친이 한때 부산 시장을 하면서 박정희 대통령과 인연이 있었다는 것이 그 첫째일 듯싶고, 두 번째로는 그가 올곧고 이념적, 도덕적 하자 없는 연극 지도자로 눈부신 활동을 해왔기 때문인 듯하다. 가령 그는 일제 말엽 소위 국민극(國民劇) 시대에 연극에서 손을 뗐기 때문에 친일의 하자가 없었고, 해방 직후에는 우익 민족 연극의 젊은 리더로서 좌파 연극에 앞장서 투쟁했으며, 6·25 전쟁 때는 맨 먼저 도강(渡江)하여 피난지에서 신극사의 맥을 잇는 정극 활동을 했다. 거기에 그치지 않고 지방 문화 육성이라는 원대한 목표를 갖고 전개한 이해랑이동극장운동만 하더라도 그 누구도 흉내낼 수 없는 대단한 업적이었다.

해방 이후 20여 년 동안 문화예술계에서 그의 활동은 한마디로 눈부신 것이었다. 한국 현대극의 기틀을 다지는 데 그의 역할은 아무도 따를 수 없을 만큼 거대하다. 그런데 문제는 예술가가 반드시 국회의원직으로 보상받았어야 하느냐는 의문을 제기하는 측에 대한 답변이 궁색하다는 것이었다. 그것은 당시의 정치 여건 때문으로 보아야 할 것 같다. 그러니까 공화당 정권 때, 국회의 전문성을 살리기 위해 직능대표제(職能代表制)를 도입하면서 각계의 리더급 인사 중에서 그가 문화예술계의 대표로서 발탁된 것이었다. 여하튼 모든 일에 적극적이었던 그는 의회에 진출해서도 직업 정치인들 못지않게 활약하였다. 그러다 보니 자연스럽게 공연 활동이 뜸해지고 연극계와의 관계는 소원해질 수밖에 없었다.

따라서 그는 국회에서 한국 연극, 더 나아가 문화예술 전체를 진흥시키는 기초적 법안 제정에 앞장서는 것으로 연출 활동의 공백을 메꾸려 더욱 노력했다. 사실 우리의 정치인들은 대체로 문화에 관하여 무지하고 관심조차 부족한 것이 사실이다. 그런 국회 안에서 의원들을 교양, 설득하고 이해시키는 일도 공연 활동 못잖게 중요하다. 이런 상황에서 그의 역할은 단연 돋보이는 것이었다. 그가 능력을 발휘할 수 있었던 데는 예술가로서의 유명세와 함께 그의 친화력, 그리고 두주불사의 멋스러움 등이 뒷받침되었다.

그를 여당의 비례배표 국회의원으로 영입했던 당대의 실력자 김종필은 이해랑의 소천 직후 그를 추모하는 글에서 "이해랑 선생은 8대와 9대 국회에서 의정(議政) 활동을 하신 분이다. 제3공화국에서 학계와 법조계 인사들이 전국구 의원으로 국회에 진출한 예는 많지만 8대에 이해랑 선생이 국회로 진출함으로써 문화, 예술인이 의회 활동에 참여하는 효시(嚆矢)가 된 셈이다. 의사당에서의 이 선생은 한마디로 진지하고 성의 있는 문화, 예술계의 충실한 대변자였다. 그분이 문화예술의 창달을 위해 박정희(朴正熙) 대통령에게 자주 헌책(獻策)하여 많은 지원을 얻어낸 것은 문화예술계에 익히 알려진 사실이다. 크고 작은 회의에서 이 선생과는 여러 차례 자리를 함께 한 일이 있었는데, 이 선생은 자연스럽게 회의장 분위기를 화기애애하게 만들어 주었다. 그분의 원만한 성품과 오랫동안 연극을 통해 익혀온 조화(調和) 감각의 소산(所産)이라고 여겨진다"[38]고 회고함으로써 그가 국회에서 한국 문화 진흥을 위해서 얼마나 열정적이었나를 짐작케 한다.

특히 언제나 정쟁(政爭)으로 살벌한 국회에서도 그의 친화력이 힘을 발휘함으로써 신성한 의회를 싸움터가 아닌 진지한 토론장이 되도록 만든 것도 하나의 공로였다. 솔직히 그가 밖에서 생각했던 국회상(國會像)과는 너무나 달라서 실망한 적이 한두 번이 아니었다. 그렇기 때문에 그는 사실 국회의원 직을 대단하게 생각해 본 적도 없고 따라서 즐긴 적도 없다. 마지못해 끌려들어 가서 문화계를 위해서 최선을 다해 보려 한 것뿐이었다. 그는 뒷날 한 신문과의 인터뷰에서 "나에게 있어 국회의원이란 순전히 외도(外道)였지요. 인생 행로에 도움이 된 것도 없고 배운 것도 없습니다. 그 동네(국회)에 들어가면 무엇이든 체계적으로 생각할 수 없더군요. 정당 간의 대립과 싸움에 휘말려 정신을 차릴 수 없었습니다"[39]라고 실토한 바도 있다.

국회에서 그가 가장 견디기 힘들어 했던 것은 정당 간의 그칠 줄 모르는 싸움이었고, 특히 예술가로서 거기서는 별로 배울 만한 것도 없을 뿐더러 얻을 것도 없다는 것이었다. 그는 특히 국회에서 여야당 간의 끊임없는 정쟁에 머리를 흔들었다. 그렇기 때문에 그는 정치인들의 그칠 줄 모르는 싸움을 희랍비극 〈오이디푸스 왕〉과 비교한 적도 있었다. 즉 선왕(先王)을 죽인 범인을 찾아 나선 오이디푸스 왕이 범인이 바로 자신이라는 것을 알고 비극적인 종말을 가져오듯이, 정치인도 때론 목표를 향해 지나치게 행동하다 보면 결국 자기 파멸을 가져올 수밖에 없다고 보았다. 따라서 그는 올바른 정치가 되려면 국회의원들이 무대 위에서 구경꾼을 위한 싸움이 아니라 막후(幕後)에서 가슴을 터놓고 각본에 의한 대화가 아닌 '진실한 독백(獨白)'을 통해 문제를 해결해야 한다는 나름대로의 정치관을 갖고 있기도 했다. 그러니까 마치 훌륭한 예술 작품을 하나 창조해내듯이 정치도 그래야 한다는 것이다. 하지만 그의 이러한 이상적이면서도 낭만적이기까지 한 정치예술론이 당시 국회에서 통할 리 만무했다.

그는 별 재미없는 국회였지만 열심히 나가서 최선을 다하는 모습만은 보여주려 노력했다. 그가 특히 국회 일에 열심이었던 이유는 두 가지에 있었다. 첫째로는 정치권력을 이용해서 뭔가 한국 문화예술을 진흥시킬 수 있는 기초적인 법률을 만들어 보겠다는 것이었고, 둘째로는 연극계에서의 일이 없어진 데 따른 공허감을 메우기 위해서였다. 솔직히 그의 마음은 언제나 무대에 가 있었지만 연극계에서는 이상스럽게도 그를 정치인으로 간주해서 경원하는 경향도 없지 않았다. 따라서 그는 그렇게 분주하지 않은 의정 활동에 상당한 공허감을 느꼈다.

그는 국회에 진출해서도 만나는 친구가 모두 예술인들이었다. 유한철(劉漢澈)을 위시하여 김동리, 조병화, 조연현, 곽종원, 서정주, 박목월, 김충현, 유경채 등, 모두가 시인, 소설가, 평론가, 그리고 화가였다. 그는 이들과 어울리면서 정부에 대한 문화인들의 건의사항도 듣고, 또 그것을 의정 단상에서도 활용했으며, 공화당의 실력자 김종필에게 전달해주는 파이프라인 역할도 했다. 마침 정부에서 문화예술 진흥에 대한 기반조성 연구에 관심을 기울이고 있을 때였다. 1, 2차 경제개발정책이 성공을 거두면서 당시 우리 사회는 산업사회로 치닫고 있었다. 급진적인 경제개발로 정신문화가 피폐해지고 그에 따른 사회문제가 적잖게 야기되었다. 그러자 정부는 정신문화의 진흥에 신경 쓰기 시작한 것이다. 특히 1968년에 문화공보부가 발족되면서 종합적이고 체계화된 문화예술 정책의 입안이 처음으로 마련되었고, 1971년에는 문예진흥 장기계획을 위한 위원회까지 구성되어 제1차 문예진흥 5개년 계획 시안까지 작성되었다.

그 당시 그는 5선의 예총 회장에다가 힘센 여당의 국회의원으로서 유일한 문화전문가였기 때문에 정부와 국회에 다양한 의견을 제시하고 또 반영할 수 있는 위치에 있었다. 그는 특히 정부에서 발의한 문화예술진흥법(文化藝術振興法)을 국회에서 강력히 뒷받침하는 역할에 몰두했다. 그는 문예진흥법 제정에 선도적 역할을 하면서 문화예술이야말로 인간의 삶을 풍요롭고 가치 있게 해주는 것이라는 사실을 역설했다. 그는 문예야말로 인간 정신의 가장 뛰어난 표현인 동시에 일상적 삶을 뛰어넘는, 호한(浩澣)하고 위대한 상상력을 바탕으로 창조되는 독창적 산물임을 강조했다. 마침 문예진흥법이 논의될 당시에 김종필 씨가 힘센 총리로 있었기 때문에 대화가 잘되었다. 결국 문화예술진흥법은 그가 의회에 진출한 1년 뒤인 1972년 가을에 국회에서 통과되었다. 이때 그의 역할은 눈부신 것이었고 전문가로서의 역할을 다하

제18대 공화당 국회의원이 된 이해랑

고도 남음이 있었다. 그는 법 제정 과정에서 문화예술진흥에 관한 주요 시책을 심의하는 문화예술진흥위원회 설치와 문화예술 진흥을 위한 사업과 활동을 지원하기 위한 한국문화예술진흥원〔약칭 문예진흥원(文藝振興院)〕설립을 명시토록 하는 데도 일조했다. 결국 여러 과정을 거쳐서 1972년 11월 문화예술진흥법이 공포되고 이듬해 3월 역사적인 한국문화예술진흥원이 설립되기에 이르렀다. 그는 초대 원장에 절친한 친구 곽종원이 되도록 애썼다. 곽종원은 그가 예총 회장이었던 당시 부회장으로서 원만한 인간관계와 탁월한 행정 능력을 인정받고 있었기 때문이다.

그가 정치인으로 잠시 변신하여 심혈을 기울였던 문화예술기반 조성사업의 꽃이 문예진흥법 제정이었고, 그 실천기구로서 문예진흥원이 탄생된 것이다. 문예진흥원 탄생과 함께 정부에서 발표한 문예중흥선언문(文藝中興宣言文)

을 참고삼아 소개하면 이렇다.

　우리는 민족중흥(民族中興)의 역사적 전환기에 처하여 새로운 문화 창조의 사명을 절감한다. 한 겨레의 운명을 결정짓는 근원적 힘은 그 민족의 예술적 문화적 창조력이다. 예술이 창조력을 잃었을 때 겨레는 침체되고 문화가 자주성을 찾았을 때 나라는 흥(興)한다. 신라 통일의 위대한 업적과 세종(世宗) 시대의 문화 창조는 이를 증명한다. 우리는 길이 남을 유산을 개발하고 민족적 정통성을 이어받아 오늘의 새 문화를 창조한다. 맹목적인 복고 경향을 경계하고 분별없는 모방 행위를 배척하며 천박한 퇴폐풍조를 일소하여 우리 예술을 확고한 전통 속에 꽃피우고 우리 문화를 튼튼한 주체성(主體性)에 뿌리박게 한다. 우리는 조국의 현실을 직시하고 영광된 겨레의 내일을 위하여 가치의식(價値意識)과 사관을 바로잡고 표현의 자유와 문화의 자주성을 함께 누리며, 곳곳마다 문화의 전당을 세워 온 겨레가 함께 예술을 즐기도록 한다. 우리는 자신의 자세를 새롭게 가다듬어 우리의 업적이 세계에 부각되도록 힘쓰며, 문화의 활발한 국제교류를 통하여 인류문화에 이바지할 것을 다짐한다. 이에 모든 예술가, 모든 문화인들은 온 국민과 동참하는 대열에 서서 예술과 문화를 아끼고 사랑하는 풍토를 조성하고 정성을 다해 문예중흥(文藝中興)을 이룩할 것을 선언한다. 1973년 10월 20일.

　일제강점기 말엽부터 이 척박한 땅에서 연극을 해온 이해랑이 항상 꿈꾸어 왔던 것은 조국이 예술의 옥토가 되는 것이었지만, 이것이 예술가들 힘만으로는 이루어지기 어렵다고 생각했다. 그가 민주공화당 창당 발기인이 되고 여당의 앞잡이라는 욕을 들으면서도 예총 회장직을 다섯 번이나 맡았던 이유도 따지고 보면 모두 문화예술 진흥의 백그라운드 역할을 해야겠다는 사명감 때문이었다. 그런 그가 막강 여당의 국회의원이 되어 문예진흥법 제정에 앞장서고 또 문예진흥원도 출범시켰으며 정부의 문예중흥선언문 기초에 참여한 것은 스스로 자부심을 가질 만한 대사(大事)였다.

그런 일을 해내면서 그가 느낀 것은 모든 일이라는 게 정치의 아래에 존재한다는 것이었다. 그렇다고 해서 그가 정치권력을 좋아한 것은 결코 아니었다. 다만 정치권력의 힘이 대단하다는 것을 절감했을 뿐이었다. 그러나 공화당 창당 때부터 10여 년 가까이 정치권, 그것도 힘 있는 여권 편에 서면서 그 자신도 의식 못하는 사이에 정치적인 냄새를 풍긴 것도 숨길 수 없는 사실이었다. 가령 그가 국회의원 신분으로 국립극단 공연의 〈활화산〉(차범석 작) 연출을 맡으면서 쓴 다음과 같은 연출 노트야말로 그 점을 단적으로 보여주는 경우였다고 하겠다.

올해는 문예중흥 5주년 계획의 제1차 연도의 첫발을 내딛는 해다. 총액 50억 8천만 원의 예산을 투입하여 국제개발센터 건립, 작가기금 설치 등 중요사업과 함께 연극회관 건립과 창작극 개발을 위하여 9개 극단에 연 2회 공연비를 보조하는 등 연극 중흥을 위하여도 적지 않은 예산이 투입된다. 이 밖에 또 국립극장에서 계획하고 있는 연 4회의 연극 공연을 셈에 넣으면 올해 연극인들이 가져야 할 공연 횟수는 22회가 된다. 고작해야 한 해에 2, 3편 내지 3, 4편의 창작극을 상연해 온 우리 연극계가 한 해에 22편의 창작극을 상연한다는 것은 벅찬 일이 아닐 수 없다. 그러나 극작가가 그만한 수의 작품을 써낼 수 있을는지가 문제이다. 사실은 걱정하는 것과는 딴판으로 어느 틈에 벌써 9개 극단은 새로운 창작희곡을 마련하고 서로 뒤질세라 공연 준비를 서두르고 있는 것이다. 어쩌다가 그 작품들을 다 읽을 수 있는 기회를 가질 수 있었던 나는 그 작품들이 모두 갑작스러운 수요에 편승하기 위한 작품이 아니고 그전에 상연된 작품에 비하여 결코 손색이 없는 작품들인 것을 보고 얼굴에 번지는 흐뭇한 미소를 금할 길이 없었다. 동시에 연극 중흥(演劇 中興)은 이루어질 것이란 희망을 실감하였던 것이다.[40]

이상은 그가 공화당 현직 국회의원으로 있으면서 국립극단의 정기 공연 작품을 연출하면서 쓴 「연출의 변」 일부이다. 마치 정부의 고위 관리가 문화산업에 대한 청사진을 알려주는 것 같은 내용의 이 글은 그가 과거 순수연극인일 때 썼던 글과는 아주 판이하다. 계산을 싫어하는 그가 정확한 통계까지제시하며 정부의 문예정책이 연극 중흥을 가져올 것이라는 확신까지 내비치고 있는 것이다. 그뿐만 아니라 그가 〈활화산〉을 연출하는 일에 당시 정부가바라는 방향으로 작품을 해석하려고 노력하였음을 엿볼 수 있다. 그는 연출노트에 "나는 이 작품을 연출하면서 건전한 내용 속에서도 연극은 존재할 수있는 것이며 극적 진실은 추호도 피해를 입지 않는다는 것을 새삼 느끼지 않을 수 없었다"고 썼다. 매우 긍정적인 입장에서 농촌의 가능성을 리얼하게묘사한 〈활화산〉은 어쩌면 낙천적인 세계관을 지니고 있던 그에게 맞아떨어진 작품 같기도 하다.

그는 매사에 그렇듯 국회에 들어가서도 마치 연극을 하듯이 열심히 의정활동을 폈다. 그가 속해 있는 국회 문공위원회(文公委員會)는 문화와 교육을주로 다루는 분과 위원회였기 때문에 그로서는 고기가 물을 만난 것이나 다름없었다. 문예진흥법의 입안과 그 실천과정에서 앞장섰던 것은 그 하나의 예였다. 그런데 1971년의 대통령 선거에서 신승한 박정희 정부는 영구집권을위해서 1973년 10월에 소위 유신헌법(維新憲法)을 선포했다. 따라서 국회는자동적으로 해산되었고 유신헌법에 맞춘 새로운 의회가 구성되었다. 제3공화국 때의 전국구는 유정회(維政會)로 바뀌었다. 공화당 의원 1년 반을 마친그는 유신헌법이 제정 발효되는 과정에서 잠시 쉬었다가 1974년 10월에 유정회 의원으로 두 번째로 의회에 진출했다. 유정회 의원은 박정희 대통령의 친위조직이라 할 만큼 골수 여당이었다. 이는 그만큼 이해랑을 향한 대통령과김종필 총리의 신임이 두터웠다는 것을 의미한다. 유신정권으로 인한 정치적소용돌이 속에서 그는 의연하게 대처함으로써 예술정치인다운 면모를 보여주기도 했다.

그는 유정회 의원으로 있을 때도 자신이 원해서 문공위원회에서 활동할 수있게 되었다. 사실 그가 국회의원으로 활동하면서 가장 관심을 가진 것은 문

예진흥과 관련된 문제와 교육 문제였다. 그는 예총 회장을 약속대로 다섯 번으로 끝내고 의정 활동과 연극 연출에만 전념하고 있었기 때문에 직업 정치인들 이상으로 바쁜 나날을 보내고 있었다. 그가 문화예술 정책에 관심을 많이 가진 이유는 연극인이었기 때문에 극히 자연스런 것이었고, 교육에 유별난 관심을 가진 것은 5남매가 당시 대학과 중·고등학교에 다니고 있었기 때문이다. 다섯 남매의 대학 입시로 인해서 격년으로 가정이 온통 열병을 앓을 정도로 그는 대학 입시에 특별한 관심을 갖고 있었다. 때마침 대학 예비고사가 생겨남으로써 초겨울만 되면 고등학교 졸업반 학생들의 시험으로 사회가 온통 떠들썩해지곤 했다. 그는 국회의원으로서보다는 격년으로 대학 입시를 치러야 하는 학부형의 입장에서 예비고사에 관심을 가지지 않을 수 없었다. 물론 예비고사의 난이도에도 관심을 가졌다. 그는 마침 1975학년도 대입예비고사를 치른 막내딸과 함께 시험문제를 검토해보기로 했다. 수학이나 과학 과목은 몰라도 국어나 사회, 윤리 문제는 어느 정도 안다고 자부하고 있던 터라서 문항 하나하나를 검토해 본 것이다. 그런데 뜻밖에 '국민윤리 및 사회' 과목에서 오류를 찾아낼 수가 있었다. 그가 가장 잘 아는 용인(龍仁)민속촌에 관한 문제였기 때문에 그 문항을 자세히 검토해본 것이다. 당시 대입 예비고사 문제는 대부분 사지선다형으로 되어 있었다.

문제는 용인민속촌의 건립취지를 묻는 것이었는데, 거기에 나와 있는 답은 (가) 우리의 고유한 생활민속을 전시함으로써 관광객을 유치하는 것, (나) 우리의 고유한 민속행사가 거행되던 마을을 집단 민속자료 구역으로 선정하는 것, (다) 우리의 고유한 민속자료가 많이 남아 있는 마을을 정비하여 보존하는 것, (라) 우리의 고유한 생활민속유산을 한곳에 모아 보존하는 것이었다. 이들 네 가지 예시 중에서 하나를 고르는 것이었다. 그는 정답이 두 개라는 것을 금방 알아낼 수 있었다.

사실 그는 전에 사당동에 예술인마을을 조성하면서 별도로 민속촌을 만들려는 계획을 세운 바 있었다. 그렇기 때문에 민속촌에 관한 한 그는 전문가 이상의 식견을 가지고 있었다. 때마침 정기국회가 열리고 있었기 때문에 그는 유기춘(柳基春) 문교부 장관에게 다음과 같은 질의를 한 것이다.

13일 실시된 예비고사의 국민윤리 및 사회—수학 출제 중 문제 17은 경기도 용인민속촌의 건립취지를 묻는 문제인데 4지선다형으로 된 응답 중 (가)항 '우리의 고유한 생활민속을 전시함으로써 관광객을 유치하는 것'과 (라)항 '우리의 고유한 생활민속유산을 한곳에 모아 보존하는 것'은 모두 정답이라고 생각되므로, 둘 다 정답으로 하든지 아니면 문제 자체를 취소하라.[41]

이상과 같은 질의에 대해서 유기춘 문교부 장관은 (라)항만이 정답이라고 답변했다. 그러자 이해랑은 추가발언을 통해서 "일반 민속촌의 경우라면 (라)항만이 정답일 수 있으나 용인민속촌은 정부 아닌 개인 관광회사가 관광수입을 목적으로 건립한 것이므로 문제가 '용인민속촌'으로 되어 있는 이상 17번 문제는 (가)항이 (라)항보다도 정답에 가깝다"고 확신을 갖고 주장했다. 사실 그는 그해 10월 3일에 개관된 용인민속촌에 대해서는 누구보다도 잘 알고 있었던 것이다.

기흥관광주식회사〔器興觀光株式會社, 대표 김정웅(金正雄)〕가 정부의 협조를 얻어 18억 원을 들여 만든 용인민속촌은 관광객 유치가 첫 번째 목표였고, 따라서 교통부 관광국의 감독지원을 받고 있는 처지였다. 이처럼 그가 구체적인 설명까지 하자 (라)항만이 정답이라고 우기던 유기춘 문교부 장관은 답변을 취소하고 우물쭈물하다가 회의 종결을 맞게 되었다. 이해랑의 국회 질의가 보도되자 여론이 들끓기 시작했다. 그의 질의가 옳다는 것이었다. 민속학자 등 전문가들이 일제히 들고 일어나서 정답을 2개로 하든지 아니면 문제 자체를 취소하든지 양자택일하라고 문교부에 압력을 넣기 시작했다. 문교부는 예비고사 출제위원회를 앞세워 한 달여 동안 (라)항만이 정답이라고 버티다가 결국 비등하는 여론에 굴복하고 말았다. 즉 문교부는 12월 26일 기자

국회의원으로서도 정력적 활동을 하는 이해랑

회견을 열고 17번 문제 자체가 잘못된 출제였다고 시인하면서 '용인'을 지칭했기 때문에 (가)도 정답이 될 수 있음을 시인한다고 했다. 그러면서 "(가)항을 정답으로 택했기 때문에 1점 차이로 떨어진 수험생 수가 3백 명 정도밖에 안 돼 다른 합격자들에게 경쟁상 거의 피해를 주지 않으며 예비고사가 입학시험이 아닌 2배수를 뽑는 일종의 자격시험이란 점에서 사후 혼란 및 부작용을 막기 위해 예비고사위원회의 건의에 따라 (가), (라)항을 모두 정답으로 인정했다"[42]고 발표함으로써 그 문제가 일단락될 수 있었다.

이상과 같이 그는 정치나 경제 문제에는 별로 관심을 갖지 않고 사회, 문화, 교육 등에 특별한 관심을 갖고 의정 활동을 벌여갔다. 그는 국회가 열리지 않는 시간에는 연극 연출에 심혈을 기울였다. 즉 그는 국립극단의 〈활화산〉 연출에 이어서 1975년 봄에도 국립극단의 대하사극 〈징비록〉(노경식 작)을 연출했다. 그가 서애(西厓) 유성룡(柳成龍)의 일대기를 묘사한 〈징비록〉 연출을 흔쾌히 받아들인 이유는 평소 생각하고 실천해 온 어른스런 연극, 성숙한 무대를 만들고 싶어서였다. 그는 평소 젊은 대학생들을 상대로 설익은 작품만 무대에 올리고 있는 극단들에 대해서 불만이 많았다. 가령 〈징비록〉의 연출 노트에 쓴 다음과 같은 글만 보더라도 그 점을 확인할 수 있다.

언젠가 신극 60년 운운하는 소리를 듣고 나는 우리나라 연극이 어느 새에 그렇게 나이를 먹었나? 하고 새삼 놀란 일이 있거니와 지금도 우리나라 연극 연령에 대하여는 솔직히 말해서 실감이 나지를 않는다. 60년이란 나이를 실감케 하는 체취를 오늘의 우리나라 연극에서는 느낄 수가 없기 때문이다. 연전에 유치진(柳致眞), 박진(朴珍) 두 선배께서 작고하신 후 나는 더욱 그리운 생각이 절실해진다. 벌써 30년 전. 당시 내가 존경하던 어느 노배우 한 분이 털어놓은 푸념이 생각난다. "객석의 관객은 노상 젊기만 한데 무대에 선 우리만 자꾸 늙어만 가는구려!" 언제까지나 나이를 먹을 줄 모르는 젊은 관객을 상대로 연극을 해야 하는 이 노배우의 비애(悲哀). 그의 장탄식은 오늘의 연극인에게도 공통된 비애가 아닐 수 없다. 더구나 우리나라의 연극과 같이 언제나 새로운 것만을 추구하기에 급급한 나머지 묵은 것을 모르는 곳에서의 비애는 더 크다. 현재 활동을 하고 있는 우리나라 20여 개 극단은 모두가 한결같이 젊기만 하다. 그들 젊은 연극인들은 또 젊은 관객을 상대로 언제까지나 젊어지려고만 노력하고 있다. 젊고 새로운 것이 나쁠 리 없다. 그러나 연극인이 한결같이 다 젊고 누구나가 또 젊어지려고 하는 것은 문제이다. 우리의 연극이 언제 60을 헤아리게 되었는지는 알 수 없게 만들고 있으니 말이다. 우리는 그동안 60여 년이 여일하게 외국의 연극 경향을 뒤따르고 그것을 유행병처럼 스쳐서 지나왔을 뿐 어느 것 하나도 이 땅에 정착을 시켜놓지를 못했다. 그래서 우리의 연극은 한 번도 제대로 나이를 먹어보지를 못했다. 언제나 설익은 과일처럼 풋내가 가시지를 않았다. 싱싱한 맛을 느낄 수는 있었으나 무르익은 물씬한 맛을 풍겨준 적이 없다. 이렇게 언제까지 젊기만 하다는 것은 그것은 곧 그대로 또 원숙해보지 못

했다는 것을 뜻하는 것이 아니랴.[43]

이상에서 알 수 있는 것처럼 그는 우리 연극의 미숙성에 대해서 언제나 아쉬움을 느끼고 있었다. 당시 20여 개의 극단 구성원들을 보면 대체로 30대들이었고, 따라서 이들은 대학생 관객층을 상대로 언제나 새로운 번역극을 소개하는 것에 그치곤 했다. 그가 볼 때 당시의 연극은 치기가 뚝뚝 떨어지는 아마추어 연극이었던 것이다. 궁극적으로 그가 원하는 연극은 풋풋한 것이 아니라 단 물이 쏟아지는 원숙한 연극이었다. 원숙한 연극이 어려웠던 것은 배우들에게도 책임이 있었다. 괜찮은 중견 배우들은 수익성이 높은 텔레비전이나 영화로 빠지고 무대를 지키는 배우들은 겨우 학교를 마친 신인들이었다. 그나마 국립극장에는 김동원이라든가 장민호, 백성희 등 중진들이 버텨주었기 때문에 안심할 수 있었다. 그가 젊은 작가 노경식의 역사극을 연출하게 된 것도 바로 '어른이 즐길 수 있는 연극'을 만들어보겠다는 의지에 따른 것이었다. 그러한 그의 뜻은 국립극장 무대에 그대로 펼쳐졌다. 임진왜란 때 영의정으로서 이순신(李舜臣) 장군을 등용했던 서애의 파란만장한 생애를 사실적으로 묘사한 〈징비록〉은 무대극으로서의 아기자기한 재미는 부족했지만 장엄한 인간 드라마를 연출해낸 점에서는 높이 평가받을 수 있었다. 사극을 별로 좋아하지는 않았지만 서애의 인간상에 매력을 느낀 그였기 때문에 무대극으로서의 웅장함만은 십분 살리고도 남음이 있었다.

처음으로 대하 역사극을 성공적으로 연출한 그에게 또다시 작품 의뢰가 들어왔다. 국립극단이 광복 30주년 기념 공연으로 막을 올리는 〈광야〉[김기팔(金起八) 작]를 연출해 달라는 것이었다. 주제는 식민지 시대 만주벌판에서 풍찬노숙하며 독립운동을 벌이는 것이었다. 국내에 있는 대다수 백성들이 안전을 꾀하기에 급급할 때, 만주에 흩어져 살고 있는 동포들은 나라 잃은 원한을 가슴 깊이 느끼고 압록강과 두만강 물결에 눈물을 뿌리며 눈보라 치는 만주 땅에서 조국 광복을 위해 목숨을 걸고 왜군과 싸우는 처절한 모습을 묘사한 작품이었다. 물론 만주벌판에서 왜군과 싸우다가 죽은 독립투사들은 조국의 해방을 보지 못했음은 두말할 나위 없다. 이 작품을 연출하는 입장과 관련하여 그는 "이제 우리는 일제의 침략을 용서했다. 그러나 그 사실을 잊어서는 안 될 것"이라는 자세에서 접근했다. 그는 연출 노트에 이렇게 썼다.

우리는 지난 일을, 그것이 그 당시 아무리 큰 충격을 준 일일지라도 세월이 흐르면 곧잘 잊어버리고 사는 수가 많다. 지난날의 원한과 애통, 그리고 그 뼈저린 고통을 쉽게 잊고 우리의 맥박은 오늘과 내일을 향해서만 고동을 치고 있다. 건망(健忘)의 미덕, 그래서 우리는 어제 우리를 그토록 압박하고 괴롭힌 자들과 순순히 손을 잡고, 과거에 아무 일도 없었던 듯이 오늘을 같이 살고 있는 것이다. 한일 친선(韓日 親善), 북괴 공산주의자들과의 좌절된 대화의 촉구. 그러나 뭐라고 해도 아무리 현실이 그때와는 판이하게 변모를 하여도 그때 희생을 당한 사람들의 영원히 잠들지 못하는 넋이 우리의 주위를 방황하며 속삭이는 억울한 호소를 외면할 수는 없다. 그래서 우리는 3·1절, 8·15, 6·25 등 기념일을 정하여 우리의 건망증에 경고를 하면서 그들 희생자들의 넋을 위로하고 있는 것이다.[44]

이상에서 알 수 있는 것처럼 그가 일제강점기의 독립투쟁기를 무대화하는 자세는 어디까지나 기억의 복원인 동시에 용서의 자세였다. 그는 사람을 미워할 줄 몰랐다. 그는 평생 적을 만들지 않겠다는 신념을 갖고 살았다. 그는 증오보다는 사랑을 먼저 배웠고 관용의 미덕을 누구보다도 먼저 터득한 사람이었다. 사대부 명문 가문의 종손으로서 엄격하게 성장했지만 경직된 고집을 가장 혐오했다. 그는 특히 연극을 공부했기 때문에 유연성을 기를 수 있었고 유연성이야말로 경직성을 누를 수 있는 것이라고 확신하면서 살았다. 가령 그가 연출한 작품 〈광야〉에서도 가장 좋아한 구절은 "그깟 서른여섯 해, 우리는 기다릴 수 있었어, 기다렸지 않은가, 우리는 기다렸지 않았소? 자 이제, 고향을 가야지, 내 고향으로 가야지, 우리가 이겼으니까, 이겼어"라는 부분이었다.

그러니까 일제의 침략을 용서하지만 결코 잊어서는 안 된다는 것이 그가 이 작품에 임하는 대인다운 자세였다는 이야기이다.

1975년도의 봄부터 여름까지 국립극단의 정기 공연 두 작품을 연출한 그는 연출에 또다시 재미를 느끼기 시작했다. 예총 회장이 되고 막강한 여당 국회의원을 두 번씩이나 하는 동안 연출과 약간은 멀어진 적도 있지만 1975년도에 들어서부터는 연극 무대에 대한 옛 열정이 다시 살아나기 시작한 것이다. 이런 때에 그에게 대단히 인상적인 소설 각색극 연출 의뢰가 왔다. 그것도 자기의 연극 고향이라고 할 신협으로부터였다.

사실 그는 1966년부터 7년여 동안 이동극장운동을 벌이면서 신협과는 멀어져 있었다. 그로부터 신협은 그의 후배들이 근근이 명맥만 유지해 오고 있었다. 더구나 그가 국회에까지 진출해 있었기 때문에 극단 운영은 생각할 수가 없었다. 거의 10년 동안 신협과 떨어져 있던 그에게 연출 의뢰가 온 것은 감개무량한 일이 아닐 수 없었다. 더구나 작품이 허상의 섬을 찾아 헤매다가 죽은 한 젊은 기자의 이야기라는 점에서 그의 정서를 자극하고도 남음이 있었다. 중견 소설가 이청준(李淸俊)의 소설 「이어도」가 바로 그 작품이었다. 주인공 천 기자(千 記者)의 죽음 자체가 실족사인지 자살인지 불분명하다는 점에서 미스터리 성격을 지니고 있었기 때문에 추리소설을 유별나게 좋아했던 그를 자극하기에 충분했다. 이 작품에 대해서 그는 다음과 같이 멋진 해설을 붙이고 있다.

이어도는 실재하지 않는 허구(虛構)의 섬이다. 제주도 사람들에게는 죽어 저승으로 가서 그 저승의 삶을 누린다는 죽음의 섬이며 또 언젠가는 그 섬으로 가서 저승의 복락을 누리게 된다는 희망으로 현실의 고된 생활을 참아낼 수 있는 꿈의 섬이다. 어린 시절, 어머니 곁에서 암울스러운 이어도 노랫소리를 들으며 자라온 주인공 천 기자(千 記者)도 이어도에 홀린 사람이다. 이어도를 저주하고 그리고 두려워하면 두려워할수록 그 섬은 그만큼 그는 또 이어도를 사랑하지 않을 수가 없었다. 사람들은 때로 사실에서보다 꾸며진 허구 속에서 진실을 만나게 될 때가 있고, 허구의 진실을 얻기 위해 쉽사리 사실을 포기할 수 있다고 작자는 말하고 있다. 그러한 허구의 진실에 끌리어 그는 황홀한 죽음을 한 것이다. 그러니 그의 죽음은 따지면 따질수록 수수께끼를 푸는 것과 같을 수밖에 없다. 실족사일 것이라고 생각하고 양 국장을 찾아온 선우현도 양 국장이 늘어놓는 천 기자에 대한 얘기를 듣고는 자신이 흔들리지 않을 수 없으며 자살일 것이라고 단정을 내리고 있는 양 국장도 기실은 그가 자살이 아니었으면 이어도를 만날 수 없을 것이란 역설적인 논리를 늘어놓고 있을 뿐이다. 이어도를 본 사람이 아무도 없듯이 천 기자의 죽음은 끝내 수수께끼일 수밖에 없다. (……) 내 자신 십여 년 동안 해본 일이 없던 신협의 연출을 이번에 선뜻 맡고 나선 것도 이 작품에 대하여 자신도 모르게 홀려버린 때문이 아닌가 생각을 한다.[45]

이상에서 알 수 있는 것처럼 그는 자신이 항상 주창하는 연극의 본질, 즉 사실에서보다 꾸며진 허구 속에 오히려 진실이 숨겨져 있다는 것이 바로 「이어도」의 주제라고 보았다. 그러니까 이 작품이야말로 연극의 진실을 잘 보여준다고 믿었던 것이다. 그 결과 공연은 대단히 주목을 끌 만한 작품으로서 관중을 매료시키고도 남음이 있었다. 특히 한 꺼풀 한 꺼풀 벗겨나가는 추리극 수법이 관중의 호기심을 극대화시킴으로써 연극의 묘미를 한껏 즐길 수 있게 만들어 놓았다. 원작자도 그랬지만 그는 이 작품에서 어떤 해답을 제시하지 않고 관객 각자의 상상 속에서 찾도록 만들었던 것이다.

곧이어 그는 국립극단으로부터 또다시 작품 연출 의뢰를 받았다. 구한말의 긴박했던 정치 상황을 객관적 입장에서 묘사한 〈손탁호텔〉(차범석 작)이 바로 그것이었다. 그는 역사에 대해서 누구보다도 관심이 많았다. 출신 가문을 속일 수는 없는지 언제나 조상들의 존재 양상에 관해서 유난히 호기심을 느끼고 있었다. 그 자신이 실제로 선조들이 걸어온 길과는 너무나 다른 길을 걸어서였던 것도 같다. 그러나 그는 그런 사적 관계를 넘어 조상들의 삶이 어떠했기에 우리나라가 주변국의 식민지로까지 전락했었는가에 대하여 항상 의문을 갖고 있었다. 그가 창작극들 중에서 사극에 매력을 느낀 이유도 바로 거기에 있었다. 그는 〈손탁호텔〉 연출 프로그램에 작품 주제와 관련하여 이렇게 썼다.

승자(勝者)도 패자도 없는 싸움 속에서 끝내는 나라를 누란의 위기에 처넣은 이조 5백년사(李朝 五百年史)의 마지막 한 토막. 이미 노쇠한 고종의 판단력은 걷잡을 길 없이 몰아치는 외세의 압력으로 자신을 잃고 흐려지기만 하는데, 그의 주위는 사대주의자들의 승강이가 여전하여 그의 머리에는 검은 구름이 걷힐 날이 없다. 친청(親淸), 친로(親露), 심지어 친일파에 이르기까지 외세를 업고 권좌를 견주며 제 나름대로의 애국에 열을 올리고 있는 판국, 이러한 시비는 조정의 고관들 사이에서만 벌어지고 있는 것이 아니었다. 여기 손탁호텔을 무대로 한 지식인들 사이에서도 곧잘 폭력이 난무하는 격돌이 일곤 하였다. 서재필(徐載弼)과 홍종우(洪鍾禹) 외세의 압력에 휘말려 어찌할 바를 모르고 있는 정부에게 소신이 있는 시정을 촉구하고 자기의 갈 길을 모르고 방황하는 국민에게 그들의 갈 길을 제시하여 온 서재필은 말할 것도 없거니와 김옥균(金玉均)의 살해범으로서 역사의 버림을 받아온 홍종우에게도 국가와 민족을 위한 애국의 정은 있으며 또 그 나름 그대로의 고민과 번민이 있었다.[46]

이상과 같은 개화기 역사 판단과 함께 그가 진정으로 관심을 가진 것은 당시 주요 역할을 했던 인물들의 삶의 본질에 대한 접근이었다. 그는 연출의 변에서 "양자 간의 애국하는 길이 옳고 그르고를 따지기 전에 어떻게 사는 것이 진실한 길인가를 먼저 말하고자 하는 작자는 오히려 홍종우에게 더 따스한 각광을 비추고 있는 것을 볼 수 있으며, 그러면서도 때로는 흥분을 감추지 못하는 일이 있지만 어디까지나 내성적이며 잔잔한 지적(知的) 성격의 소유자인 서재필에게 극적 중량을 더 두고 있는 것은 그의 괴로움이 그만큼 관객과 더불어 나눌 수 있는 깊은 연극성을 지니고 있기 때문이다. 일견 극적 인물이 아닌 것과 같이 보이는 서재필에게 관객과 괴로움을 나누고 더 큰 위안을 줄 수 있는 내적 매력이 있었다"고 쓰고 있다. 실제로 원작자는 개화기의 급박한 정치 상황에서보다는 그러한 문제를 떠나서 당시 주역들이 자기 자신으로 돌아왔을 때에 느끼는 고독 속에서 참다운 인생의 진면목을 보려고 한 것이었다.

그 자신도 바로 거기에 연출 초점을 두려고 했다. 그는 해설에서 "대화를 절실히 필요로 하는 사람들이 정작 서로의 어려운 심정을 털어놓고는 채울 길 없는 공허한 마음……. 더구나 사랑하는 사람들이 어쩔 수 없이 헤어지지 않으면 안 되는 애달픔, 그리고는 스스로 고독을 달래야만 하는 인생은 진정 외로운 존재가 아닐 수 없다"고 쓴 바 있다. 그러면서 그는 개화기에 한국에 와서 호텔을 경영하면서 이국 여성으로서의 여러 가지 정치 상황을 겪기도 한 독일 여자 손탁의 인간적 고독을 묘사해내겠다는 의지도 보여주었다.

결국 그가 연출한 국립극단의 〈손탁호텔〉은 재래의 역사극과는 달리 상황보다는 인간 존재에 포커스를 맞춘 공연이 됨으로써 관객을 감동시킬 수 있었다. 따라서 국립극단 팬들은 오랜만에 색다른 역사극의 묘미를 만끽할 수 있었다. 물론 연출자로서의 이해랑이 만족한 것은 아니었다. 그가 국회의원으로서 분주하기도 했지만 우리나라 극단들의 졸속주의 때문에 연습 기간이 짧았던 데 더 큰 문제가 있었다. 사실 그는 우리나라에서 스타니슬랍스키의 연극 정신에 가장 충실한 연출가였던 터라서 연습 벌레 소리를 들을 만큼 철저하게 반복 연습을 시키는 연극인이었다. 그의 작품이 그래도 앙상블이 좋았던 이유도 바로 그런 반복 연습에 있었다. 그러나 〈손탁호텔〉은 그렇지 못했던 것이다. 그는 연출 노트에서 "다만 아쉬운 점을 말한다면 연출자의 생각이 연기자에게 깊이 스며들지 못하고 있는 점이다. 다시 말하면 연출자가 생각하는 인물을 그대로 생각해내지 못하는 아쉬움이었다"고 쓰면서 그 이유를 "연습 시일이 충분하지 못한 때문"으로 보았다. 하지만 그는 이런 상황 속에서도 연극이라는 숙명을 한시도 놓지 않았다. 그가 1976년도, 그러니까 국회의원으로 있으면서도 연간 대작만 3편을 연출해낸 것은 그 단적인 예라 말할 수 있다.

국회의원 연출가로서는 주로 국립극단의 정기 공연 작품만 연출해 온 그는 오랜만에 자기의 고향이라 할 신협의 작품을 연출하게 되었다. 물론 연전에도 신협 작품을 연출한 바 있지만 신협의 번역극은 실로 10년 만이었다. 바쁜 속에서도 그가 이 작품의 연출을 흔쾌하게 받아들인 이유는 두 가지에 있었다. 첫째는 신협에 대한 애정과 의리 때문이고, 둘째는 소설 〈죄와 벌〉의 매력에 있었다. 그는 워낙 추리소설을 광적으로 좋아했기 때문에 추리적 요소가 많으면서도 인간의 정신적 구원의 문제를 다룬 이 소설을 좋아했다. 우선 이 작품에 대한 그의 해석을 들어보자.

소설을 읽으면서 나는 주인공 라스콜리니코프의 정신적인 괴로움에 끌리어 그와 같이 먼지와 악취와 소음에 쌓인 구질구질한 페테르부르크의 빈민가를 헤매 다니면서 몇 번이나 상혈된 머리가 혼미하여지는 것을 느꼈는지 모른다. 그리고 그의 주변의 비참한 생활, 가난에 쪼들리어 다 헤진 인생(人生)을 살고 있는 주변의 인물들, 누가 그들의 생활을 보고 감히 가난은 죄악이 아니라고 말할 수 있으랴. 이러한 그의 환경이 고리대금 노파를 살해하려고 하는 그의 심리를 굳혀갈 때 우리는 자신도 모르는 사이에 심리적으로 그를 따라서 그의 범행에 끌려들고 마는 것이다. 그의 범행은 몇 번의 예행연습을 하여 세밀하게 계획되었다. 흉기와 시간과 상황에 대한 검토가 거의 눈에 띄지 않게 빈틈없이 짜여졌다. 그는 범행 현장에 아무런 물적 증거도 남기지 않고 그의 논문에서 주장한 비범인(非凡人)으로서의 살인을 감쪽같이 해치운 것이다. 그러나 그러한 그의 범행 후에 제정신을 차리지 못하고 열(熱)에 떠서 자꾸만 헛소리를 하고 있는 것은 무슨 까닭인가? 노파만을 죽이려고 하였는데 어쩌다 계획에도 없었던 리자베타를 죽이게 된 때문인가? 그렇지 않으면 노파와 같은 무가치한 인간쯤 살해하여도 그의 논문에 나오는 비범인은 조금도 양심의 가책을 받을 필요가 없다는 그의 주장이 내적으로부터 붕괴하기 시작한 때문인지…… 어쨌든 그가 노파를 살해할 때 그는 노파만을 죽인 것이 아니고 자기 자신까지를 죽여 버린 것이다. 결국 그는 한 사람의 평범한 인간으로서의 살인에 대한 양심의 가책을 느끼게 된 것이다.[47]

이상에서와 같이 이해랑은 모든 것을 인간적 측면에서 본다. 하다못해 희랍비극이나 단테의 〈신곡〉을 연출해도 그랬을 것이다. 가령 〈죄와 벌〉에서 주인공 라스콜리니코프는 니체의 초인사상(超人思想)에 영향을 받은 법과 대학생이었다. 그럼에도 불구하고 이해랑은 그를 어디까지나 범용한 인간으로 끌어내려서 그의 내적 심리를 들여다보려고 했다. 따라서 그가 이 작품을 연출하는 자세도 지극히 심리적이면서도 추리적으로 형상화했음을 다음과 같은 연출 노트를 통해 알 수 있다.

그는 비범인의 긍지만을 안고 예심판사의 심중을 떠보려고 갔다가 도리어 그의 예리한 심리적인 추궁에 직면하여 식은땀을 흘리게 되는 것이다. 예심판사의 명확한 추리에 내적인 위기를 느낀 것이다. 겉으로는 능청을 떨고 있지만 예심판사의 심문은 그의 범행에 대한 심중을 굳히고 그의 심리를 그대로 꿰뚫어보고 하는 수작이었다. 증거가 있으면 내놓으라고 그가 아무리 소리를 쳐도 그의 범행을 본 사람이 없고 증거가 없으니 증명할 길은 없다. 그러나 과학적으로 증명할 수 없는 것 — 바로 그것이 이 작품에서는 무엇보다도 중요하며 그것이 우리에게 숨 쉴 사이를 주지 않고 우리를 사로잡고 놓지 않는 것이다. 과학적으로 증명할 수 있는 — 그 이상의, 눈에 보이지 않는 미묘한 심리적인 흐름을 연극적인 흐름으로 전환하여 무대를 통하여 도스토옙스키의 심리주의 문학(心理主義 文學)을 관객에게 그대로 충실하게 전달하려는 것이 곧 이번에 이 작품을 연출하는 나의 의도라고 할 수 있다.

이상의 글에서 확인할 수 있는 것처럼 그가 〈죄와 벌〉에서 관중에게 전달해 주고 싶은 메시지나 연출미는 당초 원작자 도스토옙스키가 의도했던 인간의 원죄의식(原罪意識) 부각이라든가 정신적 구원(救援)보다는 심리주의 문학에서 자주 응용하는 재판극의 한 모습을 통해 죄인의 심리 변화를 극적으로 보여주는 것이었다. 물론 그가 도스토옙스키 문학의 본질을 이해 못한 것은 아니었다. 다만 그가 좋아하는 추리적 기법을 살리다 보니 정신적 구원보다는 그 이전의 인간적 고통과 번민에 더 초점을 맞추었다는 이야기이다.

따라서 그가 연출한 〈죄와 벌〉은 관중에게 깊은 감동보다는 긴장과 서스펜스, 그리고 반전의 반전이 거듭되는 데서 오는 재미를 듬뿍 안겨주게 되었다. 그는 이처럼 연륜이 들수록 인간의 내면심리 추이에 주목했고, 그것을 무대 위에 형상화시키는 작업을 하고 싶어 했으며, 또 그것을 실천에 옮기기도 했다. 따라서 그는 항상 인간의 내면세계 분석에 심혈을 기울였고 감정의 세로(細路)를 따라가는 연출을 즐겨했다. 그만큼 그는 주인공의 심리추이와 미세한 내면세계 탐색에 몰두했던 것이다.

이런 그였기 때문에 당시 젊은 연극인들이 역시 젊은 관객층만을 염두에 두고 미숙한 작품을 남발하고 있는 것에 대하여 우려를 나타내기도 했다. 그는 한 회고의 글에서 "현재 우리 연극의 가장 아쉬운 것이 관객의 층이 두껍지 않다는 것이다. 온통 젊은이들 일색으로 그것이 또 무대에 그대로 반영되어 연극을 창조하는 연극인들도 모두 젊은 세대가 주류를 이루고 있다. 이것은 어떻게 보면 희망적이고 앞날을 위해 좋은 현상이라고도 볼 수 있지만, 연극이 인생을 음미하는 것이라면 그 인생의 깊은 곳에서 들려나오는 소리를 맛볼 수 없다는 아쉬움을 주고 있다. 연극이란 인간의 정서에 가장 강하게 영향을 줄 수 있는 예술의 하나다. 좋은 연극은 인생을 풍부하게 해주고 갈등에 빠진 인간의 마음을 승화시켜주는 좋은 도구가 된다. 극장에서 연극을 구경하는 동안은 연극의 정서에 흠뻑 젖어야 하고 예술적인 중량과 극적인 분위기가 극장 안을 가득 메워야 하는데, 그것이 최근의 연극에서 조금 미흡한 감이 있다. 엷은 관객층과 함께 연기자들의 폭이 넓지 못하다는 것도 우리 연극계가 당면한 과제 중의 하나"[48]라고 우리 연극계가 안고 있는 본질적인 우려를 조심스럽게 씀으로서 자신의 원숙한 연극관을 슬쩍 비쳐주기도 했다.

사실 그는 국회에 진출한 후 연극 동료나 후배들로부터 경원(敬遠)받았던 일이 있었다. 그러나 그는 한결같이 연극이 자기 인생의 전부였고 1976년 말을 끝으로 유정회의 임기 만료와 함께 정계와 완전 결별하였다. 1976년도 말엽에 5년여 만의 국회의원직을 청산한 그는 1년 남짓 쉬었다가 국회에 나가 있는 동안 떠났던 동국대학교 연극과에 복직했다. 그때의 사정을 그는 이렇게 회고했다.

> 1년 반여의 8대 국회가 끝나고 유신국회로 바뀌면서 3년간 유정회 의원으로 의정생활을 보냈다. 이것으로 나의 정가(政街) 인연은 종지부를 찍게 됐다. 국회 재직 중에도 연극 본업을 한시도 잊은 적이 없었고 연간 한두 편씩은 국립극장 연출을 맡았었다.[49]

그리고 이어서 그는 신협을 회고하는 말미에서도 "그 사이에 나는 잠깐 다른 동네〔국회(國會)·예총 회장(藝總 會長)〕에 나들이도 해봤지만, 역시 내가 안주(安住)할 수 있는 동네는 연극뿐이구나 하고 생각했었다"[50]고 솔직하게 실토한 바 있다. 이처럼 그는 연극인들이 그를 삐딱하게 바라보았던 것과는 달리 의원직을 잠시의 외도로 생각했던 것이고 본업은 어디까지나 연극이라 확신하고 있었다. 그가 의정 단상을 떠난 이후 한 번도 그쪽을 동경하거나 기웃거리지 않았던 것이야말로 그 단적인 예라 말할 수 있다. 그는 국회의원직을 한 번도 자랑해 본 적이 없다. 그가 만약 사대부 가문 출신이 아니었다면 그런 것은 하라고 해도 안 했을지도 모른다. 다만 앞에서도 누누이 설명했던 대로 사대부 출신으로서 광대를 한다는 강박관념에 의해서 국회의원이라는 외도를 한 것으로 봐도 무방할 것 같다.

그는 국회의원직을 떠난 후 1년 가까이 휴식하다가 과거의 직장이었던 대

유정회 의원이 된 이해랑

학으로 되돌아갔다. 마침 그가 국회에 있을 때 함께 한일협력위(韓日協力委) 대표였던 국사학자 이선근 박사가 동국대학교 총장으로 있었기 때문에 복직이 쉽게 이루어졌다. 그는 본래 자신보다 나이가 어린 젊은이들을 좋아했기 때문에 대학 강의실로 되돌아온 것을 대단히 만족스럽게 생각하고 있었다. 발랄한 젊은이들과 어울려 연극과 인생을 이야기한다는 것은 그에게는 더없는 행복이었다. 그는 마침 회갑도 지난 이순(耳順)의 나이였기 때문에 연극 외에는 더 하고 싶은 것도 없었다. 그동안 생활도 윤택해졌고 자녀도 장성해서 3남 2녀 중 몇몇은 출가와 직장으로 이미 그의 곁을 떠나고 없었다. 그를 평생 짓누르던 가족의 짐이 자꾸만 가벼워지는 때를 오랜만에 맞은 것이다.

서재에서 독서하는 이해랑

4. 원숙한 연출과 생의 찬가

이동극장운동과 5선 예총 회장, 2선 국회의원으로 이어진 10년 동안은 그에게 있어서 평생에 가장 바쁘고 전무후무하리만치 많은 일을 한 시기였다. 따라서 술을 좋아하고 놀기 좋아하며 친구를 좋아하는 그에게 있어서 공직에서의 해방은 더없는 한유(閑遊)였고 즐거운 나날이었다. 따라서 그는 그동안 소원했던 연극계 후배, 동료들과 어울려 수시로 술을 마시며 세상사 이야기와 연극 이야기로 밤 가는 줄 모를 정도로 넉넉한 생활을 즐길 수 있었다. 특히 3남 2녀가 모두 명문 대학을 졸업하고 좋은 배필을 만나거나 직장, 사업 등으로 성공했기 때문에 적어도 가정에 관한 한 남부럽지 않았다. 경제까지 풍족해서 좋아하는 맥주는 얼마든지 마실 수 있었다. 유독 추리소설을 좋아한 그는 주로 일본 소설책들을 구입하여 남는 시간에 독서하면서 대학 강의도 열심히 했다. 그의 여유 있는 시간을 놓칠세라 후배들의 연출 요구가 많았지만 그는 한유를 즐기기 위해서 대부분 사양하고 국립극단과 마음에 드는 작품만 골라서 연출을 했다.

그가 국회를 떠나 대학으로 돌아와서 연출한 첫 번째 작품은 다름 아닌 〈파우스트〉였다. 솔직히 10여 년 동안 그는 민족극 정립이라는 목표를 항상 염두에 두고 〈죄와 벌〉을 제외하고는 번역극을 거의 연출하지 않고 미숙하지만 창작극만을 연출했었다. 피난지에서는 주로 셰익스피어를 연출하고 미국 시찰 뒤에는 브로드웨이 히트작들을 연출하기도 했지만, 이동극장운동 이후는 창작극에만 정을 주었었다. 아무래도 이 땅에는 우리 작가들이 쓴 희곡이 필요하고 그래서 육성할 필요가 있다고 생각했기 때문이다. 그는 창작극을 연출할 때 작자를 불러서 구성상 미흡한 부분을 보완하면서 연출을 하곤 했다. 그러나 번역극은 대체로 수준작들이기 때문에 그런 고통은 적었고 다만 대작일 경우에만 연극 시간에 맞게 생략하는 일에 적잖은 시간을 할애했다. 왜냐하면 극의 진행은 매끄럽게 흘러야 하기 때문이다.

국립극장 제81회 공연 〈파우스트〉 포스터(괴테 작, 서항석 역, 이해랑 연출)

그렇다면 그가 괴테의 〈파우스트〉를 어떻게 접근하려 했을까. 대작을 생략할 때, 잘라내는 것에 따라 작품의 분위기나 주제, 그리고 맛이 달라지는 것은 너무나 당연하다. 더구나 〈파우스트〉와 같이 천재가 59년에 걸쳐서 쓴 대작임에랴. 그는 〈파우스트〉 연출에 임하는 자세와 관련하여 이렇게 쓴 바 있다.

파우스트와 메피스토의 약속도 그렇다. 천상서언(天上序言) 장면에서 주(主)가 메피스토에게 말하는 "만일 선량한 사람은 설사 어두운 충동에 끌리는 일이 있더라도 항상 바른 길을 잊지 않는다"는 주제적인 대사도 그렇거니와 파우스트가 메피스토에게 약속한 어떤 찰나에 대하여 내가 "오! 아름다운 순간아! 거기 멈추어라 하거든 다음에는 영결의 종이 울어도 좋다. 나는 즐겨 파멸(破滅)에 들 테다" 하는 극적 동기를 이루는 대사를 어떻게 처리해야 하느냐? 하는 것도 큰 문제다. 이 두 대사가 이 작품의 일부에서는 무엇을 뜻하는 것인지 연극적인 언급이 없이 넘어가며 2부에 가서나 극적인 해결을 보게 되니 말이다. 그렇다고 파우스트의 대사를 잘라내고 보면 연극을 앞으로 끌고 나갈 도리가 없다. 결국 그들의 약속을 살리고 그 약속의 결과는 2부에 기대를 두게 하는 수밖에. 시간 관계로 잘라낸 천상서언 장면의 주(主)가 말한 대사의 뜻도 세속적인 향락에 빠진 파우스트에게서 선량하고 진실한 면을 강조하여 그것을 암시적으로 증명하는 수밖에 도리가 없다. 그리고 그전 공연 때 살렸던 성벽 내의 작은 길 장면과 사원 장면을 죽이고 그 대신 이번에는 새로 발푸르기스 밤 장면에 각광을 비치게 했다. 전기(前記) 두 장면에서의 그레엔의 고민과 참회는 대단원의 옥중 장면에서 그것이 충분히 강조될 수 있기 때문이며 발푸르기스 밤 장면을 새로 살린 것은 어두운 충동에 끌렸던 파우스트의 선량한 인간으로서의 가책과 고민을 강조하기 위해서였다.[51]

이처럼 이해랑은 〈파우스트〉를 연출하는 데 있어서 인간적 측면에서 접근한 것이 특징이다. 그러니까 괴테가 당초 제시했던 영혼의 구원에 대한 의문을 그는 긍정적인 측면에서 바라보았다는 이야기가 된다. 그렇다고 그가 원작자 괴테와 다른 작품 해석을 했다는 이야기는 결코 아니다. 그가 인생에 회의를 느끼는 파우스트의 긴 독백이라든가 파우스트와 바그너와의 학문에 관한 이야기, 또 메피스토와의 인생에 관한 대화, 그리고 그레에첸과의 종교에 관한 대화 등을 자르지 않은 이유도 거기에 있는 것이다. 그러나 〈파우스트〉에 대한 그의 다음과 같은 해석은 주목할 만하다.

　이 연극의 1부는 모든 학문을 속속들이 공부를 하고도 인생이 무엇이며 세계를 내부에서 통일하는 것이 무엇인가를 깨닫지 못하고 고민하던 파우스트가 메피스토를 불러들여 지상의 향락에 몸을 던지고 소박한 그레에첸을 유혹하여 그녀의 인생을 비극(悲劇)으로 끝나게 하는 데서 결국 막을 내린다. 그녀가 옥중에서 파우스트를 부르는 마지막 대사. 그것은 구원(救援)을 받아 승천하는 소리로 들리지 않고 파우스트를 잊지 못하고 그를 그리워하는 그녀의 충동이 터져 나온 인간의 최후의 절규인 것처럼 내게는 들린다. 그녀의 부르짖는 소리를 듣고 비통한 심정에 빠진 파우스트에게서 우리는 또 서막의 주(主)의 말의 뜻을 그런대로 느낄 수 있는 것이 아닐까?

이상에서 확인할 수 있듯이 그는 이 작품을 끝까지 인간적인 측면에서 접근해 들어간 것이 특징이다. 심지어 그는 그레에첸이 옥중에서 죽어가면서 파우스트를 부르는 마지막 목소리까지 신의 부름을 받고 승천하는 구원의 소리가 아닌 인간의 절규로 해석했다. 물론 명작은 여러 가지로 해석의 문을 열어놓은 것이 특징이라면 특징이다. 그러나 〈파우스트〉는 적어도 작가가 서양인들의 기독교적 구원사상을 표출하려 한 작품이다. 그럼에도 불구하고 이해랑은 끝까지 인간의 드라마로 해석함으로써 자신의 세계관과 인생관을 고집한 것이다.

해마다 희곡 한 편 이상을 반드시 연출한다는 방침을 세운 그는 우선 신협의 후신(後身)이라고도 볼 수 있는 국립극단을 본궤도에 올려놓기 위한 생각을 항상 하고 있었다. 그가 사설 극단의 연출 제의를 사양하면서도 국립극단 연출에 혼신의 열정을 쏟은 이유도 거기에 있었다. 그런데 국립극단이 대극장과 소극장을 적절히 활용하기 위해 기획한 〈천사여 고향을 보라〉(토머스 울프 작)를 연출하게 된 것은 그에게 오랜만의 환희였다. 왜냐하면 그가 항상 마음속에 품고 있었던 연극에서 추구하는 아름다운 환상을 창조해낼 수 있는 절호의 기회를 만났다고 생각했기 때문이다. 그는 이 작품의 연출 노트에 이렇게 적고 있다.

〈천사여 고향을 보라〉는 작가가 감옥과 같은 산마을에 반항하여 그곳을 도피하고 정신적인 방황을 꾀하던 시절에 그의 소년기의 추억을 담은 작품이다. 그래서 이 작품에 등장하는 중요 인물들의 생활은 작가가 경험한 작가의 소년기의 생활과 얽매이고 밀착되어 있다. 무대의 설정도 그가 어린 시절을 보낸 작가의 집을 방불케 하며, 성질이 거친 석공(石工)인 아버지와 집안에서 여왕벌 같은 행세를 하는 어머니의 억압 속에서 형 벤으로부터 정신적인 영향을 받으며 자라는 주인공 유진은 그대로 작가의 분신임을 짐작케 했다.

유진 아버지는 여기가 그렇게 싫으면서 왜 여기 계시는 거지?
벤   그건 네가 사진 속에 갇혀 있는 것과 같은 거야. 네 얼굴이 그 사진 속에 있단 말야. 네가 아무리 애를 써도 네 얼굴이 사진 밖으로 빠져나올 수는 없잖아?

그러던 형 벤이 사진 밖으로 나올 때는 죽음의 길을 떠나게 되고 주인공 유진은 대단원에서 작가가 후기에 집필한 작품 〈다시는 고향에 돌아가지 못하리〉라는 생각을 안고 집을 떠난다. 끝없는 정신적인 방황의 길, 때로 아무리 고향의 산천이 그리워도 다시 돌아올 수 없는 나그네의 길을. 아침 햇살이 채 퍼지기 전, 새벽길 속에 사라지는 유진에게서 우리는 작가의 생애와 같이 영원히 고독한 나그네의 모습을 보면서 그가 즐겨 작품의 소재를 자기 주변에서 선택하면서 그것을 표현하는 데 있어서는 상징주의적(象徵主義的) 경향을 띠는 그의 문학적인 면모를 피부로 느끼게 된다. (……) 나는 유진이 영원히 고독한 나그네의 길을 떠나는 데서 막을 내려 이 연극의 감동적인 아름다운 정서의 여운을 남기고 싶다. 그동안 국립극장의 대극장 공연 연출을 해오면서 연극이 대형화해가는 데 반하여 내용적으론 알차지 못하였던 것을 느낀 아쉬움을 이번 연출에서 풀어보려고 한다. 그리고 우리나라의 연극도 어느덧 나이 든 역을 나이를 먹은 연기자가 할 수 있는 연령에 도달한 것을 그만큼 연극 현실에 접근한 사실로 알고 연극의 리얼리티를 살리는 데 힘을 썼다.[52]

이상의 글을 보면 그가 어디에 포커스를 맞춰서 작품 해석을 했는지에 대해서 비교적 상세하게 기술되어 있음을 알 수가 있다. 우선 그가 이 작품에 대단히 매료되었다는 것을 느낄 수 있다. 실제로 연출가는 자기가 일단 좋아하는 작품을 선택하는 것이 상례다. 그는 방랑벽이 심한 아버지와 소유욕이 강한 어머니가 별거하는 가운데 유, 소년기를 보낸 원작자 토머스 울프의 자전적 소설인 이 작품이 어릴 적에 모친을 잃고 방황했던 자신과 어딘가 상통하는 데가 있다고 본 것 같다. 일본 유학 시절(도쿄학생예술좌)에 유진 오닐의 〈지평선 너머〉에서 처음으로 주연을 맡았던 그가 청년 유진이 영원히 고

이해랑의 역작 〈천사여 고향을 보라〉의 한 장면

향을 등지고 나그네의 길을 떠나는 〈천사여 고향을 보라〉에 매료된 것은 극히 자연스런 것이었다. 그는 원작자 토머스 울프와 여러 면에서 공통점이 있다고 생각한 듯싶다. 그렇기 때문에 어느 작품보다도 심혈을 기울였다. 특히 그는 알차지 못한 대형화보다도 작아도 극적 환상이 가득 찬 작은 무대를 원하고 있었기 때문에 이 작품에서 그의 진가를 보여주고 싶었던 것이다. 그는 노년기에 접어들면서부터는 좀 더 원숙한 작품을 만들어내고 싶은 의욕에 불탔다. 그러니까 그가 무대를 통해서 진정한 인생을 그려내고 싶어 했다는 이야기이다. 마침 그런 시기에 파란곡절의 삶을 살면서 방랑과 창작에 몰두하다가 요절한 토머스 울프의 자전소설을 만난 것은 마치 사막에서 오아시스를 만난 것이나 다름없었다.

두 번이나 그 공연을 지켜본 필자의 뇌리에는 아직도 그때의 인상들이 지워지지 않고 있다. 연극이란 막(幕)이 내리는 순간 담배 연기처럼 사라지고 다만 몇몇 관객의 가슴속에 아련한 추억처럼 남는다는 것을 새삼 떠올리지 않을 수 없다. 이 작품의 막이 오르기 직전 객석의 불이 꺼지고 달리는 기차의 기적(汽笛) 소리가 원근감과 이동감을 살린 음향효과로 인해서 관객들의 가슴을 뭉클하게 파고드는 오프닝에서부터 관객의 시선이 무대에 정지된다. 막이 오른 무대에서 착 가라앉은 대사가 흘러나오고 스포트라이트가 두 주인공 벤과 유진을 비치고 있을 때, 대사 발성의 소리와 조명의 빛이 주는 기묘한 조화에 관객은 숨을 죽이고 무대에 자신도 모르게 빨려들고 만다. 하숙집 식탁 장면, 주인공 켄트의 주정 장면의 구성과 조연들 연기와의 앙상블(1막 1장), 1막 2장의 밤 장면, 기타 소리와 기적 소리, 그리고 소곤대는 사람의 소리가 혼효된 시정적(詩情的) 리듬의 조화, 유진이 손에 들고 있는 풀잎 하나에까지 연출의 신경이 가 닿고 있는 세심성 때문에 관객들은 극적 감동 속에서 완전히 무대와 동화되는 환상을 맛볼 수 있었다.

이 작품을 함께 관극한 연극평론가 이태주(李泰柱)는 "무대장치도 좋았지만 이 장치의 공간을 최대로 적절하게 이용한 연출적 상상력도 더욱더 빛나고 있었다. 특히 2층으로 오르는 계단의 활용은 이 극의 주체적 핵심을 연출가가 잘 파악하고 있다는 것을 입증하고 있었다. 벤의 임종 장면, 특히 임종 직후의 장면 구성에 있어서의 인물들의 로케이션과 억제된 내면심리와 감정 표현, 그리고 그것을 뒷받침하는 동작의 적절함은 리얼리즘 연극의 표본을 보는 듯 생생한 박진감마저 있었다"면서 다음과 같이 쓴 바 있다.

국립극단 제85회 공연 〈천사여 고향을 보라〉는 지금까지 리얼리즘의 역사적 의의를 서툴게 받아들였던 다른 공연과는 달리 리얼리즘 연극의 진수를 보여주고 그것을 심화시킨 연극이었다. 연출가 이해랑은 이번 공연을 통해 그의 집념이 식지 않고 살아 있다는 것을 입증했을 뿐만 아니라 한국 리얼리즘 연극 공연의 중요한 이정표를 세웠다. 객석의 불이 꺼지고 달리는 기차 소리의 원근감과 이동감을 살린 음향효과(이무일, 공정원)로 관객들의 가슴을 뭉클하게 하는 오프닝에서부터 대사 발성의 소리와 조명의 빛이 던지는 기묘한 조화에 관객들은 또 한 번 숨을 죽이고 무대에 빨려들고 말았다. (……) 엘리자 역의 백성희, 룩 역의 전무송, 헬렌 역의 조한희, 퍼트부인 역의 박갑순, 로라 역의 손숙 등 배우들의 눈동자 위 미묘한 움직임, 사뿐히 스쳐가는 얼굴의 미소, 조용히 움직이는 걸음걸이 하나에 이르기까지 관객의 시선이 파고들 수밖에 없었던 무대였다. 이 공연으로 국립극단은 관객 7만 6천325명을 받아들이면서 침체에서 벗어났다.[53]

이상과 같이 평자는 이해랑이 작품에서 주인공들의 감정의 세로(細路)를 하나도 놓치지 않고 무대 위에 형상화해놓은 것을 제대로 본 것이다. 가령 작품 가운데 고독과 소외감 속에서 주인공 유진이 발견해 나가는 과정이 다른 인물과의 적절한 연기적 융화 속에서 너무 강하지 않게, 또 너무 약하지 않게, 그러면서도 지극히 자연스럽게 작중 인물의 성격을 표출해낼 수 있었던 것은 오로지 이해랑의 철두철미한 작품 분석과 그에 따른 연습에 의한 것이었다. 특히 그는 톱클래스 배우들이라 할 김동원, 백성희, 전무송(全戊松), 손

국립극단 제85회 공연 〈천사여 고향을 보라〉 포스터
(토머스 울프 작, 한상철 역, 이해랑 연출)

숙(孫淑) 등과 신예 권복순(權福順), 조한희, 태민영(太民永) 등을 철저하게 연습시켜 배우들 눈동자의 미묘한 움직임, 사뿐히 스쳐가는 얼굴의 미소, 조용히 움직이는 걸음걸이 하나에까지 관객의 시선이 파고들 수밖에 없게끔 만들어 놓았던 것이다. 진정으로 그가 최고의 경지에 이른 한 위대한 장인의 신기(神氣)마저 느껴지도록 작품을 경지에 올려놓았다고 말할 수 있다. 따라서 이 공연은 소극장에서 무려 7만 명이 넘는 많은 관객을 감동시키면서 국립극단의 면모를 일신시키는 계기를 만들기도 했다. 특히 침체한 연극계에서 드물게 대호평을 받았는데, 평론가 한상철(韓相喆)은 그 작품이야말로 "예술은 좋은 예술과 나쁜 예술의 구분만 있다는 사실을 입증해 준 것이 국립극단에 의한 〈천사여 고향을 보라〉였다"고 극찬하면서 그 이유를 다음과 같이 썼다.

왜냐하면 〈천사여 고향을 보라〉는 가장 정통적인 사실주의 연극이고 연출 또한 정통적인 사실주의 연출을 그대로 쫓은 공연이었음에도 불구하고 연극의 생명과 재미를 새삼 일깨워주는 공연이었기 때문이다. 그동안 한국 연극계는 사실주의 연극은 구식이고 시대착오적이라는 그릇된 편견에서 뭔가 새롭고 신기한 것만을 쫓는 경향이 있는 데다가 그러한 어설픈 경향이 어설프게 용인해버린 미숙한 공연(새로운 것은 미숙해도 좋고 또 그것이 당연한 것이 아니겠느냐는 착각에서 온)들로 많은 관객이 연극 자체에 식상해버린 때여서 〈천사여 고향을 보라〉는 오히려 더욱 빛을 발했는지 모른다.[54]

이상과 같이 한상철은 미숙한 실험극이 판치고 있던 1970년대 후반에 〈천사여 고향을 보라〉와 같이 매우 성숙된 정통 사실주의극을 볼 수 있게 된 것은 한국 연극계를 위해서 대단히 바람직한 것이라 평했다. 그러면서 이 공연의 가치를 다음과 같이 평가했다.

현실이 아무리 절망적이고 암담하며 미래가 없다는 일부의 주장에도 불구하고 미래가 있고 꿈이 있고 이상을 동경하는 인간의 마음에는 역시 변함이 없다는 것을 확인하는 일은 〈천사여 고향을 보라〉를 보는 즐거움을 더욱 크게 해주는 것이었다. 인간의 삶이란 한편으로는 매우 철학적이고 형이상학적인 측면을 가지지만 또 한편으로는 먹고 자고 싸우고 화해하며 포말 같은 조그마한 꿈들이 솟았다 깨지고 하면서 결국은 죽음을 향해 가는 것이다. 인간이 삶을 영위하기 시작한 지 오래고 오랜 역사를 지니지만 그 삶의 평범한 양상은 끊임없이 반복되어 오고 있는데 그 때 묻고 잘 알고 있는 생의 반복이 무대 위에서 또 한 번 재현될 때 우리는 그 친숙성에서 더할 수 없는 즐거움을 맛보는 것이다. 〈천사여 고향을 보라〉가 바로 그런 연극이고 그 친숙성이 능숙한 연기자들에 의해서 더욱 친숙하게 느껴질 때 즐거움은 배가 된다. 비록 소극장 무대이기는 하나 대극장 무대보다 오히려 무대와 관객의 간격을 좁혀줄 수 있음으로 해서 이런 유(類)의 사실주의 작품은 성공의 가능성을 더 가질 수 있었다. 거기에다 우리나라 사실주의 연출가로서는 제일인자라 할 이해랑의 연출은 극의 박진감을 살리고 사람이 호흡하듯 자유롭게 극의 리듬을 살려나갔다.

이상과 같이 한상철은 이해랑 연출의 요체(要諦)를 매우 간결하게 썼다. 그러니까 절망이 가득한 일상적 삶 속에서도 언제나 희망의 가닥을 끄집어내어 거기에 불을 붙이는 이해랑의 긍정적이면서도 낙관적인 세계관이 〈천사여 고향을 보라〉에서 극명하게 표출되었다는 이야기로 요약될 수 있다. 특히 그가 범용하기 이를 데 없는 우리 삶의 주변에서 희망의 빛을 캐내는 창조 능력을 가진 탁월한 연출가라는 것을 강조한 것이 눈에 띈다. 비교적 실험극에 방점을 두어온 평론가 한상철이 이해랑을 극찬한 것은 〈천사여 고향을 보라〉가 근래에 보기 드문 성공작이었음을 단적으로 보여준 경우라 하겠다.

이해랑은 사실 동시대 젊은이들이 하는 연극을 걱정하는 편이었다. 그의 생각으로는 연극 사조가 아무리 변하고 또 시대변화에 따른 감각이 달라진다고 하더라도 연극이 인생의 진실을 묘사해 주는 것은 변할 수 없다는 확신을 갖고 있었다. 따라서 젊은 후배들의 연극을 외면하거나 부정하지 않았다. 표현

호암아트홀 개관 테이프를 끊는 이해랑(우측)

기법은 다를 수 있어도 삶의 진실을 이야기하는 것은 같다고 보았기 때문이다. 그는 평소 연출 분야 후배 몇 명을 특별히 아꼈다. 그들 중에 중견 연출가 임영웅(林英雄)과 김정옥(金正鈺)이 포함되어 있다. 그런데 임영웅은 정통 연극을 추구했고, 김정옥은 1970년대 후반부터는 제3세계의 정체성을 찾는 실험극을 추구했다. 이들은 그와는 다른 연출 노선을 걸었지만 모두 인정받는 연출가였다. 그는 임영웅의 대표작이라 할 부조리극 〈고도를 기다리며〉를 충분히 공감하는 편이었다. 그런 희곡 연출을 선호하지는 않았지만 그 희곡의 가치와 임영웅의 연출에 대해서만은 후한 점수를 준 바 있다. 그는 임영웅이 연출한 〈고도를 기다리며〉에서 충분히 리얼리티를 느꼈다고 술회한 바도 있었다.

그만큼 그는 포용력이 있었다. 그는 극작가 오태석(吳泰錫)은 좋아하는 편이 아니었지만 윤조병(尹朝炳)은 긍정적으로 바라보았다. 그리고 그는 후배 연극인들을 키워야 된다는 사명감 때문에 신인들의 미숙한 희곡을 연출하는데 인색하지 않았다. 따라서 그의 손을 거쳐간 신진 극작가들이 적지 않다. 그는 철두철미한 리얼리스트로서 나이가 들수록 더욱 심화되어 갔다.

그가 1979년 2월, 격동의 1970년대를 마감하는 연출을 국립극장에서 했는데, 거기서 그는 본격 리얼리즘 연출을 선언한 바 있다. 즉 그가 신진 작가가 쓴 쇼비니즘적인 희곡 〈객사〉(안종관 각색)를 연출하면서 "우리나라 연극계에서 가장 아쉽게 느껴온 '리얼리즘'으로 다시 복귀해보고 싶다는 의도에서 이 연극의 연출 방향을 잡았다. 연극을 향한 앞으로 남은 나의 여력을 이 방향에 쏟아보고 싶기 때문에 〈객사〉도 그런 성격을 지닌 사실적인 무대가 될 것"[55](방점 필자)이라고 선언한 것이다. 그는 이 작품의 연출 노트에서도 다음과 같이 쓴 바 있다.

소설 「객사」는 우리가 한동안 까맣게 잊었던 한민족의 뼈아픈 수난이 어떤 특이한 가정을 통해 도사리고 있다. 국가의 경제발전은 앞으로 전진하는 것이다. 그러나 문화란 과거와 현재와 미래가 서로 맥을 이어가는 것이기 때문에 우리가 살고 있는 현재의 문화란 과거와 미래라는 양면 거울 속에 위치해 있는 것으로, 흘러가 버렸고 묻혀진 과거를 되씹음으로써 착실한 미래를 내다보며 전진해 갈 수 있다. 현실의 사건이 예술로써 형상화되기 위해서는 오랜 시일이 흐른 후에야 비로소 가능해지며 오늘의 눈으로 바라보는 과거 속에서 참다운 진리가 찾아지는 것이다. 이런 점에서 60여 년이라는 장구한 세월의 침묵을 깨고 이런 작품이 나왔다는 것은 참으로 기쁜 일이다. 나는 「객사」를 단순한 민족의 수난사로만 취급하고 싶지 않다. 어려운 상황과 처지에도 불구하고 살아남을 수 있었던 우리 민족의 강인성과 그러한 강인성 밑에 깔린 숭고한 정신과 사상을 강조해보고 싶다.

이처럼 그는 〈객사〉 연출에서 강인한 민족성을 캐내겠다는 의욕을 내보였다. 또한 이것에 그치지 않고 더 나아가 한국인의 독특한 사상에까지도 접근해 보겠다고 했다. 연극의 재미를 넘어서 우리는 누구인가라는 것을 캐내 보려고 했다. 민족적 정체성이라 할까 주체성이라 할까를 추구해보려 한 것이다. 그는 계속되는 연출 노트에서 이렇게 이야기하고 있다.

이 작품에서는 양반 집안의 마님 '벽순'과 그 집안의 남종 '판돌'이 극중 인물로 등장한다. 이들은 과거 주종관계였다. 그러나 '벽순'에 대한 '판돌'의 충성은 봉건적인 사상에 찌든 그런 주종관계라기보다는 아름다운 의무였다. 봉건적인 희생이 아닌 아름다운 마음씨를 지닌 '판돌'이라는 한 남성의 때 묻지 않은 애정의 희생이었다. 그런가 하면 '벽순'은 대쪽같이 곧은 의지를 지닌 여성이다. 외부의 무수한 시달림 속에서도 현실과는 타협하지 않은 채, 자기 세계를 굳건히 구축하며, 그 세계를 지키기 위해서는 어떤 수난과 고초도 딛고 일어선 숭고하고 고고한 여성이다. '벽순'은 삶의 가치를 알고, 또 의식하고 있었다. 특이한 환경 속에서 취해진 그녀의 사고 방식이 오늘을 사는 현대 여성에게 어떻게 비칠지는 의문이나 그녀의 숭고한 정신만은 높이 평가할 만하다. 이 작품을 한마디로 말한다면 거대한 사회의 역사적인 변천 가운데서 그것을 겪어야 했던 전형적인 인물들이 외치는, 심연에서 우러나오는 삶의 소리가 아닐까.

이 작품에서도 그는 역시 근대극에서 강조하고 있는 인간탐구(人間探究)를 궁극적인 목표로 삼고 있음을 알 수 있다. 그러면서도 그는 이 작품을 통해서 민족의 정체성을 찾고 정신의 강인성을 부각시키려는 의지를 불태운 것이 사실이다. 그러나 거기서 그치지 않고 한 단계 뛰어넘어 인간의 보편적 진실에 다가가고 싶었던 것 같다. 가령 그가 마지막 여운으로 남기려고 한 '주인공들이 외치는, 심연에서 우러나오는 삶의 소리'라는 것이 바로 그런 궁극적 도달점이라고 보인다는 이야기이다. 그리하여 우리의 창작극을 번역극 수준으로까지 끌어올려보겠다는 야심을 가졌다. 서양 연극 이론으로 연극을 배운 그는 창작극을 통해서 배우로 데뷔하였지만 역시 그가 매력을 느껴온 것은 번역극이었다. 특히 그는 안톤 체호프를 그 어떤 작가보다도 좋아했는데 이는 아마도 체호프가 동양적 체취를 풍기기 때문이 아니었나 싶다. 그런데 젊은 시절 번역극에 심취했던 그는 장년기에 와서는 창작극으로 조금씩 기울어갔고 노년기에는 더욱더 창작극에 애착을 갖기에 이르렀다. 그가 우리 민족의 수난사를 다룬 〈객사〉를 연출하면서 연극계 풍토를 "창작극 불신시대"라고 비꼬면서 그런 잘못된 풍토를 불식시키겠다는 야심을 보인 것이야말로 지도자로서의 사명감을 내비친 것이기도 했다. 실제로 그는 창작극 연출을 선호했고 젊은 후배들이 쓴 희곡을 무대에 맞도록 고치는 솔찮은 일도 마다하지 않았다.

제자 후배들이 그를 많이 따른 이유 중의 한 가지가 바로 그러한 바른 자세 때문이었다. 그뿐만 아니라 그는 연습을 철두철미하게 시키면서도 큰 소리를 내는 경우가 거의 없었다. 그는 좀처럼 화를 내지 않았다. 배우들이 잘못해도 조용히 타이르고 제대로 할 때까지 반복시켰다. 그에게 우격다짐이란 없었다. 언제나 알아들을 수 있도록 논리적으로 작품을 설명해줄 뿐이었다. 화가 극도로 치밀었을 때 하는 욕이 '못된 놈' 정도였다. 그는 권위주의와 위선을 아주 싫어했다. 나이 먹었다고, 또는 원로라고 위엄을 차린다든가 아랫사람들을 짓누르지 않았다. 그래서 후배들이 그를 존경하고 따른 것이다. 그는 누구와도 주석(酒席)을 마다하지 않았다. 다만 인간이 덜 되었다고 생각한 사람들만은 고의적으로 피했다.

그가 상당 기간 정계에 몸을 담았었음에도 불구하고 정치인들과 전혀 교유를 갖지 않은 이유 중의 하나도 실은 그 분야에서는 사귀고 싶은 사람을 못 만났기 때문이었다. 다만 그는 단 한 사람 김종필만은 좋아했다. 그를 좋아한 이유는 김종필이 예술을 이해하고 아끼는 거의 유일한 정치가라고 믿었기 때문이다. 그는 박정희 대통령도 좋아한 편이었다. 그는 평소 군인 출신 대통령인 박정희가 글씨를 참 잘 쓴다고 칭찬하곤 했다.

문화계 인사들과 함께 한 이해랑

　　그러나 그가 박정희 대통령을 김종필만큼 좋아하지는 않았던 것 같다. 그는 김종필을 가리켜 낭만적인 혁명가라 부르곤 했었다. 따라서 다른 정치인들과는 절연하다시피 지냈어도 김종필만큼은 이따금 만났었다. 그런 그가 1979년 10월 정변을 맞아서는 김종필에게 큰 기대를 걸었던 것 같다. 왜냐하면 김종필이 대통령이 되리라 믿었기 때문이었다. 그는 평소 김종필 같은 인물이 대통령이 되어야 우리나라 문화예술이 발전한다고 생각했다. 그가 10·26 이후 한동안 들떠(?) 있었던 이유도 바로 거기에 있었다. 예그린이라는 예술 단체를 만들고 드라마센터를 지원했던 사람도 다름 아닌 김종필이었기 때문이다. 그가 공화당 창당 멤버로 흔쾌히 참여한 여러 가지 이유 중에 김종필에게 인간적 매력을 느낀 것도 한몫했다고 말할 수 있다.

　　그러나 10·26 이후 정계는 급변해서 전두환(全斗煥) 신군부가 등장했고 그는 한때 깊은 좌절감에 빠졌다. 그는 사실 전두환 같은 인물은 별로 좋아하지 않았다. 전두환이 주는 이미지가 문화적이지 못했던 때문이 아닌가 싶다. 격동의 시기에 그는 친구들, 그리고 후배 연극인들과 시원한 맥주 마시는 일로 소일했다. 1년에 연출 한 편만은 반드시 한다는 다짐에 따라 10·26 사건 직후에도 국립극장 연출을 맡게 되었다. 그것도 초현실주의적(超現實主義的) 극작가라 할 오태석의 희곡이었다. 평소 그가 어지러울 정도로 덜 정리되었다고 본 실험성 짙은 희곡 〈산수유〉의 연출을 기꺼이 맡았다. 그는 취향과 관계없이 가능성 있다고 본 작품은 언제나 높이 평가해 주는 도량이 있었다. 〈산수유〉만 하더라도 그의 취향에 맞는 작품은 아니었지만 괜찮은 희곡으로 평가해주는 데 인색하지 않았다. 가령 〈산수유〉에 대해서도 그는 "연출가로서 좋은 작품을 만나는 것만큼 행복한 일은 없다. 더구나 창작극이 빈곤한 우리나라의 경우 좋은 창작극을 만나는 것은 일종의 행운이기도 하다. 〈산수유〉의 원고를 처음 대했을 때 나는 그런 기분이 들었다. 지금까지 연극을 하면서 이만한 작품을 만난 경우가 거의 없기 때문이다"[56]라고 높은 평가를 했다.

그러면서 그는 작자 오태석에 대해서도 "(……) 초산의 그 고통스러운 작업이 나에겐 즐거움이 될 수 있었다. 두 달 가까운 시일 동안 오태석과 지내며 참으로 오랜만에 즐거울 수 있었고, 그와 같은 작가를 우리들이 가질 수 있다는 것에 여간 행복하지가 않았다. 그의 번뜩이는 재기(才氣)와 겸손한 협조, 그리고 국립극단만이 가질 수 있는 앙상블과 충분한 연습으로 이 작품은 막을 올릴 수가 있었다"고 쓴 바 있다. 그러나 이 희곡도 그의 손에 들어와서 많은 수정이 가해졌음은 두말할 나위 없다. 웬만한 번역극도 그는 언제나 무대에 맞게끔 손질해서 막을 올려왔었다. 하물며 미숙한 창작극에서랴. 〈산수유〉의 연출 노트에서도 그는 이렇게 썼다.

막이 오르기까지에는 참 많은 진통이 따른다. 창작극인 경우에는 해외에서라도 상연되었던 적이 있는 터라 여러 가지 참고 자료가 있어서 그래도 도움을 받을 수가 있지만 창작극 초연의 경우엔 그야말로 초산(初産)의 산고를 톡톡히 치르지 않을 수가 없다. 작가가 어떤 작품을 발표했을 때 그것을 그대로 무대에 올릴 수 있는 경우는 극히 드물다. 물론 상연을 전제로 해서 발표한 작품이겠지만 아무래도 그것은 문학으로서의 희곡이기 때문에 무대에 올리려고 할 때에는 여러 가지 문제가 발생하기 십상이다. 그렇기 때문에 희곡을 놓고 수정(修正) 또는 재구성하는 작업이 불가피한 경우가 허다하다. 또한 연출가나 배우의 주관, 해석에 따라서 이러한 재창조의 과정은 따르게 마련이다. 그렇기 때문에 같은 작품을 놓고서도 서로 다른 공연이 이루어질 수 있는 것이 연극이다. 연극예술의 어려움, 그러면서 또한 매력은 바로 이런 점에 있는 것이 아닌가 싶다.

이상에서 확인할 수 있는 바와 같이 그는 어떤 희곡이든지 자신의 손에 들어오면 우선적으로 무대에 맞게 손질하는 습관을 갖고 있었다. 이 말은 곧 그가 어떤 극작가보다도 무대를 잘 알고 있었음을 의미하는 것이기도 하다. 〈산수유〉의 경우는 그를 당혹스러우면서도 즐겁게 만든 작품이었다. 왜냐하면 초현실주의적인 오태석의 희곡 형식 때문이었다. 그러니까 그가 오태석의 희곡에서 색다른 체험을 한 것이라는 이야기가 된다. 오태석의 희곡을 처음 접한 그는 정통 리얼리즘극으로 만들다 보니 작가와 충돌하는 경우도 적지 않았다. 그러나 그는 신예 오태석의 재능에는 감탄했고 우리에게 그런 극작가가 있는 것에 기쁨을 감추지 못했던 것이다. 이 작품을 그가 좋아한 것은 두 가지 이유 때문이었다. 그 한 가지는 6·25 전쟁을 다루었기 때문이었고, 다른 한 가지는 그 자신의 연극관과 어느 정도 맞는다고 보았기 때문이었다. 다 알다시피 그는 누구보다도 뼈저리게 6·25 전쟁을 겪었다. 새벽에 헤엄을 쳐서 한강을 건넌 유일한 연극인이었기 때문에 6·25 전쟁에 대해서는 남다른 소회를 갖고 있었다. 그리고 오태석이 6·25 전쟁의 의미를 비교적 깊이 있게 묘사했기 때문에 이 작품을 좋아한 것이다. 그는 이 희곡에 대하여 다음과 같이 해석했다.

〈산수유〉는 6·25를 다룬 작품이다. 그렇다고는 해도 우리가 흔히 보았듯 그런 통상적인 얘기가 아니다. 여기에는 국군도 등장하지 않고 인민군이나 빨치산도 등장하지 않는다. 도대체 사상이 표면에 나타나지 않는다. 지리산 산골에 사는 소박한 서민들만의 얘기다. 그러면서도 6·25가 우리에게 남기고 간 상처와 그 치료를 극명하게 보여주고 있다. 이 작품이 가지는 장점이 여기에 있는 것이다. 그렇기 때문에 우리가 지금까지 보아온 6·25를 주제로 한 작품들을 대할 때 흔히 느끼곤 했던 역겨움 같은 것이 전혀 없다. 6·25와 같은 큰 소용돌이 속을 살아오면서 저마다 가진 참된 인생을 억지 없이 펼쳐 보일 때 우리는 감동을 가지게 된다. 연극은 그런 참된 인생을 재창조해내는 것이 아닌가 하고 이번 작업을 하면서 다시 한 번 생각해 보았다.

국립극장 제98회 정기 공연 〈산수유〉(오태석 작, 이해랑 연출)

이상에서와 같이 그는 오태석의 6·25 접근 방식이 자신의 연극 철학과 맞아떨어진다고 보았다. 즉 언제나 주요 사건을 무대 뒤로 빼는 연출을 하는 그에게는 총소리 한 방 들리지 않는 6·25 전쟁극이 마음에 들 수밖에 없었다. 따라서 그는 이 작품에 대단한 정력을 쏟았다. 그리고 그의 연출사에 남을 만한 기록 두 가지를 남기기도 했다. 그 한 가지가 평생 연출 과정에서 거의 활용한 바 없었던 우리의 고유 전통음악 사용이고, 다른 한 가지는 자연음향 사용이다. 그는 사대부 가문 출신답게 무속 같은 것을 비천한 것으로 경멸했었다.

그래서 평생 그가 연출한 작품에는 무격(巫覡)이 등장하거나 무가 같은 음악을 사용한 적이 전혀 없었다. 그런데 〈산수유〉에서 오태석의 강력한 요청으로 처음 무가(巫歌)를 활용한 기록을 남긴 것이다. 그로서는 대단한 고집 꺾기였고 더 나아가 우리 고유의 전통에 대한 조그만 관심 표명이었다고 하겠다.

다음으로 그는 바람 소리를 지리산 골짜기의 신비로운 소리를 차용하는 장기(長技)를 유감없이 발휘했다. 독특한 분위기를 자아내는 지리산 골짜기 바람 소리가 관중을 압도하는 음향이 된 것이다. 이는 그에게 대단히 중요한 변화라 말할 수 있다. 왜냐하면 평소 극히 서구 취향적인 성향을 갖고 있던 그가 가장 경멸해온 무속(巫俗) 음악을 자신이 연출한 작품에 삽입한 것이나 지리산 골짜기 바람 소리를 가져온 것은 굉장한 변화이기 때문이다. 그만큼 그는 노년기에 접어들면서 여러 측면에서 가장 한국적으로 회귀하는 변화의 조짐을 보여주기 시작하였다.

그는 개화기 이후 서구식 교육을 받은 지식인들처럼 서구 취향적이었는데, 청소년 시절 독일에서 의학을 공부한 숙부 ― 숙모가 독일 여성이었다 ― 와 상해에서 1년 가까이 생활한 것이 그로 하여금 더욱 서구적이게 만든 것이 아닌가 싶다. 그의 음식 취향도 극히 서구적이었다. 주석(酒席)에서도 그는 기름진 음식을 잘 먹지 않았고 찌개 종류도 별로 좋아하지 않았다. 언제나 맥주와 함께 치즈, 땅콩 등이 그에게는 최고의 안주였다. 음악도 국악은 멀리했고 경쾌한 것을 좋아했다. 그런 그가 한스럽고 음습한 무가를 자기 작품에서 효과음악으로 썼다는 것은 놀라운 변화라 아니할 수 없다.

이러한 변화는 그의 생활 신변에서 여러 가지로 나타난다. 그가 별로 관심을 갖지 않던 종교(기독교)에 마음을 기울이기 시작한 것도 대체로 그 무렵이었다. 삶의 무상을 반추하며 친구, 후배, 제자들과 자주 주연을 가진 것도 역시 그 무렵이었다. 특히 그는 후배와 제자들을 사랑했고 자주 만나기를 원했다. 그의 후배 제자들이 극단 사조(思潮)를 만들어 창단 공연 연출을 부탁했을 때도 그는 흔쾌하게 받아들였다.

연극인 모임에서 인사말 하는 이해랑

　그것이 1981년 5월, 그러니까 늦은 봄 동숭동 문예회관에서였다. 극단 사조의 창단 작품은 미국 여류 극작가 릴리언 헬만이 쓴 희곡인데, 제2차 세계대전의 참상과 나치의 비인간적 잔혹성을 묘사한 〈라인강의 감시〉였다. 그가이 작품 연출을 흔쾌하게 받아들인 이유는 두 가지에 있었다. 첫째는 TV로옮겨갔던 연극배우들이 다시 연극을 하겠다고 돌아와서 극단을 조직한 것을대견스럽게 여긴 점이고, 둘째는 희곡이 구성이나 성격 창조에서 흠잡을 데없을 만큼 잘된 작품이어서 평소에 높게 평가하고 있었던 데에 따른 것이었다.

　그는 평소 연극 창조성의 비율을 천부적 재능 30%, 노력 70%로 잡고 있을만큼 연습이 중요하다는 신념을 갖고 있었다. 따라서 창단 공연 〈라인강의감시〉는 봄내(2개월 반) 연습을 했다. 그는 평소 연출가나 배우가 어떤 형식에 빠져버리면 예술가적 창조성을 발휘하기 어렵다고 믿고 있었다. 그렇기 때문에 그가 신봉하는 리얼리즘 연출이라는 것도 어떤 고정된 형식이라기보다

작가의 미흡한 점을 보완하고 원작자 이상의 상상력으로 창조해나가는 생산적 방법이라 보았다. 그만큼 열린 생각을 갖고 있었던 것이다. 이러한 생각을 갖고 연출을 하기 때문에 사조의 창단 공연인 〈라인강의 감시〉는 뛰어난 작품이 될 수 있었다.

그는 그해 여름 만 65세로 그동안 몸담았던 동국대학교를 정년퇴임했다. 그는 정년을 요란하게 생각하거나 무슨 기념식 같은 것도 하지 않았다. 왜냐하면 대학 정년을 인생의 끝으로 생각한 적이 없었기 때문이다. 따라서 그는 대학 정년도 아무렇지 않게 맞았고 생활에도 아무런 변화가 없었다. 그는 여전히 대학에 일주일에 한 번 정도 나가서 학생들에게 연출 지도를 했다. 대학에 갈 때부터 직업교수라는 생각을 해본 적이 없고 오로지 연출가 또는 연극인이라는 자부심으로 일해 왔기 때문에 대학 교수직에 연연하지도 않았다. 그러나 그의 지도를 받은 제자들은 그를 대단히 존경하고 따랐다. 그런 그도 일단 대학정년을 맞아서는 뭔가 연극계를 위해서 새롭게 일을 해야겠다는 생각을 하기 시작했다. 물론 그가 생각한 것은 어디까지나 후진 양성에 관한 것이었다. 그는 절친한 친구들인 이원경, 김동원과 그 문제를 상의했다. 두 사람도 전적으로 동의했다. 마침 이원경이 10여 년 가까이 삼일로 창고극장에서 후진을 양성하고 있던 터라서 그곳에다가 새롭게 뭔가를 차리면 될 것이라 생각한 것이다.

그가 적극성을 띠고 일을 꾸미기 시작했다. 그들 세 사람이 생각한 것은 미국 뉴욕에 있는 리 스트라스버그의 액터즈 스튜디오형(型)의 배우 훈련원이었다. 액터즈 스튜디오는 그가 1957년에 미국 연극계를 시찰할 때 가장 감명 깊게 관찰한 배우 훈련원이었다. 그곳에서는 미국의 연극배우뿐만 아니라 기라성 같은 영화배우도 길러낸 바 있기 때문에 한국에도 그런 곳이 한 군데라도 있어야겠다는 다짐을 한 바 있었다. 시찰 중에 앳된 얼굴의 메릴린 먼로도 만난 적이 있어서 더욱 깊은 인상을 갖고 있었다. 사실 연극이란 어디까지나 배우예술인 만큼 좋은 배우가 없는 곳에 좋은 연극이 있을 수 없다는 것이 그의 지론이었다. 그리고 배우의 조건이란 천부적 재질이 30%밖에 되지 않기 때문에 배우는 훈련으로 만들어지는 것이라는 신념을 끝끝내 갖고 있었던 것이 바로 이해랑이었다.

신극운동 이후 언제나 부딪쳐온 것 중의 한 가지가 배우 부족이었기 때문에 그는 배우 양성이야말로 말년에 할 수 있는 가장 큰 일이라 생각했다. 그는 특히 리 스트라스버그의 액터즈 스튜디오를 보고 충격을 받았었고 그 후에 서양의 여러 나라를 돌아보면서 선진국에는 그와 유사한 배우 양성 기관들이 많다는 것도 알게 되었다. 당시에는 우리나라 대학에 서너 곳에 연극학과가 설치되어 있었지만 그 정도 가지고는 제대로 된 배우들을 많이 배출하기가 어렵다고 보고 있었다. 결국 그는 이원경, 김동원 두 친구와 삼일로 창고극장에 배우예술원(俳優藝術院)이라는 연기자 훈련소를 설치하기로 했다. 그것이 1982년 봄이었다.

그들 세 원로 연극인은 배우예술원을 통해서 실기 과목이 절대 부족한 대학 연극 교육을 보충해주는 한편 기성 배우들에게도 재교육 기회를 부여한다는 방침을 세웠다. 그러니까 배우예술원은 1년 내지 6개월 코스로 하여 기성 배우들의 재훈련, 연기의 기초 교육, 우수 연극 학도들에 대한 특별 교육, 극단이나 방송국, 영화사들에서 뽑은 신인 배우들에 대한 위탁 교육 등을 맡아 하기로 했다. 특히 배우예술원은 장차 특수 연기 학교로 발전시킨다는 원대한 포부 아래 소수 정예로 방향을 잡기도 했다. 세 연극인 모두가 60대 후반에 접어들고 있었기 때문에 여생을 연극인 재육성으로 보내려 한 것이다. 특히 그들은 오랫동안에 걸쳐서 연극 무대에서 얻은 경험과 연극 철학으로 한국 연극에 맞는 연기술(演技術)을 정착시키겠다는 각오까지 했다. 그들은 또한 거기에 그치지 않고 배우예술원이 성공을 거두면 다른 곳에서 더욱 발전된 연극 교육기관이 생길 것으로 확신했고 자신들은 한 알의 밀알로 이 땅의 연극 수호신이 되겠다는 각오까지 했다.

연극계에서 폭넓게 존경을 받고 있는 세 원로 연극인이 만든 배우예술원은 순식간에 널리 알려졌고 전국에서 입학 문의가 쏟아졌다. 그러나 막상 입학하는 사람은 많지 않았다. 그 이유는 네 가지에 있었다. 첫째로 연기 지망자들보다는 기성 배우들을 주 대상으로 삼았다는 점, 둘째 기성 배우들이 재훈련을 해본 적이 없었기 때문에 교육 받는 것에 대해서 부끄럽게 생각하는 풍토였다는 점, 셋째 연극을 해서 생계를 잇기조차 어려운 배우들이 한가롭게 재교육을 받을 만큼 정신적, 시간적 여유가 없었다는 점, 넷째 재훈련을 받는다고 해서 당장 그들에게 경제적으로나 사회적으로 이득이나 어떤 보장이 없었다는 점 때문이었다.

따라서 원대한 꿈을 갖고 시작한 배우예술원은 지망생이 적어서 하는 둥 마는 둥 하다가 흐지부지되고 말았다. 이는 곧 한국 연극의 실정을 단적으로 보여준 아쉬움이었다. 연극계 실정과 배우들의 삶을 누구보다도 잘 알고 있었던 그들은 예상대로 일이 쉽게 풀리지 않는 것을 이해하고 포부를 접기로 했다. 그리고 각자 그동안 해왔던 대로 연극 활동을 펴나가기로 했다.

1년에 한 편씩은 반드시 연출한다는 방침에 따라 그는 국립극단의 정기 공연작인 〈삭풍의 계절〉〔김의경(金義卿) 작〕을 맡았다. 오태석의 〈산수유〉를 연출하고 꼭 2년여 만의 창작극 연출이었다. 연륜을 더해 가면서 창작극에 애착을 가졌던 그는 역시 아끼는 후배 김의경의 시대극을 연출하게 된 것이다. 그런데 노년기에 그가 쓴 글이나 주석에서 후배, 제자들에게 자주 반복해서 한 이야기 중에 "연극은 할수록 어렵다"는 말이 있다. 가령 〈삭풍의 계절〉의 연출 노트에서도 그는 "평생 연극을 하고 살아오면서도 점점 더 절실하게 느껴지는 것은, 연극은 정말 여간 어렵지가 않다는 것이다. 그러나 그 창조 작업은 즐겁기 그지없다. 어느 예술에서나 작품을 창조한다는 것은 쉬운 일이 아니고 그것이 이루어질 때까지의 과정 또한 산고(産苦)의 아픔이 따르게 마련이지만, 연극의 경우 창조의 어려움 속에서도 즐거움이 뒤따른 쾌감을 잊을 수가 없다"[57]고 쓴 바 있다. 이러한 말은 그가 겸손을 위장한 것이 결코 아니다. 이는 그가 연극 속에 깊이 침잠하면서 예술 세계의 오묘함과 신비스러움

문인극 연출을 끝내고(가운뎃줄 우측에서 두 번째가 이해랑)

에 대한 경외감을 우회적으로 표현한 것과 다름없다.

그는 누구보다도 연극예술의 심연(深淵)을 응시하고 있었다. 거기서 그는 연극의 궁극적 본질에 대해 명상했고 그 지난(至難)함도 생각하게 된 것이다. 그는 후배 제자들이 만든 몇 극단의 객원 연출도 했지만 신협과 국립극단을 통해서 한국 연극의 정통성을 지킨다는 신념을 끝까지 갖고 있었다. 특히 그의 심혼(心魂)이 깃들여진 극단 신협이 쇠퇴한 뒤에는 국립극단에 애착이 있었다. 왜냐하면 국립극단이야말로 신협의 후신이라고 믿고 있었기 때문이다. 그는 연출 노트에서 이렇게 쓴 바 있다.

국립극단(國立劇團)과의 작업은 언제나 나에게는 즐거움이 되곤 한다. 얽히고설킨 매듭을 하나씩 풀어나가면서 뿌옇게 가려졌던 인물들을 뚜렷하게 조각해가는 작업이 국립극단만이 가질 수 있는 여유 있는 집단적인 예술적 분위기 속에서 이루어질 때 나는 연출가로서의 즐거움을 마냥 느끼곤 한다. 그것은 몇몇 스타의 위력이나 단시일의 연습으로 되는 일이 아니다. 이른바 국립극단의 앙상블은 연극 이전부터 시작되고 있는 것이다. 언제 어디서 무슨 작품을 해도 기본적인 화음(和音)을 갖고 있는 극단이다.

이상의 글에서 알 수 있는 것처럼 그는 작품 창조 이전에 국립극단은 인적 앙상블이 조성되어 있다고 믿고 있었다. 그럴 수밖에 없는 것이 국립극단에는 평생의 친구 김동원을 비롯해서 초창기 신협 멤버였던 고설봉(高雪峰), 강계식, 장민호, 백성희, 정애란이 버팀목으로 네 귀퉁이를 버텨주고 있었고 손숙, 김성옥, 신구(申久), 이진수(李辰洙) 등 사랑하는 제자들이 있었기 때문이다. 따라서 그는 연출을 맡게 되면 매일 같이 이들과 어울려서 행복했고, 또 당대 최고 배우들과 함께 연극을 만들어가는 과정이야말로 사는 즐거움이 되었던 것이다.

그는 노년에 접어들면서 역사에 대한 성찰을 깊이 했다. 그의 작품 목록에 역사극들이 대체로 인생의 후반기에 들어 있음에 주목할 필요가 있다. 청소년 시절, 특히 20대의 도쿄 유학 시절 그는 누구보다도 뼈아픈 식민지 지식인의 고통을 겪었던 터라서 개화기 이후 굴곡 많은 근대사에 대해서 반추하는 작품을 선호했다. 가령 안수길(安壽吉)의 소설 각색극 〈북간도〉를 비롯해서 〈광야〉(김기팔 작), 〈손탁호텔〉(차범석 작), 〈객사〉(안종관 각색), 〈산수유〉 등이 바로 그런 계열의 작품들이다. 그렇기 때문에 김의경이 쓴 〈삭풍의 계절〉도 기꺼이 맡은 것이다. 사실(史實)의 극화를 좋아하는 김의경의 〈삭풍의 계절〉을 연출하면서 그는 "때마침 나라 안팎에서 일본(日本)에 대한 문제들이 시끄럽게 논의되고 있는 요즈음, 그것을 젊은이들은 어떻게 받아들이고 있는지 모르겠지만 일제 치하의 탄압 속에서 젊은 시절을 살아온 나에게는 절실한 문제가 아닐 수 없다. 해방이 되고 40년 가까이 되니까 빛바랜 피상적인 구호(口號)만 남았을 뿐 정작 분명히 기억해야 할 실체는 희미해져 가고 있는 것 같다. '그들을 용서해라. 그러나 절대로 잊어서는 안 된다'―나치하에서 학살당한 유태인 수용소 앞에 세워진 저 경구(警句)는 또한 우리들에 대한 경구가 아닐 수 없다"고 쓴 바 있다. 이는 매우 중요한 글이라 말할 수 있다. 왜냐하면 그동안 항상 연극의 미 창조를 우선순위에 두고 연출을 해온 그가 역사극에도 특별한 의미를 두고 작업에 나섰기 때문이다. 만약 그가 신협을 이끌던 30대 젊은 시절이라면 이런 작품은 거들떠보지도 않았을 것이다. 그만큼 그는 조금은 변해 있었다.

그는 또 국립극단 연출을 쉬는 1983년 가을에는 극단 사조의 정기 공연작 〈리어왕〉(셰익스피어 작)을 연출했다. 그는 이미 셰익스피어의 대표작들을 연출한 바 있어서 셰익스피어의 세계는 두루 통달하고 있었다. 셰익스피어를 멜로드라마 작가라고 해서 별로 좋아하지는 않았지만 그의 시적 경지(詩的 境地)와 탁월한 극술에 대해서는 인정하고 있었다. 그가 60대 후반에 〈리어왕〉 연출을 맡은 것은 특별한 의미가 있었다. 왜냐하면 그가 주인공 리어왕과 같은 노인의 심정과 운명을 이해할 수 있었기 때문이다. 그는 이 시기를 전후해서 종교에 더욱 경도되어 갔다. 필자가 어느 사석에서 교회에 나가게 된 동기를 물어본 적이 있었다. 그는 서슴지 않고 저쪽 동네(저승을 의미함)에 갈 준비를 하는 것이라고 웃으면서 대답했다. 그는 주석에서 저쪽 동네라는 말을 자주 꺼냈었다. 그리고 하나님에 대해서 말하곤 했다.

독실한 아내가 일찍부터 그에게 교회에 나갈 것을 강권하다시피 했지만 그는 거들떠보지도 않았었다. 그런 그가 1980년대 초반부터 종교에 귀의(歸依)했고 글에도 하나님을 올리기 시작했다. 그가 연출 노트의 글에 처음으로 '하나님'을 쓴 것은 1984년 봄 국립극단 공연의 〈불타는 여울〉[노경식(盧炅植) 작]에서였다. 그는 만년에 접어들면서 지난 세월을 자주 회상했고 노년의 삶을 반추하며 하나님을 찾기 시작하였다. 가령 그가 〈불타는 여울〉의 연출 노트에 쓴 다음과 같은 글은 과거의 글과는 사뭇 다르다는 것을 확인할 수 있다.

공자님이 말씀하신 이순(耳順)의 60고개를 넘고 칠순의 문턱에 섰다. 이순이란 말은 나이 50에 천명(天命)을 알아서 이제는 모든 생각과 뜻이 원만하여, 그 눈에 보이는 것이나 어떤 일을 남에게서 들어도 곧 이해가 되고 편안하다는 뜻이다. 그런 성인군자의 경지까지야 될까마는 어쨌거나 70년이라는 세월은 길고 긴 시간이다. 내가 처음으로 연극예술에의 길과 첫 인연을 맺은 것은 도쿄학생예술좌의 창립에 참여함으로부터 시작이니 1930년대 초엽의 일이었다. 20대의 젊은 학창 시절에 식민지 지성인의 울분과 설움을 속으로 감추고 순수예술에 뜻을 세워서, 좌충우돌, 동분서주하면서 낭만과 열정을 불태우던 시절이 바로 엊그제 같은데, 눈 깜짝할 사이에 어느덧 50년을 훌쩍 뛰어넘은 것이다. 그로부터 반세기 50년─시쳇말로 10년에

고희 잔치에서 부인과 함께 한 이해랑

한 번씩 강산이 바뀐다 쳐도 다섯 번을 바뀌고 변해야 하는 세월이다. 일제의 억압과 태평양 전쟁의 암흑기를 거치고 해방의 기쁨을 맞았고 민족분단과 좌우 이데올로기의 사상적 혼란을 몸소 치러야 했으며, 또한 동족살상의 전쟁 비극과 참화를 뼈아프게 겪어야만 했다. 이렇듯 암흑과 격동과 혼란에 부대끼고 때로는 연극예술에 대한 사회적 몰이해(沒理解)와 냉대, 경제적 어려움에 시달리면서도, 나는 내 사상적 이념과 예술적 신념을 간직한 채 내가 젊은 나이에 처음 택한 길에서 크게 벗어나지 않고 지금껏 살아온 셈이니, 그저 머리 숙여 하나님께 감사하고 이웃과 동료 후학들에게 따뜻한 정(情)을 보내며, 또 내 나름대로의 한 세상을 자랑과 보람과 긍지로 알고 느끼는 터이다. 힘들고 어려움이 외적으로 밖에만 있는 것은 아니다. 진정한 예술의 성숙이나 성취가 한 생명체(生命体)의 탄생처럼 창조행위라고 불려질 때, 그처럼 어렵고 힘들고 지난(至難)한 일이 또 있겠는가.[58]

이상에서 확인할 수 있는 것처럼 그는 과거 연출 노트에서 주로 작품 분석이나 연출방향에 대해 썼던 것과는 판이한 글을 썼다. 바로 이 점에서 그의 내면 깊숙이 어떤 심경의 변화가 일어나고 있음을 감지케 한다. 그것은 다름 아닌 자기 자신에 대한 회한에 찬 깊은 성찰이며 신에의 귀의라 하겠다. 그러니까 그가 명문가의 집에 태어나서 가문의 뜻을 어기고 연극의 길로 접어든 이후 피압박 식민지 청년으로서 당해야 했던 고통과 해방 직후 민족분열과 동족상잔의 와중에서 겪은 갖가지 고초, 가난 등의 험난한 삶을 회억하면서 점차 약해져가는 것이 보인다. 그가 허무의 바다에서 발견한 것은 역시 구원의 아득한 불빛, 즉 신이었다. 그가 신을 발견하면서 성격적으로도 상당한 변화를 가져왔다. 그것이 다름 아닌 여유와 관용이었고 연민의 정이었다.

그 한 가지의 예가 친구 이진순(李眞淳)의 죽음에서 극적으로 나타났다. 그는 이진순과 니혼대 동기생이었기 때문에 평생의 친구였다고 말할 수 있다. 그러나 그는 성격적으로나 연극 이념, 생활 자세 등에서 이진순과는 거리가 있었다. 그 점은 단짝친구 김동원과는 대조를 이루는 것이었다. 그는 한때 이진순과 소원해지고 갈등까지 겪은 적도 있었다. 그럼에도 불구하고 이진순이 막상 세상을 떠났을 때, 가장 비통해 한 사람은 다름 아닌 이해랑이었다. 그는 이진순의 장례위원장까지 자청하여 손수 모든 일을 치러낼 만큼 고인에 대한 우정을 다했다. 이처럼 그는 그동안 모든 사람을 용서했고 마음속에 남아 있던 섭섭함 같은 것을 깨끗하게 쓸어내는 내면 수양을 하고 있었던 것이다. 그는 진정으로 연극 못지않게 사람을 사랑할 줄 알았던 인물이었다.

VI. 리얼리즘에 기반한 독창적 연극론의 형성

1. 이해랑의 독창적 연극론의 실체

앞 부(部)에서 조금 살펴본 바 있듯이 그가 연극의 본질에 대하여 조금씩 쓰기 시작한 것은 대학을 졸업할 무렵이었다. 당시 겨우 스물두 살을 겨우 넘긴 대학 졸업생이 연극의 본질에 관해서 글을 썼다는 것은 매우 당돌하고 분수에 맞지 않는 일이었다. 왜냐하면 지금부터 80여 년 전의 대학 교육 수준이라는 것은 오늘날과 비교할 때 많이 뒤떨어져 있었기 때문이다. 그럼에도 불구하고 연극 이론의 기초나 겨우 깨쳤을 때, 그는 용감하게 연극 본질론을 잡지에 기고했다. 따라서 그의 글은 예상했던 대로 서양 연극의 발생론에 대한 가장 초보적인 글이었다. 그의 글은 그동안 제의학과 인류학자들의 제의기원설(祭儀起源說)에 바탕한 내용 소개의 글이 될 수밖에 없었다.

가령 그가 이 글에서 "극예술의 출발점은 생활의 불안을 지배하려는 유사전(有史 前) 인류가 자기변화를 꾀하는 주술적 행동이었다. 원시인의 의식은 사물을 이해할 정도에 달하지 못하였으며 죽음, 풍우, 병고, 금수, 이런 것은 불안의 요인들이었다. 그들은 이 불가해(不可解)한 위험과 불안을 망각하기 위하여 마술적 무용의 감정의 고양 속에 도피하여 불안한 유령의 일절을 추방하고 극복하여 신과 합치하려고 노력하였다. (……) 이 종교적이며 마술적인 무용이 일정한 신(神)과 영웅의 형태를 모방하여 줄거리를 이루었을 때 그것은 벌써 한 개의 연극이 되었다"[1]고 설명한 것이야말로 그런 제의기원설의 핵심이 되는 것이다. 그가 이 글에서 유독 희곡이 먼저 생겨남으로써 연극이 가능했다고 주장한 일본 연극학자 안전국사(岸田國士)의 주장을 비판한 것도 바로 그런 제의기원설에 근거한 것이었다. 그는 "극작가가 있어서 배우가 생긴 것이 아니고 배우들의 발전적 의지가 활동적인 궤도에 올랐을 때 대본, 즉 극문학이 생긴 것"이라고 주장했다.

이러한 연극관에 입각해 있던 그는 간간이 연극의 본질에 관한 생각을 가볍게 흘리곤 했다. 가령 그는 해방 직후에 쓴 한 에세이에서 "인간의 전체적인 관조(觀照)를 통하여 삶을 심화하고 행복을 주고 삶의 의미를 자각시키고 삶의 기쁨을 안겨주어 우리들의 삶을 보람 있게 하는 아름다운 세계가 예술입니다. 우리들의 감정을 통하여 보다 높은 삶의 의식을 자극하는 것이 예술입니다. 우리는 예술에 의하여 아름다운 세계에 대한 것을 느끼는 동시에 현실과 상상의 이중적인 삶을 즐길 수 있는 것입니다. 삶에 있어 이같이 위대한 공헌을 하는 예술 가운데 인간적인 유별히 인간적인 가장 강력한 예술이 연극"이라면서 "남과 같이 후세에 남아 영예의 관을 받을 줄도 모르고 오직 영렬히 현세에 이바지하며 그 매력 연기자의 연기와 같이 사라지는 순간적인 정서 가운데 우리의 삶을 무한히 급속하게 긴장시키는 예술이 연극"[2]이라고 하여 다분히 보편적인 연극론을 편 바 있었다.

그러면서 그는 연극이란 일찍이 아리스토텔레스가 지적한 대로 모방의 예술이라면서 연극이 모방하는 것은 "인간의 본성이며 모방의 형식이야말로 불완전한 현실보다 한층 더 완전한 진실을 인식하는 방법이다. 무대에서 배우가 연기를 하는 연극의 형식을 통하여 인생이나 현실을 인식하는 것이 직접 그것을 인식하는 것보다 훨씬 더 그 진상에 가까워질 수가 있다"[3]고 하여 연극은 어디까지나 허구의 세계지만 그 속에 진정한 진실이 담겨 있음을 설파했다.

이런 그가 1980년대 들어서는 망중한(忙中閑)을 즐기는 가운데서도 틈틈이 자신의 연극론을 정리하기 시작했다. 그가 연출 때마다 몇 장씩 썼던 조각 글이라든가 후배들에게 들려주었던 연극론을 아우르는 글을 준비하고 있었던 것이다. 가령 그가 1980년 '세계 연극의 날'에 즈음하여 발표한 「영원한 진실을 찾아서」도 그 하나이다. 그는 이 글에서 이렇게 설파했다.

연극의 세계는 그들에게 허용된 무대 공간의 제한 속에서만 존재하는 것이 아니고 무대에 장치해놓은 창문을 통하여 그 밖에 존재하고 있는 사회와 국가와 온 세계 인류와 맥을 통하고 있으며 무대에 선 배우의 연기 또한 그 호흡이 우리 생명의 심원(深遠)의 호흡과 연결되어 있기 때문입니다. 연극은 눈에 보이는 세계보다 육안으로는 볼 수 없는 세계에 더 큰 극적 가치가 존재하며 창조하는 사람의 입장에서나 그들의 마음의 눈에만 진실한 면모를 나타내 보이는 예술입니다. (……) 그들이 인생에 대하여 생각하고 느끼는 한없는 것들을 한정된 무대 공간에 압축하여 표현함으로써 우주를 상징하는 별빛처럼 아름답고 알찬 인생을 표현할 수 있다는 것을 그들은 알고 있었습니다. 그뿐만 아니라 그들은 연극의 제약에 결코 불편을 느끼지 않고 오히려 알차고 강력하게 인생을 표현할 수 있는 데 대하여 깊은 매력을 느꼈던 것입니다. 자기의 모든 것을 가상(假像)의 세계 속에 바치고 있는 배우들 역시 그것이 비록 순간적인 생명의 예술일망정 그들의 예술적인 창조는 그 속에서만 그치지 않고 그 세계를 초월하여 종교적인 신앙과 같이 영원한 진실과 통하고 있다는 것을 느끼고 있기 때문에 그들은 그렇게 무대에서 자신을 아낌없이 불태울 수 있었던 것입니다.

성난 노도와 같이 몰아치는 대사의 거친 호흡 소리를 통하여 연극에서의 시간의 흐름을 현실의 그것과는 판이한 속도로 이끌어 가고, 또 말 없는 침묵을 통하여 흐르는 시간이 정지한 영원한 시간 속에서 그들은 끝없는 내면의 대화를 계속하고 있는 것입니다. 그러면서도 그들이 폭발의 위기를 안고 꿈틀거리고 있는 감정을 강력히 억제하고 겉으로는 냉정한 표정을 일삼고 있는 것은 그러한 압축된 정서의 표현만이 연극의 시간과 공간의 제약을 초월하여 영원한 인간과 세계를 그들에게 느끼게 하며, 또 그러한 표현만이 눈에 보이지 않는 극적 진실의 모습을 드러내어 관객을 예술적인 열감(熱感)에 취하게 할 수 있게 하기 때문인 것입니다. 연극이 항상 우리에게 무한한 예술적인 노력과 기술을 기대하고 있는 까닭도 여기에 있는 것이 아니겠습니까? 연극의 진실이 연극 어디엔가 살고 있는 것은 확실하지만 사시사철 수줍음을 타고 깊은 곳에 숨어서 좀처럼 나타내려고 하지 않고 있으니 말입니다. 이쪽에서 먼저 그가 모습을 드러낼 수 있는 조건을 만들어 주기 전에는, 우리의 창조적인 열감으로 그가 나들이를 할 수 있는 포근한 연극 세계를 창조하기 전에는 막무가내로 버티고 무대에 등장을 거부하고 있으니 말입니다.[4]

이상과 같은 그의 글은 단순히 우리 연극인들에게만 국한한 것이 아니고 세계의 모든 연극인들에게 던진 자신의 메시지라고 볼 수 있을 만큼 그가 평생 연극 무대에 서고 또 연극을 만들면서 사색한 연극론의 핵심을 전한 것이었다. 그는 이 메시지에서 희랍 시대의 위대한 작가들이 왜 연극을 만들었는지 언급하였고 오랫동안 배우들이 제한된 공간과 시간 속에서 땀 흘려 창조한 것은 인생과 우주를 사색한 영원한 진실이었다고 설파하였다. 특히 그가 연극을 살아 숨 쉬는 생명체로 인식하고 객관화한 것이야말로 장기간 무대에 서본 데서 얻어진 결론이었음을 알 수가 있다.

그리고 그는 작품을 연출하면서 간간이 자신의 연극관의 편린들을 흘리기도 했다. 가령 그는 후배 작가 노경식의 희곡을 연출하면서 이런 글을 쓰기도 했다.

연극의 생명(生命)은, 그것이 무대 표현상 어떤 형식을 갖추든지 간에 — 전위극이든 부조리극이든 민속극이든지 — 궁극적으로 인생의 진실(眞實)을 밝히고 사물의 아름다움을 창출하며 인간 고유의 감성인 리리시즘[抒情性]을 획득하는 데 있다고 본다. 거짓이 아닌 인생의 깊이와 진실은 리얼리티 속에서 태어나고 사물의 아름다움은 조잡과 난삽이 아닌 고도의 세련성과 완성도에서 찾아지며 리리시즘은 때 묻지 않은 순수성의 소산이라고 알고 믿으면서 살아왔다. 그리하여 찬란하고 훌륭한 한 송이의 꽃으로 예술은 그렇게 피어나는 것이다. (……) 시고 떫은 풋과일이나 설익은 된밥이 되지 말고 푹 곰삭고 잘 익은 알차게 영글어서, 영롱한 보석으로 창조되는 연극예술의 그날을 내가 굳게 믿고 가까운 장래에 반드시 성취되기를 바라는 마음 간절하다.

이상은 노경식의 창작극 〈불타는 여울〉 공연 팸플릿에 쓴 연출의 변인 바, 구한말 충청도에서 의병운동을 일으켰던 애국투사 운강(雲綱) 이강년(李康秊)의 치열한 삶을 묘사한 이 작품을 연출하면서 그는 자신의 연극관의 일단을 피력한 것이다. 이 글에서 언뜻 느끼는 것은 그가 정통 보수주의자이면서도 후배들이 벌이고 있는 실험극운동을 도외시하지 않고 언제나 깊은 관심으

즐거운 여름의 한때

로 지켜보고 있었다는 사실이다. 당시 비슷한 또래의 연극 원로들은 젊은이들의 미숙한 실험극 작업을 거의 거들떠보지도 않았었다. 그러나 이해랑만은 누구보다도 분명한 색깔을 지닌 리얼리스트였음에도 항상 후배들의 작업에 귀를 기울였다. 그만큼 그는 열린 사고를 하고 있었던 것이다.

위의 글에도 나타나 있듯이 그는 대단히 융통성 있고 후배들을 따뜻하게 포용하는 넓은 그릇을 지닌 사람이었다. 가령 앞의 글에서 "전위극(前衛劇)이든 부조리극이든 민속극이든지" 운운한 것은 1970년대 이후 유행병처럼 극장가를 휩쓴 실험극과 마당극 등을 가리키는 말이다. 그는 이런 연극류도 연극의 한 장르로서 또 하나의 새로운 시도로서 충분히 인정해주었다. 다만 예술 작품으로서의 성숙도를 지녔느냐에 기준을 맞추고 있었을 뿐이다. 그러니까 그는 어떤 형태의 연극이든 그 연극이 궁극적으로 인생의 진실을 밝히고 사물의 아름다움을 창출하며 인간 고유의 감성이라 할 서정성을 획득하는 것이 목표로 되어 있다고 했다. 그런데 인생의 깊은 진실은 표피적인 속임수나 현란한 외형적 수사(修辭)가 아닌 리얼리티 속에서 태어난다고 보았으며 사물의 아름다움은 난삽(難澁)이나 조잡이 아닌 고도의 세련성과 완성도에서 솟아나는 것이라 했다.

그는 젊은 후배들의 실험 작업을 시고 떫은 풋과일이나 설익은 된밥에 지나지 않는다고 우회적으로 비판하면서 곰삭아 원숙한 것이 곧 좋은 예술 작품이라고 보았다. 젊은이들의 실험정신을 인정하면서도 그들과는 근본적으로 달랐던 자신의 연극관을 그는 연시 후배 작가 전진호의 〈인종자의 손〉이라는 희곡을 연출하면서 「허상의 진실」이라는 글에서 분명하게 밝혀놓았다. 그는 이 '연출의 변'에서 "연극이란 무엇인가? 연극의 진정한 가치는 어디에 존재하는가? 마치 한 역사를 창조하는 영웅과 같이 강력한 힘으로 연극을 앞으로 끌고 가는 인물, 광란의 바다에서 몸부림치는 인물에게 한때는 매혹된 일도 있었다. 그러나 그것은 연극에 첫발을 들여놓았을 때의 일이다. '죽느냐 사느냐' 하는 햄릿의 독백에서보다 요릭의 해골을 들고 인생의 무상을 노래하는 무덤 장면에서 또 레어티스와의 결투를 앞두고 '참새 한 마리 떨어지는 데도 하늘의 섭리가 있는 법, 올 것이야 언제와도 안 오겠는가' 독백을 하는 대목에서 더 큰 극적인 매력을 느끼기 시작했다. 불평과 불만, 무엇이든 이미 이루어진 것에 대하여 저항을 하고 있는 급진적인 소아병자의 행동에서보다 모진 인생에 지친 한 노인이 꾸벅꾸벅 초롱불 앞에서 졸고 있는 모습에서 더 큰 극적 가치를 발견하기 시작했다. 입을 열면 그대로 그 입에서 인생의 진실한 드라마가 쏟아져 나올 것 같은 그의 모습에서 나는 더 큰 극적 흥미를 느끼기 시작하였다. 고독한 인생의 깊은 심정에서 우러나오는 소리, 거기서 연극의 참모습을 보고난 후부터는 그 후 줄곧 나는 연극에서 인생의 고독을 애무하고 추구하여 왔다.

대화에서보다 그의 내면의 세계를 거짓 없이 털어놓고 있는 독백에서 더 큰 극적 가치가 존재하는 진실한 소리를 들었다. 앞에 서서 연극을 끌고 가는 인물에서보다 어쩔 수 없이 그 뒤를 따라가고 있는 인물에게 더 친근한 생각이 들었다. 그것이 운명이나 사회의 압력이거나 때로는 과거의 저지른 죄가 될 수도 있고 또 어느 특정인과의 대립에서 우연히 생긴 일일 적도 있으나 그러한 일들에 끌려서 그 뒤를 따라가고 있는 인물들에게서 나는 더 큰 내면적인 극적 가치를 느꼈다.

대화는 그 인물이 진정한 독백을 할 수 있는 고조된 극적 경지에 이르는 동안의 애기며 독백은 그 대화가 끝날 때, 대화의 저변에 숨겨온 연극의 실체적인 정신적 내용, 그 인물들의 내면의 생활을 들려주는 소리다. 설사 그가 입 밖에 내어 말하지 않아도 하고 싶은 말(독백)을 가슴속에 듬뿍 안고 있는 인물, 그러나 그것을 좀처럼 입 밖에 내지 않고 연극에 끌려만 가고 있는 인물에게서 나는 극적인물의 진정한 모습을 본 것이다. (……) 나는 오랫동안 연극의 허상의 진실을 찾아 헤매었다. 내가 아닌 남이 자연스럽게 행동하는 배우들의 변혁의 행동, 꾸며진 자연스러운 진실은 도대체 어디서부터 시작되는 것일까? 그 시발점에 연극의 진실이 숨어서 그 인물의 내면(독백)의 소리를

演劇의 眞實

演出 李 海 浪 〈藝術院 会長〉

「햄릿」의 연극 줄거리는 통속적이다. 아버지를 죽인
원수에 대한 복수로 시작하여 대단원에 가서 그 복수를
하는 데서 막을 내린다.

한밤중에 아버지의 망령이 나타나서 그의 아우 크로디어스
왕에게 피살되었다는 사실을 일러준다.

햄릿은 그와 유사한 연극을 시켜서, 보고 있는 왕의 표정에서
그에 대한 확실한 심증을 얻어낸다. 그러나 아무도 선왕(先王)이
그의 아우에게 살해되는 것을 본 사람은 없다.

물적 증거도 없다. 망령의 존재를 부인하고 연극을
거짓이라고 해버리면 「햄릿」은 그야말로 연극으로서
성립이 되지를 않는다.

연극 「햄릿」은 그런 것을 우리로 하여금 거짓이 아니고
진정한 사실과 같이 믿게 만들고 있다.

여기서 우리는 극작가로서의 셰익스피어의 천재적인 면모를
본다. 유려한 말의 향연에서도 그것을 느끼지만 점진적으로
엮어 나가다가 나중에 얘기를 종합해가는 그 과정의 교묘한
드라마투르기의 전개는 우리를 놀라게 한다.

믿을 수 없는 허구의 사실을 우리에게 진실한 것으로
믿게 한다. 그는 누구보다도 연극의 진실을 잘 알고 있었다.

종잡을 수 없이 이론이 구구한 「햄릿」의 성격, 거짓으로
미친 척하는 대목은 차지하고라도, 지성인으로 모든 것을
어지간히 참고 견딜 수 있는 그가 느닷없이 격정에 사로
잡힌다. 치미는 분노를 참지 못하고 인간을 저주하고
오피리어의 사랑에 행패를 부린다.

그리고는 또 레어티즈와 같이 무덤에 뛰어들어 가서는
오피리어에 대한 사랑을 호언으로 과장하고 있다.

이런 것을 한 장면만을 보고 그의 성격을 따지면 혼란이 온다.
그러나 그 이전과 그 다음을 연결하여 보면 그 결함이 곧잘
이해가 간다.

햄릿의 인물로 그러한 전체적인 드라마투르기의 논리적인
전개 속에서 교묘하게 성격이 통일되어 가고 있는 것이다.

사느냐? 죽느냐? 그것이 그에게는 언제나 문제였다.

그의 생각과 행동이 조화되지 않는 기로(岐路)에서 그는 언제나
정신적으로 방황을 하고 있었다. 그러한 그의 마음을 버선
속을 뒤집어 보이듯이 뒤집어 보일 수는 없다. 그저 그의 행동의
틈바구니에서 새어 나오는 소리를 듣고 우리는 「햄릿」의 극적인
진실을 느낀다.

진실이 현실에서는 침묵을 하고 연극의 세계에서는 입을
열 듯이, 대화에서는 가면을 쓰고 독백으로 진실을 말하고 있는
햄릿의 방황하는 괴로운 행동의 틈새에서, 그가 말하지 않고 있는
극적진실이 흘러나오고 있는 것이다.

나의 연출은 그 소리를 듣고 그것을 무대에 탄력적인 행동으로
옮겨 놓는 데 노력을 경주하였다. 삼 개월 동안을 하루같이
성실하게 열심히 연습을 하여준 연기자들에게 감사한다.

1985년 5월 햄릿 연출 팸플릿에 게재된 내용

내고 있는 것 같은데……. 내가 리얼리즘을 지향하여 온 것도 그 소리를 찾기 위한 것이었다. 그것이 확실히 현실에 존재하고 있는데도 그것을 보지 못하고 지나쳐버린 진실을 찾아서 그것을 연극의 극적 구성 속에 살려보기 위해서였다. 풍! 하고 깊은 우물에 돌이 떨어지는 소리, 현실에서는 좀처럼 자주 들을 수 없는 소리다. 들었어도 잊어버린 지 오래된 소리다. 현실에서는 들어볼 수 없는 소리, 인물들의 깊은 마음속에서 우러나오는 그런 소리를 연극에서 듣고 싶어서였다"[5]라고 썼다.

이상의 글에서 알 수 있는 것처럼 그는 진정한 리얼리스트로서 무대 깊숙이에서 들려오는 환상의 소리, 그것은 천상의 소리일 수도 있고 초자연의 소리일 수도 있는, 일상의 그 너머에서 들여오는 진실의 소리를 끌어내어 듣고 싶어 한 것이다. 사실 연극을 이처럼 깊이 명상한 경우는 외국에서도 찾아보기 어려울 것이다. 이는 사실 그만이 무대에서 경험하고 느껴온 연극의 본질론으로서 아무도 따라 할 수가 없는 것이다. 그렇기 때문에 그는 일찍부터 예술을 이데올로기 선전수단으로 이용하는 것을 제일 싫어했고, 리리시즘 같은 것이야말로 연극예술이 추구하는 한 목표로 설정한 바도 있으며, 그 리리시즘은 곧 인간의 내면적 순수함으로부터 오는 것이라 했다. 이처럼 그는 예술지상주의자였고, 정통 미학자였다. 그는 예술지상주의자이다 보니 연극 사조도 당연히 리얼리즘을 기본으로 삼을 수밖에 없었다. 따라서 그는 연극을 사회적 기능 측면에서 보기보다는 삶을 윤택하게 만드는 것을 최고의 덕목으로 보았다.

그의 연극에 대한 관점은 대단히 심원(深遠)하고 호한(浩瀚)한 면이 강하다. 20평도 안 되는 비좁은 무대 공간 속에서 이루어지는 연극이 광대무변한 우주와 연결되어 있는 점에서 더욱 그렇다. 그러니까 그는 연극을 관객의 가시권(可視圈)을 훨씬 뛰어넘어 우주로까지 확대시키고 있다는 이야기다. 그는 심포지엄의 글에서 배우예술과 관련하여 "연극의 세계는 본래 가시적으로 허용된 무대 공간의 제약 속에서만 존재하는 것이 아니고 무대에 장치해 놓은 창문을 통하여 그 밖에 존재하고 있는 사회와 국가와 온 세계 일류와 맥락을 통하고 있는 것이다. 무대에 선 배우의 연기 또한 그 호흡이 우리 생명의 호흡과 연결되어 있다"[6]고 했다.

그러면서 그는 셰익스피어의 〈햄릿〉의 한 장면을 예로 들었다. "햄릿, 아버님이 보이는군. 호레이쇼, 어디예요? 햄릿, 내 마음의 눈에……. 연극은 보이는 세계보다 육안으로는 볼 수 없는 세계에 더 큰 극적 가치가 존재하며 창조하는 사람의 입장에서나 보는 사람의 입장에서나 그들의 마음의 눈에만 그의 진실한 면모를 나타내 보이는 예술이다"라고도 했다. 이상의 짧막한 대목에서 알 수 있는 것처럼 그는 연극의 세계를 비좁은 무대 공간에서 펼쳐지는 것으로 한정하지 않고 인생과 사회, 그리고 더 나아가 무한 공간인 우주로까지 확대시켜 보고 있다. 따라서 그가 생각하는 무대 상의 연극은 물 위에 떠 있는 빙산의 일각이라 보는 것이다. 그러니까 무대 상의 연극은 압축된 인생의 일면에 불과하다고 본다는 이야기이다. 그러면서 그는 이렇게 설명했다.

연극인들은 모두 한결같이 연극 속에 압축된 인생을 표현하려고 노력하고 있다. 그들이 인생에 대하여 생각하고 느끼는 한없는 것들을 한정된 무대 공간에 압축하여 표현함으로써 우주를 상징하는 별빛처럼 아름답고 알찬 인생을 표현할 수 있다는 것을 그들은 알고 있다.

그가 일찍이 〈맥베스〉를 연출할 때, 출연 배우들에게 주문한 여러 가지 중에서 "우주와 같이 광대하게 생각하고 별과 같이 적게 표현하라"고 한 것도 바로 그의 연극관의 일단을 피력한 것에 다름 아니었다. 이러한 관점에서 배우들이 그려내는 그림을 보고 있노라면 그 표현 뒤의 무한대를 생각지 않을 수 없다. 그러니까 배우가 무대 위에서 표현하는 것은 비록 순간적인 것이지만 종교의 세계처럼 영원과 연결되어 있다는 것이다. 그는 이렇게 설명하고 있다.

자기의 모든 것을 가상의 세계 속에 바치고 있는 배우들 역시 그것이 비록 순간적인 생명의 예술일망정 그들의 예술적인 창조는 그 속에서만 그치지 않고 그 세계를 초월하여 종교적(宗敎的)인 신앙과 같이 영원한 진실과 통하고 있다는 것을 느끼고 있기 때문에 그들은 그렇게 무대에서 자신을 아낌없이 불태울 수가 있는 것이다.

이처럼 그는 연극을 대단히 진지한 눈으로 바라보고 있다. 따라서 그는 정한 바대로 연극을 어떤 수단이나 방편으로 쓰는 것을 가장 혐오했다. 그가 해방 직후의 이념적 갈등 속에서 우익 연극의 선봉장으로 나선 이유도 바로 그런 연극관의 확고한 신념에 따른 것이었다. 그는 연극을 마치 셰익스피어처럼 '우주의 질서' 개념으로 파악하고 있었던 듯싶다. 연극뿐만 아니라 예술 자체를 질서의 개념으로 인식한 것이 아닌가도 생각된다.

그가 절친한 사이였던 소설가 김동리와의 한 대담에서 "예술이라는 것은 예술가가 진실 속에 파고들어서, 우주를 혹은 이 지구를 혹은 인간이란 걸 창조해서 거기다가 하나님의 섭리에 의해서 어떤 질서를 제공하는 것과 같이 예술가가 현실을 정리해서 질서를, 예술 체계를 창조해야 하는데……"[7]라고 이야기한 데서 알 수 있듯이 그는 매우 심원하면서도 고전적인 예술관을 지니고 있었다. 따라서 그가 해방공간에서 연극을 이데올로기 선전의 수단으로 삼았던 마르크스주의자들과 첨예하게 대립했던 것은 너무나 자연스런 일이었다.

그가 후배 제자들에게 자주 들려준 이야기 중에 "연극을 가지고 무엇을 하려들지 말라"는 경구(警口)가 있다. 그러면서 그는 "연극은 순간의 현실이다. 예술의 장르 중에서도 가장 단명(短命)이면서도 집약적이고 강한 호소력을 지닌 게 연극이다. 무대에는 후세 영광이 깃들 수 없고 막(幕)이 오른 순간의 현재만이 중요하다"고도 했다. 따라서 그는 항상 참다운 배우는 순간에 영혼을 불사를 줄 아는 사람이라고 말했다. 막이 내리면 아무것도 남지 않는 것이 연극이지만 관객의 가슴속 깊은 곳에 삶의 진실을 전달해 주는 것이 바로 연극이라 했다. 연극을 하는 기쁨이라는 것도 결국은 연극을 진실로 사랑하는 관객의 가슴속에 환상의 그림자를 남기는 일 때문이라 말할 수 있다. 그렇다면 연극의 매력은 어디서 오는 것일까. 이와 관련하여 그는 다음과 같이 자신의 소견을 밝힌 바 있다.

좋은 연극을 보고 있으면 무대에서보다 오히려 무대 밖에 더 중요한 것이 있는 것 같은 것을 느끼게 한다. 그러나 뿌옇게 안개가 낀 것과 같이 흐린 세계(世界)는 아무리 눈을 뒤집고 보려고 하여도 잘 보이지를 않는다. 또 하나의 연극이 객석에서는 볼 수 없는 각광(脚光)을 받지 않는 곳에 숨어서 움직이며 무대에 연극을 팽팽하게 잡아당기고 있는 것 같은 것을 느끼게 한다. 관객은 연극이 끝날 때까지 그것을 보지 못하고 다만 그것을 어렴풋이 느끼고만 만다. 연극을 보고난 뒤에도 연극을 다 보지 못하고 그 일부만을 본 것 같은 아쉬운 생각을 금할 길이 없다. 그러나 그들은 결코 좋은 연극을 보고 실망하지 않는다. 반대로 오히려 그 때문에 연극에 매력(魅力)을 느끼고 또다시 극장을 찾아든다. 연극이 시작되기 전에 관객이 무대를 보지 못하게 닫아두고 연극을 하는 동안에만 열어두었다가 끝나면 다시 닫고 하는 메인 커튼 외에, 관객에게 연극의 어느 면을 영원히 보이지 못하게 닫아놓는 또 하나의 얇은 커튼이 연극 속에는 쳐져 있는 것 같다.

이처럼 연극이 '또 하나의 커튼 뒤의 인생' 존재 표현이라고 규정하면서 그것이 곧 연극의 매력이라고 말한 이는 적어도 이 땅에서 이해랑밖에 없었다. 그는 광범위한 독서와 오랜 무대 배우, 연출생활을 하면서 이러한 연극관을 창출한 것이다. 그런데 사실은 그에게 이런 연극관을 형성하도록 자극한 서구 작가가 있었다. 그가 다름 아닌 러시아의 근대 작가 '안톤 체호프'였다. 물론 그는 셰익스피어의 영향도 받았고 스타니슬랍스키나 메이에르홀드의 영향도 받기는 했다. 그러나 적어도 '또 하나의 커튼 뒤의 인생'이야말로 진정으로 연극이 그려내야 하는 것이라는 주장은 안톤 체호프의 신연극관(新演劇觀)이라 보아야 하지 않을까 싶다. 필자는 여기서 그 구체적 증거가 될 만한 안톤 체호프의 단편소설 「나무딸기」의 한 부분을 소개해보겠다.

(……) 이러한 인생을 한번 바라보십시오. 강자의 불손과 나태, 약자의 무지와 동물적인 생활, 가는 곳마다 빈곤과 궁색, 음주와 타락, 위선과 기만 등이 만연되어 있음에도 불구하고 어느 집이나 어느 거리나 조용하고 평온하기만 합니다. 인구 5만이나 되는 도시에서도 고함을 지르거나 악을 쓰거나 하는 사람은 거의 찾아볼 수 없습니다. 눈에 띄는 것은 시장에 식료품 사러가는 사람들, 낮에는 먹고 밤에는 잠을 자는 사람들, 날마다 되지도 않을 소리를 지껄이며 결혼을 하고 나이를 먹고 가까운 사람이 죽으면 조용히 묘지에 갖다 묻곤 하는 그런 사람들뿐입니다. 괴로워하는 자의 모습이나 목소리는 볼 수도 없고 들을 수도 없습니다. 인생의 가장 무서운 일들은 모두 남의 눈에 띄지 않는 무대 뒤에서 이루어지고 있습니다.[8] (방점 필자)

이처럼 안톤 체호프는 일찍이 그의 단편소설을 통해서 인생의 가장 중요한 일들은 잘 보이지 않는 막 뒤에서 일어난다고 설파한 바 있다. 체호프는 1955년에 발표한 「문학에 대하여」라는 글에서 좀 더 구체적으로 그 점을 설명한 바 있다.

무대 위에서 주인공들이 극적 효과를 일으키도록 요구하고 있다. 하지만 사실 우리의 실제 삶에서는 매 순간 총을 쏜다거나 목을 매 자살을 한다거나 사랑만을 이야기하고 있지는 않다. 또한 고상하고 현명한 것만도 이야기하고 있지도 않다. 사람들은 더 많이 먹고 마시고 쓸데없이 돌아다니며 어리석은 것을 이야기한다. 바로 이러한 것들을 무대에서 보여주어야 하는 것이다.

이상에서 알 수 있듯이 안톤 체호프는 표면에 드러나고 보여지는 인생은 범용(凡庸)하기 이를 데 없지만 막 뒤에서는 언제나 소용돌이 인생이 꿈틀 댄다고 보았다. 연극은 바로 그렇게 한 꺼풀을 가리고 보여주어야 한다고 주장한 것이 다름 아닌 안톤 체호프였다. 이러한 체호프의 예술관(연극관)에 대하여 유리 스쩨빠노프는 「러시아 문화의 글」(1997)에서 다음과 같이 해석했다.

바로 여기에서 우리는 체호프 자신만이 만들어낸 독특한 드라마적 수법의 원천을 발견하게 된다. 체호프는 무대 위에서 보이는 모든 것들은 우리의 삶에서와 마찬가지로 복잡하면서도 그와 동시에 단순하게 그려지도록 해야 한다. 왜냐하면 사람들이 단순히 식사를 하고 차를 마시고는 있지만 사실 바로 이때 그들의 행복이 이루어지기도 하고 그들의 인생이 무너지기도 하기 때문이다.[9]

이상과 같이 인생의 표면보다도 그 이면에서 더 중요한 일들이 벌어지는 것처럼 연극도 보이는 것보다도 막 뒤의 보이지 않는 곳에 더 중요한 연극이 있다는 것이다. 이러한 연극관을 이해랑은 우리나라에서 유일하게 수용하여 무대 위에서 실천해왔다. 그는 실제로 안톤 체호프의 작품을 가장 좋아한다는 말을 자주 했다. 그는 1967년 초 국립극장의 연출 제의를 받고 선뜻 체호프의 〈세 자매〉를 추천한 적이 있다. 그때의 연출 노트에는 이렇게 적혀 있다.

이해랑이 연출한 〈세 자매〉의 무대

국립극장 제46회 공연 〈세 자매〉 포스터(안톤 체호프 작, 이해랑 연출)

국립극단의 〈세 자매〉(체호프 작) 연출을 끝내고

국립극장에서 나에게 연출하고 싶은 작품을 추천해 달라는 부탁을 받고 나는 즉석에서 체호프의 〈세 자매〉를 추천하였다. 체호프까지 가자는 것이 연극에 눈을 뜬 후의 나의 숙원(宿願)이었다. 그중에서도 나는 〈세 자매〉의 극적 분위기를 다시 없이 사랑하였다. 군대가 떠나가는 대단원의 극적 정서는 나의 가슴에 잊을 수 없는 큰 감동을 주었다. (……) 내가 하고 싶은 연극, 내가 좋아하는 작품의 연출을 맡았으니 나로서는 힘을 다하여 좋은 연극을 창조하고 싶다.[10]

그렇다면 그 성과는 어떠했을까? 평론가 여석기는 공연평에서 "이 작품 역시 체호프의 모든 작품이 그러하듯 드라마의 결이 고운 특색을 지니고 있다. 행동이 행동으로서 노출될 수 있는 계기를 충분히 내포하고 있으면서도 내면화된 채 좀처럼 연극을 의식시켜 주지 않은 그런 연극을 의도함으로써 그는 '인간상을 저울질하는 섬세한 공정함'을 지니고 있다. 모여드는 데서 막이 올라 헤어지는 데서 막이 내리는 그 극 구조는 인생을 무대 위에 옮겨놓는 데에 은근한 맛을 풍긴다. 그 결과 맛을 세 자매의 각기 다른 인생의 자세 가운데 얼마나 아름답게 풍겨줄 수 있는가 하는 데 상연의 성패가 달려 있다고 한다면 역시 강조되어야 할 점은 연출(이해랑)과 연기가 빈틈없이 짜이는 데서 이룩되는 앙상블이라고 할 수밖에 없다. 그런 의미에서 이번 공연은 여러 가지 문제점을 안고는 있지만 하나의 도전이라 하지 않을 수 없다. 그 문제점들, 이를테면 연기의 내면화라든가 억제에서 오는 격조의 효과라든가 무대 전체를 좌우할 수 있는 호흡의 리드미컬한 흐름이라든가 하는 과제는 우리 연극이 여태껏, 거의 해결에의 착수조차도 해볼 겨를이 없었다는 의미에서 이런 근대극의 고전(입센을 포함하여)은 다뤄져야 할 것이며, 그 과제를 해결해 나가기 위한 제일보란 뜻에서도 이번 공연의 진지성은 충분히 살 만한 것이라 생각한다"[11]고 긍정적이었다고 했지만, 이해랑이 주안점을 두었던 '막 뒤로 감추기'는 여석기의 체호프 이해 부족으로 천착해내지 못했다.

여하튼 이상에서 확인할 수 있는 것처럼 이해랑은 체호프를 체질적으로 좋아했고 체호프가 그려놓은 세계에 탐닉했다. 물론 체호프의 가정 배경과 성장, 교육과정은 그와는 딴판이다. 왜냐하면 체호프는 가난한 잡화상의 여러 형제 중 하나로 태어나서 어려운 환경하에서 의학을 공부한 반면에 그는 상류사회 가정의 외동아들로 어려움 없이 자라고 또 예술을 공부했기 때문이다. 그러나 그 역시 어머니와 일찍 사별하고 외롭게 성장하면서 인생의 쓴맛, 단맛을 다 본 경우였기 때문에 우울하고 고독한 젊은 시절을 보낸 체호프와 만나는 지점이 있기는 하다. 따라서 그는 인생의 깊은 경지를 그려낸 체호프의 세계에 다가가고 싶어 한 듯싶다. 그는 체호프에 절대적으로 경도되어 있었지만 배우술이라든가 연출관에 있어서는 스타니슬랍스키에 많이 의존하기도 했다. 그러니까 결과적으로 그는 일생에 걸쳐서 러시아 근대극을 바탕으로 하여 자신의 연극관을 형성했다고 말할 수 있다.

2. 스타니슬랍스키와 그의 배우론

앞장에서 이미 소개한 바 있듯이 이해랑은 젊은 시절에 쓴 「연극의 본질」이라는 글에서 배우가 연극의 중심축이라고 갈파했었다. 그러면서 그는 한 언론과의 인터뷰에서 연극과 배우를 동시에 압축하여 "한 배우가 자기 자신을 떠나 다른 인물이 되고자 하는 것이 연극입니다. 그는 분칠을 하고 자기 것이 아닌 다른 의상을 입고 평소의 자기 음성이 아닌 목소리로 하지 않던 말을 하며 타인이 되려고 합니다. 그는 결코 그 꿈을 이룰 수 없으며 그것이 연극의 숙명입니다. 누가 더 가까이 갈 수 있느냐의 문제이지 연극에 결코 완성이란 있을 수 없는 것이며 연극이란 그처럼 엄청나게 큰 과제입니다"[12]라고 그 나름대로 정의한 바 있다. 그렇다면 그가 스타니슬랍스키와 체호프의 연극관을 어떻게 수용하여 자신의 배우론을 전개했는가를 살펴볼 필요가 생기게 된다.

그는 우선 서양의 배우술에 대해서 광범위한 독서와 체험을 통해서 그 모습을 설명했다. 많은 무대예술 장르에 있어서 배우라는 것은 무엇일까. 그는 배우의 본질 및 한계와 관련하여 "배우는 곧잘 자기의 몸에 반항을 기도하고 있다. 얼굴에 화장을 하고 자기의 것이 아닌 다른 의상을 입고 또 어느 때는 가면(假面)을 쓰고 음성과 동작을 평시의 자기와는 다르게 표현하여 자기 자신을 이상화한다. 그리고 실제의 그의 초라한 모습을 감춘다. 그러나 아무리 변신을 꾀하여도 그는 자기 자신에게서 다른 데로 도망을 갈 수는 없다. 극중인물의 창조의 가능성은 배우 자신의 육체적 조건에 한정되어 있기 때문이다. 시인과 작곡가에게는 원고지와 오선지(五線紙)가 있고 화가에게는 캔버스와 화필이 따로 있지만, 배우에게는 다른 예술가들처럼 창조의 매체가 분리되어 있지 않고 자기의 몸이 창작의 매체의 역할을 하고 있다. 마치 화가가 화포(畵布)에 그림을 그리듯 배우는 자기의 몸에다 그림을 그려야 하며 음악가가 악기를 연주하는 거와 같이 자기의 육체를 연주하여 노래를 불러야 한다. 배우는 여하한 인물을 창조하는 경우라도 자신이 직접 자기의 육체를 연주(演

奏)하기 위하여 무대에서 연기를 해야 한다"고 설명한 바 있다.

그러니까 원고 용지가 문인의 표현매체가 되고 오선지가 작곡가의 표현매체가 되듯 배우에게 있어서는 영혼이 실려 있는 몸 그 자체가 표현매체가 되므로 육체와 영혼을 예술적으로 가다듬는 것이야말로 배우의 최대 과제라고 본 것이다. 다 알다시피 극작가가 써놓은 희곡을 무대 위에서 서서 움직이는 문학작품으로 만드는 것은 배우이다. 극작가가 자신의 생각을 관중에게 직접 전달할 수는 없기 때문에 배우라는 중간매체를 활용하는 것이 아닌가. 특히 배우가 작가와 관객과의 중간에서 극작가의 생각을 전달해주기 때문에 아무리 심오하고 난삽한 철학이라 하더라도 대단히 쉽게 전달된다. 왜 그럴까.

그에 대하여 이해랑은 "배우가 그의 육체적인 행동을 통하여 관객을 감정적으로 설득을 하고 있는 데 큰 원인이 있다"고 보았다. 이는 정곡을 찌르는 지적이다. 배우가 이처럼 몸으로, 그것도 정서를 얹은 몸을 통해서 극작가의 생각을 관중에게 전달해주는 역할을 하기 때문에 우리나라에서는 유별나게 차별 대우를 받게 되었다고도 보았다. 육체를 동원한 의사전달이 배우로 하여금 사회적으로 인격적인 가치를 인정받지 못하고 천대를 받아온 요인이 되었다고 본 것이다. 즉 교회에서는 파문을 당하고, 배우의 간통은 법규의 적용조차 받지 못했으며, 여배우는 매춘부와 같은 존재로서 사회의 멸시와 천대를 받은 것이다. 더욱이 전통사회에서 놀이를 천시해 온 우리나라에서 배우의 존재는 비참하기 이를 데 없었다. 배우는 천민 중의 천민으로 유랑 걸식하는 경우가 적지 않았다.

서양에서도 고든 크레이그 같은 사람은 "배우의 연기(演技)는 예술이 아니다. 관객 앞에 몸을 드러내 놓는 일이 그들이 말하는 예술보다 훨씬 더 강한 자극을 주고 있다. 그러니 배우의 직업은 정신적인 매춘 행위다"라고 했으며, 이어서 "인간의 육체는 그 본래의 성질상 예술의 수단으로는 부적당하다. 배우의 육체는 정신을 노예화하고 배우의 감동은 억제할 길이 없어서 파괴적이다"라고 주장하면서 배우를 연극에서 추방하고 대신 초인형(超人形)을 활용

프랑스 파리 여행 중의 이해랑

하자고까지 극단적 견해를 표명한 바도 있었다. 이런 주장은 벗는 연극이 유행하는 요즘과 같은 세태에 어느 정도 들어맞는 것이라는 생각도 든다. 루노르만의 〈낙오자(落伍者)의 무리〉라는 희곡을 보면 한 무식한 육체파 여배우에게 전혀 대사를 주지 않고 무대 한구석에 세워두는 장면이 있었다. 그런데 연출가의 처사에 반발한 그 여배우가 연극이 한창 진행되는 중에 유방을 드러내 놓고 애무를 함으로써 관중의 시선을 자기에게 쏠리게 하여 연극을 망치게 했다는 내용이 들어 있다. 그만큼 배우의 육체라는 것은 절대적이다. 이와 관련해서 이해랑은 이렇게 설명한 바 있다.

배우예술(俳優藝術)의 창조의 대상은 어디까지나 그의 육체에 한정되어 있기 때문이다. 그리고 그의 예술도 그의 육체의 어디를 어떻게 눌러서 아름다운 소리를 나오게 하느냐 하는 가능성에 한정되어 있다. 그의 육체가 무대에서 각광을 받고 움직이며 연기를 하고 있을 때만 그의 예술은 존재하고 조명(照明)이 나가고 막이 내리면 그뿐이다. 그의 예술도 영원히 사라지고 그가 창조하여 놓은 인물도 동시에 사라진다. 체호프는 은퇴 공연을 마친 노배우를 통하여 그러한 배우예술의 순간적인 비애(悲哀)를 '백조(白鳥)의 노래'로 불렀지만, 연극이 끝난 후 극장의 어두운 복도를 걸어 나오면서 느끼는 비할 데 없이 허전한 고독감(孤獨感)은 모든 배우가 다 같이 뼈저리게 느끼는 체험이다. 그런데도 그들은 원점으로 굴러 떨어지기만 하는 돌덩이를 자꾸만 져 나르고 있는 시지프스와 같이 오늘도 허무(虛無)하기 그지없는 일을 되풀이하고 있다. 극작가의 지시와 연출가의 횡포를 감수하고 어두운 동굴 속에 숨어서 위협을 하고 있는 관객과 먹느냐 먹히느냐 하는 치열한 전쟁을 하면서 그들은 허구의 인생을 창조하고 있다. 그들이야말로 고달픈 여정(旅程)을 영원히 지속하고 있는 실존적인 존재인 것이다.[13]

주지하다시피 이해랑은 20여 년 동안 얼굴에 분을 바르고 연기 생활을 했다. 그렇기 때문에 배우의 생리를 누구보다도 잘 안다. 더욱이 상류 가정에서 어려움 없이 자란 그가 전통 사회윤리가 강하게 남아 있던 1930년대 후반부터 1960년대 초반까지 20년 이상을 무대 위에서 서성였다. 따라서 그는 배우의 고달픔과 고독을 몸으로 겪은 처지였다. 바로 그러한 체험에 입각하여 연출가로 변신한 뒤 그는 배우들에게 대단히 관대했다. 연습 도중 큰 소리를 내본 적이 없을 정도로 배우에게 인격적 대우를 해준 극히 드문 연출가였다.

그가 그렇게 연기 생활을 좋아했음에도 불구하고 연출가로 변신한 데는 두 가지 이유가 있었다. 첫째는 배우가 천시되는 우리 사회에서 자라나는 자녀들의 진로 문제를 신경 쓰지 않을 수 없었고, 두 번째로는 좋은 연출가가 없었기 때문에 직접 나서지 않을 수 없었다. 그는 언젠가 필자와의 대담에서 장차 자녀들의 혼사 문제가 대두될 때 자신의 직업이 배우라고 하면 상당한 장애가 될 것 같다는 이야기를 한 바 있었다. 실제로 그가 연출가로 변신한 때가 자녀들이 10대에 들어서였다. 한 뛰어난 연기자가 장차 자녀들의 혼사 문제를 생각해서 연출가로 변신할 수밖에 없었던 한국적 상황이 어처구니없는 것은 슬픈 일이다. 그러나 그는 배우 출신답게 배우를 대단히 주체적 입장에서 바라보고 또 옹호하는 입장에 서 있었다. 그는 연극을 창조하는 일의 삼각점에 서 있는 작가, 연출가, 배우와 관련하여 다음과 같이 설명했다.

1988년 2월 동남아 여행 중 가족과 함께
(우측부터 이해랑, 막내 사위 박정헌, 막내딸 은숙, 부인 김인순)

극작가는 배우에게 자기가 써놓은 작품의 인물을 충실하게 그대로 무대 위에 현실하여 주기를 바라고 있으며, 연출가는 자기의 지시에 따라 배우가 괴뢰와 같이 움직이며 행동하여 주기를 바라고 있다. 그러나 극작가가 작품을 쓸 때 머리에 그리던 인물의 이미지와 현실적인 존재인 배우가 무대 위에 표현하여 놓은 인물과는 언제나 현격한 차이가 있게 마련이다. 극작가에게는 그것이 불만이다. 그래서 배우에게는 희곡의 대사에 따라서 감정의 체조(體操)만을 시키고 자신이 직접 무대에 나와서 희곡을 낭독하는 성급한 극작가도 생긴 일이 있다. 그리고 또 연출가는 연극 전체에 동요와 혼란을 가져오고 자기의 연출(演出)의 자유스러운 창조 활동을 억압하고 있다. 더구나 희곡을 통하여 간섭을 해오는 극작가와는 달리 직접 배우에게 연기 지도를 하고 있는 연출가는 마치 전제적인 군주(君主)와 같이 배우 위에 군림을 했다. 이러한 사품에서 배우가 설 땅은 어디에 있는지, 또 실제로 배우가 그의 창조적인 기능을 발휘할 수 있는 여지가 얼마나 되는지 의심스럽다. 그런데도 불구하고 배우예술이 엄연히 존재하고 있는 것은 그 뿌리가 연극의 발생과 기원을 같이 하고 있는 역사적인 이유 때문인지⋯⋯.14

이처럼 그는 배우가 극작가와 연출가의 틈새에 끼여 얼마나 한 창조공간을 가질 수 있는가 하는 의문을 제시해 놓고 자신의 견해를 전개해 나가려 했다. 그러면서 그가 전제하는 것은 극작가와 연출가 또는 조명, 무대미술 등과 같은 것이 생겨나기 전에도 연극은 있었다는 것이었다. 이 말을 뒤집으면 극작가의 까다로운 요구 사항과 연출가의 끊임없는 압력의 틈바구니에서 기를 펴지 못하는 것이 배우지만 연극의 본질적인 존재로서 배우의 위상에는 시공을 초월해서 아무런 변화가 있을 수 없다고 보았다는 것이다.

그러면서 그는 변화무쌍한 배우에게 세 가지의 본질적인 얼굴이 있는데 그 첫째가 자기의 얼굴이고, 두 번째는 변혁을 꾀하여 그가 가져보고 싶은 얼굴이며, 세 번째는 남에게 비치는 얼굴, 즉 관중이 보는 얼굴이라고 했다. 그런데 배우가 갖고 싶어 하는 얼굴과 관객이 보는 얼굴 사이에는 큰 차이가 있다

예술원 회장으로서의 활동 모습(전시장에서의 이해랑)

는 것이다. 왜냐하면 관객은 무대에서 연기를 하고 있는 배우의 얼굴만을 보고 그가 한 인물이 되어 무대에 등장하기까지의 창조 과정의 얼굴을 보지 못하기 때문이라는 것이다. 그에 따라 배우예술에 대한 견해에도 많은 차이가 생길 수밖에 없다. 사실 배우는 스스로는 감동하지 않는다. 그는 언제나 느끼는 척하고 그 시늉만을 하고 있을 뿐이다. 그러한 배우의 연기를 보고 관객이 감동하는 것은 극적환상(劇的幻想)이 관객에게만 있기 때문이라는 역설적 배우론에 대해서 이해랑은 부정적이었다. 왜냐하면 관객이 자신들에게 비친 배우의 얼굴만을 볼 뿐 그 밖의 배우의 얼굴은 보지 못한다고 주장하기 때문이다.

연기 경험이 풍부한 그는 관객을 감동시키려고 할 때 자기 스스로 감동해야 한다는 데 동의한다. 자기 자신이 감동을 하지 않고 하는 대사는 상대를 감동시킬 수가 없다는 것이다. 타인을 움직이려면 먼저 자기 자신이 움직여야 하고, 상대방을 울리려면 자기 자신이 먼저 울어야 하지 않겠는가. 대사를 외우기만 해서 연기를 하는 배우와 대사의 내용을 이해하고 그것을 느끼면서 연기를 하는 배우와의 차이는 천양지차이다. 건성으로 외우기만 한 대사는 딴생각을 하면서도 되풀이할 수가 있다. 그러나 감정을 느끼면서 한 대사는 그 대사를 할 때마다 극중 인물의 내면을 실감하면서 연기를 하게 된다. 흔히들 배우를 단순히 남의 행위를 모방하고 있는 존재로 알고 있다. 그것도 외면적으로, 그러나 사실 배우들은 자기가 아닌 극작가가 창조해 놓은 인물, 즉 남이 되려고 내적인 변신의 노력을 하고 있는 것이다. 작중 인물이 되려고 배우가 먼저 작중 인물에게 접근을 시도하는 데서부터 배우의 창조적인 행동은 시작되는 것이다. 배우는 극중 인물이 처해 있는 환경에 자신을 적응시키려고 노력한다. 그러한 노력을 부단히 거듭하는 사이에 그와 극중 인물과의 거리는 좁혀진다.

극중 인물의 존재를 피부로 느끼고 또 극중 인물이 느낄 수 있는 것과 같은 유사한 감정을 그도 느끼기 시작한다. 그러면 희곡 속에 파묻혀서 언젠가 배우에 의하여 소생하기를 고대하고 있던 극중 인물이 희곡에서 걸어 나와서 그와 내적인 교류를 시작하는 것이다. 그리고는 그 후 그 전까지는 느끼지 못했던 무엇인가 뿌듯한 것을 가슴에 느꼈을 때, 배우는 그의 내면에서 속삭이는 소리를 듣고 귀를 기울인다. 그것이 다름 아닌 극중 인물의 소리인 것이다. 그것은 마치 학자가 진리 탐구에 열중할 때, 다이모니온이라는 어떤 소리를 듣는 것과 비교될 수 있을지 모른다. 그렇게 되면 어느 틈엔가 극중 인물이 배우의 내면에 들어와서 살게 된다. 그리고 자기가 하고 싶어 하는 대로 말을 하고 움직여 줄 것을 요구하고 있는 것이다. 때로는 강하고 약하게, 또 때로는 빠르고 느리게 그의 뜻대로 행동하여 줄 것을 지시하고 있다.

배우는 그저 극중 인물이 자기의 내면에 들어온 것을 소중하게 생각하고 그의 명령에 복종하며 감정적인 봉사를 한다. 그러면서 극중 인물이 지시하는

대로 느낄 수 있는 진실한 감정을 그도 내적으로 느끼고 그것을 실감케도 된
다. 그런데 여기서 주목해야 될 것은 그때 배우가 느끼는 감정은 어디까지나
배우의 것이지 극중 인물의 것은 아니라는 점이다. 그렇기 때문에 배우는 때
로 극중 인물의 감정에 깊숙이 빠져 들어갔다가도 어느 때고 곧잘 제자리를
찾아서 연극적인 현실로 돌아온다. 이는 곧 배우가 극중 인물에 빠져서 자기
를 저버리는 일이 없다는 이야기가 된다. 실제로 만약에 배우가 자기의 원
생활을 되찾지 못한다면 어떻게 되겠는가. 상상할 수도 없는 것이다. 그래서
배우에 따라서는 극중 인물에 너무 빠진 나머지 본래의 생활로 되돌아오는
과정에서 매우 심한 질환을 앓는 경우도 없지 않다. 샤레이핀이 보리스 고두
노프 역을 하면서 "샤레이핀이 보리스 고두노프의 역을 한 것이 아니고 그가
바로 보리스 고두노프였다"라는 칭찬을 받을 때도 샤레이핀은 어디까지나 샤
레이핀이지 보리스 고두노프는 아닌 것이다. 샤레이핀이 보리스 고두노프가
될 수 없다는 것은 누구보다도 샤레이핀 자신이 더 잘 알고 있다. 그럼에도
불구하고 관객에게 앞의 이야기와 같은 착각을 일으키는 것은 샤레이핀이 관
객의 극적 환상을 그렇게 자극할 만큼 성실하게 극적으로 자신의 변신을 꾀
했기 때문이다.

배우가 극중 인물의 지시에 따라 같은 행동을 몇 번이고 되풀이하고 있는
동안에 그는 자기도 알지 못하는 사이에 자기와는 다른 남의 행동을 하고 그
것이 자기의 몸에 밴 것을 실감케 된다. 배우가 극적인 변신을 꾀한 것이다.
이는 배우의 성격이 극중 인물의 성격으로 변혁된 것이다. 이때부터 배우의
연기가 시작되는 것이다. 따라서 관객이 배우의 연기를 볼 수 있는 것은 이때
부터이다.

관객은 극작가가 써 놓은 희곡에서 주인공을 불러내어 배우가 그 허상에
자기의 생명을 불어넣어 주는 과정을 볼 수 없기 때문에 배우의 창조 과정을
전혀 모르고 있다. 그래서 선머슴이 홑이불을 뒤집어쓰고 장난치듯 손쉽게 극
중 인물의 마스크를 빌려 쓰고 연극을 하고 있는 줄로만 알고 있던 관객이

어쩌다가 배우의 열정적인 연습 과정을 보게 되면 대단히 놀란다. 실제로 배우가 극중 인물의 동의를 얻을 때까지 또 자기가 그 감정이 정당하다고 느낄 때까지 같은 동작을 수없이 되풀이하면서 자기의 행동을 구체적으로 분석하고 음미하고 또 그것을 공연 때마다 느낄 수 있도록 섬세하게 구체적으로 기록을 해나가고 있는 것을 보고는 경탄을 금하지 못한다.[15]

이해랑은 배우에게 창조적인 과정과 무대 위에서 연기를 하는 표현 단계가 엄연하게 구분된다고 했다. 가령 배우의 창작 과정에서는 극중 인물과 감정을 통한 깊은 혈연관계를 유지할 수가 있지만 관객의 앞에 나서면 곧 무슨 위협을 가해올 것만 같은 관객의 존재가 그것을 방해하여 느껴야 할 것을 제대로 느끼지 못하고 기계적으로 연기를 하게 되는 수가 많다. 그러니까 관객은 연극의 절대적인 창조 요소지만 관객의 수준과 호응도에 따라 배우의 표현 강도는 달라질 수밖에 없다는 것이다. 그리고 배우가 신인일 경우는 관객에 대한 공포로 인해서 연습 과정의 기량을 충분히 표현하지 못하고, 노련한 기성 배우는 반대로 관객에 아부하여 과장 연기를 하기 일쑤이다. 그렇기 때문에 배우는 연습 중에 감정을 느끼고 움직일 때에 말의 억양과 몸의 움직임을 그의 신체적인 행동 속에 기록하여 둔다.

감정은 신체적인 행동을 자극하고 또 신체적인 행동은 그의 감정을 자극하여 준다. 배우가 감정을 느끼고 대사를 하고 움직이는 행동이 내적으로 정당한 것이면 그는 언제나 신체적인 행동을 통하여 같은 감정을 자연스럽게 우러나오게 할 수가 있다. 그래서 극작가가 대사를 희곡 속에 기록하듯이, 그는 신체적인 행동을 연속적으로 기록한 또 하나의 배우의 대본을 만든다. 그리고 그 대본에는 극작가가 희곡 속에 창조한 허구의 인물이 한 배우를 통하여 살아 나와서 연극 세계에서 현실적으로 생활을 하는 생생한 기록을 담는다.

일제 때 징용으로 일본 탄광에 끌려갔던 사람이 해방 후 20여 년 만에 풀려나서 귀향하는 장면이 있었다. 그 역을 맡은 배우는 그의 집 대문 앞에서 발이 떨어지지 않았다. 자기 집 문턱을 넘을 수가 없었던 것이다. 20여 년 만에 가족을 만난다는 벅찬 감정－그러나 그것보다도 그 극중 인물이 지내온 20여 년간의 생활을 모르기 때문에 그에게서는 그에 대한 자감(自感)이 우러나오지를 않았다. 희곡에서도 이에 대하여서는 아무런 언급이 없다. 극작가는 언제고 배우가 알고 싶어 하는 것을 전부 제공하여 주는 일이 없다. 고작해야 등퇴장과 "의자에 앉는다", "일어선다", "어디로 끌어간다" 등을 지문에서 말해주고 있을 뿐이다. 극중 인물에 관하여서도 그의 모든 것을 알고 싶어 하는 배우에게 대사의 창구만을 열어놓고 있을 뿐이다.

따라서 배우의 입장에서는 자기가 모르는 것을 표현할 길이 없다. 바로 여기서 배우는 이 모든 것을 보충하고 가공하기 위하여 희곡에 기록된 대사의 표면을 넘어서 대사의 창구를 통하여 그 이면의 세계에 파고 들어가야 하는 것이다. 그러니까 정서의 원천을 찾아서 대사의 심층을 더듬어 내려가야 한다

제1회 전국연극인대회에 참가한 이해랑

는 이야기이다. 그의 발길이 깊은 저변에 이르렀을 때 그는 서재에서 희곡을 쓰고 있는 극작가와 같은 창작의 시점에 도달케 되는 것이다. 바로 그 지점에서 배우의 발길은 멈춰진다. 그리고 그 시점을 배우는 창조의 시발점으로 삼는 것이다. 여기서 배우는 극작가와 같은 시점에서 자기가 극중 인물에 대하여 알고 싶어 하는 모든 것을 상상하고 그것을 통하여 극적 정서를 원천적으로 체험하는 것이다.

밑바닥이 썩어 들어오는 이유를 몰랐던 그는 그 저변을 흐르는 하수(下水)가 어딘가에서 막혀서 오물이 고인 것을 알게 된다. 그리고 배우는 그의 상상의 구도를 연극적인 현실에 맞추어 압축하고 자기의 육체적인 조건에 조화시킨다. 이는 곧 배우가 극중 인물이 되기 위한 내면적인 분장을 하는 것이다. 배우가 무대에서 하는 대사는 이 시점에서부터 극중 인물의 저변에서부터 우러나오는 소리인 것이다. 같은 일상적인 말도 무대에서 배우가 하는 대사를 들으면 훨씬 더 진실한 소리가 되어 우리의 가슴에 와 닿는다. 왜냐하면 배우의 대사 마디마디에는 과거의 인생이 짙은 그림자를 깔고 있고, 그가 하는 소리에는 눈앞의 사실보다도 과거가 더 큰 비중을 가지고 그의 심정을 지배하고 있기 때문이다. 작품에서 한 예를 들어보자.

> 그녀는 그가 파혼(破婚)을 선언하고 퇴장한 다음 조용히 자기의 의자로 가서 앉는다. 그리고 자기도 모르는 사이에 그에게서 받은 약혼반지를 만지작거린다. 손에 낀 반지를 뺏다가는 도로 끼고 또다시 뺏다가는 끼고 하면서……. [주제의 연기(演技)]

여기서 '그녀'는 그와 다정하게 보냈던 과거가 한꺼번에 밖으로 터져 나올 것만 같은 벅찬 감정을 이 작은 동작에 집중적으로 압축시키고 있는 것이다. 그녀는 다른 모든 외적인 동작을 억제하고 내면의 깊은 심층에서 우러나오는 소리에 귀를 기울이고 있는 것이다. 여기서 '그녀'는 표면에 나타나서 눈에 보이는 빙산의 일각보다 보이지 않는 곳에 가려져 있는 저변에게 알리기 위하여 현실적인 감정을 억제하고 있는 것이다. 결론적으로 말해서 속된 배우는 연극 현장의 인생을 표현하고 있지만 진실한 배우는 연극 속에 또 하나의 커튼으로 가려져 있는 인생을 표현하려고 노력한다. 왜냐하면 무대 위에 보이는 것이 연극의 전부가 아니기 때문에……[16]

이상은 그가 1982년 초겨울 한국연극협회 정기 워크숍에서 후배 연극인들에게 강연한 내용을 중심으로 그의 배우론(俳優論)을 살펴본 것이다. 결론 부분에서 확인할 수 있듯이 그는 사실주의 연극관에다가 안톤 체호프의 신연극관을 접목하고 그것을 다시 자신의 체험에 얹어서 자기화했다는 점에서 대단히 탁월하다고 보인다.

주지하다시피 배우는 모든 연극 창조자 중에서 관중에게 무대를 가장 가깝게 인격화하는 존재이다. 왜냐하면 관중이 보는 것은 오직 배우이기 때문이다. 자기의 육체와 음성을 극중 인물들에게 바쳐서 그로 하여금 살아 숨 쉬게 하는 것이 배우가 아닌가. 여러 가지 면에서 배우는 대단히 독특한 존재이다. 배우는 기본적인 표현수단이 자기 자신과 분리되지 않는 얼마 안 되는 예술가 중의 하나이다.[17]

배우는 자기 자신의 심리적, 지적 자질로부터 자신의 육체와 음성을 사용하여 창조한다. 그런데 이해랑은 인간에게는 배우 노릇을 하고 싶어 하는 본능이 있다고 보았다. 그는 배우가 연극예술의 핵심이라고 하면서도 정체성이라든가 사회 직업적 측면에서 보면 하잘것없는 존재라 했다. 그는 한 언론매체에 쓴 「연극 10화(演劇 十話)」라는 글에서 배우와 관련하여 "보잘것없는 존재, 허영심과 증오에 찬 질투심은 여느 사람 몇 배 크고 걸핏하면 이혼을 잘하는 것이 현실의 배우다"[18]라고 한 적이 있다.

그러면서 그는 "생각하면 배우처럼 어리석은 존재는 없다. 하나님이 주신 얼굴 외에 또 하나의 얼굴을 만들기 위하여 남을 모방하고 남의 흉내를 내는 일을 직업으로 하고 있는 것"이 배우라는 직업이라 했다. 가슴이 찢어지는

한국일보 연극영화TV예술상을 마치고

자신의 비극을 안고도 남의 흉내를 내기 위하여 무대에서는 우스운 짓을 하지 않으면 안 되는 어릿광대가 바로 배우가 아니냐는 것이다. 이처럼 그는 대단히 솔직하게 배우의 입장과 생리를 갈파하고 있다. 그의 배우관은 사대부 집안 출신답게 비교적 보수적인 면이 강했다. 그는 배우가 자신의 생리에 맞고 또 방황기의 자기 은폐에 더 없이 들어맞는다고 보아서 좋아했지만 그 직업을 객관화시킬 때는 매우 보수적인 각도에서 본 것이 특징이다.

특히 배우를 직업으로 삼아서 겪은 갖가지 수모와 냉대로 인해서 그의 배우관이 더욱 보수적이게 된 것이 아닌가 싶다. 그러나 그는 누구보다도 배우의 생리와 본질, 한계를 꿰뚫어 본 인물이다. 그는 배우를 가면을 쓰고 생활하는 존재로 보았다. 즉 배우는 캐릭터라는 등장인물의 가면을 쓰고 그 밑에서 자신의 감정생활을 하고 있는 것이라 했다. 등장인물의 가면 속에 숨어서 행동하고 있기 때문에 무엇이든 그 인물이 할 수 있는 행동을 대담하게 할 수 있다는 것이다. 가령 여배우가 규방에서도 하지 못하는 부끄러운 짓까지도 관중 앞에서 태연히 할 수 있는 것은 그들이 교양이 없어서가 아니라 단지 가면의 밑에서 대담해진 때문이라는 것이다.

위에서 대충 살펴본 대로 그의 연기관은 절대적으로 스타니슬랍스키 시스템에 근원을 두고 있다. 그가 스타니슬랍스키 시스템에 의존케 된 것은 시대적으로 보았을 때 1930년대였으므로 대학 수업, 또는 쓰키지 소극장에서 자연스럽게 스타니슬랍스키를 배웠던 데 따른 것이라 말할 수 있다. 거기다가 안톤 체호프의 신연극관을 접목시킨 것이었다는 이야기가 된다. 그뿐만 아니라 가정에서의 엄한 훈육이 스타니슬랍스키 시스템과 자연스럽게 연결된 것이라 볼 수 있다. 스타니슬랍스키 시스템의 본질은 역시 밀도 있는 훈련과 완벽을 향한 부단한 노력에 있다. 그러니까 스타니슬랍스키는 배우의 헌신적이며 꾸준한 노력에 모든 것이 갖춰져 있다고 보았다. 가령 8개 항으로 요약될 수 있는 스타니슬랍스키 시스템의 요체 중 첫 번째만 보더라도 "배우의 신체와 음성은 모든 요구에 즉각 반응할 수 있도록 철저하게 훈련되고 신축적이어야 한다"라고 되어 있고, 두 번째가 "배우는 실감나는 행동, 비지니스 및 대사를 통해서 그의 역을 진실 되게 구축할 수 있도록 리얼리티를 관찰하는 기술을 연마해야 한다"고 했다. 이처럼 스타니슬랍스키는 첫째부터 끝까지 배우의 철저한 훈련을 강조한 것이 특징이다. 이러한 스타니슬랍스키 시스템의 요체는 이해랑의 부친이 아들에게 좌우명으로 가르쳐준 "설익은 주먹은 내밀지 말라. 항상 단단한 주먹을 내놔라"와 닿아 있는 것이기도 하다.

그가 항상 후배나 제자들에게 강조하는 연기의 요체가 바로 철두철미한 훈련에 따른 앙상블과 작품 완성도였다. 그는 연기의 매력이라는 것은 극중 인물의 정서 속에 젖어 들어가기 위해 노력하는 것이라면서 연기의 중요성은 어디까지나 "대사 밑에 흐르고 있는 사상과 정서 속에서 나불나불 표피적(表皮的)으로 흘러서는 안 되고 그 진실을 찾는 것"이라 했다. 이는 스타니슬랍스키가 항상 강조해온 소위 '내재된 의미 캐기'와 연결된다고 볼 수 있지 않을까 싶다. 그러니까 텍스트 탐구에 따른 오랜 훈련 과정을 통해서 연기가 마치 무르익은 과일이 나무에서 떨어져 자연스럽게 대지의 품에 안기듯 해야 한다는 것이다. 그러면서 그는 배우는 천부적 재능이 30%이고 노력이 70%라는 결론을 제시하기도 했다. 사실 그는 젊은 시절에는 배우의 천부적 재능이 70%라 주장했었는데 중년에 접어들면서 50%로 줄이더니 노년기에는 30%로 감소시켰다. 그만큼 배우는 노력이 절대적이라 본 것이다.

그런데 흥미로운 사실 한 가지는 그가 배우의 연기를 항상 관객과 연결해서 파악하고 있었다는 점이다. 그는 배우가 무대 위에서 연기를 다 한다고 생각하면 안 된다고 했다. 2/3는 자기가 맡고 1/3은 관객이 맡아야 한다는 것이다. 그것을 모두 계산해서 관객의 상상력을 동원하는 차원까지만 연기하는 배우야말로 능숙한 연기자라는 것이다. 만약 그렇게 하지 않을 경우 배우는 관객들에게 생떼를 쓰는 과장 연기를 하게 된다고 했다. 그러나 그는 일반 관객의 속성을 대단히 부정적으로 보았다. 그는 관중의 속성이랄까 생리와 관련하여 "평소에는 도무지 웃을 줄 모르는 뚱딴지도 한번 극장 안에 들어가서 관객들과 자리를 같이 하고 관극(觀劇)을 하게 되면 그도 별 수 없이 옆에 있는 어리석은 관객들과 같이 이성을 잃고 큰 소리를 내어 웃는다. 현명한 사람도 어리석은 관객 속에 끼어들면 바보가 되어버리고 마는 것이다. 그동안 오랜 시기를 통하여 연극은 이러한 어리석은 관객심리에 의존하여 왔다"면서 그런 불건전한 관객의 비위를 맞추기 위하여 연극이 타락할 수는 없는 것이 아닌가 하고 개탄까지 한 바 있다. 그는 탐욕스럽고 감상적이며 몽매한 대중심리를 사회학자들처럼 예리하게 파악하고 있었던 것이다.

그러니까 그는 사회학자들이 대중심리의 허점을 간파하고 있었던 것처럼 관중심리를 분석적으로 보고 있었다는 이야기이다. 그는 특히 미국에서 셰익스피어의 〈오셀로〉 공연 때 주인공 오셀로가 데스데모나를 죽이려는 장면에서 관객 중 한 군 장교가 칼을 빼어들고 무대 위에 뛰어올라 배우를 죽이고 자신도 그 자리에서 자결했던 에피소드를 이야기하면서 연극과 현실을 구별 못하는 관중의 저능을 개탄한 바도 있다. 따라서 진정한 배우는 그런 몽매한 관객들을 무시하고 진실한 연극을 할 수 있을까 하는 문제로 부심(腐心)을 한다고 했다.

그러면서 그는 배우를 두 종류로 나누어 설명한 바 있었다. 즉 그는 애제자 장민호(張民虎)를 칭찬하면서 "교육을 받지 않고서는 제대로 배우 구실을 할 수 없는 연기자와 그의 직관으로 곧잘 연기를 익혀 나가는 배우가 있다. 전자가 창조 과정에서 많은 시간을 요하고 연출가의 손길이 가해지는 것을 기다리고 있는 데 반하여, 후자는 창조의 속도도 빠르거니와 성격의 파악이나 극적 흐름에 대한 인식에도 별로 오판을 하지 않고 오히려 세부적인 면에서 연출을 도우며 연출가의 일손을 덜어준다. 후자와 같이 연기자로서 연극을 리드해 나가는 배우를 흔히들 천성적 연기자라고들 하는데, 장민호가 바로 그런 연기자의 한 사람"[19]이라고 쓴 바 있다.

3. 연출관의 배경과 그 구체적 실제

이해랑은 한국 근대 연극사에서 매우 유니크한 존재이다. 왜냐하면 그가 비록 홍해성과 유치진으로부터 연출의 기초를 배우고 그들에 이어 세 번째 전문연출로 자리매김했지만 나름대로의 확고한 연출관을 수립하고 실천했던 점 때문이다. 일찍이 오스카 보로케트가 그의 저술에서도 지적했던 것처럼 세계 연극사에서 연출 이론을 정립하고 실천한 인물은 스타니슬랍스키였고 수많은 연출가들이 1950년대까지는 그의 연출론에 따라 창조 작업을 한 것은 숨길 수 없는 것이다. 그러다가 1930년대에 아르또가 등장하여 새로운 연출연기론을 설파하고 그로토우스키라든가 피터 부르크 같은 신예 연출가들이 스타니슬랍스키 연출론에 반기를 들고 색다른 창조 활동을 폈지만, 이해랑만큼은 그런 조류에 관심조차 두지 않고 오로지 스타니슬랍스키 연출론에 바탕을 두고 거기에 안톤 체호프의 영향을 가미한 정도로 자신만의 연출관을 세우고 끝까지 실천한 인물이라는 점에서 흥미롭다. 그리고 그는 선배 연출가들과는 달리 스타니슬랍스키 등의 연출론을 습득한 후 자기화하여 연출론을 편 점에서도 조금 색다르다고 볼 수가 있을 것 같다.

그렇다면 그는 일생의 업이었던 연출에 대해서 어떻게 생각했을까. 연출이란 일반적으로 극본을 해석하고 다른 분야 이를테면 무대미술이라든가 음향, 조명가 등의 노력들을 하나의 통일된 작품으로 통합하는 일이라 정의할 수 있다. 그러니까 마치 화가가 여러 가지 색감 등을 가지고 화판에 그림을 그려놓는 작업에 비유할 수 있다. 이 점에서 그의 연출관도 다를 바 없다. 그는 어느 일간지에 쓴 글 「연극 10화」에서 연출에 대하여 "배우가 분장을 하고 무대에서 각광을 받아야만 희곡의 인간은 비로소 생명을 얻을 수가 있는 것이며 또 우리와 같이 생활을 할 수가 있는 것이다. 이러한 현실적인 매력을 희곡에다 부여하고 그것을 행동으로 번역하는 역할을 하는 것이 소위 연출이다. 연출가는 정신적인 배우인 동시에 연극을 통일하는 존재"라 했다.

여기서 특히 주목되는 구절은 연출가가 '정신적인 배우'라고 한 부분이다. 이는 대단히 정곡을 찌른 지적이라 말할 수 있다. 왜냐하면 연출가나 배우가 희곡의 해석자라는 점에서 공통점을 가지지만 연출가는 배우처럼 무대 위에서 자신을 관객에게 보여줄 수는 없기 때문이다. 연출은 어디까지나 희곡과 공연의 중간에 위치한다. 바로 그 점에서 연출가는 희곡과 공연의 중개자에 불과하지만 작품을 만드는 배우 등 협조자들에게 명령을 하고 또 총지휘자로서 연극 주인공의 얼굴 노릇을 한다. 특히 1960년대 이후에는 연출의 역할과 기능이 커지면서 연출이 마치 연극의 핵심인 것처럼 착각하는 경향도 없지 않았던 것이다.

따라서 그는 당시의 왜곡(?)된 연출상에 대하여 비교적 비판적이었다. 처음부터 배우를 위협하고 호통을 치기에 바빠서 정작 연출가가 해야 할 앙상블에 관한 일을 하지 못하는 무능한 연출가들이 적지 않다고 보기도 했다. 겨우 집으로 들어가는 간단한 장면을 수없이 되풀이하여 배우의 얼을 빼놓고 또 마구 호통을 쳐서 배우를 울려 놓고는 그 당장에 자연스럽게 웃지를 못한다고 윽박지른다는 것이다. 연출가들이 때때로 모든 연극 부문 위에 서서 마치 제왕과 같이 연극을 지배하며 심지어는 배우를 부인하고 땅재주를 넘게 하는가 하면 배우를 소품과 같이 취급하며 그들 자신이 직접 대화를 하려 하고 있다는 것이다. 사실 그는 연극이 극작가의 독점물이 아니듯이 연출가의 독재역시 부정적으로 보았다.

그렇기 때문에 진정한 연출가는 오히려 연극에서 그 자신의 얼굴을 보여서는 안 된다고 했다. 그러니까 연출가는 언제나 배우를 통하여 배우 자신이 모든 것을 자기 힘으로 창조한 것처럼 느끼게 하면서 그 뒤에서 조용히 관객과 대화를 해야 한다고 했다.[20] 그는 대체로 온건한 자세의 연출가 입장에 섰던 인물이다. 그는 비평적 연출을 탐탁지 않게 보았고 모든 것을 포용하는

예술원 회원들과 함께 한 이해랑

지도자적 연출을 선호한 것이다. 즉 그는 배우의 잠재력과 필링(feeling)을 끄집어내는 연출을 하려고 노력했다. 마치 노련한 노덕 교사와 같은 입장을 취한 것이다. 그가 잠재력과 느낌으로 본 배우의 연기를 끄집어내는 것이 연출이 아니겠느냐는 것이다.

그래서 그는 배우의 억지 대사를 가장 싫어했다. 자연스럽지 못하기 때문이다. 연극이란 무대 위에서 그냥 생활하는 것이라 생각한 것이다. 이는 스타니슬랍스키가 "연기는 일상적인 인간행동의 연장"이라 한 것과 상통한다. 바꾸어 말하면 "좋은 연기는 곧 실생활 행동의 믿을 만한 모방"이라고 말한 것과 상통한다. 배우의 대사나 움직임이 자연스러워야 하는 이유도 거기에 있었다. 무대 위에 인생이 없다면 그것이 무슨 연극이냐는 것이다. 그래서 그는 항상 큰 소리 내지 않고 조용히 연출을 했다.

배우들이 가장 긴장하는 마지막 연습, 즉 리허설 때도 무대 위에 올라가 배우들 한 사람 한 사람에게 귓속말로 "어이, 그거 있지. 그거 있잖아!" 하는 식으로 마지막 정리를 해나가곤 했다. 달포간 연습을 한 배우들은 그의 귓속말을 떠올리면서 고쳐 나간다. 그의 연출은 배우와 연출가의 내면적 대화이고 교감이었다. 그렇다고 그가 건성건성 연출했다는 이야기는 아니다. 그는 대단히 치밀하고 철두철미했다. 그는 한 마디 대사의 브로킹을 위해서 1막 1장 전체를 꼼꼼히 읽었고, 다음 대사의 브로킹에도 그것을 또다시 반복했다. 그는 무대 위에 서 있는 배우의 눈의 방향 각도까지도 모두 지정해 줄 정도였다. 그는 연극은 과학적이어야 한다고 믿었다. 인생이란 인과가 있는 법인데 비과학적이어서야 되겠느냐는 것이었다. 따라서 그는 마치 양파 껍질을 한 꺼풀 한 꺼풀 벗겨 나가다가 마지막에 알맹이가 나와야 연극의 묘미가 있는 것이지 미리 다 보여주면 무슨 맛이 있겠느냐는 것이다. 조용한 연출가, 마치 명상하듯이 연출을 한 사람이 바로 이해랑이었다. 관중이 인간의 밑바닥 저 깊은 곳에서 울려오는 소리를 들어야 감동하지 않겠느냐는 것이다. 배우들로부터 내면의 소리를 끄집어내려면 그들을 기죽여서는 안 된다고 했다. 인간 의식의 심층을 분출하는 것이 연극인데, 연출가가 군림해서 호통치고 휘젓고 다닌다면 좋은 작품이 창조되겠느냐는 것이다.

따라서 그는 억지가 많은 실험극에 대해서 대단히 회의적이었다. 연극, 더 나아가 예술이란 것은 현실의 직역이 아닌 의역인데, 마당극 등 일련의 실험극은 모든 것을 현실과 직결시켜 문제를 삼는 경향이 있기 때문에 사려 깊은 인생을 표현하기가 어렵다는 것이었다. 그렇다고 해서 그가 모든 실험극을 부정적으로만 본 것은 아니다. 극단 산울림이 고정 레퍼토리로 삼아 매년 재공연하는 베케트의 〈고도를 기다리며〉(임영웅 연출)는 비교적 리얼리티가 있다고 긍정적 평가를 하기도 했다.

이처럼 그는 때때로 유연성을 지녔지만 대단히 전통적인 연극관을 고수하는 연극인이었다. 오죽했으면 뮤지컬마저 연극으로 보지 않으려 했겠는가. 따라서 이 땅에서 그와 같은 연극관을 고수하고서는 가난할 수밖에 없었다. 그 자신도 이 점을 너무나 잘 알고 있었다. 그가 부족함이 없는 가문의 종손이었음에도 불구하고 연극 때문에 수십 년간 생활고를 스스로 겪어야 했던 것은 잘 알려진 사실이다. 따라서 그는 한 인터뷰에서 "연극해서 배불리 먹을 수 없다는 것은 앞으로도 영원한 숙명(宿命)"이라고 자탄하기까지 했었다. 그는 연극으로 수입을 올리려면 관객을 많이 끌어들이는 수밖에 없는데, 관객수와 예술성은 불행하게도 반비례한다고 보았다.

그렇기 때문에 독특한 연출관을 지녔던 그는 어떤 연출가였으며 또 어디에 주안점을 두고 작업을 했는지 살펴보는 것도 흥미로운 일이 될 것 같다. 많이 알려져 있다시피 그는 작가가 내놓은 희곡을 극장 구조에 맞도록 수정해서 무대 위에 올리는 연출가에 속한다. 이는 또 한 형태인 희곡을 전혀 손대지 않고 무대 위에 올리는 연출가와 다른 유형에 속한다. 이는 그에게 연출을 가르친(?) 선배 유치진과 다른 점이다. 이처럼 그가 원작 희곡에 손을 대는 연출가가 된 데는 그의 개성과 관객의식, 그리고 수준 낮은 창작극의 양산 등에 기인한다. 그는 몇 가지 글에서 자신이 창작극에 손대지 않을 수 없었던 이유로서 무대를 모르고 문학적으로 희곡을 쓰는 신인들이 많았던 것을 개탄한 적이 있다.

가령 그가 쓴 「연출의 창조적 실제」라는 글에서 그는 "연출가의 입장에서 보면 창작극은 번역극보다도 훨씬 연출이 어렵다. 힘도 몇 배가 든다. 극작가와 같이 희곡을 다시 정리하는 데 주어진 연습 시일을 거의 다 보내게 된다. 그러니 연습 시일도 곱절은 더 가져야 한다. 그런 연후에도 연극의 흐름에 대한 관객의 반응을 이모저모로 재보고 생각하고 고치고 하다가 보면, 막을 올려야 할 공연 날짜가 임박해진다. 그렇게 해서 무대에 오른 연극은 짜임새가 부족하여 엉성하고 또 희곡과 마냥 씨름하다가 보니까 정작 연출을 하여야 할 곳에 손이 가질 않는다"[21]면서 번역극을 할 때도 자신은 나름대로 희곡에 많은 손을 댄다고도 했다. 그는 관객을 염두에 두면서 자신의 취향도 감안하여 원작을 어떻게 손질했는지를 그가 특별히 관심을 두고 연출했던 〈햄릿〉, 〈천사여 고향을 보라〉, 〈밤으로의 긴 여로〉, 〈세 자매〉를 예로 들어 소개한 바 있다. 이에 필자는 그가 특별히 좋아했던 이들 작품을 어떻게 수정하였으며 어디에 강조점을 두었는지를 후배 연출가들이 교본(教本)으로 삼을 수 있도록 여기에 그대로 옮겨보겠다.

〈햄릿〉 1막 1장

에루시노아 성. 호레이쇼와 마세레스, 버나드가 선왕의 유령을 만나는 장면을 생략하고 1막 2장부터 연극을 시작한다. 선왕의 대관식이 끝난 후 호레이쇼와 마세레스 버나드가 등장하여 햄릿에게 처음으로 1막 1장 에루시노아 성에서 선왕의 유령을 보았다는 이야기를 꺼낸다. 그리고 1막 4장 성벽 장면에 가서 햄릿, 호레이쇼, 마세레스, 버나드 네 인물이 등장하여 선왕의 유령을 만난다. 1장에서 선왕이 등장하지 않고 4장에 가서 처음으로 등장하여, 자기 아우에게 피살된 이야기를 털어놓으며 하나하나 숨겨진 이 연극의 동기를 밝힐 때의 극적 효과는 그야말로 관객으로 하여금 숨을 못 쉬게 한다.

선왕의 망령을 1장에서 보지 못하고 4장에서 처음으로 등장한 것을 본 관객들은 선왕의 말을 한 마디도 놓치지 않으려고 바짝 긴장하여 귀를 기울인다. 그리고 그 긴장감은 그대로 자꾸만 고조되어 앞으로 전개될 연극에 대한 기대를 부풀게 한다.

이상과 같이 그는 가능하면 극적 효과를 극대화하기 위하여 어떤 방면을 제외하거나 바꾸기도 했었다. 그가 현대극으로서 가장 좋아한 편이었던 〈천사여 고향을 보라〉에서도 특이한 연출효과를 기대하고 약간의 변형을 시켰던 바 다음과 같이 그 내용을 설명하였다.

나는 또 토머스 울프의 〈천사여 고향을 보라〉에서 비석 작업장 장면을 모두 들어 냈다. 그 장면이 이 연극에서 희극적 위안을 주기는 하지만 주인공 유진과 로오라의 러브신에는 걸맞지 않았기 때문이다. 고정된 무대에서 연극이 진행되는 동안에 가끔 낙엽이 떨어지고 날카로운 기적의 울부짖음으로 정적이 깨지는 하숙집 마당에서 이들이 러브신을 하는 것이 훨씬 더 어울린다. 무대장치를 바꿀 필요도 없다. 그 장면에서 그대로 하게 되니 연극의 흐름도 그들의 러브신과 같이 아름답게 이어진다.

다음에는 유진 오닐의 〈밤으로의 긴 여로〉를 예로 들어보자.

티로운 가의 여름 별장 거실. (정면에 커튼이 달린 더블 도어 두 개, 오른쪽에 더블 도어는 베란다로 통한다. 이 베란다는 이 집의 절반을 두르고 있다. 오른쪽은 앞으로 창이 세 개가 있으며 항구의 부두가 내다보인다.) 그러니까 2층으로 통하는 계단은 객석에서는 보이지 않는 무대 후면에 설정돼 있다. 유진 오닐이 설명한 〈밤으로의 긴 여로〉의 무대장치다.

티로운 그놈의 약을 또 먹겠다는 거지?
그따위 짓을 하다가는 날이 새기 전에 도깨비같이 될 걸.

메어리　무슨 말씀이세요. 당신은 좀 취하면 입에 담지 못할 말씀을 하시는군요. 세 부자가 똑같아. 다 나빠요. (바깥 창을 통하여 나간다) 메어리는 마약을 먹으러 2층으로 올라가는 것이다. 그러나 객석에서는 메어리가 오른쪽에 더블 도어를 나가는 것만 보일뿐 계단으로 올라가는 것을 볼 수가 없다. 티로운은 어떻게 해야 할지를 모르고 갈팡질팡하다가 뒷방을 통해 식당으로 퇴장한다. 이 작품의 3막 막막음 장면이다.

티로운　(2층에서 무슨 소리가 들린다. 그는 깜짝 놀라 공포에 사로잡힌다) 들리자? 너의 어머니가 왔다 갔다 하지 않니? 자고 있는 줄 알았는데.

에드먼드　어머닌 몇 시에 올라가셨어요?

티로운　네가 나가자 금방이지. 저녁도 안 먹겠다고 하더라. 넌 왜 나가버렸나?

에드먼드　드세요. (얼른 술잔을 든다)

티로운　그래 쭉 들이켜라. (그들 마신다. 티로운 다시 2층 소리에 귀를 기울인다. 겁을 먹으며) 왜 저렇게 왔다 갔다 할까. 내려오지 않았으면 좋겠다.

에드먼드　그래요 어머닌 유령이 되어서 과거 속을 드나드시는 거예요.

제4막 한밤중이다. 부자간에 술잔을 들며 카드놀이를 하다가 메어리가 2층에서 왔다 갔다 하는 신발 소리를 듣는다. 멈췄던 신발 소리가 또 들린다. 티로운은 카드를 멈추고 2층의 소리에 귀를 기울인다.

티로운　또 왔다 갔다 하는구나. 대체 언제 잘 셈이야.

에드먼드　……그래요 어머닌 저의 머리 위에서 손이 미치지 않는 곳에서 움직이시는 거예요. 과거 속을 방황하는 유령이죠 우리는 여기서 이렇게 그 소리를 놓치지 않으려고 귀를 기울이고 있구요.

그들이 2층에서 들려오는 소리에 신경을 쓰고 지쳐 있을 때 갑자기 바깥방 샹들리에가 켜지면서 누군가가 그 방에서 피아노를 치기 시작한다. 피아노 소리가 시작할 때와 같이 갑자기 멎는다. 메어리가 문께 나타난다. 잠옷 위에 하늘색 가운을 입고 레이스로 깃을 댄 고풍의 흰색 결혼 의상을 한 팔에 걸치고, 이 연극의 대단원 장면이 시작되는 것이다.

그러나 유진 오닐이 생각한 전기한 무대장치를 가지고서는 난 도저히 감동적인 이 장면에 극적 뉘앙스를 살릴 수가 없었다. 그래서 관객이 볼 수 있게 무대 상수 전면으로 끌어냈다. 정면에 밖으로 통하는 더블 도어를 없앴고 그 대신 벽과 망사 창을 두르게 했다. 그리고 하수에 도어를 두어 밖으로 출입을 하게 하였다. 내가 이렇게 장치를 바꾼 것은 안개를 상징하는 이 작품의 신비적인 분위기를 살리는 것만도 아니었다. 서로가 서로를 다 같이 아끼고 사랑하면서도 사소한 일로 또 서로가 서로를 헐뜯고 공격을 하고 책임을 전가하고 있는 극중 인물들의 내적인 갈등을 살리기 위해서였다. 그것을 그들이 더 강력한 극적 행동으로 무대에 증명할 수 있게 하기 위해서였다.

메어리는 3막 막막음에서 정면 더블 도어를 통하여 퇴장하지 않는다. 관객이 볼 수 있게 무대 상수 전면으로 끌어낸 계단을 통하여 2층으로 퇴장한다. 약 기운이 떨어져서 몸이 떨리는 것을 억지로 진정을 하고 한 발 한 발 천천히 계단을 밟으며 2층으로 올라간다. "무슨 말씀이세요. 당신은 좀 취하시면 입에 담지 못할 말을 하시는군요. 세 부자가 똑같애. 다 나빠요" 하는 대사를 지껄이면서…… 티로운 꼼짝도 않고 화석처럼 묵묵히 이것을 지켜보고 서 있는데 막을 내린다. 메어리가 보이지 않는 바깥방을 통하여 퇴장하는 원작의 막막음과는 연극의 저변을 흐르는 극적 뉘앙스의 차원이 달라진다. 이렇게 2층으로 통하는 계단을 관객에게 보이게 한 효과는 대단원에 가서 더 큰 감동을 가져왔다. 피아노 소리가 2층에서 들린다. 피아노 소리가 시작할 때와 같이 갑자기 멎는다. 2층 침실 문을 여는 소리. 불빛이 계단에 비치고, 관객이 보는 앞에서 메어리가 잠옷 위에 하늘색 가운을 입고 한 팔에 결혼 의상을 걸치고 한 발 한 발 계단을 내려올 때 관객의 극적 흥분은 절정에 달한다.

무대에 선 극중 인물과 같이 객석의 관객도 극적 흥분을 감추지 못하고 숨을 죽이며 그녀의 행동을 지켜본다.

"꼭 있어야 할 텐데 그것이 있을 땐 쓸쓸하지도 않고 두렵지도 않았어."

자기 팔에 걸치고 있는 결혼 의상을 찾고 있다. 약 기운으로 몽롱해진 것이다. 그보다도 그녀는 마약을 먹은 것을 가족들에게 숨기기 위하여 딴전을 부리고 있는지 모른다.

3막 막막음. 바로 얼마 전.

메어리가 2층으로 마약을 먹으러 계단을 올라가는 것을 티로운과 같이 관객도 지켜보고 있었다. 4막에서 부자간에 카드놀이를 하고 있을 때 2층에서 들려오는 무슨 소리를 듣고 티로운은 깜짝 놀라 공포에 사로잡힌다. 무슨 소린지 분명치가 않다. 메어리는 그 후에 한 번도 내려온 적이 없다. 그 소리는 분명히 메어리가 2층에서 왔다 갔다 하는 소리다. 그러나 무엇 때문에 저렇게 왔다 갔다 하는지를 모른다. 관객도 마찬가지다. 그리고 갑자기 피아노 소리가 들리고, 시작할 때와 같이 갑자기 또 멈춘다. 무엇에 홀린 거와 같은 극중 인물과 같이 관객도 말없이 2층을 지켜보고 있는데 멈추었던 신발 소리가 다시 들리기 시작한다.

에드먼드   그래요 어머닌 저의 머리 위에서 손이 미치지 않는 곳에서 움직이고 있는 거예요. 과거 속을 방황하는 유령이죠 우리는 여기서 이렇게 그 소리를 놓치지 않으려고 귀를 기울이고 있구요.

그러나 그것은 메어리가 헤매는 먼 과거 속에서만 들려오는 소리가 아니다. 지금 그들이 보고 있는 그들 앞에 놓여 있는 계단과 연결된 2층에서 곧장 관객들에게 들려오는 소리다.

"무슨 말씀이예요. 당신은 좀 취하시면 입에 담지 못할 말씀을 하시는군요 세 부자가 똑같애. 다 나빠요" 하고 3막 막막음에 메어리가 계단을 올라가면서 하던 연극과 그대로 연결된 곳에서 들려오는 소리다. 그래서 그 소리는 관객을 더 무겁게 내리누르고 있는 것이 아닌가. 그 중압감으로 더욱더 극적 긴장을 고조시키고 있는 것이다.

이처럼 이해랑은 〈밤으로의 긴 여로〉를 작가의 입장에서보다도 순전히 관객을 연극 창조의 한 파트로 삼아서 연출의 강조점을 어디에 둘 것인가를 고민하고 작업하였다.

다음으로 〈세 자매〉는 어떻게 접근했는지를 살펴보기로 하겠다. 이와 관련하여 그는 "시(詩)는 작가의 대사 속에서만 막연히 존재하고 있는 것이 아니다. 연출가가 창조한 현실 속에, 희곡 그밖에 장치, 조명, 효과 그리고 배우의 연기를 종합하여 이루어지는 전체적인 예술적 조화의 숨결 속에 훨씬 더 아름다운 연극의 시는 흐르고 있었다"면서 〈세 자매〉 연출의 배경을 구체적으로 설명했다.

체호프 〈세 자매〉 4막 막막음. (무대에는 큰딸 올리가, 둘째 딸 마아샤, 셋째 딸 이리이나 모두 무대 뒤에서 연주하는 악대의 행진곡에 귀를 기울이고 있다)

올리가	출발이군. (체부뛰이킨이 조용히 등장한다)
체부뛰이킨	올리가?
올리가	왜 그러세요? (사이) 왜 그러세요.
체부뛰이킨	글쎄 뭐라고 말했으면 좋을지. (귀에다 대고 소근거린다)
올리가	(놀라며) 아니 그럴 수가…….
체부뛰이킨	그러기에 말입니다. 난 이제 지쳐 버렸습니다. 인제 말 한 마디 할 기운도 없어요.
마아샤	무슨 일이야?
올리가	(이리이나를 껴안고) 이리이나 뭐라고 말해야 좋을지 모르겠구나.
이리이나	무슨 일인데 빨리 말해줘 무슨 일이야? 얼른!
체부뛰이킨	남작이(이리이나의 약혼자) 결투를 하다 금방 사살됐습니다.
이리이나	전 알고 있었어요, 알고 있었어요. (세 자매 꼭 붙어서 같이 자리에서 일어난다)

마아샤	오 저 음악 소리는…… 군인들은 모두 우리에게서 떠나가고 또 한 사람은 이제 아주 가버리고
	(이리이나 올리가의 가슴에 머리를 파묻고 운다)
올리가	(두 동생들을 껴안는다) 음악은 저렇게 쾌활하게 씩씩하게 울리고 있는데…… 저것을 듣고 있으면 살고 싶은 욕망이 생겨나는데…… 오 하느님 세월이 지나면 우리들도 영원히 가버리고 우리의 얼굴도 목소리도 우리가 살아 있었다는 것도 모두 잊어버리게 될 테지요. 음악은 저렇듯 기쁘게 울리고 있는데…… 좀 더 있으면 우리들에게도 우리들이 어째서 살고 있고 무엇 때문에 고생을 하고 있는지 알게 되겠지요. 아 그것을 알 수 있었으면……. (음악 소리 점점 멀어진다)
올리가	아 그것을 알 수 있었으면 그걸 알 수 있었으면…….

이 장면은 처음 연출한 스타니슬랍스키도 체호프의 생각대로 그대로 연출을 하여 성공한 장면이다. 그 후 대개의 구미 연출가들도 그대로 연출을 답습한 장면이다. 그렇게 연출을 해서 올리가, 마아샤, 이리이나 세 자매가 단조로운 일상생활에서 오는 고독감을 씻고 새로운 생활에의 출발을 동경하며 다지는 시적 분위기를 고조시킨 장면이다. 그러나 극작가가 혼자서 기분에 취하여 조용히 노래를 부르는 시(詩)보다는 연극인 모두가 관객과 함께 취해서 부를 수 있는 연출가의 시, 어디까지나 극적인 감동을 자아낼 수 있는 연극의 시를 창조하고 싶었다.

무대 위에서 악대가 행진곡을 연주한다. 체부뛰이킨이 등장하여 올리가를 부른다. 가까이 온 올리가의 귀에 대고 소근거린다. 그리고는 후면 벤치에 가서 앉는다. 올리가가 놀라는 것을 보고 마아샤가 올리가에게로 와서 무슨 일이냐고 물으면 이리이나도 느티나무 밑에까지 따라와서야 묻는다. 올리가와 마아샤는 무대 중앙에서 약간 상수 편 전면에, 그리고 이리이나는 하수에 있는 느티나무 그늘 밑에 서 있다. 체부뛰이킨이 이리이나의 약혼자 남작이 결투를 하다가 사살됐다는 말을 할 때의 인물들의 위치이다. 이리이나는 올리가와 마아샤한테서 떨어진 곳에 서 있다.

그러니까 올리가가 이리이나를 껴안을 수도 이리이나가 올리가의 가슴에 머리를 파묻고 울 수도 없고, 또 올리가가 두 동생을 껴안을 수도 없다. 세 자매가 꼭 달라 붙어서 자리에서 같이 일어서서 할 수도 없다.

이 장면에서 세 자매가 모스크바에 대한 꿈이 깨지고 쓸쓸한 인생의 고독을 느끼는 좌절감은 각기 다르다. 그녀들의 행동을 똑같이 통일할 수는 없다. 세 자매의 행동을 억지로 같이 맞춘다는 것은 부자연스럽기 그지없다는 것이 나의 생각이었다. 이리이나는 그저 그 자리에 꼼짝 않고 서 있다. 한 잎 두 잎 느티나무에서 낙엽이 진다. 음악은 저렇듯 쾌활하게 씩씩하게 들리는데…… 올리가의 대사가 끝날 무렵에는 낙엽이 우수수 떨어지기 시작한다. 음악 소리는 멀어져 가고 조명이 황혼으로 접어들면 무대는 자꾸 조용해지기만 하는데, 정면을 응시하며 대사를 하고 있던 올리가는 아 그것을 알 수 있었으면…… 하는 대사를 하면서 마아샤에게로 시선을 돌린다.

그리고 다음에 이리이나를 돌아볼 때는 무엇인가 가슴에 찢어질 것 같은 벅찬 감동을 느낀다. 절규하고 싶은 심정을 가라앉히며 같은 대사를 제대로 이어 가지를 못하면서 억지로 반복을 한다. 마아샤의 시선도 올리가를 쫓아서 이리이나에게로 쏠리고 있는데 그동안 꼼짝 않고 서 있던 이리이나가 갑자기 쓰러진다. 막.

나는 이리이나 역을 맡은 여배우에게 십 분이고 이십 분이고 얼마든지 네가 버틸 수 있을 때까지 견디다가 쓰러져도 좋으니 한 번 버틸 대로 버티어보라고 했다. 그랬더니 한껏 한다는 것이 불과 일 분을 채우지 못하고 쓰러진다. 일주일 공연 동안 내내.[22]

이상에서 확인할 수 있는 바와 같이 그는 스타니슬랍스키의 내면연기술에 기반을 두고 관객을 창조의 한 파트너로 삼고 연출을 함으로써 이해랑 스타일의 연출기법을 창출했던 것이다.

4. 인생 황혼을 불태운 열정

이해랑은 연륜이 더해 갈수록 연출에 대한 열정을 더해 갔다. 그는 1년에 한 작품을 반드시 연출한다는 목표를 세우고 따뜻한 봄날이나 선선한 가을에는 한 작품씩 무대 작업을 했다. 동국대학교를 정년퇴임한 다음에는 모든 열정을 연출에 쏟아 붓는 듯 보이기까지 했었다. 그에게 연출을 의뢰하는 단체는 대체로 국립극단과 신협, 그리고 신생 사조(思潮)였다. 그는 여타 극단들의 부탁은 받아들이지 않았지만, 이들 세 극단에는 그의 연출 철학을 어느 정도 이해하는 배우와 스탭진이 있어서 아무런 거리낌 없이 응해주곤 했다. 그의 만년에 해당되는 1980년대 중반에 들어서부터 그는 레퍼토리 선택에 신경을 많이 썼다. 이 기간에는 그가 젊은 시절 깊은 생각 없이 했던 작품이나 아니면 노년과 죽음에 관한 주제의 작품을 선호했다.

그런 중에도 우리의 주목을 끄는 레퍼토리로서 그가 평생 다섯 번째 연출을 맡은 〈햄릿〉을 손꼽을 수 있다. 사실 그는 셰익스피어를 그렇게 흠모하지는 않았다. 체호프나 유진 오닐처럼 존경하지는 않았다. 그러나 〈햄릿〉만은 그에게 운명과도 같이 깊은 인연을 갖고 있었다. 그가 〈햄릿〉을 처음 만난 것은 1948년, 전국 대학극 경연대회에 참여한 중앙대학교 연극반 연출을 맡았을 때였다. 그가 만든 〈햄릿〉에서 주역을 맡았던 최무룡(崔戊龍)과 박현숙(朴賢淑)은 연기상을 받았고 뒷날 뛰어난 영화배우와 극작가로 대성했다. 이들이 그처럼 될 수 있었던 것은 천부적 자질과 노력에 의한 것이었겠지만 청년 연극인 이해랑의 열성적 지도도 한 가지 요인이 되었을지 모른다. 왜냐하면 그때 이해랑은 셰익스피어에 대한 온갖 지식을 모두 동원하여 〈햄릿〉을 연출했기 때문이다. 당시 호레이쇼 역으로 출연했던 이종문은 제약회사 종근당의 창업주 이종근의 동생으로 종근당을 떠나 미국에서 창업하여 크게 성공한 Ambex 그룹 회장이다. 현재 미국 샌프란시스코에 거주하고 있다.

그가 두 번째 〈햄릿〉을 연출한 것은 3년 뒤 대구 피난 시절 극단 신협이 붐을 일으키기 시작했을 때였다. 그때 평생의 친구로서 당대 최고의 배우였던 김동원이 마음껏 실력을 발휘할 수 있도록 작업하여 명연출, 명연기의 〈햄릿〉을 만들었다. 그가 만든 두 번째 〈햄릿〉은 전쟁 중에 고통에 신음하던 피난민들을 위무해 주고 신협 붐을 일으키는 촉진제 역할까지 했다.

세 번째 〈햄릿〉 연출도 매우 중요한 계기를 만든 공연이었는데, 그것이 다름 아닌 1961년 드라마센터 개관 기념 공연에서였다. 당초 설립자 유치진이 연출하기로 했지만 책임자로서 분주했기 때문에 그가 전적으로 맡아서 무대에 올린 경우였다. 신협 연출 이후 10년 만의 연출이었던 데다가 김동훈(金東勳), 김성옥(金聖玉) 등 지적인 대학극 출신들이 다수 참여한 무대였기 때문에 등장인물 개개인의 개성을 살리면서도 전체적인 앙상블을 구축하는 연출 플랜을 실현한 것이 특징이었다.

그가 네 번째로 〈햄릿〉을 연출한 것은 조금 뒤 부산대학교 공연에서였다. 부산은 그의 부친이 살고 있던 곳인 동시에 피난 시절 신협의 본거지였고, 함께 연극을 한 친구였던 극작가 한노단(韓路檀)이 그 대학에서 셰익스피어를 강의하고 있었다. 거기서 얻은 소득이라면 배우 지망생들이 사투리를 많이 고친 점이었다.

1985년도에 그가 다섯 번째로 맡은 〈햄릿〉 연출 역시 유명한 사설 공연장이던 호암(湖巖)아트홀 개관 기념 공연 무대였다. 그가 다섯 번째로 〈햄릿〉을 연출하면서 근대극과 셰익스피어극의 차이점을 분명히 밝히고 셰익스피어의 장점을 설명한 것은 주목할 만하다. 그는 연출 노트에서 근대 리얼리즘극에 대하여 "단순한 연극이라기보다는 생활 그대로를 반영한 것과 같은 무대를 우리에게 보여주는 것"이라면서 "등장인물의 심적(心的) 생활이 직접 표면에 나타나기보다는 일상적인 대화와 자잘한 사건들로 이루어진 시적(詩的) 이미지의 구성"[23]이라고 하여 스타니슬랍스키의 연출관을 자기화해서 설명해 주었다. 따라서 연출가가 배우의 연기를 통하여 자기의 모습을 관객에게 보이듯이 시적 기능도 무대에 직접 얼굴을 내보이지 않고 배우들의 무대 생활을

1985년도 〈햄릿〉 팸플릿 표지

통하여 관객들에게 전달되는 것이라 했다. 그러면서 그는 "시인이 자신의 언어로 창조해 놓은 것이 시라면 연출가가 무대에 등장한 배우의 생활을 통하여 정서(情緒)를 표면에 우러나오게 해놓은 것이 연극이다. 그렇기 때문에 시인이나 연출가는 자기가 하고 싶은 소리를 직접 등장인물의 입을 통해서 하는 일이 없다. 왜냐하면 그들의 작품 속에 등장한 인물들은 자기들이 극작가에 의해 창조된 인물이라는 것을 알고 있으면서도 그것을 인정하지 않고 자유인(自由人)으로 행세하기를 바라고 있으며 언제나 극작가의 손을 떠나서 자기 고유의 성격을 가진 독립 존재가 되기를 원하고 있기 때문이다. 그만큼 근대 리얼리즘극에서는 작가나 연출가가 감히 등장인물의 입을 통해서 자기의 소리를 낼 생각을 하지 못하고 그저 그들의 그늘에 숨어서 숨을 죽이고 연극 전체의 구조적인 뉘앙스 속에서 그들이 하고 싶은 말을 관객이 느낄 수 있도록 반영을 하는 것이 고작"이라는 것이다. 이처럼 근대극은 대단히 조용한 연극이고 생활처럼 자연스런 연극이기 때문에 연출가는 그 내면의 소리가 객석에 울려 퍼질 수 있도록 뒤에서 보이지 않게 조종만 하면 된다는 것이다.

양수리 별장에서 동료 후배 연극인들과 함께

그러면서 그는 "셰익스피어 희곡은 다분히 극장적인 연극이기 때문에 연극 논리에 어긋나는 부분이 많을 정도로 허점투성이다. 그러나 일단 극장 무대에 올려지면 재미있고 역동적(力動的)이며 감동을 안겨주는 것이 또한 셰익스피어극"이라 했다. 그 점을 가장 잘 간파한 연출가가 바로 이해랑이었던 것이다. 주지하다시피 연출가의 작품 해석에 따라 무한히 달라질 수 있는 것도 셰익스피어극이기도 하다. 이해랑만 하더라도 다섯 번째 연출에서는 색다른 접근을 꾀했다. 우선 대부분의 연출가들이 삭제해 온 제1막 제1장의 유령 장면을 그가 부각시킨 데다가 포틴브라스의 등장과 배우 도착 장면 등을 멋지게 살리는가 하면 언제나 그늘에 가려져 존재가 희미한 오필리어의 역할을 확대시키기도 했다. 그는 기자와의 한 인터뷰에서 이와 관련하여 "오필리어는 유명한 이름에 비해 사실 극 중 역할은 많지가 않아요. 대사 마디 수나 등장 장면 수로 따지면 단역에 가깝죠. 그러나 극적 모티프로 따지면 비중이 크죠. 이번 무대에서는 그러한 극적 비중을 살리기 위해 한 번뿐인 광란 장면을 두 개로 쪼개서 오필리어의 독무대를 한 번 더 만들었습니다"라고 설명한 바 있다. 이 말은 그가 〈햄릿〉 연출 다섯 번째 만에 가장 웅장하고 화려하게 무대를 꾸몄다는 이야기가 된다.

그가 다섯 번째 〈햄릿〉 연출에서 마음껏 자기의 연출 구상을 펼칠 수 있었던 것은 우선 주변 여건의 호조건에 기인한다. 가령 호암아트홀의 개관 기념 공연이었던 것만큼 삼성기업의 충분한 재정적 뒷받침을 받을 수 있었고 연기진도 마음껏 골라 쓸 수 있었다. 원로 배우 김동원(왕 역)을 비롯해서 유인촌(柳仁村, 햄릿 역), 유지인(兪知仁, 오필리어 역), 오현경(吳鉉京, 폴로니어스 역), 황정아(黃正雅, 왕비 역) 등 당대 최고 인기 배우들을 총동원할 수 있었으며 무대미술, 의상, 대소도구 등도 제대로 갖출 수가 있었다. 이러한 여러 가지 호조건을 갖고 그는 햄릿과 그의 주변 인물들의 비논리적이고 변덕스런 성격을 무대 위에 예각적(豫覺的)으로 부각시켜 놓음으로써 장중하고 화려하고 대단히 역동적인 작품이 되도록 만들었다. 게다가 제1막 1장의 유령 장면과 포틴브라스의 등장을 멋지게 만들었기 때문에 작품은 대단한 볼거리를 넘어 극적 긴장을 고조시킬 수 있었다. 극장적인 셰익스피어보다는 내면적인 체호프를 더 좋아한 그가 셰익스피어적인 감정의 대로와 체호프적인 감정의 세로(細路)를 날줄과 씨줄로 엮어서 매우 유니크한 극적 환상을 만들어낸 것이 다름 아닌 다섯 번째 〈햄릿〉 연출이었다.

결국 그는 〈햄릿〉 연출을 놓고 연극평론가 구희서(具熙書, 『일간스포츠』)가 지적한 바 있듯이 "인생 70 무대 50의 연륜(年輪) 속에 그가 가장 사랑하는 것, 가장 위대하게 생각하는 것, 그것은 인생 자체도 아니고 연극만도 아닌 것, 삶과 무대-인생과 연극이 합쳐진 것, 배우와 극중 인물, 현실과 환상이 합쳐져서 나오는 하나의 합일점(合一点)"을 이룩하려 노력한 것이라고 쓴 바 있다. 한편 젊은이들은 그의 마지막 작품을 조금 다른 측면에서 보기도 했다. 가령 김승옥은 공연평에서 다음과 같은 소견을 피력했다.

지난 4월 15일부터 23일까지 호암아트홀 기획 공연으로 마련된 〈햄릿〉은 이를 지켜보는 관객들에게 유별난 감회를 불러일으키고 있었다. '눈에 보이지 않는 극적 진실을 찾아' 일생을 연극예술에 헌신했던 이해랑 선생이 그의 마지막 유작으로 남긴 연극 속에서 삶과 죽음에 얽힌 인간의 운명을 다시금 깊이 명상할 기회를 가질 수 있었기 때문이다. 신극운동을 벌여온 이 땅의 많은 연극인들이 새로운 문예사조의 유입과 시대의 추이에 따라 궤도 수정을 했지만 이해랑 선생만은 철두철미하게 자기 자신을 굽히지 않은 인물이었다. 그는 리얼리즘 연극의 철저한 신봉자로서 한정된 무대 공간 속에 압축된 인생의 의미를 표현하고자 마지막 순간까지 혼신의 힘을 기울였던 희유(稀有)의 연출가였다. 유작 〈햄릿〉 역시 그의 연극관이 그대로 반영된 무대로서 연출은 떠났지만 38명의 출연진 모두가 곳곳에서 그의 주문을 형상화해내기 위해서 애쓴 흔적을 역력히 엿볼 수 있었다.

(……) 햄릿을 감상적이고 사색적인 인물로만 해석할 수 없다는 것이 연출의 의도였다고 할 수 있다. 그러나 햄릿을 적극적인 성격의 행동하는 인물로 묘사하기에

는 주변 인물들과의 성격적 대비가 다소 미흡했던 것으로 보인다. 무엇보다도 증오와 복수심에 들끓는 햄릿과 숙부 클로디어스의 간악함이 불꽃 튀는 대비를 구축했어야 했다. 그런데 무대 위에서는 햄릿의 역동성만이 지나치게 강조되어 상대적으로 클로디어스를 위축시켰고 인물들의 첨예한 상극 갈등이 부각되지 못해 극적 감동을 약화시킨 결과로 이어질 수밖에 없었다.[24]

이러한 젊은 평론가의 견해와 달리 중견 평론가 김문환(金文煥)은 이해랑의 유인촌 선택을 긍정적으로 보고 "호암아트홀이 기획한 이번 공연은 말하자면 행동력이 앞서는 인물로서 햄릿을 만드는 데 주력한 셈이다. 유인촌의 햄릿은 '논리적인 비판적 지성에 저항하라'는 연출자의 주문을 십분 살려내고 있다. 예컨대 그가 선왕의 망령을 만나고 나서 보인 고뇌의 표현은 격정에 차 있으면서 관객들로 하여금 그 다음을 잇는 행동들을 엿볼 수 있도록 했다. 그의 연기에서는 힘과 기가 비교적 자유롭게 구사되면서, 관객에게 매력을 느끼게 한다"[25]고 호평하였다.

이처럼 그가 원숙한 모습을 드러낸 호암아트홀의 개관 기념 공연을 연출함으로써 침체 일로에 있던 연극계에 하나의 큰 바윗덩이를 던진 만큼이나 광범위한 파문을 불러일으키기도 했다. 그의 연출은 한국 연극의 수준을 다시 한 번 격상시켰다는 찬사와 함께 후배 연극인들에게 적잖은 자극을 준 것이 사실이었다. 〈햄릿〉 공연은 연출자 자신에게도 비교적 만족감을 안겨주었는데 우선 그가 마음껏 연출 철학을 펼칠 수 있었다는 것이 그 첫 번째였다. 처음 써보는 극장이지만 이것이 오히려 그에게 있어서는 무대 공간 구석구석까지를 활용할 수 있었다는 긍정적 측면이 있었다.

그런데 여기서 한 가지 주목을 끄는 점은 그가 별로 셰익스피어를 좋아하지 않았음에도 불구하고 〈햄릿〉 같은 작품을 다섯 번씩이나 연출했다는 사실이다. 이는 아무래도 〈햄릿〉이 그에게 하나의 '업(業)' 같은 것이었는지도 모른다. 그는 사실 성격적으로 허장성세(虛張聲勢), 황당무계한 것을 좋아하지 않았다. 그렇기 때문에 셰익스피어 희곡의 황당하고 비논리적인 것을 달갑지 않게 생각하는 편이었다. 그럼에도 주변 상황이 그로 하여금 셰익스피어를 연출하게끔 유도했고 또 강권하다시피 한 것이었다. 대단히 낙천적이었던 그도 고희(古稀)에 가까워지면서 때때로 허무감에 빠졌고 과거를 회상하는 경우가 많았다. 이 시기에 그는 간간이 주위 사람들에게 들릴락 말락 하게 호접몽(胡蝶夢)을 읊조리기도 했다.

그러면서 때때로 그 자신이 과연 한국 연극계에 어떻게 기여를 했으며 또 연극사에 족적을 얼마나 남겼는가 등에 대하여 깊은 회의에 빠지곤 했다. 그는 거기에 그친 것도 아니었다. 과연 연극이란 무엇이며 연극의 진정한 가치는 무엇인가 등에 대해서도 심사숙고하곤 했다. 그도 남들처럼 젊은 날에는 마치 역사를 창조하는 영웅처럼 강력한 인물, 또는 광란의 바다에서 몸부림치는 인물들에 매력을 느꼈다고 했다. 그러나 연륜을 더해가면서 그는 '사느냐 죽느냐' 하는 햄릿의 독백에서보다 요릭의 해골을 들고 인생의 무상(無常)을 노래하는 무덤 장면에서, 또 레어티스와의 결투를 앞두고 "참새 한 마리 떨어지는 데도 하늘의 섭리가 있는 법, 올 것이야 언제 와도 안 오겠는가"고 독백을 하는 대목에서 더 극적인 매력을 느끼기 시작했다고 실토하였다.

그러니까 그는 불평과 불만, 무엇이든 이미 이루어진 것에 대하여 저항하고 있는 급진적인 소아병 환자의 행동에서보다 모진 세파에 지친 한 노인이 초롱불 앞에서 꾸벅꾸벅 졸고 있는 모습에서 더 큰 극적 가치를 발견하기 시작했다는 것이다. "입을 열면 그대로 그 입에서 인생의 진실한 드라마가 쏟아져 나올 것 같은 그의 모습에서 나는 더 극적 흥미를 느끼기 시작했다"[26]면서 그는 이렇게 만년의 심경을 피력하고 있다.

고독(孤獨)한 인생의 깊은 심정에서 우러나오는 소리, 거기서 연극의 참 모습을 보고 난 후부터는 그 후 줄곧 나는 연극에서 인생의 고독을 애무하고 추구하여 왔다. 대화에서보다 그의 내면(內面)의 세계를 거짓 없이 털어 놓고 있는 독백에서 더 큰 극적 가치가 존재하는 진실한 소리를 들었다. 앞에 서서 연극을 끌고 가는 인물에게서보다 어쩔 수 없이 그 뒤를 따라가고 있는 인물에게 더 친근한 생각이 들었다. 그것이 운명(運命)이나 사회의 압력이거나 때로는 과거의 저지른 죄과(罪果)일 수도 있고 또 어느 특정인과의 대립에서 우연히 생긴 일일 적도 있으나 그러한 인물에 끌려서 그 뒤를 따라가고 있는 인물에게서 나는 더 큰 내면적인 극적 가치를 느낀다. 대화(對話)는 그 인물이 진실한 독백을 할 수 있는 고조된 극적 경지에 이르는 동안의 얘기이며 독백은 그 대화가 끝날 때 대화의 저변에 숨겨온 연극의 실체적인 정신적 내용, 그 인물들의 내면의 생활을 들려주는 소리다.

설사 그가 입 밖에 내어 말하지 않아도 하고 싶은 말[獨白]을 가슴속에 듬뿍 안고 있는 인물. 그러나 그것을 좀처럼 입 밖에 내지 않고 연극에 끌려만 가고 있는 인물에게서 나는 극적 인물의 진정한 모습을 본 것이다. 그가 감히 입 밖에 내어 말을 하지 못하고 가슴속에 담아 두고 있는 일들은 오늘의 일이 아니다. 어제의 일이다. 지난 과거에 있었던 일들이다. 그 과거가 그의 뒷덜미를 잡고, 기를 펴지 못하게 하고 있다. 과거의 유령이 오늘의 그의 현실을 지배하고 있는 것이다. 그러한 과거의 압박을 받고 그것을 아프게 느끼며 생활하는 인물의 행동에서, 때로는 침묵으로 대변하는 극적 흐름 속에서 나는 연극의 진정한 가치를 느꼈다.[27]

이상의 글에서 알 수 있는 것처럼 그는 농축된 인생, 원숙한 인간의 세계를 추구하는 것이 진정한 연극이라 생각하였다. 그러니까 과거를 가진 인물, 고통 받는 인간, 인생의 모든 것을 내면 속에 숨겨둔 듯한 인간에게 매력을 느꼈고 그런 인간상이라야 진정한 연극 속의 인물이 될 수 있다고 생각했다. 그는 수십 년에 걸쳐서 연극의 세계에서 허상의 진실을 찾아 헤매었다고 실토한 적이 있다. "내가 아닌 남이 되어 자연스럽게 행동하는 배우들의 변혁의 행동, 꾸며진 자연스러운 진실은 도대체 어디서부터 시작되는 것인가? 그 시발점에서 연극의 진실이 숨어서 그 인물의 내면(독백)의 소리를 내고 있는 것 같은데…… 내가 리얼리즘을 지향하여온 것도 그 소리를 찾기 위한 것이었다"고 실토한 그는 그것이 확실히 현실에 존재하고 있는데도 그것을 보지 못하고 지나쳐 버린 진실을 찾아서 그것을 연극의 극적 구성 속에 살려보기 위해서였다고 한다. 그것이 바로 이해랑 연출 세계의 핵심인 셈이다.

그는 이 비유와 관련하여 "풍! 하고 깊은 우물에 돌이 떨어지는 소리, 현실에서는 좀처럼 자주 들을 수 없는 소리다. 들었어도 잊어버린 지 오래된 소리다. 현실에서는 들어볼 수 없는 소리, 인물들의 깊은 마음속에서 우러나오는 그런 소리를 연극에서 듣고 싶어서" 연출에 심혈을 기울인다고 했다. 이러한 그의 생각은 연륜을 더해가면서 더욱더 심화되어 갔다. 그러한 그의 깊은 사념은 1986년 국립극단 정기 공연작인 〈인종자의 손〉〔전진호(田鎭浩) 작〕이라는 한 젊은 극작가의 창작극에서 어느 정도 표출되어 무대 위에 드리워진 바 있다. 이 작품에서 그가 언제나 마음속에서 듣고 싶어 했던 그 어떤 소리가 울려나오는 것 같기도 했다.

이러한 그의 연출 철학은 그 다음 작업에서 더욱더 심화되어 관중을 깊은 감동 속에 몰아넣은 바 있다. 그런데 그가 말하는 그 연극의 소리는 어쩌면 추상적인 면도 없지 않았다. 왜냐하면 그 연극의 소리는 구체성도 없고 잘 포착되는 것도 아닌 영혼의 울림일 것이기 때문이다. 그런데 그가 그런 소리를 발견한 것은 젊은 시절 무대 위에서 우연히 체험한 것에 따른 것이었다. 그는 도쿄학생예술좌 때 유진 오닐의 〈지평선 너머〉에서 주인공(로버트 역)을 맡은 일이 있었다. 공연 중 상대 여자 역이 등장할 때가 지났어도 등장하지 않았고, 따라서 그는 뚜벅뚜벅 무대 위를 왔다 갔다 했다고 한다. 그때 객석에서 들려오는 무언의 침묵이 하나의 커다란 울림으로 극장 안을 가득 채우는 듯했다는 것이다. 그때 그는 바로 거기에 연극이 있다는 것을 발견했다고 한다. 좀 더 쉽게 말하면 연극은 포즈에 있는 것이고 독백에 있는 것이기도 하다.

그가 항상 주창하는 "연극은 현실에서는 들을 수 없는 연극의 소리를 들려주어야 한다"는 것도 결국은 그 여백을 두고 하는 이야기라 말할 수 있다. 그의 연극 고향이라 할 신협의 〈밤으로의 긴 여로〉 연출은 그로서는 세 번째

신협 제79회 공연 〈밤으로의 긴 여로〉 팸플릿 표지

였다. 드라마센터 개관 기념 공연 때와 신협에서 두 번째였기 때문에 그로서
는 대단히 친숙한 작품이기도 했다. 세 번째 무대에서는 전과 색다른 장면이
많았다. 우선 소리를 많이 활용한 점을 꼽을 수 있다. 여기서 소리라는 것은
마약 중독에 빠져 있는 여주인공의 발자국 소리이다. 그리고 1층과 2층을 구
분하여 천국과 지옥, 현실과 몽환 등을 상징하면서 동시에 주인공의 등장을
극적으로 만들었다든가, 연극을 소리와 함께 보여주도록 만든 점이 돋보인다.
〈밤으로의 긴 여로〉가 1962년 처음 드라마센터 무대에 오를 때는 그가 직접
주연까지 맡아서 뛰어난 작품을 만들어낸 바도 있었기 때문에 그로서는 마음

껏 자신의 인생 체험을 실은 연출 세계를 펼칠 수가 있었다. 결과적으로 오랜만에 신협이 만든 〈밤으로의 긴 여로〉는 대단히 원숙한 작품으로서 관중을 감동시키기에도 남음이 있었다.

이 작품 다음에 그가 연출한 작품은 톰프슨의 〈황금연못〉이었다. 사실 〈황금연못〉은 노년의 인생을 담담하게 묘사한 작품이기 때문에 그가 참으로 오랜만에 더없이 마음에 드는 희곡을 만난 것이었다. 더구나 그가 가장 높이 평가하는 두 배우 헨리 폰다와 캐서린 햅번이 주연하는 영화까지 소개된 바 있기 때문에 그로서는 욕심을 낼 만한 작품이었다. 거기에 그치는 것도 아니다. 그 작품이 퇴직 교수의 회상적인 삶을 묘사하면서도 호호덕적(好好德的)인 만년의 일상을 보여주는 것이 그대로 낙천적인 인생관의 이해랑과 궁합이 맞는 것이기도 했다.

그는 기자와의 한 인터뷰에서도 그러한 만족감을 직설적으로 "지금까지는 강력한 사건이 있는 작품, 사회적 주제가 강한 작품을 많이 연출했습니다. 그런데 이번 연극을 맡으면서 연극의 새로운 매력을 느끼게 되었습니다. 외부적 행동에 가려 보이지 않게 되는 내면의 움직임을 드러내는 연극의 아름다움을 생각하게 됐지요"[28]라고 말한 바 있다. 그러면서 그는 퇴직 교수 부부와 중년의 딸 부부가 펼쳐내는 이야기가 극적 사건이 없음에도 불구하고 아름답게 살려는 생(生)의 시정(詩情)이 넘쳐서 대단히 좋아한다고 했다.

그에게 있어서 노부부가 탈속(脫俗)의 마음으로 자연과 유유자적하는 삶과 초혼에 실패함으로써 오히려 성숙해진 중년의 기혼여성인 딸을 끈질기게 사랑하는 우체부의 유머러스하면서도 시적인 삶을 하나의 커다란 인생의 찬가로서 무대 위에 잔잔하게 펼쳐놓은 연출은 객석을 감동의 도가니로 만들기에 충분했다. 그는 실제로 이 작품의 연출 방향에 대하여 "청소년, 중년, 노년 누구나 재미있고 즐겁게 보도록 연출하겠습니다. 연극이란 핵심을 향하면서 언저리를 도는 예술이죠. 극적인 사건과 인물의 느낌이 매력을 주는 거라고 봐요. 무릇 연극은 마지막 부분에서 흐뭇한 감동을 주어야 한다는 신념으로

양수리 별장에서 MBC 기자와 인터뷰하는 모습

정말 감동을 남길 작품을 보여주려고 합니다"[29]라고 말했다.

결과적으로 그는 대단히 격조 높은 호반교향시(湖伴交響詩)를 무대 위에 펼쳐 써보여 주었다. 이 공연에 대한 찬사는 여기저기서 쏟아져 나왔고 특히 장년 관객들에게 오랜만에 연극 보는 즐거움을 듬뿍 안겨준 경우였다. 그 공연에 대한 호평 중에서 "우리에게 영화로 소개되어 아는 내용이지만 영화와는 또 다른 진한 감동을 안겨주는 데 이 연극의 묘미가 있고 그것을 원숙한 생체험(生體驗)을 바탕으로 이해랑 씨가 재창조해낸 것이다. 은퇴한 노부부가 황금연못가 별장에서 무료하게 여름휴가를 보내는 이야기지만 밑바닥에 흐르는 것은 대자연(大自然)의 섭리 속에 인생이란 무엇인가 하는 것을 음미케 한다. 여름과 가을, 늙음과 젊음, 아침 햇살과 저녁놀 등이 황금연못에 투영되면서 조락(凋落)을 눈앞에 둔 부부애, 부모와 자식과의 애증, 우정 등이 자연의 순환처럼 잔잔하게 펼쳐진다. 이 작품에서 관객이 만나는 것은 일상을 시(詩)로 승화시킨 이해랑 연출의 원숙(圓熟)함인데, 그것이 언어와 빛과 소리로 조화되어 나타난다. 주인공들의 감정의 세로(細路)를 극한까지 추적해서 연극의 리듬을 자연의 시간과 맞춤으로써 존재의 질서를 시화(詩化)한 이해랑 연출은 경이롭기까지 하다. 바로 그 점에서 연출가가 원작자의 상상력을 훨씬 뛰어넘고 있는 것이다. 이(李) 씨의 완숙한 경지는 그러한 무대상징에서만이 아니라 배우들에게서 연기력을 끄집어내는 데서도 나타났다"[30]라는 평가도 있었다.

확실히 〈황금연못〉은 그가 남긴 수백 편의 작품 가운데서도 가편(佳篇)에 속하는 것이 사실이다. 이 작품에서도 그를 따르는 배우들이 좋은 연기를 해줌으로써 공연의 품격을 한층 높여 주기도 했다. 최무룡, 백성희, 손숙, 이승철 등이 열연함으로써 좀처럼 보기 힘든 앙상블을 창출했던 것이다. 그로서는 오랜만에 역작을 하나 선보인 셈이었다. 평소 낭만적이면서도 열정이 넘치는 성격의 중진 평론가 이태수(李泰柱)는 이 작품에 대하여 감상적이기까지 한 감회의 글을 다음과 같이 쓰기도 했다.

책과 테이블이 있는 방, 그리고 창 너머 나무가 보이고 그 나뭇가지 너머 멀리 강물이 바라다 보이거나, 아니면 그 뒤로 무한히 펼쳐진 하늘이 보인다. 이 황홀한 풍경에 햇살은 눈부신 가락을 튕기고 속삭이며 절묘한 음악을 연주한다. 인간은 자신이 언젠가는 죽는다는 것을 안다. 우주는 인간보다 크고 광대무변하다. 그러나 그 우주는 아무것도 모른다. 인간만이 안다. 고뇌와 불행과 슬픔을. 인간은 시간적으로나 공간적으로 제한된 존재이지만, 사고하는 까닭으로, 무한한 시간과 공간의 한없는 넓이를 지닌 우주를 능가할 수 있다고 파스칼(Pascal)은 말했다.

이런 사색 끝에 나는 〈황금연못〉을 보기로 결심했다. 이 연극은 극단 신협 창단 40주년 기념 공연이었다. 호암아트홀에서 칠십 고로(古老) 이해랑 선생이 연출한 작품이다. 내가 존경하는 명배우 백성희, 손숙, 심양홍, 이승철 등이 출연하고 실로 오랜만에 영화감독으로 활동하던 최무룡이 무대를 밟았다. (……) 〈황금연못〉은 우리들에게 영화로 알려져서 유명해진 희곡 작품이다. 미국의 여배우 제인 폰다와 아버지 헨리 폰다, 동생 피터 폰다 세 식구 배우들이 함께 출연할 수 있는 작품을 구하다가 어네스트 톰프슨이 쓴 이 작품을 만난 것이다. 헨리 폰다의 두 번째 아내 시모어와의 사이에서 태어난 제인과 피터 남매는 어린 시절 부모의 이혼과 이혼 직후 어머니의 자살이라는 비극을 겪었다. 자녀들은 자연히 아버지를 증오하며 반항적으로 흘렀고, 서로 이해하지 못하는 한 맺힌 원한 관계가 이들 가족들 사이에서 오랫동안 지속되었다.

그러나 이들의 서먹서먹하고 뒤틀린 관계는 이 영화를 만들어가는 과정에서 원한의 매듭이 풀리기 시작했다. 아버지 헨리 폰다는 딸의 고뇌와 방황을 깊은 동정심으로 이해하게 되었다. 딸 제인은 늙어서 죽어가는 아버지의 모습을 발견했다. 아버지 헨리는 딸을 사랑하는 방법을 발견했다. 예술은 이 같은 일을 가능케 해주기 때문에 숭고한 가치를 지닌다. 헨리 폰다가 이 영화로 생애 최초의 아카데미영화상을 받았지만, 그 시상식에 나가지 못하고 그는 병상(病床)에 누웠다. 딸 제인이 그 상을 대신 받는 모습을 텔레비전 화면에서 보면서 나는 예술에 의한 가족 재회와 결합의 흐뭇한 감동에 젖었다.

〈황금연못〉은 80세가 된 전직 교수 노만이 그의 아내 에밀과 함께 한 여름을 보내는 별장의 지명이다. 별장 앞에는 호수처럼 넓은 연못이 있다. 어미 물오리가 새끼 물오리에게 나는 법을 가르치는 그런 연못이다. 그 호수 주변에는 숲이 우거지고 딸기 밭이 있다. 숲 속의 오솔길을 따라가면 집을 잃을 정도로 울창한 숲이 있고, 그 숲으로 둘러싸인 이 별장에 딸 첼시가 결혼 상대자인 치과의사 빌과 빌의 아들 빌리를 데리고 찾아온다. 노만은 빌리와 책을 읽고, 얘기를 나누며 낚시를 즐긴다. 호수의 노인과 소년이다. 그 소년도 이혼한 부모 밑에서 자라나 어딘지 모르게 반항적이다. 소년은 노만 노인으로부터 글을 배우고, 노만 노인은 소년을 벗 삼고 그의 과거 얘기를 한다. 노만 노인의 80회 생일날을 맞아 실로 오랜만에 가족들은 따뜻한 친화력을 느낀다.

그 화합은 햇살이 나무에 싹을 틔우고 꽃을 피게 하는 그런 힘이다. 바람이 호수에 닿아 잔잔한 물결의 음악을 일으키는 그런 힘의 조화이다. 오리들이 서로 뺨을 부비며 하늘로 날아오르는 그런 희열(喜悅)이요, 화목(和睦)이다. 생일날 밤, 별장 응접실에 켜놓은 노란 등불의 단란함이 노을에 번진 하늘과 함께 황금빛 호수에 반영되는 그런 아름다움이다. 인간은 이때 자연과 하나가 된다. 노만 가족들은 이때 새들이 주고받는 얘기를 들었을 것이다. 숲 속 바람이 전하는 말을 들었을 것이다. 그래서 이들은 별장을 떠날 때 호수에 작별인사를 한다.

이해랑 연출 〈황금연못〉은 이런 내용이 주는 드라마의 의미를 리얼리즘에 담뿍 담아서 아낌없이 전달하고 있다. 배우들의 대사와 움직임은 이해랑 특유의 잔잔한 분위기 속에서 은밀한 내면의 심리를 드러내는 절제되고 압축된 연기였다. 그것은 이해랑만이 할 수 있는 일이다. (……) 〈황금연못〉을 보고 돌아오면서 두 시간 동안의 인간의 드라마가 별의 시간과 공간을 이길 수 있는 힘을 지니고 있다고 나는 믿게 되었다. 예술은 인간의 죽음을 극복할 수 있는 힘이라고 단언한 앙드레 말로의 기도(祈禱) 같은 말도 믿게 되었다. "사랑이란 무엇인가?" 독일의 시인 하이네는 답한다. "그것은 사욱한 안개 속에 파묻힌 하나의 별이다. 그 사랑의 별은 죽음의 안개를 뚫고 이 순간에도 빛나고 있다."[31]

이상과 같은 이태주의 호평은 과장이 아니고 이해랑 연극 세계의 깊이를 정확하게 파악하고 쓴 이조의 헌사였던 것이다. 물론 그 앞에 연출했던 〈밤으로의 긴 여로〉도 그가 이 작품 못지않게 열정을 쏟은 작품이긴 했다. 그러나 〈밤으로의 긴 여로〉는 세 번째 만든 작품이었고 〈황금연못〉은 초연이기 때문에 아무래도 초연 작품에 신경이 더 쓰이는 것은 너무나 당연한 것이었다. 〈황금연못〉은 초연이긴 해도 3년여 머릿속에서 구상되어 왔기 때문에 짧은 연습에서도 뛰어난 앙상블을 만들어낼 수가 있었다.

신협의 봄, 가을 두 공연을 끝내기도 전에 그에게는 국립극단의 정기 공연 작품이 기다리고 있었다. 그것이 다름 아닌 입센의 〈들오리〉였다. 사실 입센 도 안톤 체호프 못지않게 그에게 영향을 준 극작가이다. 그는 한 연출 노트에 서 이와 관련하여 "나는 입센을 통하여 처음으로 우리의 생활과 밀접한 연극 형태를 알게 되었고, 그가 수립한 근대극의 형식에 의한 희곡 구성에 매혹되

평생의 단짝 김동원과 함께 망중한을 즐기는 이해랑

면서 연극의 진수(眞髓)에 깊이 말려들었다"고 실토한 바 있다. 그만큼 그는 입센으로부터 근대극에 개안하는 안내를 받은 것이다.

그가 대학 시절에 읽은 '존 가브리엘 보크만'에 대한 깊은 인상이 연극 철학을 형성하는 대단히 중요한 모티프가 되었다는 것은 중요한 의미를 지닌다. 가령 "눈 내리는 밤, 산하(山河)가 눈 속에 파묻힌 외딴집에서 펼쳐지는 노년의 보크만의 애증의 갈등, 그의 젊은 시절의 야망과 아집이 범한 과거가 몰려온 비극 속에서 그가 초조히 2층에서 걸어 다니는 신발 소리가 간간이 들려오는 장면, 그 장면들의 극적 긴장의 효과를 나는 잊을 수가 없다"[32]고 회고한 글 속에는 그의 연출 세계의 대단히 중요한 단서가 들어 있다. 그것이 다름 아닌 '소리'였다.

보크만이 2층 방에서 걸어 다니는 '신발 소리', 즉 보이지는 않고 음향으로만 전달되는 '소리'야말로 그가 연극에서 찾는 "또 하나의 커튼 뒤의 인생"의 그림자임은 두말할 나위 없다. 보크만에 대한 기억을 지워버리지 못하고 있던 그가 국립극단에서 근대극 작품 하나를 연출해 달라는 연락을 받았지만 보크만에 앞서서 〈들오리〉를 선택한 이유는 어디에 있었을까. 이에 대하여 그는 "비록 가난하기는 하지만 그런 대로 행복하게 사는 이들의 불행한 과거를 왜 문제 삼아야 하는가. 내일의 행복을 바란다면 그냥 묻어둘 수는 없었느냐를 보여주고자"[33] 이 작품을 선택했다고 설명했다.

그러니까 그가 이 작품을 통해서 보여주고 싶었던 것은 크게 보아 삶에 대한 드넓은 관용(寬容)이었다고 볼 수 있다. 다 알다시피 〈들오리〉의 주제는 "보통 사람에게서 거짓을 걷어내 버린다면 동시에 행복도 짓밟아 버리는 결과가 된다"는 아이러니다. 그러니까 섣부른 정의감과 우상숭배열에 들떠서 범용한 사람들에게 이상(理想)의 요구를 강요함으로써 불행하게 만든다는 주제를 두고 하는 말이다. 그는 이 작품의 연출 배경과 관련하여 "사랑하는 자식과 딸이 서로 다른 씨앗임을 알게 되는 사건, 이를 숨기고 살아온 불쌍한 여인 등, 피와 살이 얽힌 가족의 문제일 때는 보통의 사실주의와는 다른 차원

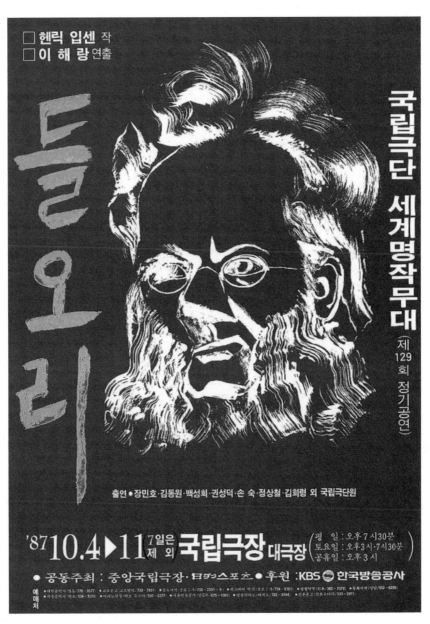

국립극장 제129회 공연 〈들오리〉 포스터(헨릭 입센 작, 이해랑 연출)

의 문제라 생각해요. 설익은 사회정의 추구랄까요 '이상과 거짓 사이엔 티푸스와 발진티푸스와 같은 유사점이 있다 할 수 있죠. 사람에게서 거짓말을 빼앗는 것은 행복을 빼앗는 거와 같은 것이다'라는 극중 대사에서 보듯 원작자 입센의 의도도 그것이었죠"라고 설명한 바 있다. 이처럼 그는 만년에 생에 대한 깊은 연민과 동정, 관용 같은 것을 작품을 통해 보여주고 싶어 했다.

즉 〈밤으로의 긴 여로〉야말로 연민과 관용이었고 〈황금연못〉 역시 그러한 주제와 무관하지 않았다. 그러면서 그가 느낀 것은 인생의 불가사의한 것, 무엇이 옳고 그른 것인지에 대한 애매 모호성 같은 것이었다고 말할 수 있겠다. 이는 사실 우주와 인생을 대국적(大局的)으로 응시한 노장자(老莊子)의 인생관과 상통하는 것이기도 하다. 이러한 삶의 애매성이랄까 모호성 같은 것은 위대한 극작가인 헨릭 입센이 노년기에 느낀 감정이었고, 동시에 이해랑도 만년에 들어서 절감한 것이기도 했다. 그러니까 원작자(입센)와 연출가(이해랑)가 똑같이 노년기에 사유한 사상적 공통점이 〈들오리〉라는 작품으로 표출된 것이다. 사실 인생이란 한 마디로 설명할 수 없는 복잡다단하고 오묘한 것이다. 크게 볼 때 무엇이 옳고 그른가에 대한 판단도 쉽게 내릴 수 없는 것이 인생이 아닌가. 따라서 노년에 이르면 인생을 관조하게 되고 젊은 날의 팔팔했던 정의감 같은 것도 얼굴이 붉어질 정도로 하잘것없게 보일 수도 있는 것이 아닌가.

그러니까 이해랑은 그가 바라보고 있던 관조적 인생관이 입센이 〈들오리〉를 통해서 보여주고 싶어 했던 것과 일치한다고 확신하고 국립극장 무대에 올린 것이었다. 그만큼 〈들오리〉는 입센의 깊은 사유 속에서 탄생된 상징적 작품이었다. 그렇다면 이 작품에서 들오리가 상징하는 것을 연출가는 어디에 포커스를 맞추려 했을까. 그에 대하여 이해랑은 "엑달 집안사람들과 모두 공통된 경우를 생각할 수도 있고 어느 특정한 등장인물과 결부시켜서 생각할 수도 있다. 들오리와의 관계에서 등장인물들이 모두 다른 입장에서 엇갈린 생각을 자아내게 한다"면서 "작자가 창작 과정에서 겪은 다양한 내용에 대한 엇갈리는 혼미를 그대로 우리에게 체험하게 한다"고 했다.

따라서 그는 〈들오리〉의 매력과 관련하여 "무대 후면에 있는 다락방 속에 갇혀 있는 들오리는 등장인물들의 그에 대한 관심을 통하여 정면을 보여주고 있는 그들의 뒷모습을 모두에게 보여주고 있다. 한 번도 표면에 그 모습을 드러내 놓지 않고 이 작품에 깊숙이 작용하고 있는 들오리, 그 들오리가 상징하고 있는 시적 이미지가 우리를 사로잡고 있다"고 했다. 마치 시인이 독자에게 자기 마음의 비밀을 털어놓듯이 우리에게 그 뒷모습을 보여주고 있는 등장인물들의 마음의 소리를 차분하게 들려주고 있다는 것이다. 그리고 그 말들에 담겨 있는 극적 정서가 일찍이 거기에 존재한 일이 없는 창조된 가상의 세계에 대한 우리의 시적 상상력을 자극한다고도 말했다.

그는 이 작품을 통해서 현실에서 들을 수 없는 소리를 관중에게 들려주고 천상의 소리도 아니고 그렇다고 몽환적인 소리도 아니며 현실의 소리와 다른 소리를 들려주는 데 연출의 초점을 맞추려고 애썼다. 실제로 그는 연출의 역점을 어디에 두었느냐는 질문에 "나는 외적인 사회적인 문제보다는 내적인 개인적인 문제에 포근한 조명을 비추어 연극 전체적인 조화 속에서 우러나오는 주조색(主調色)과 시적 정서를 강조하는 데 보다 더 많은 힘을 썼다"고 고백하였다. 그는 언제나 조용한 자기 목소리를 작품 저 깊은 뒤쪽에 숨겨두곤 했다. 왜냐하면 그는 스타니슬랍스키와 체호프 등의 영향을 자기화한 나름의 연극관을 갖고서 그 범주를 떠나지 않으려 했기 때문이다. 그는 항상 "연출자와 작가는 배우를 통해서만 말하고 관객은 배우가 현실에서와 똑같이 펼쳐내는 생활에서 뒤에 숨은 작가와 연출자의 말을 듣게 하는 것이 바로 연극"이라는 자기 철학에서 벗어나려 하지 않았고, 〈들오리〉에서도 그런 연출 철학을 유감없이 발휘했다. 이처럼 〈들오리〉는 그의 연출 철학을 구체화한 공연으로서 한국 리얼리즘 연극을 한층 심화시킨 공연이 되었다.

〈들오리〉는 워낙 원숙한 경지에 들어선 노 연출가가 심혈을 기울여 만든 작품인 데다가 장민호, 백성희, 권성덕, 정상철, 권복순 등 뛰어난 배우들이 엮어낸 무대였기 때문에 보기 드문 앙상블을 창출해냈다. 그뿐만 아니라 무대 미술에서부터 의상, 대소도구, 조명, 음향 등도 노 연출가 이해랑을 만족시켜 주었다. 그는 〈들오리〉 연출을 통해서 비극적이면서도 복잡다단한 삶을 따뜻하게 보듬어 싸안는 모습을 보여주었고 달관의 경지에 도달한 노 예술가의 품도(品道)까지 은은하게 보여주기도 했다. 결과적으로 연출가가 만년에 어떤 작품을 선택해야 되며 또 연출을 어떻게 해야 하는가를 웅변으로 보여준 무대가 다름 아닌 이해랑의 〈들오리〉였다.

그러나 그는 그것으로 만족하지 않았다. 그는 사실 막심 고리키의 〈밤주막(酒幕)〉도 해보고 싶었으나 여건이 주어지지 않아 주변에서 권하는 작품에만 귀를 기울일 수밖에 없었다. 특히 그는 만년에 자주 과거를 회상하면서 젊은 시절에 무대 배우로서 출연했던 명작들을 되찾으려 했었다. 그런 때에 마침 극장 측으로부터 국립극장이 개관하고 두 번째 무대에 올렸던 중국 근대 비극 〈뇌우(雷雨)〉(조우 작) 연출 의향을 물어온 것이다. 그는 기다렸다는 듯이 흔쾌하게 1988년도 정기 공연 레퍼토리로서 그 작품을 선택했다.

1950년 5월 신협 당시 그가 큰아들 역으로서 뛰어난 연기력을 보여준 바 있었던 〈뇌우〉는 그가 언젠가는 자신의 손으로 연출해보고 싶어 했던 작품이었다. 비극이란 스스로 인간에게 찾아오는 것이 아니라 인간이 비극을 불러들이는 것을 극명하게 보여주는 이 희곡은 숨겨진 과거가 입을 열 때 현실의 극적 흥미에 불을 붙여 관객을 몰입시킬 수 있는 작품이었다. 따라서 〈뇌우〉는 그가 자신의 연출 철학, 더 나아가 연극관을 멋지게 무대 위에 펼칠 수 있는 작품으로 마음속에 두고 있기도 했다. 그는 연극에 눈뜨는 데 영향을 준 몇 편의 작품 가운데 하나였던 〈뇌우〉와의 인연과 관련하여 다음과 같이 회고했다.

1946년 〈뇌우〉가 극단 낙랑극회에 의해 우리 무대에서 조연될 때 나는 회원이면서도 출연은 못 했었다. 그 무대에서 나는 아버지〔주박원(周樸園)〕 역으로 얘기

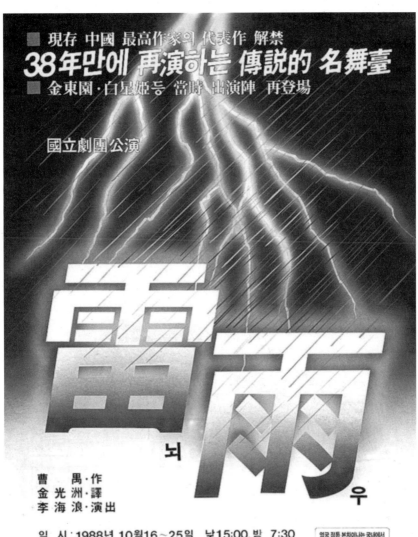

국립극장 〈뇌우〉 공연 포스터(조우 작, 김광주 역, 이해랑 연출)

가 있었으나 사정에 의해 출연은 못 했다. 1950년 국립극장이 개관되고 첫 작품 〈원술랑〉의 성공적 공연을 끝내고 두 번째 무대로 〈뇌우〉가 준비될 때 유치진(柳 致眞) 선생은 나를 큰아들[주평(周萍)] 역으로 기용하셨다. 그것은 당시로서는 의 외의 배역이었다. 그때까지 어떤 연극에서든 젊고 사랑을 하는 남자 주인공은 대개 내 연극의 단짝인 김동원(金東園)이 했고, 나는 노역이나 악역을 주로 했기 때문이 다. 유 선생은 그러한 통념을 깨뜨리고 김동원을 주박원으로, 나를 그 아들 평으로 기용하신 것이다. 유치진 선생은 자신의 연출 각도는 낙랑극회와는 다르다면서 격려 를 해주셨다.[34]

이상에서 알 수 있는 것처럼 그는 극장장이던 선배 유치진이 캐스팅을 하 고 또 연습하는 과정에서 작품 해석에 대한 여러 가능성을 스스로 터득했던 것이다. 주지하다시피 이 작품은 희랍비극 〈페드라〉처럼 계모와의 비극적 사 랑이 주요한 테마를 이룬다. 이 작품을 처음 연출한 이서향은 주박원의 후처 번기에게 포커스를 맞추었었다. 번기는 의붓아들 평을 사랑하는 처지였는데, 여기서 작가는 봉건사상으로 묶여 있는 중국 사회의 도덕관념에 반기를 들고 저항하는 자유로운 영혼을 묘사하려는 데 주안점을 둔 것이었다. 반면에 유치 진은 주박원의 전처인 시평에 포커스를 맞췄었다. 그 이유는 유치진이 당시 우리 사회의 도덕관념에 맞추려 했기 때문이다.

두 선배의 연출을 눈여겨본 바 있는 그는 또 다른 각도에서 접근을 해갔다. 결론적으로 그는 비극적인 전처나 후처, 그리고 불륜에 빠진 아들 등 누구에 게도 포커스를 맞추지 않고 모든 인물에 대한 객관적인 묘사, 전체 출연진을 골고루 보듬는 총체적인 앙상블을 창출하겠다는 연출 방향을 잡았다. 왜냐하 면 현대에 있어서 〈뇌우〉라는 작품은 의붓아들을 사랑하는 계모의 비극도 아 니고 남편을 빼앗기고 아들마저 잃은 가련한 전처의 비극도 아닌 인간의 원 죄가 가져다주는 보편적인 비극으로 보았기 때문이다.

이처럼 그는 만년에 와서는 극작가의 상상 세계까지 뛰어넘어서 자기 나름

5·16민족상을 받은 이해랑

5·16민족상 수상(1986년)

대로 작품 세계를 재구성하는 경지까지 다다라 있었다. 솔직히 중국 신극의
수준을 한 단계 끌어올린 작가 조우는 이 작품을 23살에 썼고, 따라서 연상의
계모와 의붓아들과의 비극적인 사랑을 통해서 고루한 전통윤리에서 못 벗어
나고 있는 중국 사회를 비판하는 데 그 창작 의도를 두고 있었다. 그런 작품을
이해랑은 인간 보편의 비극으로 높이 끌어올리는 연출을 한 것이다. 그런데
여기서도 주목되는 것 중의 하나가 다름 아닌 '소리'의 전달에 주안점을 두었
다는 점이다. 그는 이 작품에 대한 연출 노트에서 "과거에 저지른 불행한 유
산이 무대에 흘러 들어와서 등장인물들의 숨소리를 헐떡거리게 하고 있다. 과
거의 유령의 소리와 현실의 소리가 같이 엉키어 내면에서 파문을 일으키면서
배우에게 복합적인 소리를 내게 하고 있다. 과거와 현실이 일원화된 배우의

이러한 복합적인 소리를 듣고 관객은 겨우 연극을 지배하고 있는 유령의 존재를 마음속으로 느낄 수 있을 뿐이다. 신을 대신하여 등장한 유령이 연극을 지배하고 있었다. 등장인물 속에는 따로 주인공이 없었다. 유령의 소리를 들려주는 가시적인 연극의 앙상블 속에 연극의 주인공은 살고 있었다. 나는 이번 〈뇌우〉의 연출에서도 언제나 그랬듯이 어떤 특정 인물을 중요하게 다루지 않고 연극 전체를 짜임새 있게 살려 과거의 유령의 숨소리를 자상하게 들려주면서 무대에 극적 갈등과 긴장을 고조시켜 나가겠다. 앙상블에 역점을 두고 그 속에서 연기자들이 명연기를 창조하는 것을 도와주겠다. 신은 연극에서 여전히 죽지 않고 살아 있기에"35라고 썼다.

이처럼 그는 만년에 들어서는 작가도 관객도 그 누구도 제대로 느끼지 못하는 어떤 '소리'를 자기만 듣고 있었다. 만년에 접어들어서 그는 주인공들의 격렬한 대립 갈등이라든가 또는 작가의 사회에 대한 메시지 전달 같은 것에는 거의 관심을 기울이지 않았다. 다만 연극 무대를 통해서 그만이 생생하게 들을 수 있는 '소리'가 객석에까지 울려 퍼지도록 노력하는 것에만 관심을 쏟았다. 그것은 대체로 1980년 12월 국립극장에서의 젊은 작가 오태석의 〈산수유〉 연출부터라고 말할 수 있다. 물론 〈산수유〉 연출 때는 지리산 골짜기에서 들려오는 계곡의 바람소리였다. 그러나 그는 점차 무대에서 들릴락 말락 하는 '소리'를 객석으로 울려 퍼지게 했다. 그것은 물론 인간의 소리이고 연극의 소리이며 천상의 소리이기도 했다.

그는 〈뇌우〉의 해설에서 "현실은 그저 무대만을 제공하고 있을 뿐 정작 연극은 막이 오르기 전 까마득하게 잊어버리고 있던 지나간 과거 속에 존재하고 있었다. 연륜이 커지면서 과거에 있었던 사건도 그 속에서 같이 꿈틀거리며 자라고 있었다. 오늘의 세계와는 단절된 세월 속에 잊혀진 망각의 세계, 그동안 잊어버리고 살아왔던 과거가 오늘에 되살아왔던 과거가 오늘에 되살아나서 등장인물들에게 뜻밖의 충격을 주고 있었다. 등장인물들은 삼십 년 만에 만나게 된 해후의 비극을 슬퍼하며 그것을 운명의 탓으로 돌리고 있었다.

그러나 그것은 신의 장난도 아니었고, 운명이 가르쳐 준 것도 아니었다. 그들이 저지른 일을 그들이 스스로 손짓하여 불러들인 것이었다. 등장인물들을 조종하던 신이 연극을 떠난 것은 이미 오래의 일이었다"면서 희랍비극과 근대비극과의 차이부터 이야기하였다.

그러니까 그는 〈뇌우〉에서 현실에 집착하고 있는 극중 인물들은 과거의 잘못을 상대방에게 돌리고 서로 물고 뜯고 안전(眼前)에 갈등만을 일삼고 있다고 본 것이다. 그들이 지난 일들에 대한 책임을 상대방에게 밀어붙이고 과거를 잊어버리고 현실을 살려고 해도 한 번 저지른 일은 그렇게 쉽게 지워지지 않는다. 과거의 죄악에서 벗어날 수가 없는 것이다. 과거의 망령이 그들을 붙들고 놓아주지 않기 때문이다. 즉 직면한 현실보다 오히려 지나간 과거가 목에 힘을 주고 더 큰 소리를 내며 그의 머리를 혼란시키고 무겁게 가슴을 내리누를 뿐이라는 것이다. 아무리 몸부림을 쳐봐도 과거는 물귀신처럼 등장인물들의 머리채를 휘어잡고 놓아주지 않는다는 것이다. 등장인물들이 무대에서 주고받는 현실적인 단순한 대화와 사건에는 과거의 유령이 마치 비가 오기 전에 구름이 모여들고 천둥이 치듯 그들의 가슴에 일찍이 불길한 그림자를 깔아놓고 있었다. 머지않아 뇌우를 퍼부어댈 것을 예시하고 있었다.

그러한 예감은 등장인물들에게 과거의 유령의 숨소리가 들리기 전부터 그의 가슴속에 어두운 그림자를 깔아놓고 있었다는 것이다. 그러니까 이 작품에서 유령은 마치 신처럼 얼굴을 내보이기 싫어한다. 우리가 그의 얼굴을 볼 수 있는 가능성을 처음부터 거부하고 무슨 일이 있어도 유령은 얼굴에 쓴 베일을 벗을 줄 모르고 있다. 그래서 우리는 그의 얼굴을 보기 위하여 더 깊이 들어갈 수 없다. 그것은 그 이상 파고 들어갈 수 없는 신의 영역이기 때문이다. 그런데도 연극은 발길을 멈추지 않고 유령의 존재를 확인하기 위한 노력을 중단하지 않고 있다. 배우는 자기가 아닌 남이 되려고 헛된 도전을 계속하고 있다. 그러나 아무리 안간힘을 써도 유령의 얼굴은 볼 수 없고 자기가 아닌 남이 되어버릴 수도 없다.

만일 배우가 완전히 극중 인물이 되어버린다면 단 한 번 멋진 명연기를 할 수는 있으나 연극이 끝난 다음에 다시 자기로 돌아올 길이 없다. 정신병원으로 가야 한다. 그 짓은 불가능한 일이다. 그러나 그것이 불가능한 일인 것을 뻔히 알면서도 그 불가능에 도전하고 있는 과정에 연극이 존재하고 그것으로 또 연극은 그의 사명을 다하는 것이다. 바로 그 점에서 어느 정도 유령에 접근하여 그의 숨소리를 객석에 들려주고 등장인물에 가까이 다가갈 수 있느냐 하는 것이 연극의 예술적 평가의 기준이 되는 것이다.

이것이 바로 이해랑이 만년에 연극에 대해 사유한 실체라 말할 수가 있다. 그는 〈뇌우〉를 해설하는 과정에서 연극만이 지니고 있는 독특한 환상 세계를 다이모니온 같은 '소리'로 설명하려 했다. 물론 그 소리를 관중은 들을 수도 있고 또 못 들을 수도 있다. 그러나 이해랑만은 노년에 들어서 환청처럼 듣고 있었던 것 같다. 그는 만년에 들어서 젊은 시절의 패기와는 달리 연극을 창조하는 데 있어서의 어떤 한계 같은 것을 느끼곤 했다. 그는 연극의 세계에 있어서 인간 재능의 한계를 절감했다. 사람의 힘(두뇌)만으로는 제대로 연극을 만들어 낼 수가 없다고까지 생각했다.

그가 이런 한계를 느낀 것은 어디까지나 희랍비극을 기준으로 삼고 근대극을 통찰한 것에서 비롯되었다고 볼 수 있다. 그는 평소 연극이 궁극적으로 우주의 섭리를 따른 것이라 보았다. 그렇기 때문에 연극의 세계도 보이지 않는 신의 힘에 의해 지배되는 것이라 했다. 그러나 근대극에 와서 연극이 신을 배신함으로써 정처를 못 찾고 방황하고 있다는 것이다. 지나치게 연극이 현실에 밀착함으로써 위대한 작품이 탄생되지 않는다고 본 것이다.

그가 언제나 번역극, 그것도 고전적인 작품을 선호한 이유도 이런 그의 깊은 사유에서 비롯된 것일 수 있다. 그는 1년에 한 작품씩 반드시 연출한다는 방침에 따라 건강이 별로 안 좋은 상태에서도 호암아트홀의 청을 받아들이지 않을 수 없었다. 1989년 봄에 셰익스피어의 〈햄릿〉을 여섯 번째 연출하게 된 것이다. 사실 이 시기는 그에게 평생에 있어서 가장 행복한 때이기도 했다.

왜냐하면 평생에 처음으로 가장 안락한 자기만의 공간(사무실)을 하나 가질 수 있었기 때문이다.

즉 사업으로 크게 성공한 차남 민주(民柱)가 아버지를 위해서 삼성동 무역센터 앞에 아담한 사무실을 마련해준 것이다. 그는 30여 평의 아늑한 사무실에서 자신의 삶과 예술을 정리하는 회고록을 쓰겠다는 마음을 먹고 자료를 모으고 있었다. 게다가 그가 가장 사랑하는 막내 석주(石柱)가 화가로서 평가를 받고 있었던 데다가 숙명여대 교수로 임용되었기 때문에 더욱 그를 기쁘게 했다. 그 자신으로서는 더없이 행복한 나날이었다. 그는 매일 삼성동 사무실에 출근하다시피 하면서 노년의 망중한도 즐기고 좋아하는 추리소설도 읽으며 회고록 집필을 위한 자료 수집도 병행하고 있었다. 때때로 찾아오는 예술원 동료 및 후배들과의 옛날이야기와 연극 이야기로 해 가는 줄 몰랐다.

서정주 등 원로 예술인들과 함께 산보하는 이해랑

그런 때에 호암아트홀로부터 〈햄릿〉 연출 의뢰를 받았던 터라서 삼성동 사무실이 작품 구상의 산실이 되었다. 그는 연출이 힘에 부쳐서 조연출을 한 사람 달라고 요청했는데, 소장연출가 채윤일(蔡允一)이 참여하게 되었다. 그는 여섯 번째 〈햄릿〉만은 역동적인, 행동하는 햄릿으로 만들어야겠다는 다짐을 했다. 사색하는 것 같으면서도 좌충우돌하는 햄릿상(像)을 논리적이면서도 행동으로 뭔가를 보여주는 햄릿으로 만들어보겠다는 구상을 한 것이다. 그는 일찍부터 셰익스피어를 좋아한 적은 없지만 그래도 〈햄릿〉만은 높이 평가하는 편이었다. 특히 주인공 햄릿의 사색과 행동거지에 대하여는 매력을 느끼고 있었다.

그는 작품 해설에서 "모든 비극의 주인공들은 연극의 주제를 향하여 매진하여 극적 정서를 긴장시키고 있는데 유독 햄릿만이 그러한 논리적인 비판적 지성에 저항을 하고 극적 긴장 속에서도 어릿광대와 같은 우스꽝스러운 행동을 하고 있다. 재상 폴로니어스와 로젠크렌스와 길덴스턴을 희롱하고, 배우들과 시시덕거리면서 무덤 파는 일꾼과 농담을 주고받고 있다. 오만하고 집착심이 강하고 야심만만하고 그 밖에 무슨 죄를 저지를지 모르는 인간, 그렇게 성격에 여유가 없는 그가 희극적인 행동을 하면서 관객을 웃겨 연극의 주인공으로 시종일관해야 할 극적 행동의 논리적인 일관성을 희석시키고 있다.

그러나 그렇게 고삐 풀린 말처럼 미친 듯이 날뛰고 있는 햄릿의 행동을 보고 있으면, 극작가가 짜놓은 틀에서 해방된 자유분방한 한 인간의 살아서 움직이고 있는 참모습을 보는 것과 같은 극적 흥미를 느낄 수 있다"고 하였다. 이러한 햄릿만이 갖고 있는 인간적인 매력은 극작가의 시종일관한 논리적인 통제와 압박 속에서 한 번도 큰 소리를 쳐보지 못하고 숨을 죽이면서 살고 있는 여타 극작가들의 인물들에게서는 도저히 느낄 수 없다고 했다.

그는 〈햄릿〉을 연출하면서 시나위 가락을 떠올리곤 했다. 각자 소리가 다른 악기들이 제각기 소리를 내어 하나의 아름다운 화음을 조성하듯이 햄릿의 비논리적이고 좌충우돌하는 사색과 행동의 불균형, 심리적 요동을 연극적으로 통일시킨다는 계획이었다. 가령 5막 1장에서 무덤지기 요릭의 해골을 들고 인생이 덧없이 허무한 것을 한탄하던 햄릿이 느닷없이 레어티스에게 덤벼들면서 "식초를 마실 테냐 악어를 먹을 테냐" 하고 미친 사람처럼 날뛴다.

그리고는 그 다음 장면인 5막 2장에 가서는 곧 레어티스에 대한 자기의 무례한 행동을 후회한다. 또 "사느냐 죽느냐 그것이 문제로다" 하는 심각한 독백을 하고 있는 그가, 사랑하는 오필리어를 보고 돌변하여 저주를 퍼부어 대며 수녀원으로 가라고 외쳐댄다. 그리고 3막 2장의 극중극(劇中劇) 장면에서 "배우들을 시켜 숙부 앞에서 아버지를 살해한 장면과 똑같은 연극을 하게 해서 의표를 찌르고 연극을 통해 기어코 그의 본심을 들춰내고야 말겠다"는 햄릿의 의도에도 논리성은 결여되어 있다. 로젠크렌스와 길덴스턴이 데려온 런던의 극단 배우들을 보고 그러한 중요한 생각을 갑자기 해내고 있지 않은가.

사실 모든 비극의 주인공들은 작품의 주제를 향하여 일관되게 생각하고 또 행동으로 몰아감에도 불구하고 햄릿만은 대단히 지그재그식으로 움직인다. 이해랑은 바로 여기에 주안점을 두고 햄릿의 역동성에 포커스를 맞춤으로써 통일성을 기하고 비극적 감흥을 최대한 살리는 연출을 한 것이다. 그러니까 그는 방황하는 햄릿에 주안점을 부여하는 데 연출의 힘을 쏟은 것이라 말할 수 있다.

이해랑은 〈햄릿〉의 연출과 관련하여 "그의 생각과 행동이 조화되지 않는 기로에서 그는 언제나 정신적으로 방황하고 있었다. 그러한 그의 마음을 버선 속을 뒤집어 보이듯이 보일 수는 없다. 그저 그의 행동의 틈바구니에서 새어 나오는 소리를 듣고 우리는 햄릿의 극적인 진실을 느낀다. 진실이 현실에서는 침묵을 하고 연극의 세계에서는 입을 열듯이, 대화에서는 가면을 쓰고 독백으로 진실을 말하고 있는 햄릿의 방황하는 괴로운 행동의 틈새에서 그가 말하지 않고 있는 극적 진실이 흘러나오고 있는 것이다. 그 소리를 듣고 나의 연출은 그것을 무대에 탄력적인 행동으로 옮겨 놓는 데 노력을 경주하였다"고 술회한 바 있다.

그렇다면 그런 복잡한 햄릿을 연기할 만한 배우는 누구였을까? 그때 그가 생각해낸 배우는 유인촌이었다. 한창 전성기를 누리고 있던 유인촌은 당시 몇 달 동안 연극 무대에 묶여 있을 만큼 여유가 없는 나날이었다. 이해랑이 그런 처지에 있던 유인촌을 불러 애소하다시피 하여 그를 캐스팅했던 일화는 유명하다.[36] (그리고 그는 유인촌을 배려하여 동년배의 채윤일을 조연출로 쓰기도 했다.) 이처럼 그는 만년에 와서는 극중 인물의 대사보다는 대사와 대사들 사이의 행간에 숨겨져 있는 어떤 '소리'를 찾아내어 관중에게 울려주는 연출을 한 것이 특징이다. 등장인물들의 대화와 대화의 행간에서 잘 들을 수 없는 '속삭이는 듯한 소리'를 찾아내려니 그의 연출이 조용할 수밖에 없었다.

그는 만년에 와서는 더욱 하나의 의식을 치르기 위해 준비나 하듯이 진지하고 엄숙한 자세로 연출을 했다. 연출할 때는 배우들 전체를 상대로 하지 않고 거의 1대 1로 한 것이 특징이다. 즉 그는 지적할 것이 있으면 배우들에게 다가가서 속삭이듯 조용히 지시하고 또 교정해주었다. 그러니까 그가 배우에게 지적하는 말을 다른 배우들은 거의 듣지 못한다. 거기에 그치는 것도 아니었다. 그는 노구(老軀)를 이끌고 직접 연기 시범을 보이기까지 했다. 이처럼 한 배우 한 배우씩 상대해서 귓속말로 지시하고 교정하다 보니 대단히 많은 시간이 소요될 수밖에 없었다. 그는 하루 6시간 이상씩 연습을 강행하는 일이 예사였다.

그가 모든 등장인물들에게 공통적으로 하는 말은 제발 좀 '활자 뒤의 것'을 찾아보라는 것이었다. 대사만 달랑 외워서 지껄여대는 외피연기(外皮演技)는 만날 해보아야 감동을 줄 수 없다는 것이다. 그가 일일이 배우들에게 다가가서 다른 사람들이 듣지 못하게 조용조용 지시하고 교정해주는 것은 인격체로서의 배우들의 자존심을 존중해주려는 배려에 따른 것이었다. 평생 연극을 '배우의 예술'로 확신한 그는 배우를 존중하지 않고는 좋은 작품이 탄생될 수 없다는 신념을 끝까지 지켰다. 특히 20세기 후반 들어 실험극이다 뭐다 해서 배우를 꼭두각시로 만들고 연극이 순전히 '연출가의 예술'로 변질되고 있는 것에 대해서 그는 대단히 못마땅하게 생각하고 있었다.

그러나 이보다도 그는 윤리적으로 아직까지 전근대적인 배우 천시 사상에 젖어 있던 우리 사회에 대한 일종의 항거의 의미가 더 컸다고 말할 수가 있다. 그 자신이 배우 생활을 20여 년 동안 하면서 가문으로부터 박대와 사회적으로 받은 모멸을 잊을 수가 없었기 때문에 솔선수범해서 배우를 존중하고 우대하는 자세를 견지했으며 이것을 연출 과정에서 몸소 실천했다. 사실 그에게 있어서 무대는 존재의 도피처였고 삶의 안식처였으며 영혼의 구원 장소이기도 했다. 그러나 그렇게 좋아하고 또 중요한 의미를 가진 배우 생활을 청산하고 연출로 변신한 것도 실은 우리 사회의 배우 천시 사상 때문이었다. 그는 그처럼 뼈저리게 느껴온 배우 천시 사상을 조금이라도 불식시켜 보려고 스스로 솔선수범해서 배우 존중을 실천했던 것이다. 그는 거기에 그치지도 않았다.

대학 강단에 오랫동안 서며 스승 기질도 강했던 그는 마치 교사가 수업 준비를 해오듯 집에서 충분한 연구를 해가지고 와서 배우들을 연습시켰다. 가령 대사 읽기가 끝나면 집에서 혼자 동선에 대해서 충분히 연구하여 도면에 일일이 그려 가지고 연습장에 오곤 했다. 그는 즉흥적인 것을 싫어했고 기분 내키는 대로 즉석에서 동선 긋는 것을 혐오했다. 그만큼 그의 연출은 치밀했고 완벽을 기하려 했다. 그는 연습장에서 배우들에게 큰 소리치면서 이랬다저랬다 하는 연출가를 경멸했다. 대체로 그런 연출가는 실력이 없는 사람이라고 평가 절하했다. 그는 동선만 그려온 것이 아니라 무대 세트까지 그려와 무대 미술가와 머리를 맞대고 장시간 토론하곤 했다. 연극 전체에 대해서 언제나 큰 그림을 그리면서 연극을 만들어간 것이 특징이다. 그는 배우와 연출가, 무대미술가 등이 따로 놀면 제대로 된 앙상블을 창출하지 못하기 때문에 좋은 작품을 만들어내지 못한다고 보았다.

그는 실험극이 한창 유행하던 1970, 1980년대에도 조금도 흔들리지 않았다. 특히 젊은 연출가들에 의하여 셰익스피어 희곡 여러 편이 난자(亂刺)당할 정도로 마구잡이로 실험대상이 되고 있었던 시절이었다. 따라서 그가 〈햄릿〉을 연출할 때, 유인촌과 같은 젊은 배우들이 실험적 시도를 조심스럽게 건의했었지만 그는 단호하게 거부했다. 그 자신이 국내외에서 셰익스피어 작품에 대한 실험적 접근을 여러 번 관극했지만 그런 식의 난도질에는 동의할 수 없다고 말하곤 했다. 셰익스피어가 생각한 세계를 파괴하는 현대적 재해석에는 단호하게 거부했다. 물론 이는 그가 일부 젊은 연출가들이 하는 소위 실험극을 틈나는 대로 관극한 데 따른 것이었다.

그는 연극을 단순한 오락으로 보는 것을 경계했다. 그는 연극을 진지한 예술로 보았기 때문에 뮤지컬도 바람직한 것으로 보지 않으려 했다. 심지어 그는 평소에 커튼콜까지도 꺼려했다. 커튼콜을 하면 극적 환상이 깨진다는 것이다. 가령 〈햄릿〉과 같은 셰익스피어 비극의 경우 마지막 장면에서 즐비하게 죽어 쓰러져 있던 배우들이 모두 일어나서 관중에게 인사를 할 경우 순간 극적 환상은 모두 깨지고 여운마저 사라져 버린다고 생각할 정도였다. 사실 그의 주장은 어느 정도 일리가 있는 것이었다. 다만 연극이라든가 무용, 음악 연주 등 모든 무대예술에서 공연이 끝나면 출연자들의 인사와 관중의 박수 응답이라는 것이 오랫동안 내려온 관습이라는 점에서 그것을 어기는 것도 쉬운 일은 아니었다. 그것 때문에 이해랑도 공연 때마다 갈등을 느끼곤 한 것이 사실이다. 그러나 그것은 어쩔 수 없었다. 커튼콜이 없으면 관중이 객석을 떠나려 하지 않았기 때문에 그 역시 관습을 따르지 않을 수 없었던 것이다.

그는 연극인들 특히 배우들에게 평소 인격 도야(人格 陶冶)를 강조했다. 대학 강단에서나 사석에서 제자나 후배들에게 인격 수양이 앞서야 한다고 역설했다. 배우술이란 것은 대단치도 않을 뿐 아니라 그것은 또한 나중 문제라는 것이었다. 기량보다는 인격이 앞서야 좋은 연기를 할 수 있다는 것이 그의 지론이었다.

그는 우리 연극이 제 구실을 못하고 언제나 침체를 면치 못하는 가장 큰 원인 중의 하나를 다름 아닌 연극인들의 무교양(無敎養)에서 찾기도 했다. 그는 「교양의 향수(香水)」라는 에세이에서 "배우에게 인격이란 무슨 소용이며 교양이 또 무슨 필요가 있느냐는 무지한 생각이 오늘의 우리의 연극을 극

예술원상 시상 장면(배면이 이해랑)

장적인 구속 속에서 허위와 기만을 일삼는 답보를 계속하게 하였다. 교양 있는 사람들이 극장을 경원(敬遠)하는 것은 좋은 희곡이 상연되지 않고 연출이 예술적인 탄력을 상실하여 통일된 무대를 보여주지 못하는 데 그 까닭이 있겠으나, 무엇보다도 무대에서 관객과 직접 극적 정서를 주고받는 배우들의 행동에 교양(敎養)의 뒷받침이 없고 인격적인 품위가 결여되어 무지한 냄새를 피운 데도 큰 이유가 있었다"고 진단한 바도 있다. 그러니까 우리 배우들은 무교양이 마치 그들의 특권인 양 어리석은 착각을 하고 있다고 매도한 것이다.

그는 또 계속해서 "아무리 무대 배우로서 능숙한 기교를 체득한들 무엇하랴. 작품 해석에 대한 교양, 맡은 인물의 성격의 깊은 저변을 들여다 볼 수 있는 지성(知性), 또 이것의 뒷받침으로 미묘한 정서를 연주할 수 있는 세련된 감성이 결여되어 극작가가 그려놓은 교양이 높은 고귀한 인물에게는 도저히 발돋움을 하여도 그들의 손이 닿지 않으니까 반대로 그 인물을 자기의 위치로 끌어내려서 그들 자신의 무지를 폭로하며 썩은 냄새를 피우는 것이 언제나 한결같이 판에 박은 수작이 아니냐"는 것이다. 그는 이처럼 대단히 이상주의적인 배우관을 지니고 또 실천하려 했다. 가령 무대에 선 배우가 관객을 설득시키려면 연기 이전에 한 인간으로서 관객의 존경을 받을 수 있어야 한다는 생각을 갖고 있는 사람이 바로 이해랑이었다.

그는 또 무지가 특권인 양 종종 파렴치한 행동을 하는 배우가 무대 위에 올라가 아무리 우아한 대사를 유창하게 엮어낸다고 하더라도 배우와 인물의 이원성을 혼동하는 무지한 관객이라면 몰라도 교양 있는 관객은 그 허위와 기만에 속지 않을 뿐 아니라 거기에 염증을 느끼고 극장을 경원한다고 했다. 그는 극단적 표현으로서 배우의 몸에 밴 썩은 냄새가 곧 관객의 코를 찔러 비위를 상하게 할 수도 있다는 것이다. 어떤 배우는 몸에 향수를 뿌리고 무대에 서야겠다고 하지만 내면에 교양과 지성의 향수를 뿌리지 않고 나왔다가는 더 큰 망신을 당할 수 있다고 했다. 실제로 그는 발성이 제대로 되지 않는 배우 이상으로 기품 없는 배우를 잘 등용하지 않았다. 그는 연극 인생 50여 년 동안 전반기는 무대 배우로서, 또 후반기는 연출가로 무대를 지켰지만 어떤 역경에서도 품격을 저버린 적이 없었다. 따라서 그는 제자나 후배들에게 인격 도야를 강조할 만큼 떳떳하고 의연하게 살아왔다. 그런 것을 그는 마지막 무대였던 〈햄릿〉 연출 과정에서도 그대로 예범(例範)을 보여주었던 것이다.

그런데 이 시기에 그가 연출만 열심히 한 것이 아니었다. 예술원 회장으로서 회원들에게 불리하게 되어 있던 문화보호법을 대통령에게 직접 건의하여 획기적으로 고치는 일도 해냈다.

12·월·의·문·화·인·물

이해랑

1991년 「연극·영화의 해」 12월의 문화인물로 선정된 이해랑

Ⅶ. 가족애의 전범과 성공한 자녀들

1. 자유 · 배려 · 사랑 · 법도의 가풍

세계 예술사를 되돌아볼 때 위대한 족적을 남긴 예술가들의 생애는 대체로 파란곡절(波瀾曲折)로 점철되었고 그로 인하여 가정은 파탄을 면치 못한 경우가 많다. 특히 예술창조 행위는 시대감각을 앞지르는 치열함을 필요로 하는 반면에 전통적인 가치를 지키려는 가정윤리와의 괴리 때문에 예술가 개인과 그의 가정이 함께 순항하기가 쉽지 않은 것 같기도 하다. 그래서 모범적인 가정을 꾸리는 것은 대체로 범인(凡人)들의 몫이라는 생각마저 드는 때가 있다. 우리나라의 경우도 보면 수많은 예술가들 중에 불꽃같이 살면서 가정 파탄을 일으키고 패가했으며 후손들이 제자리를 못 찾고 불행하게 살아가는 예가 꽤 있다. 더구나 우리나라는 역사의 굴곡이 심했던 데다가 전통 인습과 근대적인 서구의 가치관이 부딪치면서 예술가들의 가정파탄을 가속화시켰던 것도 사실이다. 따라서 그런 속에서도 건강한 가정을 가꾼 예술인들은 대체로 자기 절제와 금욕 등 개인적 희생과 수양으로 난관을 극복한 경우이다. 큰 연극인 이해랑이 바로 그러한 경우에 속하지 않을까 싶다.

그는 누구보다도 평생 가정의 가치를 중요시하고 지켜온 예술가였다. 그는

추석 성묘 길에서 세 아들과 함께

한 회고의 글에서 자신이 "퍽 파란 많은 항로(航路)를 쌓아온 것 같다. 남만큼 활동하며 남들처럼 평범한 삶을 만들고 싶었으나 덧없는 한평생이기에 역시 아쉬움과 미진함이 군데군데 회한으로 남는다"고 쓴 적이 있다. 어떻게 보면 예술가답지 않게 보일 만큼 그는 극히 평범한 삶을 살고 싶어 했음을 알 수 있다. 물론 여기서 평범한 삶이란 순전히 가정생활을 두고 하는 말이다. 실제로 그는 적어도 가정생활에 관한 한 비교적 평범한 삶을 누렸다고 말할 수 있다. 궁핍한 시절에 그것도 연극을 직업으로 삼아 생활을 영위해야 했기 때문에 중년까지는 경제적으로 곤핍(困乏)을 면치 못했지만 가정적으로는 대단히 행복했다. 그러니까 그가 부부애라든가 자녀에 대한 사랑이 누구보다

1960년대 초 두 딸과 함께

도 극진했다는 이야기다. 그가 그럴 수 있었던 것은 어디까지나 가정의 가치를 중요시한 생활 자세와 건강한 가문의 높은 윤리관에 기인한다고 볼 수 있다. 그는 평소 자신을 가리켜서 공처가라고 서슴지 않게 말할 정도로 금실이 좋은 예술가였다. 그는 연극계에서 평생 수많은 여성들과 함께 무대에 서고 또 연극을 만드는 일을 평생 했지만 여배우들에게 단 한 번도 한눈을 판 적이 없을 만큼 처신이 깨끗했다. 이는 역시 그의 가정에 대한 가치 존중과 아내 및 자녀에 대한 지극한 사랑에 의한 것이었다고 말할 수 있다.

그는 사랑하는 평생의 반려자를 위해서, 그가 방황하던 젊은 시절 삶의 구원처로까지 여겼던 연극마저 내팽개친 적이 있었다. 그만큼 아내를 사랑했다.

고희 문집 출판기념회에서 케이크 커팅을 하고 있는 가족들

고희 문집 출판기념회에서 가족들과 함께

그런데 그가 곤핍한 삶을 영위하면서 아내에게 느낀 감정은 미안함이 가미된 일종의 연민의 정이었다. 그는 「아내의 모습」이라는 한 에세이에서 "점심때가 다 되어서 신문사를 나올 때까지도 해장술은 깨지 않고 취해 있었는데 맞은 편 조선호텔 담 밑에 서 있는 것이 눈에 띈다. 아내가 거기 서 있다. 나를 찾아온 것이다. 높은 담 밑에 서 있는 아내의 작은 키가 더 작아 보인다. 집에서는 눈에 띄지 않고 보이지 않았던 아내의 초라한 모습. 결혼한 지 10년 동안 변한 아내의 모습을 그날 처음으로 보는 것만 같았다"[1]고 쓴 바 있다. 이는 그가 김광주, 한노단 등 친구들과 1·4 후퇴 당시 전황(戰況)조차 모른 채 술에 젖어 돌아다닐 때, 그를 찾아 나선 아내의 모습을 스케치한 에세이의 마지막 대목이다. 이처럼 그는 평생 자기 때문에 고생만 해온 아내에게 항상 고마움과 함께 연민의 정을 품고 있었다.

그는 평생 남에게 해를 끼치거나 마음을 아프게 하지 않고 살아온 대가라도 받은 듯이 5남매를 훌륭하게 키운 예술가로 소문나 있다. 그의 자녀 5남매는 하나같이 두뇌가 명석하고 준수해서 명문 대학을 나왔으며 사회 각 분야에서 지도급 인사로 활동하고 있다. 그는 사실 연극을 하느라고 가정을 돌볼 시간적 여유가 없었다. 실제로 자녀 교육과 가정 경제는 모두 아내의 몫이었다. 다만 그는 예술 활동을 하면서도 전혀 사도(邪道)로 흐르지 않았고 경제적으로는 무능했어도 자녀에 대한 정신적 훈육과 사랑만은 지극했다. 거기에 그치지 않고 그는 성격대로 자녀들을 자유분방하게 키운 것이 특징이다. 다만 가정이 너무나 궁핍해서 자녀들의 성장기에 고통이 따랐던 것은 부인할 수 없다. 5남매 중에서 단 한 사람도 연극을 택하지 않은 것이야말로 아버지 직업에 대한 그들의 생각을 단적으로 보여주는 것이라 하겠다.

그 점은 뒷날 장남 이방주의 선친에 대한 회고의 글에도 적나라하게 나타나 있다. 즉 장남 방주는 「나의 아버지 이해랑」이라는 글에서 반가의 종손답게 솔직히 부친의 배우 직업을 부끄러워했다면서 "내가 중학교 입학시험을 치르는 날이었다. 오후에도 시험이 있어 점심을 먹어야만 했다. 아버지께서 오셔서 학교 근처 어느 허름한 중국집에서 짜장면을 사주셨는데, 둘이서 한 그릇만 시켜서 먹은 기억이 난다. 늦은 아침을 드셔서 식욕이 없으셨든지, 또는 짜장면 값이 부족하여 한 그릇만 시키셨는지 아직도 알 수 없지만 당신은 좀처럼 드시지 않고 많이 먹으라고만 하셨다. (훗날) 아버지가 쓰신 글을 보면 그 당시에는 하루에 버스표 두 장만 들고 집을 나오곤 하셨다고 한다"고 씀으로써 「우동 한 그릇」이라는 어느 일본 연극 한 편이 떠오를 정도로 눈물겨운 자식 사랑이 그에게 있었음을 확인케 한다.

이어서 이방주는 "아버지께서는 우리 5남매에게 자유를 주셨다고 말할 수 있겠다. 특히 엄하신 할아버지 밑에서 고생을 하셔서 그런지 우리들에게는 웬만한 잘못은 눈감아 주시고 훈계조 말씀보다 항상 부드러우신 어조로 고칠 점을 말씀하시곤 하였다"[2]고 회상함으로써, 그가 후배 제자들에게 했듯이 자녀들에게도 격의 없고 사랑이 넘쳤지만 훈육에는 철저했음을 알려준다. 가령 차남 민주의 선친에 대한 추억에 보면 "언젠가 나에게 조각가가 돌을 갖고

1970년대 말 부인 김인순 여사의 생일날 가족과 함께 단란한 시간을 보내고 있는 이해랑

어떤 인물을 조각할 때, 돌을 보고 전체의 형상을 그리며 조각해야지 그러한 형상 없이 무작정 손이나 발부터 조각을 시작하면 그 조각은 조형이 없이 엉망진창이 된다고 말씀하셨다"[3]고 쓴 바 있다. 이런 충고 속에는 아들에게 삶에 대한 확실한 목표를 갖고 장래에 대하여 큰 그림을 먼저 그리며 어떤 일이든 간에 항상 멀리 내다보고 모든 것을 구상하고 실행하라는 것이었다. 인생 설계에 있어서의 거대한 디자인에 대해서는 5남매 모두에게 항상 충고했던 이야기였다.

차남 또한 장남 못잖게 효성이 지극해서 어려운 길을 걸었기 때문에 가족을 고생시켰던 선친을 이해하는 편이었다. 즉 그는 평소 술을 좋아했던 선친에 대한 추억에서 "아버님의 시대는 격동기였다. 일제 식민, 해방, 전쟁, 혁명, 독재, 민주화 등 선진국에서는 수백 년 걸쳐 일어날 변화가 한국에서는 50~60년에 일어났으니 이러한 난세에 자기를 연출하기란 쉽지 않았으리라 생각된다. 마땅히 취직하여 평범히 살아도 어려웠을 때에 부모님의 반대에도 연극을 택하셨으니 그 고통, 어려움은 대단했고, 가족에게도 마찬가지였다. 더군다나 이 착박(窄迫)한 문화 풍토에서 연극을 하며 낭만적으로 산다는 것은 술을 마시지 않고는 도저히 불가능한 것이 아닌가"라고 썼다.

5남매 중 장남과 차남은 경제학을 공부하여 산업 분야에서 대성했고, 장녀와 3남, 막내딸은 예술 분야, 즉 회화와 음악을 공부했다. 이는 곧 5남매가 대부분 아버지의 예술가적 재능을 타고났어도 성장기에 경제적으로 너무나 고생을 한 나머지 전혀 다른 분야로 진출했고, 예술 분야를 전공한 3남매도 연극만은 기피했다는 것을 잘 보여주는 것이다.

그의 자녀에 대한 교육은 지극히 평범했다고 말할 수 있다. 유별나게 자녀들을 교육한답시고 스트레스를 주는 아버지들도 많지만 그는 전혀 달랐다. 그는 자신의 성격대로 자녀들로 하여금 자연스럽게 사유하고 행동할 수 있도록 했다. 제자나 후배들에게 대했던 것처럼 자녀들에게도 격의가 없었던 것이 특징이다. 의도적으로 자녀들의 마음을 편하게 해주려고 노력한 것처럼 보이기까지 했다. 가령 장성한 세 아들이 그 앞에서 담배를 피워도 괜찮을 만큼 대단히 모던한 아버지였던 것이다. 연극을 하느라고 가난했지만 가정은 언제나 밝고 화기애애했으며 웃음이 그치질 않았다. 유머 감각이 풍부했던 그는 밥상머리에서 자녀들을 웃겨서 소화가 잘 되게끔 하는 것이 예사였다. 예를 들어서 언제나 큰 상에서 함께 식사를 했는데, 맛있는 반찬 그릇에 자녀들의 젓가락이 집중되는 상황에서 "이 반찬은 내꺼야!"라고 소리쳐 온 가족이 포복절도하게 만드는 경우가 바로 그런 것이었다. 따라서 그가 생활비를 제대로 들여가지 못할 때도 자녀들은 그를 극진히 존경하고 좋아했다.

그런데 여기서 간과해서는 안 될 것이 어려운 살림살이 속에서도 그처럼 가정이 화목할 수 있었던 데는 전형적 현모양처인 아내의 보이지 않는 협조가 없었으면 불가능했다는 점이다. 이해랑의 아내 김인순은 평안도 의주의 대지주 장녀로서 어려움이라고는 겪어본 일이 없는 도쿄 유학 출신의 신여성이었지만 가정의 평화를 위하여 자신을 희생한 현숙한 아내였고 어머니였다. 특히 유년 시절부터 신앙심이 깊어서 모든 고통을 내면화하고 감내하는 형이었다. 따라서 5남매는 평소 말수가 적고 온화한 모친과 자유분방하고 낭만적인 부친의 장점만을 받아들이면서 성장했다고 말할 수 있다.

이해랑은 자녀들이 자유스러운 가정 분위기에서 모든 일을 처리하도록 했지만 그런 가운데서도 이따금 사대부 가문의 후손이라는 것을 강조함으로써 자녀들이 품격만은 잃지 않도록 했다. 그렇다고 자녀들에게 강요한 것이 아니라 스스로의 생활 자세에서 그런 모범을 보여 주었다. 그는 대단히 자유분방하고 온유했지만 내적으로는 자존심이 강했다. 그것은 아무래도 명문가의 후예라는 데서 비롯된 것으로 볼 수 있다.

그가 자녀들에게 은연중에 또 하나 강조한 것이 언제나 모든 일에 진실하라는 것이었다. 그는 틈나는 대로 자녀들에게 절대로 가식을 가지지 말라고 밀했다. 가식은 위선을 낳고, 위선은 각종 해악을 낳는 것이므로 절대로 가식을 가져서는 안 된다고 했다. 있는 그대로 솔직 담백하고 언제나 진실의 편에서라는 것이었다. 그는 평소 '사람들 앞에는 언제나 쉬운 길과 어려운 길이 놓이게 되는데, 그런 경우 어려운 길을 택해야 한다'는 신념을 갖고 있었다. 자신도 그러한 신념으로 살아왔던 만큼 자녀들에게도 이것을 강조했다. 진실은 가식을 이기고 궁극적으로 승리한다는 것이 그의 확고한 신념이었다. 그는 가친(이근용 박사)이 하나의 좌우명으로 삼도록 한 '단단한 주먹'에 대해서 자녀들에게 반복해서 들려주곤 했다. 즉 "서툰 주먹은 내밀지 말라. 단단한 주먹만 내밀라"는 것이었다. 모든 일에 내실을 기하라는 교훈이다.

그러나 무엇보다도 그는 너무나 자상하고 인자한 아버지였다. 가령 장녀 명숙의 회상에서도 보면 "아버지를 생각하면 항상 연극만 하시느라고 바쁘셔서 남들 가정적인 아버지들처럼 가족들과 함께 하는 시간은 적었으나 언제나 부드러우셨고 자상함이 많으셨다. 술을 좋아하시는 아버지는 저녁상을 놓고도 식사보다는 술을 드시면서 어머니와 함께 우리 남매들과 화제가 넘치셨다. 아버지의 말씀은 세상 돌아가는 이야기와 더불어 솔직하고 유머와 위트로 가득차 항상 재미가 있었다. 나는 무엇보다도 끊임없는 대화를 하시고 기분 좋아하시는 그때의 아버지가 참 좋았다"[4]면서 "아버지께서 그 많은 어려움을 당하면서도 왜 연극을 하셨는지, 그리고 어떻게 그 많은 좌절을 겪으면서도 꿋꿋하게 하시고 싶은 것을 하실 수 있으셨는지……. 아버지께서는 연극을 통해서 인생철학을 배우셨던 것을 알았다. 그렇게 하실 수 있는 자기 신뢰! 해야만 된다는 그 꿋꿋함은 나의 삶에 많은 교훈이 되었다" 하여 자상한 아버지로서만이 아니라 자녀들에게 바람직한 삶의 지표를 행동으로 보여준 스승이기도 했다고 쓰여 있다.

차녀 은숙 역시 선친에 대한 기억에서 "우리 집에는 아버지 손님들이 자주 오셔서, 그리 크지 않은 집이 늘 북적거렸다. 자칫 예술가가 빠지기 쉬운 괴팍함 때문에 겪는 대인관계의 어려움도 전혀 없으셨다. 사람들과의 만남을 좋아하는 것 이상으로 즐기셨다. 특유의 온유함과 미소로 내 친구들에게도 많은 점수를 얻으셨고, 때론 술 취하신 모습에서 호탕함과 쾌활함을 나타내신 또 하나의 야누스 모습을 보이셨다. 그런 아버지를 모시고 우리는 따뜻한 아랫목을 서로 차지하면서 웃음과 많은 대화, 작은 싸움들이 있는 사랑의 공동체였다"면서 "현실적인 문제와 교육 등 많은 부분에서 작지만 야무진 엄마가 주로 담당하셨지만 우리를 사랑하신다는 확신을 깊게 심어주신 고도의 테크닉(Technic), 연출가의 기질일까? 자신만의 세계에 파묻혀 사시면서도 부부 사이의 아름다운 모델(Model)로 우리에게 비춰주셨기에, 이 험하고 메말라가는 세상에서 우리 형제들 모두 화목한 가정을 이루며 주어진 삶에서 성실하고, 튀지 않으려는 자세를 잃지 않고 있다"5고 회상했다.

한편 선친과 분야는 다르지만 예술가(화가)의 길을 걷고 있는 3남 석주는 어떤 추억을 갖고 있을까? 젊은 시절 추상미술에 관심이 많아서 리얼리즘의 대가인 선친의 창작에 비판적이었다던 그는 "그 후 수많은 시행착오를 거치면서 나 자신의 리얼리즘에 대한 이해가 어느 정도 성립된 후 나는 아버지의 리얼리즘을 가깝게 느끼게 되었다. 지나친 과장이나 감정의 남발이 절제된 무리 없는 진행이 아버지가 추구하셨던 점이 아닐까. 또한 리얼리즘이란 어느 한 시대의 사조가 아니라 어느 시대에나 항상 존재한다는 것을 알게 되었고, 인간의 내면을 조용히 나지막한 소리로 표현한다는 것이 요즈음의 세태에도 더욱 신선하고 필요한 것임을 알게 되었다. 그래서 돌아가시기 10여 년쯤 전에는 아버지와 내가 서로 더 잘 이해하게 되었고 많은 대화를 통해 나의 작업에도 도움을 주셨다"6고 했다. 이는 곧 선친의 예술 본질에 대한 깊은 인식이 3남 석주가 화가로 대성하는 데 절대적인 영향을 미쳤음을 고백한 것이어서 주목된다. 여기서 확인할 수 있듯이 이해랑은 자녀들에게 아버지로서의 사랑과 바른 인성만 가르친 것이 아니라 예술의 본질에 대한 심원(深遠)한 지혜까지 가르침으로써 3남이 우리 시대의 대표적인 화가의 한 사람으로서 우뚝 설 수 있도록 토대를 마련해주기도 했다.

이처럼 이들 5남매는 대대로 이어져 온 사대부의 자손답게 조부로부터는 견실(堅實)을, 부친으로부터는 자유분방한 사유를, 그리고 모친으로부터는 신앙심을 바탕으로 한 인내와 겸손 등을 배우면서 성장했다고 말할 수 있다. 이들 가족의 모습을 지켜보면서 필자는 철학자이면서 로마 황제였던 마르쿠스 아우렐리우스의 『명상록(暝想錄)』을 떠올릴 때가 있다. 왜냐하면 그 책에는 마르쿠스 아우렐리우스가 성장기에 조부모, 외조부모, 그리고 부모로부터 지혜, 인내, 용기, 관용 등을 한 가지씩 배워서 위대한 인물로 성장했다는 내용이 담겨 있기 때문이다. 좋은 가문의 DNA를 지니고 태어나 평소 부모의 올곧은 훈육을 받은 자녀들이 구김살 없이 성장하여 사회 각 분야에서 대성한 것은 극히 자연스런 일이 아닐까 싶다. 이는 곧 그의 가정교육의 성공이라 말할 수 있다.

이해랑의 5남매 중 장남 방주는 사실상 이씨 가문의 대들보 역할을 하고 있다. 명민하면서도 사리에 밝은 장남 방주는 5남매 중 유소년 시절 가장 고생을 한 경우였다. 1943년 10월에 태어났으므로 부친이 연극계를 떠나 무직으로 있을 때였다. 세 살 때 해방을 맞고 6·25 때 피난지를 오가며 초등학교를 다녔으니 말이다. 전쟁 직후에 중·고등학교를 다닌 그는 가정적으로 가장 궁핍한 시절에 청소년기를 보낸 셈이다. 학비만은 부산의 조부가 대주었지만 여타 생활은 말할 수 없이 어려운 처지였다. 부친이 가장 정력적으로 활동하던 시절에 청소년기를 보내면서 그는 모친의 생활고를 가장 가까이에서 지켜볼 수 있었기 때문에 누구보다도 모친을 이해하고 동정했다. 하지만 연극밖에 모르는, 친구들과 어울려 언제나 밤늦게 귀가하는 부친을 조금도 싫어하는 기색을 보이지 않았다. 그만큼 그는 연극인 아버지를 존경하고 이해했다. 그렇다고 해서 아버지의 직업까지 좋아한 것은 아니었다.

방주는 어려서부터 대단한 명문가의 후손이라는 것을 알고 있었기에 자존심만은 누구보다도 강했다. 부친에 대한 회고의 글에서 "국민학교 5, 6학년 때이다. 동네 세탁소에 심부름을 간 적이 있었다. 짓궂은 세탁소 주인이 '네 아버지는 무엇 하는 분이냐?' 하고 물었다. 그때 나는 그만 '회사에 다니세요' 하고 거짓말을 하고 만 것이다. 어린 마음에 아버지가 배우라는 말을 하기

고희 문집 출판기념회에서 손녀들

싫었던 까닭이었다. 그 당시 아버지 공연 때면 점심 보따리를 들고 극장 분장실까지 심부름을 다니곤 했었다"고 쓴 적이 있다. 이처럼 그는 아버지를 좋아하고 존경했지만 아버지의 직업에 대해서만은 솔직히 수치심을 갖고 있었던 것이다.

그러나 부친의 청렴하고 대단히 윤리적인 생활 자세를 항상 우러러 보고 있었다. 그러니까 그는 부친이 예도(藝道)에서 평생을 보내면서도 스캔들 한번 없이 깨끗하게 산 것을 자랑스럽게 생각하고 있었다는 이야기다. 선친을 회고하는 글에서 "남과 다른 색다른 직업을 가지셨다고는 하나 경제적인 문제 이외의 일로 어머니 속을 태우게 하신 일은 기억에 없는 것 같다. 그 점은 집안 어른들께서도 매우 자랑스럽게 생각하였고 승동(勝洞) 할머님 말씀을 빌리면 양반집 자식이라 그런 것이라고 늘 말씀하시곤 하였다. 경제적으로는 상당 기간을 고생하셨지만 항상 즐겁게 그리고 자신감을 가지고 생활하셨으며 매사를 낙천적(樂天的)으로 생각하셨다"고 썼다.

그는 한때 부친의 비생산적인 면에 대해서 못마땅하게 생각한 듯도 싶다. 부친이 예총 회장의 임기를 끝내고 사무인계 과정에서 큰 손해를 본 것을 하나의 예로 들었다. 이와 관련하여 그는 부친이 "세속적(世俗的)인 계산에는 어두워서 예총 회장을 하시면서 사무 관리를 잘못하시어 인수인계 시 상당한 금액을 책임지시고 상응하는 부동산을 예총에 기증하기도 하셨다"고 썼다. 그러나 그는 부친의 달관의 경지에서 오는 탈속과 무욕에 대해서만은 항상 존경심을 갖고 있었다. 그는 또한 회상의 글에서 "언젠가는 내가 지친 모습을 보였었는지 맥주를 권하시면서 넌지시 다음과 같은 말씀을 들려주셨다. 10대에서는 누가 공부나 운동을 잘하는 것이, 20대에서는 누가 예쁜 애인을 갖고 있는가 하는 것이 자랑이 되며 3, 40대 등 중년에 들어서면 건강이 자랑거리이다. 그 이후에는 얼마 안 있어 누구나가 평등(平等)하게 돼. 왜냐하면 모두 얼마 안 있으면 저 세상 저쪽 동네로 가야 하기 때문이야. 그러니 너무 아웅다웅 살아갈 필요는 없는 거야"라고 한 말씀이 떠오른다고 쓴 바 있다.

그러나 그는 결코 부친의 길을 따라가지 않겠다는 결심을 하고 경제학(고려대학교)을 전공으로 택하게 된다. 중·고교 때 우수한 성적으로 명문 대학에 진학한 그는 대학 시절에도 두각을 나타냈다. 보수적인 가정의 장남이며 이씨 가문의 종손답게 ROTC를 지망한 그는 육군 중위로 제대하게 된다. 장교 제대와 동시에 현대자동차 공채에 합격한 그는 서울미대 출신의 재원(인진옥)과 결혼하여 두 딸(유영, 상영)을 키우면서 단란한 가정을 꾸몄다. 그의 모친은 가정의 대소사를 남편 대신 그에게 의논할 만큼 그는 장남이자 종손으로서 책임을 도맡았다. 워낙 전통 깊은 가정의 종손이기 때문에 기제사와 치산(治山) 등 대소사가 많지만 그것을 모두 그가 나서서 할 만큼 그는 치밀한 일처리와 책임감이 돋보이는 가정의 기둥 노릇을 했다.

이처럼 성실하고 일처리에 있어서 타의 추종을 불허할 만큼 능력이 있었기 때문에 그가 회사에서도 두각을 나타냈음은 두말할 나위 없다. 치밀하고 정직하며 계산에 빨랐던 그는 회사에서 주로 기획과 재정을 담당했으며 치열한 경쟁을 뚫고 43세에 이사로 승진했다. 4년 뒤 상무이사로 승진한 그는 다시 4년 뒤에 전무이사로 승진한다. 이사에서 도중하차하는 타 임원들과는 달리 그는 또다시 3년 뒤에 부사장으로 승급했다.

특히 1998년도는 우리나라가 국제통화기금(IMF) 관리체제 하에 놓여 있었기 때문에 정부는 말할 것도 없고 특히 대기업의 빅딜에 따른 구조조정으로 대량 감원 바람이 휘몰아쳤다. 그러나 그런 구조조정과 감원 바람 속에서도 그는 도태당하기는커녕 진가를 드러내기 시작했다. 현대자동차에서 재경 본부장이 되었다는 것은 그의 정직, 청렴성과 치밀한 일처리를 높이 산 것이기 때문에 회사가 크게 흔들릴 때일수록 그의 일솜씨가 더욱 빛났던 것이다. 따라서 그에게는 더욱 큰 직책들이 계속 부과되어 부사장 승진 8개월 뒤에는 그에게 기획실장과 자동차산업연구소장이라는 새 직책까지 부여되었다. 기획이란 한 조직체에서 두뇌 역할을 하는 것인 만큼 현대자동차가 격변하는 시기에 회사의 진로와 방향을 제대로 잡아보라는 뜻으로 그에게 그런 직책을 부여한 것이었다. 게다가 자동차산업연구소장까지 맡겼다는 것은 세계 경쟁시장에서 현대자동차가 두각을 나타낼 수 있는 방도를 찾아보라는 뜻도 담겨 있었던 것 같다. 이때 그는 재벌들의 빅딜 과정에서 현대자동차가 기아자동차를 인수하는 일에 치밀한 작업으로 뒷받침하는 공로를 세우게 된다.

이러한 일련의 작업으로 오너로부터 높이 평가받은 그는 기아자동차 인수를 위한 실사 책임자로 임명되어 기아 기업을 속속들이 파헤치는 작업을 성공적으로 마치게 된다. 이러한 그의 여러 가지 공로와 탁월한 능력으로 그는 부사장 승진 11개월 만인 1998년 12월에 한국 최대 자동차회사인 현대자동차의 대표이사 사장 자리에 오를 수 있었다. 이는 그가 격변기에 있어서 구조조정의 명수답게 기획력과 결단력을 갖췄음을 잘 보여주는 경우였다고 하겠다.

전형적인 사대부 가문 출신으로서는 관료가 아니면 의료인, 예술가를 배출해온 집안에서 한국 굴지의 대기업 사장에 오른 것은 그가 처음이었던 듯싶다. 이는 순전히 그의 개인적 능력에 따른 것이라 말할 수 있다. 그는 현대그룹의 재편성 과정에서 현대자동차를 떠나 현대산업개발 부회장으로 자리를 옮긴 몇 년 뒤 현대기업을 떠나 독자적으로 제이알투자운용 주식회사를 창업하여 경영하고 있다.

한편 해방 이듬해(1946년생)에 태어난 장녀 명숙은 일찍부터 그림에 재능을 가진 재원으로서 대단히 조용한 성격이다. 따라서 명문 이화여대에서 생활미술을 전공하고는 곧바로 결혼했다. 부군(조항록)은 고려대학교 의대를 졸업하고 도미하여 성메리 병원과 보스턴 VA 병원에서 인턴을 했고 현재는 보스턴 텁프트 의대의 임상교수로 재직하고 있는 중견 의사이다. 그들은 버지니아 의대와 보스턴 웨슬리 대학교에 다니는 두 자녀를 두고 있다. 명숙은 보스

이해랑 흉상 제막식에 참석한 가족

턴 지부 이화여대 동창회장으로 활동하고 있는 가정주부이다.

정부 수립 직후인 1948년 10월에 출생한 2남 민주는 장남 못지않게 명석한 두뇌의 소유자로서 감수성이 풍부했기 때문에 누구보다도 연극인 아버지를 이해했다. 따라서 연세대학교 경제학과에 재학 중에는 연극반에 가입하여 공연을 도와주기도 했다. 그렇기 때문에 한때는 부친의 뒤를 잇는 연극운동으로 나설까 하는 생각도 했었다고 한다. 매우 솔직 담백하고 민첩하며 직선적인 성격은 그의 모친과 닮은 부분인데 실제로 부친보다는 모친의 영향을 많이 받은 것으로 알려졌다.

따라서 그가 연극운동에 대한 꿈을 은근히 비쳤을 때, 모친은 별로 반기지 않았던 것으로 알려졌다. 그가 연극인에의 꿈을 접고 대학 전공을 살려서 기업으로 방향을 돌린 것도 실은 모친의 권유에 따른 것이었다. 연세대학교 졸업과 동시에 다나무역에 입사한 그는 1년 반 만에 뛰쳐나와서 스스로 중소기업인 조선무역(朝鮮貿易)을 설립한다. 다나무역의 말단 사원으로 경험을 쌓자마자 독립하여 무역회사를 차린 것이다. 주로 완구(玩具)를 만들어 동남아에 판매하는 조선무역은 승승장구하여 단 5년 만에 수출의 날 대통령표창을 받을 만큼 성장 속도가 빨랐다.

그는 경제 상황의 흐름을 잘 파악하고 아이디어가 풍부하며 직선적인 성격과 과단성까지 갖추었기 때문에 기업인으로서 성공할 수 있는 요인이 많았다. 가령 완구를 개발할 때 곰 인형에 컴퓨터칩을 부착하여 마치 곰의 심장이 살아 뛰는 것 같은 느낌을 주도록 하여 아이들이 안고 잘 수 있도록 제작한 것도 그의 기발한 아이디어였다. 이런 톡톡 튀는 상품으로 그의 기업은 가장 두각을 나타내는 중소기업으로 비약적인 발전을 거듭할 수 있었다. 이러한 성공으로 그는 1984년 정부로부터 은탑(銀塔)산업훈장을 받았으며 정직한 기업인이라 하여 1987년에는 조세의 날 재무부장관상도 받았다.

나이 40살에 무역협회의 비상임이사로 선임(1988년)된 그는 가을에 한미창업투자회사를 설립했고 미국 뉴욕에 100퍼센트 투자의 현지법인도 설립했다.

네덜란드에도 아펠두른 지사를 설립한 그는 수출의 날 5천만불탑도 수상했다. 홍콩에 합작투자회사 치바를 설치한 그는 중국과 국교정상화가 되기도 전에 공장(심천 지구)을 세우는 미래지향적인 안목도 갖췄으며, 1989년에는 신일상호신용금고를 인수하는 용단도 내렸다. 새로 시작하는 사업마다 거의 실수 없이 잘되었기 때문에 그는 인도네시아 수도 자카르타에도 현지 생산공장을 설립했으며 조세의 날에 두 번째 재무부장관상을 수상하기도 했다.

건축업으로까지 사업을 확장한 그는 덕소에 982세대의 아파트까지 분양했고 구리시에 청과회사를 세우기도 했다. 이듬해(1996년)에는 시흥에 냉장사업부를 설치하고 한국결재정보주식회사를 인수했다. 1997년부터는 미디어에 관심을 갖고 한국케이블TV 경동방송을 설립한 그는 신일상호신용금고를 매각하는 대신 양주 등 경기도 일원을 커버하는 한국케이블TV 북부방송을 인수해서 운영하고 있다. 이처럼 계속해서 사업을 확장했어도 그가 국제통화기금(IMF) 관리체제하에서 조금도 흔들림이 없었던 것은 전혀 빚이 없었기 때문이다. 그가 운영하는 회사는 은행 빚이 전혀 없다. 그만큼 내실을 탄탄하게 다지면서 치밀하게 사업을 하고 있다는 이야기가 된다.

그는 또한 효성이 지극하고 사회봉사를 많이 하는 모범적 기업인으로 칭송받고 있다. 부모를 향한 그의 효심은 자타가 공인하는 바로서 현대자동차가 처음으로 고급차(그랜저)를 출시했을 때 가장 먼저 부친에게 사준 일도 있었다. 그러니까 그는 사업 수완만 탁월한 것이 아니고 인간관리 면에서도 남보다 앞섰다. 가령 그가 젊은 사업가임에도 불구하고 사회사업에 눈을 돌린 것이야말로 그 단적인 예라고 볼 수 있다. 돈을 많이 벌면서도 돈에 애착이 적은 그는 천성이 선량하고 다정다감하며 아이들을 좋아하는 성격이라서 일찍부터 완구 중에서도 인형에 관심을 가졌었다. 서울여자대학교 영문과 출신의 아내(신인숙)와 세 딸(지영, 은지, 은혜)을 몹시 사랑하는 그는 가족 사랑에 그치지 않고 남의 가정과 아이들도 대단히 소중하게 생각하고 남모르게 도움도 주고 있다.

그는 심장이 뛰는 것처럼 만든 곰 인형으로 히트를 해서 큰돈을 벌었기 때문에 그에 대한 보상을 하고 싶어 했다. 그것이 다름 아닌 심장병 어린이 돕기 자선사업이었다. 그는 해마다 거금을 쾌척하여 심장병을 앓는 어린이들의 치료를 도맡곤 했다. 그것을 발전시킨 것이 다름 아닌 사회복지법인 하트재단이다. 하트재단은 심장병 어린이만 돕는 데 그치지 않고 전국의 어린이 가장, 장애자, 극빈자, 지역사회 봉사자 등을 광범위하게 후원하는 복지법인이다. 그는 이것을 다시 확대하여 서울 가락동에 건물을 별도로 세워서 지역주민을 돕는 일에 나섰다. 가령 송파구 주민들을 위한 교양강좌 개설부터 시작해서 각종 스포츠 활동, 오락 활동을 할 수 있도록 그 건물을 활용하고 있는 것이 단적인 예다. 그는 사업 수완만 뛰어난 것이 아니고 기업에서 얻은 이익을 사회에 환원해야 한다는 신념도 확고하여 그것을 구체적으로 실천하고 있다. 그를 가리켜 주변으로부터 한국중소기업인의 전범이라고 칭송하는 것도 바로 그러한 자세 때문이다.

이해랑이 5남매를 자유분방하게 키웠기 때문에 모두가 개성이 강한 편이다. 열 손가락을 깨물면 아프지 않은 손가락이 없듯이 부모의 자식에 대한 사랑은 거의 같은 것이다. 그러나 부모의 자식 사랑이 같다고 하더라도 절대적이지만은 않은 것도 부인할 수 없다. 그것은 자식이 하는 데 따라 차이가 날 수밖에 없다. 가령 그만 하더라도 세 아들 중 장남(방주)에 대해서는 비교적 어려워하는 편이었던 것 같다. 그럴 수밖에 없는 것이 장남은 빈틈없는 성격에다가 조숙해서 이미 대학 시절부터 가정의 대소사를 다 챙기는 실질적 가장 역을 했기 때문에 실생활에 어두웠던 그로서는 어려웠던 듯싶다. 둘째 민주는 싹싹하고 사교적인 데다가 아버지의 일을 가장 잘 이해하고 자랑스러워해서 사랑받았고, 셋째 석주는 아들로서는 막내인데다가 예술가적 기질 때문에 가장 귀여움을 받은 경우였다.

3남 석주는 1952년 즉 6·25 전쟁이 한창일 때 태어났지만 그 위의 3남매보다는 고생을 덜하고 자랐다. 즉 그가 국민학교에 다닐 무렵에는 아버지가 이

이달의 인물 선정 및 저서 출판기념회에 참석한 부인과 세 아들

미 중진 연극인으로서 막강 여당〔공화당(共和黨)〕의 창당 발기인이었고 교수 겸 예총 회장으로서 문화계의 지도자였다. 그리고 중·고등학교 때는 국회의원을 할 때였다. 그만큼 그는 명문가 집안의 귀염둥이 아들이었다. 그러나 그는 장남, 차남과는 달리 지나치게 감수성이 예민하여 비교적 방황을 한 편이었다. 이유 없는 반항의 소년이었던 것이다. 인자한 그로서는 가장 기르기 힘든 아들이었다. 3남매를 키울 때는 거의 신경을 쓰지 않아도 될 만큼 모범생들이었지만 석주만은 달랐다.

따라서 그는 석주를 항상 데리고 다닐 만큼 그의 교육에 심혈을 기울였다. 그는 방황하는 석주에게 예술 분야, 그중에서도 미술 공부를 권했다. 왜냐하면 일찍부터 석주가 그림에 소질이 있음을 발견했기 때문이다. 그는 바쁜 틈에도 석주와 많은 대화를 나눴으며 자신이 연출한 작품이 오픈 공연을 가질 때는 예술 교육을 위하여 반드시 그와 함께 관람한 후 장시간 기탄없는 토론을 벌이곤 했다. 이처럼 가친의 작품에서 남보다 일찍 예술에 개안한 그는 장차 화가가 되기로 결심하고 홍익대학교 회화과로 진학케 된다. 그가 미술대학으로 진학하는 데는 가친의 충고가 절대적이었다. 석주가 미술대학에 진학한 후에도 그의 3남에 대한 관심은 조금도 줄지 않았다.

그러나 석주는 고등학교 시절과는 달리 부친의 예술관에 동의하지 않으려 했다. 그러니까 그가 대학에서 접하는 회화운동은 아버지의 예술관과는 너무나 동떨어진 것이었기 때문이다. 즉 그는 포스트모던이라든가 민중미술(民衆美術) 등 실험성 강한 신미술운동을 주로 접하고 있었기 때문에 리얼리즘을 고수하는 아버지의 예술관에 선뜻 동의할 수가 없었다. 따라서 그는 집요하게 설득하는 아버지의 리얼리즘 예술론을 귓전으로 듣고 한동안 신미술운동 주변을 기웃거리는 생활을 했다. 아버지는 그런 아들의 심중을 알아차리고 더욱 그를 가까이 붙잡았다. 극장에서는 말할 것도 없고 공연이 끝난 뒤 카페에서 맥주잔을 앞에 놓고 격렬하리만큼 토론을 벌이는 날이 많았다. 집에서도 밥상머리에서도 리얼리즘 예술론은 계속되었다. 그런 처지의 석주는 대학 시절부터 이미 두각을 나타내기 시작했다.

1976년에 서양화과를 우수한 성적으로 졸업한 그는 곧바로 대학원에 진학하여 1981년에 수료했다. 그런데 흥미로운 사실은 그가 회화 세계에 깊이 침잠할수록 아버지의 목소리가 환청처럼 울려오기 시작했다고 고백했던 점이다. 더욱이 그는 이화여자대학교 영문과 출신의 재원(황미원)과 행복한 가정을 꾸미고 아리따운 딸(사라)을 두면서 진정한 회화에 두 번째 개안을 했다. 그것은 두말할 것도 없이 부친처럼 인간 내면의 진실까지를 자신의 회화 세계에 투영하기 시작했다는 이야기가 된다. 그는 이미 젊은 나이에 국전(國展)에 출품하여 특선을 했고, 중앙미술대전에서 장려상을 받는 등 촉망받는 중견 화가로서 화단에 확고한 위치를 차지하고 있다.

화단으로부터 여러 가지 상을 받으면서 그의 화풍은 극사실적(極寫實的)

리얼리즘을 넘어 초현실세계 추구로 빠져들게 된다. 그는 화단으로부터 대단히 유망한 작가로 인정받자마자 숙명여대 회화과 교수로 초빙되어 안정적인 직업도 가질 수가 있었다. 그는 곧바로 아시아 비엔날레의 금상과 선미술상을 수상하는 등 화단의 총아(寵兒)로 부상했다. 이처럼 그는 자기도 모르는 사이에 부친의 리얼리즘 예술관에 깊이 영향을 받은 셈이 되었고, 거기서 한 걸음 더 나아간 새 경지를 열어가고 있다.

그의 작업 방향은 견고한 리얼리즘을 토대로 하고 있으며 인간의 고독과 서정을 주제로 한 구상의 현대화라 말할 수 있을 것 같다. 이처럼 그는 선친과 마찬가지로 인간 내면을 서정주의로 승화시켜 가고 있는 듯이 보인다. 대단히 정력적인 그는 40대의 젊은 나이에 개인전을 여섯 번이나 가진 바 있고 프랑스〔문명(文明)비평전〕, 일본(도쿄아트엑스포), 유고슬라비아(한국현대회화전), 미국(시카고아트페어), 이탈리아(한국현대미술전) 등 세계 각국의 전시

모친 김인순의 팔순 잔치에서 세 아들의 모습(좌로부터 장남 방주, 차남 민주, 삼남 석주)

삼남 석주와 함께

회에 출품했으며 서울국제현대미술제, 전환시대 미술의 지평전, 범생명적 초월주의 서울미술대전, 한국현대미술 주소찾기전 등의 초대작가로서 출품한 바도 있다. 그의 작품은 국립현대미술관, 서울시립미술관, 후쿠오카시립미술관, 호암미술관, 선재미술관, 모란미술관 등에 소장될 정도로 높은 평가를 받고 있다. 이것은 그의 그림이 극사실적 표현과 인간 내면 표출 및 서정주의로 흐르면서 미술 애호가들로부터 대단히 선호받고 있기 때문이며, 그가 여섯 번의 개인전을 가질 수 있었던 것도 순전히 높은 예술성과 함께 대중성도 있기 때문이다. 그는 문학적 감수성까지 풍부하게 갖추고 있어서 각 신문사로부터 인기 소설의 삽화 주문이 쇄도하고 있다고 한다. 따라서 그가 중앙일보에 연재했던 김주영(金周榮)의 대하소설 『아리랑난장』의 삽화는 유명하다.

그의 5남매 중 막내는 딸 은숙이다. 가장 귀엽게 자란 막내딸은 그가 문화계의 지도자로 활동할 시기에 성장했기 때문에 가정의 어려움을 전혀 모르고 자랐다. 음악에 특별히 재질(才質)이 있었던 그녀는 어려서부터 피아노를 잘 쳐서 이화여자대학교 음악과에 진학하여 피아노를 전공했다. 미모에다가 신앙심이 깊고 얌전한 성격이라서 사회활동보다는 가정 가꾸는 것을 좋아했기 때문에 대학 졸업과 동시에 건실한 청년(박정헌)과 결혼했다. 그녀는 조선무역주식회사 로스앤젤레스 지사장으로 있는 남편을 따라 미국에서 행복한 가정생활을 하고 있다.

이상과 같이 그는 5남매 모두를 성공시킨 대표적 예술가였다. 특히 3형제는 기업과 예술 분야에서 모두가 두각을 나타낼 정도로 대성한 경우이다. 전술한 대로 장남은 정치사회 격변기에 주도면밀하고 명민한 자질을 십분 발휘할 수 있는 대기업의 대표적 전문경영인이 되었고, 두뇌 회전이 빠르고 야심만만한 차남은 자수성가한 기업인의 전범으로 평가받을 만큼 사업가로 대성했으며, 삼남은 장차 한국 화단을 이끌 재목으로까지 평가되는 중진 화가로서 확고한 위치를 차지하고 있다.

장녀와 차녀도 사회활동은 하지 않고 있지만 모두 명문 대학을 나온 재원

손녀와 함께

으로서 훌륭한 배필을 만나 미국에서 행복한 가정을 꾸려 살고 있다. 이처럼
이해랑은 가정적으로 가장 성공한 예술가로 모두가 선망하는 예에 속한다.

2. 소멸하는 시간 속의 아련한 추억

필자는 앞에서 자녀들의 선친에 대한 기억만을 소개했지만 행복한 가정을
꾸미는 데 있어 눈에 보이지 않게 역할을 한 자부(子婦)들과 서랑(壻郎), 그
리고 예쁜 손녀들이라는 구성원이 있었기에 더욱 아름다웠던 것으로 추정된다.
이 점은 그들의 시부, 빙장(聘丈), 그리고 조부에 대한 추억의 글들에 잘 나타나

세 자부 손녀들

있다. 가령 동양화를 전공한 첫째 자부인 인진옥은 시부를 그리는 글 「다정하셨던 아버님」에서 "나는 아버님을 항상 인자하셨던 분으로 기억한다. 아버님이 화를 내시거나 큰 소리를 내셨던 기억은 없다. 집에서 식구들을 부르실 때도 어머니에겐 '엄마야', 아들들 이름을 부르시면서도 말끝을 다정하게 올리셨다. 엄하셨던 친정아버지 밑에서 자라 시집온 나에게는 참으로 생소한 집안 환경이었다. 그리고 예술 활동을 하셨던 아버님의 일정하지 않았던 출퇴근 시간, 자유스러운 집안 분위기를 처음엔 이해하기 힘들었던 것도 사실이다. 지금 생각해보면 아버님께서는 한 번이라도 훈계조로 말씀하시거나 당신 생각을 강요하거나 하시지 않으셨고 자식들 스스로 생각하고 결정하도록 하는 교육관을 가지셨던 것 같다.

그러나 당신 자신이 엄한 아버님 밑에서 자라면서 몸에 익히셨던 사대부 집안 자손으로서의 법도는 항상 버리지 않으셨던 것이 자식들에게도 은연중에 영향을 주었다. 가족 모두 집안에 대한 자부심을 가졌으며 서로가 편안하게 대하면서도 상대에 대한 배려는 잊지 않았다. 어머님 또한 훌륭한 점이 많은 분이셨다. 항상 긍정적 사고를 지니시고 아버님을 극진히 내조하셨고 또 자식 모두의 적성을 잘 파악하시어서 각자에게 맞는 진로를 결정지어 주셨다. 평소에 '세상은 공평하단다. 남보다 나은 점이 있어도 겸손하고, 못한 점이 있어도 노력하면 된다'는 말씀을 자주 하셨다. 이러한 시댁의 분위기를 지켜보다 우리 가족은 자연스레 자식들에게 허물없이 대하면서도 스스로 판단하게끔 하는 교육이 바람직하다고 생각하게 되었고, 이러한 영향을 받아 모든 형제자매가 가족의 화목을 위해 지금도 노력하는 것 같다"[7]고 하여 자유분방한 가운데서도 품격을 잃지 않는 사대부 집안의 온화한 분위기와 자녀 사랑을 추억한 바 있다.

한편 영문학을 전공한 둘째 자부인 신인숙은 「따뜻하고 인정 많으신 아버님」이란 글에서 "결혼 초에 나의 친정아버님이 많이 편찮으셔서 중환자실에 입원하여 계실 때였다. 하루는 아버님이 맥주를 드시고 늦게 들어오셨는데 현관문을 열어드리는 나에게 아버님은 친정아버님의 병환에 대하여 자상하게 물으시면서 '빨리 완쾌되셔야 할 텐데' 하시면서 집안일과 애기 — 그 당시 큰딸이 생후 3개월이었다 — 에 신경 쓰지 말고 친정아버님 잘 보살펴드리라고 말씀하셨다. 나는 아버님의 따뜻한 위로와 진심 어린 염려에 그만 눈물을 흘리고 말았다. 그때 그 위로의 말씀이 나에게 큰 감동을 주었고 30년이 지난 지금도 아버님을 추억하면 제일 먼저 떠오르는 귀중한 추억 중의 하나다. 이렇듯 아버님은 늘 부드럽고 온유하신 분으로 인정 많으시고 잔잔한 미소를 잃지 않으셨던 멋쟁이 예술가셨다. 지난번 샌프란시스코에 살고 있는 딸의 집을 방문했을 때, 시차로 잠이 오지 않아 뒤척이다가 서가에 꽂혀 있는 책『이해랑 평전』을 다시 읽었는데, 그때 나는 책에서 예전에 미처 깨닫지 못했던 소중한 것을 발견하게 되었다. (……) 사업가인 나의 남편을 보면서 그의 사업가직 기질은 어디에서 기인되는 것일까 하는 생각을 늘 하고 있었는데 평전을 읽으면서 '아, 바로 이거야, 나의 남편의 사업가적 기질은 아버님으로부터 오는 것이로구나!'라는 강한 느낌을 갖게 되었다. 오랜 숙제를 해결한 기분이었다. 아버님과 나의 남편이 예술과 사업이라는 다른 분야에 서 있다 할지라도 아버님의 내면적 성향 ― 미래지향적인 사고, 창의력, 진취성, 추진력 ― 을 그대로 물려받았다는 것은 참으로 신기한 발견이었다. 나의 남편은 나이가 더할수록 너무나도 아버님을 닮아간다. 걷는 모습, 서 있는 모습, 그리고 작은 습관까지도. 그러나 진정 가장 닮고 싶은 아버님의 모습은 외모도 아니고 사업가적 기질도 아닌 단지 아버님의 따뜻한, 인정 많으신 인품을 많이 닮아갔으면 하는 바람"[8]이라고 하여 시부가 평생 연극운동을 벌이면서 앞서 가는 일을 한 것이 분야는 다르지만 남편(차남 민주)의 성공신화와 일치한다고 지적한 것은 정곡을 찌른 혜안인 것이다.

물론 '평생 경제는 빵점'이었다고 하소연해온 부인(김인순)의 말처럼 주변 사람들은 이해랑이 돈 버는 일에는 관심이 없었으며 실제로 돈을 크게 벌어본 적도 없었지만 그것은 순전히 연극이라는 예술 활동에 올인하기 위해서였다고 생각하였다. 그러나 그가 연극이 아닌 사업을 했어도 대성할 수 있는 충분한 자질이 내재되어 있었다고 보는 것이 맞다고 본다. 그의 차남 민주도 선친을 기리는 글에서 "아버님에 대한 오해 중 하나가 아버님이 예술가이니 비현실적이고 예술가적 기질만 아주 많은 분으로 보시는 분이 많으나 내 소견으로는 아버님은 생각보다 훨씬 더 균형 있게 생각을 하시는 분으로 이해하고 싶다. 연극이란 예술도 다른 예술과 달리 관객을 감동시키기 위해서는 기승전결이 있고 논리와 이성이 더 필요한 현실적 예술이라고 생각한다. 물론 아버님은 감성도 풍부하셨지만 잘 논리화하여 관객에게 전달할 줄 아는 이성도 갖고 계셨다는 말씀이다.

어머님 말씀이 네 아버지는 경제에 대해서는 빵점이고 비현실적인 분이라고 자주 말씀하셨고 실제로 돈을 별로 벌지 못하였고, 경제 관심도 없는 듯하셨는데 나는 그 이유가, 아버님은 빈곤 혼란의 시대에 사셨고, 또 부유한 부모님이 있어 거기에 대한 기대 때문에 경제에 관심을 덜 쓰고 살지 않으셨나 생각된다. 지금 같이 사회가 다양해지고 여러 직업이 있고, 할머님이 일찍 병사를 하지 않으셨다면 아버님이 연극을 하셨을까 하는 의문도 든다. 어쩌면 아버님은 평범한 직장생활을 하다가 진취적이신 분이셨으니까 나중에는 독립을 하여 자기 사업을 하시는 경제적인 분이 되지 않았을까"[9]라고 하여 사업을 했어도 대성했을 것이라고 회고한 바 있다.

영문학을 전공한 막내 자부 황미원은 「늘 우리와 함께 하십시오」라는 서간 형태의 글에서 "아버님, 아버님께서는 시아버님이 아닌 그냥 아버님이셨습니다. 이유가 뭘까 생각해보았습니다. 아버님께서는 가족을 전통적 수직관계가 아닌 인간 대 인간의 수평적 관계로 대하셨습니다. 첫날 공연이 끝난 후에는 객관적 관객으로서 우리들의 의견을 꼭 물으셨고 설익은 비평도 귀담아 들으셨습니다. 시아버지와 며느리라는 관계에서 한 편의 예술 작품에 대해 논평할 수 있다는 사실이 흔치 않음을 알기에 저에게는 가슴 벅찬 일이었고, 한 인간으로서 존중을 받는 그런 느낌을 받았습니다.

언젠가 제가 음악을 듣고 있을 때 아버님께서도 좋아하는 곡이라고 하셔서 가끔 듣던 음악, 기억하시는지요—「라 트라비아타(La Traviata)」의 아리아 「프로벤자 내 고향으로」. 아버님께서는 맥주에 취하셔서 '이거야 정말, 만나 봐야지'를 노래하시던 낙천적 기질과 담배 연기 가득한 서재에서 작품 분석에 몰두하시던 철두철미한 열정을 고루 갖추셨습니다. 박스로 드시던 맥주, 재떨이 수북한 담뱃재, 입에 물고 계시던 안경테는 여유의 기호품이라기보다 창조적 영감을 고취시키는 필수품으로 보였습니다. 며칠씩 계속되던 작가 선생님과 혹은 조연출 선생님과의 작업에 차 시중, 술시중을 들며 흘깃 본 연출 노트에는 낯익은 아버님의 필체와 밑줄, 여러 가지 기호가 얽혀 있었습니다. 너무나 세밀한 부분까지 계획되고 수정되고, 다시 조립되어서 마치 배경과 인물, 빛과 어둠, 소리와 동작이 눈앞에 보이는 듯했습니다.

우리한테는 형태도 의미도 확실하지 않은 세계가 예술가의 눈을 통해 한 가닥씩 실마리를 찾아 다시 창조되는 과정을 생생히 볼 수 있었습니다. 몇 년 동안 아버님을 모시고 산 자식의 특권이었다고 할 수 있을까요? 이전에는 연극이란 밀폐된 공간에서 연출가의 의도에 의해 이루어지며 우리는 객관적 관객이라고만 생각한 저에게 아버님께서는 관객은 곧 배우라는 관계를 가르쳐주셨습니다. 연극적인 의미에서 생명을 부여하여야 할 희곡 속의 인물처럼 우리들 자신의 삶에서 구경의 대상이 아니라, 우리의 몸짓으로 우리의 삶을 만드는 배우가 되어 내가 맡은 역을 정확히 잘 해내어야 한다고 말입니다.

시대를 앞서 사셨고, 연극계에 큰 업적을 남기셨고, 멋쟁이셨고, 자상하셨고……. 겹겹의 과거시제의 수식어보다는 그냥 '우리 아버님은 참 좋으신 분이야'라는 현재형으로 사시는 분, 곧 아버님의 기일이 다가옵니다. 형식적이고 엄숙한 추모의 날이기보다 아버님 생전에 좋아하시던 즐거운 모임이 되게 맥주잔을 드시고 우리와 함께 하십시오 '인간은 젊은 시절에 원하던 것을 노년기에 실컷 누린다'는 괴테의 말이 생각납니다. 아버님은 행복하십니다"[10]라고 썼는데, 이것은 연극예술을 깊이 이해하는 애제자가 스승에게 보낸 서간처럼 보이기도 한다.

그런데 참으로 흥미로운 점은 세 자부 모두가 미술과 문학을 전공했기 때문에 평소에도 시부의 연극예술 활동을 깊이 이해하고 그것을 그의 높은 인품과 연결하여 더욱 존경했다는 사실이다. 사실 자부들이 하나같이 시부와의 관계가 친정아버지와의 관계처럼 격식 같은 것을 벗어나 격의 없이 생활할 수 있었던 것은 시부가 그만큼 개명하고 내공이 견고한 인격자였기에 가능한 것이었다고 말할 수가 있다.

반면에 두 서랑은 예술과 거리가 먼 의학과 경제학을 전공하고 의료 활동과 사업을 하고 있기 때문에 빙장에 대한 기억에도 차이가 난다. 즉 미국에서 의사로서 활동하고 있는 첫째 서랑 조항록은 「겸손 속에 내재된 저력」이란 글에서 "나는 결혼을 하자마자 미국으로 온 탓으로 장인어른하고 오래 있던 시간이 없었지만 환갑이 되시던 해에 우리 집 보스턴에 장인, 장모님께서 방문하셨다. 특히 맥주를 좋아하셨고 우리 집에 수영장이 있는 관계로 계시는 동안 수영을 매우 즐기셨다. 그 연세에 수영 솜씨가 과연 옛날 6·25 때 한강을 건너갔을 정도로 수영을 잘하신 것 같다. 아침저녁으로 맥주를 즐기셨는데 우리 집을 거쳐서 유럽으로 떠나시게 되자 유럽 여행 출발 전날엔 그렇게 즐기시던 맥주를 딱 끊으시고 자제를 하셨다. 온화하고 부드러우신 속에 숨겨진 무서운 저력을 느꼈다. 그러기에 그렇게 힘이 든 연극을 하셨고, 하고 싶은 것을 끝까지 하신 숨겨진 힘을 보는 것 같았다.

장인어른의 말씀을 듣고 있으면 유머와 위트가 있고 겸손해서 사람을 끌리게 하는 멋이 있으셨다. 결혼 전 장인어른의 결혼허가를 받으러 처가를 방문해 처음 장인어른을 만나 뵈었을 때 장인어른께서 하신 말씀이 아직도 생생하다. '내 아이 명숙이에 대해서 자랑할 것은 없는데 그 애가 착한 것만은 내가 자신해, 부족한 점 많지만 잘 보살펴주고 살기 바래.' 처음 뵙는 장인어른과의 만남이라 무슨 어려운 질문에 실패할까 잔뜩 긴장했던 나에겐 너무나 상상외의 겸손과 자상함이 담긴 말씀이었다. 금년이 우리의 결혼 33년째인데 그 어른 말씀이 아직도 내 가슴속 깊이 새겨 있어 우리 부부 사이를 겸손과 사랑의 밧줄로 꽁꽁 묶어 놓는 힘을 내고 있음을 실감하게 된다.

겸손 속에 진리가 있고 진리의 힘이 장인어른의 인간과 그분 삶의 기본이 아니었나 생각한다. 이제 돌아가신 지 10여 년, 장인어른과 좀 더 많은 시간을 가져 그 분 삶의 철학을 조금이나마 본받을 수 있었으면 하는 아쉬움이 크다. 나 자신도 이제 딸을 시집보내고 장인이 된 지금 나는 사위에게 어떻게 보이는 장인이 될까 생각하며 장인어른에게 여쭈어보고 싶다. '겸손해야 해!' 하시는 장인어른의 귓속 말씀이 들린다"[11]고 하며 장인에게 훌륭한 삶의 지혜를 얻었음을 고백하였다.

한편 사회과학을 전공하고 미국에서 사업을 하고 있는 막내 서랑 박정헌은 「자연(自然)과도 같은 아버님」이라는 글에서 "(……) 특히 맥주를 드시고 유쾌해 하시던 때를 종종 회상하게 된다. 막내 사위가 되고 얼마 되지 않아 외국 생활을 하게 되어 사랑하는 어린 막내딸에게 여러 번 방문하셔서 얼마 동안

장녀, 손녀와 함께

같이 생활도 하시고 여행을 하게 되어 많은 추억의 시간을 갖게 됐다. 발리 (Bali), 페낭(Penang) 등 남태평양의 낭만적 분위기를 유독 즐기시며 기뻐하시던 모습이 아직도 눈에 선하다. 음식 한 가지에서도 문화적 배경과 그들의 정서를 이해하셨다. 또한 그 시대에 찾아보기 힘든 남녀평등 의식과 친한 친구 같은 친절함을 두 분(아버님, 어머님) 사이에서 항상 발견하곤 했다. 집사람이 여섯 살쯤에 집 앞으로 지나가는 장사에게 아이스크림을 외상으로 사먹은 당돌함 때문에 큰오빠한테 혼나기는 했지만 자라면서 부모님께 야단맞아본 적은 없다고 한다. 자율적이면서 탄력 있는 모범적인 자녀 교육의 샘플(Sample)임을 확신한다. 유교적 분위기에서 자란 나에겐 아버님은 새로운 세계요, 자연과도 같은 편안함 자체였다. 종종 아버님께서 이쪽 동네에 우리들을 보신다면 얼마나 좋아하실까 생각해본다. 사랑을 몸소 실천하시고 보여주신 아버님께서 그 나라에서도 맥주를 드시며 편안히 잘 계실 줄 믿어 의심치 않는다"[12]고 회고했다.

그런데 더욱 우리의 흥미를 끄는 것은 생전에 그렇게 예뻐했던 여섯 명의 손녀들의 조부에 대한 추억이라고 말할 수가 있다. 왜냐하면 손녀들이 성장하면서 조부의 사랑을 소녀들답게 순수하면서도 아름답게 추억하고 있기 때문이다.

맏손녀 유영(侑映)은 「온화한 인품의 우리 할아버지」라는 글에서 다음과 같이 회상했다.

중학교 때까지 할아버님을 곁에서 지켜볼 수 있었던 제게는 연극계에서 활동하셨던 할아버지의 모습보다는 가정에서의 모습을 떠올리게 됩니다. 할아버지께서는 항상 웃는 얼굴, 온화한 말투로 손녀들을 대해주셨습니다. 손녀들 하나하나 장점이 있으면 구체적으로 칭찬해주셨고, 할아버지 댁에서 놀고 있으면 방에 들어와 지켜보시면서 "응 너는 대화 중에 이런 질문을 많이 하는구나, 호기심이 많은 건 좋은 것이다"라고 자상하게 평도 해주셨습니다.

할아버지 서재에는 특히나 책이 많아서 어린 저의 호기심을 자극하셨지요. 항상 댁에서 독서를 하시거나 글을 쓰시던 모습이 떠오릅니다. 제가 자라서 할아버지에 대한 글을 읽으며 연극인으로서의 할아버지에 대하여 알게 되었을 때, 할아버지께서는 얼마나 풍요로운 인생을 사셨을까 하는 생각을 해보았습니다. 풍부한 독서량과 인생에 대한 깊고 넓은 시각을 갖고 계셨기에 '또 하나의 커튼 뒤의 인생'이라는 연극관을 세우실 수 있었고, 인격적인 면에서도 존경을 받으실 수 있으셨으리라 생각합니다. (……) 밖에서와 마찬가지로 댁에서도 이렇게 미소 띤 얼굴로 다정하게 대해주셨던 할아버지! 첫 손녀로서 특히 사랑을 많이 받았던 제게는 잊을 수 없는 가르침이었습니다. 할아버지께서는 "앞으로의 시대에는 여성의 역할이 중요하다. 책을 많이 읽고 공부하여 세상을 넓게 볼 줄 아는 지적인 여성이 되어야 한다"고 당시 초등학생 무렵의 저를 보실 때마다 말씀하셨습니다. 또 "지성미를 갖춘 여성이야말로 멋진 여성이다. 그래서 좋은 글을 읽어야 한다"며 손수 책을 사다 주기도 하셨습니다.

지금 돌이켜 보면 저에게 영향을 주셨던 다른 모든 충고들보다도 할아버지가 제게 보여주셨던 이런 태도가 제게 은연중 여성으로서의 자부심을 갖고 살 수 있게 해주셨던 것 같습니다. 가정과 사회에서의 지혜로운 여성의 역할을 강조하셨던 할아버지, 할아버지의 인품이나 긍정적인 사고뿐 아니라 이런 열린 시각, 시대를 앞서 볼 줄 아는 눈이야말로 제게 남겨주신 귀중한 유산이며 자랑이 아닌가 싶습니다.[13]

이상과 같은 맏손녀의 할아버지에 대한 추억에서 그가 어린 손녀들에게도 사회인으로 성장해가는 데 자양분이 되도록 훈도하고 그녀들에게 맞는 서책까지 손수 사다가 읽히기까지 했음을 알 수 있다. 그만큼 그가 가정교육에 철저했음을 짐작케 하는 것이다. 맏손녀 유영의 바로 밑 둘째 손녀 상영 역시 비슷한 추억을 갖고 있다. 즉 그녀는 「삶을 사랑하는 법을 알려주신 할아버지」라는 글에서 이렇게 썼다.

어린 시절 주말이면 할아버지 댁에서 뛰어놀았던 기억은 너무도 따뜻합니다. 그 기억 속에는 반드시 흔한 표정의 할아버지가 계십니다. 할아버지는 편안하게 손녀들을 대해주셨고 사랑을 가득 주셨습니다. 커다란 나무 그늘 아래에서 하얀 간이 테이블에 앉으신 채 맥주를 드시던 모습은 아직도 선명히 기억에 남아 있습니다. 살짝 어깨를 뒤로 기댄 채 즐겁게 이야기하고 계신 할아버지는 여유로워 보이기도 했습니다. 머리 위로 햇살을 받으며 미소 지으시던 할아버지의 모습은 인자한 여느 할아버지와 다를 것 없었지만, 그 안에는 말로 표현하기 어려운 강한 카리스마도 담겨 있음을 어린 마음에도 느낄 수 있었습니다. 가족들과 있을 때가 아닌 연극과 관련된 분들과 대화하시던 때에는 너무나 진지하고 열정이 넘쳐 보였습니다.

할아버지는 손녀들을 사랑하는 방법도 남다르셨던 것 같습니다. 여름이면 나무가 빽빽이 우거진 '구리농장'이라는 곳으로 데려가 수영을 가르쳐주셨습니다. 할아버지는 손녀들에게 한 명씩 순서대로 다이빙을 가르쳐주셨습니다. 계단을 이용하지 않고 풍덩 물에 뛰어들자니 제 차례가 다가올수록 긴장되고 떨리기까지 했습니다. 여섯 명의 손녀 중 세 번째인 저는 수영을 배울 때에는 막내가 되고 싶을 정도였습니다. 그래도 할아버지는 우물쭈물하는 제게 "물을 무서워하지 마! 용기를 내!"라며 열정 적으로 수영을 가르쳐주셨습니다. 이 때문에 '할아버지가 나를 별로 안 좋아하시나 봐'라고 생각한 적도 있습니다. 그러나 그건 수영을 무서워하는 마음과 할아버지가 가지고 계신 카리스마 때문이었던 것 같습니다.

그러나 이런 오해를 말끔히 풀어버린 계기도 있었습니다. 할아버지께서 제 초등 학교 졸업식에 와주셨을 때의 일입니다. 미술을 하겠노라고 예원학교에 응시하였고, 할아버지는 합격을 축하해주셨습니다. 그동안 다소 어렵기도 했던 할아버지가 졸업 식에 와주셔서 등을 토닥여 주시며 "수고했다"라고 인자하고 카리스마가 섞여 있는 특유의 환한 표정을 지어주셨을 때 너무나도 뿌듯하고 의기양양해졌습니다. 졸업식 이 끝나고 중국 음식을 먹는 동안에도 할아버지는 제 종알대는 이야기를 인자하고 부드럽게 들어주셨던 기억이 아직도 남아 있습니다. 겁을 내고 수영하기 싫어한 손 녀에게 때론 용기를 주시고 노력 후에 얻은 성과에 환하게 격려해주시던 할아버지 는 제게 삶에 필요한 열정과 사랑을 알려주셨습니다.14

이상과 같은 글에서 보이듯 그는 분주했던 시절에도 손녀들을 데리고 다니 면서 수영까지 손수 가르쳐주는 배려를 했고, 그러한 놀이 가운데서도 자라나 는 아이들에게 스스로 삶의 지혜를 깨닫도록 은연중에 훈육도 시켰음을 알 수가 있다. 그 점은 차남의 장녀인 손녀 지영의 「항상 남을 배려하시던 할아 버지」란 다음과 같은 글에도 잘 나타나 있다.

기억 속의 할아버지는 정원을 돌보시며 그 아름다움을 감상하시고 독서와 좋은 글을 즐기시며 술과 벗을 좋아하는 자유로운 분이셨다. 할아버지 댁에 놀러 가면 늦은 오후 무렵 서재에서 나오신 할아버지께서 바지를 걷으시고 맨발로 잔디를 밟으며 직접 정원에 물을 주시던 기억이 아직도 생생하다. 물보라를 일으키며 무지개를 만들어주셨고 물을 더 주신 뒤에는 천천히 거닐며 장미 가지를 소중히 자르시고 관상수의 가지를 치시며 정원을 가꾸셨다. 바쁘지 않으신 날엔 서재에서 비스듬히 누워서 책을 읽으시거나 쓰시고 날씨 좋은 날 저녁엔 유리문을 열고 좋아하시던 맥주를 드셨다. 술자리와 사람들을 좋아하셔서 새해 초에는 며칠씩 손님이 끊이지 않았다. 복장에 있어서도 할아버지는 넥타이를 착용하는 것을 번거로워할 정도로 격식을 싫어하는 분이셨다. 할아버지는 다른 사람들에게 너그럽고 관대하시며 특히 사회적으로 약자인 여자와 아이들에게 늘 부드럽고 다정한 분이셨다. 할머니께도, 자녀인 우리 부모님에게나 손녀인 우리에게도 권위를 내세워 강요하거나 크게 탓하는 법이 없으셨다. 술을 좋아하셨다고는 하나 집안에서 과하게 드시고 큰 소리를 내시는 것도 보지 못했다. 할아버지를 생각할 때마다 떠오르는 것은 항상 웃으시던 자

손녀들과 함께

애로운 미소와 사랑스럽다는 듯이 우리가 마당에서 뛰노는 것을 지켜보시는 모습이다. 여름이면 어린 손녀 다섯을 데리고 교외의 수영장에 데려가 주셨고, 서커스단이 오면 꼭 데려가 주셨다. 무더운 여름에 점심을 사 먹이고 다른 이의 도움 없이 초등학교 여자 아이 다섯을 혼자 상대하시면서도 허허 하고 웃기만 하셨다. 아무리 떠들고 뛰어다녀도 힘이 많이 드셨을 터인데도 시끄럽다고 나무라시거나 이런 일은 하지 마라시는 법이 없었다. 끊임없이 떠드는 우리들의 얘기를 조용히 웃으며 열심히 들어주셨다.[15]

이상과 같은 손녀의 추억 속에는 매우 흥미로운 대목이 들어 있다. 그것이 다름 아닌 '서커스 관람'이다. 다 알다시피 그는 내면적 진실 표출과는 거리가 먼 탈춤이나 판소리 등 전통극은 말할 것도 없고 신파극까지도 예술로 인정하지 않았던 정통파 연극인이었다. 그런 그가 손녀들에게 자주 서커스 구경을 시켰던 데는 두 가지 이유가 있었던 것이 아닌가 싶다. 첫째가 자신은 좋아하지 않으면서도 어린 아이들이면 누구나 좋아했던 서커스를 보여줌으로써 손녀들을 즐겁게 해주려는 배려에서였고, 둘째는 손녀들에게 아크로바틱한 서커스를 보여줌으로써 상상력을 키워주는 한편 예술에의 개안을 촉발시키기 위한 원려(遠慮)가 깔려 있었다고 보인다. 여기서 연상되는 것은 요한 볼프강 폰 괴테의 유년 시절 할머니가 집에 간단한 인형극장을 설치하고 어린 그에게 수시로 인형극을 보여줌으로써 상상력을 키워주었고 후일에 위대한 작가가 될 수 있도록 했다는 일화이다. 이처럼 이해랑도 손녀들에게 살아 있는 훈육과 교육을 틈틈이 시켰던 것이다.

또 다른 손녀 은지의 「언제나 따뜻한 웃음으로 대해주신 할아버지」란 글에도 비슷한 기억의 흔적이 나타난다. 은지는 유년 시절의 할아버지 모습과 관련하여 "다른 여러 할아버지도 그렇겠지만 저희 할아버지 또한 손주들과 함께 특별한 외출도 하셨습니다. 한 번은 서커스를 데려가 주셨는데, 처음으로 구경했던 여러 동물들의 재주에 눈이 휘둥그레졌습니다. 아직 작아서 잘 보이지 않는 손녀들을 안아 올려서 구경시켜주시고 설명해주셨던 다정했던 할아버지였습니다. 서커스가 끝나고는 모두가 좋아하는 메밀국수 집에 함께 가서 메밀국수를 실컷 먹었는데, 그때 할아버지께서 손녀들이 자신을 닮아 메밀국수를 좋아한다며 털털하게 웃으셨던 모습은 좋은 추억거리입니다. 평범한 여느 할아버지와 마찬가지로 따뜻하고 손녀들을 사랑하셨던 할아버지께서 저희들의 삶에 함께 해주셨음에 감사하고, 용기 있고 열정적이고 자신의 일에 최선을 다하셔서 그 분야에 중요한 분이 되셨던 존경할 수 있는 분께서 저희들의 할아버지였다는 사실이 자랑스럽습니다"[16]라고 자부심에 가득 찬 심정을 토로하기도 했다.

그런데 여기서 간과해서는 안 될 주목할 만한 점은 그가 자주 손녀들에게 서커스 구경을 시키고 소상하게 해설까지 해주었다는 사실이다. 당시 그는 한국 문화예술계의 상징이랄 수 있는 예술원 회장의 직위에 있었고, 타인의 추종을 불허할 만한 공연예술의 대가였지만 순전히 손녀들을 위하여 삼류 예능에 불과한 서커스 무대를 찾았던 것은 전술한 바 있듯이 어린애들의 눈높이에 맞춰서 즐겁게 놀아주면서 동시에 상상력도 키워주겠다는 다분히 의도된 것으로 볼 수가 있다. 이러한 일은 사실 인생을 달관한 그가 아니면 할 수 없는 것이다.

이처럼 그의 높은 인격에 의한 자녀, 손녀들에 대한 사랑이 넓고 깊어서 손녀들의 할아버지에 대한 추억 역시 아름답다. 막내아들의 외동딸 사라는 「그리운 나의 할아버지」라는 서간문 형태의 글에서 이렇게 썼다.

할아버지! 어린 시절의 7, 8년이라는 시간 동안에는 참으로 많은 일들이 있었던 것 같습니다. 사당동 정원에서 흰 러닝셔츠 차림으로 잔디 기계를 미시고 보라색 라일락이 만발하면 꽃병 하나 가득 꽂아 제 방에도 놓아주셨어요. 유난히 수영을 즐기시던 할아버지와 다니던 퇴촌과 송추의 야외 수영장, 그 후엔 으레 닭죽을 드시곤 하셨지요. 그래서인지 아버지와 저도 수영을 무척 좋아한답니다. 알게 모르게 내려오는 유산이라는 게 있는 것 같아요. 집안에 축하할 일이 있을 때면 모두들, "아, 할아버지와 할머니가 지금 함께 계시면 얼마나 기뻐하실까" 한답니다. 그럴 때마다 우리가 기대곤 했던 할아버지의 존재가 새삼 그리워집니다.

할아버지! 제가 초등학교 2학년 때 어린이 동시 낭독회에 참가하게 되었을 때 할아버지께서도 무척 대견해 하시면서 직접 그 대회장에 오셔서 저를 격려해주셨지요. 어린 기억에도 끌끔한 양복 차림의 멋쟁이셨던 할아버지가 무척 자랑스러웠답니다. (……) 가끔 연극이나 뮤지컬을 보기 위해 친구들과 국립극장에 가면 로비에 있는 할아버지의 흉상 앞에서 제가 자랑을 한답니다. "이분이 할아버지셔" 하고 말입니다. 물론 훌륭하신 연출가로 혹은 예술원 회장으로서의 지위와 명예도 있겠지만, 저 개인한테는 "요년! 요년!" 하시며 예뻐해 주시던 할아버지의 기억이 더 소중하고 더 생생합니다. 단 한 번도 살아보면서 불쾌하거나 나쁜 기억이 없는 관계는 얼마나 축복일까요.

할아버지! 신기하게도 자라면서 점점 아버지의 모습에서 할아버지의 그림자를 느낄 때가 있답니다. 이렇게 우리 곁에 남아계신 할아버지를 가슴속에 오래오래 기리며 살겠습니다.[17]

이상과 같은 손녀의 회상 속에 흥미로운 부분은 "아버지의 모습에서 할아버지의 그림자를 느낄 때가 있다"고 한 점이다. 3형제 중 유일하게 예술가(화가)의 길을 걷고 있는 막내 석주 역시 「당신의 나이가 돼서야 깨닫는 아버지의 잡초 뽑기 철학」이란 글에서 "자식들이 젊었을 때는 일상적인 가족관계 속에서 보이는 부모의 말이나 행동에 반항하고 거부하며 '나는 앞으로 저렇게 살지 않을 거야'라며 부모와 다른 자신만의 신세계를 찾으려 하지만 시간이 지날수록 날이 선 개성은 사라지고 현실 속의 부모와 같은 삶을 살게 되는 것 같다. 외모나 목소리 등 유전적인 요소에서 나타나는 닮은 점은 당연하겠으나 무의식적인 행동에서나 평범한 일상적인 경험들에서 부모님의 모습이 발견되면 어떤 논리나 지식으로 설명하기 어려운 놀라울 정도의 경외감마저

손녀와 함께

들기도 한다. (⋯⋯) 우리 가족이 처음 가져본 넓은 정원에서 아버지는 봄부터 가을까지 가지치기와 잡초 뽑기로 분주하셨다. 오로지 아버지 한 분의 노력으로 사당동 집은 색깔과 운치를 더해갔는데, 당시 20대 후반의 나는 정원을 바라보는 눈은 즐거웠으나 정원을 돌보는 데 아까운 시간을 낭비하는 아버지를 이해할 수 없었다.

　나는 노년을 저렇게 시간이나 때우며 보내지 않을 거라 다짐하며 생산적인 일만 해도 모자라는 시간을 왜 저런 일에 소모하는지 안타까웠다. 이제 내가 그때의 아버지 나이가 되었다. 북한강 변에 몇 평 안 되는 조그만 마당이 있는 작업실에서 이십 년을 살다보니 가끔 잡초로 덮인 마당을 정리하게 되는데 잡초를 뽑고 난 후에 막걸리 한 잔을 들이키면 언제나 아버지의 모습이 떠오른다. (……) 잡초를 뽑는 일이 단순한 노동이 아니라 혼자 즐기게 되는 정신적 놀이가 될 수 있다는 조그만 발견이랄까 감격 같은 것을 아버지는 그때 느끼셨나보다고 공감하기도 한다. 잔디를 손보고 잡초를 뽑는 단순 노동을 통해 나는 아버지의 가르침을 배울 수 있었다. 우리가 무엇을 하든, 무엇을 가졌든 그것을 더 크고 더 많게 확장하기보다는 불필요하거나 거추장스럽고 어울리지 않는 것들을 자주 손보고 다듬어 더 이상 버릴 것이 없는 상태가 되도록 노력하는 것이다. 나는 아버지의 잡초 뽑기 철학이 생전에 하셨던 연출 작업에도 그대로 적용되었으리라 생각한다. 자꾸 보태기보다는 가지치기와 잡초 뽑기를 통하여 넘치는 것과 군더더기를 없애고 다듬어 좀 더 그 작품의 본질에 가까이 가도록 하셨으리라 확신한다"[18]고 회고했는데, 여기에는 매우 의미심장한 내용이 담겨 있다. 그것이 다름 아닌 '예술의 절제원칙(節制原則)'으로서 어느 예술 장르에나 해당되는 것이다. 그러니까 그가 평소 정원에 들어서 있는 나무들의 가지치기를 한 것은 단순히 무의미한 노동 행위로서가 아닌 연출 작업에서 필수적이라 할 예술의 절제원칙을 스스로 훈련한 것이었고, 화가인 3남이 창조 작업을 하면서 뒤늦게 그것을 깨달은 것이어서 흥미롭다고 아니할 수 없다.

이상에서 대강 살펴본 대로 이해랑은 의학이라는 근대 학문을 했음에도 불구하고 사대부의 엄한 가부장제의 상징처럼 군림했던 가친(이근용 박사)을 반면교사로 삼아 자신만은 문명된 현대인으로 살고 싶어 했고, 실제로 가정에서 그렇게 실천했다. 그가 평소에 아내 및 자녀들이나 자부, 서랑 그리고 손녀들에게까지 마치 친구처럼 편하게 대해준 것이야말로 전통적인 가부장제의 구각(舊殼)을 자신의 인격 수양을 통해서 완전히 탈피한 데 따른 것이었다.

바로 그러한 삶의 자세로 인해서 그의 가정이 그 어느 가정보다도 사랑이 넘치고 평화스러우며 화목했던 것이 아닐까 싶다.

3. 인연

이해랑은 50여 년의 연극 인생에서 전반기는 연기자로 살고, 후반기는 연출가로 지냈기 때문에 수많은 사람들과 인연을 맺게 되었다. 게다가 예술 단체 총연합회장이라든가 정당인과 국회의원, 예술원 회장 등과 같은 정치, 문화 분야의 높은 직위에 올랐기 때문에 연극과 관계가 적은 사람들과도 자연스럽게 인연을 갖게 되었다. 특히 젊은 시절에는 인기 배우로, 또 중년에는 이동극장 대표로 전국을 다니면서 수많은 공연을 했기 때문에 평생 수십만, 수백만 사람들과 얼굴 인연을 맺은 인물이었다고 말할 수 있다.

또한 대한민국예술원이 처음 생겨날 때인 1954년에 전국 문화인들을 상대로 투표를 실시했는데, 그는 당당히 최고의 표수로 회원이 된 인물이다. 그만큼 그는 이미 1950년대 초에 전국 예술인들 중에서 지명도가 가장 높고 인기 또한 그에 못지않았던 것이다. 따라서 그와 이런저런 인연을 맺은 사람은 부지기수라 말할 수 있다. 그럼에도 그와 돈독한 관계를 맺은 사람은 그렇게 많지 않았다. 그는 누구보다도 원만하고 포용력도 있었을 뿐만 아니라 남에게 듣기 싫은 소리를 하지 않는 인격자였지만 음식과 사람 관계에 있어서는 호불호가 분명했다고 말할 수 있다.

그는 평소 한 번 신뢰하면 끝까지 함께 하지만, 반대로 한 번 아니다 싶으면 잘 상대하지 않는 편이었다. 그만큼 개성이 강하고 불편한 사람과는 거리를 두는 성격이었다. 따라서 한 가지 분명한 것은 그를 좋아하고 따르는 사람이 그가 좋아하는 사람들보다 수십 배, 수백 배 많았다는 사실이다. 그런데 문제는 그를 좋아한 사람들이 그를 왜 좋아했으며 또 그가 인연을 맺은 수많은 사람들을 어떻게 생각했는지를 자세히 알 길이 없다는 점이다. 다만 그가 친구라든가 선후배 몇 사람에 대해서 쓴 단편적인 글을 통해서 극히 부분적인 것을 살필 수 있고, 동시에 그를 추억하는 친구, 후배들의 회고의 글을 통해서 역시 그에 대한 생각을 정리해볼 수 있을 것 같다.

사실 가족을 제외하고 연극계 안에서 그와 평생 깊은 인연을 맺고 활동한 사람들을 꼽는다면 아마도 연극 스승인 동시에 선배인 동랑 유치진과 평생의 친구 김동원, 제자 겸 후배인 장민호(張民虎)와 손숙(孫淑), 그리고 극작가 차범석(車凡錫) 및 연출가 임영웅(林英雄) 정도가 아닐까 싶다. 그리고 평소 문화계의 술친구로서 자주 만났던 김광주, 유한철, 서정주, 김동리, 박목월, 곽종원, 조연현 등과 유일한 정치인 김종필을 빼놓을 수 없을 것 같다. 물론 동고동락했던 신협 단원들과 그가 20년 이상 애지중지 가르쳤던 동국대학교 연극과 제자들이 적잖다.

그런데 흥미로운 사실은 그가 연극을 떠난 사적 인연에 대해서는 거의 쓴

국립극장 연수회를 마치고

글이 없어서 그의 사사로운 인연에 대하여는 더 이상 알 길이 없다는 점이다. 앞에 열거한 사람들을 제외하고도 그와 평생 끈끈한 인연을 맺었던 사람은 수없이 많을 것이다. 그러나 그가 그들에 대해서 기록을 남기지 않았기 때문에 한계가 있다. 그런 중에도 평생 그에게 가장 큰 영향을 끼친 연극인은 아마도 동랑 유치진일 것이다. 그가 동랑을 만난 것은 도쿄학생예술좌 시절이지만 그의 지도를 받은 것은 1938년 가을(9월)이었다. 동랑이 이끌던 극연좌에 그가 정식 가입하면서부터였다. 그런데 극연좌가 총독부에 의해서 곧바로 해체되었기 때문에 동랑의 연출 지도를 제대로 받지 못하다가 1941년 현대극장 단원으로 가담하면서 본격 지도를 받게 된다.

그도 동랑과의 인연과 관련하여 "내가 연극 공부를 시작한 것은 도쿄학생예술좌에 가담하면서부터이지만 그때는 주로 같은 동료 친구들과 같이 일본인들의 연극을 구경하면서 이론 공부를 하였을 뿐 실제로 연극 공부를 하게 된 것은 귀국 후 선생(先生)의 지도를 받으면서부터였다"[19]고 술회한 바 있다. 즉 그는 자신이 내면적인 리얼리즘에 눈을 뜨게 된 계기는 다름 아닌 현대극장 공연의 〈흑경정〉(화니)에서 마리우스 역을 맡아 연출 지도를 받은 데 따른 것이라 고백한 바 있다. 그뿐만 아니라 해방 직후 그가 극협을 조직했을 때 막후 후원자가 동랑이었으며 국립극장 창설과 함께 전속 단체 신협의 연기 부장을 그에게 맡긴 사람도 바로 동랑이었다. 그런데 이해랑이 강조한 것은 그런 인연보다도 그에게서 리얼리즘 연기, 연출의 본질을 배웠다는 사실이다.

그가 처음 〈오셀로〉에서 복잡한 이야고 역을 어떻게 할까 고심할 때 '이야고는 어릿광대가 아니고 군인이라는 것을 인식하고 그의 성격을 다시 한 번 생각해보라는 것'을 일깨운 연출가가 다름 아닌 동랑이었다고도 했다. 저간의 사정에 대하여 그는 "선생의 말을 듣고 나는 비로소 그때 이야고의 교활한 성격을 표현할 수 있는 실마리를 찾을 수 있는 것을 알았다. 이야고가 오셀로에게 충성과 정직을 가장할 수 있는 길은 오셀로의 눈앞에서는 언제나 군인(軍人)의 부동자세를 취하고, 오셀로의 눈길이 닿지 않는 곳에서는 곧 그 자세를 풀고 본연의 교활한 악인(惡人) 이야고의 자세로 돌아가는 것이었다. 나는 이야고가 군인이라는 것을 머리에 두고 그의 성격을 재구성하기 시작했던 것이다. 그렇게 해서 나는 그동안 막연하기만 하였던 이야고의 성격에 접근할 수가 있었으며 그의 간악한 이중적인 성격을 파헤쳐서 그것을 관객에게 여실히 보여줄 수가 있었다. 이렇게 헤아릴 수 없이 선생에게서 받은 여러 가지 지도의 편린이 나의 연극 생활에 쌓여서 골수를 이루고 오늘도 연극을 할 때마다 또 그것을 느끼면서 나는 곧잘 희열(喜悅)에 잠기곤 하는 것이다" 라고 회고했다.

그가 이런 글을 쓴 시기가 국회의원을 두 번이나 연임한 뒤였으며 동랑이 작고한 지 2년 뒤라는 데 주목할 필요가 있다. 이 말은 곧 그가 가식 없는 솔직성과 겸손함을 지닌 인품의 소유자임을 잘 나타내주는 경우라 하겠다. 왜냐하면 당시 그가 동랑 다음 세대의 연극계 지도자로서 우뚝 서 있을 시기였기 때문에 이 글이 그의 권위에 손상을 줄 수도 있었기 때문이다. 그럼에도 불구하고 그는 지난 시절 자기 선배의 가르침에 대해서 가감 없이 솔직 담백하게 털어놓았던 것이다.

그런데 동랑의 생전에 그는 동랑과 약간 소원한 관계였던 때도 있었다. 1963년 가을 드라마센터가 문을 닫은 후부터였는데, 극히 사소한 일이 계기가 되었던 것으로 알려졌다. 즉 그는 1962년 개관한 드라마센터 극장장으로서 1년여 동안 근무했었다. 그때는 사실 모두가 어려운 시절이긴 했다. 드라마센터를 설립한 동랑만 하더라도 자기가 수십 년 동안 살던 갈월동 사저를 팔아서 극장에 몽땅 넣고서도 빚에 쪼들리던 시절이었고 그 역시 집을 나설 때 아내가 주는 버스표 두 장만 달랑 쥐고 나설 시절이었다. 그런데 추석 전날 이해랑이 동랑에게 추석날 밥 지을 쌀 몇 말만 사달라는 요구를 했다고 한다. 똑같이 어려웠던 동랑이 그 요구를 들어주지 못함으로써 두 사람 간의 20여 년간의 끈끈한 사제 관계가 서먹함으로 변했다는 에피소드가 전한다. 그럼에도 불구하고 그는 동랑과의 의리만은 끝까지 저버리지 않았다. 그 좋은 예는 그가

1965년 동랑 회갑기념작을 자청해서 연출했던 사실에서도 잘 나타나 있다.

그의 평생의 친구 김동원과는 배재고보 시절부터 알고 지낸, 문자 그대로 죽마지우였다. 그러나 두 사람 간에 친밀해진 것은 1935년 도쿄학생예술좌 때부터였다. 한 학년 위였던 김동원과는 평생 연극계의 쌍벽처럼 한국 연극을 지켜온 두 기둥이었다. 한국의 로렌스 올리비에였던 김동원은 처음 무대에 설 때부터 이해랑의 선망의 대상이었다. 그는 한 회고의 글에서 "한 동네에 이진 순이 있었고 나중 김동원까지 옮겨 왔다. 도쿄학생예술좌에서 함께 뒹굴며 일했던 우리 세 사람은 모두 동갑네로 예나 지금이나 변함없는 우정을 나누고 있다. 우리 짝꿍 중 김동원이 모든 면에서 가장 세련되었고 천성의 무대예술 인이었다.

공연 작품마다 예외 없이 주연감이었고 실제 그만큼 빼어난 적격자도 없었다. 평소에는 격의 없는 지우(知友)였으나 일단 무대에 오르면 그는 대선배였고 부러움과 시샘이 엇갈렸다. 김동원이 얼마나 멋쟁이였나를 알게 하는 한 가지 에피소드다. 〈춘향전〉에서 과부 역 엑스트라로 소프라노 마금희(馬金喜)가 찬조출연 했었는데 미모에다 미성을 구비한 그녀 역시 당대의 인텔리 신여성ㅡ. 이들 두 사람이 방학 때 귀국해 어깨를 나란히 본정통[현 충무로(忠武路)]을 활보할 때면 그 멋에 끌린 남녀노소 구경꾼들이 줄지어 뒤따랐다. 금빛 구두에 퍼머넌트 헤어스타일의 김동원의 맵시란 한 마디로 환상 속의 귀공자였다"[20]고 쓴 바 있다. 그만큼 김동원은 젊은 시절 친구 이해랑의 선망의 대상이었다.

그 후 두 사람은 극협으로부터 신협, 국립극단 등 한국 연극의 큰 줄기에서 마치 친형제나 부부처럼 함께 연극을 했다. 김동원이 언제나 주역이고 이해랑은 조연으로서 불꽃 튀는 연기 대결을 벌여서 작품의 질을 높이기도 하고 관객을 즐겁게도 했다. 그러나 두 사람 간의 성격이 같은 것은 결코 아니었다. 두 사람은 모두 좋은 가문 출신답게 정직하고 의연하며 남에게 절대 피해를 주지 않은 신사였지만, 술을 좋아하고 적극적인 이해랑과 달리 김동원은 술이

〈밤으로의 긴 여로〉(오닐 작) 출연진과 함께

체질에 맞지 않았을 뿐만 아니라 지나칠 정도로 양순한 성격이었다. 이해랑으로서는 그 점이 불만이었다.

이해랑은 김동원을 추억하는 글에서 "저쪽도 둘이고 이쪽도 둘이다. 그들이 덤벼들 때 이쪽에서도 그가 합세했으면 그까짓 두 놈쯤 거뜬히 때려눕힐 수가 있었는데 그는 쩔쩔매며 말리기만 하니 나 혼자 그 두 놈을 당해낼 수밖에. 전골 판이 날아오고 술잔과 안주 접시가 깨지고 종업원들이 말리고 어쩌고 해서 두 놈을 상대로 치고받고 했지만 난 한 군데도 다친 데가 없이 싸움은 멀쩡하게 끝났다. 일제 때 종로 어느 바(bar) 한구석에서 그와 술을 마시고 있는데 좌익 연극인 두 놈이 나타나서 옆자리에서 술을 마시고 있는 꼴이 비위에 거슬려 내가 먼저 시비를 건 것이 사건의 발단이었다. 어쨌든 사람이 때로는 주먹도 좀 쓸 줄 알아야 하는데 한창 때에 어지간하면 흥분해서 같이 덤벼들 만도 한데 그는 싸움을 말리기만 했다"[21]고 쓴 바 있다.

사실 이상과 같은 글은 그를 원망하기보다도 그의 양순함을 우회적으로 칭찬한 것이었다. 그러면서 그는 글의 말미에서 "그동안 그는 회계를 맡아 안살림을 꾸려나가는 어머니 노릇을, 나는 섭외(涉外)를 도맡아 아버지 노릇을 해오면서 우정의 탑(塔)을 이루었던 시절이" 오랜 기간이었다고 썼다. 이처럼 두 사람은 한국 근대 연극사에 있어서 좀처럼 찾아볼 수 없는 명콤비였다. 특히 식민지 시대, 해방의 혼란, 분단, 전쟁, 가난 등의 굴곡진 현대사를 헤쳐 오면서 고통을 겪을 때는 언제나 서로 도와왔다는 점에서 두 사람 간의 우정은 남달랐다. 그런 중에서도 적극적인 이해랑 쪽에서 수동적인 김동원을 뒷받침해준 경우가 더 많지 않았나 싶다.

따라서 김동원도 「내 연극 인생을 끌어준 이해랑」이라는 글에서 "우리 연극사의 큰 별 이해랑은 내 연극 인생에서 둘도 없는 친구이기도 했다. 이해랑, 김동원 하면 연극계에서도 늘 같이 다니는 사이로 알았다. 생각해보면 이해랑과 나는 친하기론 친형제보다 더했던 것 같다. 그렇게 60년 가까이 함께 했으니 이보다 인연이 어디 있겠는가. 하지만 이해랑은 성격이 나와는 180도 다른 사람이었다. 나는 한 마디로 내성적이었고 소극적인데, 이해랑은 남자답게 적극적이었고 목적을 위해서는 수단과 방법을 안 가리는 사람이었다. 나는 그래서 함께 극단을 운영하든 뭘 하든 해랑한테 늘 이끌렸다고 할까, 주로 의지하는 편이었고 해랑은 나를 끌어주는 일이 많았다. (……) 그런데 가령 〈햄릿〉을 공연하면 내가 햄릿을 맡고 이해랑은 클로디어스를 맡는 식으로, 주로 내가 좋은 역할을 맡고 이해랑은 성격 강한 악역 쪽을 많이 했다. 그래도 이해랑에게 질투 같은 것은 전혀 없었으며 이해랑이 스스로 좋은 역을 내게 맡겼다. 그런 점들도 지금 생각해보니 이해랑의 훌륭한 면모로 기억된다.

우리 우정이 그렇게 오랫동안 변함없이 지속돼온 것은 상반되는 성격이 묘한 콤비를 이룬 데에도 힘입었다고 여겨진다. 극단 신협을 이끌 때도 대표는 나도 하고 이해랑도 했지만 직책에 관계없이 대개 이해랑은 바깥일을 하고 나는 집안 살림을 하는 식이었다. 그러니까 한 집안에 비유하면 이해랑이 남편 역할을 하고 나는 아내처럼 집을 지킨 셈이었다. (……) 그 오랜 세월을 함께 지내면서도 이해랑과 나는 다툰 일도 거의 없다. 딱 한 번, 1951년인가 〈햄릿〉을 처음 공연할 때 둘이 싸운 기억이 난다. 이해랑은 개막을 불과 7일밖에 안 남겨놓고는 내게 햄릿 역을 맡아달라고 한 것이다. 내가 '어떻게 1주일에 연습을 하느냐, 그 기간이면 대사도 못 외우지 않느냐'며 겁이 나서 도저히 못 하겠다고 했는데도 '꼭 동원이 햄릿을 맡아야 해'라고 고집해 우린 언성을 높이며 다퉜다. 결국 내가 굴복을 했다. 난 부랴부랴 대본을 외우고 연기 연습을 했다. 코피를 쏟아가며 몇 날 밤을 새웠는데, 이렇게 공연한 〈햄릿〉이 대성공을 거둬 내 일생일대의 대표작이 되었다. 지내고 보니 이해랑의 그 은혜를 지금도 잊을 수 없다. 그때 내가 〈햄릿〉을 하지 못했으면 어쩌면 지금까지도 〈햄릿〉을 못 했을지도 모르고, 내 일생일대의 대표작도 나오지 못했을 것이라 생각한다"[22]고 회고한 바 있다.

그가 후배 중에서 최고의 배우로 생각하고 아꼈던 장민호와 처음 만난 것은 1947년 경성방송국 라디오드라마 연출 때였다. 장민호가 당초 성우로 출발했기 때문에 라디오드라마에서 처음 만나게 된 것이다. 그러다가 9·28 수복 때 신협이 재구성되면서 그가 장민호를 극단에 끌어들여서 평생 함께 연극을 했다. 그는 평소 배우에게는 두 종류가 있다고 했다. 즉 교육을 받지 않고는 제대로 배우 구실을 못 하는 경우와 교육을 받지 않고도 순전히 직관만으로 연기를 익혀나가는 배우의 경우이다. 그런데 전자(前者)가 창조 과정에 많은 시간을 필요로 하면서 연출가의 손이 많이 가해져야 하는 데 반하여 후자(後者)는 창조의 속도도 빠를 뿐만 아니라 성격 파악이나 극적 흐름에 대한 인식에도 별로 오판(誤判)을 하지 않고 오히려 세부적인 면에서 연출을 도우며 연출가의 일손을 덜어주기도 한다. 전자를 후천적 배우라 볼 때, 후자는 선천적 배우인 것이다. 그런 천성적 배우의 대표적 존재로서 이해랑은 장민호를 꼽았다. 이해랑은 장민호와 관련하여 "아무리 극중 인물 속에 파묻혀서 살려고 해도 그의 강한 개성이 드러나 보인다. 군중 속에서도 그렇고 고독에 잠겨 있을 때도 그의 개성은 도드라진다. 그의 강한 억양 때문만은 아니다. 극중 인물과의 이인삼각에서 그가 언제나 앞을 질러서 먼저 달리기 때문이다. 언제나 그가 극중 인물을 앞에 서서 끌고 다니고 있다. 그렇기 때문에 그는 한 번도 극중 인물에 눌려서 쩔쩔맨 일도 없거니와 연극의 중량에 억압을 받고 허덕인 적도 없다"[23]고 높게 평가했다.

평소 다른 사람들에 대해서 칭찬도 폄하도 잘 하지 않았던 이해랑이었지만 장민호에 대해서만은 최대의 찬사를 아끼지 않았다. 그는 장민호가 연기자로서 세련되고 예민한 조건반사로 언제나 연극 속에 잠재해 있는 난해한 문제를 손쉽게 파헤쳐 나간다고 했다. 그렇다고 해서 장민호가 결코 감정이 맺히는 것을 거부하는 연기자도 아니고 또 정서에 인색하지도 않다고 했다. 그 예로서 그는 장민호가 〈안네의 일기〉에서 명연기를 해냈음을 상기해주고 있다. 즉 그는 〈안네의 일기〉에서의 연기력과 관련하여 "장민호는 자기 딸이 사라진 방에 들어와서는 눈물이 핑 도는 것을 억제할 길이 없었다. 자기도 모르는 사이에 그의 손은 흐르는 눈물을 닦고 있었다. 내면의 심층에 배었다가 우러나오는 그의 정서에는 무거운 열감(熱感)이 담겨 있었다"고 극찬한 것이다. 그러면서 그는 "요즘 연극에서 명배우의 연기에 접할 길이 없는 것을 못내 아쉬워하고 있는 사람 중의 하나"라고 하여 우회적으로 장민호가 드물게 만날 수 있는 좋은 연기자라는 것을 강조한 바 있다. 이러한 장민호를 향한 이해랑의 평가와 사랑은 곧장 그가 예술원 회원이 되도록 이끌어주는 데 절대적인 역할을 하기도 했다.

그 외에도 그가 근대 연극사상 명배우로 꼽은 사람으로는 이화삼(李化三) 과 여배우 김선영(金鮮英)이 있었다. 이화삼과는 4살 차이지만 막역한 친구로서 수년간 함께 연극을 했다. 그는 「남기고 싶은 이야기들」(『중앙일보』)이라는 글에서 "이화삼은 천부적인 재능을 타고난 명배우였다. 나는 지금까지 수많은 연기인을 대해왔지만 극협의 동인이었던 이화삼과 여배우 김선영의 연기를 따를 만한 배우는 아직 보지 못했다. 해방 직후 극단 낙랑극회(樂浪劇會)의 황철도 뛰어난 연기자였지만 그러나 이화삼에 비한다면 그는 훨씬 격이 다른 연기자였다. 황철은 자유분방하고 통속성이 짙은 연기로 대중이 좋아하는 연기를 보였지만 이화삼의 연기는 보다 내면적이었고 인간적인 연기로 그 깊이가 달랐다"고 극찬했다.

그러면서 두 사람간의 우정에 대하여도 회고했다. 그는 회고의 글에서 "이화삼은 나보다 4세 연상이었지만 우리 사이는 허물이 없었다. 성격이 호탕하면서도 다감해 누구나 그를 좋아했다. 〈마의태자〉 연출 당시 그는 35세였는데 머리가 홀랑 벗겨져 대머리였다. 대머리를 하고 그는 늘 웃고 다녔다. 그는 술을 좋아했다. 나도 그즈음 상당한 애주가였으므로 잘 어울리는 상대였었다"면서 극협이 까다로운 정관을 만들면서도 호주가(豪酒家) 두 사람 때문에 금주 조건만은 넣지 않았다는 에피소드까지 실토했다.

그러나 더욱 주목되는 부분은 이화삼의 연출가로서의 재능까지를 높게 평가한 점이라 하겠다. 그러니까 극협 시절 그는 평소 연출을 하고 싶어 하는 이화삼에게 〈마의태자〉를 맡겨본 일이 있었다. 그가 이화삼에게 연출을 의뢰한 가장 큰 이유는 연기를 해본 사람이라야 좋은 연출가가 될 수 있다는 평소의 소신 때문이었다. 그런 그의 소신이 이화삼의 〈마의태자〉 연출로 적중했던 것이다.

이와 관련해서 그는 "이화삼은 〈마의태자〉 연출에 전력투구를 했다. 하루종일 연습실에 틀어박혀 연기자들을 들볶았다. 그래도 연기자들은 아무런 불평이 없었다. 그가 진실로 온 정열을 다 쏟았기 때문에 아무도 그 성실한 자세에 거역할 수 없었기 때문이다. 이화삼은 작품 전체를 통해 조직성과 통일적인 지도를 했으며 깊은 예술가적(藝術家的) 작품 해석으로 작품에 더 큰 향기를 불어넣었다"고 썼다.

그러면서 그는 이화삼과 당시 대표적인 연출가였던 유치진의 차이점을 매우 흥미롭게 묘사한 바도 있다. 예를 들어서 동랑의 연출은 자로 잰 듯한 치밀

고희 기념회에서 축사하는 서정주 시인

함이 장점으로서 연극이 어떻게 시작하여 어떻게 끝나며, 누가 언제 어디서 등장해 어떤 대사를 하느냐 하는 데 큰 비중을 두는 데 반해서, 이화삼의 연출은 한 마디의 대사라도 어떻게 표현하면 연극을 좀 더 풍만하게 할 수 있을까, 또 어떻게 하면 내면의 연기를 표출해낼까에 신경을 썼다는 것이다. 그뿐만 아니라 연기자를 쉬지 않고 움직이게 하여 다양성을 보여주기에 노력했다고도 했다. 이화삼이 이런 연출을 할 수 있었던 것은 오랜 연기 경험이 바탕이 되었기 때문에 가능했다는 것이다. 그만큼 그는 친구 이화삼의 연기, 연출에 대한 뛰어난 재능을 높이 평가한 몇 안 되는 인물이다.

이화삼과 함께 그가 배우로서 높이 평가한 사람은 김선영이었다. 그녀와는 해방 직후 극협 시절부터 6·25 전쟁 발발 때까지 4년여를 함께 연극했는데, 그가 가장 곤욕을 치른 여배우로도 기억했다. 그는 그녀를 배우로서는 높이 평가했지만 사람 됨됨이에 있어서는 대단히 부정적이었다. 좀처럼 남을 폄하하지 않는 그였지만 김선영에 대해서만은 나쁜 인상을 지니고 있었다. 예술을 하면서도 사대부 출신답게 대단히 도덕적이었던 그의 눈에 남성 편력이 많았던 그녀가 좋게 비쳤을 리 만무했다.

그는 김선영에 대해서 "많은 남성들과의 스캔들, 그리고 산전수전(山戰水戰)을 다 겪은 여성이었는데도 제법 지적(知的)인 분위기를 풍기던 여배우였다. 키는 작달막하고 전신에 비해 얼굴만이 유독 커 보였다. 여성으로서는 매력 없는 체격과 얼굴이었는데, 어떻게 배우가 되었는지 몰랐다. 신파극 시절 남자 배우와 일본으로 도망쳐 한동안 일본 생활을 했다. 그녀는 귀국해서 일본에서 연극 공부도 하고 성악도 전공했다고 했지만 그것은 거짓말이고 나이트클럽 등에서 댄서 생활을 했었다"면서 그녀의 오만방자함에 대해서 대단히 비판적이었다. 당시 여성이 남성과 어울려 활동할 수 있었던 몇 안 되는 직업이 연극 분야였는데, 그런 사회적 분위기에 편승해서 남자를 우습게 볼 정도로 방자하게 처신한 여배우가 바로 그녀였다고 했다. 그러면서도 그는 김선영이 "성격이 왈가닥이어서 남자를 그렇게 본 모양인데 한마디로 '난 여자'였다"고 했다. 그는 그녀의 인품에 대하여 "심통을 부리면 연극을 할 수가 없으므로 단원들은 그녀의 비위를 맞추기에 급급했다. 특히 극단 운영의 책임을 맡은 나로서는 그녀를 다루는 데 온 신경을 썼다. 질투, 무식, 자만심으로 가득 찬 여자를 다스리자니 죽을 지경이었다"고 회고했다.

그러나 그는 극단 대표로서 김선영을 유리그릇 다루듯 고생은 했지만 뛰어난 여배우로서는 인정했다. 그는 이어서 "이런 고집투성이인데도 김선영의 연기만은 일품이었다. 그 섬세하고 호소력 있는 연기는 관객들을 사로잡았으며 낭랑하고 차가운 것 같은 목소리이면서도 따스함이 스며 있어 사람들을 열광케 했다. 이런 연기력 때문에 모두 그녀를 멀리 하면서도 다른 한편으로는 그녀를 좋아했던 것이다. 그녀야말로 외모와는 달리 연극만을 위해 태어난 천재적 배우였다"[24]고 극찬한 바 있다.

그가 선배로서 존경심을 갖고 대한 사람은 동랑 외에 배우 이백수(李白水)와 연출가 박진(朴珍)이었다. 주지하다시피 이백수는 1920년대 토월회(土月會) 배우로 시작하여 6·25 전쟁 중 납치당할 때까지 30년 이상을 연극배우로 활동한 원로 배우이다. 그는 「이백수」라는 글에서 "어느 편이냐 하면 선생의 기인 면모 속에서 날카롭게 빛나는 예리한 눈초리와 희랍의 조각을 연상시키는 높은 코는, 선생의 본명 이천(李泉)이란 천의 외자를 두 자로 나누어서 이백수의 예명을 만든 거와 같이 나에게는 잊지 못할 인상적인 선생의 음양(陰陽)"25이라 자신에게까지 깊이 각인되어 있다고 회고한 바 있다.

초등학교 시절에 우연히 토월회 연극을 처음 구경한 바 있는 그가 인기 레퍼토리 〈카츄샤〉(톨스토이 원작)에서 복혜숙의 상대역인 네프류도프 공작 역으로 멋진 무대를 장식한 이백수에 대해서 깊은 인상을 갖고 있었던 터였다. 따라서 그는 이백수를 어려서부터 동경해오다가 극예술연구회(劇藝術研究會)에서 함께 무대에 섰던 것을 대단한 감격스러움으로 마음속에 간직하고 있었다. 이와 관련하여 그는 "당시 나는 국민학교에 다니던 아동이었으나 루파슈카 위에 넓은 망토를 걸치고 사꾸라 몽둥이를 휘두르며 신작로를 활보하던 이 선생(李 先生)을 보고 얼마나 가슴을 들먹거리며 부러워했었는지 모른다. 그리고 10여 년 후, 도쿄서 연극 공부를 하다가 하기방학 때 잠시 귀국하였던 나는 극예술연구회에 찬조 출연을 하였다가 그처럼 나의 어린 시절의 좁은 가슴을 선생에 대한 부러움으로 차게 하고 사정없이 나의 어린 마음을 점령하여 나의 마음에 지워지지 않는 강력한 인상을 남겨준 선생과 한 무대에 서게 되었다. 당시의 기쁨에 찬 나의 감회는 이루 형언키 어려우리만치 벅찼던 것"이라고 회상했다.

그는 특히 이백수의 너그러운 인간성과 연극 현장에서 체득한 연기론에서 적잖은 감화를 받았음을 솔직히 고백한 바 있다. 그는 이백수가 그에게 "무대의 행동은 이론만 가지고는 해결할 수 없습니다. 그것이 관객에게 어떻게 보이는가가 문제입니다. 지금 해랑 씨가 연습한 대로 세심하게 연기를 하는 것

연극인들과 함께(유치진, 변기종, 박진 등이 보인다)

도 좋으나 그러나 관객에게까지 표현이 미칠는지? 아니 그 이상 그러한 표현
방법으론 관객을 감동시킬 수 있을는지가 문제입니다. 해랑 씨의 연기에는 좀
더 과장이 필요합니다. 실제적인 무대적 과장, 예술적인 과장(誇張)이 필요합
니다"라고 충고한 것을 평생 마음속에 새겼었다. 왜냐하면 그가 연기 이론서
를 몇 편 읽고 생경하고 미숙한 연기를 하고 있을 때 이백수가 '연극의 참된
생명은 학술적인 이론에 있는 것이 아니고 그 실제 행동에 있다는 것'을 일깨
워줌으로써 그로 하여금 성숙할 수 있게 해주었기 때문이다. 수백 편의 연극
에 출연했던 이백수의 대표작 중에 극연 공연의 〈목격자〉(맥스웰 앤더슨 작)
가 있다. 그 작품에서 이백수는 주연급인 갱 두목(트럭크) 역을 맡아 열연했
었다. 따라서 이백수는 함께 출연했던 이해랑을 만나면 언제나 〈목격자〉 이

야기를 꺼냈고 해방 직후 좌익 연극인들이 한창 기세를 올릴 때도 서슴없이 "지금 연극동맹(演劇同盟)의 좌익분자들이 하는 연극이 그게 어디 연극이오. 공산당의 발악이지. 정말 연극은 10여 년 전에 우리가 한 〈목격자〉가 정말 연극이었지"라는 말을 내뱉음으로써 좌파 연극인들과 외롭게 싸우고 있던 그를 고무시키기도 했던 것 같다.

솔직히 그가 신파극을 대단히 경멸하고 배타했던 것은 잘 알려진 일이다. 그는 그것이 연극의 격을 떨어뜨리는 저질 상업극이라서 배격한 것이었다. 그러나 신파극을 해온 몇몇 연극인에 대해서만은 호감을 갖고 있었다. 그런 대표적인 연극인이 연출가 박진이었다. 그가 박진을 좋아하고 또 평가한 것은 연극관이나 연출 수준이 높아서라기보다는 역시 그의 훈훈한 인간성 때문이었다. 실제로 그는 박진과 가까워지기 어려운 사이였다. 왜냐하면 6·25 전쟁 전까지만 해도 노선상의 차이로 함께 연극을 할 기회도 없었을 뿐더러 스승 격인 유치진이 그의 희곡 〈왜 싸워〉 사건으로 문총 최고위원이었던 박진과 한동안 소원한 관계에 있었기 때문이었다.

이런 두 사람이 첫 대면한 것은 1938년경이었다. 즉 극연과 학생예술좌가 일경의 탄압을 받을 즈음 박진은 동양극장(東洋劇場)의 전속 연출가로 대중 연극을 주도하고 있었다. 그런 때에 두 사람이 처음 만났고 이해랑에게 박진은 그저 우스운 소리 잘하는 중견 연출가로 비쳤을 뿐이었다. 그러다가 1957년 종전과 함께 국립극장에 두 개의 전속극단인 민극과 신협 두 단체가 생겨나면서 두 사람이 각각 대표를 맡게 되었다. 그 두 사람이 처음으로 한솥밥을 먹으며 함께 연극을 하게 된 것이다. 이때 그는 "박(朴) 선생을 가까이 모시면서 그분의 풍만한 인간성에 매혹되고 말았다"고 했다.

이때의 사정에 대해서 그는 "박 선생은 눈물도 많고 웃음도 많은 분이다. 괴로운 일이 있으면 언제나 찾아가서 허심탄회하게 호소해 보고 싶은 분이 바로 박 선생이다. 박 선생의 풍만한 인간성에서 오는 애착이라고 할까. 한 번도 연극을 떠나서 산 일이 없으며 40년 동안 극단(劇壇)과 함께 지내오신

분…… 수많은 사람이 연극을 하겠다고 무대를 밟았고 또한 수많은 사람이 무대를 버리고 유성처럼 흘러가고만 세계…… 그러나 박 선생만은 현재도 무대를 지키고 있으며 앞으로도 무대를 지켜나갈 분이다. 40년을 두고 1천여 편에 달하는 레퍼토리를 연출해낸 박 선생은 작품도 많이 썼으며 비극보다는 희극 작품을 많이 썼다. 눈물만 아니라 웃음도 소중히 다루는 페이소스와 유머를 함께 지닌 분이 바로 선생인 것이다. 감동하면 눈물을 흘리고 또 인생의 기미(機微)를 잘 잡아 웃음을 불러일으키기도 하는 분이 박 선생"이라고 쓴 바 있다.

이처럼 그는 연극인을 평가할 때 누구보다도 예술적 재능 못지않게 인품을 중요시한 것이 특징이다. 물론 그가 협량(狹量)하게 선배, 친구, 그리고 후배들의 예술적 재능과 인성만을 따진 분은 아니다. 연극 동료들과의 사적인 에피소드를 통해서 그들의 품성이나 특징도 이야기했다. 그 좋은 예가 신협을 같이 했던 극작가 윤방일(尹芳一)과 배우 박상익(朴商翊)에 대한 것이다. 그는 이들 두 사람과는 비교적 오랜 교분을 가진 동갑내기 연극 친구 사이였다. 윤방일과 박상익은 그가 학생예술좌 시절에 극연의 연구생을 했으므로 비슷한 시기에 연극에 입문한 셈이다.

그러나 윤방일은 일제 때는 연극을 하지 않고 창덕궁 이왕직(李王職) 산림과 공무원을 하다가 해방을 맞아서는 문교부 과장을 했었다. 공무원을 하면서도 연극에 대한 미련을 저버리지 못하고 극협에 가입한 인물이다. 오랜 관리 생활로 인해서 기획과 회계에 밝았던 윤방일이 처음에는 극협의 기획으로 참여했었다. 연희전문(延專)을 나온 박상익도 회계에 관한 한 다른 연극인들과는 비교가 되지 않았다.

그는 이들 두 동료와의 관계를 회고하는 글 「남기고 싶은 이야기들」에서 "윤방일은 폐가 약했는데도 술을 좋아했다. 그래서 윤방일, 이화삼, 박상익, 그리고 나 등 넷은 잘 어울려 다녔다. 그렇게 잘 어울려 다니고 친했음에도 윤방일과 박상익은 앙숙이었다. 극단에서나 술집에서나 걸핏하면 이놈 저놈

하고 싸움질이었다. 너무 가까웠기 때문에 오히려 잘 싸웠는지 모를 일이다"
라고 쓴 바 있다. 두 사람은 극연 연구생 시절 만났지만 윤방일이 연극을 계속
하지 않았기 때문에 계속 연기 생활을 해온 박상익과는 10여 년 만에 재회한
경우였다. 희극배우로서 독특한 위치를 지키고 있던 박상익의 회계 실력 때문
에 극협 살림살이를 맡아 한 극작가 윤방일과는 자주 충돌할 수밖에 없었다.
그러나 그것도 개성이 강한 두 동료 간의 의견 충돌일 뿐 우정만은 너무나
돈독했다. 이해랑은 바로 그 점을 아름답게 추억한 것이다. 그는 특히 순수하
면서도 소박했던 박상익을 좋아했다.

그는 함께 연극을 했던 여배우들에 대해서도 이런저런 기억을 갖고 있었다.
그는 가장 한국적인 미인의 전형으로 무대와 스크린의 여왕으로 군림했던 조
미령과 관련해서 "17, 18세였던가 꽃같이 어여쁜 시절이었다. 조미령의 본명
은 조제순(趙濟順), 경남 마산 태생이다. 동양극장 출신으로 아역(兒役)부터

〈햄릿〉의 한 장면(좌측이 이해랑)

연기를 해온 깜찍하고 총명한 여배우였다. 극협엔 창단 때부터 참여했지만 나이가 어리고 해서 핵심 멤버로는 대우를 받질 못했다. 그리고 배역에 있어서도 항상 김선영의 그늘에 가려 큰 역을 맡질 못했다. 그러나 꽃다운 나이에 예쁜 여배우라 극단의 모든 젊은이들로부터 선망의 대상이 됐다. 그녀의 명랑하고 붙임성 있는 성격이 젊은이들의 연정에 더욱 불을 질렀다. 조미령을 짝사랑하는 젊은이들은 연기자뿐만 아니라 조명, 효과 등 스태프들도 마찬가지였다. 저희들끼리 서로 경계하고 누가 승리자가 되느냐 하면서 신경들을 곤두세웠다"고 회상했다.

그녀에 대해서 극단의 안팎에서 너무 좋아하는 남성들이 많았기 때문에 극협이 지방 공연을 갈 때는 간부들이 그녀를 보호하는 데 특별한 신경을 써야했다고 한다. 극단의 젊은이들이 그녀에게 얼마나 관심을 갖고 있는가에 대한 예로서는 부산 공연 때 조백령 등 단원들이 스트라이크를 일으켰던 경우를 들 수가 있다고 했다. 즉 저녁 공연 직후 간부들이 조미령을 데리고 술 마신 일이 있는데 통금(通禁)에 걸려 경찰서에서 밤을 보낸 것이 오해가 되어 일어난 한바탕 해프닝이었다는 것이다.

그는 조미령에 대해서 후배 미인 배우로서의 기억 외에 특별한 인상을 갖고 있지 않았지만, 같은 미인 배우라도 최은희〔崔銀姬, 본명 경순(慶順)〕에 대해서는 특별한 기억을 잊지 못했다. 그는 특히 최은희와의 악연을 잊지 못했다. 6·25 전 극협은 오영진의 〈맹진사댁 경사〉를 각색한 〈도라지 공주〉를 갖고 대구 공연을 갔다. 부산까지 예정하고 떠났는데 주연을 맡은 최은희가 성공적인 대구 공연을 마치자마자 보따리를 싸들고 상경해 버린 것이다. 당황한 극협 간부들은 급히 수소문하여 문정숙(文貞淑)을 불러다가 겨우 예정된 부산 공연을 마친 일이 있었다. 이런 인연을 가진 그였지만 그 후에도 최은희와 여러 편의 연극을 함께 했다.

따라서 그는 최은희에 대하여 특별한 관심을 갖고 있었다. 6·25 전쟁 중 최은희를 다시 데려다가 무대에 세웠던 그는 그녀에 대해서 "연극 〈오셀로〉

엔 최은희가 출연했다. 최은희는 6·25 때 납치, 생명을 걸고 탈출했으며 1·4 후퇴 때는 부산으로 피난, 부산서 생활하고 있었다. 신협이 부산 공연을 가니까 친척이 경영한다는 다방에서 일을 보고 있었다. 납치·탈출 때의 충격 때문인지 부산서 본 최은희는 옛날의 최은희가 아니었다. 뺨을 붉히던 수줍음도 가셔지고 스스럼없이 술과 담배를 피우곤 했다. '여기서 이렇게 지내서 되겠느냐. 연극을 하자'고 종용해 신협에 가담했다. 최은희는 외모와 체격은 배우로서의 좋은 자질을 갖추었으나 무대 배우로서는 연기력이 약했다. 특히 성대가 약해 대사를 하는 데 아름답지가 못하고 무리하게 들렸다. 가성이 나오니 전달이 제대로 되지 않았고, 부족한 전달을 동작으로 보완하자니 자연 연기가 거칠어졌다. 설명적인 연기로 연극에서 큰 성공을 거둔 작품이 없다. 그 뒤 최은희는 신상옥(申相玉)이 〈코리아〉라는 영화를 제작할 때 극단을 떠나 영화로 전향했다"[26]고 회고했다. 이처럼 그는 무대에 함께 서본 연출가로서 최은희에 대해 일반 사람들이 갖고 있는 이미지와는 상당히 다른 시각을 가지고 있었다. 이는 사실 대중의 경우 최은희가 무대에서나 스크린에서나 명여우(名女優)라고 확고하게 믿고 있는 것과는 차이가 나는 것이다.

조미령, 최은희에 이어 그가 특별히 관심을 가졌던 여배우로서 황정순이 있다. 그의 황정순에 대한 기억은 그녀의 특별한 로맨스 때문이었다. 그녀가 영화와 방송으로 옮길 때까지 함께 연극을 했던 그는 6·25 때 황정순의 아름다운 로맨스와 결혼에 대해서 특별한 기억을 갖고 있다. 피난 중 대구에서 공연 활동을 할 당시 그곳 명문가 출신 개업의사 이영복이 황정순에게 반해서 이혼과 함께 병원 문까지 닫고 극단의 후원자로서 프로그램을 직접 만들어 극장 문 앞에서 판매하는 일까지 했다고 한다. 그것은 순전히 황정순을 향한 이영복의 연모의 정 때문이었다. 결국 두 사람은 결혼하여 백년해로했다. 그는 이들의 로맨스를 대단히 아름답고 멋진 신협 연극 활동의 한 일화로 생각하고 있었다.

이처럼 선배 연극인들을 존경하고 후배 동료들을 보듬고 사랑했던 이해랑

전국연극제 심사위원장으로(광주에서)

이었지만 이념을 달리한 연극인들에 대해서만은 단호했다. 특히 절친한 친구였던 극작가 함세덕에 대해서는 특별하면서도 착잡한 생각을 갖고 있었다. 그가 함세덕을 알게 된 것은 1936년 무렵이라고 한다. 그가 여름방학 때 귀국하여 극연에 잠깐 출연한 바 있는데 일한서점(日韓書店)의 판매원으로 있으면서 습작을 하고 있던 함세덕이 그를 찾아 왔다는 것이다. 그와 처음 사귈 때의 모습과 관련하여 이해랑은 "그때 나는 겨우 입센이나 오닐의 희곡을 탐독하고 있을 땐데 그는 벌써 그들의 작품을 거의 다 독파하고 오까모도 기도오(綱本綺堂)니 미야마 세이까(眞山靑果)와 같은 일본의 고전 극작가의 작품에 대한 얘기를 꺼내놓고 있었다"[27]면서 대학 연극과 학생인 자신보다도 겨우 상업학교만 나와서 책방 점원으로 있던 그가 훨씬 연극 공부를 많이 했음에 감탄했다는 것이다. 그 후 두 사람은 극연과 현대극장에서 함께 연극을 하게 된다. 그는 함세덕의 작품을 대단히 높이 평가했고, 또 좋아하는 편이었다. 그는 함세덕의 희곡이 사건의 구성도 탄탄하고 강력한 극적 정서에 지배됨으로써 쉴러의 희곡처럼 웅장한 감동을 준다고 호평한 바도 있다.

이렇게 막역했던 두 사람은 해방 직후에도 처음에는 좌파 성향의 연극동맹에 함께 대항하기도 했다. 함세덕은 하루가 멀다 하고 이해랑의 집을 찾아와서 연극 이야기를 하고 갈 만큼 절친한 사이였다. 그러다가 어느 날부터 함세덕의 태도가 돌변했다는 것이다. 그때의 사정에 대하여 그는 "그러던 그의 발길이 갑자기 끊어졌다. 세상은 온통 모스크바 삼상회담을 반대하고 지지하는 세력으로 갈라져서 격돌을 하고 있을 때다. 당초에는 삼상회담을 우리와 같이 반대하던 좌익분자들이 북괴의 지령을 받고는 느닷없이 지지를 표명하고 나선 것이다. 이런 판국에 한동안 모습을 볼 수 없었던 그가 불쑥 우리 집에 나타났다. 그리고 어디서 주워들었는지 자꾸 삼상회담을 지지해야 한다는 소리를 되뇌고 있었다. 좌경(左傾)을 한 것이다. 그리고 그는 곧 좌익분자들에게 떠받들어져서 극작가로서 그의 스승 유치진 선생을 능가하는 제일의 실력자가 되었다. 그러나 그의 희곡에서는 그전의 진실한 예술적인 면모를 찾아볼 수 없었고, 결말에 가서 모든 책임을 지주(地主)에게 전가시키는 등 억지 견강부회가 눈에 띄었다"는 것이다.

그럼에도 불구하고 그의 함세덕에 대한 우정은 변치 않았었다. 왜냐하면 그는 함세덕의 재능을 높이 평가하고 있었기 때문이다. 물론 그가 함세덕과 교유하면서 그의 경박스런 성격은 잘 알고 있었으므로 시대 풍조에 휘말렸으리라고는 짐작하고 있었다. "눈에서 멀면 마음에서도 멀다"는 속담이 있듯이 거의 매일이다시피 찾아오던 함세덕이 발길을 끊으면서 두 사람은 곧 소원해질 수밖에 없었다. 그러나 이해랑만은 그가 쓴 작품 공연은 반드시 가보는 편이었다. 그러던 어느 날 예고 없이 그가 자신을 찾았다고 한다. 저간의 사정에 대하여 이해랑은 "그러한 그가 대한민국이 수립되기 전에 마지막으로 나의 집을 찾아왔을 때는 몇 해 만에 그를 맞으면서도 나는 그가 나를 찾아온 이유를 직감할 수 있었다. 오래간만에 보고 싶어서 왔다고 했다. 그래서 서로 술잔을 주고받으면서 뜻을 같이 하던 때의 묵은 얘기를 했다. 잘하지도 못하는 술을 마시고는 그 작은 체구를 가누지 못하고 비틀거리며 일어서던 때의 눈물이 글썽거리던 그의 눈, 그리고 문 밖에 나가서는 자꾸만 뒤돌아보고 손을 흔들며 떠나던 그의 무거운 발길이 어디를 향하여 가는 것인가를 그는 말하지 않았지만 나는 알고 있었다"고 회상하였다.

이상과 같은 그의 회고는 함세덕이 월북 직전에 우정과 이념 사이에서 고뇌했던 모습을 가감 없이 보여주는 글이라 하겠다. 누구보다도 보수적이고 보편주의자이며 원칙주의자였던 그가 좌익 연극인들을 경멸, 배타하면서도 함세덕에 대해서만은 특별한 애착을 갖고 있었던 것이다. 그 이유는 함세덕이 유치진 이후 대표적 극작가로서 우선 재능이 뛰어난 데다가 철저한 사회주의자가 될 수도 없는 인물임을 알고 있었기 때문이다. 해방 직후는 특별한 사상무장이 되어 있지 않은 지식인들이 사회주의를 진보적인 사상인 양 여기던 시절이었음은 잘 알려져 있다. 이 점을 그가 너무나 잘 간파하고 있었기 때문에 함세덕이야말로 그런 분위기에 휘말린 하나의 본보기라 생각한 것이다.

따라서 그는 철저한 보편주의자답게 해방 직후에 설치던 대표적인 극작가들, 이를테면 박영호, 박노아, 조영출, 송영 등을 통렬하게 비판한 바 있다. 그는 현대 희곡사에서 대표적 환경극작가(環境劇作家)로 자처해온 박영호에 대하여는 "환경극이라는 근대극 특이의 극작술은 구성적 드라마투르기에 대한 확고한 비판 위에 입각하지 않으면 안 된다. 논리적인 사건의 진행에 대행하여 심리적인 인간의 발전을 무대화하는 것이 환경극의 특징이다. 심리의 미묘한 음영(陰影)과 정신의 복잡한 교향악적 표현을 얻어서 국한된 한 장면을 통하여 집중적인 극적 효과를 자아낼 수 있는 것이다. 환경극이 여느 희곡보다 더 문학적인 이유가 여기에 있다. 이러한 근거를 무시하고 드라마투르기에 대한 무지(無知)와 무능을 엄폐하기 위하여 환경극을 안이한 희곡술로 착각하고 무모히 대드는 맹인 불공타(不恐蛇)의 위인이 많다. 그중의 한 사람이 그다"[28]라면서 박영호가 그동안 발표한 〈정어리〉, 〈등잔불〉, 〈님〉, 〈북위 38도〉, 〈번지 없는 부락〉 등을 포함하여 단 한 편의 성공작도 없다고 혹평하였다. 그러면서 그는 박영호의 결정적인 실패 요인이 작품에 품위가 없는 점이라면서 그것은 순전히 비속한 것을 리얼리즘으로 착각한 데 그 근본적 원인이 있다고 했다.

그가 박영호 이상으로 저질 작가로 본 사람은 박노아(朴路兒)였다. 1944년 조천석(朝天石)이란 필명으로 〈셔어멘호〉(현대극장 공연)를 발표하고 데뷔한 박노아에 대해서 그는 "해방 후도 여전히 작품을 써내어 그 수가 여느 작가에 비하여 결코 적지 않다. 〈선구자〉, 〈무지개〉, 〈녹두장군〉, 또 〈포도원〉에 무엇이라는 게 있다. 헌데 모두 씨(氏)의 열성적인 사상을 담지 않고 작품들은 망칙하고도 서투른 신파가 되어버렸다. 그런 비속한 그릇 속에서 그의 사상은 어느 때까지 신음해야 되는지? 나는 창피해서 이 이상 더 얼굴에 분을 바르고 나설 수 없소 하고 그의 사상이 성을 내고 도망할 것만 같아서 나는 마음이 안 놓인다"고 폄하하기도 했다. 얼치기 지식인을 경멸해온 그가 특히 혐오한 이들은 투철한 사상도 없으면서 시류에 편승해서 설익은 이데올로기 작품을 쓴 극작가들이었다.

　그는 프롤레타리아극의 장로였던 송영(宋影)에 대하여는 "카프 시대에는 프롤레타리아 작가로서 사계(斯界)의 기대를 집중했고, 그 후 호구지책의 유인으로 신파에도 손을 댔고 또 미일전쟁(美日戰爭)이 한창 고조에 달했을 때는 일제의 주구(走狗) 조선연극문화협회의 이사의 자리에 앉았었고 하여튼 극작가로서는 제일 연로한 만큼 과거도 단순하지 않다. 해방 후에는 연극건설본부라는 맹랑한 존재의 위원장 노릇을 하다가 긴급한 사상적 경향에 몰리어 지금은 이북에서 또 무슨 장(長)의 요직에 앉았다"고 그의 사상적, 정신적 굴절 과정을 소개했다. 그러면서 송영의 작품과 연관해서는 "실례의 말이나 나는 이분의 작품보다도 이분의 인간성을 사랑한다. 재치 있는 담화, 소박한 외모, 풍성한 인간미, 술 잘 먹고 놀기 잘하고 가다가 터뜨리는 우스운 소리에는 허리를 펼 수가 없다. 보편적인 애정이 흐른다고 할까. 처음 만났을 때도 어디서 여러 번 대한 사람 같은 너그러운 인상을 준다. 그러나 어떤 까닭인지 이분의 작품에서는 그의 인간 면에서 느낄 수 있는 보편적인 면모를 엿볼 수가 없다"고 했다. 그러니까 송영이 작가적인 양심을 꺾고 속중(俗衆)에게 타협한 동양극장 시대의 산파극들마저도 무대에서 단 한 번도 성공한 적이 없다는 것이다. 이어서 그는 "이분의 작품에 대해서 말할 수 있는 전체의 인상은 먼저 작자가 정신의 끄나풀을 바짝 조이지 않고 붓을 들었다는 것이다. 사람이 너무 좋으면 좋은 작품을 쓰기 어려운 모양"이라는 말로 끝을 맺었다. 이상과 같이 그는 좀처럼 타인들을 폄훼하거나 비판하지 않는 평소의 자세와는 달리 비교적 가까이 지내다가 사상 전향으로 월북한 좌익 작가들에 대해서만은 평론가 이상으로 날카로운 비판을 가한 바 있다.

　그런데 그가 사람들, 주로 연극인들을 바라보는 시각은 대체로 세 가지가 아니었던가 싶다. 첫째는 역시 도덕성이었다. 그 점은 평소 그가 연극 선배나 동료 또는 후배들을 관찰할 때 대체로 인품에 포커스가 맞춰져 있었던 것에서 확인할 수가 있다. 두 번째는 역시 재능을 중시하였다. 그런데 그는 재능

덕유산에 간 연극인들
(우측부터 이해랑, 한상철, 한 사람 건너뛰어 김정옥, 이재현, 권오일)

면에서도 물론 천재성을 좋아했지만 그에 못지않게 성실한 노력을 높이 평가했다. 그리고 세 번째로 그는 역시 예술지상주의자답게 연극에서 예술성보다는 이데올로기를 앞세운 작가들을 경멸, 배격하였다. 이처럼 그와 인연을 맺어온 주변 사람들에 대한 평가에서도 그의 인간적 면모가 잘 드러나고 있다.

그렇다면 그가 평소 아끼고 사랑했던 사람들은 그에 대해서 어떤 추억을 갖고 있을까? 그의 단 한 사람의 평생 친구 김동원은 조사(弔辭)에서 뜨거운 눈물을 흘리며 "형이 도쿄에 있는 니혼 대학 예술과에 들어오면서 나와 알게 되었고, 우리 조선 유학생의 연극 모임인 도쿄학생예술좌에서 처음 만나서 바로 며칠 전까지 연극만 하는 일생(一生)으로서 서로가 가까이 지내며 그야말로 오직 연극만을 생각하고 무대에 서고 미련스럽게도 연극밖에는 생각하지 않은 우둔한 두 사람 사이로 일관해서 살아왔지. 그 사이 형은 많은 일을 했어. 일제(日帝)의 그 지긋지긋한 탄압 속에서의 꿋꿋한 투쟁, 일사 후퇴 이후 우리나라 연극의 명맥(命脈)을 이어온 그 끈질긴 노력, 그 가운데서도 유럽의 명작들과 고전을 이 땅에 심은 그 공적들……. 이번에도 〈햄릿〉 연출을 하다가 쓰러졌는데, 그 〈햄릿〉을 형과 내가 무대에 서서 비로소 이 나라에 셰익스피어 연극을 정립시킨 일은 나로서는 잊지 못할 우리의 교분의 힘이요, 우리의 우정을 감격으로 굳혀준 찬연한 연극사의 한 페이지였다"고 했다. 이는 곧 이들 두 사람이 어깨를 나란히 하고 한국 신극 발전에 견인차 역할을 했음을 회고한 것이다.

이해랑은 연극 분야 밖에서 평생 선배로서 또는 친구로서 정을 맺어온 인물들이 적지 않다. 가령 우리 시대의 큰 시인 미당 서정주와 조병화, 소설가 김동리, 음악가 임원식, 화가 유경채, 시나리오 작가 유한철 등 대표적인 원로 예술가들이 있다. 이들 중 몇 사람이 그에 대해서 쓴 글이 조금 남아 있다.

서정주 시인은 「다정(多情)한 연극인 아우」라는 글에서 "해랑은 나와는 많이 공통점을 가진 친구였다. 그리고 다른 점이 있다면 그건 그가 나보다 우수(優秀)한 인물이었던 점"이라면서 이해랑이 우수한 점 세 가지를 들었다. 즉 다 같이 부모가 절대 반대하는 학과를 선택했지만 자신은 졸업을 못한 데 비해서 그는 했다는 점과 예술원이 처음 개원될 때 전국적인 투표에서 자신은 수석이었던 이해랑에 이어서 차석을 한 점, 그리고 인간 수양 면에서 이해랑이 한 수 위였다고 높이 평가했다.

미당은 그 글에서 "그는 그 다정하고 의리(義理) 세고 겸허한 인품으로 겨우 한 살이 더할 뿐인 나를 형님이라 불러 극진히 위해주었고 내가 범세계한국예술인회의(汎世界韓國藝術人會議) 이사장직을 맡았을 때는 이 나라 국립예술원 현직의 원장님으로서 체통까지도 스스로 낮추어 내 밑의 부이사장직까지도 맡아서 나를 도와주셨으니 이런 이의 인격(人格)을 나보다 우수했었다고 할밖에 다시 또 뭐라고 표현할 도리가 있겠는가? 그는 또 모든 일에 동심(童心) 그대로의 솔직한 인물로서 거짓말을 할 줄 몰랐기 때문에 이 점이 나는 특히 좋아서 그와 같이 앉기를 즐겼고, 그런 그에 감염되어서는 비밀이랄 것도 함께 다 털어놓아버리고 홀가분한 마음으로 나란히 깔깔거리고 웃을 수 있는 것이 기뻤었다. 그에게는 그런 도인(道人)의 모습이 있었다"고 회상했다.

그런데 술친구들 중 미당 서정주를 제외하고는 특별히 그에 대해서 쓴 회고담 같은 것이 별로 없다. 반면에 연극 동료나 후배들은 다양한 기억들을 갖고 있다. 가령 그가 많이 아꼈던 배우들 중에서도 특별히 가까웠던 장민호는 회고담에서 "이해랑 선생은 품위와 인격을 소중하게 아셨죠. 비록 가난한 연극을 해서 의식주의 곤란이 있더라도 우리 연극인이 지킬 것은 지키고 살려야 한다. 그분 말씀이 아무리 연극배우가 무대에서 다른 것은 다 창조하고 모방할 수 있다 하더라도 연극인은 인격자가 돼야 한다는 말씀이지. 따라서 배우는 그가 아무리 천한 거지 역을 하고 추한 도둑놈 역할을 한다 해도 그 내면에는 인간의 품위(品位)와 멋, 아름다움이 배어 있어야 한다"고 항상 충고했다고 추억했다.

장민호는 이어서 그의 실제적 연기 지도와 관련하여 "어느 배우가 배역을 맡아서 그 대사 중에 몇 막 몇 장 어느 대목은 이런 식으로 표현해야 되겠다 하는 생각이 이 선생님과 서로 어긋날 때는 하나하나 잡아가면서 철저하게 분석하고 만들어 나가니까 결국은 하나의 배우가 만들어지고 또 배우가 되는 것이죠……. 이해랑 선생의 '사실적'이란 말은 어디까지나 '창조된 사실성'을 말하는 거예요. 자기가 갖고 있는 성격 화법을 그대로 나타내는 것이 사실적이라 생각하는 것은 크게 잘못된 것이라는 거죠. 어느 프로그램에 글로도 쓰셨듯이 깊은 우물 속에 돌을 던졌을 때, 안에서 '풍덩ー' 하고 울려나오는 그 소리, 그만큼 심오한 곳에서 창조되어 나오는 소리가 '사실적'이라는 겁니다. 깊이와 심오함, 열띤 고통 속에서 창조된 그런 내면 연기를 말하는 것"이라 했다. 이처럼 그가 리얼리즘 연극에 깊이 경도되었기 때문에 평소의 생활도 대단히 외곬이라고 했다. 가령 술을 좋아한 그가 노년에는 맥주, 그것도 OB 맥주 외에는 절대로 마시지 않았다던가, 담배도 피우던 것만 꼭 피웠던 것

김동원과 함께

등을 하나의 예로 들기도 했다.

그가 김선영 다음으로 높이 평가했던 여배우 백성희도 장민호와 비슷한 기억을 갖고 있다. 즉 그가 연극인의 자존심과 품위를 세우는 데 진력했다면서 "워낙 확고하고 고집이 센 분이었으니까, 당신의 생각과 어긋난다든가 빗나가면 용납 안 하셨어, 그것이 그분의 배우관이라고 할까, 연극의 예술혼이랄까…… 어쨌든지 고집불통의 연출가예요. 내가 보기엔 성격상이라기보다는 당신이 갖고 계신 리얼리즘 연극에 대한 철저한 신념과 확고성 때문이 아닌가 해요. 그래서 한 작품을 연출할 때 보면, 배우를 철저하게 지도를 하지요. 당신 자신이 배우 출신이라서 호흡도 잘 알고 그렇기 때문에 한 페이지를 갖고 몇십 번씩을 반복시키고, 끝내 완성품을 만들어 내시려고 해요. 이 선생님의 그 열성과 저력, 그것이 그분의 연극인으로서의 능력이고 예술혼(藝術魂)

일 겁니다. 선생님 당시의 그 연기 훈련 과정이라든가 기술들이 오늘날은 잘 이어지지 않고 있는 것 같아서 아쉬움도 많아요. 이 선생님과 작품을 하고 나면 배우는 무언가를 확실히 배우고 그만큼 성장하게 돼요. 그리고 연기자의 호흡, 연극 전체의 앙상블 문제가 어느 누구보다 철두철미(徹頭徹尾)하시죠. 리얼리즘의 ABC 중 첫 번째 A만큼 정말 누구도 따를 수 없는 경지(境地)에 계셨다는 느낌"이라고 평가한 바 있다.

유치진과 이해랑으로 이어지는 한국 리얼리즘의 거대 산맥을 잇는 극작가 차범석과 이해랑의 인연은 흥미롭다. 차범석은 「나의 연극 개안을 인도해주신 이해랑 선생」이란 글에서 다음과 같이 회고했다.

이해랑 선생님을 처음 뵙던 날, 나는 조금은 실망스러웠다. 무대에서 연기하실 때의 모습이나 음성과는 너무나 거리가 있었기 때문이다. 1949년 8월 하순 남대문로에 있는 문총회관에서 대학교 연극반 학생끼리의 모임이 있었다. 한국연극학회(유치진 회장)가 주최하는 제1회 전국남녀 대학연극경연대회에 참가할 팀의 대표자 회의가 있었던 날이다. 흰 노타이 차림에 깡마르고 곱슬머리에 작고 둥그스름한 얼굴이었다. 눈이 아주 작아서 눈동자를 찾아보기란 어려운 표정이라 웃는지 화가 났는지 분간키 어려운 표정이었다. 다리만 유달리 긴 데다가 어깨가 약간 굽고 걸음걸이가 여덟 팔자걸음이고 보면 아무리 뜯어봐도 배우다운 매력이라곤 없었다. 무대 위의 그 인상과 실체의 인상이 그렇게 틀리지 않았던 김동원 선생의 멋스러운 모습하고는 아주 대조적이었다. 그때 이해랑 선생은 중앙대학교 연극을 지도하고 계셨다. "학생은 어느 대학인가?" 눈웃음치며 가늘고 떨리는 약간은 높은 음성이었다. "연희대학 연극반에 있습니다." "연기를 하나?" "아뇨, 연출입니다." "오호, 연출을? 〈오이디푸스 왕〉 어려울 텐데⋯⋯."

그때 이해랑 선생님은 처음으로 크게 눈을 떠 보이셨다. 칭찬도 격려도 놀라움도 아닌 그런 대작을 학생이 감당해낼 수 있을까, 라는 불안의 표정이었다. 그러나 엷은 입술을 꼭 다물고 잘해보라고 내 손을 쥐어주셨다. 어언 55년 전 일이다. 나는 이해랑 선생의 첫 인상에서 이른바 외유내강(外柔內剛)형임을 짐작했다. (……) 내가 처음으로 이해랑 선생과 연극으로 만나게 된 것은 1961년 봄이었다. 4·19 직후 구 자유당 정권에 협력했다는 허물로 잠시 극계에서 물러서면서 동국대학교 연극학과에 출강했던 어느 날, 이해랑 선생은 나에게 이런 말씀을 하셨다. '차 선생의 작품 〈나는 살아야 한다〉라는 단막극을 학교에서 텍스트로 쓰고 있어요. 언제고 그걸 본격적인 대작으로 써보시지. 소재나 주제가 우리 현실에 맞고 리얼리티가 강하다고 봤는데……' 그것은 나의 작품 세계를 긍정적으로 인정한 평가이자 나 역시 연극이 현실의 반영이라야 한다는 나의 소신과 일맥상통했다는 점에서 나로서는 큰 보람이 아닐 수 없다. 이해랑 선생은 신인 극작가를 발굴한다는 사명감에서 이미 임희재(任熙宰)에게 테네시 윌리엄스의 〈욕망이라는 이름의 전차〉를 각색시켜 극단 신협에서 공연한 바 있던 터라 그 제2탄으로 나에게 격려를 보내준 셈이다.29

이상과 같이 두 연극인의 인연은 오랬기 때문에 곁에서 지켜볼 기회 역시 많아서 그의 성격과 예술가로의 면모를 비교적 객관적으로 짚어낼 수가 있는 것이다. 가령 차범석이 쓴 「외유내강의 거울」이라는 글에서도 보면 "그 가늘고 작은 눈매에는 언제나 봄기운 같은 웃음이 감돌고 약간 쉰 듯하면서도 기어드는 듯한 음성은 봄바람처럼 보드라웠다. 여간해서 넥타이를 매시는 일이라곤 없으셨다. 머리는 항상 높게 치켜 올려 짧게 깎으셔서 그 머리는 유난히도 반짝이는 은빛이었다. 그와 같은 선생님의 풍모(風貌)는 예술가라기보다는 동네의 인정미 많은 아저씨 같고 할아버지 같은 서민 체취가 물씬 풍기는 평범한 분"이셨다고 했다. 이런 풍모의 그가 일단 무대에 서면 대변신을 했고 주연배우보다는 조연 배우로서 주연을 돋보이게 하는 들러리이자 보조 인물로 최선을 다하는 인격자였다는 것이다.

덧붙여서 차범석은 그의 후반의 인생에 대하여 "연출가로 전향을 하시면서 그 예술적 변신은 더욱 빛을 나타내게 되었다. 이른바 리얼리즘 연극의 진수를 찾아 나서기 위한 치밀하고 섬세하고 내면성의 탐구방법은 독보적이었다.

일찍이 도쿄 쓰키지 소극장과 학생예술좌 시절에 익혔던 근대극적 표현방식을 바탕으로 하되 보다 내면적 진실을 착암(鑿巖)해 들어가는 이 선생의 모습은 광맥(鑛脈)을 캐내는 광부처럼 끈질기고 악착스럽기까지 하셨으니 그 길에서는 어떠한 타협도 영합도 그리고 모방도 허용치 않는 준엄한 구도승(求道僧)으로 변하는 경우를 볼 수 있었다"며 예술가로서의 진지한 자세를 높게 평가했다. 이어서 그는 "배우보다 먼저 연습장에 나와 배우를 기다리는 이 선생님은 담배 연기의 행방만큼이나 허무(虛無)한 연극인의 생리에 한 번도 불만이나 좌절을 느끼지 않는 철인(鐵人)이셨다. 가난도 모르고 가정도 모르고 빛바랜 레인코트의 깃을 올린 채 남산길이며 명동 길을 걸으시는 선생님의 모습에는 가까이 갈 수 없는 위엄(威嚴)마저 느끼게 하니 어찌 그 강인한 예술가적 기질"을 느끼지 않을 수 있었겠는가고 회고했다.

그러니까 그가 예술가로서 최고의 경지에 오른 모습을 설명한 것이라 하겠다. 이는 곧 해방 직후 좌우익 예술인들의 대립 갈등의 한복판에 서서 함께 좌파 예술인들과 싸웠던 소설가 김동리가 이해랑을 가리켜 "연극을 인생에 연결시킨, 그리하여 인생은 그에게 있어 늘 즐거운 연극일 수 있었고 그렇기 때문에 그는 연극에도 인생에도 좌절하지 않았다"고 한 말과 상통한다.

해방 전 현대극장에서 함께 무대에 섰던 원로 배우 강계식(姜桂植)은 "이해랑이야말로 쟁이로 머물러 온 배우를 예술가로서의 지위(地位)로 다져 놓은 인물이었다"면서 그의 독서열과 젊은 감각 익히기에 대하여 흥미로운 기억을 떠올린 바 있다. 그는 「책 한 권의 권유」라는 에세이에서 "선생께서는 오직 연극만을 위해 전력을 다하셨다. 힘든 지방 공연 때도 어려운 여정(旅程)을 한 잔의 술로 달래시며 단원들을 통솔하셨다. 그러면서도 선생의 손에는 책이 떨어지는 법이 없었으니 그 독서가 대연출가로서의 소양과 자질에 큰 도움이 되었으리라"면서 "선생께서는 작고하시기 전 디스코홀에도 가끔 가셨다. 그래 내가 선생께 '젊은 애들 노는 곳에 창피해 어찌 갑니까?' 하고 여쭈니 '아닙니다. 젊은이들과 가끔 이리 어울려야 젊은 감정을 압니다' 하시

1989년 정월 초하루의 부부

며 내게 권하기도 하셨다"고 회상했다. 실제로 그는 후배 연극인들과 어울려 디스코홀에서 춤을 추는 경우가 가끔 있었다. 그가 젊은이들만이 넘실대는 디스코홀에 갈 수 있었던 것은 젊은 감각을 느끼려는 의도성과 함께 낙천적 기질과 소탈함과도 무관하지 않다. 허위의식을 싫어했던 그는 이따금 무도장(舞蹈場)에서 아들, 손녀 또래의 젊은이들과 어울려 조명에 유난히 빛나는 은발을 날리며 몸을 흔들곤 했었다.

포연이 전국에 자욱했던 6·25 전쟁 중에도 잠시도 쉬지 않고 연극계를 이끌었던 그와 함께 무대에 섰던 여류 연출가 강유정(姜由禎)은 "무대 위에서 선생님은 매회 똑같은 장(場), 눈물을 흘릴 때면 매번 어김없이 눈물을 머금으며 한 동작 한 마디 대사에도 얼이 박혀 있는 진지함을 잃지 않으시던 그 모습들…… 뿐인가 사선(死線)을 넘나드는 전방 위문 공연에 위험을 무릅쓰고 일선 장병 위로를 위해 늘 앞장서시던 사명의식과 국가관(國家觀), 이제 생각하면 이 땅에 연극인이 어떻게 살아야 하는가를 당신께서 몸 전체로 체험했던 것임을 새삼 되뇌어 보게 한다"면서 국회의원으로 있다가 정계 은퇴를 할 당시 "선생께서 그 정치(政治) 동네 가니까 당체 속이 거북하시다고 하시면서 국회를 떠나실 적에 그렇게 홀가분해 하시는 것을 보고 나에게는 신선한 충격이었고 감동이었다"고 회상하기도 했다. 특히 강유정은 그가 후배들에게 입버릇처럼 해주던 "소리가 큰 것은 빈 북이야"라던 말이 평생의 교훈으로 남는다고 했다.

그가 드라마센터 극장장으로 있을 때 처음 연극에 입문했던 연출가 김정옥(金正鈺)은 유치진과의 차이점을 매우 흥미롭게 묘사하는 글에서 "유치진 선생님께서는 내 의견을 부정하셨지만 그러나 나중에 가서 많이 수용하셨고, 이해랑 선생님께서는 언제나 나의 의견을 수용하셨지만 나중에 보면 선생님 뜻대로만 밀고 가셨다. 이 점에서 이해랑 선생님은 능숙하고 강인한 연출가이셨다. 다른 사람의 의견을 수용하신 것 같지만 선생님의 연출 방향이랄까 의도가 너무 뚜렷해서 다른 의견이 수용될 틈이 거의 없었으며 연기자와 스탭들을 끈기 있고 조용하게 설득해서 원하는 방향으로 끌고 가셨다. 대단히 원만하시면서도 강인한 실천가였다"고 회상했다.

그렇다면 함께 작업을 해본 극작가는 그에 대해서 어떤 인상을 갖고 있을까. 1960년대 국립극장에서 안수길의 소설 「북간도」를 각색한 바 있는 극작가 신명순(申明淳)은 대연출가 이해랑을 경원하는 처지였다. 왜냐하면 당시 극작가에게 이해랑은 끊임없이 수정 작업을 요구, 작가를 몹시 괴롭히는 연출가로 소문나 있었기 때문이다. 그런데 뜻밖에도 처음 각색해본 〈북간도〉 극본을 그가 읽어보고는 칭찬을 해주더라는 것이다. 그러나 그 후 본격적인 연출 작업에 들어가면서 "선생은 기회 있을 때 나를 불러내 소소한 (적어도 나로서는) 몇몇 장면을 수정했으면 어떻겠느냐고 조심스럽게 의논(?)을 해오셨는데, 그런 의논은 작품을 무대에 올리기 직전까지 간단없이 계속되었다"는 것이다.

그런데 정작 그 작품이 막이 오른 다음에야 한 방 된통 얻어맞은 느낌이었다는 것이다. 그러니까 "선생님은 예의 그 속삭이는 듯한 낮은 목소리와 내가 전혀 눈치조차 챌 수 없는 빼어난 연기로 내 감정을 다치는 일 없이 내 작품의 부족한 부분을 속속들이 수정해나가셨다"면서 그 작업 과정에서 작가가 확인할 수 있었던 것은 이해랑이 연극을 생활처럼, 생활은 연극처럼 하는 철저한 예술인이었다는 점이라 했다.

이상은 이해랑과 함께 연극을 했던 또는 그를 가장 가까운 거리에서 지켜보았던 사람들의 기억의 편린과 낙수(落穗)를 가감 없이 옮겨 본 것이다. 그렇다면 그가 진정으로 아꼈던 후계 연출가 임영웅(林英雄)과 딸처럼 사랑했

마지막 작품 〈햄릿〉을 연출하고 인터뷰하는 이해랑

던 지성 배우 손숙(孫淑)은 어떤 추억을 갖고 있을까?

필자가 일찍이 임영웅을 가리켜 이해랑의 연극 정신을 계승한 정통적 연출가라고 했을 때, 그는 그분 밑에서 일한 경우가 의외로 적었다면서도 자신의 연출 철학이 많이 닮은 것이 사실이라고 고백하면서 다음과 같이 쓴 바 있다.

이해랑 선생님과 나의 인연은 50년 전 쯤으로 올라간다. 중학교 3학년 때 당시 국립극장이었던 지금의 태평로 서울특별시의원회관에서 국립극단 제2회 공연 〈뇌우〉(조우 작, 유치진 연출)를 보고 나는 이해랑 선생님의 숭배자가 되기 시작했다. 선생님을 무대에서 처음 뵌 것은 그보다 조금 앞선 국립극단 창단 기념 공연 〈원술랑〉에서였지만, 그때는 그저 무심했다. 그러나 불과 몇 달 뒤 〈뇌우〉에서 만난 이해랑 선생님의 모습은 명연기라는 테두리를 벗어난 영원히 잊을 수 없는 명무대로 어린 나를 강타했다. 그 무렵만 해도 나는 연극이 좋아서 열심히 극장을 드나드는 편이었지, 장차 연극 연출가가 되겠다는 생각은 꿈도 꾸지 않았던 시절이었다. 이제 와서 돌이켜보면 내가 결국 연극을 하게 된 것도, 그 뒤 이해랑 선생님을 흠모하여 그 연극 정신을 이어가는 것도 모두 그때의 그 강렬한 인상에서부터 비롯된 것이 아닐까 하고 생각해본다.

내가 이해랑 선생님을 가까이에서 뵙고 인사라도 드리게 된 것은 1956년 5월경이다. 나의 스승인 고(故) 김규대(金圭大) 선생님의 극단 신협에서 〈꽃잎을 먹고 사는 기관차〉(임희재 작)로 데뷔 연출을 하면서 나를 조연출 겸 무대감독으로 발탁해서 극단 연습장에 드나들기 시작했다. 그 뒤 1957년 1월 1일부터 공연한 〈세일즈맨의 죽음〉(아서 밀러 작, 오화섭 역, 김규대 연출) 때도 계속해서 조연출, 무대감독을 하면서 약 10개월 동안 이 선생님을 가끔 대하게 되었다. 그 무렵 어느 날부터인가 이 선생님이 어린 나에게 친근하게 말도 걸어 주시고 각별한 관심을 보여주셨는데, 아마도 나의 숙부님이 임원식(지휘자)이라는 사실을 아셨기 때문이라고 짐작된다. (……) 만년의 이해랑 선생님에게서는 특히 많은 사랑을 받았다. 그것은 내가 소극장 산울림을 개관한 것에 대한 격려였다고 나는 생각한다. (……) 정말 선생

님처럼 돌아가신 후에도 오래도록 가까이 계시는 것 같은 느낌을 갖게 하는 분은 없다.[30]

이상의 글에서도 확인할 수 있듯이 이해랑과 임영웅은 스승과 제자로서 직접적인 관계는 없었으나, 임영웅은 이해랑을 연극인의 모델로서 사숙한 사이였던 데다가 이해랑 역시 임영웅을 후계자로 생각했던 것만은 분명해 보인다.

필자가 앞에서 그가 극단을 조직하고 또 국립극단 등에서 연출을 하면서 아꼈던 여배우들에 대한 이야기를 했지만 만년 들어서 가장 빼어난 여배우로 칭찬하면서 딸처럼 사랑했던 제자는 단연 손숙이었다. 그녀는 여타 배우들과는 달리 가정을 꾸린 한참 뒤에 연극 무대에 섰기 때문에 그와 만난 것 역시 비교적 늦은 편이었다. 왜냐하면 그녀가 1970년에 다른 여배우들과는 달리 비교적 늦은 나이로, 그것도 갑작스런 대역으로 국립극단에 섰기 때문이다. 즉 1970년 가을 국립극단 제59회 공연작인 〈인조인간〉 연습 도중 사고로 여배우 한 명이 갑자기 출연을 할 수 없게 되자 그녀가 대타로 출연케 됨으로써 두 사람 간의 첫 대면이 이루어진 것이다. 술과 같은 기호품과는 거리가 먼 결벽증(?)의 그녀에게 연습을 시키면서 맥주를 마시는 이해랑의 연출은 낯설 수밖에 없어서 첫인상은 별로였던 것 같다. 그동안 몇 작품으로 연출가들과 작업을 해보긴 했어도 그녀는 신참이나 마찬가지였다. 그런데 연습에 들어가 본격적으로 그의 가르침을 받으면서 생각이 크게 달라진 것이다. 저간의 사정에 대하여 그녀는 다음과 같이 회고했다.

그런데 선생님은 그전까지 내가 봐왔던 다른 연출가와는 너무나 달랐다. 늘 웃고 계셨고, 조용조용 작은 소리로 배우가 자존심 상하지 않게 지적해주셨다. 대사 한 줄 한 줄을 그냥 넘어가시지 않고 열 번 스무 번이라도 완벽해질 때까지 연습을 시키셨다. 어떤 날은 대본 한 페이지를 두 시간인가 연습을 하다가 선생님도 지치셨고 나는 펑펑 운 적도 있었다. 나는 차츰 당신이 속으로 그 대사를 똑같이 따라 하시고 지적해주시느라고 너무 힘이 드셔서 맥주라도 마시지 않으시면 정말 견디기 힘드실 것이라고 선생님을 이해하고 나중에는 맥주가 떨어지면 내가 얼른 사다놓기까지 하게 되었다. 그렇게 선생님은 나를 배우로 만들어주시고 인정해주셨다.

나는 선생님에게 호흡으로 대사하는 법을 배웠고, 내면 연기가 무엇인지 대사와 대사 사이의 침묵이 얼마나 중요한 건지를 하나씩 배워나갔다. 그 후 국립극단에 있는 동안 나는 선생님 밑에서 많은 작품을 연기하면서 참으로 큰 사랑을 받았다. 때때로 대본 연습이 끝나고 배우가 무대 위에서 움직이는 연습을 할 때면 나는 조연출과 함께 선생님 댁에 가서 몇 시간이고 바둑알을 가지고 무대를 만들어 가시는 선생님 앞에서 눈으로 마음으로 연극을 공부했다. 그러고 보면 오늘 배우로서의 나를 만들어주신 건 80%가 선생님이셨고 나머지는 또 그분의 제자이신 임영웅 선생님이라고 말할 수 있겠다. 선생님은 배우로의 나를 만들어 주셨을 뿐만 아니라 인생을 어떻게 사는지도 가르쳐 주신 분이다. 연습이 끝나면 늘 저녁 술자리에서 선생님은 정말 다양한 얘기를 들려주셨다. (……) "배우가 열심히 대본을 읽고 그 인물에 대해서 부단히 노력하면 어느 날 그 인물이 손을 내민다." 이 말은 선생님이 가르쳐주신 말이다. 나는 이 말을 내 연기의 지침서로 늘 가슴에 새기고 있다. 때때로 연기가 안 풀려 속상할 때 '그래, 나는 아직 그 인물이 내게 손을 내밀 만큼 노력하지 않은 걸 거야'라고 나를 채찍질한다.[31]

이상의 글에서 전(前) 시대 최고의 연출가가 우리 시대 최고의 여배우인 손숙을 키워낸 스승이었음을 소상하게 알려주고 있다.

어차피 기억이라는 실타래는 시간이 흐를수록 풀려나가고 소멸하는 정신의 한 형태일 수밖에 없다. 이 말은 곧 기억의 한계를 의미하는 것이기도 한데, 이해랑만 하더라도 그 활동 범위로 보아서 대단한 만남과 헤어짐이 있었지만 그 구체적인 기록과 기억은 충분치 않다. 그러나 넉넉하지 못한 기록과 기억으로도 그가 만났던 사람들에 대한 생각과 또 그를 지켜본 사람들을 통해서 그의 인간적, 예술적 편모(片貌)만은 어느 정도 그려볼 수 있게 해준다.

종장: 낙조를 붉게 물들이고 홀연히 떠나간 고종명(考終命)의 복인

그는 누구보다도 타고난 건강 체질이었다. 그의 생애에 있어서 젊은 시절 상하이에서 장티푸스를 심하게 앓은 것을 제외하고는 특별한 병력을 갖고 있지 않다. 타고난 강골에다가 낙천적 기질이 그로 하여금 평생을 병 없이 살수 있도록 해준 것이 아닌가 싶다. 그의 말대로 20대 이후 평생 거의 하루도 쉬는 날 없이 술을 마셨어도 그가 건강하게 살 수 있었던 것도 바로 그런 타고난 건강 체질이 아니었다면 불가능했을 것이다. 니혼 대학 예술과에 입학한 직후 일경(日警)에게 끌려가 억울하게 몇 개월 동안 구타 등 모진 고문을 당했어도 끄떡없이 객지에서 학업을 계속할 수 있었던 것도 그의 강건한 기본 체력에 따른 것으로 볼 수 있다. 이와 더불어 그는 체력을 다지는 일에 게을리하지 않았다. 그는 꾸준하면서도 규칙적인 운동을 즐겨한 편이다. 그에게 특별한 취미생활이 있었던 것은 아니지만 수영만은 거의 필수적일 만큼 대단히 좋아했다.

그는 유소년 시절부터 워낙 놀기 좋아하는 성격이어서 동네 아이들과 매일 어울려 다니면서 서울의 공원이라든가 주변의 산, 청계천, 그리고 한강 등지를 돌아다니면서 물놀이를 많이 했다. 따라서 자연스럽게 수영을 즐기게 되었고 실력 또한 출중했다. 특히 그가 수영에 매료된 것은 20대 전후 부산의 아름다운 앞바다를 만나면서부터였다. 부친이 일찍부터 그곳에서 개업의로 정착해 살았기 때문에 중학교 시절이나 대학 시절 방학 때마다 부산의 집에 머물면서 송도나 해운대 해수욕장에서 여름내 수영을 즐겼던 것이다. 이때 수영에 재미를 붙인 그는 틈나는 대로 여름이면 강이나 바다를 찾아 하나의 습관처럼 수영 놀이를 했다. 다 알다시피 수영은 전신운동이어서 체력을 다지는 데 더없이 좋은 체력단련 방식이다. 그와 악수해 본 사람들은 누구나 그의 두툼한 손과 악력에 놀라곤 했다. 12년 후배인 차범석이 그를 추모하는 글에서 "서너 번 쥐고 흔드시는 그 손의 악력은 매우 강해서 나 같은 약질의 손마디는 금세 바스라질 것 같았다"고 쓸 정도였다.

필자 역시 여름에 동해안을 여러 번 함께 여행하면서 그의 수영하는 모습을 보고는 어안이 벙벙할 정도로 그가 대단한 체력의 소유자라는 것을 느끼곤 했다. 그의 탄탄한 어깨와 군살 없는 근육은 젊은이들 못지않았고, 마치 평생을 예술이 아닌 체육 분야에 종사한 지도자 같은 느낌을 받은 적이 한두 번이 아니었다. 그러나 1960년대까지만 해도 생활에 여유가 없었던 그는 여름철에 한가하게 수영을 즐길 만한 여력은 없어 보였다.

그렇던 그가 예총 회장과 국회의원 등을 하면서 생활에 여유가 생기자 좋아하는 수영을 다시 즐길 수 있게 된 것이다. 이때부터 그는 아무 때나 수영을 할 수 있는 여유를 갖게 되었으며 타워호텔에 수영장이 생겨나면서부터는 사계절 내내 수영을 다닐 수가 있었다. 물론 여름이면 바다로 나가서 수영을 즐겼다. 그의 수영 실력은 거의 프로선수 수준이어서 바다에서는 4km를 거뜬히 완주할 수 있었다.

그는 자유형, 배영, 접영 등 못하는 종류가 없을 정도로 수영에는 일가를 이룰 정도였다. 무엇이든 일단 시작하면 완벽을 기할 정도로 철두철미하게 하는 성격에다가 좋아하는 것이기 때문에 그는 수영을 생활의 일부로 삼을 정도였다. 필자가 한번은 그에게 수영을 그렇게 좋아하게 된 이유를 질문한 적이 있는데, 그가 "나는 용(龍)띠에 음력 6월 22일 한 복중에 태어났어요. 이름도 바다 해(海), 물결 랑(浪) 자를 써요. 아마 물과 무슨 인연이 있었나 보지 요"라고 답변함으로써 물과 숙명적(宿命的) 관계임을 실토하기도 했다. 그러 면서 그는 "수영을 하면 마음이 즐거워져요. 다른 생각 없이 몰두하게 되지요 운동을 하고 나면 상쾌한 기분으로 무슨 음식이든지 맛있게 먹습니다. 그래서 70이 가까워오도록 별로 아픈 데 없이 건강하게 살아왔습니다"라고 호탕하게 웃었다.

이처럼 그는 60대 후반까지도 실내 풀장에서 2km씩 거의 매일 수영을 할 정도였다. 그가 6·25 발발 직후 새벽에 한강을 헤엄쳐서 피난 간 사건은 유명 한 일화이다. 그는 외국 여행 때도 반드시 수영복을 지참하고 다녔으며 하와 이의 호놀룰루, 남불(南佛)의 니스 해안에서도 멋진 수영을 한 추억을 자랑하 곤 했었다. 1980년대 들어서는 막내딸이 인도네시아에 살고 있었기 때문에 해마다 겨울이면 발리 섬에 가서 달포간 수영을 즐기고 오기도 했다. 물론 그가 그곳에 간 것은 단순히 건강을 다지기 위해서라기보다 특별히 사랑했던 막내딸도 만나고 좋아하는 수영도 즐길 겸 해서였다. 그는 악착스럽게 건강을 챙기는 성격은 아니었다. 솔직히 그는 연극 외에는 그렇게 집착하는 것이 별 로 없었다. 다만 즐길 뿐이었다. 논어에도 쓰여 있듯이 많은 지식보다 더 중요 한 것은 취미생활이고, 취미생활보다 더 중요한 것은 즐기는 것이 아니었던 가. 그가 가장 즐긴 것은 연극 외에 두 가지, 즉 술과 수영이었다. 이 두 가지 는 사실 부조화일 수도 있으나 그는 그것을 잘 조절했다. 그가 가장 즐기고 좋아한 맥주를 차게 마시지 않은 것이 그 단적인 예가 아닐까 싶다.

그러나 그렇게 건강에 자신이 있던 그에게 조금씩 이상이 생기기 시작한 것은 대학 정년퇴임(1981년 8월) 직후부터였다. 우선 치아부터 이상이 온 것 같았다. 그는 아픈 치아를 고치기 위해서 반포에 있는 치과를 몇 달 동안 다녔 다. 그는 치료하는 동안 매일 습관처럼 마시던 맥주를 즐길 수 없는 것을 가장 아쉽게 생각했다. 그러면서 후배들을 만나면 "얼마나 산다고 이빨을 고치나. 그러나 아프니 어떡해. 자식들이 고치라고 성화를 하니 안 고칠 수도 없지"

하면서 너털웃음을 짓곤 했다. 이즈음 그는 정년퇴임 후의 허전한 마음을 달래려는 듯 부인을 따라 교회에도 다니기 시작했다. "선생님이 술을 금지하는 교회를 다 다니세요?" 하는 후배들의 짓궂은 비아냥에 웃으며 "헌병(부인을 지칭함)이 자꾸 성화를 내서, 나도 이제 준비를 해야지" 하고 받아넘기기도 했었다. 그러나 이런 이야기들은 모두가 농담하듯 가볍게 주고받은 것에 지나지 않았다.

그런데 그에게 전에 없던 병이 생겼다. 그의 생애 두 번째로 병석에 누울 만한 병을 앓게 되었는데 그것은 다름 아닌 신장염이었다. 그러나 그 병도 극히 사소한 것으로부터 시작된 것이었다. 즉 일상처럼 해오고 있던 수영 때문에 그는 항상 귀를 후비는 습관이 생겼다. 그런데 귓속에 상처가 나서 염증이 생긴 것이다. 중이염이 좀처럼 낫지를 않았다. 맥주를 매일이다시피 마셨기 때문이다. 그래서 의사가 그에게 금주령을 내림으로써 당장 맥주를 끊을 수밖에 없었다. 그런데 이번에는 중이염이 낫는 대신 신장염이 생긴 것이다. 왜냐하면 매일 같이 마시는 맥주가 소변을 충분히 걸러주었는데 갑자기 맥주를 끊음으로써 수분 부족으로 씻겨 내려가야 할 불순물이 신장에 축적되어서 염증이 생긴 것이었다. 40도에 가까운 고열로 인해서 그는 처음으로 서울 대학병원에 입원까지 했었다. 그는 생애 두 번째 10여 일간의 병원 생활을 해본 것이다. 그러나 신장염은 대단한 병이 아니어서 그는 곧바로 건강을 회복할 수 있었다. 그는 즐겨온 맥주를 다시 마시면서 평상의 생활로 돌아왔다.

얼마 후 그는 유럽 여행길에 올랐다. 마침 전두환 대통령이 평소 존경해온 대시인 미당 서정주 등을 위해서 세계한국예술인회의(世界韓國藝術人會議)라는 기구를 만들어 후원하고 있었다. 그래서 미당은 평소 가까운 친구들인 이해랑, 임원식, 유경채 등과 파리 여행을 하게 되었다. 그들은 파리에 도착하자마자 들뜬 기분을 술로 달래기 시작했다. 모두 다 술에 관한 한 주선급(酒仙級)에 드는 호주가들이라 온종일 관광과 술로 지냈음은 두말할 나위 없는 것이었다. 더욱이 그는 신장염 때문에 근 달포간 술을 끊었던 터라서 파리에서 마시는 맥주 맛은 상상을 초월하는 것이었을 게다. 따라서 그는 매일 아침부터 마시는 술로 몽롱한 상태에서 살다시피 했다.

그러던 어느 날 파리 여행에 이력이 난 지휘자 임원식이 잘 아는 샹젤리제의 한 중국요리 집으로 일행을 안내한 것이다. 그런데 뜻밖에 그가 맥주 한 모금을 마시고는 오한과 고열로 몸을 가누지 못하는 불상사가 일어났다. 그는 즉각 친구들의 부축을 받아 머물고 있던 몽빠르나스 호텔로 돌아왔고 그곳 의사의 왕진을 받는 등 소동이 일어났지만 40도의 고열은 좀처럼 떨어지질 않았다. 그는 타국의 호텔방에서 일행의 도움에도 나을 기미 없이 밤새껏 고열로 인해서 거의 뜬눈으로 지새우는 고통을 겪어야만 했다.

그때의 사정을 그는 뒷날 「삶의 그림자」라는 에세이에서 "열에 떠서 한밤중에 깨어나 호텔방 천장만을 물끄러미 쳐다보고 이 생각 저 생각, 종잡을 수 없이 희미한 생각에 끌려다니면서 몇 번이고 겨드랑이에 끼었던 체온기를 빼보고는 내리지 않고 있는 과열에 실망을 하곤 했었다. 이러다가 여기서 죽는 것이 아닌가! 이대로 꼭 죽을 것만 같은 생각이 들어서 눈을 감아도 잠을 이룰 수가 없었다. 죽음, 그것은 삶의 종말(終末)을 고하는 것. 객지에서 외로운 죽음의 길을 가야 하는 무거운 생각이 가슴을 누르며 아프게 하는 것이었다. 가족과 친지, 그중에서도 손녀딸들의 얼굴이 자꾸 눈에 밟혀서 잠을 이루지 못하고 꼬박 뜬눈으로 밤을 새웠다"고 쓴 바 있다. 이는 그의 생애에서 가장 심하게 앓은 경우였고, 따라서 '죽음'이란 것에 대해서도 처음으로 깊이 생각한 경우이기도 했다.

일대 소동이 벌어진 세계한국예술인회의 멤버들은 주프랑스 한국대사관에 연락하여 그를 급거 귀국시키는 조치를 취하는 등 이해랑 보호에 심혈을 기울였다. 역시 노령의 무리한 여정과 과음으로 인해서 신장염이 재발한 데 따른 것이었다. 귀국하자마자 그는 다시 대학병원에 입원해서 10여 일 만에 완전 회복할 수 있었다.

퇴원한 뒤 그는 평상시와 다름없는 활동을 했다. 여전히 좋아하는 친구, 후배들과 만나서 맥주도 즐기고 또 연출도 했다. 그러나 한 가지 달라진 것이 있었다. 간간이 죽음에 대한 명상을 하기 시작한 점이었다. 그는 1980년대 중반부터는 방송 출연이라든가 신문·잡지 인터뷰 때도 좀처럼 이야기하지 않았던 죽음에 대한 문제를 자연스럽게 꺼내기 시작했다. 그것이 대체로 1984년 봄부터였다. 가령 그는 1984년 3월 독서신문(讀書新聞)과의 인터뷰에서 "인생 70이면 짧아요. 이제 서서히 죽음에 대해 생각을 해야 되고 세상을 하직할 마음의 준비도 있어야겠지요. 현실의 생활을 정리해 두면 죽음이 무섭지가 않아요. 현실에 대해 인간적으로 빚이 없으면 저쪽 동네(저승) 이사 가듯이 홀가분하고, '내일 봅시다' 하면서 떠날 수 있어요"라고 응답한 적이 있다. 이때부터 그는 동료들이나 후배 연극인들과의 주석에서 '저쪽 동네'에 대한 이야기를 자주, 그러나 가볍게 내뱉듯 던지곤 했다.

그는 주석에서 자주 "나는 저쪽 동네에 3분지 2는 왔어"라고 느닷없이 오래 살았다는 듯이 이야기를 꺼냄으로서 우리를 당혹스럽게 만들었지만, 다른 한편으로는 그에게서 인생 달관의 모습이 보였으며 원숙한 경지에 다다른 도인의 초탈한 모습이란 바로 저런 것이구나 생각하기도 했다. 그는 저쪽 동네에 대해서 이야기하면서도 언제나 입가에는 잔잔한 미소를 머금고 있었다. 솔직히 장삼이사(張三李四)가 죽음을 생각할 때는 하나의 공포 그 자체일 수밖에 없는 것이다. 따라서 그가 농담 아닌 진지한 담론 가운데서도 가볍게 죽음을 이야기할 수 있었다는 것은 정신적으로 상당한 경지에 도달치 못하면 불가능했던 일인 것이다.

그런데 그가 쓴 「삶의 그림자」라는 에세이를 보면 마치 수십 편의 연극 무대에 출연하면서 죽음에 대해서는 충분히 훈련된 것처럼 담담하게 쓰고 있어 주목된다고 하겠다. 즉 그는 이 글에서 "힘에 부치는 어려운 일에는 아예 손을 대지 않고 그저 몸에 익은 연극만을 하고 살아 왔었다. 그것도 끝에 가서 죽는 연극 — 흔히 말하는 비극(悲劇)이라는 것 — 그런 비극을 주로 해왔었다. 하도 그런 연극을 많이 해서 이젠 죽음에는 아주 익숙해지고 말았다. 연극을

통해서, 정말 가슴이 찢어지는 죽음의 아픈 경험을 수없이 해왔으니까"라고 쓴 바 있다. 이처럼 그는 비극이라는 간접경험을 통해서 죽음에는 어느 정도 달관했다는 투의 이야기를 한 것이다.

그러나 그는 프랑스 파리에서의 경험이 연극에서의 간접경험과는 차원이 달랐음을 솔직히 고백하기도 했다. 그가 가족과 떨어져 파리의 한 호텔방에서 고열에 시달리면서 죽음이 그렇게 멀리 떨어져 머물고 있지 않다는 것을 느끼면서 "삶과 죽음, 그것은 정말로 종이 한 장 차이였다. 동전(銅錢)의 양면과 같이 떨어지지 않고 붙어서 우리와 동행을 하려고 그림자처럼 따라다니고 있다"고 느낄 정도였던 것이다. 그가 죽음을 동전의 양면과 같다고 말한 것은 죽음도 궁극적으로 삶의 한 과정으로 인식하는 동양적 생사관과도 통하는 것이다. 이는 유랑예인 단체 남사당패(男寺黨牌)의 민속인형극 〈꼭두각시놀음〉에서 저승은 바로 "문지방 너머"라고 말하는 것과 별반 다르지 않다.

그렇다고 해서 그가 동양적 생사관에 머물러 있었던 것은 결코 아니었다. 그는 만년에 쓴 「황혼(黃昏)의 길목에서」라는 에세이에서 죽음과 관련하여 "나이가 들어서인지 요즘은 가끔 죽음이란 것을 생각하게 된다. 연극에서처럼 우리는 저승에 가서도 말미를 얻어 이 세상 사람들이 눈치채지 못하도록 투명한 존재가 되어 가끔 지상(地上)으로 나들이를 할 수 있는 것일까? 그렇다면 죽음이란 영원히 돌아올 수 없는 다리를 건너가는 것이 아니라 강(江) 건너 마을에 마실 가는 정도의 것이 아닌가. 그것도 아니면 이 동네에서 저 동네로 이사(移徙)를 가듯, 또 외국에 이민이라도 갔다가 마음 내키면 다시 고국으로 돌아올 수 있는 긴 여정(旅程)의 출발 같은 것은 아닐까?"라고 씀으로써 기독교적인 죽음관을 비치기도 했다.

그는 손톤 와일더의 〈우리 읍내(邑內)〉의 3막에서 여주인공이 죽었다가 어느 하루 이승 사람들이 느끼지 못하도록 자기 집에 돌아와서 하루 동안만 살짝 살다가는 예처럼 저승과 이승 세계를 극적으로 연결해보기도 했다. 그러나 여기서 주목되는 대목은 그가 죽음을 '긴 여정의 출발(出發)'로 인식한 점이다. 왜냐하면 이는 곧 죽음을 영원한 삶의 시작, 즉 하나의 희망으로 인식하는 기독교 사상과 닿아 있기 때문이다. 예를 들어 인간의 존엄성과 죽음 문제를 다룬 앙드레 말로의 소설『희망(希望)』같은 것도 하나의 본보기가 될 수 있지 않을까 싶다. 실제로 그는 다음 대목에서 "죽음, 그 후에도 또 다른 세계가 펼쳐져 있다는 믿음을 줌으로써 우리가 현실을 착실하게 살아가도록 하는 종교가 있다"는 말로 분명히 그가 믿고 있던 기독교의 내세관을 은근 슬쩍 내비치고 있다. 이 시기를 전후해서 그는 이따금 신과 신의 섭리에 대해서 말하곤 했다.

즉 그는 1986년 봄 KBS−TV의 일요방담에서 원로 소설가 김동리와 여러 가지 이야기를 나누는 과정에서 "예술이라는 것은 예술가가 진실 속에 파고 들어서, 우주를 혹은 이 지구를 혹은 인간이란 걸 창조해서 거기다가 하나님의 섭리(攝理)에 의해서 어떤 질서를 제공하는 것과 같이, 예술가가 현실을 정리해서 질서를, 예술 체계를 창조해야 하는데 그것이 쉬운 일이 아니니까 모두 이지 고잉한 데로, 안이한 데로 흐르지 않나……"라고 예술가의 창조 행위를 설명한 바 있다. 이처럼 그는 이때부터 '하나님의 섭리'를 강조하기 시작한 것이다. 실제로 그는 이 시기에 아내와 교회도 열심히 다니고 있었다. 앞장에서 자세히 설명한 바도 있듯이 그는 이 시기에 인간의 삶과 죽음, 특히 노년의 삶, 그리고 가족 간의 애증 문제 등을 주제로 한 무거운 작품 연출을 선호한 바도 있다. 가령 〈밤으로의 긴 여로〉, 〈황금연못〉, 〈들오리〉, 〈뇌우〉, 〈햄릿〉 등이 모두 그가 이 시기에 연출한 작품들이다. 그러니까 그가 인생의 본질과 존재의 문제를 골똘히 생각하면서 그런 주제의 작품들을 선호했다는 이야기가 된다.

이 시기부터 그는 널따란 집 정원을 산책하면서 죽음을 묵상하는 버릇까지 생겼다. 늦가을 정원에 앉아 몇 그루의 나무에서 떨어지는 낙엽을 응시하면서 조용히 삶의 덧없음을 반추하는 날이 많아진 것이다. 그는 이따금 인사차 방문하는 후배나 제자들과 정원 벤치에 걸터앉아 맥주를 마시면서 떨어지는 낙엽을 가리키며 "이봐, 나무는 지저분할수록 낙엽도 지저분하게 떨어지고 좋은 나무일수록 낙엽은 아름답게 떨어지더군" 하면서 깨끗한 죽음에 대하여 우회적으로 이야기하곤 했다. 이런 메타포의 깊은 의미를 알아들은 후배 연극인들이나 제자들은 숙연해질 수밖에 없었다.

그런데 분명한 것은 그의 이러한 모습이 전에는 좀처럼 볼 수 없었던 현상이었다는 사실이다. 워낙 건강하고 낙천적이며 항상 밝은 생각과 표정을 지니고 있었기 때문에 그의 주변 사람들은 그가 대단히 장수할 것으로 확신하고 있었다. 그는 또 과거와 다름없이 1년에 한두 편씩 꼬박꼬박 연출을 했고 그것도 대충 하는 것이 아니라 완벽을 기할 정도로 촘촘하고 열정적으로 했다. 따라서 만년에 그가 내놓는 작품에는 신기가 어린 것 같은 분위기마저 풍겼다. 이 시기에 내놓은 천의무봉(天衣無縫)의 작품들은 그대로 객석으로 전달되어 관객을 감동시키곤 했다.

이처럼 그의 가족은 물론이고 동료, 후배, 제자들까지 아무도 그의 심적 변화를 제대로 읽어내지 못했지만 그 자신만은 내면적으로 막연하나마 어떤 준비를 하고 있었던 것이 아닌가 싶다. 그는 사랑하는 가족까지도 눈치 채지 못하도록 조금 빠르다 싶을 정도로 스스로의 준비를 하고 있었던 것 같다. 그가 이따금 가볍게 던지는 이사(移徙)라는 말이 바로 그런 상징적 표현이었다. 그는 가까운 후배들이나 제자들을 만나면 전에는 좀처럼 들어보지 못한 절대 고독에 대한 이야기를 끄집어냈고, 사회가 노인들로 하여금 고독해 하지 않도록 배려해야 한다는 이야기까지 자주했다.

그는 죽음을 명상하면서 때때로 근원적인 공포감을 느낀 것 같다. 그가 한 에세이에서 "요즘은 고희(古稀)를 지나면서 저쪽 동네가 자꾸 가까워지는 탓인지 죽은 후의 생활을 곧잘 생각하게 된다. 어떠한 세계일지……. 한 번도 가본 일이 없어, 앞길에 무엇이 있는지 알 수 없는 곳으로 여행(旅行)할 때와 같은 가벼운 설렘도 느끼게 된다. 또 한편으로는 아무것도 없이 캄캄한 세계, 마치 어두운 터널과 같은 세계가 끝없이 이어져 거기에서 빠져나올 수 없을지도 모른다는 생각이 가슴을 무겁게 짓누르기도 한다"고 쓴 일도 있다.

그리고 '이승에서의 삶이 죽음에의 공포 때문에 어쩔 수 없이 고통도 참고 견디는 것이 아닐까'라는 생각까지 했었다. 즉 그가 이어지는 에세이에서 "즐거움보다는 괴로움이, 기쁨보다는 슬픔이 많았던 세월, 현실고(現實苦)의 중압감으로 살기가 힘겨운 이 세상에서 그래도 한사코 집착하고 있는 이유는 무엇일까? 생(生)에 대한 애착보다는 미지(未知)의 세계에 대한 두려움이 우리의 발목을 잡고 이승에서의 괴로운 생활을 참고 견디게 하는 것이 아닐까?"라고 한 것은 죽음에의 공포를 우회적으로 표현한 것으로 볼 수 있다.

그는 노년기에 접어들어서는 때때로 그러한 죽음에의 공포를 느끼고 또 그것으로부터 벗어나는 문제에 대해서 남모르게 깊이 명상한 듯싶다. 그러면서 그는 그것을 노년기의 극히 자연스런 현상으로 돌리기도 했다. 죽음에의 명상과 공포 같은 것은 인생 황혼기에 누구나 느낄 수 있는 것으로서 '죽음의 세계와의 동행'이란 말로 표현하기도 했다.

그러나 그가 수십 년 동안 연극 무대에서 죽음에 대한 간접경험을 많이 한 데다가 기독교에 귀의도 하는 등 이미 죽음을 초극해가고 있었던 것만은 분명해 보였다. 따라서 그는 가까운 후배들이나 제자들을 만날 때마다 "죽을 때가 되면 마치 이사(移徙) 가듯 유감없이 가도록 해야 돼"라고 말하곤 했다. 그러면서 "내 경우 아무래도 저쪽 동네가 가까워지니까 내 인생을 돌아보게 돼. 가치 있는 삶을 산 것인가를 반성도 하구 말야……"라고 독백하듯 말을 던지는 경우가 잦아졌다. 필자가 기억하기로 그가 이사 이야기를 자주 꺼낸 시기가 대체로 1986년 〈밤으로의 긴 여로〉를 연출할 무렵이었던 것 같다. 그 때부터 이미 이사 중(移徙 中)이라고 농담 비슷하게 말하곤 했던 것이 주목된다. 이쪽 동네에서 저쪽 동네로 이사를 가려면 중간 동네를 거치지 않을 수 없다는 것이다. 자기야말로 이삿짐을 들고 바로 그 중간 동네쯤 와 있다는 것이었다. 지금 저쪽 동네를 바라보면서 숨을 돌리고 있다고도 했다. 그런데 그가 이쪽 동네(이승)에서 저쪽 동네(저승)로 이사 가듯 가볍게 가는 것이 곧 죽음이라고 생각한 것은 그만큼 생사관을 확고히 한 데다가 죽음의 공포를

「이해랑의 달」에 참석한 김종필 총리

「이해랑의 달」에 참석한 사람들의 모습

초극했음을 의미한다. 그는 이미 1980년대 중반, 즉 고희를 전후해서 죽음의 공
포로부터 벗어나 놀랍도록 자유스러운 마음 상태를 유지하고 있었다. 그가 언제
나처럼 천성인 듯 풍기는 평화로움과 안온함을 유지했던 것도 바로 그러한 비워
진 마음 상태에서 비롯된 것이 아니었던가 싶다. 그러니까 그는 사랑하는 가족
들까지 눈치채지 못하는 사이에 고독과 죽음의 공포와 용감하게 맞서 극복해낸
것이다. 그리고 그때부터 그는 이미 이승을 정리해가고 있지 않았나 싶다.

그는 한 에세이에서 "근 오십 년을 같이 살아오면서 아내와 서로 주고받는
대화도 이젠 신선한 얘깃거리가 없다. 밑천은 바닥이 나고 서로의 잔소리만이
남아 있을 뿐이다. 새로운 것을 보고 느꼈을 때의 감격도 벌써 옛날에 사라졌
다. 또 새로운 것, 그것도 지나고 보니 오래 전에 있었던 것이던가, 그렇지
않으면 이전에 이미 원칙적인 가치를 부여받은 것들이며, 후세인(後世人)들

은 단지 죽은 진리에 배우처럼 새로운 분장을 한 것에 불과한 듯싶다. 노년의 외로운 생활 중에도 이따금씩 친지와 제자와 그 밖의 손들이 찾아와 말벗이 되어주고 있다. 그리고 인생을 함께 살아오면서 이제는 얼굴은 자세히 보이지 않고 목소리만이 크게 들리는 아내가 옆에 있다. 그러나 황천길에는 아무도 없다. 외로이 혼자 가야 하는 것이다"라고 쓰기도 했다.

이처럼 그는 그렇게 사랑해 온 아내와 연극에서마저 이제는 자신을 흥분시킬 만큼의 신선감이 희미해졌음을 솔직하게 고백한 것이다. 그러니까 그는 홀로 기대와 열정이 사라진 뒤의 무덤덤한 삶과 허망함을 깊이 느끼고 있었다. 특히 그가 인생의 전부를 바쳐온 연극예술에 대해서도 지난 시절에 느꼈던 감동이 소진되었음을 실토하기도 했다. 그 이유는 역시 과거처럼 천재가 나타나지 않기 때문에 지난 시대의 걸작을 되풀이만 하는 데 따른 무감동(無感動)을 의미하는 것이다.

그가 내심으로 이승의 의미 있던 모든 것, 사랑하는 아내와의 달고 쓴 추억까지도 서서히 정리하면서 현실 생활에서는 더욱 홀가분했던 것도 같다. 따라서 그는 만년의 작품들인 〈황금연못〉, 〈들오리〉 등 무거운 작품들로 자신을 불태웠고, 〈뇌우〉에서의 불꽃은 더욱 빛났다. 그런 마음의 상태에서도 그는 평소와 다름없이 오직 작품 연출에만 심혈을 쏟았다. 오히려 의욕만은 연륜을 뛰어넘듯 강렬했다. 이런 그에게 중요한 연출 의뢰가 온 것은 극히 자연스런 현상이었다.

즉 1989년 신춘 벽두에 중앙일보사로부터 호암아트홀 개관 10주년 기념 기획 공연 연출 의뢰가 온 것이다. 〈햄릿〉은 그가 40여 년 동안에 다섯 번이나 연출한 손때 묻은 작품이기 때문에 흔쾌하게 받아들였음은 두말할 나위 없다. 그는 평소 아껴온 젊은이 가운데서 리얼리즘을 이해하는 채윤일을 보조 연출로 해서 두 달여 간의 연출 작업에 들어갔다. 그것이 1989년 2월, 추위가 아직 사그라지지 않은 늦겨울이었다. 그는 사업하는 차남이 마련해준 삼성동 사무실에 매일 나가서 자신의 파란만장했던 인생을 정리하는 자서전 집필 준비를 하는 한편 〈햄릿〉 연출 플랜도 구상하는 등 대단히 분주한 하루하루를 보냈다. 그가 워낙 완벽주의자였기 때문에 오후부터 시작되는 연습은 매일 밤에나 끝나곤 했다. 하루에 6시간씩 매일 계속되는 연습은 젊은 배우들마저 지칠 지경이었다. 그는 마치 마지막 대작이라도 만들어내려는 듯이 열정을 불태우듯 작업을 진행했다.

오전에는 삼성동 사무실에서 작품 구상을 하고, 오후에는 호암아트홀에 나와서 배우들을 연습시키는 일과에 한 치의 오차도 없었다. 그는 작품 연습에 자신의 마지막 혼을 쏟아붓듯이 배우들로 하여금 숨 쉴 틈도 주지 않을 만큼 휘몰아갔다. 그가 너무 진지하고 열정적이어서 연습 분위기는 공연 못지않을 정도로 적요 그 자체였다. 노대가가 워낙 혼신의 정열을 연습에 쏟아붓고 있었기 때문에 그를 존경하는 사람들 중에는 그의 노년 건강을 걱정하는 이도 없지 않았다.

그러나 그가 평소 건강하고 또 밝은 표정만을 보여주어서 모두가 안심했고, 다만 스스로 약간의 피로를 느꼈을 뿐이었다. 그는 연습이 끝나면 매일 같이 마치 일과처럼 배우들과 저녁식사 겸 맥주를 즐겨 마시면서 연습 때 미처 마무리하지 못한 부분에 대해서 토론을 하는 한편, 배우들의 긴장을 풀어주기 위한 해학으로 좌중을 웃음바다로 만들곤 했다. 그가 워낙 뛰어난 유머 감각의 소유자였기 때문에 즉흥적으로 내던지는 말에 웃지 않는 사람이 없었다. 그는 두 달 가까이 계속되는 〈햄릿〉 연출 과정에서 거의 하루도 거르지 않고 그런 생활을 지속했다.

오후부터 연습이 시작되어 6시간 이상 연습을 하고 밤이 이슥하도록 맥주를 마시며 후배 제자 배우들과 벌이는 연극 토론회는 노년의 그를 서서히 지치게 했다. 후배 제자 배우들을 제대로 가르치려는 욕심이 그를 더욱 피로하게 만들었다. 마당극이니 실험극이니 하면서 일부 젊은 연극인들이 연극판을 혼란스럽게 만들고 있던 시절이어서 그는 기회가 있을 때마다 정통연극(正統演劇), 특히 리얼리즘의 진정한 본질과 가치를 알려주려 했다. 그는 〈햄릿〉

연출 과정에서도 연습이 끝난 뒤의 식사 시간에는 반드시 리얼리즘 강의를 빼놓지 않았다.

술이 거나해지면 그는 해학으로 한바탕 웃기고 나서 "리얼리즘을 구시대(舊時代)의 산물 정도로 인식하는 경향이 있다. 그러나 리얼리즘이란 연극을 창조하는 진실이며, 하나의 방법론의 기초가 되며, 동시에 인생이란 무엇인지를 구체적으로 정의해 규명해주는 연극 주제 중의 주제"라고 열변을 토하곤 했다. 온종일 계속되는 작품 구상과 연습, 그리고 술좌석으로까지 연극 강의를 연장하여 밤이 이슥하도록 벌이는 토론은 그를 지치게 했다. 이 시기 그는 스스로 정통극의 마지막 전도사로서 임무를 다하려는 생각을 한 것 같다.

따라서 연일 계속되는 작업과 강론으로 그는 피로가 축적되어가는 것을 느끼면서도 전혀 내색하지 않았다. 그는 건강에 자신이 있었던 데다가 대범하고 낙천적 성격이어서 가족에게도 자신의 피로감을 전혀 내색하지 않았기 때문에 아내조차 그의 과로를 눈치 채지 못할 정도였다. 그러니까 가족들 누구도 그의 건강에 대하여 이상 징후를 느끼거나 불길한 조짐을 전혀 감지하지 못한 것이었다. 그러나 그의 신변의 이상 조짐은 밖에서 은연중에 나타나고 있었다. 이것은 그가 유망주로 아꼈던 유인촌을 햄릿 역으로 반강제로 끌어들이는 과정에서 나타났다. 그가 전성기 스타로서 눈코 뜰 새 없이 바빠 도저히 출연이 불가능했던 유인촌을 불러 "이번이 마지막이야!"라고 애소(哀訴)하다시피 하여 마지못해 출연했다는 사실에서 불길한 조짐이 보였다. 유인촌은 스승의 '그 마지막'이라는 말이 단순히 연로하심으로 인한 체력 때문으로 생각했었고, '정말'이 될 줄은 상상도 못 했다고 회상한 바 있다.

그러면서 그는 "돌아가시는 당일 날에는 웬일인지 연습을 일찍 마치시고 '너희들끼리 마저 하고 가, 나는 약속이 있어'라고 자리를 일어나셨으며 우리는 '선생님 없이 우리끼리 어떻게 합니까'라고 투정을 부렸다. 그리고 그 다음날은 프로그램을 위한 스태프 캐스트의 사진을 찍는 날로서 선생님께서는 '이번 기회에 영정(影幀) 사진도 하나 장만해두어야겠어, 내일은 넥타이 매고

올 거야"라고 하시면서 연습장을 떠나셨다"[1]고 회상하였다. 사실 영정 사진을 찍는다는 말은 나이 든 사람들끼리는 흔히 가볍게 할 수 있는 말이지만 그가 쓰러지기 전날 한 말이어서 예사로 여길 수만은 없었던 것 같다.

이씨 가족애가 남달랐다는 이야기는 앞 장에서 소상하게 설명한 바 있어서 부연할 필요가 없지만 가족 회식 모임 역시 유난할 정도였다. 5남매가 모두 분가해서 살고 있었기 때문에 미국에 거주하는 두 딸 가족만 빼고는 세 아들 가족들은 부모를 모시고 자주 회식을 갖는 편이었다. 1989년 4월 2일 저녁 모임도 이미 예정되어 있었던 것이다. 3형제 모두가 자기 분야에서 승승장구함으로써 그로서는 일생에서 가장 행복한 시절이기도 했다. 그는 평소에 자식 자랑을 자주하고 행복에 겨워했다. 그는 그날도 자녀들과 함께 인생의 전성기를 만끽하려는 듯 즐겁게 저녁 식사를 했다. 평소에 즐기는 맥주를 과음할 정도로 마시고 귀가했던 것 같다. 그는 행복한 숙면도 취했다고 한다.

그는 이튿날(4월 3일) 새벽 여느 날과 다름없이 화장실을 찾았다. 그런데 갑자기 화장실에서 쓰러진 것이다. 화장실 바닥이 미끄러워서 쓰러진 줄 안 가족들은 급히 그를 대학병원 응급실로 옮길 수밖에 없었다. 집에는 그를 항상 모시고 다니는 나이 지긋한 자가용 기사가 있었기 때문에 그가 황급히 병원으로 이송했다. 그런데 병원으로 이송되는 차중에서 그는 기사에게 들릴락 말락 하게 "나, 그동안 잘 살았어, 이제 그만 가면 됐지"라고 유언(?)을 한 것이다. 이 유언은 그 노인 기사 외에는 누구도 못 들은 것 같다. 급보를 받고 황급히 달려온 자녀들이 병원에 도착했을 때는 이미 부친이 의식을 완전히 잃었을 때였다.

평소 부친의 임종을 못해서 안타깝게 생각하는 차남 민주가 선친을 회고하는 글 「잘 산다는 것은……」에서 "나는 유감스럽게도 일하던 중 급히 연락을 받고 병원으로 갔으나, 그때는 이미 의식이 없으신 후라서 아무 말씀을 듣지도 못했다. 아버님께서 기사 아저씨께 하신 말씀이 생애에 가장 마지막에 하신 말씀이고 이것은 아버님께서 갑작스럽게 뇌출혈에 의해 돌아가신 것이니까 어떤 준비된 유언은 아니고, 순간적이나마 자신의 생을 이제 마감하시리라는 예감을 갖고 말씀하신 것이 아닌가 싶다. 긴 생을 마감하면서 어떻게 회한과 미련이 없겠느냐만, 그리고 어떻게 몇 마디로 생각을 표현할 수 있겠느냐만, 그 몇 마디 말씀을 보면 아버님께서는 자기 인생에 대하여 어느 정도는 만족을 하시고 생에 대한 대단한 집착이나 미련이 없으신 가운데 자유로운 마음에서 돌아가시지 않았는가 한다"[2]고 쓴 것은 선친의 내면세계를 잘 파악한 것이라고 말할 수가 있다.

왜냐하면 이해랑은 전술한 바 있듯이 자신의 예술 여정과 인생 여정의 종착지를 어렴풋이 감지하고, 또 남모르게 정리하고 있었기 때문이다. 다만 그가 자기 인생의 제5막으로 생각했던 자서전 집필까지 끝마치지 못했다는 점에서 저쪽 동네로 조금 앞당겨 떠났을 뿐이다. 따라서 그가 아직 의식이 희미하게 남아 있을 때, 기사에게 슬쩍 던진 한 마디 "나, 그동안 잘 살았어, 이제 그만 가면 됐지"라는 짤막한 센텐스는 파란만장했으나 만족스럽게 행복하게 살고 홀가분하게 떠남을 함축한 말이라고 볼 수 있다. 그런데 그렇게 인생을 깔끔하게 정리하고 표표히 이승과 작별할 수 있는 것은 달관한 사람만이 가능한 것이다.

의사들의 정밀진단에 따라 그는 뇌출혈로 판정이 났다. 현대의학을 총동원해서 치료했지만 회생 불능이라는 판정을 받자 이승의 영원한 안식처였던 정든 예술인마을 집으로 옮겨졌다. 그는 4월 8일 10시 유언 한마디 없이 향년 73세로 고통과 영광의 생애를 마감하고 영원하지만 낯선 세계로의 머나먼 여정에 올랐다. 평소 그는 "죽은 뒤에까지 뒷소리를 듣는 것이 그야말로 죽기보다 싫다"는 말을 이따금 했는데, 그런 신념을 스스로 실천한 셈이다. 이처럼 그는 자신의 마지막 작품인 〈햄릿〉 연출을 거의 다 마무리 짓고 개막 일주일을 남긴 채 '죽은 뒤의 뒷소리를 듣지 않으려는 듯' 홀연히 떠나버렸다. "병을 앓는 사람보다 병간호가 더 힘들다"는 말도 있는데 그는 장기질환으로 병석에서 가족을 불편케 한 적도, 불안케 한 적도, 특히 귀찮게 한 적도 없이 평소 그의 성품대로 석양의 낙조처럼 이승과 극적인 영별을 하였다.

평소에 그는 허튼 소리를 거의 하지 않았다. 다만 타고난 유머 감각으로 주변 사람들에게 부담을 주지 않고 즐겁게 하기 위한 품격 있는 농담은 자주 했다. 그래서인지 그는 한 마디 유언도 남기지 않은 채, 평소 지나가는 농담처럼 했던 그대로 이쪽 동네에서 저쪽 동네로, 그것도 짐 없는 빈털터리가 이사 가듯 허허하게 떠나간 것이다. 물론 그는 평소 사랑하는 사람들에게 지나가는 말로 유언 아닌 유언을 많이 해두었다고 말할 수 있다. 그렇기 때문에 막상 이승과 하직할 때는 유언할 것이 없었는지도 모른다.

실제로 그는 자신의 삶에 여한이 없을 만큼 만족스러워 했기 때문에 유언의 필요성을 느끼지 못했을 것도 같다. 이처럼 그는 담백하고 소탈한 성격대로 그처럼 사랑하던 가족들에게까지 야속하리만치 물심양면으로 군더더기 하나 남기지 않은 채 너무나 깨끗하게 이승과 하직하였다. 그래서 호적 없는 가족으로 통했던 평생의 친구 조병화(趙炳華) 시인이 이런 조시(弔詩)를 쓴 것 같다.

후회 없이 살은 한 생애
-고 이해랑 선생 영전에

돌연한 이 작별
이승에선 다시 만날 수 없는 이 작별
이 슬픔이 이렇게 순식간에 올 줄이야
어찌 인간으로 알았으리

당신은 요 며칠, 전까지만 해도
왕성한 정열로, 그 예술정신으로
무대연출을 계속하고 있었던 것이 아닙니까

그러나 지금 당신은

졸지에, 인간 활동을 일체 중단하고,

그저 고요히, 실로 고요히

만고의 침묵 속으로 누워가고 있습니다.

당신은 줄곧

활기 넘치는 만년청년으로

고급한 무대예술인으로

완숙한 인간으로

다정한 시민으로, 그 벗으로

따뜻한 가정의 아버지로, 그 남편으로

투철한 자유민주의 애국자로

대한민국을 사셨습니다.

그 연극의 창조를 사셨습니다.

그 연극의 내일, 그 후배양성을 사셨습니다.

가장 거대한 평민으로

급변하는 조국의 역사를 같이 이겨

살아온 견고한 벗, 선배, 동행,

그 믿음, 그 의지, 오늘도 계속되는 위기로운 시국 속에서

당신이 먼저 떠나니

허전하고, 불안하기 짝이 없습니다.

향년 73세.

하나 후회 없이 산 줄기찬

예술인의 생애.

지금 당신은

그 아름다운 종말로

많은 예술인들에게 마지막 작별을 하고 있습니다.

참으로 훌륭하셨습니다.

참으로 감사했습니다.

부디 명복하시길.

이상과 같은 절친의 조시는 그의 생애를 압축적으로 시화(詩化)한 것으로 볼 수 있을 만큼 빼어나다. 그러나 그보다 더욱 정확하게 그의 일생을 압축해 설명하고 추모한 글은 〈햄릿〉 공연을 주관했던 중앙일보로서 「분수대」라는 글이었다. 그의 작고 직후 중앙일보는 "옛사람들은 인간의 5복(五福)을 수(壽)·부(富)·강건·유호덕(攸好德)·고종명(考終命)으로 생각했다. 따라서 한 인생을 살아가는 데 있어 5복을 갖추기란 여간 어려운 일이 아니었다. 그러나 70 평생을 '연극 인생'으로 살다 간 이해랑 씨는 이 같은 5복을 따지는 데 다섯 손가락이 모자랄 정도로 복이 많았던 분이다. 그는 우선 고희를 넘게 수를 누렸다. 수만 누렸을 뿐 아니라 그가 가장 사랑한 연극의 품속에서 고종명까지 했다. 이해랑 씨는 1950년대와 1960년대에 걸쳐 우리 연극이 가장 어려웠던 시절에 연극을 하면서도 한 번도 궁핍한 모습을 보인 적이 없었다. 특별히 재산이 있어서라기보다 그의 타고난 낙천성과 여유가 주의의 모든 사람에게 안온함과 즐거움을 주었다.

그러나 실제로 그는 어느 연극인 못지않게 부를 누리기도 했다. 그는 60세를 넘어 의사였던 가친의 유산을 물려받아 가난한 연극을 하면서도 그런대로 여유를 가질 수 있었다. 언젠가는 신형 그랜저를 타고 나와 싱글벙글했다. 사업에 성공한 자제가 사준 선물이라고 자랑했다. 5복에 없는 부모 복에 자식

영결식

복까지 고루 갖추고 있었다. 그는 예술인의 최고 영예인 예술원 회장도 역임했고 한때는 정계에 입문, 국회의원의 감투도 써봤다. 그는 고희를 넘기고도 매일 수영을 즐겼는가 하면 수영을 하고 나서 시원한 맥주 한 잔 마시는 것을 유일한 낙으로 삼았다. 그만큼 건강도 좋았다. 그뿐 아니라 친구들과 어울리고 후배들이 따르는 것 또한 그의 큰 복락 중 하나였다. 그러나 연극인으로서 가장 큰 복은 무대에서 쓰러지는 것이었다. 그는 그 복마저 누리고 갔다. 그는 중앙일보의 호암아트홀에서 16일부터 개막할 셰익스피어의 〈햄릿〉 연출을 맡고 있었다. 〈햄릿〉만 여섯 번째 연출이었다. 그래서 너무 욕심을 냈던 모양이다. 어쩌면 무대에서 고종명하게 된 것을 예감했는지도 모른다. 어쩌면 이해랑 씨는 가장 행복한 '연극 인생'을 살다 갔다. 명복을 빈다"[3]고 써서 그의 극적인 소천을 추모하였다. 이러한 중앙일보의 칼럼은 꽤 정확하게 그의 일생을 압축한 글이었다고 말할 수 있다. 왜냐하면 그가 아무나 누릴 수 없는 복을 충분히 누리고 떠났기 때문이다. 가령 70세를 못 넘긴 유명 연극인들, 이를테면 박승희(64세), 유치진(69세), 오영진(58세), 이진순(67세) 등에 비하면 장수한 편이긴 했다. 물론 요즘의 100세 장수 시대에 비하면 조금 빠른 편이긴 하다.

장례식 또한 누구보다도 장엄했다. 5일장으로 치러진 장례식은 예술원과 한국연극협회가 공동으로 주관하는 형식이었지만 한국 문화예술계 전체의 장례식이었다고 해도 과언이 아닐 정도로 문화계 인사 전체가 참여한 거대 의식이었다. 국립극장 소극장에 입추의 여지가 없을 정도로 문화예술계 인사들이 참석한 가운데 평생의 친구 김동원이 뜨거운 눈물을 흘리면서 추도사를 낭독하는 동안 적잖은 인사들이 함께 눈시울을 적셨다. 김동원은 옆에 있는 친구에게 다정하게 이야기하듯이 애절한 추도사를 읽어갔는데, 내용은 이러했다.

이해랑 형!

지금 내가 여기 서 있는 게 무엇 때문인지 잘 알고 있는데도, 어째서 내가 여기 서 있어야 하나 곰곰이 생각해보는데도 도무지 확실하지가 않아. 흔히 말하는 조사를 읽기 위해서라는 이 사실이 도저히 실감이 나질 않는다는 말이야. 정말 형이 이 세상을 떠났다는 엄연한 현실을 나는 도저히 믿어지지도 않고 믿지를 못하겠어. 형이 왜 죽어, 어째서 나보다 먼저 죽는단 말이야.

몇 해 전에 내가 인사불성이 돼서 병원에 입원해 있을 때 형이 와보고 제가 왜 먼저 가느냐고 했다지? 그러던 것이 이번엔 내가 그런 말을 뇌까려 보게 됐어. 며칠 전 병원에서 형의 손을 만지니까 손이 따뜻했어. 그래서 다시 일어날 것으로 믿었었는데, 그것은 그래 줬으면 하는 마음뿐이었던가 봐.

아, 형과 나를 세상 사람들이 자주 친한 사이라고 그러는데 나는 무엇이 친하고 아주 친한 게 뭔지를 모르겠어. 무대에서 연기를 하는 것이, 정말 잘하는 것은 무엇이 잘하는 것인지 표시가 안 되는 것처럼 우리는 친하다 가깝다는 것을 서로 한 번도 의식하지 않으면서 오십오 년간 한길을 같이 걸어왔어. 형이 도쿄에 있는 니혼 대학 예술과에 들어오면서 나와 알게 되었고, 우리 조선 유학생의 연극 모임인 도쿄학생예술좌에서 처음 만나서 며칠 전까지 연극만 하는 인생으로서 서로가 가까이 지내면서 그야말로 오직 연극만을 생각하고 무대에 서고 미련스럽게도 연극밖에는 생각 않는 우둔한 두 사람 사이로 일관해서 살아왔지. 그 사이 형은 많은 일을 했어. 일제의 그 지긋지긋한 탄압 속에서도 해방과 더불어 좌익 세력 속에서의 꿋꿋한 투쟁, 일사 후퇴 이후 우리나라의 연극의 명맥을 이어온 그 끈질긴 노력, 그 가운데서도 유럽의 명작들과 고전을 이 땅에 심은 그 공적들······.

이번에도 〈햄릿〉 연출을 하다가 쓰러졌는데, 그 〈햄릿〉을 형과 내가 무대에 서서 비로소 이 나라에 셰익스피어 연극을 정립시킨 일은 나로서는 잊지 못할 우리의 교분의 힘이요, 우리의 우정이 감격적으로 굳혀진 찬연한 연극사의 한 페이지였다고 굳게 믿고 있어. 형이 우리나라의 연극에 이바지한 업적은 내가 얘기하지 않아도 다 아는 사실이야, 뭐 내가 얘기하는 것이 오히려 우스워져. 그것은 형이 언제나 나를 이끌어 연극을 같이 했기 때문에, 나로서는 말하기가 어색해. 형과 나와 연극은, 어느 하나로 떼어놓을 수 없는 관계였어. 그래서 다른 말을 좀 하겠는데, 형은 명문의 후예로 도저히 연극할 형편이 아니었어. 그래서 젊었을 때는 사서 고생을 한 셈이었는데, 형의 엄친께서는 형을 거들떠보시지 않으신 시절이 있었지. 말하자면 경제적으로, 고생을 한 시대가 있었는데, 그러한 역경 속에서도 어쩌면 그렇게 자녀들을 잘 키웠는지, 그리고 그토록 부인을 애지중지 귀히 여겼는지, 내 주위에서 형과 같이 부부 금실이 좋고, 아들딸들을 잘 키운 사람을 보지를 못했어. 정말로 귀감이 될 사람이야. 존경받을 인간미가 넘치는 인격자야. 그러한 부인과 자녀들을 남겨두고, 어떻게 눈을 감았지? 그리고 나는 앞으로 적적해서 어떻게 하라는 거야. 정말 한 편의 연극의 종막을 내리듯, 살며시 한 생의 막을 내려버렸어. 나는 아직도 믿어지지 않어. 이따가 집에 가서 여느 때처럼 나는 형의 집으로 전화를 걸 거야. 그러면 여느 때처럼 형의 잔잔한 목소리가 들릴 것만 같아, 꼭 그럴 것만 같아. 그것을 생각을 하면······.

이해랑 형! 지금 이 순간 세상은 하나도 바뀐 것 없어. 다만 형 한 사람만 사라진 것 뿐이야. 어떻게 해야 하지, 허전해서······ 쓸쓸해서······ 부디 편안히······ 잘 가······.4

이상과 같은 김동원의 절절한 조사를 여기에 그대로 옮긴 것은 두 사람 간의 평생의 우정이 얼마나 끈끈하고 돈독했는가를 극적으로 보여주는 사례로서 연극사에 남기기 위해서이다. 그리고 생전에 친딸 못잖게 아끼고 사랑했던 손숙의 애절한 조사는 이러했다.

선생님! 지금 이곳은 선생님께서 평생을 땀과 정열을 바쳐 일하시다 쓰러지신 극장 무대입니다. 선생님께선 그 사랑하시던 무대 중앙에 말없이 뉘어계십니다. 일어나세요, 선생님, 지금 날씨는 화창한 봄날이고, 저 객석엔 선생님을 뵈러 온 관객이 넘쳐서 극장 밖까지 가득한데 왜 이러고 누워만 계십니까? 아무리 좋은 연극 만들어놓고 와서 봐주기를 기다려도 그렇게 인색해서 선생님을 슬프게 했던 그 관객들이 이렇게 넘쳐흐르는데 일어나셔야죠. 선생님 일어나셔서 그 따뜻한 미소 안면에 가득 띠우시고 두 손 번쩍 들면서 인사하셔야죠, 선생님. 오늘 이 작품은 선생님이 연출하시고 혼자만 출연하신 '모노드라마'일 뿐이죠? 그렇죠, 선생님?

이 척박한 풍토에서 아무도 거들떠보지 않는 연극을 하겠다고 나서 온갖 설움에 한시 기가 죽어있는 저희들에게 커다란 힘이요 희망이셨던 선생님! 선생님은 당신이 위대한 배우이셨기 때문에 누구보다도 배우를 이해해주셨고 아껴주셨으며 저희들의 자존심을 존중하고 키워주셨던 연출가이셨습니다. 선생님의 작품에 대한 열성과 치열한 예술 정신은 연세가 드실수록 더 깊어지셔서 어느 땐 신들린 듯하시고, 어느 땐 무아지경에 계신 듯이 보이기도 했습니다. 선생님께선 떠나실 날을 예감하셔서 그렇게 쫓기듯 몰두하시고 초조해 하시고 완벽하길 병적으로 바라셨습니까? 언젠가 선생님께서 말씀하셨죠? 이제 내 나이가 되면 이쪽 동네를 정리하고 저쪽 동네로 이사 갈 준비를 해야 한다고.

그러나 선생님 무엇이 그리 급하셔서 저희들에게 한마디 귀띔도 해주지 않으시고 내일모레 막 올릴 작품도 버려두신 채 홀홀히 떠나신단 말입니까? 이제 저희들은 나직한 목소리로 얘기해주시던 선생님의 흘러간 연극 얘기를 정말 더 이상 들을 수 없단 말입니까? 이제는 선생님 모시고 밤 깊은 줄 모르고 "한 병만 더" 하시는 선생님의 다정한 모습을 더 이상 뵈올 수 없단 말입니까? 요즘 새로 배우시던 「울고 싶어라」의 노래 가사도 아직 다 외우지 못하셨잖습니까? 선생님, 선생님은 이제 문화정책의 빈곤 때문에 열 올리실 필요도 없고, 안 풀리는 작품 때문에 속 썩으실 일도 없고, 선생님 뜻대로 움직여 주지 않는 저희들 때문에 속상하실 일도 없는 저쪽 동네로 훌쩍 떠나셨습니다. 그쪽 동네도 오늘의 이곳처럼 온갖 꽃이 만발한 화창한 봄날입니까? 선생님! 사랑하는 우리 선생님 이제 곧 막이 내리고 관객들은 흩어지겠지만 저희들 가슴속엔 영원히 살아남으실 선생님! 온갖 근심 걱정 모두 잊으시고 행복하십시오. 그리고 영원한 연극의 수호신이 되시어 저희들을 지켜주십시오. 생전에 선생님의 사랑을 넘치도록 받았던 제자 엎드려 울면서 선생님 영전에 졸필을 바칩니다.[5]

이상과 같은 몇 사람의 조사가 이어진 뒤 장례식 절차가 끝나자마자 고인은 선산인 경기도 광주 경안으로 떠났다. 조문객들을 태운 버스와 여러 대의 자가용이 고인을 태운 장의차의 뒤를 따랐고 경안에 도착했을 때는 벌써 정오를 넘어가고 있었다. 4월 중순에 접어들었지만 산등성이에는 아직 겨울의 찬 기운이 남아 있었고, 양지쪽에는 진달래 꽃봉오리가 터져 나오고 있었지만 그가 영원히 누워 있을 자리는 서향(西向)이어서 꽃봉오리를 찾을 수가 없었다. 하관식은 전통의례와 기독교 의식이 절충된 것으로서 매우 엄숙하고 진지하게 진행되었다. 묘택에 관이 내려지면서 목사의 성경 봉독과 조문객들의 찬송가에 이은 주(主)의 기도가 끝나자 자녀들의 흐느낌 속에 관 위에 흙이 뿌려지기 시작했다. 그의 밝은 성품처럼 유난히 화창한 봄날이었지만 아직 4월의 차가운 바람이 슬픔에 젖어 있는 사람들의 옷깃을 스치곤 했다. 그날따라 산새도 울지 않는 적요 속에 그가 생전에 가장 좋아했던 구절, 〈햄릿〉의 무덤지기 요릭이 즐겨 부르는 노랫소리가 어디선가 환청처럼 들려오는 듯했다.

백발이 슬그머니 다가와서는
모질게 이 몸 휘어잡더니
이제 가는 길은 눈물의 황천길.
누가 알았나, 꿈엔들 알았나.
흙으로 돌아가서 흙 속에 자네.
흙의 집이 그 손님께 꼭 맞지요.

　　　　　　　　　　　　－셰익스피어 작, 〈햄릿〉 '5막 1장 묘지'(신정옥 역)

참고문헌

■ 기본 자료

「국립극단 팸플릿」.

「이해랑이동극장 업무 일지」(유홍열 보관, 1966. 8. 12.~12. 14.).

「제1~25회 이해랑연극상 팸플릿」.

『국립극장 60년사』(태학사, 2010).

『대동기문(大東奇聞)』순조조

『예총 30년사』(사단법인 한국문화단체총연합회, 1988).

『유리스쩨빠노프 러시아문화사전』(1997).

『한국문화예술진흥원 15년사』(한국문화예술진흥원, 1988).

신문류:『경향신문』,『국제신문』,『동아일보』,『매일경제신문』,『매일신보』,『민
　　주공보』,『세계일보』,『스포츠조선』,『일간스포츠』,『조선신보』,『조선일보』,
　　『중앙일보』,『한국경제신문』,『한국일보』.

잡지류:『공간』,『노력인민』,『막(幕)』,『문장』,『민성』,『민족문화』,『샘터』,『신
　　천지』,『예술연감』,『예술조선』,『인문평론』,『조광』,『한국연극』.

■ 단행본

강현두,『대중문화의 이론』(민음사, 1985).

김동원,『예(藝)에 살다-김동원 희수 기념집』(1992).

김문환, 『한국연극의 위상』(서울대학교출판부, 2000).

김윤식, 『한국근대문학사상사』(한길사, 1984).

박 진, 『세세연년』(경화출판사, 1966).

셰익스피어, 『셰익스피어』, 신정옥 옮김(전예원, 1997).

송건호, 『한국현대사론』(한국신학연구소, 1979).

신정옥, 『한국신극과 서양연극』(새문사, 1994).

여석기, 『한국연극의 현실』(동화출판공사, 1974).

유민영, 『우리 시대 연극운동사』(단국대학교 출판부, 1990).

_____, 『이해랑 평전』(태학사, 1999).

_____, 『한국근대연극사』(단국대학교 출판부, 1996).

이두현, 『한국신극사 연구』(서울대학교 출판부, 1966).

이태주, 『전환 시대의 질주―한국연극 1975~1995』(푸른사상).

_____, 『충격과 방황의 한국연극』(현대미학사, 1999).

이해랑, 『또 하나의 커튼 뒤의 인생』(부림사, 1985).

_____, 『허상의 진실』(새문사, 1991).

정여울, 『헤세로 가는 길』(아르테, 2015).

조동걸, 『일제 하 한국농민운동사』(한길사, 1979).

진동혁, 『이세보 시조 연구』(집문당, 1983).

차범석, 『떠도는 산하』(1998).

한상철, 『한국연극의 쟁점과 반성』(현대미학사, 1992).

안톤 체호프, 『체호프 단편선』, 김학수 옮김(집문당, 1975).

Eric J. Mash & David. A. Wolfe, 『아동이상심리학』, 조현춘 · 송영혜 · 조현재 옮김(2001).

Oscar G. Brockett, 『연극개론』, 김윤철 옮김(한신문화사, 1989).

조노선 해슬럼, 『E. H. 카 평전』, 박원용 옮김(삼천리, 2012).

■ 논문 · 에세이류

강유정, 「한국연극 80년 야사 (81)」, 『스포츠조선』, 1992. 11. 15.

김광주, 「풍자의 단면, 국립극단 공연 '인생차압' 평」, 『동아일보』, 1957. 11. 9.

김남천, 「제1차 문화공작단 지방파견의 의미」, 『노력인민』(1947. 5.).

김동원, 「(조사) 이해랑 선생의 영전에 바칩니다」, 『한국연극』 제156호.

_____, 「이해랑과 나-내 연극 인생을 끌어준 이해랑」, 『제12회 연극상 팸플릿』.

김문환, 「연극의 자존심과 이해랑」, 『한국일보』, 1989. 4. 28.

김성옥, 「드라마센터 시절」, 『한국연극』 제156호.

김승옥, 「이해랑 선생의 유작 '햄릿'」, 『공간』(1989. 5.).

김영수, 「연극 시평」, 『문장』(1940. 4.).

김정옥, 「지리멸렬 드라마트루기-신협의 '그 많은 낮과 밤을'」, 『조선일보』,
    1965. 7. 19.

김종필, 「의정 활동에서 본 이해랑 선생」, 『한국연극』 제156호.

박정헌, 「자연과 같은 아버님」, 「연극상 팸플릿」(2004).

손 숙, 「이해랑론」, 「연극상 팸플릿」(2006).

신인숙, 「나의 아버지」, 「연극상 팸플릿」(2005).

안명희, 「물리적 부모부재와 아동의 적응」(2006), 한국놀이치료학회 춘계학
    술대회.

안영일, 「연극계」, 『예술연감』(1947).

안진옥, 「다정하셨던 아버님」, 「연극상 팸플릿」(2006).

오화섭, 「본격적인 전통극을」, 『한국일보』, 1963. 12. 28.

유민영, 「일상을 시로 승화시킨 무대-'황금연못'을 보고」, 『중앙일보』, 1987. 4. 6.

유인촌, 「'햄릿'과 선생님, 그리고 나」, 『한국연극』 제156호.

이근삼, 「풍자연극의 매력-국립극단의 '대수양'」, 『조선일보』, 1959. 12. 19.

_____, 「인상적인 연기진 '안네프랑크의 일기'를 보고」, 『한국일보』, 1960. 4. 10.

이근삼, 「아쉬웠던 분위기 조성, 신협 공연」, 『한국일보』, 1961. 3. 11.

_____, 「흐뭇한 분위기에 공감－드라마센터 공연 '밤으로의 긴 여로'」, 『한국일보』, 1962. 6. 21.

이명숙, 「나의 아버지 이해랑」, 「연극상 팸플릿」(1999).

_____, 「아버님 단상」, 「연극상 팸플릿」(2012).

_____, 「잘 산다는 것은……」, 「연극상 팸플릿」(2002).

이민주, 「나의 아버지 이해랑」, 「연극상 팸플릿」(1997).

이방주, 「나의 아버지 이해랑」, 「연극상 팸플릿」(1996).

이상영, 「삶을 사랑하는 법을 알려주신 할아버지」, 「연극상 팸플릿」(2010).

이석주, 「당신의 나이가 돼서야 깨달은 아버지의 잡초 뽑기 '철학'」, 「연극상 팸플릿」(2014).

이유영, 「온화한 인품의 우리 할아버지」, 「연극상 팸플릿」(2007).

이은숙, 「나의 아버지 이해랑」, 「연극상 팸플릿」(2000).

이은지, 「언제나 따뜻한 웃음으로 대해주신 할아버지」, 「연극상 팸플릿」(2011).

이지영, 「항상 남을 배려하시던 나의 할아버지」, 「연극상 팸플릿」(2009).

이태주, 「이해랑 연출이 남긴 것」, 『한국연극』(1990. 8.).

이해랑, 「신희극」, 『막』 제2호.

_____, 「연극의 본질」, 『막』 제3호.

_____, 「연기자와 두뇌－중앙무대 공연을 보고」, 『조선일보』, 1938. 8. 7.

_____, 「비속성의 극복」, 『조광』(1941. 4.).

_____, 「조선극작가론」, 『예술조선』(1947. 1.).

_____, 「삶과 연극」, 『예술조선』(1947. 10.).

_____, 「해방 4년 문화사－연극」, 『민족문화』(1948. 10.).

_____, 「분열과 위축의 연극계」, 『민성』(1949. 8.).

_____, 「해방연극에 대한 몇 가지 제언」, 『민성』(1949. 10.).

이해랑, 「예술인의 생활난 타개로 감세절규」, 『경향신문』, 1949. 4. 2.

_____, 「이백수」, 『신천지』(1953. 1.).

_____, 「관객과의 정서적 교류」, 『동아일보』, 1955. 1. 16.

_____, 「1955년의 극계」, 『동아일보』, 1955. 12. 29.

_____, 「병신년 문화계의 회고」, 『동아일보』, 1956. 12. 29.

_____, 「무대에 붙어버린 다리─나의 데뷔」, 『동아일보』, 1962. 4. 23.

_____, 「도급받은 공연」, 『동아일보』, 1962. 5. 10.

_____, 「설득력 있고 친절한 연출만이」, 『한국일보』, 1963. 12. 28.

_____, 「자신 갖게 한 작품 10일 막 올린 '무지개'의 연출을 맡고」, 『한국일
보』, 1964. 7. 5.

_____, 「연출자의 말」, 『한국일보』, 1965. 7. 1.

_____, 「창작극을 하자─헤이즈와 브랜트가 본 한국연극」, 『한국일보』,
1965. 12. 28.

_____, 「이동극장운동을 제창한다─국민연극 진흥을 위하여」, 『한국일보』,
1965. 6. 1.

_____, 「연극 10화─허구의 세계」, 『중앙일보』, 1967. 2. 7~10.

_____, 「마을 연극인들에게 주는 충고」, 『동아일보』, 1967. 3. 9.

_____, 「인생 그 순간」, 『경향신문』, 1967. 8. 24.

_____, 「자호통명(字號通名)」, 『동아일보』, 1968. 2. 1.

_____, 「68년도 이동극장의 막을 내리면서」, 『한국일보』, 1968. 12. 15.

_____, 「솟아오르는 청신한 정열─'미풍'」, 「국립극단 팸플릿」.

_____, 「연극 중흥을 위하여」, 「국립극단 팸플릿」(1974. 4.).

_____, 「예술에 살다(연재)」, 1978. 5~.

_____, 「남기고 싶은 이야기들─극단 신협(연재)」, 『중앙일보』, 1978. 11~.

_____, 「영원한 진실을 찾아서─세계 연극의 날 기념 메시지」, 『한국연
극』(1980. 5.).

이해랑, 「배우예술」, 1982년 대한민국예술원 심포지엄 주제 강연.

_____, 「아내의 모습」, 『매일경제신문』, 1984. 12. 22.

_____, 「셰익스피어 작품의 극장성 – '햄릿'」, 「호암아트홀 개관 기념 팸플릿」(1985).

_____, 「허상의 진실 – '인종자의 손'」, 「국립극단 팸플릿」(1986. 2.).

_____, 「'들오리'에 대하여」, 「국립극단 팸플릿」(1987. 6.).

_____, 「축사」, 『예총 30년사』(1988. 12.).

이화삼, 「'마의태자'와 '낙랑공주' – 연극 시평」, 『인문평론』(1941. 4.).

임영웅, 「우리들의 영원한 우상!」, 「연극상 팸플릿」(2001).

조항록, 「겸손 속에 내재된 저력」, 「연극상 팸플릿」(2003).

차범석, 「또 하나의 가능성」, 『한국일보』, 1962. 8. 19.

_____, 「나의 연극 개안을 인도해주신 이해랑 선생님」, 「연극상 팸플릿」(2003).

최경영, 「열전 부산 시장 (11) – 이근용 (상)」, 『국제신문』, 1991. 10. 11.

한상철, 「모처럼 안정된 무대: '천사여 고향을 보라'」, 『공간』(1978. 6.).

홍강의, 「부모부재의 의미와 영향」(2006), 한국놀이치료학회 춘계학술대회 주제 강연.

황미원, 「늘 우리와 함께 하십시오」, 「연극상 팸플릿」(2001).

주(註)

Ⅱ. 시련과 방황의 시대

1 진동혁, 『이세보 시조연구』(집문당, 1983), 29~51면 참조.

2 「순조조(純祖朝)」, 『대동기문(大東奇聞)』, 48면.

3 후손인 이기용 씨와의 대담(1997. 6. 7. 대전).

4 위의 증언.

5 최경영, 「열전 부산 시장(11) 이근용(李瑾鎔)(上)」, 『국제신문』, 1991. 10. 11.

6 최경영, 「평전 이근용(상)」, 『국제신문』, 1992. 10. 11.

7 이해랑은 1978년 5월에 『일간스포츠』에 쓴 「예술에 산다 (2)」에서는 4살 때 사별했다고 썼고, 숙부(이기용)는 생모가 그를 낳고 몇 달 뒤 사망했다고 증언한 바 있다.

8 홍강의, 「부모 부재의 의미와 영향」, 한국놀이치료학회 2006년 춘계학술대회.

9 안명희, 「물리적 부모 부재와 아동의 적응」, 한국놀이치료학회 2006년 춘계 학술대회.

10 이해랑, 『또 하나의 커튼 뒤의 인생』(부림사, 1985), 107면.

11 이해랑, 「예술에 산다(2)」, 『일간스포츠』, 1978. 5. 8.

12 이해랑, 앞의 책, 108~109면.

13 이해랑, 『허상의 진실』(새문사, 1991), 254~255면.

14 이해랑, 앞의 책, 109면.

15 위의 책, 109~110면.

16 Eric J. Mash & David A. Wofe, 『아동이상심리학』, 조현춘, 송영혜, 조현

재 옮김(2001), 337면.

17 위의 책, 110면.

18 그의 휘문중학 퇴학에 대하여 「예술에 산다(2)」에서는 광주학생사건과 관련한 동맹휴학 주동자로 몰렸던 데 원인이 있다고 했다.

19 이해랑, 앞의 글.

20 이촌동 김동원의 자택에서 필자와의 대담(1995. 10. 21.).

21 안명희, 앞의 글.

22 이해랑, 앞의 책, 268면.

23 위의 책, 269면.

24 위의 책, 272면.

25 위의 책, 273~274면.

26 이해랑, 「인생 그 순간(瞬間)」, 『경향신문』, 1969. 8. 24.

27 정여울, 『헤세로 가는 길』(아르테, 2015), 182면.

28 이해랑, 앞의 책, 255면.

29 조너선 해슬럼, 『E. H. 카 평전』, 박원용 옮김(삼천리, 2012), 7면.

30 이해랑, 앞의 책, 265~267면.

31 위의 책, 271면.

32 김윤식, 『한국근대문학사상사』(한길사, 1984), 105면.

33 이해랑, 앞의 책, 255면.

34 『주간신문』, 1969. 8. 24.

35 『막(幕)』 제3호.

36 『동아일보』, 1935. 5. 19.

37 이해랑, 앞의 책, 256면.

38 앞의 책, 256~257면.

39 『세계일보』, 1958. 3. 18.

40 이해랑, 「무대에 붙어버린 다리―나의 데뷔」, 『동아일보』, 1962. 2. 23.

41 앞의 책, 265면.

42 이해랑, 「예술에 살다(3)」, 『일간스포츠』, 1978. 5. 10.

43 위의 글.

44 이해랑, 「자호통명(字號通名)」, 『동아일보』, 1968. 2. 1.

45 앞의 책, 271~272면.

46 『막』 제2호.

47 이해랑, 앞의 글.

48 이해랑, 「예술에 살다(5)」, 『일간스포츠』.

49 이해랑, 앞의 책, 264~265면.

50 위의 책, 144면.

51 이해랑, 「신희극」, 『막』 제2호.

52 위의 글.

53 위의 글.

54 위의 글.

III. 연극 입문의 시련과 황홀함의 교차

1 이해랑, 「연기자와 두뇌-중앙무대 공연을 보고」, 『조선일보』, 1938. 8. 7.

2 위의 글.

3 위의 글.

4 위의 글.

5 이해랑, 「연극의 본질」, 『막』 제3호.

6 위의 글.

7 위의 글.

8 위의 글.

9 이해랑, 앞의 책, 257~258면.

10 위의 책, 271~272면.

11 위의 책, 274~275면.

12 송건호, 『한국현대사론』(한국신학연구소, 1979), 232면.

13 조동걸, 『일제하 한국 농민운동사』(한길사, 1979), 279면.

14 『매일신보』, 1939. 8. 1.

15 『매일신보』, 1939. 11. 7.

16 이해랑, 앞의 책, 278~279면.

17 송건호, 앞의 책, 235~236면 참조.

18 이해랑, 앞의 책, 279~280면.

19 『조선일보』, 1939. 2. 24.

20 유민영, 『한국근대연극사』(단대출판부, 1996), 391면.

21 이해랑, 「예술에 살다(7)」, 『일간스포츠』, 1978. 5. 15.

22 김영수, 「연극시평」, 『문장』, 1940년 10월호.

23 이화삼, 「마의태자와 낙랑공주」, '연극시평', 『인문평론』, 1941년 4월호

24 이해랑, 앞의 글(15), 『일간스포츠』, 1978. 5. 27.

25 이해랑, 「비속성의 극복」, 『조광』, 1941년 7월호.

26 강현두, 『대중문화의 이론』(민음사)에서 재인용.

27 이해랑, 앞의 글, 393면.

28 이해랑, 「예술에 살다(17)」, 『일간스포츠』, 1978. 5. 29.

29 송건호, 앞의 책, 237면.

30 이해랑, 앞의 글.

31 이해랑, 앞의 책, 290면.

32 위의 책, 291~292면.

33 『한국경제신문』, 1975. 9. 18.

34 이해랑, 위의 책, 292~293면.

35 위의 글.

36 위의 글.

37 이해랑, 위의 책, 297~298면.

38 위의 책, 299~300면.

39 조동걸, 앞의 책, 280면.

40 이해랑, 앞의 책, 303면.

41 「낙랑극회 창립」, 『신조신보(新朝新報)』, 1945. 11. 5.

42 김동원, 「예(藝)에 살다-나의 회고록」, 『김동원 희수기념집(金東園 喜壽 記念集)』(1992), 42면.

43 이해랑, 「예술에 살다(21)」, 『일간스포츠』, 1978. 6. 2.

44 「극단 전선 창립, 연극인들 망라 활동」, 『민주중보』, 1945. 10. 15.

45 위의 글(22).

46 『예술의 운동』 1, 1945년 12월호.

47 안영일, 「연극계」, 『1947년 예술연감』, 1947. 5.

48 이해랑, 앞의 책, 310~311면.

49 이해랑, 앞의 글(24).

50 『조선일보』, 1947. 2. 2.

51 이해랑, 앞의 책, 312면.

52 박진, 『세세연년』(1966), 200면.

53 김남천, 「제1차 문화공작단 지방파견의 의의」, 『노력인민』, 1947. 7. 2.

54 『조선일보』, 1947. 1. 31.

55 이해랑, 앞의 글(25).

56 김동원, 앞의 책, 47면.

57 이해랑, 「조선극작가론」, 『예술조선』, 1947년 1월호.

58 이해랑, 위의 글.

59 위의 글.

60 위의 글.

61 위의 글.

62 이해랑, 「연극의 순수성」, 『예술조선』, 1948년 2월호.

63 위의 글.

64 위의 글.

65 위의 글.

66 위의 글.

67 위의 글.

68 이해랑, 「해방 4년 문화사－연극」, 『민족문화』 1호, 1948년 10월호.

69 이해랑, 「분열과 위축의 연극계」, 『민성』, 1949년 8월호.

70 위의 글.

71 이해랑, 「남기고 싶은 이야기들(2366)－극단 신협」, 『중앙일보』, 1978. 11. 3.

IV. 젊은 연극 지도자의 형극의 길

1 이해랑, 『허상의 진실』(새문사, 1991), 73면.

2 이해랑, 『민성』, 1949년 10월호.

3 『경향신문』, 1948. 7. 27.

4 이해랑, 앞의 글.

5 이해랑, 「예술인의 생활난 타개로 감세절규」, 『경향신문』, 1949. 4. 2.

6 이해랑, 앞의 책, 319면.

7 김동원, 앞의 책, 52면.

8 이해랑, 앞의 글.

9 『조선일보』, 1949. 1. 29.

10 『경향신문』, 1949. 3. 23.

11 『경향신문』, 1949. 4. 2.

12 『경향신문』, 1949. 6. 5.

13 유민영, 『우리 시대 연극운동사』(단대출판부, 1990), 239면.

14 이해랑, 앞의 글(29).

15 「예술가의 아내(11)－김인혜 씨(연극인 이해랑 씨의 아내)」, 『스포츠서울』, 1986. 3. 27.

16 이해랑, 앞의 책, 328면.

17 이해랑, 앞의 글(25).

18 이해랑, 앞의 글(26).

19 위의 글.

20 위의 글.

21 이해랑, 앞의 글(30).

22 이해랑, 「아내의 모습」, 『매일경제신문』, 1984. 12. 22.

23 강유정, 「한국연극 80년 야사(81)」, 『스포츠조선』, 1992. 11. 15.

24 강유정, 「한국연극 80년 야사(88)」, 『스포츠조선』.

25 김동원, 앞의 책, 68면.

26 이해랑, 「남기고 싶은 이야기들－극단 신협(34)」, 『중앙일보』, 1978. 12. 9.

27 위의 글.

28 이해랑, 「'멕베드'의 연출 수기」, 『허상의 진실』.

29 위의 글.

30 이해랑, 앞의 책, 376～377면.

31 이해랑, 「관객과의 정서적 교류」, 『동아일보』, 1955. 1. 16.

32 이해랑, 「1955년의 극계」, 『동아일보』, 1955. 12. 29.

33 이해랑, 「병신년 문화계의 회고」, 『동아일보』, 1956. 12. 17.

34 이해랑, 앞의 책, 379～380면.

35 위의 책, 380～381면.

36 위의 책, 385면.

37 위의 책, 386면.

38 이해랑, 「예술에 살다(39)」, 『일간스포츠』, 1973. 6. 29.

39 Oscar, G. Brockett, 『연극개론』, 김윤철 옮김, 433~434면.

40 이동원, 「남기고 싶은 이야기들〈32〉 林炳稷 대사의 부탁」, 「남기고 싶은 이야기들〈33〉 10년 만의 귀국」, 『중앙일보』, 1999. 9. 28~29.).

41 이해랑, 「도급받은 공연」, 『동아일보』, 1962. 5. 10.

42 위의 글.

43 이해랑, 「남기고 싶은 이야기들-극단 신협(61)」, 1978. 12. 23.

44 김광주, 「풍자의 단면, 국립극단 공연 '인생차압' 평」, 『동아일보』, 1957. 11. 9.

45 이해랑, 『허상의 진실』(새문사, 1991), 400~401면.

46 이해랑, 「예술에 살다(44)」, 『일간스포츠』, 1978. 7. 6.

47 위의 글(46), 1978. 7. 9.

48 이해랑, 앞의 글, 『중앙일보』, 1978. 12. 28.

49 「풍겨준 연극의 매력-두 국립극단의 '대수양'」, 『조선일보』, 1959. 12. 19.

50 이근삼, 「인상적인 연기진 '안네 프랑크의 일기'를 보고」, 『한국일보』, 1960. 4. 10.

51 이근삼, 「아쉬웠던 분위기 조성, 신협 공연」, 『한국일보』, 1961. 3. 11.

52 이해랑, 「솟아오르는 청신한 정열-'미풍'」, 「신협 팸플릿」.

53 이해랑, 앞의 글(48), 『日刊스포츠』, 1978. 7. 12.

54 『한국일보』, 1962. 4. 14.

55 김성옥, 「드라마센터 시절」, 『한국 연극』 제156호.

56 이근삼, 「흐뭇한 분위기에 공감-드라마센터 2회 공연 '밤으로의 긴 여로'」, 『한국일보』, 1962. 6. 21.

57 여석기, 「밤으로의 긴 여로」, 『한국연극의 현실』(동화출판공사, 1974), 247면.

58 차범석, 「또 하나의 가능성」, 『한국일보』, 1962. 8. 19.

59 차범석, 『떠도는 산하』(1998), 269면.

60 『조선일보』, 1963. 6. 13.

61 오화섭, 「본격적인 전통극을」, 『한국일보』, 1963. 12. 28.

62 이해랑, 「예술에 살다(53)」, 『일간스포츠』, 1978. 7. 19.

63 김동원, 앞의 책, 85~86면.

V. 예술과 현실 참여의 조화

1 민주공화당 발기선언, 임시의장에 김종필 씨, 『경향신문』, 1963. 1. 18.

2 이해랑, 『허상의 진실』(새문사, 1991), 462면.

3 「연극 중흥의 깃발 드높인 극단 신협 재건 운동」, 『조선일보』, 1963. 3. 19.

4 「관객의 심판 기다릴 뿐. 대표 겸 연출가 이해랑 씨」, 『한국일보』, 1963. 6. 7.

5 『한국일보』, 1963. 6. 7.

6 여석기, 『한국일보』, 1963. 6. 7.

7 「오늘의 성공은 내일의 부채, 재기 기념 공연 마친 신협의 자세 연극인 좌
    담회」, 『한국일보』, 1963. 6. 16.

8 이해랑, 「설득력 있고 친절한 연출만이」, 『한국일보』, 1963. 12. 28.

9 「21일부터 신협 지방 공연」, 『한국일보』, 1964. 1. 21.

10 『한국일보』, 1964. 3. 5.

11 「셰익스피어 시즌에 보내는 신협의 '오셀로'」, 『한국일보』, 1964. 4. 28.

12 『한국일보』, 1964. 6. 11.

13 이해랑, 「자신 갖게 한 작품 10일 막 올릴 '무지개'의 연출을 맡고」, 『한국
    일보』, 1964. 7. 5.

14 「여름 처음 이긴 연극, '무지개'와 중흥의 길 닦는 신협」, 『한국일보』, 1964.
    7. 12.

15 여름에 핀 여름을 이긴 두 화제의 주역들은 말한다. 염제(炎帝) 정복한 '무대'(좌담회: 여석기, 이해랑, 이만택), 『한국일보』, 1964. 7. 16.

16 「돌아온 관객에 촛불처럼 타라」, 『한국일보』, 1964. 11. 29.

17 「제1회 한국연극영화예술상 작품상 수상 기념 공연」, 『한국일보』, 1965. 2. 16.

18 이해랑, 「연출자의 말」, 『한국일보』, 1965. 7. 1.

19 김정옥, 「지리멸렬 드라마투르기―신협의 '그 많은 낮과 밤을'」, 『조선일보』, 1965. 7. 15.

20 이해랑, 「창작극을 하자―헤이즈와 브랜트가 본 한국연극」, 『한국일보』, 1965. 12. 28.

21 이두현, 『한국신극사연구』(서울대출판부, 1969), 274~275면 참조.

22 이해랑, 「이동극장운동을 제창한다―국민연극의 진흥을 위하여」, 『한국일보』, 1965. 6. 1.

23 이해랑, 앞의 책, 463면.

24 이해랑, 「68년도 이동극장의 막을 내리면서」, 『한국일보』, 1968. 12. 15.

25 이해랑, 앞의 책, 464면.

26 이해랑이동극장 제1차 연도의 공연 지역, 관객 수, 공연 이동거리 등등의 소상한 자료는 창립 단원 유흥렬(전 대구문화방송 사장)이 기록, 보관해온 '업무일지'(1966년 8월 12일~12월 14일)에 의한 것임을 밝혀둔다.

27 이해랑, 앞의 책, 466면.

28 위의 책, 466면.

29 이해랑, 「마을 연극인들에 주는 충고」, 『동아일보』, 1967. 3. 7.

30 『한국일보』, 1967. 4. 7.

31 여석기, 『한국연극의 현실』(동화출판공사, 1974), 252면.

32 위의 책, 467면.

33 이해랑, 앞의 글(56).

34 『한국일보(사보)』, 1968. 8. 21.

35 『한국일보』, 1968. 7. 10.

36 이해랑, 「68년도 이동극장의 막을 내리면서」, 『한국일보』, 1968. 12. 15.

37 이해랑, 「축사」, 『예총 30년사』(1988. 12.), 5면.

38 김종필, 「의정 활동에서 본 이해랑 선생」, 『한국연극』 제156호, 1989. 5.

39 『경향신문』, 1986. 1. 30.

40 이해랑, 「연극 중흥(演劇 中興)을 위하여」, 「국립극단 팸플릿」, 1974. 5.

41 『조선일보』, 1974. 11. 21.

42 『조선일보』, 1974. 12. 27.

43 「국립극단 '징비록' 공연 팸플릿」.

44 「국립극단 '광야' 공연 팸플릿」.

45 「신협의 '이어도' 공연 팸플릿」.

46 이해랑, 「국립극단 '손탁호텔' 공연 팸플릿」, 1976. 10.

47 「신협의 '죄와 벌' 공연 팸플릿」, 1976. 12.

48 이해랑, 「남기고 싶은 이야기들(제61화)」, 『중앙일보』, 1978. 12. 29.

49 이해랑, 앞의 책, 469면.

50 이해랑, 앞의 글, 『중앙일보』, 1978. 12. 29.

51 이해랑, 「국립극단 '파우스트' 공연 팸플릿」, 1977. 6.

52 이해랑, 국립극단 「천사여 고향을 보라」

53 이태주, 「이해랑 연출이 남긴 것」, 『한국연극』, 1990. 8.

54 한상철, 「모처럼 안정된 무대: '천사여 고향을 보라'」, 『공간』, 1978. 6.

55 이해랑, 「국립극단 '객사' 공연 팸플릿」, 1979. 2.

56 이해랑, 「국립극단 '산수유' 공연 팸플릿」, 1980. 12.

57 이해랑, 「국립극단 '삭풍의 계절' 공연 팸플릿」, 1982. 9.

58 이해랑, 「국립극단 '불타는 여울' 공연 팸플릿」, 1984. 5.

VI. 리얼리즘에 기반한 독창적 연극론의 형성

1 이해랑, 「연극의 본질」, 『막』 제3호.

2 이해랑, 「삶과 연극」, 『예술조선』, 1947. 10.

3 이해랑, 「연극 10화-허구의 세계」, 『중앙일보』, 1967. 2. 7.

4 이해랑, 「영원한 진실을 찾아서-'세계 연극의 날' 기념 메시지」, 『한국연극』, 1980년 5월호.

5 이해랑, 「허상의 진실-'인종자의 손'」, 「국립극단 팸플릿」, 1986. 3.

6 이해랑, 「배우예술」, 1982년 9월 대한민국예술원 정례 심포지엄 발표 논문.

7 KBS-TV 일요방담, 김동리와 이해랑, 1984. 4. 25.

8 안톤 체호프, 『체호프 단편선』, 김학수 옮김(삼중당문고, 1975), 70~71면.

9 유리 스쩨빠노프, 『러시아문화사전』(1997), 658면.

10 이해랑, 「국립극단 제46회 '세 자매' 공연 팸플릿」, 1967. 1.

11 여석기, 『동아일보』, 1967. 2. 9.

12 「'만 70세의 현역' 연극인 이해랑 씨」, 『한국일보』, 1986. 3. 23.

13 이해랑, 「배우예술」, 한국연극협회 제16회 워크숍 발표 논문, 1983. 11.

14 위의 글.

15 위의 글.

16 위의 글.

17 Oscar G. Brockett, 『연극개론』, 김윤철 옮김, 663면.

18 이해랑, 『또 하나의 커튼 뒤의 인생(人生)』(보림사, 1985), 158면.

19 이해랑, 앞의 책, 151면.

20 이해랑, 「연극 10화-연출」, 『중앙일보』, 1967. 1. 14.

21 이해랑, 「연극의 창조적 실제」, 『또 하나의 커튼 뒤의 인생』, 177~178면.

22 위의 책, 177~186면.

23 이해랑, 「셰익스피어 작품의 극장성(劇場性)-'햄릿'」, 「호암아트홀 개관

기념 팸플릿」, 1985. 5.

24 김승옥, 「이해랑 선생의 유작 '햄릿'」, 『공간』, 1989. 5.

25 김문환, 「연극의 자존심과 이해랑」, 『한국일보』, 1989. 4. 28.

26 이해랑, 「허상의 진실―'인종자의 손'」, 「국립극단 팸플릿」, 1986. 3.

27 위의 글.

28 『중앙일보』, 1987. 3. 28.

29 『일간스포츠』, 1987. 3. 9.

30 유민영, 「일상을 시(詩)로 승화시킨 무대―'황금연못'을 보고」, 『중앙일보』, 1987. 4. 6.

31 이태주, 『한국연극 1975~1995―전환시대의 질주』(푸른사상, 2011), 367~368면.

32 이해랑, 「'들오리'에 대하여」, 「국립극단 정기 공연 팸플릿」, 1987. 6.

33 『일간스포츠』 인터뷰, 1987. 10. 4.

34 『일간스포츠』 인터뷰, 1988. 10. 13.

35 이해랑, 「연극(演劇)의 진수(眞髓)를……」, 「국립극단 정기 공연 '뇌우' 팸플릿」, 1988. 10.

36 그 당시 이해랑은 유인촌에게 "자신의 마지막 연출이 될지도 모르니 꼭 좀 맡아 달라"고 간곡하게 애소했다고 증언한 바 있다. 2005년 동국대학교 이해랑예술극장에서의 증언.

Ⅶ. 가족애의 전범과 성공한 자녀들

1 이해랑, 「아내의 모습」, 『매일경제신문』, 1984. 12. 22.

2 이방주, 「나의 아버지 이해랑」, 「제6회 이해랑연극상 팸플릿」(1996).

3 이민주, 「나의 아버지 이해랑」, 「제7회 이해랑연극상 팸플릿」(1997).

4 이명숙, 「나의 아버지 이해랑」, 「제9회 이해랑연극상 팸플릿」(1999).

5 이은숙, 「나의 아버지 이해랑」, 「제10회 이해랑연극상 팸플릿」(2000).

6 이석주, 「나의 아버지 이해랑」, 「제8회 이해랑연극상 팸플릿」(1998).

7 인진옥, 「다정하셨던 아버님」, 「제16회 이해랑연극상 팸플릿」(2006).

8 신인숙, 「나의 아버지 이해랑」, 「제15회 이해랑연극상 팸플릿」(2005).

9 이민주, 「아버님 단상(斷想)」, 「제22회 이해랑연극상 팸플릿」(2012).

10 황미원, 「늘 우리와 함께 하십시오」, 「제11회 이해랑연극상 팸플릿」(2001).

11 조항록, 「겸손 속에 내재된 저력」, 「제13회 이해랑연극상 팸플릿」(2003).

12 박정헌, 「자연과도 같은 아버님」, 「제14회 이해랑연극상 팸플릿」(2004).

13 이유영, 「온화한 인품의 우리 할아버지」, 「제17회 이해랑연극상 팸플릿」
(2007).

14 이상영, 「삶을 사랑하는 법을 알려주신 할아버지」, 「제20회 이해랑연극상
팸플릿」(2010).

15 이지영, 「항상 남을 배려하시던 나의 할아버지」, 「제19회 이해랑연극상 팸
플릿」(2009).

16 이은지, 「언제나 따뜻한 웃음으로 대해주신 할아버지」, 「제21회 이해랑연
극상 팸플릿」(2011).

17 사라, 「그리운 나의 할아버지」, 「제18회 이해랑연극상 팸플릿」(2008).

18 이석주, 「당신의 나이가 돼서야 깨닫는 아버지의 '잡초 뽑기' 철학」, 「제24
회 이해랑연극상 팸플릿」(2014).

19 이해랑, 유치진, 『일간스포츠』, 1976. 11. 14.

20 이해랑, 「예술에 살다(3)」, 『일간스포츠』.

21 이해랑, 김동원(金東園), 『샘터』, 1978년 10월호

22 김동원, 「이해랑과 나-내 연극 인생을 끌어준 이해랑」, 「제12회 이해랑연
극상 팸플릿」.

23 이해랑, 「장민호(張民虎)」, 『또 하나의 커튼 뒤의 인생』, 151면.

24 이해랑, 「남기고 싶은 이야기들(6)」, 『중앙일보』, 1978. 11. 7.

25 이해랑, 「이백수」, 『신천지』, 1953년 1월호.

26 이해랑, 앞의 글, 『중앙일보』, 1978. 12. 11.

27 이해랑, 「함세덕」, 『샘터』, 1983년 8월호.

28 이해랑, 「조선극작가론」, 『예술조선』, 1947년 10월호.

29 차범석, 「나의 연극 개안을 인도해주신 이해랑 선생님」, 「제13회 이해랑연극상 팸플릿」(2003).

30 임영웅, 「우리들의 영원한 우상!−이해랑 선생님과 나의 인연」, 「제11회 이해랑연극상 팸플릿」(2001).

31 손숙, 「이해랑론−나의 선생님 이해랑」, 「제16회 이해랑연극상 팸플릿」(2006).

종장: 낙조를 붉게 물들이고 홀연히 떠나간 고종명(考終命)의 복인

1 유인촌, 「'햄릿'과 선생님, 그리고 나」, 『한국연극』 제156호, 1989. 5.

2 이민주, 「잘 산다는 것은……」, 「제12회 이해랑연극상 팸플릿」(2002).

3 「분수대(噴水臺)−이해랑(李海浪) 씨」, 『중앙일보』, 1989. 4. 10.

4 김동원, 「조사(弔辭)−고 이해랑 선생의 영전에 바칩니다」, 『한국연극』 제156호.

5 손숙, 「조사」, 『한국연극』 제156호.

이해랑(李海浪) 연보(年譜)

(1916. 7~1989. 4)

1916. 7.   李瑾鎔의 장남으로 서울 종로구 와룡동에서 출생.

1919. 3.   三·一 운동 발발.

1920.   生母와 사별.

1922.   漢文書堂 다님.

1923. 4.   校洞국민학교 입학.

     7.   극단 土月會 창립공연.

     9.   일본에서 關東大震災로 한국인 다수 피살당함.

1928.   유모 할머니와 헤어짐. 급속히 성숙해감.

1929. 3.   校洞국민학교 졸업.

     4.   徽文고등보통학교 입학.

     8.   滿洲 지방 여행 중 安東에서 일본 경찰의 불심검문으로 종로서에
           압송됨. 휘문고보 퇴학당함.

     9.   培材고등보통학교 편입.

1930.   배재고보 자퇴함. 中東고보 편입.

1931. 7.   劇藝術研究會 발족.

     11.   연희전문학교 연극부 공연 〈어둠의 힘〉(톨스토이 작, 柳致眞 연출)
           을 생애 처음으로 관극하고 연극의 진실을 깨달음.

1933. 3.   中東고등보통학교 졸업.

     4.   渡日하여 兩洋中學 5학년 편입학.

     5.   金川中學으로 전학.

1934. 3.   金川中學 5년 졸업.

     4.   일본에서 귀국. 부산 집에서 소일함.

	5.	上海의 숙부댁으로 가서 滬江大學 입학.
	6.	東京學生藝術座 발족.
	7.	장티푸스로 入院
	9.	퇴원하여 귀국. 부산 집에서 독서로 소일함.
1935.	4.	渡日하여 日本大學 예술과에 입학.
	5.	日本 천황에 대한 사쿠라다몬 사건의 혐의를 받아 체포되어 수개월 동안 고문당하고 석방됨.
	6.	東京學生藝術座, 창립 공연으로 柳致眞 작 〈소〉와 朱永涉 작 〈나루〉를 무대에 올림.
	7.	東京學生藝術座 가입.
	11.	東洋劇場 신축 개관.
	12.	도쿄학생예술좌 기관지 『幕』 창간호 발간.
		府民館 신축 개관.
1937.	6.	도쿄학생예술좌 제2회 공연 〈춘향전〉(柳致眞 작) 공연에 사령, 농부, 지방관리 등으로 처음 무대에 출연해 봄. 유치진과 처음 만나서 의기투합함.
		'하계휴가 유학생 향토방문'이라는 명목으로 전국과 滿洲, 간도 지방까지 순회공연. 제1부 음악 연주, 제2부 연극 〈꺽꺽이의 죽음〉(有島武郞 작, 李海浪 역)과 〈太陽〉(골스워디 작, 金島影 역)을 각각 金崎晃과 金永華가 연출. 이때 李海浪이 처음으로 〈꺽꺽이의 죽음〉을 번역함.
	8.	경성방송국 라디오드라마 〈太陽〉(골스워디 작), 〈날이 밝으면 비가 오십니다〉(朱永涉 작), 〈생활도〉(朴東根 작) 등에 金東園과 함께 출연.
1938.	3.	최초의 연극론 「新喜劇」을 『幕』 제2호에 발표
	8.	도쿄학생예술좌 창립 5주년 기념 〈地平線 너머〉(유진 오닐 작, 朱

永涉 연출)에서 주역 로버트 메이오 역으로 築地小劇場 무대에 섬.
評論 「演技者와 頭腦」(『조선일보』) 발표.

9. 하계방학 중에 劇藝術硏究會 제20회 공연 〈깨어서 노래부르자〉
    (클리포드 오뎃츠 작, 李曙鄕 연출)에 찬조 출연하여 有望 新人으
    로 인정받음.
    劇硏座에 가입.
    日帝 국가총동원법 공포.
    육군특별지원병령 공포.

1939. 3. 日本大學 예술과 졸업.

   5. 劇硏座 해산.

   6. 中央舞臺 해산.
    평론 「演劇의 본질」을 『幕』 제3호에 발표.

   7. 도쿄학생예술좌 日警에 의해서 '연극을 통한 左翼思想 고취'라는
    명목으로 朱永涉, 朴東根, 李曙鄕, 馬完英 체포.

   8. 李海浪, 金東園, 林虎權, 柳致眞 등도 같은 명목으로 종로서에 구속
    되어 40여 일 동안 문초 당함.

   11. 朱永涉, 朴東根, 馬完英, 李曙鄕 등 기소됨.

1940. 1. 극단 高協에 가입.

   3. 高協 창립 1주년 기념 공연 〈春香傳〉(柳致眞 작, 연출)에 농부 역
    으로 부민관 무대에 섬.

   4. 高協을 따라서 북선 지방 순회에 나섬.

   9. 도쿄학생예술좌 공식 解散.
    高協 공연 〈無影塔〉(함세덕 각색, 柳致眞 연출)에 첫 번째 기성
    극단 主役(아사달)을 맡아 호평 받음. 李光洙가 유망 신인이라
    극찬함.

   11. 高協 탈퇴 선언을 하고도 3개월간 북선 지방 순회공연에 나섬.

1941.	2.	高協 공연의 〈銅鑼〉(박영호 작, 이서향 연출)에 악역으로 출연.
	3.	高協 공연의 〈麻衣太子〉(유치진 작, 이서향 연출)에서 李從者 역으로 출연하여 知的인 배우라는 평가를 받음.
		高協을 정식으로 탈퇴함.
		유치진 주도의 現代劇場 창립 단원이 됨.
	4.	金仁順과 泰和院에서 결혼식 올림.
	7.	평론 「卑俗性의 극복」을 월간 『朝光』에 발표.
	9.	현대극장 제2회 공연 〈黑鯨亭〉(함세덕 각색, 유치진 연출)에 주역 (마리우스)으로 好演. 소위 立體的 演技를 했다는 평가를 받음.
	10.	아내 金仁順의 권유로 연극계 은퇴 결심. 아내와 함께 鐘閣 뒤에 담뽀뽐 양장점 개설.
	11.	〈흑경정〉과 〈흑룡강〉 두 작품을 갖고 북선 지방과 만주까지 순회 공연을 한 現代劇場을 따라 40여 일간 다님.
	12.	일제가 太平洋戰爭 시작. 조선임시보안령 공포. 전시하의 언론, 출판, 집회, 결사 금지시킴.
		朝鮮演劇協會 결성.
		어용 국책극에 실망하고 연극계 완전 은퇴함.
1942.	2.	아내 金仁順과 양장점 운영.
1943.	8.	현대극장 공연 〈鳳仙花〉(함세덕 작, 유치진 연출)에 단역으로 출연. 다시 연극계 떠남.
	10.	長男 邦柱 출생.
1944.	5(?)	龍山의 스토브 회사에 취직.
1945.	1.	조선총독부로부터 징용장 받음. 징용을 피하기 위해서 부산의 경남우편국 임시 직원으로 취직.
	7.	신의주 龍川 처가로 가서 은신함.
	8.	민족 해방 맞음. 釜山으로 가서 경남우편국 직원 정식 사임.

9. 朝鮮演劇建設本部 발족됨.

黃澈, 咸世德 등과 樂浪劇會 조직.

11. 낙랑극회 창립 공연 〈山賊〉(함세덕 작, 연출)에 동생 역으로 출연.

金東園, 李喆爀 등과 극단 全線 조직.

全線 창립 공연 〈검찰관〉(고골리 작, 許執 연출)에 출연.

12. 낙랑극회 제2회 공연 〈봄밤에 온 사나이〉(李曙鄕 작, 연출)에 출연.

龍川에서 처자가 서울로 와서 합류.

1946. 4. 낙랑극회의 제4회 공연 〈기미년 3월 1일〉(함세덕 작, 연출)에 출연.

5. 낙랑극회 〈산적〉 재공연에 출연.

長女 明淑 출생.

8. 낙랑극회가 극단 全線과 합동으로 공연한 〈胡蝶〉(金史良 작)과
〈붓도리 軍服〉에 출연.

10. 낙랑극회 공연 〈春香傳〉(유치진 작, 홍영진 연출)에 출연.

12. 낙랑극회 공연 〈바람부는 시절〉에 출연.

낙랑극회 공연 〈정열의 대지〉(박진 연출)에 출연.

프롤레타리아演劇同盟 결성됨.

柳致眞 등과 좌익연극에 대항하는 '연극 브나로드운동 실천위원회'
결성.

1947. 1. 평론 「朝鮮劇作家論」(『예술조선』 1호) 발표.

柳致眞을 고문으로 하는 朝鮮藝術文化社를 金東園 등과 조직.

낙랑극회 공연 〈여명〉(임선규 작, 안영일 연출)에 출연.

張澤相 경찰총감 좌익 연극인 탄압 시작.

2. 평론 「연극의 순간성」(『일간예술통신』) 발표.

조선연예문화사 공연 〈祖國〉(柳致眞 작)에 출연.

4. 金東園 등과 劇藝術協會 조직.

5. 劇協 창립 공연 〈自鳴鼓〉(유치진 작, 연출)에 출연.

6. 극협 제2회 공연 〈麻衣太子〉(유치진 작)에 출연.

7. 극협 공연 〈왕자호동과 낙랑공주〉(유치진 작, 연출)에 출연.

8. 극협 8·15 기념 공연 〈銀河水〉(유치진 작)에 출연.

9. 극협 공연 〈목격자〉(M. 앤더슨 작, 유치진 연출)에 출연.

10. 全國演劇藝術協會 창립 이사.

11. 國立劇場 창설을 추진.

12. 극협 공연 〈王昭君〉(진우촌 작, 李化三 연출)에 출연.

1948. 3. 劇協 〈祖國〉(유치진 작)과 〈청춘〉(정비석 원작, 유치진 연출)에 출연.

4. 總選을 앞두고 劇協을 인술하여 '총선선전문화계몽대'라는 명목으로 경남 일대 순회공연.

5. 한국무대예술원을 통해 稅率改正法 건의 투쟁.

6. 극협 제1회 연극경연대회 〈껌둥이는 서러워〉(헤이워드 夫妻 작, 허석 연출)에 출연.

8. 극협 〈自鳴鼓〉(유치진 작, 연출)에 출연.

9. 극협 〈별〉(유치진 작, 許碩 연출)에 출연.

10. 次男 民柱 출생.

극협 공연 〈罪〉(秦雨村 작, 유치진 연출)에 출연.

평론 「解放 四年文化史 - 연극」(『민족문화』 Ⅰ) 발표.

1949. 1. 韓國舞臺藝術院 개편. 理事 취임.

3. 극협 공연 〈桃蘭記〉(古智翁 작, 金熙昌 각색)를 최초로 演出.

서울市 文化委員 피임.

평론 「帆船天佑號 - 신예술무대공연평」(『경향신문』)을 발표.

4. 평론 「예술인의 생활난 타개로 減稅 절규」(『경향신문』)를 발표.

6. 극협 공연 〈살아 있는 李重生 閣下〉(오영진 작)를 연출.

7. YMCA의 연극입문 강좌에서 演技論 강의.

8. 극협 공연 〈자유를 찾는 사람들〉(尹芳一 작, 李光來 연출)에 출연.

10. 평론 「解放演劇에 대한 몇 가지 提言」(『민성』) 발표.

中央大 연극부 공연 〈비오는 산골〉(J. 싱그 작) 연출.

11. KPK악극단 공연 〈간디〉에 출연.

12. 國立劇場 설치령이 국무회의를 통과함.

중앙대학교 연극부 공연 〈햄릿〉(셰익스피어 작) 연출.

극협 공연 〈도라지 公主〉(오영진 작, 이광래 연출)에 출연.

1950. 1. 국립극장 전속 新劇協議會 구성.

극협 공연 〈人生差押〉(오영진 작) 연출.

3. 극협 공연 〈높은 岩山〉(M. 앤더슨 작, 許執 연출)에 출연.

4. 國立劇場 개관 기념 〈元述郎〉(유치진 작, 허석 연출)에 출연.

6. 국립극장 공연 〈雷雨〉(曹禺 작, 유치진 연출)에 출연.

6·25 전쟁 발발.

야간에 수영을 해서 渡江 부산으로 감.

8. 부산 지구 군정훈감 金宗文과 문총구국대를 조직.

9. 韓路檀 작 〈戰有花〉 연출.

10. 서울 귀환.

11. 극단 新協을 재건하여 〈血脈〉(金永壽 작, 朴珍 연출)에 출연.

12. 육군정훈감 李瑄根의 배려로 文藝中隊 조직.

신협 공연 〈元述郎〉에 출연.

1951. 1. 다시 釜山으로 피난감.

2. 신협, 국방부 정훈국 후원 공연 〈자명고〉를 연출.

3~7. 문예중대를 이끌고 東部戰線 위문 공연 다님.

8. 신협 공연 〈뇌우〉를 연출.

10. 신협 공연 〈햄릿〉 연출.

12. 신협 공연 〈붉은 장갑〉(사르트르 작, 李眞淳 연출)에 출연.

1952. 3. 신협 공연 〈오셀로〉(셰익스피어 작, 유치진 연출)에 출연.

4.　신협 공연 〈守錢奴〉(모리엘 작, 이광래 연출)에 출연.

5.　申相玉 감독 영화 〈춘향전〉에 최초로 출연.

　　신협 공연 〈맥베스〉(셰익스피어 작)를 연출.

6.　신협 공연 〈불꽃〉(유치진 작, 허석 연출)에 출연.

7.　극단 新饗 공연 〈女匪幹〉(鐵吾 작) 연출.

8.　신협 공연 〈孟進士宅 慶事〉(이진순 연출)에 출연.

　　三男 石柱 출생.

　　政府 文化保護法 공포.

　　신협 공연 〈빌헬름 텔〉(F. 쉴러 작) 연출.

9.　신협 공연 〈목격자〉(M. 앤더슨 작)를 연출.

1953. 3.　신협 환도 기념 공연 〈원술랑〉 연출.

4.　신협 공연 〈自由夫人〉(정비석 작, 한노단 각색) 연출.

7.　신협 공연 〈鄕愁〉(파뇰 작, 윤방일 번안) 연출.

12.　신협 공연 〈나도 인간이 되련다〉(유치진 작, 연출)에 출연.

1954. 2.　신협 공연 〈大春香傳〉(유치진 작, 허석 연출)에 출연.

3.　藝術院 회원에 피선.

4.　신협 공연 〈銀裝刀〉(윤방일 작)를 연출.

5.　신협 공연 〈쥴리어스 시이저〉(셰익스피어 작)를 연출.

6.　신협 공연 〈가야금의 유래〉(유치진 작, 연출)에 출연.

10.　신협 공연 〈이슬〉(윤방일 작)을 연출.

1955. 1.　평론 「관객과의 情緖的 交流」(『동아일보』) 발표.

2.　美國務省 초청으로 미국 연극계 시찰.

5.　신협 공연 〈별〉(유치진 작, 金東園 연출)에 출연.

7.　신협 공연 〈人獸之間〉(吳若 작, 김동원 연출)에 출연.

8.　신협 공연 〈욕망이라는 이름의 電車〉(T. 윌리암스 작, 朴寅煥 번역, 유치진 연출)에 출연.

12. 서울市 文化賞 수상.

신협 공연 〈느릅나무 그늘의 욕망〉(오닐 작)을 연출.

평론 「1955년의 극계」(『동아일보』) 발표.

1956. 2. 신협 공연 〈桂月香〉(李泰煥 작, 朴東根 연출)에 출연.

4. 신협 공연 〈民衆의 敵〉(입센 작, 李眞爕 역, 全槿暎 연출)에 출연.

5. 次女 恩淑 출생.

7. 신협 공연 〈꽃잎을 먹고 사는 機關車〉(任熙宰 작, 金圭大 연출)에 출연.

9. 신협 공연 〈다이알 M을 돌려라〉(F. 노트 작) 연출.

12. 평론 〈丙申年 문화계의 회고〉(『경향신문』) 발표.

평론 「예술적 결실에의 질적 향상－연극계 총평」(『自由世界』 1·3 호) 발표.

1957. 1. 신협 공연 〈세일즈맨의 죽음〉(A. 밀러 작, 吳華爕 역, 金圭大 연출) 에 출연.

3. 신협 공연 〈風雲〉(오영진 작, 김규대 연출)에 출연.

4. 신협 공연 〈박쥐〉(라인할트·호프우드 合作, 전근영 연출)에 출연.

6. 國立劇場 還都.

7. 신협 국립극장 전속으로 복귀.

〈신앙과 고향〉(K. 쉔헬 작, 徐恒錫 역, 洪海星 연출)에 출연.

10. 국립극단 공연 〈인생차압〉(오영진 작)을 연출.

1958. 1. 茶房 東方싸롱 운영.

5. 회고문 「藝術에 살다」(『日刊스포츠』) 연재.

8. 평론 「演劇運動 형극 10년」(『동아일보』) 발표.

9. 신협 재건 공연 〈漢江은 흐른다〉(유치진 작)를 연출.

10. 反共藝術人團 부단장에 피선.

12. 신협 공연 〈뜨거운 양철지붕 위의 고양이〉(T. 윌리암스 작)를 연출.

1959. 1. 茶房 東方싸롱 폐업.

    2. 영화 〈낙랑공주와 호동왕자〉에 출연.

    3. 신협 공연 〈소〉(유치진 작, 이광래 연출)에 출연.

    5. 영화 〈肉體는 슬프다〉를 처음으로 감독.

    6. 한국반공예술인단 주최 6·25 反共藝術祭 〈서울의 표정〉(金石民 작)을 이진순과 공동연출.

   11. 신협, 國立劇場에 복귀 代表가 됨.

   12. 民劇·新協 합동 공연 〈大首陽〉(金東仁 작, 이광래 연출)에 출연.
      신협 공연 〈뜨거운 양철지붕 위의 고양이〉 연출.

1960. 4. 東國大學校 연극과 전임강사에 임함.
      신협 공연 〈안네 프랑크의 日記〉(전혜린 역) 연출.
      四·一九 학생혁명 발생.

    5. 부친 李瑾鎔 부산시장에 임명됨.

    6. 신협, 民劇과 합동으로 〈빌헬름 텔〉(서항석 역, 연출)에 출연.

   11. 신협 공연 〈罪와 罰〉(도스토옙스키 작, 河有祥 각색, 박동근 연출)에 출연.

1961. 3. 신협 공연 〈微風〉(하유상 작) 연출.

    5. 五·一六 군사쿠데타 발생.

    6. 반공예술인단 부단장으로서 中情에 불려가서 심문받음.

   11. 정부조직법 개정으로 국립극장이 公報處로 이관되고 金昌九가 극장장으로 부임.

1962. 1. 國立劇團 운영규정 공포. 민극·신협 통합.
      국립극단 부단장에 피임.

    4. 드라마센터 개관과 함께 劇場長에 피임.

    6. 드라마센터 공연 〈밤으로의 긴 旅路〉(오닐 작)에서 연출과 주연 맡음.

    8. 드라마센터 공연 〈포기와 베스〉(헤이워드 夫妻 작)를 연출.

| 10. | 드라마센터 공연 〈한강은 흐른다〉를 연출. |
| 12. | 드라마센터 공연 〈로미오와 줄리엣〉(셰익스피어 작)을 연출. |

1963. 3. 드라마센터를 떠나 新協 재건.

6. 신협 재건 공연 〈갈매기 떼〉(車凡錫 작)를 연출.

7. 藝術院賞 수상.

8. 신협 〈갈매기 떼〉를 갖고 지방 순회공연.

1964. 1. 신협 공연 〈鶴 외다리로 서다〉(하유상 작)를 연출.

4. 신협 공연 〈오셀로〉를 연출.

5. 五月文藝賞 연예부분 본상 수상.

6. 신협, 한국일보 창간 10주년 기념 장막극 공모

7. 李萬澤의 〈무지개〉 당선 연출.
한국연극협회 부이사장 피선.

12. 한국일보사에 연극영화예술상 만듦.
신협 공연 〈어머니의 모습〉(하유상 작)을 연출.
신협과 결별.

1965. 1. 국립극단 공연 〈女性萬歲〉(하유상 작)를 연출.

5. 신협 공연 〈그 많은 낮과 밤을〉(이만택 작)을 연출.

12. 柳致眞 회갑기념 공연 〈춘향전〉(유치진 작)을 연출.
東國大學校 연극과 공연 〈겨울과 봄 사이〉(M. 앤더슨 작) 지도
한국연극협회와 문인협회 주최 文人劇 〈춘향전〉(朴珍 작)을 연출.
民主共和黨 창당발기인에 피선.

1966. 1. 신협 공연 〈不信時代〉(황유철 작)를 연출.
한국연극협회 부이사장 피선.

2. 드라마센터 신춘문예 공연 〈同意書〉(고동율 작) 연출.

5. 신협 공연 〈交流〉(한노단 작) 연출.

8. 李海浪移動劇場 발족.

〈오해마세요〉(이진섭 작)를 연출하여 제1차 지방 순회공연.

9. 이해랑이동극장 제2차 지방 순회공연.

10. 이해랑이동극장 제3차 지방 순회공연.

11. 이해랑이동극장 제4차 지방 순회공연.

1967. 1. 국립극단 공연 〈세 자매〉(체호프 작) 연출.

2. 제6대 예총 회장 피선.

3. 평론 「마을연극인들에게 주는 忠告」(『동아일보』) 발표.

4. 신협 공연 〈오이디푸스 王〉(소포클레스 작) 연출.

6. 이해랑이동극장 〈노랭이 아저씨〉(박진 작)를 연출하여 제2회 전국 순회공연(호남 지방).

8. 이해랑이동극장 전국 순회공연(영남 지방).

9. 신협 공연 〈누가 버지니아 울프를 두려워하랴〉(E. 올비 작) 연출.

10. 이해랑이동극장 전국 순회공연(충남북 지방).

1968. 1. 俳優劇場 창단 공연 〈오셀로〉 연출.

2. 제7대 예총 회장 피선.

3. 국립극단 공연 〈北間島〉(안수길 작) 연출.

4. 신협 공연 〈분례기〉(方英雄 작) 연출.

6. 이해랑이동극장 제3회 전국 순회공연.

7. 이해랑이동극장 전국 순회공연(경북 지방).

8. 이해랑이동극장 전국 순회공연(충청 지방).

10. 서울 사당동에 藝術人村 건설 착수.

11. 이해랑이동극장 전남북지방 순회공연.

12. 평론 「移動劇場의 막을 내리면서」(『한국일보』) 발표.

1969. 2. 제8대 예총 회장 피선.

3. 三·一演劇賞 수상.

4. 국립극단 공연 〈한산섬 달 밝은 밤에〉(申明淳 작) 연출.

	5.	이해랑이동극장 제4차 전국 순회공연(경기·충북).
	6.	신협 공연 〈마술사의 제자〉(金昌浩 작) 연출.
		이해랑이동극장 충남 일대 순회공연.
	8.	이해랑이동극장 경남 일대 순회공연.
	10.	이해랑이동극장 호남·경북 일대 순회공연.
1970.	2.	제9대 예총 회장 피선.
		東國大學校 연극과 교수 사임.
	5.	국립극단 공연 〈元述郎〉(유치진 작) 연출.
	6.	이해랑이동극장 제5차 〈그러지 말고 잘살아 봅시다〉(박진 작)를 연출하여 전국 순회공연.
	11.	국립극단 공연 〈人造人間〉(K. 차페크 작) 연출.
1971.	2.	제10대 예총 회장 피선.
	6.	民主共和黨 國會議員 당선.
		이해랑이동극장 제6차 〈화내지 마세요〉(박진 작)를 연출하여 충남북 일대 순회공연.
	8.	이해랑이동극장 전국 순회 후 완전 폐막.
1972.	10.	國民勳章모란장 받음.
1973.	10.	國立劇場 장충동으로 移轉.
		정부, 十月維新 발표.
1974.	2.	東朗 柳致眞 타계.
	5.	국립극단 공연 〈活火山〉(차범석 작) 연출.
	10.	維新政友會 국회의원 당선.
1975.	3.	국립극단 공연 〈懲毖錄〉(노경식 작) 연출.
	8.	국립극단 공연 〈曠野〉(김기팔 작) 연출.
1976.	5.	신협 공연 〈이어도 이어도 이어도〉(李淸俊 작) 연출.
	6.	부친 瑾鎔 타계.

	12.	신협 공연 〈죄와 벌〉(하유상 번안) 연출.
1977.	6.	유정회 국회의원 종료. 정계 은퇴.
		국립극단 공연 〈파우스트〉(괴테 작) 연출.
	8.	대한민국연극제 운영위원.
1978.	3.	東國大學校 연극과 교수 복직.
	4.	국립극단 공연 〈天使여 고향을 보라〉(토마스 울프 작, 韓相喆 역) 연출.
	11.	회고문 「남기고 싶은 이야기들－劇團 新協」(『중앙일보』)을 연재.
1979.	2.	국립극단 공연 〈客舍〉(안종관 각색) 연출.
	10.	十月 政變.
1980.	12.	국립극단 공연 〈山茱萸〉(오태석 작) 연출.
1981.	5.	극단 思潮 공연 〈라인강의 감시〉(릴리언 헬만 작) 연출.
	8.	東國大學校 연극과 정년퇴임.
		藝術院 부회장 피선.
	11.	李源庚, 金東園 등과 배우예술원 개원.
1982.	9.	국립극단 공연 〈삭풍의 계절〉(金義卿 작) 연출.
	10.	연극론 「또 하나의 커튼 뒤의 人生」(예술원 정기 심포지엄)을 발표.
1983.	9.	극단 思潮 공연 〈리어왕〉(셰익스피어 작) 연출.
1984.	5.	국립극단 공연 〈불타는 여울〉(노경식 작) 연출.
		전국지방연극제 심사위원장.
	11.	藝術院 제20대 會長 피선.
1985.	4.	東朗 柳致眞演劇賞 수상.
	5.	湖巖아트홀 개관기념공연 〈햄릿〉 연출.
		著書 『또 하나의 커튼 뒤의 人生』(보림사) 출간.
1986.	3.	국립극단 공연 〈忍從子의 손〉(전진호 작) 연출.
	5.	五·一六民族賞 수상.

9.   신협 공연 〈밤으로의 긴 旅路〉 연출.
       藝術院 제21대 會長 피선.
1987. 4.   신협 공연 〈황금연못〉(톰프슨 작) 연출.
       6.   국립극단 공연 〈들오리〉(입센 작) 연출.
1988. 10. 국립극단 공연 〈雷雨〉(조우 작) 연출.
1989. 4.   湖巖아트홀 공연 〈햄릿〉 연출. 他界.

이해랑 연출 작품 리스트

연도	작품	극단	작가	장소
1949. 03.	桃蘭記 (두란도트 번안)	극예술협회 (신협 전신)	곳찌에	명동시공관
1949. 06.	살아 있는 李重生 閣下	〃	오영진	단성사
1949. 10.	비오는 산골 (계곡의 그림자 개명)	중앙대학교 연극부	J. M. 싱그 / 진우촌 역	명동시공관
1949. 12.	햄릿	〃	셰익스피어	〃
1950. 01.	인생차압	극예술협회	오영진	중앙극장(지금 동명의 명동 영화관)
1950. 09.	戰有花	〃	韓路檀	부산 동래극장
1951. 02.	자명고	신협	유치진	〃
1951. 08.	뇌우	〃	조우	〃
1951. 10.	햄릿	〃	셰익스피어	대구키네마
	오셀로	〃	〃	〃
1952. 05.	맥베스	〃	〃	마산극장
1952. 07.	女匪幹	신향	鐵吾	부산 동래극장
1952. 08.	빌헬름 텔	신협	F. 쉴러	대구키네마
1952. 09.	목격자	〃	M. 앤더슨	부산 동래극장
1953. 03.	원술랑	〃	유치진	명동시공관
1953. 04.	자유부인	〃	정비석(韓路檀 각색)	〃
1953. 05.	여성전선	〃	정비석	〃
1953. 07.	향수	〃	파뇰(尹芳一 번안)	〃
1954. 04.	은장도	〃	尹芳一	〃
1954. 05.	줄리어스 시저	〃	셰익스피어	〃
1954. 09.	자유부인	〃	정비석	〃
1954. 10.	이슬	〃	尹芳一	동화극장
1955. 03.	자매	〃	유치진	명동시공관
1955. 12.	느릅나무 그늘의 욕망	〃	유진 오닐	〃

1956. 09.	다이알 M을 돌려라	신협	F. 노트	명동시공관
1957. 10.	인생차압	국립극단	오영진	국립극장(명동)
1958. 09.	한강은 흐른다	신협	유치진	〃
1958. 12.	뜨거운 양철지붕 위의 고양이	〃	T. 윌리암스	원각사
1959. 12.	〃	〃	〃	국립극장(명동)
1960. 04.	안네 프랑크의 일기	〃	F. 구드리치·A. 하케트 / 전혜린 역	〃
1961. 03.	미풍	국립극단(신협)	하유상	〃
1962. 02.	햄릿	드라마센터	셰익스피어	드라마센터(개관)
1962. 06.	밤으로의 긴 여로	〃	유진 오닐	〃
1962. 08.	포기와 베스	〃	헤이워드 夫妻	〃
1962. 10.	한강은 흐른다	〃	유치진	〃
1962. 12.	로미오와 줄리엣	〃	셰익스피어	〃
1963. 06.	갈매기 떼	신협(재건 공연)	차범석	국립극장(명동)
1964. 01.	학 외다리로 서다	〃	하유상	〃
1964. 04.	오셀로	〃	셰익스피어 (400주년 기념)	〃
1964. 07.	무지개	〃	李萬澤	〃
1964. 12.	어머니의 모습	〃	하유상	〃
1965. 01.	여성만세	국립극단	〃	〃
1965. 05.	그 많은 낮과 밤을	신협	李萬澤	〃
1965. 12.	춘향전	〃	유치진	드라마센터
	춘향전	문인극	박진	국립극장(명동)
1966. 01.	불신시대	신협	黃裕喆	〃
1966. 02.	동의서	드라마센터	고동율	드라마센터
1966. 05.	교류(交流)	신협	韓路檀	국립극장(명동)
1966. 08.	오해마세요	이해랑이동극장	이진섭	제1차 지방 순회공연
1967. 01.	세 자매	국립극단	A. 체호프	국립극장(명동)
1967. 04.	오이디푸스 왕	신협	소포클레스	〃
1967. 06.	노랭이 아저씨	이해랑이동극장	박진	제2차 전국 순회공연 (호남지방)
1967. 09.	누가 버지니아 울프를 두려워하랴	신협	에드워드 올비	국립극장(명동)

1968. 01.	오셀로	국립극단	셰익스피어	〃
1968. 03.	북간도	〃	안수길	〃
1968. 04.	분례기	신협	方英雄	〃
1969. 04.	한산섬 달 밝은 밤에	국립극단	신명순	〃
1969. 06.	마술사의 제자	신협	金昌浩	〃
1970. 05.	원술랑	국립극단	유치진	〃
1970. 06.	그러지 말고 잘살아 봅시다	이해랑이동극장	박진	전국 순회공연
1970. 11.	인조인간	국립극단	K. 차페크	국립극장(명동)
1971. 06.	화내지 마세요	이해랑이동극장	박진	충남북 일대 순회공연
1974. 05.	활화산	국립극단	차범석	국립극장(장충동)
1975. 03.	징비록	〃	노경식	〃
1975. 08.	광야	〃	김기팔	〃
1976. 05.	이어도 이어도 이어도	신협	이청준(하유상 각색)	예술극장(명동)
1976. 06.	손탁호텔	국립극단	차범석	국립극장(장충동)
1976. 12.	죄와 벌	신협	도스토옙스키 (하유상 번안)	시민회관 별관 (재공연)
1977. 06.	파우스트	국립극단	괴테	국립극장(장충동)
1978. 04.	천사여 고향을 보라	〃	토마스 울프 / 韓相喆 역	〃
1979. 02.	객사	〃	안종관 각색	〃
1980. 12.	산수유	〃	오태석	〃
1981. 05.	라인 강의 감시	사조	릴리언 헬만	문예회관 대극장
1982. 09.	삭풍의 계절	국립극단	김의경	국립극장
1983. 09.	리어 왕	사조	셰익스피어	세종회관 별관
1984. 05.	불타는 여울	국립극단	노경식	국립극장 소극장
1985. 05.	햄릿	호암아트홀	셰익스피어	호암아트홀
1986. 03.	인종자의 손	국립극단	전진호	국립극장 소극장
1986. 09.	밤으로의 긴 여로	신협	유진 오닐	문예회관 대극장
1987. 04.	황금연못	〃	톰프슨	호암아트홀
1987. 06.	들오리	국립극단	입센	국립극장 소극장
1988. 10.	뇌우	국립극단	조우	국립극장 소극장
1989. 04.	햄릿	호암아트홀	셰익스피어	호암아트홀

이해랑 출연 작품 리스트

연도	작품	극단	작가	연출
1937. 06.	춘향전		柳致眞	
1937. 08.	太陽 (라디오드라마)	경성방송국	골스워디	
	날이 밝으면 비가 오십니다 (라디오드라마)	경성방송국	朱永涉	
	생활도 (라디오드라마)	경성방송국	朴東根	
1938. 08.	地平線 너머		유진 오닐	朱永涉
1938. 09.	깨어서 노래부르자	劇藝術研究會	클리포드 오뎃츠	李曙鄉
1940. 03.	春香傳	高協	柳致眞	柳致眞
1940. 09.	無影塔	〃	함세덕	〃
1941. 02.	銅鑼	〃	박영호	이서향
1941. 03.	麻衣太子	〃	유치진	〃
1941. 09.	黑鯨亭		함세덕	유치진
1943. 08.	鳳仙花		〃	〃
1945. 11.	山賊	낙랑극회	〃	함세덕
	검찰관	全線	고골리	許執
1945. 12.	봄밤에 온 사나이	낙랑극회	李曙鄉	李曙鄉
1946. 04.	기미년 3월 1일	〃	함세덕	함세덕
1946. 05.	산적	〃	〃	〃
1946. 08.	胡蝶	낙랑극회, 全線	金史良	
	붓도리 軍服	〃		
1946. 10.	春香傳	낙랑극회	유치진	홍영진
1946. 12.	바람부는 시절	〃		
	정열의 대지	〃		박진
1947. 01.	여명	〃	임선규	안영일
1947. 02.	祖國	조선연예문화사	柳致眞	

1947. 05.	自鳴鼓	劇協	〃	유치진
1947. 06.	麻衣太子	〃	〃	
1947. 07.	왕자호동과 낙랑공주	〃	〃	유치진
1947. 08.	銀河水	〃	〃	〃
1947. 09.	목격자	〃	M. 앤더슨	유치진
1947. 12.	王昭君	劇協	진우촌	李化三
1948. 03.	祖國	〃	유치진	
	청춘	〃	정비석	유치진
1948. 06.	껌둥이는 서러워	〃	헤이워드 夫妻	허석
1948. 08.	自鳴鼓	〃	유치진	유치진
1948. 09.	별	〃	〃	許碩
1948. 10.	罪	〃	秦雨村	유치진
1949. 08.	자유를 찾는 사람들	〃	尹芳一	李光來
1949. 11.	간디	KPK악극단		
1949. 12.	도라지 公主	劇協	오영진	이광래
1950. 03.	높은 岩山	〃	M. 앤더슨	許執
1950. 04.	元述郎	新協	유치진	허석
1950. 06.	雷雨	〃	曹禹	유치진
1950. 11.	血脈	〃	金永壽	朴珍
1950. 12.	元述郎	〃	유치진	허석
1951. 12.	붉은 장갑	〃	사르트르	李眞淳
1952. 03.	오셀로	〃	셰익스피어	유치진
1952. 04.	守錢奴	〃	모리엘	이광래
1952. 06.	불꽃	〃	유치진	허석
1952. 08.	孟進士宅慶事	〃		이진순
1953. 12.	나도 인간이 되련다	〃	유치진	유치진
1954. 02.	大春香傳	〃	〃	허석
1954. 06.	가야금의 유래	〃	〃	유치진
1955. 05.	별	〃	〃	金東園
1955. 07.	人獸之間	〃	吳若	〃
1955. 08.	욕망이라는 이름의 電車	〃	T. 윌리암스	유치진

1956. 02.	桂月香	〃	李泰煥	朴東根
1956. 04.	民衆의 敵	〃	입센	全槿暎
1956. 07.	꽃잎을 먹고 사는 機關車	〃	任熙宰	金圭大
1957. 01.	세일즈맨의 죽음	〃	A. 밀러	〃
1957. 03.	風雲	〃	오영진	〃
1957. 04.	박쥐	〃	라인할트, 호프우드	전근영
1957. 07.	신앙과 고향		K. 쉔헬	洪海星
1959. 03.	소	新協	유치진	이광래
1959. 12.	大首陽	民劇, 新協	金東仁	〃
1960. 06.	빌헬름 텔	〃		서항석
1960. 11.	罪와 罰	新協	도스토옙스키	박동근
1962. 06.	밤으로의 긴 旅路	드라마센터	오닐	이해랑

찾아보기